随州年鉴 2019 NIANJIAN

随州市人民政府 主管
随州市档案馆（随州市史志研究中心） 编

华中科技大学出版社
http://www.hustp.com

图书在版编目(CIP)数据

随州年鉴. 2019 / 随州市档案馆(随州市史志研究中心)编. —武汉:华中科技大学出版社,2019.12
ISBN 978-7-5680-5891-9

I. ①随… II. ①随… III. ①随州-2019-年鉴 IV. ①Z526.33

中国版本图书馆CIP数据核字(2019)第299833号

随州年鉴(2019)　　　　　　　　　　　　　　随州市档案馆(随州市史志研究中心)　编
Suizhou Nianjian (2019)

策划编辑:李　欢　汪　杭
责任编辑:汪　杭　胡弘扬
封面设计:刘　竣
责任校对:郭珊珊
责任监印:周治超
出版发行:华中科技大学出版社(中国·武汉)　　电话:(027)81321913
　　　　　武汉市东湖新技术开发区华工科技园　　邮编:430223
录　　排:随州市一点文化传媒有限公司
印　　刷:武汉银翔印刷有限公司
开　　本:889mm×1194mm　1/16
印　　张:23　插页:9
字　　数:696千字
版　　次:2019年12月第1版第1次印刷
定　　价:188.00元

本书若有印装质量问题,请向出版社营销中心调换
全国免费服务热线:400-6679-118　竭诚为您服务
版权所有　侵权必究

① 2018年1月3日，随州市第四届人民代表大会第三次会议开幕
② 2018年1月2日，中国人民政治协商会议随州市第四届委员会第二次会议开幕

① 2018年6月9日，戊戌年世界华人炎帝故里寻根节隆重举行，图为参加寻根节的领导和嘉宾步入拜祖大典现场

② 全国政协副主席刘奇葆宣布大典开幕

③ 第十届全国人大常委会副委员长顾秀莲，中共湖北省委书记、省人大常委会主任蒋超良恭启圣门

④ 中国航天科技集团公司特级技师崔蕴，中铁第四勘察设计院集团有限公司设备处总工程师邱绍峰，全国劳动模范、武汉机械工艺研究所编钟制造师刘佑年，全国五一劳动奖章获得者、港珠澳大桥建设者孙建波等，共同点燃圣火

⑤ 2018年9月23日，首届"中国农民丰收节"湖北主会场活动在炎帝故里随县隆重举行

⑥ 2018年12月19日，市委书记陈瑞峰、市长郭永红与来随考察投资的知名企业家开展座谈

⑦ 2018年8月8日，随州市"第十届全民健身日"启动仪式在文峰学校举行。图为健身气功、健身操、跆拳道、架子鼓等文体健身项目展演现场

⑧ 2018年5月29日，"关爱明天与法同行"宪法宣讲进校园活动走进随州高新区季梁学校，图为季梁学校的学生集体诵读宪法

① 曾都经济开发区农户在驻村指导组的扶持下种植大棚草莓脱贫致富，图为草莓采摘情景

② 2018年3月31日，来自全国各地的4000余名选手参加在随县万福店农场凤凰山村举行的2018楚花香杯"美丽随县"乡村马拉松赛跑

③ 大洪山2018年稻田艺术实景（龙腾盛世中国梦）

④ 随县安居镇趣味收割赛喜迎丰收节，图为联合收割机竞赛现场

⑤ 广水观音村美景

⑥ 随县洪山镇云峰山茶场利用万亩茶园开展生态养牛，立体种养成为茶场新亮点

① 2018年3月,"齐星房车"荣获"2018中国房车露营行业十大品牌"之一
② 湖北三峰透平装备股份有限公司生产的地铁风机
③ 2018中国·随州专汽博览会现场

④ 湖北泰晶电子科技股份有限公司的自动化生产线
⑤ 天星粮油公司投入3000多万元建成自动化稻米加工生产线，达到国内一流水平
⑥ 随州市光伏发电装机总量96.75万千瓦，图为随州高新区淅河马鞍山地面光伏发电站

①	②	③
④	⑤	⑥

① 随城山国家生态公园

② 城东公租房片区

③ 建设中的汉十高铁

④ 2018年9月8日，随州日报社整体搬迁至城南新区随州传媒中心，传媒中心正式启用

⑤ 随州高新技术产业投资有限公司推进实施棚户区改造项目，图为芦家坡棚改二期

⑥ 2018年4月3日，新建成的㵐水一桥试通车

① 2018年9月5日，在第四届马六甲海峡横渡活动中分别获得竞技组第二名和第四名的随州勇士王帮勇、方金玉载誉归来

② 2018年6月28日，随州军分区组织民兵应急分队在白云湖进行冲锋舟演练

③ 2018年7月10日，共享电踏车正式入驻随州

④ 随州白沙洲农副产品大市场投入运营

⑤ 2018年12月22日，总投资8亿元新建的市中心医院文帝院区正式投入使用

⑥ 2018年9月1日，随州高新区云龙学校正式投入使用

① 2018年6月8日，戊戌年炎帝文化庙会在随县盛大开幕

② 2018年11月8日，乐动银杏谷——曾都区纪念编钟出土四十周年金秋交响音乐会在洛阳镇千年银杏谷五老树广场举行

③ 2018年8月13日，随县新街镇河源店村革命纪念馆正式开馆，这是随州首个也是唯一的村级革命纪念馆

④ 2018年9月16日，大洪山禅修马拉松开跑

⑤ 2018年10月10日至13日，曾侯乙编钟亮相中国（上海）国际乐器展览会，吸引16万人次驻足欣赏

⑥ 2018年11月3日，大型公安题材电视剧《界线》在随州开机拍摄，该剧将充分展现编钟、银杏等众多随州元素

① 广水市印台山生态文化公园
② 随州城区一河两岸风光
③ 随州市文化公园一角

《随州年鉴（2019）》编辑说明

《随州年鉴》是由中共随州市委、随州市人民政府主管，随州市档案馆（随州市史志研究中心）承编的大型地情资料工具书，也是随州市惟一的一部地方年度百科全书。《随州年鉴（2019）》以马克思列宁主义、毛泽东思想、邓小平理论、"三个代表"重要思想、科学发展观、习近平新时代中国特色社会主义思想为指导，围绕市委、市政府中心工作，突出时代特征和地方特色，力求全面、系统、客观地记述2018年度随州市经济和社会发展情况，反映全市各地、各部门2018年度基本情况和事业发展现状，是社会各界了解和研究随州的一部权威性地情资料书。

本卷年鉴的内容分为综合信息、分类信息和其他资料。①综合信息设随州风貌（卷首图片）、年度关注、特载、市情概览、大事记、经济社会发展战略六部分。②分类信息按经济、政治、文化、社会、生态文明建设五个方面排序，具体涵盖改革发展、科学技术、农林业、工业、服务业、住房和城乡建设、综合管理监督与服务、中国共产党随州市委员会、随州市人民代表大会、随州市人民政府、中国人民政治协商会议随州市委员会、中国共产党随州市纪委、市监察委、民主党派·工商联、人民团体、法治、军事、文化·体育事业、精神文明建设、新闻出版·广播电视、人口·卫生和计划生育、教育、劳动与就业、社会保障与公益事业、社会治理、生态文明建设等部分。③其他资料设县市区概况、企业单位选介、人物、统计资料及附录和索引。为便于反映各大部分的整体面貌和内在联系，设类目、分目和条目，以表示部类和条目的层次关系，但不反映严格的科学分类体系；各机构和单位的层次和排序亦不表示其地位和规模。为便于读者使用，书前设目录，书后附内容索引。

本卷年鉴记述2018年内容，凡未标注具体年份的记述，均为2018年的内容。

本卷年鉴采用各部门、单位和县、市、区撰写组稿方式，所刊载的内容和数据均由撰稿单位提供和审核。凡涉及全市经济与社会发展全局的数据均以市统计局提供的数据为准，凡市统计局未予统计或提供的，则以各撰稿单位提供的为准。由于2019年机构改革以后部分单位机构、人员、名称发生较大变动，而本卷年鉴资料均为改革以前的原单位提供的，故卷末注明的供稿单位和供稿人均为改革以前的单位和人员。

本卷年鉴卷首图片为随州市2018年度的政治、经济、文化、社会生活等方面的代表性图片。内文插图为各单位的工作图片，从各单位提供的图片中择优选用，以各部门2018年的行业风采、发展成果为主，作为对正文的补充；没有提供图片或提供图片不符合要求的单位则暂无配图。

本卷年鉴的编辑出版得到了全市各级党政领导的热情关心，得到了各撰稿单位以及社会各界的大力支持，谨在此深表感谢。对本年鉴疏漏之处，敬请广大读者批评指正，以便《随州年鉴》更臻完善。

2019年10月

《随州年鉴》编辑委员会

主　　　任　郑晓峰
常务副主任　布厚伟
副　主　任　白玉涛　汪兴国　肖诗兵　孙国成
　　　　　　万　明　徐光喜　李修荣　冯成秀
委　　　员　曲明超　黄　苹　黄伦超　刘银洲
　　　　　　何庆海　刘　飞　尚志斌　黄　荆
主　　　编　布厚伟
常务副主编　冯成秀
副　主　编　江　红　吴凯林

《随州年鉴》编辑部

编辑部主任　江　红
副　主　任　吴凯林
编　　　辑　张　怡　徐春燕

目 录 MULU

年度关注
年度要闻 ·· 1
年度综述 ·· 2
数字随州 ·· 5
2018年市政府重点民生实事 ············ 5

特载
聚力建设品质随州 奋力谱写新时代随州高质量
发展新篇章 ················ 市委书记 陈瑞峰 8
政府工作报告 ················ 代理市长 郭永红 15

市情概览
市情综述 ······································ 25
地理位置 / 地质地貌 / 气候 / 自然资源 / 历史沿革 / 行政区划 / 人口资源 / 旅游资源 / 名优特产 / 特色饮食 / 优势产业

大事记
1月 ··· 39
2月 ··· 40
3月 ··· 40
4月 ··· 41
5月 ··· 41
6月 ··· 42
7月 ··· 42
8月 ··· 43
9月 ··· 44
10月 ·· 44
11月 ·· 44
12月 ·· 45

经济社会发展战略
建设特色产业增长极 ······················ 46
　专用汽车及零部件产业 ··············· 47
　　概况 / 专汽行业整治规范工作 / 技术创新 / 企业家队伍建设 / 提质增效 / 开放合作 / 品牌效应
　农产品加工产业 ························· 48
　　概况 / 打造特色产业增长极 / 新型经营主体培育 / 精品名牌建设
　生态文化旅游产业 ······················ 49
　　概况 / 建立全域旅游格局 / 打造精品景区集群 / 旅游项目建设 / 旅游产业融合 / 完善旅游要素配套 / 神韵随州品牌推介提升

改革发展
改革与发展工作 ····························· 52
　国家新型城镇化综合试点 / 国土资源节约集约示范市创建 / 价格体制机制改革 / "厕所革命"攻坚行动 / 信用体系建设 / 深化预算管理改革 / 规范政府债务管理 / 推进权责发生制政府综合财务报告制度 / 深化税收征管体制改革 / 深化环保税改革 / 推进统计制度改革 / 事业单位公务用车制度

改革 / 开展全市地下水环境监测 / 施行住所登记制度改革

科学技术

科技创新、科技成果与知识产权 ········ 57
高新技术企业发展 / 创新平台建设 / 科技人才培育 / 创新创业 / 科技项目 / 科技成果 / 科技成果转化 / 知识产权

科学普及 ········ 59
服务科技人才 / 服务中心大局 / 健全科普服务 / 服务科学发展

农林业

综述 ········ 61
概况 / 农业综合生产能力 / 特色产业发展 / 业务工作 / 绿色发展 / 农村改革

新农村建设·农村综合改革 ········ 62
乡村环境综合治理 / 特色农业增长极加速形成 / 乡村振兴稳步推进 / 农业农村改革不断深入

农业 ········ 63
种植业 ········ 63
稳定粮食产能 / 种植业结构调整 / 优质稻产业开发 / 农业产业扶贫

水产业 ········ 63
概况 / 水产企业发展 / 渔业科技推广 / 渔业生态维护和修复

畜牧业 ········ 64
概况 / 养殖和草食畜牧业发展 / 特色产业发展 / 畜牧业绿色发展 / 科学防控疫病 / 建立健全无害化收集处理体系 / 畜产品质量安全监管

农业机械化 ········ 66
概况 / 农机机构 / 农机科技推广 / 农机安全生产 / 农机购置补贴 / 农机服务组织 / 农机教育培训 / 农机装备制造

农业行政执法 ········ 67
农资市场监管 / 违法案办理 / 农资生产经营管理 / 农业纠纷化解 / 农业环保工作 / 特色工作

农业技术推广 ········ 69
农业技术服务与培训 / 加强农业科技成果转化 / 农业生态环境保护 / 实施公共品牌战略

农村经济经营管理 ········ 70
概况 / 土地确权工作 / 产权制度改革工作 / 农民负担监督管理 / 扫黑除恶专项斗争工作

林业 ········ 71
林业产业

工业

综述 ········ 72
工业经济 / 工业创新发展 / 工业特色产业 / 县域经济发展 / 服务措施 / 招商引资

机械制造业 ········ 73
概况 / 专汽产业发展 / 风机产业转型发展

农产品加工业 ········ 75
概况 / 农业产业化龙头企业发展 / 农业现代园区建设 / 农产品精深加工项目 / 农业精品名牌创建

医药化工产业 ········ 75
概况

冶金建材工业 ········ 76
概况

电子信息产业 ········ 76
概况 / 重点企业 / 各类试点示范企业申报

新能源产业 ········ 76
概况

供电 ········ 77
概况 / 安全生产 / 电网建设 / 优化服务

服务业

金融 ········ 79

概况 / 信贷投放引导 / 资本市场建设 / 金融风险防范化解

　中国人民银行随州市中心支行 ········ 80
　　概况 / 服务实体经济发展 / 助力脱贫攻坚战 / 提升央行基础管理服务满意度 / 防范化解金融风险攻坚战

　银行保险业监管 ················· 83
　　概况 / 银行保险业改革发展 / 银行保险业风险防控

　保险业 ························ 85
　　概况 / 小额贷款保证保险 / "三农"保险 / 城乡居民大病医疗保险 / 诉调对接工作情况

交通·物流 ···························· 86

　综述 ························· 86
　　概况 / 重点项目建设 / 路网建设 / 行业服务 / 综治安全 / 行业管理 / 行业典型引领

　公路管理 ····················· 87
　　项目建设 / 养护管理 / 路政管理 / 安全管理 / 文明创建

　客运管理 ····················· 87
　　概况 / 优化公交线网和服务 / 出租车管理 / 网约出租车管理 / 客运市场稽查 / 文明创建

　地方海事 ····················· 88
　　概况 / 水上交通安全 / 行业监管 / 服务民生 / 船舶污染防治 / 基础设施建设

　交通工程质量监管 ··············· 89
　　概况 / 交通工程项目监督 / 打造示范项目 / 强化质量监管 / 市场与行业管理

　道路运输管理 ·················· 90
　　概况 / 安全运输监管 / 优化服务

　交通物流发展 ·················· 91
　　项目建设 / 物流行业培训

　交通投资 ····················· 91
　　项目建设 / 业务经营 / 项目融资

邮政 ······························· 92

　邮政管理 ····················· 92
　　概况 / 优化发展环境 / 提高服务质量 / 邮政业三大攻坚战 / 依法行政 / 综合服务保障

通信 ······························· 94

　无线电管理 ···················· 94
　　概况 / 加强频率台站管理 / 依法行政 / 日常监测和考试保障工作 / 创新无线电管理宣传工作 / 大型活动保障有力

　电信通信 ····················· 95
　　概况 / 文化建设 / 网络建设 / 信息化建设 / 服务客户 / 企业荣誉

　移动通信 ····················· 96
　　基础设施建设 / 助力脱贫攻坚 / 提速降费，信息惠民 / "智慧随州"建设

　联通通信 ····················· 98
　　移动基础业务 / 家庭市场拓展 / 创新业务发展 / 提高服务质量 / 网络建设 / 优化基础管理 / 体制改革

商务 ······························ 100

　　利用外资 / 电商产业发展 / 提升内贸流通水平 / 打好精准脱贫攻坚战

　供销合作 ···················· 101
　　概况 / 提升为农服务水平 / 促进农村产业发展 / 助力美丽乡村建设 / 服务脱贫攻坚 / 招商引资

　粮食工作 ···················· 102
　　概况 / 粮企改革 / 粮食购销 / 粮食储备 / 基础设施建设 / 粮食安全管理 / 粮食产业化 / 市校合作

　石油销售 ···················· 103
　　中国石油湖北随州销售分公司 / 中国石化湖北随州石油分公司

　盐业销售及管理 ··············· 106
　　概况 / 积极推进划转 / 深化内部改革 / 保障市场供应 / 安全生产

对外及港澳台经济贸易合作 ············· 107

　　外贸出口 / 经济合作

招商引资 ··························· 108

　　概况 / 招商活动 / 项目建设

旅游 ······························ 109

　　概况 / 旅游品牌创建 / 旅游项目建设 / 推进"+旅游"融合发展 / 行业监管 / 创新旅游营销

住房和城乡建设

综述 ········· 112
项目建设 / 住房保障 / 绿色发展 / 行业发展 / 镇村建管

城乡规划 ········· 113
城市总体规划改革 / 规划编制 / 规划审批 / 规划监管 / 移动办公 / 三大攻坚战

城乡建设 ········· 114
城市建设 / 村镇建设

城市管理 ········· 115
概况 / 民生项目建设 / "八大整治"行动 / 提升城市管理效能

房产管理 ········· 117
棚户区改造 / 住房保障 / 房地产市场管理 / 物业服务和管理 / 房屋征收 / 房屋安全管理 / 政策性住房

风景园林管理 ········· 119
园林绿化建设 / 园林绿化管理 / 行业监管

建筑业管理 ········· 120
建筑市场发展 / 工程质量安全监管 / 施工扬尘防治

建筑节能与科技 ········· 121
绿色建筑 / 建筑节能 / 绿色生产改造 / 预拌砂浆推广应用 / 资源综合利用 / 既有建筑节能改造

建筑设计 ········· 122
施工图审查 / 市场监管

环境卫生管理 ········· 122
环境整治"六大行动" / 垃圾分类宣传 / 环卫设施建设 / 应急保障措施

市政管理 ········· 123
城市道路设施维护 / 行政审批 / 桥梁管理 / 排水设施管护

城建档案 ········· 124
城建档案管理利用 / 信息化建设 / 地下管线修补测绘

住房公积金管理 ········· 124
概况 / 制度覆盖范围扩大 / 促进房地产市场健康发展 / 资金风险防控 / "放管服"改革

综合管理监督与服务

财政 ········· 127
财政收入 / 服务三大攻坚战 / 服务经济发展 / 保障民生 / 财政改革 / 财政监管 / 信息化建设 / 依法行政

审计 ········· 128
概况 / 经济责任审计 / 预算执行审计 / 政府投资审计 / 民生社保审计 / 专项审计 / 审计信息化

国有资产监督管理 ········· 131
国资规模和效益 / 三大攻坚战 / 国资国企改革 / 国有资产监管 / 国资平台公司 / 国企法治建设

税务 ········· 133
税收收入 / 国税地税征管体制改革 / 非税收入 / 纳税服务 / 社会保险费征收 / 税收法治 / 税收政策落实 / 电子政务 / 税种管理 / 征收管理 / 税务稽查 / 政务管理 / 教育培训

统计 ········· 135
统计服务 / 依法治统 / 经济普查 / 专项任务 / 统计改革

工商行政管理 ········· 137
商事制度改革 / 优化服务 / 市场监管 / 强化维权 / 依法行政

价格管理 ········· 139
概况 / 价格调控 / 价格改革 / 清费减负 / 服务民生

质量技术监督管理 ········· 141
概况 / 专汽行业整顿规范暨精益管理培训 / 专项检查 / 标准化业务专题培训

食品药品监督管理 ········· 142
完善监管体制 / 市场监管 / 依法行政

安全生产监督管理 ········· 144
安全生产责任体系建设 / 深化安全生产领域改革发展 / 隐患排查治理 / 重点行业领域监管 / 应急防范管理 / 打非治违整治行动

公共资源交易监督管理 ········· 146
交易平台整合 / 规范交易程序 / 加强法治建设 / 依法监管

进出口稽查、监管、缉私 ·············· 147
 概况 / 机构改革 / "放管服" 改革 / 加大服务通关力度 / 严把国门安全

烟草专卖管理 ························ 148
 概况 / 市场营销与服务 / 市场管理

公共检验检测 ························ 149
 概况 / 检测业务 / 依法行政

中国共产党随州市委员会

综述 ·································· 151
 思想政治建设 / 建设品质随州 / 三大攻坚战 / 深化改革开放 / 加强民主法治建设 / 发展文化软实力 / 保障和改善民生 / 加强生态保护 / 从严治党

组织工作 ····························· 155
 政治建设 / 教育培训 / 干部队伍建设 / 机关党的工作 / 人才工作 / 党建工作

宣传工作 ····························· 157
 概况 / 意识形态工作 / 舆论引导 / 文明创建 / 文化发展 / 法治建设

统一战线工作 ························ 159
 统战基础工作 / 统战工作创新发展 / 服务中心工作

对台工作 ····························· 161
 寻根节涉台工作 / 经贸合作 / 对台联络 / 随台交流 / 对台宣传

政法工作 ····························· 162
 概况 / 维稳工作 / 扫黑除恶 / 平安建设 / 维护司法公正 / 科技强警

机构编制工作 ························ 165
 "放管服" 改革 / 行政体制改革 / 事业单位分类改革 / 机构编制管理

老干部工作 ·························· 167
 老干部工作政策落实落地 / 老干部文化生活 / 老干部优势作用发挥 / 老干部教育管理 / 老干部日常服务

党校工作 ····························· 168
 提高教学质量 / 提高科研水平 / 新校园建设

档案和党史工作 ······················ 169
 档案工作 / 党史工作 / 法治建设工作

随州市人民代表大会

综述 ·································· 171
 坚持党的领导 / 推进法治建设 / 保障改善民生 / 自身建设 / 随州市第四届人民代表大会第三次会议召开 / 市人大常委会各次会议

立法工作 ····························· 174
 民主科学依法立法 / 推动法律法规实施

监督工作 ····························· 174
 概况 / 推进高质量发展 / 服务 "三大攻坚战" / 预决算审查和国有资产监督

随州市人民政府

综述 ·································· 176
 思想政治建设 / 经济发展 / 三大攻坚战 / 改革开放 / 保障改善民生 / 政府自身建设 / 政府办公室工作

人事与人力资源工作 ·················· 179
 人事工作 / 劳动关系调解 / 人力资源工作 / 人事制度改革 / 提升服务能力

法制工作 ····························· 180
 服务行政决策 / 行政规范性文件管理 / 规范行政执法 / 行政执法监督与培训 / 行政首长出庭应诉制度 / 地方立法工作 / 行政复议工作 / 证明事项清理 / 民商事纠纷处理

民族宗教事务 ························ 181
 民族工作 / 宗教工作

外事、侨务、港澳事务 ················ 183
 服务对外开放 / 服务经济社会发展 / 规范出国（境）管理 / 开展帮扶资助 / 加强涉外管理

政务服务 ····························· 185
 服务平台应用 / 服务窗口调整 / 创新审批方式 / 严格监督管理 / 热线服务 / 文明窗口创建

地方志工作 ·············· 186
　推进《随州市志（1979—2000）》编纂出版 / "两全目标"责任落实 / 年鉴编纂工作 /《随州市要览》编纂工作 / 指导镇村志的编纂

机关事务管理 ············ 188
　综合服务保障 / 公共机构节能工作 / 监督管理 / 公务用车制度改革工作 / 机关事务标准化建设

扶贫工作 ·············· 190
　概况 / 扶贫责任落实 / 扶贫规划 / 扶贫政策落实 / 监督检查

中国人民政治协商会议随州市委员会

综述 ················ 193
　思想政治建设 / 服务随州发展 / 政协职能发挥 / 发挥政协统战功能 / 自身建设

委员会工作 ············· 195
　提案委员会 / 经济委员会 / 教科文卫体委员会 / 社会和法制委员会 / 团结联谊委员会 / 学习和文史资料委员会 / 委员工作委员会

中共随州市纪委、随州市监察委

纪检监察 ·············· 198
　概况 / 思想政治建设 / 作风建设 / 反腐败工作 / 警示教育 / 监察体制改革 / 队伍建设

民主党派·工商联

民主党派 ·············· 201
　民建随州市委会 ·········· 201
　　思想政治建设 / 组织建设 / 参政议政 / 社会服务
　民进随州市委会 ·········· 203
　　思想政治建设 / 制度建设 / 组织建设 / 参政议政 / 社会服务
　民盟随州市委筹委会 ········ 205
　　参政议政 / 社会服务 / 岗位建功 / 组织建设

　农工党随州市委筹委会 ······· 206
　　概况 / 思想政治建设 / 参政议政 / 社会服务
工商联 ··············· 208
　概况 / 思想政治建设 / 优化营商环境 / 商会建设 / 服务企业发展 / 服务招商引资

人民团体

工会组织 ·············· 210
　基层组织建设 / 宣教文体活动 / 困难职工帮扶慰问 / 职工维权服务 / 岗位建功立业活动 / 工会改革工作 / 工会经费管理

共青团组织 ············· 212
　思想政治工作 / 共青团随州市第四次代表大会召开 / 服务青少年工作 / 共青团改革工作 / 共青团"三大攻坚战"工作 / 普法工作

妇联组织 ·············· 214
　思想建设 / 妇联改革 / 妇女文化活动 / 巾帼脱贫 / 示范家庭创建 / 妇女儿童维权服务

法治

公安 ················ 217
　概况 / 维稳工作 / 平安建设 / 科技强警 / 基层警务工作 / 素质强警

检察 ················ 219
　平安建设 / 服务社会发展 / 法律监督工作 / 检察工作机制优化 / 素质能力建设

法院 ················ 221
　概况 / 法治环境优化 / 司法服务 / 执行攻坚 / 司法改革 / 司法能力建设

司法行政 ·············· 224
　概况 / 公共法律服务体系建设 / 法律服务 / 法律援助 / 法制宣传教育 / 社区矫正 / 人民调解

军事

驻军 ················ 227

思想政治建设 / 战备训练 / 国防动员工作 / 部队管理 / 综合保障

消防 ... 229
概况 / 安全责任督导 / 消防隐患排查 / 消防救援 / 消防体系建设 / 消防宣传 / 消防站建设

人民防空 ... 230
人防工程建设管理 / 执法检查 / 指挥通信建设 / 法制宣传教育 / 县级人防工作 / 民防改革创新

征兵工作 ... 232
概况 / 强化组织领导 / 征兵宣传 / 兵员质量把控 / 廉洁征兵

文化·体育事业

综述 ... 234
概况

社会文化 ... 235
概况

文化市场、文化交流 ... 235
概况 / 文化执法培训 / 文化市场执法 / 文化市场转型升级

公共文化服务 ... 236
概况 / 公共文化服务体系建设 / 公共文化活动

文学艺术 ... 237
概况 / 文艺成果 / 文艺活动 / 培训讲座 / 各艺术家协会 / 基层文联

文物保护 ... 239
文物安全 / 文物保护工程 / 文物法规宣传

群众文化 ... 240
群众文体活动 / 服务方式创新 / 文艺人才培养

文体产业 ... 241
概况 / 项目建设 / "体育+"产业

体育 ... 242
全民健身服务 / 竞技体育 / "体育+"产业发展

精神文明建设

综述 ... 243
文明城市创建 / 文明单位创建 / 文明校园创建 / 文明村镇创建 / 文明家庭创建 / 道德建设 / 培育文明风尚 / 志愿者服务

新闻出版·广播电视

新闻出版 ... 246
概况 / 新闻出版管理 / 重大主题报道 / 媒体融合 / 报业经营

广播电视 ... 247
概况 / 广播电视宣传 / 广播电视事业发展

人口·卫生·计划生育

综述 ... 249
概况 / 人口 / 计划生育 / 医疗卫生机构

人口 ... 250
人口统计数据 / 城镇落户政策 / 流动人口管理

疾病预防控制 ... 251
疾病监测 / 疫情防控 / 重大传染病防控 / 预防接种 / 慢性病防控 / 职业病防治 / 疾病防控知识宣传

妇幼保健 ... 252
健康指标 / 重大公共卫生项目 / 妇幼健康服务 / 保障母婴安全

中医药管理 ... 253
中医药强市战略 / 中医药发展融入新医改 / 市校合作 / 中药资源普查 / 中医药服务能力提升 / 中药材产业发展

医政管理 ... 254
分级诊疗 / 现代医院管理制度 / 医疗费用控制 / 医疗机构监管 / 平安医院建设 / 人才培养 / 科研项目 / 重点专科建设

医药卫生体制改革 ... 255
以药养医改革 / 医联体建设 / 基层首诊能力提升 / 医疗服务智能监管 / 医养结合改革

计划生育 ································ 256
　　概况 / 法定计划生育奖励 / 全面两孩政策 /
　　妇幼健康服务 / 计生家庭 / 生育服务 / 计划
　　生育协会 / 流动人口卫生服务

红十字会事业 ································ 273
　　"三救"工作 / "三献"工作 / 募捐筹资 /
　　红十字会宣传

教育

综述 ································ 259
　　概况 / 重点学校简介

基础教育 ································ 260
　　概况 / 教育综合改革 / 教育发展 / 素质教育 /
　　改善办学条件 / 校园安全管理 / 教育精准扶
　　贫 / 民办教育发展 / 教师队伍建设 / 语言文
　　字工作

高等教育 ································ 262
　　概况 / 招生工作 / 学生就业创业 / 教学改革 /
　　交流合作 / 校园文化建设 / 关爱与激励体系

社会治理

信访工作 ································ 275
　　概况 / 信访矛盾化解 / 信访工作制度改革 /
　　信访业务规范化

民政工作 ································ 276
　　社会治理 / 专项社会事务 / 民政改革创新

移民工作 ································ 277
　　移民美丽家园创建 / 存量项目资金消化 /
　　移民干部培训 / 后扶项目资金监管 / 南水
　　北调终验工作

劳动与就业

综述 ································ 266
　　概况 / 服务实体经济发展 / 提升就业质量 /
　　服务脱贫攻坚

生态文明建设

国土资源、矿产资源管理 ················ 279
　　概况 / 耕地保护 / 土地利用 / 执法监察 / 规
　　划管理 / 矿产管理 / 不动产登记 / 地质灾害
　　防治 / 生态土地整治

水利、水资源 ································ 280
　　水利工程建设 / 水利安全管理 / 水资源管
　　理 / 法治水利 / 防汛抗旱 / 河长制工作

林业生态 ································ 282
　　林业生态建设 / 林业资源管理与保护 / 林业
　　改革 / 依法治林

社会保障与公益事业

社会保险 ································ 268
　　概况 / 扶贫政策落实 / 社保改革项目 / 提高
　　服务质量

社会福利与社会救助 ···················· 269
　　养老服务 / 关爱保护困境儿童 / 福利慈善事
　　业 / 社会救助 / 防灾减灾救灾

老龄事业 ································ 270
　　老年人优待政策落实 / 老年宜居社区 / 关爱
　　老年人活动

残疾人事业 ································ 271
　　残疾人保障政策落实 / 残疾人脱贫攻坚 / 残
　　疾人康复救助 / 残疾人教育培训与就业创
　　业 / 助残行动 / 平安建设

气象 ································ 284
　　概况 / 气象现代化 / 气象服务 / 气象发展
　　保障

环境保护 ································ 285
　　概况 / 环境质量控制指标 / 环保督察问题整
　　改 / 生态环保攻坚行动 / 环境执法与监管 /
　　法治环保 / 环保改革创新

防震减灾 ································ 288
　　防震减灾体系

测绘 ································ 288
　　测绘数据更新 / 测绘成果推广应用 / 测绘日

常工作

节能减排 ·········· 289
　　概况 / 强化目标责任评价考核 / 产业结构调整 / 重点节能工程 / 加强节能管理 / 优化能源结构 / 创新节能工作机制

县市区概况

随县 ·········· 291
　　概况

广水市 ·········· 293
　　概况

曾都区 ·········· 295
　　概况

随州高新技术产业园区 ·········· 297
　　概况

大洪山风景名胜区 ·········· 298
　　概况

企业单位选介

中国农业银行随州分行 ·········· 300
　　概况 / 服务经济发展 / 服务乡村振兴 / 精准扶贫 / 服务民生 / 绿色信贷

中国农业发展银行随州分行 ·········· 302
　　概况 / 支持基建项目 / 支持粮食收储 / 政策性金融扶贫

中国银行随州分行 ·········· 303
　　概况 / 银行业务 / 风险防控

中国建设银行随州分行 ·········· 304
　　概况 / 服务经济发展 / 普惠金融 / 精准扶贫

中国工商银行随州分行 ·········· 306
　　概况 / 贷款投放 / 风险防控 / 管理创新 / 职工福利

邮储银行随州分行 ·········· 307
　　概况 / 金融服务 / 服务经济社会发展 / 金融风险管控

湖北随州农商银行 ·········· 308
　　概况 / 支持实体经济

随州市城市投资集团有限公司 ·········· 309
　　概况 / 投融资工作 / 土地收储经营 / 重点项目建设

随州市城市建设综合开发投资有限公司 ·········· 310
　　概况 / 重点项目建设 / 投融资工作 / 公司管理

随州市金融控股（集团）有限公司 ·········· 311
　　概况 / 服务经济发展 / 集团业务 / "三供一业"分离移交 / 金融风险防控 / 争资立项

湖北中烟广水卷烟厂 ·········· 313
　　概况

湖北齐星集团 ·········· 313
　　概况 / 转型升级 / 公司合作与市场拓展 / 品牌建设 / 科研成果

湖北犇星新材料股份有限公司 ·········· 315
　　概况 / 科研成果 / 公司管理 / 人才引进与培养 / 服务社会发展

人物

随州市领导成员名录 ·········· 316
2018 年度先进模范人物 ·········· 316
去世人物 ·········· 317

统计资料

1 综合 ·········· 319
　　1-1 国民经济和社会基本情况 ·········· 319
　　1-2 地区生产总值 ·········· 321
2 农业 ·········· 321
　　2-1 乡村户数人口劳力耕地面积情况 ·········· 321
　　2-2 粮棉油播种面积和产量 ·········· 322
　　2-3 主要经济作物面积产量 ·········· 323
　　2-4 茶叶、水果产量 ·········· 323
　　2-5 林业生产情况 ·········· 323
　　2-6 畜牧业、渔业生产情况 ·········· 324
　　2-7 农林牧渔总产值及增加值 ·········· 325
　　2-8 农业机械化情况 ·········· 325
3 工业 ·········· 326

- 3-1 工业企业单位数 ····· 326
- 3-2 工业企业主要经济指标 ····· 326
- 3-3 工业企业主要经济效益指标 ····· 326
- 3-4 主要工业产品产量 ····· 327

4 贸易、外经、旅游 328
- 4-1 国内贸易情况 ····· 328
- 4-2 进出口情况 ····· 329
- 4-3 旅游基本情况 ····· 329

5 投资、建筑业 329
- 5-1 固定资产投资情况 ····· 329
- 5-2 商品房建设与销售情况 ····· 330

6 财政、金融 330
- 6-1 地方公共财政预算收入完成情况 ····· 330
- 6-2 金融机构存贷款情况（本外币） ····· 331

7 交通、邮电 331
- 7-1 交通运输情况 ····· 331
- 7-2 邮政电信情况 ····· 332

8 能源消耗 333
- 8-1 能耗消费情况 ····· 333

9 服务业 333
- 9-1 规模以上服务业发展情况 ····· 333

10 文化·教育·卫生 334
- 10-1 文化事业基本情况 ····· 334
- 10-2 教育事业基本情况 ····· 334
- 10-3 卫生事业基本情况 ····· 335

11 居民生活 335
- 11-1 城镇常住居民人均收支情况 ····· 335
- 11-2 农民常住居民人均收支情况 ····· 336
- 11-3 随州城区消费价格指数 ····· 336

12 县、市、区经济指标 337
- 12-1 随县 2018 年主要经济指标完成情况 ····· 337
- 12-2 广水市 2018 年主要经济指标完成情况 ····· 337
- 12-3 曾都区 2018 年主要经济指标完成情况 ····· 338
- 12-4 高新区 2018 年主要经济指标完成情况 ····· 338
- 12-5 大洪山 2018 年主要经济指标完成情况 ····· 339

附录

2018 年随州市国民经济和社会发展统计公报 340
2018 年随州市环境状况公报 342
地方性法规选编 ····· 343

索引

年度关注

年度要闻

1月2日至4日 中国人民政治协商会议随州市第四届委员会第二次会议隆重召开。

1月3日至6日 随州市第四届人民代表大会第三次会议召开。陈安丽主持大会，郭永红向大会作政府工作报告。

1月3日至4日 随州遭受气象记录史上最大暴雪。

3月 省政府命名22个单位为第四批湖北省爱国主义教育基地（鄂政发〔2018〕7号），随州市新四军第五师尹家湾革命旧址群榜上有名。3月15日，"湖北省爱国主义教育基地"授牌仪式在广水市吴店镇尹家湾新四军第五师司令部旧址前举行。

4月3日 新㵐水一桥建成试通车。新㵐水一桥建设开创了随州桥梁建设的多个第一：第一次采用爆破拆除，第一次采用钢栈桥进行桩基施工，第一次运用液压顶推滑移拼接钢箱梁，也是随州城区第一座斜拉景观桥。

4月18日 随州受邀参加《魅力中国城》第二季启动仪式暨魅力中国城·城市联盟成立大会。随州及茂名、凉山、延安、肇庆等全国46个城市共同签订《城市联盟旅游合作框架协议》，作为理事城市加入魅力中国城·城市联盟。

5月16日 市人大召开《随州市城乡饮用水水源保护条例》（以下简称条例）新闻发布会。此《条例》已经随州市第四届人民代表大会第三次会议通过，湖北省第十三届人民代表大会常务委员会第二次会议批准，于2018年8月1日正式实施。

6月8日 2018湖北·随州炎帝故里经贸洽谈会在随县隆重举行。15个项目现场签约，投资额达163.2亿元。

6月10日 戊戌年世界华人炎帝故里寻根节隆重举行。

7月5日 原随州市国家税务局、地方税务局正式合并，国家税务总局随州市税务局挂牌成立，履行全市各项税收、非税收入征管等职责。

7月12日 外交部、湖北省人民政府在外交部南楼举行湖北全球推介活动，活动主题为"新时代的中国：湖北，从长江走向世界"。全球目光聚焦湖北，随州元素惊艳亮相。来自随州的三件青铜器——鉴缶、曾侯乙尊盘和鹿角立鹤，在外交部蓝色大厅"长江边的文化遗产展示区"展示。宣传片《灵秀湖北》展示了世界华人炎帝故里寻根节的盛况及曾侯乙编钟演奏的场景。

8月 "随州香菇"经农业农村部评定，成功获得农产品地理标志登记认证，这是继"随州泡泡青""广水胭脂红鲜桃""洪山鸡"之后，随州获得的第4个农产品地理标志登记产品。

9月23日 首届"中国农民丰收节"湖北省主会场活动在随县炎帝故里风景名胜区谒祖广场

盛大开幕，来自全省各地的4000名农民代表欢聚围坐，共庆丰收。

11月1日 2018年全国机械工业产业集群工作会议在随召开。

12月29日 随州举办"致敬四十年·奋进新时代"随州典型代表人物致敬盛典。

年 度 综 述

2018年，全市上下以习近平新时代中国特色社会主义思想为指引，深入贯彻习近平总书记视察湖北重要讲话精神，紧紧围绕省委省政府决策部署，紧扣高质量发展根本要求，紧密团结依靠全市广大干部群众，保持定力、感恩奋进、精准发力、稳中求进，经济社会持续健康发展。全市地区生产总值突破千亿元大关，实现历史性跨越。

经济发展。全市实现生产总值（GDP）1011.19亿元，按可比价格计算，同比增长7.8%。其中，第一产业实现增加值144.13亿元，同比增长2.8%；第二产业实现增加值488.74亿元，同比增长8.2%；第三产业实现增加值378.32亿元，同比增长9.4%。三次产业比重由2017年的16.1∶46.8∶37.1调整为14.3∶48.3∶37.4，服务业占GDP比重比上年提高0.3个百分点。全年完成财政总收入80.77亿元，同比增长9.1%；地方公共财政预算收入47.38亿元，同比增长9.4%。全年固定资产投资同比增长11.2%，其中，民间投资增长16.1%。按登记注册类型划分，内资企业投资增长8.5%，港澳台投资增长134.4%，外商投资增长563.9%，个体经营投资增长756%；按产业划分，第一产业投资下降19.7%，第二产业投资增长19.6%，第三产业投资增长6.8%。其中，房地产开发投资增长5%；商品房销售面积184万平方米，增长17.3%；销售额93.88亿元，增长25.1%。全市资质以内建筑企业121个，完成施工产值122亿元，同比增长18%；房屋建筑施工面积1098.98万平方米，其中新开工房屋建筑施工面积628.12万平方米，增长84.7%。全年实现社会消费品零售总额545.6亿元，同比增长11%。从行业分类看，批发业实现销售额311.7亿元，增长12.4%；零售业实现销售额604.5亿元，增长15.3%；住宿业实现营业额8.73亿元，增长12.4%；餐饮业实现营业额72.9亿元，增长12.3%。全年实现外贸进出口总额100134万美元，同比下降24.3%。其中：出口92723万美元，下降18.3%；进口7411万美元，下降64.6%。在出口中：食用菌出口49270万美元，下降23.7%；机电产品出口10594万美元，下降43.7%；专用汽车及汽车零部件出口4682万美元，下降0.76%。全年实际利用外资15223万美元，增长8.1%。

深化改革。供给侧结构性改革释放红利，为企业减税降费退税21.9亿元。深化"互联网＋放管服"改革，"一网通办"实现省市县三级联通，建成"神农云"信息平台。推动完善金融市场体系和投融资体制改革，金融机构贷款余额增速全省第三，贷存比提高2.08个百分点，随州连续9年获评省金融信用市州。128个村（社区）完成集体产权制度改革，30多万村（居）民成为股东。全市6家国有林场改革通过省级验收。机构改革平稳推进，国税局地税局顺利合并，退役军人事务局、随州海关相继成立。

工业生产。全市规模以上工业增加值同比增长8.1%。其中，国有企业增长9.2%，集体企业增长9.5%，股份制企业增长7.9%，外商及港澳台投资企业增长7.9%，其他经济类型企业增长21.3%；轻工业增长4.1%，重工业增长10.9%。全市主要工业产品产量：改装汽车123440辆，增长16.2%；纱84710吨，增长22.3%；布26448万米，增长12.4%；啤酒90898千升，增长29.9%；大米102.8万吨，减少8.9%；小麦粉23.28万吨，减少7.8%；铸铁件35.35万吨，增长3.9%；水泥130.82万吨，增长3.4%；化肥5.6万吨，增长3.0%；改装汽车123440辆，增长16.2%；移动电话机120.52万部，减少76.4%；风机6636台，减少1.3%；服装1856万件，减少23.2%。全市规模以上工业完成销售产值1330.8亿元，增长8.9%。产销率96.6%。实现利润88.0亿元，增长1.7%。工业用电量22.01亿千瓦时，增长8.2%。全市万元GDP能耗0.4357吨标准煤/万元，上升6.5%；规模以上工业万元增加值能耗上升49.7%；全社会GDP

电耗上升1.15%。

农业和农村发展。全年实现农林牧渔业总产值257.93亿元，按可比价格计算，同比增长3.3%。粮食种植面积227.81千公顷（1公顷=10000平方米），增长4.4%；棉花种植面积6.03千公顷，增长0.8%；油料种植面积40.38千公顷，同比下降0.9%。粮食总产量152.19万吨，同比增长4.6%；棉花总产量0.51万吨，增长6.3%；油料产量9.86万吨，增长0.2%；茶叶产量3.1万吨，增长3.4%；水果产量15.88万吨，增长0.2%；蔬菜产量152.29万吨，增长4.0%；食用菌产量7.02万吨，增长0.7%。当年造林面积19.11千公顷，零星植树2368.8万株，木材采伐量5.61万立方米。全年肉类产量22.63万吨，同比下降0.1%。生猪出栏196.06万头，下降1.78%；羊出栏44.19万只，同比增长0.6%；家禽出笼6011万只，增长2.1%；水产品产量8.17万吨，增长1.9%；农村用电量5.32亿千瓦时，同比增长3.1%；农业机械总动力218.14万千瓦；主要农作物耕种收机械化率74%；化肥施用量15.66万吨，同比下降4.3%。

美丽乡村加快建设。淅河镇、洪山镇、长岭镇连续两年入围全国综合实力千强镇，何店镇、郝店镇获评湖北森林城镇。实施"四个三重大生态工程"，新改建各类厕所5.3万个，基本建成37个乡镇生活污水处理厂、31个乡镇垃圾压缩中转站，初步建立城乡生活垃圾无害化处理运行管理体系。精准灭荒3.8万亩（1亩≈666.67平方米），综合排名居全省前列。河湖长制全面落实。封江口国家湿地公园通过评估验收。农业农村经济稳定发展。有3.1万人、24个贫困村实现整体脱贫。随州市被列为全国农业产业化先进市、国家级出口食品农产品质量安全示范区，随县被农业农村部授予农业产业化（香菇）示范县。全市累计发展现代农业产业园、休闲农庄、星级农家乐1590家，有6个镇、23个村被列入省级旅游名镇名村，全年实现乡村旅游综合收入55亿元。全市农村电商服务网点达到1100余家，电商从业人员2.3万余人，打造本地上线商品276个，农产品网上交易总额突破10亿元。广水、随县先后被列为国家电子商务进农村综合示范县（市）。新建通村公路900千米，其中"美丽农村公路"105千米。全市获得国家级村镇建设品牌荣誉的镇（村）达到19个，4个村获得全国美丽宜居村庄、特色景观旅游名村命名，4个村列入中国传统村落名录，62个村被省政府命名为"旅游名村""宜居村庄"或"荆楚派"特色民居建设示范村，60个村被授予全省新农村建设示范村称号，82个村被评为省级绿色乡村。

服务业发展。至2018年年末全市金融机构各项存款余额1359.78亿元，增长9.8%。其中，住户存款余额933.42亿元，增长10%。金融机构各项贷款余额692.34亿元，增长14.4%。其中，住户贷款余额275.72亿元，增长19.6%；非金融企业及机关团体贷款416.61亿元，增长11.3%。全年完成公路货物周转量148.12亿吨千米，同比增长7.8%；旅客周转量14.2亿人千米，下降17.7%。2018年，全市邮政行业累计完成业务收入4.9亿元，同比增长17.89%，累计完成业务总量5.72亿元，增长12.03%。其中，快递服务企业累计完成业务收入1.63亿元，增长31.86%，累计完成业务量1034.82万件，增长9.64%。全年接待国内旅游人数2517万人次，同比增长12%，国内旅游收入154.88亿元，增长10%。全年接待海外游客2.2万人次，增长8%，国际旅游（外汇）收入0.23亿元，增长9%。全年全社会用电量42.25亿千瓦时，同比增长12.6%。

三大攻坚战。防范化解重大风险。政府债务、金融风险有效防控，开展扫黑除恶专项斗争，侦破案件135件，抓获犯罪嫌疑人263人，实现"六个没有发生"。特色种养、光伏、电商、旅游等产业扶贫成效显著，教育、健康、社保兜底等政策全面落地，易地扶贫搬迁、安全饮水工程提前完成，全市3.1万人脱贫、24个贫困村出列。践行绿水青山就是金山银山理念，在全省率先成立12个环保专业委员会，开展生态环保九大攻坚行动；4个国考断面水质和3个县级以上集中式饮用水源地水质全部达标；PM2.5均值持续下降，优良天数比例79.9%，空气质量是近年来的最好时期。中央环保督察"回头看"交办问题基本办结，省环保督察交办问题整改销号75%。

城乡建设。加快推进国家新型城镇化综合试点建设，城镇化率达到52.12%。城市功能不断完善。坚持"规划引领、市区一体"，大力实施主城区重点项目，㵐水一桥、涢水一桥、绕城南路建成通车，市委党校新校区等项目基本建成，武汉城市圈环线高速大随至汉十段、浪河至何店一级公路路基全线贯通，桃园大桥、汉东东路、南外环一级公路等项目加快推进。实施改善城区交通环境四年行动计划，畅通聚玉街等城市微循环道路，新增停车位2200个，建成2个立体停车场。城东生态补水、城北污水处理厂及管网建设、市污水处理厂提标、烈山大道中段改造相继完成，桃园公园、花溪河湿地公园一期等城市公园游园建成开放，新增绿地60万平方米，完成花溪小渠、南郊2号渠和3号渠黑臭水体治理。发挥数字城管作用，开展市容环境综合整治，拆除违章建筑4万平方米。随县烈山湖大桥建成通车，广水市印台山文化生态园建成开园。美丽乡村加快建设。启动编制乡村振兴战略规划，淅河镇、洪山镇、长岭镇连续两年入围全国综合实力千强镇，何店镇、郝店镇获评湖北森林城镇，新增1个全国改善农村人居环境示范村、1个中国传统村落和5个省级美丽乡村示范村、82个绿色示范乡村。实施"四个三重大生态工程"，新改建各类厕所5.3万个，基本建成37个乡镇生活污水处理厂、31个乡镇垃圾压缩中转站，初步建立城乡生活垃圾无害化处理运行管理体系。精准灭荒3.8万亩，综合排名居全省前列。河湖长制全面落实。封江口国家湿地公园通过评估验收。

项目投资。围绕国家及省的政策走向和投资方向，策划储备项目677个，投资额超省定目标2.2倍。深入开展项目建设季度拉练、集中开工、观摩晾晒等活动，全年新开工5000万元以上项目378个，亿元以上项目投资增长13%。汉十高铁随州段全线铺轨，投资180亿元的高铁新区拉开框架，随州加快迈进高铁时代。鄂北水资源配置一期工程基本完工，220千伏江头店输变电、烈山变电站扩建工程顺利投运。犇星化工扩能、东合汽车产业园、毅兴智能滤波器等重大项目建成投产，常森汽车部件、红色江山导航陀螺仪、湖北香思里仓储加工物流、随州农副产品物流园三期等项目进展顺利。投资结构不断优化，工业投资持续向好，增长14.9%，汽车机械投资增长24.5%。民间投资增长16.1%。招商引资取得成果，新签约项目188个，引进亿元以上项目49个。

人民生活改善。城镇新增就业2万人，增发创业小额担保贷款9000万元，扶持创业724人，创业带动就业2691人，新增返乡创业主体2542个。全体居民人均可支配收入21752元，同比增长8.39%；城镇常住居民人均可支配收入29237元，同比增长8.45%；农村常住居民人均可支配收入16538元，同比增长8.32%。全体居民人均生活消费支出14848元，同比增长10.05%；城镇常住居民人均生活消费支出18876元，同比增长9.32%；农村常住居民人均生活消费支出12043元，同比增长10.86%。城区居民消费价格上涨2.2%，涨幅比上年同期提高0.7个百分点。分类别看，食品烟酒类价格上涨3.4%，衣着类价格下降2.4%，居住类价格上涨3.3%，生活用品及服务类价格上涨0.3%，交通和通信类价格上涨0.9%，教育文化和娱乐类价格下降0.1%，医疗保健类价格上涨7.1%，其他用品及服务类价格上涨1.0%。城乡医保参保人数达209.8万人。城镇棚户区改造7236套、农村危房改造5897户。

社会事业发展。全年争取省级以上科技项目30项，申请专利2026件，实现高新技术增加值（四上单位）119.92亿元，同比增长13.2%。全市普通高等教育招生2834人，在校生6885人，毕业生1835人；各类中等职业教育在校生10602人，毕业生3179人；普通高中在校生31305人，毕业生10863人；普通初中和小学在校生196665人。全市共有文化机构53个，艺术表演团体2个，电影院13个，公共图书馆5个，公共图书馆藏书23.2万册，博物馆3个。广播电台2座，电视台2座。全市共有卫生机构(含村卫生室)1288个，其中，县级医院10个，乡镇医院45个；卫生技术人员14864人，包含职业医师4060人，注册护士4604人；病床床位11441张。全市有体育类社会组织22个，体育公园1处，体育运动场2处，省级农民体育健身工程300余处，国家级、省级乡镇农民体育健身工程9处，健身路径468处。2018年体彩销量达到3.56亿元。2018年培训各级各类社会体育指导员480人，承办湖北省围棋公开赛、华中汽车场地越野赛、乡村马拉松等省级以上大型群众性体育赛事。竞技体育成果丰硕，在湖北省第十五届运动会上，随州代表团共获得金牌2枚，奖牌20枚，被授予精神文明代表团。全市规模以上体育企业达6家，体育产业总产值占GDP达0.1%以上，同比增长10%。

生态环境。全年城区空气质量达标天数为286天，其中，优58天，良228天，轻度污染62天，中度污染7天，重度污染3天，达标率79.9%，同比上升3.9个百分点。PM10浓度均值73微克/立方米，较2017年下降2.7%；PM2.5浓度均值45微克/立方米，较2017年下降11.8%。县级以上城市饮用水源地、出境断面水质平均达标率100%。2018年，全市境内10个河流监测断面水质达标率为100%；2018年，全市3个县级以上集中式饮用水水源地：曾都区先觉庙水库、随县封江口水库、广水市徐家冲水库水质均为Ⅲ类，达标率均为100%，水质保持稳定。2018年，按照《环境空气质量标准》（GB3095-2012）评价，随州市空气优良天数286天，占比例为79.9%，较2017年提高3.9%。环境空气质量综合指数为4.41，主要污染物为细颗粒物（PM2.5）。2018年，随州市年均降水pH值范围在6.70—7.38。全年未检出酸雨。土壤环境质量良好，土壤综合污染水平处于尚清洁（安全）警戒线内。2018年，随州市区域环境噪声等效声级平均值为50.8分贝，比上年下降1.1分贝，质量等级为较好。随州市道路交通噪声等效声级平均值为66.1分贝，比上年上升1分贝，质量等级为好。

数字随州

2018年年末全市常住人口（指常住本市半年以上人口）221.67万人。

全市实现生产总值（GDP）1011.19亿元，同比增长7.8%。

第一产业实现增加值144.13亿元，增长2.8%。

第二产业实现增加值488.74亿元，增长8.2%。

第三产业实现增加值378.32亿元，增长9.4%。

全年完成财政总收入80.77亿元，同比增长9.1%。

全年实现农林牧渔业总产值257.93亿元，同比增长3.3%。

粮食总产量152.19万吨，同比增长4.6%。

棉花总产量0.51万吨，增长6.3%。

油料产量9.86万吨，增长0.2%。

全市规模以上工业完成销售产值1330.8亿元，增长8.9%。

全年固定资产投资同比增长11.2%。

全年实现社会消费品零售总额545.6亿元，同比增长11%。

全年实现外贸进出口总额100134万美元，同比下降24.3%。其中，出口92723万美元，下降18.3%；进口7411万美元，下降64.6%。

全体居民人均可支配收入21752元，同比增长8.39%；城镇常住居民人均可支配收入29237元，增长8.45%；农村常住居民人均可支配收入16538元，增长8.32%。

全年全社会用电量42.25亿千瓦时，同比增长12.6%。

全年按照《环境空气质量标准》（GB3095—2012）评价，随州市空气优良天数286天，占比为79.9%，较2017年提高3.9%。环境空气质量综合指数为4.41，主要污染物为细颗粒物（PM2.5）。

全年随州市区域环境噪声等效声级平均值为50.8分贝，比上年下降1.1分贝，质量等级为较好。随州市道路交通噪声等效声级平均值为66.1分贝，比上年上升1分贝，质量等级为好。

土壤环境质量良好，土壤综合污染水平处于尚清洁（安全）警戒线内。

2018年市政府重点民生实事

2018年市《政府工作报告》共确定8个方面29项重点民生实事，经过全市上下共同努力，截至2018年12月31日，已经完成24项，正在推进5项,基本完成预期目标任务。

目标1：促进就业创业,力争城镇新增就业1.6万人,失业人员再就业3000人。发放创业担保贷款7000万元,扶持创业500人,创业带动就业2000人。

完成情况：全市新增就业20457人,失业人员再就业5394人。发放创业担保贷款9000万元,扶持创业724人,创业带动就业2691人。

目标2：实施安居工程,全市改造棚户区7228户,公租房分配入住率达到90%以上,其中,中心城区改造棚户区5100户；开展小区物业管理专项整治,推进3个以上小区物业服务标准化试点建设。发放住房公积金提取贷款3亿元,支持新市民住房消费。

完成情况：全市棚户区改造新开工7236户,其中中心城区棚户区改造新开工5706户；公租房分配入住9417套,分配入住率达到94.25%。完成了凯旋中央、新城大自然、千千水岸三个小区物业服务标准化试点建设。共发放住房公积金提取贷款3.36亿元（其中提取0.45亿元、贷款2.91亿元）,支持新市民住房消费。

目标3：提升中心城区品质,实施2至3个老旧小区提档升级,完成烈山大道中段临街立面包装,改造维修30座城市公厕。

完成情况：基本完成棉花小区、银河花园小区、烈山小区等三个老旧小区提档升级工作,对棉花小区实施了环境整治改造工程,基本完成小区道路刷黑、公共停车棚建设、监控设施增设、立面墙粉刷、小区门卫室改造、小区大门规范等工作；对银河花园小区、烈山小区实施了"一户一表"改造工作,银河花园小区完成供电改造165户,烈山小区127户全部完成供水、供电改造。烈山大道中段临街立面包装工程于2018年11月底正式启动,2019年1月上旬完工。中心城区10座新建公厕及30座改造维修公厕已经全部完工。

目标4：改善城镇水环境,提标升级市污水处理厂,基本完成中心城区东护城河改造等黑臭水体治理工作,确保37个乡镇污水处理厂全部建成营运。

完成情况：市污水处理厂提标升级改造主体工程已完工,进入安装设备程序,预计2019年2月底前试通水,届时将达到一级A排放标准。

正在推进2项：①中心城区东护城河改造等黑臭水体治理工作,中心城区建成区8条黑臭水体已完成治理4条（花溪小渠、南郊1号渠、南郊2号渠、南郊3号渠）,剩余4条（东护城河、合溪河渠、明珠渠、南郊3号渠上游）治理工作正在推进,新发现的6条黑臭水体已列入整治计划。②乡镇污水处理厂建设,截至2018年12月底,全市37个乡镇生活污水处理厂厂区主体工程已完成进度96%,污水主管网铺设344千米,占总任务量的91%,其中,随州高新区淅河镇污水处理厂已建成并试运行；曾都区4个乡镇、大洪山长岗镇污水处理厂管网设施已建成,进入安装调试阶段；随县15个、广水市9个乡镇生活污水处理厂厂区主体工程已完成,进入安装阶段。

目标5：继续缓解交通拥堵,建成溠水一桥、㵐水一桥、实验小学及大润发人行天桥,推进桃园大桥建设,畅通聚玉街、花溪巷等城市微循环道路；新建5处城市停车场,增加停车位1500个。

完成情况：溠水一桥、㵐水一桥均已建成通车。桃园大桥建设项目正在推进,截至2018年12月底,已完成桩基、承台基础、墩柱等建设,累计完成货币工作量2100万元,占总计划的53%。聚玉街改造工程已完工并投入使用,公安、城管等部门对聚玉街、花溪巷、舜井大道、汉东路等道路开展了交通秩序整治,保障花溪巷、聚玉街等道路交通畅通。

正在推进2项：①实验小学及大润发人行天桥建设,实验小学人行天桥项目正在进行管道迁移,大润发人行天桥项目正在进行管道迁移及基础施工。②城市停车场建设,市城投公司2018年建成市民中心立体停车场,新增停车位113个；传媒中心立体停车场开展了建设前期工作；市建投公司基本完成农副产品物流园停车场前期工程。

目标6：改善义务教育办学条件,投入5000万元实施"全面改薄"工程；改扩建东城文峰塔和蒋家岗学校,建成高新区云龙小学；新建白云湖初中和南郊擂鼓墩学校,确保2019年秋季开学时投入使用；筹措资金4700万元，资助5万人次家庭困难学生。

完成情况：2018年，中央和湖北省下达随州市改善义务教育学校办学条件项目资金13060万元，涉及全市83个义务教育学校项目，已全部竣工。新建、改扩建校舍面积63765平方米。云龙小学已建成并投入使用。白云湖初中更名为随州市曾都区编钟学校，正在进行征收拆迁、土地手续办理并同步推进对外招商合作。南郊擂鼓墩学校更名为随州市曾都区鹿鹤学校，已完成土地房屋征收、交地、清表和三通一平工作。共筹措资金7731.9万元，资助家庭困难学生75085人次。

正在推进1项：改扩建东城文峰塔和蒋家岗学校项目，曾都区已确定办学规模。

目标7：加大文化惠民力度，新建100个乡村、社区文体广场，开展送戏下乡300场、戏曲进校园600场；启动擂鼓墩遗址保护区建设。

完成情况：共建成乡村、社区文体广场100个，开展送戏下乡410场、送戏进校园698场。擂鼓墩遗址保护区建设已签订军地双方整体置换框架协议，完成部队搬迁评估、立项、规划手续等工作，正在推进擂鼓墩国家考古遗址公园保护规划编制、拟征土地调规手续及组卷报批工作。

目标8：加强治安防控设施建设，中心城区新增A类公众视频探头200个，建成人像识别系统。

完成情况：2018年中心城区共新增A类公众视频探头318个，布建高清人脸识别摄像机140个，已建成人像识别系统。

特载

聚力建设品质随州
奋力谱写新时代随州高质量发展新篇章

中共湖北省随州市委书记 陈瑞峰

这次会议的主要任务是，以习近平新时代中国特色社会主义思想为指导，深入贯彻落实党的十九大精神和习近平总书记视察湖北重要讲话精神，全面贯彻落实中央经济工作会议、省委十一届四次全体（扩大）会议暨全省经济工作会议精神，总结2018年经济工作，分析当前经济形势，部署2019年经济工作，奋力推动随州高质量发展，建设品质随州。

一、关于2018年经济工作和当前经济形势

2018年，我们全面贯彻落实习近平新时代中国特色社会主义思想和党的十九大精神，深入学习贯彻习近平总书记视察湖北重要讲话精神，坚决推动党中央、湖北省委决策部署在我市落地生根，保持了经济持续健康发展和社会大局和谐稳定，各方面工作取得了新进展、新成效。

——我们坚决落实党中央决策部署，高质量发展迈出坚实步伐。全市经济运行稳中有进、稳中向好，主要经济指标平稳增长，地区生产总值突破千亿元大关、预计增长8%，规模工业增加值增长8%，固定资产投资增长11%以上，亿元以上项目投资增长13%，民间投资增长12.4%，社会消费品零售总额增长11%，实际利用内联资金、利用外资分别增长10%和8%。深化供给侧结构性改革，17家企业跻身全省支柱产业细分领域隐形冠军，高新技术产业增加值突破110亿元、增长13%。三大攻坚战取得积极成效，全市3.1万人脱贫、24个贫困村出列；中央、湖北省环保督察问题整改有力，国考断面水质全部达标，空气优良天数比例增幅居全省前列；政府债务、金融风险有效防控，社会大局平安稳定。乡村振兴战略实现良好开局，出台16条实施意见，推动"五个振兴"任务落实。坚持质量兴农、绿色兴农，积极探索乡村振兴有效路径，曾都区被确定为全国首批农村集体产权改革试点县，随县获批创建全国农村一二三产业融合发展先导区，广水市跻身全国农村创业创新典型县市。

——我们勇于担当省委赋予的重大使命，特色产业增长极建设稳步推进。"三极支撑、多点突破"格局不断优化，专汽产业逆势上扬，产值、产量分别增长15%和18%以上，随州被授予全国机械工业引领高质量创新发展产业集聚区；农产品加工业持续壮大，被授予中国特色农产品优势区，出口额居全省首位，"随州香菇"入选全省农产品区域公共品牌二十强；生态文化旅游业

蓬勃发展，全年接待游客 2500 万人次，旅游综合收入 155 亿元，分别增长 11% 和 14%；智能制造等战略性新兴产业增加值增长 8%，新能源累计发电量占全省近 30%。鄂北生态屏障建设开局良好，随州被纳入汉江、淮河两个生态经济带发展规划，"四个三重大生态工程"扎实推进，精准灭荒 3.68 万亩、综合排名居全省第一方阵，新增省级宜居村庄 4 个、绿色乡村 82 个，森林覆盖率 49.97%，森林蓄积量 1902.81 万立方米。

——我们积极回应群众对美好生活的向往，开启建设品质随州新征程。坚持在发展中保障和改善民生，民生领域支出占比 81%，城镇、农村常住居民人均可支配收入增速高于经济增长速度，国家新型城镇化综合试点建设加快推进，城镇化率达到 52.12%，就业形势总体稳定，社会保障、教育、医疗卫生水平稳步提高，扫黑除恶专项斗争取得阶段性成果，人民群众获得感、幸福感、安全感不断增强。

习近平总书记在中央经济工作会议重要讲话中，科学分析和阐述了我国发展仍处于重要战略机遇期，要求全党正确认识、把握和用好重要战略机遇期。在省委十一届四次全体（扩大）会议暨全省经济工作会议上，省委、省政府对标党中央重大战略，提出了"一芯驱动、两带支撑、三区协同"的区域和产业战略布局，一芯、两带、三区都与随州密切相关，对随州高质量发展提出了新的更高要求，也为随州带来了极好的发展机遇。我们既要看到过去一年来之不易的发展成绩，是我们在习近平新时代中国特色社会主义思想的科学指引和省委省政府坚强领导下，结合随州实际，抢抓机遇、遵循规律、砥砺奋进、苦干实干的结果，始终坚定发展信心；也要科学研判当前经济形势，切实增强忧患意识、机遇意识和发展意识，在新的一年全面用好重要战略机遇期，全面把握"一芯两带三区"战略布局，始终保持战略定力，进一步找准发展定位、把握发展机遇、完善发展思路，集中精力建设品质随州，推动全市高质量发展。

一方面，要牢牢把握我市发展面临的黄金机遇期，从机遇中增强信心、增添动力。省委省政府高度重视区域协调发展、大力支持随州发展，随州先后被纳入长江经济带、汉江生态经济带、淮河生态经济带发展规划等国家级战略，又支持随州创建经济转型升级和创新驱动示范城市、建设成为特色产业增长极、构筑鄂北生态屏障，为推动随州融入全国全省发展大局、实现高质量发展提供了有力战略支撑。这次提出的"一芯两带三区"战略布局，把随州纳入汉孝随襄十制造业高质量发展带、鄂西绿色发展示范区，强调提升襄十随城市群功能、深入实施创新驱动发展战略。这与之前对随州提出的要求是一脉相承的，是充分考虑历史传承、时代方位、区域协调、产业协同等因素，对随州在全省定位的进一步深化和提升。可以说，随州处在高质量发展的黄金机遇期。我们要以新发展理念为引领，创造性贯彻落实党中央、省委关于经济工作的决策部署，自觉把发展统一到全省"一芯两带三区"战略部署上来，找准定位，把握机遇，科学谋划，稳扎稳打，加快探索构建以现代产业体系、城乡区域发展体系、发展动能体系、绿色发展体系、社会发展体系为主要内容的高质量发展工作体系，做实做细建设现代化经济体系的工作布局和战略支撑，推动高质量发展不断取得新突破。在"一芯驱动"的布局下，随州要牢牢把握加快创新驱动发展的新机遇，主动对接武汉，吸引全省创新资源向随州集聚，大力发展高新技术产业、战略性新兴产业，不断提升城市功能品质和核心竞争力，加快形成高质量发展的新动能体系。在"两带支撑"的布局下，随州要牢牢把握加快经济结构优化升级的新机遇，坚持创新驱动发展，重点推进专用汽车及零部件、农产品加工、智能制造等特色产业转型升级，加快发展新能源汽车、电子信息等先进制造业，打造产业新城，建设成为汉孝随襄十制造业高质量发展带的重要节点城市。在"三区协同"的布局下，随州要牢牢把握加快绿色发展的新机遇，走生态优先、绿色发展之路，守住生态和发展两条底线，重点发展生物医药、文化旅游、康养休闲、生态农业等绿色产业，打造文旅名城、生态绿城，构筑鄂北生态屏障，建设成为全省绿色发展增长极。

另一方面，要高度重视我市发展不平衡不充分问题，从问题中看到空间、挖掘潜力。当前，我市发展不平衡不充分突出体现为：实体经济还不强，外部环境之变与经济转型之痛，对实体经济影响较大，民营企业、中小微企业面临困难，外贸出口等部分指标增速放缓；发展动能还不足，新旧动能接续不畅，创新能力不足，传统产业转型不够，新兴产业势强力弱；民生领域短板还不少，城乡居民持续增收制约因素增多，脱贫攻坚、生态环保任务繁重，社会稳定风险依然存在，教育、医疗、养老等公共服务供给不足，实现高质量发展任重道远。这些问题既是短板，也是潜力，既是弱项，也是空间。我们要主动应对挑战，聚焦主要矛盾，突出做好补短板、强弱项的工作，着力解决制约随州高质量发展的重点难点问题。

二、聚力建设品质随州，奋力谱写新时代随州高质量发展新篇章

2019年是新中国成立70周年，是决胜全面建成小康社会第一个百年奋斗目标的关键之年，是落实全省"一芯两带三区"战略、建设品质随州、谱写新时代随州高质量发展新篇章的奋斗之年。做好今年经济工作，意义十分重大。总的要求是：以习近平新时代中国特色社会主义思想为指导，深入贯彻落实党的十九大精神和习近平总书记视察湖北重要讲话精神，全面贯彻落实中央经济工作会议、省委十一届四次全体（扩大）会议暨全省经济工作会议精神，坚持稳中求进工作总基调，以供给侧结构性改革为主线，以建设现代化经济体系为目标，以改革开放为动力，推动三大变革，打好三大攻坚战，落实"六稳"工作部署，统筹推进稳增长、促改革、调结构、惠民生、防风险、保稳定工作，对标全省"一芯驱动、两带支撑、三区协同"区域和产业战略布局，以农业现代化、工业智能化、服务高端化、市域城镇化为抓手，打造产业新城、文旅名城、生态绿城，建设品质随州，保持经济持续健康发展，在落实"四个着力""四个切实"上取得新成绩，奋力谱写新时代随州高质量发展新篇章，为全面建成小康社会收官打下决定性基础，以优异成绩向新中国成立70周年献礼。

市委市政府考虑，今年我市经济社会发展的主要预期目标是：经济增长7.8%—8%；固定资产投资增长11%左右；社会消费品零售总额增长11%左右；规模工业增加值增长8%左右；地方公共财政预算收入增长8%左右；实际利用内联资金、利用外资分别增长7.8%左右和8%左右；居民收入增长与经济增长基本同步；物价形势保持稳定；主要污染物总量减排、环境质量控制等全面完成省下达目标任务。

做好今年经济工作，实现上述目标，重点要抓好以下几项工作。

第一，坚决打好三大攻坚战。打好三大攻坚战，是全面建成小康社会必须完成的刚性目标和底线任务，也是建设品质随州、实现高质量发展的坚实保障。要按照党中央和省委统一部署要求以及市委市政府既定行动方案，坚持问题导向，打好重点战役。

（1）一以贯之打好防范化解重大风险攻坚战。习近平总书记告诫我们，增强忧患意识、防范风险挑战要一以贯之。在经济领域，防范化解重大风险，重点是防控金融、政府债务、企业债务风险。要建立完善金融风险研判、预警机制，强化属地处置责任，巩固深化打击非法集资工作，稳妥处置部分地方法人金融机构的经营风险，坚决守住不发生系统性、区域性金融风险的底线。要规范政府举债融资机制，加强全口径政府债务管理，坚决遏制隐性债务增量，稳妥处置存量，杜绝过度举债搞建设，做到坚定、可控、有序、适度。要加强企业风险监管，加大对实体经济和中小微企业的金融支持力度，深化政银企合作，帮助企业解决债务高、融资难等问题。要切实做好国家安全、意识形态、民族宗教、综治维稳等工作，防范化解社会稳定、公共安全、网络安全等领域风险，坚决防止各类利益诉求向政治安全领域传导。

（2）一鼓作气打好精准脱贫攻坚战。2018年，脱贫攻坚进入关键期，要严格落实"严目标、严措施、严标准、严作风"的要求，坚持精准施策，确保完成5万人脱贫、50个贫困村出列的年度任务，防止返贫和产生新的贫困。越到紧要关头,越要有一鼓作气攻城拔寨的决心,苦干实干、决战决胜。措施要更精准。落实"六个精准"和"五个一批"要求,因村因户因人施策,全力推进产业、就业、生态、教育、健康、社会保障等扶贫,强化易地扶贫搬迁后续措施,坚持"志""智"双扶,增强贫困镇村、贫困群众内生动力和自我发展能力。把关要更严格。严格执行"两不愁三保障、一高于一接近"标准,严把识别关和退出关,确保"脱真贫、真脱贫",切实提高脱贫质量。作风要更过硬。扎实做好中央脱贫攻坚专项巡视"后半篇文章",坚持抓党建促脱贫攻坚,全面查排、深入整改扶贫政策落实不到位、精准识别和动态管理数据不准不实、驻村帮扶不到位等问题。同时,要研究解决那些收入水平略高于建档立卡贫困户的群体缺乏政策支持等新问题,及早谋划脱贫攻坚目标任务2020年完成后的工作思路。

(3) 一抓到底打好污染防治攻坚战。随州要打造鄂西绿色发展示范区,环境保护极端重要,污染防治责任重大,必须坚守阵地、动真碰硬、寸步不让。要严格落实"党政同责""一岗双责",聚焦打赢蓝天保卫战,打好柴油货车污染治理、城市黑臭水体治理、长江保护修复、水源地保护、农业农村污染治理、矿山复绿整治等战役,重拳治气、治水、治土,推动生态环境持续改善。对中央环保督察"回头看"交办信访件,还没有整改到位的,要抓紧整改、按期交账。要认真落实省委省政府《关于禁止环保"一刀切"行为的通知》,避免处置措施简单粗暴,甚至借环保名义侵害群众利益等行为。要完善生态环保法规及其标准体系,善于运用市场化、法治化手段淘汰化解落后产能,倒逼企业转型升级。

第二,坚决推动经济高质量发展。产业是城市发展的命脉,是建设品质随州的基础。推动经济高质量发展,要把重点放在推动产业结构转型升级上,把实体经济做实做强做优。要以深化供给侧结构性改革为主线,以结构高级化、产业高端化、生产高效化为导向,巩固"三去一降一补"成果,增强微观主体活力,提升产业链、供应链、价值链水平,畅通经济循环,全力开创随州高质量发展新局面。

(1) 以传统产业转型升级和先进制造业为重点,打造以特取胜的产业新城。城市空间和资源是有限的,要发挥随州国家级高新区龙头带动作用,完善开发区、工业园区平台功能,大力推进城市集约化发展,淘汰一批低端产业,转型一批传统工业,发展一批高新技术企业,优化产业结构。随州是汉孝随襄十制造业高质量发展带的重要一极,要结合随州产业基础和优势,加快推动专汽产业向新能源、轻量化、智能化及应急救援等领域进军,向智能制造转型,下大力气解决专汽产品同质化、技术空心化、品牌竞争力弱等问题,深化创建全国专汽产业集群区域品牌示范区、国家专用车质量提升示范区、国家应急产业基地。要加快推动农产品深加工规模化、标准化、精细化、品牌化发展,延伸产业链、价值链,把我市"三品一标"、农产品的数量优势转化为品牌优势,深化创建全国特色农产品优势区。要加快推动通信、风机、智能制造、新型材料等战略性新兴产业做大做强,推动军民融合深度发展,培育更多细分领域隐形冠军。

(2) 以文化与旅游产业融合发展为方向,打造独具魅力的文旅名城。旅游脱离了文化就没有了灵魂,而没有旅游的文化就会缺少活力。要抓住湖北打造中部强大市场、武汉建设内陆消费中心的机遇,适应群众对品质消费的市场需求,加快文化与旅游产业深度融合,打响文化消费、旅游消费"品质牌",促进吃穿用消费、住行消费、休闲消费提档升级,推动随州从历史文化名城迈向文旅名城,打造成为世界华人谒祖圣地、中国优秀旅游目的地、"武汉后花园"。要深入挖掘炎帝文化、编钟文化、曾随文化、红色文化等特色文化资源,推动文旅融合,推动投资市场化,对炎帝故里、大洪山、银杏谷、徐家河等核心景区高起点规划、高品质建设、高效能管理,培育生态游、文化游、养生游、研学游、观光游等旅游新业态,丰富旅游产品,加强市场营销,提升服务品质,让游客来了不仅吃住行游购娱舒心,更有深度的文化体验,慢下来、停下来、留下来,提升全域旅游竞争力。加强群众性精神文明创建,提高市民文明素养,提升城市文明形象。随州有丰富的考古遗址文化资源,要加强大遗址保护利用,大力推进擂鼓墩国家考古遗址公园创建,切实抓好曾随文化走廊整体保护开发,打造文化旅游的精品线路和经典景区,擦亮历史文化名城的金字招牌。

(3)以丰富的生态资源为依托,打造美丽宜居的生态绿城。随州有山有水,山水相依,是国家森林城市、国家园林城市,生态资源十分丰富。要牢固树立"绿水青山就是金山银山"的强烈意识,抢抓汉江、淮河生态经济带、长江经济带以及鄂西绿色发展示范区等重大机遇,积极探索绿水青山转化为金山银山的实践路径,让绿色成为品质随州和高质量发展的鲜明底色。要统筹推进生态修复、厕所革命、精准灭荒、乡镇生活污水治理和城乡垃圾无害化处理等重大生态工程,坚决打好环境整治提升工程这场硬仗。在城乡规划建设中,要突出自然生态之美,持续加大城市绿化美化力度,因地制宜建设一批休闲绿地、生态景观、湿地公园等;树立品质理念,按基础型、提升型、精品型分类施策,打造一批宜居、宜业、宜游、宜养的美丽乡村。要完善企业环境守信激励和失信惩戒机制,建立企业生态环境损害赔偿制度,激发企业绿色发展的内生动力,加快形成绿色发展方式。要大力发展新能源、生物医药、生态农业、节能环保等绿色产业,促进产业生态化、生态产业化。

推动经济高质量发展,建设产业新城、文旅名城、生态绿城,要充分发挥有效投资的支撑作用。要聚焦产业升级、创新驱动、绿色发展、基础设施、社会民生等领域,抓好重大项目的谋划、招引、实施等工作,继续实行市领导领衔推进重大工程和重大项目工作制,以投资结构优化引领经济结构优化,以重大项目建设促进产业转型升级。

第三,坚决实施乡村振兴战略。城乡高质量发展,最大的短板在乡村。建设品质随州,最大的短板也在乡村。要按照中央和省委决策部署,把实施乡村振兴战略作为新时代"三农"工作的总抓手,大力推进产业、人才、文化、生态、组织振兴,着力解决城乡发展不平衡、农村发展不充分的问题。

(1)加快推进现代农业提质增效。我市农业发展存在有效供给、绿色生产、农产品竞争力、农民增收渠道"四不足",必须以提质增效为方向,以农业现代化为抓手,加快农业供给侧结构性改革,念好稳、调、转、改、特"五字经"。稳,就是落实藏粮于地、藏粮于技,确保粮食生产稳定。调,就是聚焦优质、特色、绿色,调优农产品结构,推动农业生产从增产转向提质。转,就是转变农业生产方式,加快培育家庭农场、农民合作社等新型农业经营主体,加快培育新型职业农民,发展多种形式的适度规模经营和农业社会化服务,推动农村第一、二、三产业融合发展,让农民更多分享全产业链增值收益。改,就是向改革要动力,完善承包地"三权分置"政策,探索宅基地"三权分置"办法,深化农村集体产权制度改革,把农村资源盘活用好。特,就是要大力发展特色农业,重点建设食用菌、畜禽、优质粮油、木本油料、果蔬茶五大特色产业标准化生产基地、加工基地、仓储物流基地,打造"一村一品""一乡一品",培育一批特色明显的农业产业和优势突出的特色村镇。

(2)加快推进城乡要素融合互动。要以市域、县域城镇化为抓手,着力打破传统的城乡二元体制壁垒,促进路、水、电、气、信等基础设施一体规划、互联互通,推动公共服务向农村延伸、社会事业向农村覆盖,打通城乡要素自由流通的渠道。要深入实施"三乡工程",全面推进市民下乡、能人回乡、企业兴乡,鼓励引导工商资本"上山下乡",激励各类人才投身乡村振兴,为城乡融合发展注入强大活力。要大力实施文化、科技、卫生"三下乡"活动,深化文明村镇创建,加强农村思想道德和公共文化建设,弘扬社会主义核心价值观,推动优秀乡土文化传承与发展,推进乡村移风易俗,树立文明乡风、良好家风、淳朴民风。

(3)加快推进县域经济转型升级。县域经济是"三农"工作的主战场,是乡村振兴的主支撑。县(市、区)委书记既要当好乡村振兴"一线总指挥",更要当好乡村振兴"施工队长"。要把实施乡村振兴战略摆在重要位置，把农业农村优先发展体现到各个方面，在干部配备上优先考虑、要素配置上优先满足、资金投入上优先保障、公共服务上优先安排，全要素、全产业链、全地域谋划推动县域经济发展，为乡村振兴战略提供坚强有力的保障。随州各县市区、高新区和大洪山风景名胜区，都有自己的发展实际和鲜明特点。随县要做优特色产业发展、能人回乡兴乡、文化传承创新、美丽乡村建设、基层党建引领五篇文章，推动乡村振兴。广水要坚持产业、"三生"、城乡、军民与全市发展五个高品质融合，实现高质量发展。曾都要着力提升产业品质、建管品质、环境品质、生活品质，建设品质随州示范区。高新区要当好创新驱动发展、绿色低碳发展、产业集聚发展、服务促推发展、拼搏赶超发展"五个表率"，助力全市产业新城建设。大洪山要聚力建设高品质景区，助力全市文旅名城建设。各地要自觉把发展统一到市委市政府建设品质随州、推动高质量发展的决策部署上来，找准定位、抓住机遇，着力激发新优势、培育新动能、打造升级版，为全市发展多作贡献。

第四，坚决深化改革开放创新。面对新时代新实践新要求，我们必须坚定不移推动改革开放创新走深走实，为建设品质随州、实现高质量发展提供不竭动力。

（1）着力推进重点关键领域改革。要牢牢把握经济体制改革这个"牛鼻子"，把全面深化改革推向深入。深化"放管服"改革。坚持放到底、管到位、服务好的原则，全面落实市场准入负面清单制度，强化事中事后监管，为市场主体和人民群众提供主动、超前、全方位服务。按照2018年6月底前实现省市县乡村五级政务服务网上办事全覆盖的要求，抓紧对接、大力推进"互联网+政务服务"，全力推行"一网覆盖、一次办好"。深化财税体制改革。进一步优化财政支出结构，牢固树立"过紧日子"思想，大力压缩一般性支出，引导、撬动更多资金用于脱贫攻坚、民生、"三农"、结构调整、科技创新和生态环保等领域。深化国资国企改革。巩固扩大混合所有制改革成果，推动现有国有资本投资运营平台市场化改革，做强做优做大国有资本。积极稳妥推进党政机构改革。全面贯彻落实党中央、省委关于深化地方机构改革的决策部署，紧扣机构改革时间表和路线图，加强统筹谋划，精准推进实施，确保按时高质量完成机构改革任务。

（2）着力提升对外开放合作水平。抢搭国家全方位开放快车，抢抓湖北打造内陆开放新高地机遇，扩大高水平开放合作。更大步伐"走出去""引进来"。深度开拓"一带一路"等重点市场，深化国际产能和制造合作，优化出口商品结构，建好全国最大的食用菌出口基地，省级茶叶、中药材、生物医药和汽车及零部件出口基地。高水平办好"世界华人炎帝故里寻根节"，办好炎帝故里国际经贸洽谈会，实现文化与经济互动双赢。更深层次开展区域合作。加强与武汉经济技术开发区的交流合作，加强与汉孝随襄十制造业高质量发展带、鄂西绿色发展示范区相关市州的协同发展。更大力度招商引资。坚持把招商引资作为"一号工程"，注重区域协同务实招商、聚焦"高""新"择优招商、突出特色精准招商、内外结合全方位招商，加大产业链招商、以商招商力度，推动招商方式转向"拼服务、拼环境、拼质效"，提升招商引资对高质量发展的带动作用。

（3）着力构建创新创造良好生态。微观主体是市场经济的基石。搞活微观，核心是发展更多优质企业，关键是激发企业家精神和社会创新创造活力。要支持民营企业发展壮大。我市出台了支持民营经济发展二十条措施，要坚决落实到位。要更大力度优化营商环境，更大力度降低市场准入门槛，依法保护民营企业家的人身财产安全，切实增强企业家获得感。要引导民营企业依法、合规、诚信、稳健经营，推动民营经济高质量发展。要推进市校合作深化拓展。随州靠近人才资源富集的武汉，既有人才引进的地理优势，又要避免武汉对随州人才资源的"磁吸效应"。要坚持柔性引才，建立市校合作长效机制，继续加强湖北专汽研究院、工业研究院、香菇研究院、院士工作站等创新平台建设，积极推动更多高校科研院所来随建立分支机构、研发中心，引进培养更多创新团队和领军人才，吸引更多创新项目在随州实施、创新成果在随州转化。

第五，坚决把民生底线兜住兜牢。高质量发展，就是能够很好地满足人民日益增长的美好生活需要的发展。我们一定要牢固树立以人民为中心的发展思想，积极践行人民至上的价值理念，尽力而为、量力而行，完善制度、守住底线，全力做好民生工作。

（1）切实抓好就业这个最大的民生工程。稳就业是"六稳"之首，就业稳，社会大局就稳。要坚持就业优先战略，重点做好高校毕业生、农民工、退役军人、下岗人员等群体就业工作，实施好"湖北就业提升""返乡创业三年行动""我选湖北·聚才随州"等计划，抓好普惠性就业创业服务制度和政策落实。

（2）切实解决群众反映强烈的民生问题。努力办好教育和医疗卫生事业，着力解决"大班额"、看病难看病贵等问题。对食品药品安全问题零容忍，严格监管、严厉处罚、严肃问责。加快补齐文化事业短板，完善公共文化服务体系，深入实施文化惠民工程，推动文化产业高质量发展。坚持租购并举，完善住房市场体系和住房保障体系，解决城市中低收入居民和新市民住房问题，推动房地产市场平稳健康发展。

（3）切实织密社会保障网。坚持财力向基层、向民生倾斜，加强对农村留守老人、妇女、儿童和城市困难群体的托底保障，保障好困难群众基本生活，扎实推进农村危房改造、棚户区改造等工作。注重解决新业态从业人员参保问题，推进社保制度全覆盖转向人员全覆盖。做好养老、工伤、生育、医疗保险省级统筹的配套工作，补齐商业保险和补充保险短板，满足群众多样化多层次保障需求。

（4）切实维护社会和谐稳定。加强和创新社会治理，抓好网格化服务管理，坚持发展新时代"枫桥经验"，压紧压实信访维稳工作属地责任，努力做到"小事不出村，大事不出镇，矛盾不上交"。完善应急管理和防灾减灾救灾体制机制，严格落实安全生产监管责任，加强重点隐患的排查整改，确保人民群众生命财产安全。加强社会治安防控体系建设，纵深推进扫黑除恶专项斗争，为品质随州建设营造和谐稳定的社会环境。

三、全面加强党的领导，为建设品质随州提供坚强保证

建设品质随州、实现高质量发展，关键在党，关键在人。各级党组织和领导干部要全面加强自身建设，创造性落实党中央、省委关于经济工作决策部署，奋力开创品质随州建设新局面，让市民享受有品质的生活、让产业得到有品质的成长、让城市实现有品质的发展。

第一，严格落实经济建设和管党治党政治责任。要站在树牢"四个意识"、坚定"四个自信"、坚决落实"两个维护"、巩固党的执政地位的高度抓经济工作，充分发挥党委总揽全局、协调各方的领导核心作用，全面履行领导经济工作的职能，把方向、管大局、作决策、保落实。要始终牢记经济工作中有政治，从政治和全局的高度谋划和做好经济工作。要把"硬道理"和"硬任务"结合起来，把"以经济建设为中心"和"把抓好党建作为最大政绩"结合起来，统筹推进"五位一体"总体布局，协调推进"四个全面"战略布局，坚持政治生态、经济生态、自然生态"三个生态"一起抓、"两个责任"一起扛，以全面从严治党成效保障和推动经济社会高质量发展。

第二，努力成为领导和推动经济工作的行家里手。充分运用"学习强国"学习平台，学懂弄通做实习近平新时代中国特色社会主义思想。学习和运用我们党做好新形势下经济工作的规律性认识，顺应和把握经济发展规律，多学习经济、金融、法律、互联网等方面的知识，增强"八个本领"。更加注重重点领域立法工作，为经济社会发展提供有力法治保障和服务。地方工作千头万绪、艰巨繁杂，要学会"弹钢琴""牵牛鼻子"，善于抓纲带目、统筹兼顾，防止顾此失彼。要按照省委要求，改进工作方法，任何工作都必须坚持"一对标"，首先向党中央决策部署对标看齐；用好"两张表"，在工作过程中不断健全、善于运用"经济运行表"和"经济运行质效表"，做好经济运行的精准调控；考量"三本账"，从全要素、全产业链、全地域的角度来衡量、评价工作成绩；提升"四个力"，提高政治领导力、思想引领力、作风示范力、组织保障力，以高质量党建推动高质量发展。

第三，大力倡导"智圆行简、实心实政"的工作作风。智圆行简，就是要把创造性贯彻落实作为转作风改作风的突破口，既善谋全局又善谋一域，大力弘扬务实重行作风，定了就干、干就干好，结合本地本部门实际，把党中央、省委决策部署谋细、抓实、做深。实心实政，就是要把力戒形式主义、官僚主义作为加强作风建设的重要任务，说老实话、办老实事、做老实人，大力弘扬真抓实干作风，推进工作实打实、硬碰硬，解决问题雷厉风行、见底见效，面对难题敢抓敢管、敢于担责。接地气的人更有创造力，接地气的政策更有执行力，接地气的干部更能练就过硬能力。面对严峻复杂的经济形势，更需要深入基层、深入实际调查研究，察实情、出实招、办实事、求实效，更需要少搞一些花拳绣腿、繁文缛节、"留痕"不"留心"，多搞一些表里如一、真刀真枪、实干苦干；少搞一些开会、发文、填表格，多搞一些基层调研、现场督办、马上就办；少搞一些眼花缭乱的带球传球，多搞一些干脆果断的直接投球射门；少搞一些锦上添花的"表面文章""形象工程"，多搞一些雪中送炭的利民工程、暖心工程。

第四，持续提振担当作为、拼搏赶超的精气神。新时代呼唤新担当，需要新作为。各地各部门要落实好党中央《关于进一步激励广大干部新时代新担当新作为的意见》和我省实施意见，坚持严管和厚爱结合、激励和约束并重，理直气壮为实干担当的干部撑腰鼓劲。要坚持正确用人导向，抓住机构改革契机，在改革发展稳定一线考察识别干部，真正把苦干实干的干部选出来，把懒政怠政的干部换下去。伟大梦想不是等得来、喊得来的，而是拼出来、干出来的。各级干部要发扬斗争精神，敢于斗争、善于斗争，敢于担当、善于担当，始终保持争先赶超、永不懈怠的精神状态和顽强拼搏、一往无前的奋斗姿态，以身许党、以身许国、以身许民，在建设品质随州的生动实践中，干出一片新天地、拼出一个新局面。

同志们，做好今年经济工作，责任重大。让我们更加紧密地团结在以习近平同志为核心的党中央周围，在省委坚强领导下，以实心行实政，以实政求实效，以实效创实绩，凝心聚力、砥砺奋进、拼搏赶超，积极推动高质量发展，以品质随州建设的优异成绩向新中国成立70周年献礼！

（本文系陈瑞峰同志在2019年1月10日中共湖北省随州市委四届五次全体（扩大）会议暨全市经济工作会议第一次全体会议上的讲话摘要，标题为编者所加）

政府工作报告
——2018年1月3日在随州市第四届人民代表大会第三次会议上

湖北省随州市代理市长　郭永红

各位代表：

现在，我代表市人民政府向大会报告工作，请予审议，并请各位政协委员和列席人员提出意见。

一、2017年工作回顾

刚刚过去的2017年是不平凡的一年。面对经济新常态下增速换挡、风险防范等多重压力，我们在省委、省政府和市委的坚强领导下，认真贯彻落实党的十八大、十九大精神和习近平新时代中国特色社会主义思想，团结依靠全市人民，以特色提优势、以创新增动能、以实干聚合力，推动经济社会持续健康发展。全市经济企稳回升、稳中有进、进中向好，预计地区生产总值同比增长7%，规模工业增加值增长7.5%，固定资产投资增长16%，地方公共财政预算收入增长9.2%，社会消费品零售总额增长11%，实际利用内联资金、利用外资分别增长10%和9%，城镇、农村常住居民人均可支配收入均增长8%以上。节能减排等控制性指标全面完成省下达目标任务。

（一）转型升级重点突破

启动创建经济转型升级和创新驱动示范城市，一手抓传统产业改造提升，一手抓新兴产业培育壮大。强力推进专用汽车及零部件、农产品加工千亿元产业建设，汽车机械产业产值增长25%，呈现近五年最强增势。农产品加工业产值增长15%，创建国家级生态原产地农产品保护示范区通过考评验收。高新技术产业稳步壮大，增加值增长13%。大力实施技改工程，20多家企业"机器换人"，2家企业入选省智能制造试点示范项目。全面推进市校合作"一园十基地"建设，出台炎帝人才支持计划，与20多所高校精准对接合作。建立大学生创业就业基地45家，吸引大学生实习实训4522人、就业创业3877人。携手武汉理工大学共建工业研究院，新增省级院士专家工作站6个、校企研发中心2家，全市企业创新平台达114家。国家专汽质检中心基本建成，省香菇研究院、风机检测中心投入运营。

（二）产业发展协调并进

全力稳固农业基础，粮食总产保持增长，食用菌、畜禽、优质粮油、木本油料、茶叶等产业加快壮大，中粮33万头生猪项目建成投产，随县被授予"中国稻米油之乡"。第一、二、三产业融合发展企业达到210家，获评省示范镇3个。推动工业量质齐升，在石材产业全面关停整顿的背景下，工业用电量增长8.62%，货运量增长20.8%。新能源汽车、智能装备、生物制药和电子信息产业加快发展，新能源产业新增装机69.6万千瓦；建筑业产值突破100亿元。新增产值过10亿元企业4家，齐星集团税收突破3亿元、湖北百强排序上升10位。改造提升现代服务业，金融、旅游、电商等产业蓬勃发展。双星药业挂牌新三板，59家企业登陆四板，设立首期1亿元政府产业引导基金，政府金融平台支持实体经济45亿元，金融机构存贷款余额分别增长12.5%和11.5%。全域旅游加快推进，丁酉年世界华人炎帝故里寻根节成功举办，景区创建力度加大，随州旅游一卡通成功发行，曾都区洛阳镇成为省旅游名镇。全年接待游客2250万人次、旅游综合收入141.1亿元。众志成城投入央视《魅力中国城》竞演，随州荣膺"全国十佳魅力城市"。

（三）项目建设取得成效

召开全市项目建设"比拼赶超"现场会，全年新开工项目2060个，亿元以上项目完成投资490亿元、增长16.5%。首座500千伏智能变电站投产送电，随孝电网解环工程完工，广水电网并入随州。中广核万店、齐星龙岗等地面光伏电站并网发电，金龙新型地板、程力5万辆轻卡、广固数控加工机床、泰华科技二期扩能等项目建成投产，宁西铁路增建二线随县段顺利竣工。汉十高铁、鄂北水资源配置工程随州段、武汉城市圈环线高速广水段等项目推进顺利。拓宽项目融资渠道，9个PPP项目成功落地，发行城市停车场等债券22.4亿元、首笔PPN债券15亿元，获批国开行（国家开发银行）项目授信300亿元。

（四）改革开放扎实推进

供给侧结构性改革落地落实，累计为市场主体降低各类成本25.98亿元，企业亏损面、资产负债率分别下降15.8个百分点和2.9个百分点。"放管服"改革有效推进，市直部门行政职权事项减少23.4%，政府投资核准事项减少30%。实施"29证合一"，新登记市场主体超过3万户。新增混合所有制企业5家。"两室联建、医养结合"模式入选国家养老服务业发展典型案例，农村"两权"抵押贷款试点、不动产统一登记、供销社混合制试点、国有林场等各项改革推进顺利。对外开放取得成果，引进亿元以上项目62个，常青机械、华昶科技、万达广场等成功签约。外贸出口增长8%，其中香菇出口6.5亿美元，居全国地级市首位。成功引进农产品跨境电商平台。

（五）城乡面貌明显改观

科学优化区域布局，城乡总体规划在全省率先完成编制审批，成为"湖北样本"。持续增强城市综合承载力，中心城区实施重点项目93项，总投资超过100亿元，胜利大道、清河东路、绕城南路等建成使用，明珠东路、汉东东路和㵐水一桥改造等项目加速推进，桃园大桥启动建设。

东、西护城河等黑臭水体治理取得阶段性成效，淅河及城北污水处理厂基本建成。烈山、蒋家岗、溠水3个农贸市场相继新建，市农副产品物流园二期建成使用。随州欢乐世界游乐场投入营业。成立市城管执法委员会，开展城市环境综合整治"雷霆行动""秋风行动"，城市管理更加精细。随县新县城路网逐步拉开，烈山湖桥等工程加快实施；广水市印台山文化生态园、广悟大道等项目推进有力，高标准承接了"空降排-2017"国际军事比赛。着力打造美丽村镇，长岗菩提小镇等一批特色小（城）镇建设全面启动，黄木淌村、桃源村分别获评全国美丽宜居村庄、中国乡村旅游创客示范基地。

（六）生态优势不断彰显

全面推进城乡绿色革命，加快"一轴一环三片"生态布局，随城山国家生态公园二期、擂鼓墩遗址公园等一批城市公园游园建成使用，中心城区新增绿地84.5万平方米，曾都区"两大片两条线"生态走廊、随北百里风光走廊、广水北三镇生态画廊、高新区美丽乡村示范片建设成果显现。全市绿满行动造林33.6万亩，森林覆盖率和蓄积量稳步增长，完成天然林落界373.9万亩，林木采伐控制在省定限额10%以内，成功创建省级2个森林城镇、69个绿色示范乡村。37个乡镇生活污水处理厂启动建设，我市全域通过省农村生活垃圾治理考评验收。推行落实河湖长制，水库养殖网箱全部拆除，禁养区28家养殖场全部搬迁，非禁养区77家养殖场治理全部达标。深化大气、水、土壤污染防治，狠抓秸秆禁烧，淘汰黄标车2891辆，空气优良天数比例和PM10、PM2.5浓度值实现"一升两降"，县级以上城市饮用水源地、出境断面水质平均达标率100%，中央、湖北省环保督查问题整改较好完成。

（七）人民生活持续改善

财政用于民生领域的支出121亿元，占公共预算支出的80.1%，增长5.3%。打响精准扶贫攻坚战，实施易地扶贫搬迁5998户、12415人，随州扶贫云平台上线使用，83兆瓦光伏扶贫项目建成并网，4.4万贫困人口饮水安全问题得到解决，省定年度脱贫目标圆满完成。稳定扩大就业，增发创业担保贷款近8000万元，城镇新增就业2.16万人。加强社会保障体系建设，推进全民参保登记计划，统一城乡居民医保政策，跨省异地就医实现直接结算，农民工工资支付保障办法出台实施。发放各类社会救助资金和优待抚恤金3.88亿元。住房公积金扩面7800人，发放贷款和提取资金15亿元。保障性住房、棚户区改造住房新开工7848套、基本建成5573套，改造农村危房4488户。重视提升教育办学质量，推进素质教育，普通高中毕业生升学率达到92.1%，高考成绩取得新突破；新建、改扩建校舍5.1万平方米，发放贫困生资助金4200多万元，高新区胜利学校、随县炎帝学校建成使用。大力发展文体事业，完成扩建（随州）市博物馆，成功举办（随州）市第二届运动会，新建农村文体广场132个，全民阅读、全民健身氛围日渐浓厚，曾都区获评全国群众体育先进单位。健全医疗卫生服务体系，城市公立医院改革顺利启动，市中心医院成功创建三甲、新院区基本建成，市残疾人康复中心完成主体工程。省文化科技卫生"三下乡"集中示范活动在广水市举行。加强和创新社会治理，"三民工程"深入开展。加大平安建设力度，安全生产形势稳定好转，信访维稳、打击犯罪、食药监管、应急管理等工作扎实推进，我市连续三年被授予全省社会治安综合治理优胜单位称号，社会大局和谐稳定。精神文明建设成果丰硕，连续四届荣获省级文明城市称号，全国文明单位、文明村镇、文明校园达到14个，7人被评为"荆楚楷模"。加强国防动员建设，驻随部队勇担急难险重任务，有力推动了军民融合发展。巩固国家双拥模范城创建成果，优抚安置工作落实较好。

（八）政府自身建设得到加强

深入推进全面从严治党，常态化开展"两学一做"学习教育，规范开展"主题党日"活动。自觉接受随州市人大及其常委会法律监督、政协民主监督、社会监督和舆论监督，认真办理市人大建议143件、政协提案165件。扎实推进法治政府建设，落实我市首部实体法，城区禁鞭成为常态。加强勤政廉政建设，强化履职尽责清单管理，深化行政效率不高、执法不公"两不"专项整治，开展扶贫领域电视问政，"作风聚焦"暗访曝光不担当、不作为等问题85个、处理146人，治理了一批基层"微腐败"，营造了为民务实清廉的政务环境。

与此同时，新闻出版、文联、社科联、外事侨务、对台、民族宗教、援疆和国防教育动员工作再上新台阶，工青妇、儿童、残疾人、红十字会、无偿献血、老龄和慈善事业有了新发展，审计、统计、国调、质监、物价、机关事务、公共资源交易管理、档案、保密和地方志工作迈出新步伐，邮政、通信、无线电、石油石化、烟草、民防、消防、水文和气象等工作都取得新成绩！

各位代表，一年来的发展成就来之不易，这是省委、省政府和市委坚强领导、科学决策的结果，是市人大、市政协监督支持的结果，是历届政府砥砺奋进的结果，是广大党员干部和人民群众携手共进的结果！在此，我代表市人民政府向全市人民，向各位人大代表、政协委员，向各民主党派、工商联、人民团体和无党派人士，向驻随部队、武警官兵，向所有关心、支持、参与随州改革发展的各界朋友，致以诚挚的敬意和衷心的感谢！

各位代表，我们也清醒认识到，当前全市经济虽然持续增长，但部分指标增速放缓，地区生产总值、规模工业增加值未实现年初预期目标；实体经济困难较多，特别是信贷投放不足，融资瓶颈仍较突出；脱贫攻坚、环境改善、社会治理等难度增大，教育、医疗等公共服务资源供给不足，交通拥堵等"城市病"治理仍需综合施策。此外，政府自身建设方面，少数部门和工作人员担当不够、履职不力，"四风"问题特别是形式主义、官僚主义出现新表现，表态多调门高、行动少落实差等问题一定程度存在，提高行政质效还需向深度用力。对此，我们一定高度重视，着力加以解决。

二、面临的形势和任务

2018年是贯彻党的十九大精神的开局之年，是改革开放40周年，是决胜全面建成小康社会、实施"十三五"规划承上启下的关键一年。站在新的历史起点上，必须观大势、谋全局，找准坐标，顺势而为，奋力开辟新时代随州发展新境界。当前，全球经济复苏乏力，不稳定、不确定因素明显增多；我国区域发展呈现新动向，竞争更趋激烈。我市发展不平衡、不充分和规模小、空间小的最大困扰还没有根本改变，做大总量与转型升级、财政增收与企业减负、保护生态与加快发展等两难矛盾增多。同时更要看到，我国经济已由高速增长阶段转向高质量发展阶段，各种积极因素不断积聚。特别是党的十九大胜利召开，描绘了新时代中国特色社会主义的宏伟蓝图。省第十一次党代会作出重大部署，支持随州建设特色产业增长极，省委十一届二次全会吹响了全面建设社会主义现代化强省的号角。随着"一带一路"建设、大别山革命老区振兴发展等重大战略纵深实施，我们凭借深厚的文化底蕴、良好的生态环境、鲜明的产业特色、坚实的项目支撑、优越的交通区位等诸多优势，一定能够抢抓政策窗口期，拓宽发展空间，赢得美好未来！

2018年政府工作的总体思路是全面贯彻落实党的十九大和省委十一届二次全会、市委四届四次全会等精神，以习近平新时代中国特色社会主义思想为指导，按照"五位一体"总体布局、"四个全面"战略布局和湖北现代化强省建设统一部署，坚持以人民为中心的发展思想，坚持稳中求进的工作总基调，坚持新发展理念，落实高质量发展的根本要求，狠抓投资拉动、创新驱动、开放带动、实干推动，着力做强实体经济、推动转型升级，着力深化供给侧结构性改革、提高供给体系质量和效益，着力推动产城融合、实施乡村振兴战略、保障和改善民生，深入推进"圣地车都"建设，全力打造特色产业增长极，加快迈向区域性中心城市的步伐。

今年经济社会发展主要预期目标是地区生产总值增长8%，规模工业增加值增长8%，固定资产投资增长13%，社会消费品零售总额增长11%，地方公共财政预算收入增长8%，外贸出口增长8%，实际利用内联资金增长10%、利用外资增长8%，城镇、农村居民人均可支配收入增长与经济发展同步，物价形势保持稳定，主要污染物总量减排、环境质量控制等全面完成省下达目标任务。

实现上述目标，加快建设富强民主文明和谐美丽随州，我们将坚持"产业兴市、质量强市、创新活市、生态立市"，切实把握以下几点。

——坚定不移践行新发展理念。按照创新、协调、绿色、开放、共享的发展思路，以创建经济转型升级和创新驱动示范城市为路径，推动经济发展质量变革、效率变革、动力变革，谋求更加平衡、充分的发展，全面突破规模小、空间小的"小之困"，努力实现"强省建设"的随州作为。

——坚定不移建设现代化经济体系。贯彻落实习近平新时代中国特色社会主义经济思想，坚持质量第一、效益优先、速度合理，调整优化经济结构，夯实专用汽车及零部件、农产品加工、生态文化旅游三极支撑，推动新能源、风机制造、晶体材料、电子信息、智能制造、生物医药、大健康等产业多点突破，加快构建在全省具有比较优势的特色产业格局。

——坚定不移推进改革开放创新。坚持改革引领，大胆先行先试，创造更多的随州经验、随州模式。推进全面开放，在广度和深度上下功夫，着力构建开放高地。加强创新型城市建设，完善以企业为主体、市场为导向、产学研深度融合的技术创新体系，不断增强发展新动能。

——坚定不移打好三大攻坚战。突出抓重点、补短板、强弱项，坚决打好防范化解重大风险、精准脱贫、污染防治的攻坚战，特别是把脱贫攻坚作为政治责任、头等大事和第一民生工程，调动全社会力量，构建大扶贫格局，使全面建成小康社会能得到人民认可、经得起历史检验。

——坚定不移以人民为中心。着眼满足人民日益增长的美好生活需要，始终把保障和改善民生作为政府工作的出发点和落脚点，一年接着一年干，努力让全市人民幼有所育、学有所教、劳有所得、病有所医、老有所养、住有所居、弱有所扶。

三、2018年重点工作

今年政府工作要以党的十九大精神为根本遵循，以推动高质量发展为第一要务，以保障和改善民生为最高追求，重点做好八个方面工作。

（一）紧扣转型发展，全力以赴建设特色产业增长极

致力打造专用汽车及零部件千亿元产业。加快壮大专汽产业集群，力争产值增长15%以上。依托30千米专汽长廊，引导资源要素聚集，规划建设智能专用车、应急装备等产业园。积极应用新材料、新工艺、车联网等技术，大力研发新能源、轻量化、智能化的"高精尖"专汽产品，加快发展应急救援、特种消防、高铁维护等专用车项目。做大做强整车企业，带动零部件产业配套发展。支持国家专汽质检中心、湖北省专汽研究院发挥功能，不断提升设计、研发、营销等平台服务水平。强化规范整顿和行业自律，提升产品质量和品牌形象，让中国专用汽车之都逐步享誉世界。

致力打造农产品加工千亿元产业。深化农业供给侧结构性改革，打造"来自炎帝故里的馈赠"系列农产品区域品牌，积极创建国家级农产品（食用菌）优势区、农业产业化示范基地，加快建设现代化农业强市。拓展农业产业链条，促进种养加、产供销一体化发展，力争农产品加工产值增长10%以上。着力扶持市场主体，支持龙头企业做精做专，培育一批农业产业化联合体。加快发展农产品订单直销、连锁配送，推进鄂北最大的特色农产品加工物流中心建设。

致力打造生态文化旅游战略性支柱产业。以"旅游+、+旅游"为方向，加快建设世界华人谒祖圣地、全国知名的旅游目的地。积极培育寻根游、生态游、研学游、工业游等旅游新业态，大力营销推介精品旅游线路，加快开发旅游商品。推进炎帝故里文化旅游区、大洪山、千年银杏谷、桃源村、田王寨等景区创建，力争随县、长岗镇建成省级全域旅游示范区。

致力打造成长性新兴产业集群。坚持无中生有、有中生优、优中生强，推动互联网、大数据、人工智能和实体经济深度融合，引导发展互联网教育、移动医疗、共享经济等新业态。积极推进新能源产业发展，谋划实施光伏、生物质发电项目。支持随县通用航空项目一期建设，培育发展航空运输、维修、培训等临空产业。有序扩大中药材种植面积，推进叶开泰智能制药等项目建设，

加快发展中成药制造业，引导产业向大健康领域发力。

（二）紧扣提质增效，全力以赴做强实体经济

加快壮大工业支柱。大力发展先进制造业，优化升级风机制造、晶体材料、电子信息、纺织服装等产业。重点推动犇星化工、东合新能源汽车、常森汽配、金龙复合材料、导航陀螺仪等项目建设。抓好中小企业成长工程，力争新增规模企业50家以上，支持企业争做细分行业"隐形冠军"。深入开展"五个一"包保、全员下沉、"一企一策""减负晾晒"等"四大帮扶行动"，破解企业发展难题。实施创新驱动发展战略，滚动推进"百企百亿技改工程"，实施重大技改项目50项以上。鼓励原始创新，引导企业加大研发投入，支持各类创新平台建设，强化科技攻关，推动科技成果转化，力争发明专利增加10%，高新技术产业增加值增长13%以上。

加快发展现代农业。夯实农业生产能力基础，稳定粮食种植面积，壮大特色种养业，确保食用菌生产稳定在3亿袋左右，扶持推广香菇集中制棒、分散出菇新模式，力争规模达到1000万袋，惠及菇农5000户以上，支持随县争创国家现代农业（香菇）产业园。加快建设优质粮、蔬菜、木本油料、茶叶、蓝莓、花卉苗木等规模化生产基地，重点发展肉鸡、生猪、肉牛三大畜禽业和小龙虾、花白鲢两大水产养殖业。稳妥推进适度规模经营，发展新型农业经营主体300家以上。狠抓农产品标准化生产，落实质量安全追溯制度。严格耕地保护，加强高标准农田和水利工程建设，强化水库汛情在线监测。探索第一、二、三产业融合发展新路径，鼓励企业发行农村产业融合发展专项债和增信集合债；实施"百县千乡万村"工程，创建17个省级融合发展示范村。

加快培育现代服务业。积极适应消费趋势新变化，大力发展全域旅游，力争全年接待游客2400万人次，综合收入突破150亿元。拓展商贸服务业，畅通城乡流通网络，引进大型卖场和商业综合体，推动实体零售创新转型。加快发展电子商务，促进线上线下融合发展。引导发展餐饮、住宿、家政、健康等生活性服务业，培育壮大现代物流、融资租赁、信息技术、节能环保、服务外包、人力资源等生产性服务业。打击侵权假冒，保障消费安全。

加快提升县域经济。深入开展"比拼赶超"活动，推动县域经济争先进位。重点支持随县发展农产品加工和全域旅游，广水市发展风机制造和智能装备；曾都区市区一体联动发展，打造专用汽车及零部件特色产业发展主阵地；随州高新区产业升级、产城融合，成为市域经济第一增长极；大洪山提升核心景区，建好佛教名山、养生天堂。大力推进各级各类开发区和工业园区建设，提高配套服务水平。

（三）紧扣筑牢底盘，全力以赴扩大有效投资

突出项目招引，增强后劲支撑。把招商引资作为"一号工程"，选聘招商顾问，完善招商信息，充分发挥产业招商分局的作用，选准方向、优化布局，推进产业招商、以商招商，探索中介招商，切实提高资金到位率和项目落地开工率。推动央企、省企与我市企业合作重组，扩大混合所有制经济发展成果。开展安商暖商利商行动，落实优惠政策，强化督办考核，力争新引进亿元以上项目40个以上，实际利用内联资金320亿元以上，利用外资1.5亿美元以上。

强化项目谋划，优化投资结构。紧盯国家政策导向、投资方向，围绕产业转型升级、基础设施、社会事业、生态保护、乡村振兴等五大领域，超前谋划一批事关长远发展的大项目、好项目，争取更多项目纳入国家和省投资计划。做实随州至信阳高速公路、城南国际物流城等项目前期工作，争取尽早落地开工。

推进项目实施，促进增产达效。重点推进汉十高铁、鄂北水资源配置二期、水生态综合治理等重大工程建设，确保程力二期、毅兴智能、双剑风机、正大熟食等产业项目竣工投产。激发民间投资活力，大力实施绕城南路地下综合管廊等PPP项目，加快南北外环一级公路等骨干路网建设，基本建成浪河至何店一级公路。全力推进220千伏江头店、110千伏滨湖变电站等电网配套项目建设。

健全项目机制，保障要素供给。完善投资项

目在线审批监管平台。继续强化领导包保、五星管理、集中开工、现场观摩、跟踪督办等工作机制，推广曾都区周六现场办公制，定期会商协调解决项目建设难题。下大力气整治施工环境，高效推进融资、用地等要素保障工作。

（四）紧扣全面小康，全力以赴决战脱贫攻坚

在协同推进上强责任。围绕实现24个贫困村脱贫出列、3.7万贫困人口脱贫销号的目标，强化各级各部门及"一把手"主体责任，发挥驻村工作队和第一书记作用，建立和落实驻村干部督办、召回等制度。加强扶贫绩效考核评估和监督执纪问责，严把脱贫退出的标准关、程序关、群众认可关，提升"三率一度"，确保脱贫质量，既不降低标准，也不吊高胃口。加强扶贫信息系统建设，整合中国社会扶贫网和随州扶贫云平台，推动政府、市场、社会"三位一体"大扶贫。

在产业扶贫上出实招。坚持扶贫同"扶志""扶智"相结合，引导贫困群众劳动增收、就业创业致富，避免养"懒汉"。推进特色产业扶贫，因地制宜发展种养业，壮大贫困村集体经济。推广"政府、银行、保险、合作社+贫困户"的"四帮一"产业扶贫模式，实施电商扶贫、旅游扶贫等精准扶贫工程。加大各级财政扶贫专项投入，整合项目资金，规范管理使用。加强金融帮扶，全面完成省下达的小额扶贫贷款目标。

在落实政策上不走样。精准落实扶贫政策措施，加快完善贫困村基础设施和基本公共服务，加大深度贫困村扶持力度。推进农村危房改造，着力解决贫困人口的安全饮水问题。做好易地扶贫搬迁后续工作，完成拆旧建新任务，确保稳得住、可脱贫。落实教育、健康和社保兜底政策，确保贫困人口住院费报销比例达到90%以上，个人自付费不超过5000元，有效避免因病返贫；全面落实贫困家庭子女义务教育"两免一补"政策，防止因贫失学。探索资产收益和生态补偿扶贫等途径。

（五）紧扣动能转换，全力以赴推进改革开放

深化供给侧结构性改革。聚力"五大任务"，聚焦"破、立、降"，大力破除无效供给，以创新转型增强新动能。全面落实减税降费政策，力争为企业再减负2亿元以上，激发各类市场主体活力。同时，加快补齐基础设施、公共服务、民生保障等领域的短板。

深化"放管服"改革。持续转变政府职能，加大"互联网+放管服"改革力度，推进神农云建设，促进数据通、业务通，尽快实现"一网覆盖、一次办好"目标，力争让群众和企业办事像网购一样方便。坚持放权到位、管理增效、服务提质，推广政务服务App，加快网上审批服务向基层延伸，开展争创"全省最快办件"活动。巩固扩大"多证合一"商事制度改革成果，推进企业登记全程电子化，深化高新区"一窗受理、组团服务"改革，全面提高行政服务效率。推进综合执法体制改革，加大市场监管力度。

深化重点领域改革。推进预算管理制度改革，优化支出结构，提高财政资金使用效益。拓宽社会融资渠道，大力发展普惠金融，推动汉口银行等金融机构进驻随州，力争全年新增社会融资规模120亿元。积极对接多层次资本市场，引导企业主板上市，力争挂牌新三板、四板企业分别新增1家和10家以上，推动更多企业运用债券融资工具。大力发展股权融资，利用产业引导基金，有效撬动社会资本。创新政府增信模式，支持融资性担保机构发展。树立与风险赛跑的意识，关口前移、分类施策，稳妥处置政府债务、非法集资等风险，做好隐性债务化解工作。推进统计体制改革，做好第四次全国经济普查工作。加快国有企业公司制改革，做好"三供一业"分离移交。

深化对外开放合作。完善随州口岸功能，加强大通关建设，争取设立公用型保税物流中心。加快"走出去"步伐，积极对接"一带一路"和湖北自贸区建设，不断扩大专用汽车、食用菌、茶叶、通讯电子等产品出口份额。充分利用国际国内两个市场两种资源，引导企业到境外投资发展。深度融入长江经济带等战略，探索区域合作新路径，加强产业对接，促进共赢发展。

（六）紧扣生态宜居，全力以赴建设美丽随州

抓"扩容提质"，让城市更有品位、管理科学精细。发挥规划引领作用，统筹城乡一体化发展，推进国家新型城镇化综合试点建设。围绕拉

开框架、完善功能，投资112亿元，建设中心城区重点项目77项。完善城南和㵐河片区路网，新建明珠东路、白云大道北段等城市道路，改造汉东路中段、烈山大道中段等主干道。加快市委党校新校园、城市公共活动中心综合体、随州中心客运站、大隋文化创意产业园等项目建设。完善城市便民市场，改造老旧零售菜市场，新建草店子街净菜市场。围绕打造特色产业增长极的核心区、创新转型的先行区、现代服务业的引领区、高端人才的集聚区和宜居宜业宜游的示范区，统筹谋划城南新区高铁新城建设，启动4平方千米的高铁小镇建设，快速推进高铁站房、站前广场、站前大道、停车场、综合管廊等基础设施配套，实现与高铁通车无缝对接；推动产城融合，加大招商力度，重点发展会展博览、研发设计、电子商务、现代物流、文化创意、健康养老等产业，放大高铁枢纽优势；加快承接老城区疏解的行政及事业性服务机构、批发市场、较大物流节点等功能。进一步创新完善城市管理体制，发挥数字城管平台功能，严查违法建设、占道经营、渣土漏撒、广告杂乱和乱搭乱建等行为，巩固环卫作业市场化改革成果。推动随县和广水市城市基础设施提档升级，提高精细化、规范化、数字化管理水平。

抓乡村振兴，让农村山清水秀、农民安居乐业。按照产业兴旺、生态宜居、乡风文明、治理有效、生活富裕的总要求，建立健全城乡融合发展体制机制和政策体系，大力实施乡村振兴战略。全面开展"三乡工程"，促进市民下乡、能人回乡、企业兴乡，推动城市资金、技术、人才、信息等要素与农村资源有效对接。加强支农资金整合使用，鼓励社会力量参与农村建设。积极培育长岗菩提小镇、洪山温泉康养小镇、应办多肉艺术小镇、洛阳银杏小镇等特色小镇，建好一批共享田园综合体试点，带动产业增效、农民增收、生态增值。探索"三权分置"多种实现形式，推进农村集体产权制度改革，进一步盘活土地资源。加快提升农村基础设施，改善道路、供水、供电、通信等生产生活条件，新建通村公路350千米、2处公交首末站。启动开展"厕所革命"三年攻坚行动，统筹推进城市、旅游景点尤其是农村厕所建设，切实让群众"方便"更方便。深化农村环境综合整治，确保生活垃圾统筹治理全覆盖。进一步推广"荆楚派"特色民居示范建设，创建一批国家级、省级宜居村庄。

抓绿色发展，让自然宁静和谐、环境持续改善。践行绿水青山就是金山银山的理念，推进绿色低碳循环发展。实施"蓝天工程"，持续开展"两禁、三控、四治"，完善大气污染防治考核办法，让随州呈现更多高颜值的蓝天白云。实施"碧水工程"，全面落实河湖长制，实行"一河一策"。加强水环境综合治理，开展封江口水库饮用水源保护区环境整治，强化全市34个乡镇集中式饮用水源地保护。实施"净土工程"，启动土壤污染详查，制定实施污染治理与修复规划，继续推进矿山复绿。加强农业面源污染防治，推进畜禽养殖废弃物资源化利用。实施"增绿工程"，深入推进"一轴一环三片"建设，加快㵐水、漂水、花溪河湿地公园建设，确保中心城区新增绿地60万平方米。继续封山育林，大力开展精准灭荒，强化天然林、生态公益林、古树名木等管护，发展林下特色经济，实施林业碳汇工程，壮大绿色富民产业。大力推进森林城镇和绿色示范乡村创建，加快淮河、徐家河国家湿地公园试点建设，争创封江口国家湿地公园、中华山鸟类国家级自然保护区。

（七）紧扣普惠发展，全力以赴谋求民生福祉

着力提升公共服务。优先发展教育事业，坚持立德树人，发展素质教育。推进城乡义务教育一体化发展，大力缓解"大班额"问题。加快普及高中阶段教育，继续提高办学质量。重视发展学前教育、职业教育、特殊教育等各类教育。深化健康随州建设，加快医药卫生体制改革，重点推进城市公立医院综合改革，落实分级诊疗制度，抓好医疗联合体建设，定向委托培养乡村医生，争创国家卫生城市。加强和完善计划生育服务管理，促进人口长期均衡发展。推进基层食品药品监管机构规范化发展，建立最严格、全过程监管制度，开展小作坊、小餐饮、摊贩"三小"治理，保障人民群众"舌尖上的安全"。继续推进国家"医

养结合"试点建设，探索多种模式兴办养老服务示范机构。

着力完善多层次社会保障体系。全面实施全民参保计划，加大扩面征缴力度，推进事业单位养老保险制度改革。完成城乡居民医保制度整合"七统一"，扩大参保和支付范围。继续提升社会保障水平，健全城乡低保、农村五保和孤儿生活养育标准自然增长机制，做好城镇困难职工解困脱困工作。大力推进以优抚安置为主体的"双拥共建"。

着力扩大就业创业。落实就业再就业政策，加大就业援助力度，抓好重点群体就业工作。强化技能培训，继续开展"神农工匠"评选。加快创业孵化基地建设，充分发挥创业担保贷款帮扶作用，推进大众创业万众创新，力争新登记市场主体3万户以上。

着力强化人才支撑。深入推进人才强市建设，落实炎帝人才支持计划，大力开展"我选湖北·聚才随州"行动。高标准推进"一园十基地"建设，抓好高端人才、创新团队引进和人才培育服务，建好市人才创新创业超市，引导推动创新资源向随州汇聚，努力让各类人才的聪明才智充分涌流、各个领域的创造活力竞相迸发。

着力增强文化软实力。挖掘炎帝文化、编钟文化、曾随文化、红色文化等特色地域文化内涵，大力推进文化创造性转化、创新性发展。办好戊戌年寻根节和编钟出土40周年纪念活动，推进编钟音乐文化之都产城融合发展示范区建设。实施中国传统节日振兴工程，丰富传统节日内涵，积极引导、推动大众文化消费。大力弘扬乡土文化，建设新乡贤文化，让随州儿女记得住乡愁。继续推进"三馆一站"免费开放，深入实施全民健身计划，建成一批群众身边的运动场地设施。加强国家历史文化名城保护，推进非物质文化遗产保护传承，创作一批文化精品力作。做好地方志、年鉴编纂出版工作。建立健全精神文明建设长效机制，践行社会主义核心价值观，争创全国文明城市。

着力办好民生实事。始终把人民对美好生活的向往作为奋斗目标，坚持尽力而为、量力而行，继续实施一批民生实事项目。①促进就业创业，力争城镇新增就业1.6万人，失业人员再就业3000人。发放创业担保贷款7000万元，扶持创业500人，创业带动就业2000人。②实施安居工程，全市改造棚户区7228户，公租房分配入住率达到90%以上，其中中心城区改造棚户区5100户；开展小区物业管理专项整治，推进3个以上小区物业服务标准化试点建设。发放住房公积金提取贷款3亿元，支持新市民住房消费。③提升中心城区品质，实施2至3个老旧小区提档升级，完成烈山大道中段临街立面包装，改造维修30座城市公厕。④改善城镇水环境，提标升级市污水处理厂，基本完成中心城区东护城河改造等黑臭水体治理，确保37个乡镇污水处理厂全部建成营运。⑤继续缓解交通拥堵，建成㵐水一桥、涢水一桥、实验小学及大润发人行天桥，推进桃园大桥建设，畅通聚玉街、花溪巷等城市微循环道路；新建5处城市停车场，增加停车位1500个。⑥改善义务教育办学条件，投入5000万元实施"全面改薄"工程；改扩建东城文峰塔和蒋家岗学校，建成高新区云龙小学；新建白云湖初中和南郊擂鼓墩学校，确保2019年秋季开学投入使用；筹措资金4700万元，资助5万人次家庭困难学生。⑦加大文化惠民力度，新建100个乡村、社区文体广场，开展送戏下乡300场、戏曲进校园600场；启动擂鼓墩遗址保护区建设。⑧加强治安防控设施建设，中心城区新增A类公众视频探头200个，建成人像识别系统。

（八）紧扣和谐稳定，全力以赴共建共治共享

进一步加强社会治理。深化实施"三民工程"，完善社区协商议事机制。加强农村基层基础工作，健全自治、法治、德治相结合的乡村治理体系。规范社会组织管理，大力推进政府购买服务。加快发展志愿服务和慈善事业。加强信用随州建设，健全市场主体信用监管机制，弘扬诚信正能量。推进社会心理服务体系建设，着力培育理性平和的社会心态。

进一步强化安全生产。弘扬生命至上、安全第一的思想，严格落实安全生产责任制，加强安全监管执法机构建设，明确乡镇安监机构职责。

大力开展安全隐患排查，强化重点行业领域专项整治，深化"打非治违"行动，坚决遏制重特大事故发生。提升防灾减灾救灾能力，加强地质灾害防范和治理。

进一步打造平安随州。健全社会矛盾排查预警和调处化解机制，引导群众依法逐级走访，推进信访维稳法治化建设。完善立体化、信息化治安防控体系，依法打击和惩治黄赌毒、黑拐骗等违法犯罪活动。加快推进公共法律服务体系建设，着力保护人身权、财产权、人格权，使人民群众的获得感、幸福感、安全感更加充实、更有保障、更可持续。

四、加强政府自身建设

新时代、新使命、新征程，对政府工作提出了新的更高要求。我们将不断增强治理服务能力，以永不懈怠的精神状态和一往无前的奋斗姿态，努力开创各项工作新局面。

（一）旗帜鲜明讲政治

切实提高政治站位，牢固树立"四个意识"，增强"四个自信"，坚决维护以习近平同志为核心的党中央权威和集中统一领导。用全面从严治党统领政府工作，落实主体责任和"一岗双责"，严格遵守政治纪律和政治规矩。推进"两学一做"学习教育常态化、制度化，扎实开展"不忘初心、牢记使命"主题教育，用党的创新理论武装头脑、指导实践。

（二）依法行政重监督

大力弘扬法治精神，推动各级干部尊法学法守法用法，自觉运用法治思维和法治方式解决问题、化解矛盾、推动工作。自觉接受市人大和市政协监督，扎实做好建议提案办理工作。广泛听取人民团体意见，主动接受社会和舆论监督。落实重大行政决策程序规定，严格执行"三重一大"制度，拓宽政务公开渠道，让行政权力始终在法治轨道上运行。

（三）上下同心聚合力

认真贯彻落实中央大政方针和省委、省政府决策部署，全面执行落实市委决议、决定和统一安排，切实增强全局意识、责任意识、担当意识，杜绝政出多门、各行其是、推诿扯皮，确保政令畅通。整合行政资源，加强团结协作，调动各方面积极因素，"上下同欲对标干、突出重点精准干、撸起袖子加油干、遵循规律科学干、扑下身子务实干"，同心同向、同频共振，形成和衷共济促发展的生动局面。

（四）改进作风提效能

大力倡导"亲自、立即、现在、马上"的工作作风，狠抓履职尽责，实行重点工作项目化、清单化管理，全面整肃庸政懒政怠政行为，确保把任务清单变成美好现实。严格落实市委贯彻"八项规定"精神实施办法，深入查找"四风"突出问题，特别是形式主义、官僚主义的新"变种"，采取过硬措施，坚决整改纠偏。坚持严管与厚爱结合、激励与约束并重，探索建立推动高质量发展的工作绩效考评体系，有效激发党员干部干事创业的积极性、主动性和创造性。

（五）清正廉洁树形象

深入推进政府系统党风廉政建设，坚持无禁区、全覆盖、零容忍，始终保持反腐高压态势，进一步强化"不敢腐"的震慑、扎牢"不能腐"的笼子、增强"不想腐"的自觉，促进干部清正、政府清廉、政治清明。健全行政权力约束机制，注重巡察结果运用，加强审计等监督。实行公共资源配置全程公开、全程留痕，强化"三公"经费、征地拆迁、民生项目等重点领域的监管，大力整治和查处侵害群众利益的各类"微腐败"，以实际成果取信于民。

各位代表，责任呼唤担当，使命引领未来。面对波澜壮阔的新时代，让我们更加紧密地团结在以习近平同志为核心的党中央周围，在省委、省政府和市委的坚强领导下，凝心聚力、锐意进取，勇于担当、真抓实干，奋力谱写决胜全面小康、建设现代化随州的崭新篇章！

市情概览

市情综述

【地理位置】 随州市位于湖北省北部，地处桐柏山南麓、大别山西端、大洪山东北部，跨东径112°43′—114°7′，北纬31°19′—32°26′，全市南北长约130千米，东西宽约105千米，版图面积9636平方千米。地跨长江、淮河两流域，素有"荆豫要冲""汉襄咽喉""鄂北重镇"之称。东与孝感市大悟县相接，西与襄阳市枣阳、宜城市毗邻，南与孝感市安陆市和荆门市京山市、钟祥市相连，北与河南省信阳市、桐柏县接壤。辖曾都区、随县，随州高新技术产业开发区和大洪山风景名胜区管理委员会，代管广水市。随州交通便利，4条铁路（京广、宁西、汉十、武康铁路），4条高速公路（汉十、随岳、麻竹及在建的武汉城市圈环线高速公路），6条国道（G107京港线、G312沪霍线、G316长同线、G240保台线、G346沪安线、G234兴阳线）纵横交错，穿境而过。随州东距上海，西至成都，南达广州，北到北京，都在1000千米的半径之内。从随州到武汉天河机场仅110千米。

【地质地貌】 随州市以低山丘陵为主，兼有山地和冲积平原，山地面积4285平方千米、丘陵面积2094平方千米、平畈面积530平方千米、河滩面积80平方千米，分别占总面积的61.3%、30%、7.6%和1.1%。一般海拔200—800米。境内最高点桐柏山主峰太白顶，海拔1140米；最低点东南平林镇府河出境处河床，海拔37米；中部平原平均海拔100米左右。全境地貌类型分为五大区：花岗岩地形、中低山地形、丘陵地形、低立岗地地形、平原地形或准平原地形。境内山以大洪山和桐柏山、大别山为脉，呈西北——东南向分布。随州形成了山脉与河流交错，山谷与坡地相衔，丘陵与平地呼应的地形地貌特点，因此有"万山千泉百洞"之称。随州北面属淮阳山脉西段的桐柏山，其主峰太白顶海拔1140米，西南面是褶皱断块山大洪山，其主峰宝珠峰海拔1055米，一般海拔200—800米，中部平原平均海拔100米左右。中部是一条西北至东南走向的狭长的平原，被称为随枣走廊，是古今南北交往的一条重要通道。随州地形地貌经历几次重要的海陆变迁和造山运动后，至晚第三纪（7000万年左右）时逐渐形成了近代地貌的雏形。其后的新构造运动不仅控制着随州现代地貌的基本格局，而且奠定了随州河流水系演化的地质地貌基础。随州与全省一样，处于中国地势第二级阶梯向第三级阶梯过渡地带，地貌以低山丘陵为主。地层以元古界变质岩为主，有前寒武基性岩和燕山期酸性岩侵入，桐柏山与大洪山之间多白垩系陆相碎屑岩覆盖。地形开阔平缓，以第四系老黏土和一般黏性土为主。

【气候】 随州处于中纬度季风环流区域的中部，

属北亚热带季风气候，四季分明，光照充足，雨量充沛，气候变化显著。日照时数在1950—2170小时，平均每天日照时数5.3小时。年平均气温15.9℃，极端最高气温41.6℃（1959年8月23日，广水），极端最低气温零下21.1℃（1969年1月31日，随县大洪山）。年平均无霜期242天，南部长，北部短，相差20天。年无霜期最短194天（1962年），最长280天（1961年和1999年）。年平均降水量977毫米，年降水量最多1390.3毫米（1998年），最少569.2毫米（2012年）。降水强度以小雨日数最多，占年平均总降水日数的59%—76%，中雨占15%—29%，暴雨以上等级占3%—4%。暴雨时空分布不均，表现为南多北少，夏季多、冬季少的趋势。1998年暴雨日数最多，高达8天。年积雪日数8—12天，山区多于丘陵和平畈，最长积雪日数为20天（2008年年初低温雨雪冰冻天气），最大积雪深度23厘米（2018年1月5日）。年平均蒸发量1450毫米，年最大蒸发量2032毫米（1959年），最小蒸发量1134毫米（1989年）。2018年全市年平均气温16.4℃，较历史略偏高；年降水量750.7毫米，较历史平均偏少；总日照时数为1913.7小时，较历史略偏多。年极端最高气温38.4℃，出现在8月11日；年极端最低气温-11.1℃，出现在1月28日。年无霜期344天。

【自然资源】 土地资源：随州市版图面积9636平方千米，占湖北省国土面积的5.17%。土地利用方式以林地、耕地为主，未利用土地占有一定的比重。在全市国土面积中，耕地占22.99%，园地占1.25%，林地占47.93%，牧草地占0.35%，城镇村及独立工矿用地占4.68%，交通用地占0.78%，水域占8.09%，未利用土地占13.93%，土地利用结构按各地类所占比例，从大到小排列为：林地、耕地、未利用土地、水域、城镇村及工矿用地、园地、交通用地、牧草地。

水利资源：随州市位于长江、淮河流域之间，属长江水系。年平均径流深348.2毫米，年径流总量32.54亿立方米。全市人均水资源1350立方米，低于全省、全国平均水平，属水资源短缺地区。河流水系众多，多为源头。境内有河流466条，总长5051千米。其中流域面积在400平方千米以上的河流7条，流域面积在30平方千米以上的支流108条。

随州市属鄂北岗地，基本没有过境客水，是水资源短缺地区，全市人均水资源1350立方米，低于全省、全国平均水平。中华人民共和国成立以后，全市兴建各类水库691座，其中大型水库8座，中型水库21座，小（一）型水库80座，小（二）型水库582座。提水泵站610处，装机3.12万千瓦。水利工程总拦蓄能力34.29亿立方米，其中有效蓄水能力20.68亿立方米。地下水开发利用工程设施主要是大口机井和手压管井，年采水量约600万立方米。全市水利设施年均供水量10.32亿立方米，其中农业供水9.1亿立方米，城镇供水1.22亿立方米。

大型水库库容过亿立方米的有黑屋湾水库、封江水库、先觉庙水库、吴山水库、天河口水库、大洪山水库、徐家河水库、花山水库。

2012年，湖北启动鄂北调水工程，从根本上解决鄂北地区干旱缺水问题。工程以丹江口水库为水源，自西北向东南横穿鄂北岗地，沿途经过襄阳市的老河口市、襄州区和枣阳市，随州市的随县、曾都区和广水市，止于孝感市的大悟县王家冲水库。输水线路总长269.34公里，设计供水人口482万人，灌溉面积363.5万亩。

矿产资源：随州市境内有发现各类矿产58种，矿产地和矿（化）点242处，其中金属矿产21种，矿产地和矿（化）点110处，非金属矿产34种，矿产地和矿（化）点126处，能源矿产2种，矿产地和矿（化）点5处；水气矿产1种，矿产地和矿（化）点1处。全市已查明资源储量的矿种共12种，分别为金、银、铁、铝、重稀土、萤石、冶金用白云岩、硫铁矿、重晶石、磷矿、石墨、长石等，尚有13种矿产估算了地质储量，因工作程度低而未上矿产储量表。已探明矿产资源储矿产有9种，矿产地19处，总储量约3880万吨。

动物资源：随州市境内家养畜禽主要有猪、牛、羊、鸡、鸭、鹅等。全国知名特产洪山鸡（三黄鸡），20世纪70年代中期达到饲养高峰，年饲养量超过200万只。森林动物有鸟类（摄影爱好者已拍摄到的）178种，兽类10科55种，国家级、省级重点保护动物有雉鸡、杜鹃、穿山甲、娃娃鱼、金钱豹等120多种。水产有7目12科47种，其中鲤科鱼类30余种，占70%以上。养殖的经济鱼类有20余种，以花鲢、白鲢、草鱼、鲫鱼、鲤鱼等常规品种为主。名特优水产品有银鱼、青虾、鳜鱼、武昌鱼、细鳞斜颌鲴、黄颡鱼、甲鱼、乌龟、黄鳝等。随州生态环境改善，许多珍稀鸟类在随州频现，如被列入《世界自然保护联盟濒危物种红色名录》的蓝喉蜂虎。还有国家一级保护鸟类中华秋沙鸭，二级保护鸟类红腹锦鸡、白冠长尾雉、豆雁、鸳鸯、小鸦鹃、鹰鹃等。

植物资源：随州市境内种子植物139科、644属、1520种，其中野生资源植物1137种，隶属于132科、529属。国家重点保护植物有银杏、翠柏、秦岭冷杉、樟（香樟）、水杉、楠木、闽楠、润楠、红豆杉、绒毛皂荚、紫檀、厚朴、凹叶厚朴、华盖木、水青树、天目木兰、鹅掌楸、红椿、毛红椿、珙桐、光叶珙桐、水曲柳、流苏树、香果树、川黄檗（黄皮树）、紫荆木、秤锤树、紫椴、榉树、青檀、羊角槭、夏蜡梅、连香树、杜仲、华南锥、银缕梅、胡核桃、核桃楸、胡桃、喜树、胡北梣（对节白蜡）、蕙兰等兰科植物。珍贵药材有鄂北贝母、杜仲、白及、七叶一枝花、黄精、桔梗、天麻、何首乌等。随州最有特色的树种是银杏树，种植历史悠久，是全国古银杏群落集中地和银杏主产区之一。其特点是规模最大，全市有1085余万株。古树最多，有百年以上银杏树2470株，其中一级古银杏83株，二级古银杏592株，三级古银杏1795株，千年以上银杏树14株。仅曾都区洛阳镇就有4条古银杏带，百年以上银杏树2050株，千年以上古银杏树12株。大洪山洪山寺古银杏树达1300余年。银杏产量最高，居湖北省首位，占全省总产量60%以上，在全国排名前列。

水产资源：有7目12科47种，其中鲤科鱼类30余种，占70%以上，养殖的经济鱼类有20余种，以花鲢、白鲢、草鱼、鲫鱼、鲤鱼等常规品种为主。名特优水产品有银鱼、青虾、鳜鱼、武昌鱼、细鳞斜颌鲴、黄颡鱼、甲鱼、乌龟、黄鳝等。1972年中科院水生所和华中农业大学水产系在曾都区桃园河水库首次发现的土著名优品种细鳞斜颌鲴，已在随州设有省级细鳞斜颌鲴原种场，并被引种到全国19个省、市、自治区。

农产品：境内种植以稻谷为主，小麦、棉花次之，兼有油菜、蔬菜瓜类、花生、芝麻、大麦、大豆、薯类、烤烟、茶叶等，水果以桃、李、枣、梨、葡萄为主。改革开放以来，随州农业结构调整稳步推进，特色种植规模扩大，已形成十大特色农产品生产基地：食用菌生产基地，马铃薯生产基地，大枣生产基地，吉阳大蒜生产基地，生猪生产基地，洪山鸡生产基地，菜豌豆生产基地，茶叶生产基地，油桃生产基地，蔬菜生产基地。先后被国家列为商品粮、优质大米、优质小麦、优质棉、食用菌、瘦肉型猪和蜂蜜生产基地；被省政府列为粮、棉、牛、羊生产大市；被国家评为粮食生产、棉花生产、秸秆养牛、农村能源先进市。

【历史沿革】上古为烈山氏部落。《左传·昭公二十九年》"有烈山氏之子曰柱，为稷，自夏以上祀之。"

西周时期，今境封有曾（随）、鄂、贰、厉、唐五国。

春秋战国时期，今境有曾（随）。楚于公元前596年以后灭贰，公元前569年灭厉，公元前505灭唐，战国末灭曾（随），设随县，属楚，后入秦。

秦为随县，属南阳郡。

西汉为随县，属南阳郡。故唐国地（今唐县镇）为上唐乡，入舂陵县；西南大洪山地属蔡阳县；今广水市在汉代分属设郧县、钟武县（西汉）、平春县（东汉），后来，西汉划西北地设钟武县，属江夏郡。东汉时舂陵县改章陵县。

三国时，随县属魏国，隶属南阳郡。章陵县改称安昌县；㵐水鹦鹉山地设平林县；合河出山地建义阳县；今广水市境设鄳县、平春县，东晋改为平阳县。

晋为随县，上唐乡从安昌县划出设厥西县。厥西、义阳、平林、随县同属义阳郡。太康九年（288年）置随国，领平林县。不久，废平林、厥西县，二县地域入随地。西晋时，鄳县、平春县属江夏郡，东晋时划属义阳郡。

南北朝时期，建置多变，宋泰始五年（469年）改为随阳郡，领厥西、西平林县；泰始中析随县设永阳县，属随阳郡；齐改随阳郡为随郡；梁为北随郡；西魏时析永阳县置吉阳县，属安陆郡；北齐时省鄳县入齐安县，鄳县从此消失。

西魏大统元年（535年）升北随郡为随州。北周明帝武成元年（559年），杨坚之父杨忠被封为随国公，于随地建国，领汉东、郧州、义阳等20郡。北周大象二年（580年），杨坚继承父亲随国公之爵。

隋开皇初年，废郡设州，随为州，领随县、厥西县。今随州境内还建有15个县。开皇十八年（598年）改永阳县为应山县。大业初废州，改随州为汉东郡。

唐武德三年（620年），改郡为州，领4县，随州属山南道。贞观十年（636年）枣阳县隶属随州。开元二十一年（733年），分山南道为东、西二道，随州属山南东道。开元二十三年（735年），复置唐城县、光化县，属随州。今广水市境的应山县、吉阳县属安州安陆郡。

五代之后梁、后唐、后晋、后汉、后周时，随为州，属山南东道。

宋为随州，隶属京西南路。熙宁元年（1068年），废光化县为镇划入随县。开宝中废吉阳县，并入应山县。南宋时，随州并入襄阳府路。应山于嘉定年间并入随州。

元为随州，领随县、应山县，隶属德安府。

明洪武元年（1368年），降随州为县，属黄州府。洪武十三年（1380年）复为随州，辖应山县，属德安府。

清初仍为随州，领随县、应山县。雍正七年（1729年），州无所领，随州、应山县同属德安府。

中华民国时为随县，民国元年（1912年）属湖北省。民国20年（1931年）属湖北省第五行政督察区。民国26年（1937年）后属湖北省第三行政督察区，专员公署驻县城。应山县同随县属地相同。

其间，中国共产党在随县、应山建应抗日民主政权，设立过十多个县级政权机构。

1948年12月19日，随县第三次解放。1949年5月，湖北省人民政府决定随北、随南县合并为随县，归孝感地委（专署）领导；撤销洪山地委（专署），洪山县归襄阳地委（专署）领导。1952年6月12日，随县划属襄阳地委（专署）领导。1955年5月，洪山县并入随县。

1949年4月，应山县全境解放。6月撤销安应县、应随县，恢复应山县建置，隶属孝感地委（专署）领导。

1979年11月16日，国务院批准以县城关镇和城郊公社大部分地区建立随州市（县级）。次年7月1日，县、市分设建制。

1983年8月19日，国务院批准撤销随县，并入随州市，为省辖县级市，襄樊市代管。

1988年10月11日，国务院批准撤销应山县，设立广水市（县级）。

1994年11月4日，湖北省人民政府通知：随州市由省直管。

2000年6月25日，经国务院批准：

（1）撤销省直辖县级随州市，设立地级随州市。

（2）随州市设立曾都区，以原县级随州市的行政区域为曾都区的行政区域。

（3）将孝感市代管的广水市划归地级随州市代管。

2005年4月，中共随州市委、随州市人民政府批准成立大洪山风景名胜区党工委、管委会。

2009年5月，国务院批准设立随县，以随州市曾都区19个乡镇为随县行政区域，县城驻厉山镇，版图面积5673平方千米，人口98万。曾都区继续保留，版图面积1316平方千米，人口64万。7月29日，新随县、曾都区正式成立。

2011年6月，湖北省政府批准随州高新技术开发区为省级高新技术产业园区（始建于2001年），面积305平方千米，人口20万。2015年晋升为国家级高新技术产业园区。

【行政区划】 随州市下辖随县、广水市、曾都区、随州国家高新区和大洪山风景名胜区。2018年年末，辖区内有51个乡级单位，其中37个镇，9个街道办事处，5个类似乡级单位；有1001个村级单位，其中有153个居委会，844个村委会，4个类似村级单位。

随州市行政区划表

地区	下辖乡镇（街道）
曾都区	淅河镇、万店镇、何店镇、洛阳镇、府河镇、东城街道、西城街道、南郊街道、北郊街道、曾都区经济开发区
随县	厉山镇、洪山镇、柳林镇、三里岗镇、均川镇、澴潭镇、安居镇、万福镇、新街镇、高城镇、殷店镇、长岗镇、草店镇、小林镇、淮河镇、万和镇、尚市镇、唐县镇、吴山镇
广水市	应山街道、十里街道、广水街道、城郊街道、李店镇、太平镇、骆店镇、杨寨镇、陈巷镇、长岭镇、马坪镇、余店镇、蔡河镇、郝店镇、吴店镇、关庙镇、武胜关镇

【人口资源】 据统计，截至2018年12月31日，总人数为2505698人，较上年2502962人增加2736人。全市总户数为904796户，较上年894086户增加10710户；在总人口中，男性1298582人，占51.83%，女性1207116人，占48.17%，男女性别比为107.6∶100），自然增长：年度出生人口35487人，比上年39174减少3687人，出生率为14.16‰，较上年15.65‰下降1.49个千分点。死亡11737人，比上年40124减少28387人，死亡率为4.68‰，比上年16.03‰减少11.35个千分点。死亡人口减少的主要原因是上年度开展了死亡未注销人员核查工作，核查出一部分人员已死亡但户口未注销的信息。全市自然增长23750人。机械增长：年度迁入5778人，比上年11630人减少5852人；迁出26717人，比上年29438人减少2721人。迁出大于迁入导致本年度全市机械增长数减少20939人。2018年底常住人口为221.67万人。

【旅游资源】 随州境内旅游资源十分丰富。炎帝神农故里，古乐编钟之乡，是随州两张著名的名片。主要旅游景点：国家4A级景区6处：炎帝神农故里风景区、大洪山风景名胜区、千年银杏谷、西游记公园、西游记漂流、广水高贵三潭。3A级以下景区有：徐家河旅游度假区、黑龙潭风景区、中华山国家森林公园、武胜关桃源村、七尖峰森林公园、大洪山地质公园、封江生态旅游区、抱朴谷养生产业园、尚市神农牡丹谷、尚市桃花园、随州市博物馆、曾侯乙墓遗址、随州文化公园、白云公园、神农公园、回龙寺公园、明玉珍故里、杨坚故里、九口堰新四军第五师纪念馆等。随州已形成特色鲜明的文化旅游线、生态风光旅游线、文体养生旅游线、特色村镇旅游线、红色文化旅游线、工业旅游线。2018年，随州市接待国内旅游人数2519.2万人次，旅游综合收入155.108亿元，同比分别增长12%和10%。接待海外游客2.2万人次，增长8%。国际旅游（外汇）收入2310万元，增长9%。

炎帝神农故里风景名胜区：国家4A级旅游风景区，位于随县厉山镇，景区面积1.713平方千米。景区从1988年开始兴建，2008年扩建。现已建成神农大像，神农庙、神农文化广场、功德殿、百草园等景点。2009年被国家旅游局批准为4A级旅游景区，次年获得"2010年青年最喜爱的鄂西旅游景区"荣誉，2011年荣获"灵秀湖北十大旅游名片"荣誉称号。景区规划以"世界华人谒祖圣地"为定位，以"建筑返古、环境还野"为特色，以炎帝神农深厚的文化底蕴为依托，以炎黄子孙寻根谒祖为核心，以体验炎帝神农的农耕文化、医药文化、贸易文化、原始艺术文化等为根本，主要包括"寻根谒祖朝圣区""圣迹观光体验区""农耕文化展览区""旅游服务及沿河景观带""自然生态景观区"五大功能区，力争将景区打造为"中华民族共有精神家园、世界华人寻根谒祖圣地"。从2009年开始，湖北省人民政府每年在此成功举办世界华人炎帝故里寻根节，炎帝神农故里景区已成为海内外炎黄子孙寻根祭祖、旅游观光的胜地。中共中央台湾工作办公室、国务院台湾事务办公室、中华全国归国华侨联合会分别授予"海峡两岸文化交流基地""中国华侨国际文化交流基地"称号。

大洪山风景名胜区：国家4A级景区。位于随州市南部，面积127平方千米，主峰宝珠峰海拔1055米，1988年被国务院批准为国家风景名胜区；2006年被批准为国家森林公园，还是省级地质公园，全国青少年爱国主义教育基地，湖北省摄影基地。景区内峰峻、林茂、水美、洞奇、石秀，风光秀美，观光度假设施齐全，是礼佛、度假、养生、观光、科考、会议等理想之所。主要景点有大慈恩寺、洪山禅寺、两王洞、筱泉洞、白龙池、千年银杏树、剑口等。这里还是春赏樱花、秋观红叶的最佳之处。2010年4月，鄂西生态文化旅游圈投资有限公司与随州市人民政府签订整体开发大洪山合作协议，并成立了大洪山旅业发展有限公司。8年来，大洪山一个个重大工程项目建设顺利推进，景区旅游亮点纷呈，景区交通根本改观，营运能力得到提升，服务设施进一步完善，成为闻名华中地区的休闲度假胜地。

随州博物馆：位于城区擂鼓墩大道中段。始建于1978年10月。2005年1月7日，随州市博物馆新馆建设开工，占地118亩，建筑面积14399.2平方米，陈列面积5000平方米。2008年12月8日，新馆落成并对外免费开放，是一座集文物收藏、科学研究、宣传教育、文物考古及编钟演奏为一体的地方综合性博物馆。2009年5月，被国家文物局评为国家"二级博物馆"。现有馆藏文物4238件（套），其中国家一级文物39件（套），二级文物231件（套），三级文物436件（套），其中西周鄂国铜器群、两周曾国铜器群为镇馆之宝，被文物专家誉为"青铜器王国"。随州博物馆设有"炎帝神农故里""曾国迷踪""曾侯乙墓""擂鼓墩二号墓""汉风唐韵"5个常设陈列展览，一个编钟演奏厅及一个临时展厅。

西游记公园：国家4A级景区，位于随县大洪山镇温泉村，2007年，湖北玉龙供水公司投资景区建设，2009年4月对外试营业，占地3600亩。园区一是观光类，有火焰山石林、钱币园、西域风情街、奇石园、佛光塔、西游记博物馆、张体学纪念馆、火山爆发等。二是体验类，女儿国温泉、红孩儿游乐园、赛马场、滑索、滑槽、果园采摘等。三是表演类，4D皮影秀、花车巡游、女王登基、女王招亲、5D影院、西游之夜等，基本形成了集温泉养生、休闲度假、商务会议、西游主题游乐、西游文化体验园等为一体的多元化主题乐园。

西游记漂流：国家4A级景区。位于随县淮河镇龙潭河，2012年正式开漂，漂流全长9千米，落差110米，S形弯道9个，急流险滩30多处，堪称千里淮河第一漂。景区主要包含漂流、西游记水上公园、3D电影院魔幻剧场、西游石窟四个主题项目。每年7月至8月是景区游客高峰期。

随州千年银杏谷：国家4A级景区，位于湖北随州曾都区洛阳镇，被称之"楚天银杏第一镇"。1996年，随州市政府组织人员进行银杏资源普查，洛阳镇有4条古银杏带，古树群58个，百年以上银杏树2050株，千年以上的古银杏树12株，后称千年银杏谷。古银杏树最密集的地方是永兴村、胡家河村、张畈村、九口堰村。每年10月中旬霜降以后，银杏叶渐黄，11月中旬达到观赏最佳时期，银杏谷一片金黄，成为童话般的世界。每年产出银杏叶、银杏果及相关产品，品质优良，享誉海内外。周氏祠前的"随州五老树"，聚集着五棵盘根连枝的古银杏树，平均树龄逾千年，直径达数尺；每年景区都会举行盛大的采摘仪式，"五老树"全身都是宝，当地企业用它的提取物研发系列衍生产品，成功开发了"五老树"酒、茶叶、食品等。2004年，洛阳镇被国家环保总局定为国家级古银杏自然保护区。2009年，湖北玉龙供水公司投资景区建设，银杏谷一期工程全面完成，当年秋正式对游人开放。

桐柏山太白顶风景名胜区：位于随州市西北部，以主峰太白顶为中心，北至磨山寨，南至田王寨，东与河南省淮源风景区相连，西接风景秀丽的七尖峰，总面积约135平方千米。景区融自然风光、人文景观、历史遗迹、宗教文化、革命遗址为一体，其中七尖峰红叶、太白红叶、古寨城堡形成景区特有的景观。2013年，景区管委会与北京恒宇同创智能系统工程科技公司签订了投资5亿元开发田王寨核心景点的建设协议。2014年7月，田王寨景点建设正式启动，2016年年底正式开门营运。

大洪山地质公园：位于随县洪山镇大洪山水库。2002年10月，由湖北省希望实业集团开发有限公司投资兴建。公园占地3000余亩，水域9000余亩，岛屿百座，景区森林覆盖率达85%。公园地质遗迹资源主要有造山带地质地貌、火山地质地貌、典型的地质剖面和水体景观，是观光、度假的胜地。

擂鼓墩曾侯乙墓遗址博物馆：1988年11月17日成立。该馆展示有经脱水处理后的曾侯乙墓墓室及出土文物图片、棺椁的仿制品，大墓发掘时留下的石板、木炭等实物。1997年8月，湖北省考古研究所对擂鼓墩古墓群重新进行钻探，又新发现2座规模与曾侯乙墓相仿的大型土冢。擂鼓墩地下古墓密布，迄今已探明的就有200余座，保护区面积7530亩。1988年，被国家公布为全国重点文物保护单位。

尚市桃花节：桃花节举办地位于随县尚市镇桃花源景区，距随县县城20千米。该景区以群金村为中心，向周边辐射到太山、群祥、敖棚、星雨等五个行政村，景区版图面积80平方千米，桃树种植面积达25000亩。每年阳春三月，尚市镇满山遍野，桃花胜霞，梨花似雪，风景如画，吸引着成千上万的游客前来赏花游玩。自2007年以来，尚市镇连年成功举办"桃花文化旅游节"，桃花节正成为随县春季主打旅游品牌和重要的节庆活动之一。当地村民按照"坡上油桃、坡下葡萄、园中养鸡、地里种菜、塘边垂钓、农家餐饮、诚信服务"的延伸模式，为游客提供优越的环境和优质的服务，着力打造特色乡村游。

尚市神农牡丹谷：位于随县尚市镇，占地面积约13.3平方千米，以洁白如暇的油用牡丹居多，种植面积达1.6万余亩、4000余万株。栽植观赏牡丹及芍药等花卉10万株，品种多样。万亩牡丹开放，延绵起伏，十分壮观。神农牡丹谷已成为省内又一处以花知名的景区。

徐家河旅游度假区：位于广水市长岭镇徐家河水库，该库是湖北省第三大水库，水面达70平方千米，总蓄水量达7亿立方米，风景区内遍布108个岛屿。主要景点有桃花岛、鸟岛、龙凤岛、民俗村、水泊梁山等景点。度假区内共有接待单位8家，开发农家旅游接待点10余家，有床位1200张。2001年被批准为湖北省省级旅游度假区。

三潭风景名胜区：国家2A级风景区，省级风景名胜区。位于广水市北部，地处鄂豫交界，面积52.5平方千米，森林面积7.8万亩，森林覆盖率达92.7%。有三潭、高贵山金顶、许家冲水库、平靖关古栈道4个游览区，35个游览点。主要景点有三潭叠韵、大贵山金顶、天然青檀群落、龙爬寨等。

中华山国家森林公园：位于广水市中华山林场，主峰海拔811.4米，占地面积69.27平方千米。公园山水风光秀丽，奇峰怪石林立，寺庙历史悠久，古堡寨墙众多，动植物资源丰富。主要景点有金牛溪、哈哈岭、青龙沟、宝林寺、兴王寨、杨涟墓等。

【名优特产】 金黄蜜枣：湖北名特产品，以"色如琥珀，体丰肉厚，沙酥爽口，甘之如饴"而享誉华夏，行销全国。随州制作蜜枣已有200多年的历史。清乾隆年间，湖北咸宁有一胡姓人家迁居安居镇，见安居出产个大肉多的"秤砣枣""罗汉枣"，加之近临涢水，水质清甜，便利用祖传蜜饯制作手艺制作蜜枣。据传，嘉庆年间，州官将胡家蜜枣奉献给皇帝，仁宗皇帝品尝后连连称赞"随州蜜枣胜仙桃"。自此胡家生意日渐兴隆，正式启用"胡凌兴清水蜜饯"牌号。至道光时期，安居镇出现了许多蜜枣制作手艺人。民国初年生产渐具规模，蜜枣多销往武汉。中华人民共和国成立以后，蜜枣产地逐渐发展到唐县镇、城关、尚市等地。1981年蜜枣产量达到7.5万公斤。1997年荣获第三届国际食品博览会"中国优质食品"称号。

随州香菇：随州生产香菇历史悠久，很早就有野生品种。1978年，华中农业大学教授杨新美蹲点随县三里岗镇杨家棚村，推广香菇种植技术。随后华农大硕士罗信昌、吕作舟又在三里岗镇试种椴木香菇，为随州食用菌产业播下星星之火。历经40年的发展，随州已成为香菇产业大市，全市有44个镇、180多个村、10多万农户、30多万人在从事食用菌生产、收购、加工、销售及与食用菌关联的产业。随州香菇以菌柄短壮，肉质肥厚，花纹明显，美观匀称，香味浓郁的特色而闻名中外。1990年在武汉召开的全国香菇评比会上，随州香菇夺得第一名。"编钟牌"香菇获国家优质产品一等奖。随县三里岗香菇市场是中南地区最大的香菇集散中心，年成交额近亿元。2018年8月，"随州香菇"获农业农村部农产品地理标记登记认证，地域保护范围涉及全市33个镇（办）、778个行政村。

板栗：随州南北山区多产板栗，集中产于曾都区洛阳镇、随县柳林、三里岗、洪山、万和、草店、淮河等镇，尤以洛阳、柳林的"大红袍"品质最佳，实大肉黄，粉多味甜，在全国板栗中名列前茅。板栗生食、炒食皆宜，糖炒板栗、拌烧子鸡，喷香味美，可磨粉，亦可制成多种菜肴、糕点、罐头食品等。随州市柳林镇山林面积广，地形平缓，为鄂北板栗主产区。全镇现有板栗基地10万余亩，年产4000余吨。淮河镇谢家湾板栗以不生虫而有名，这里的板栗树长在一片河滩沙土地上，大树已有300余年历史，古树连片，遮天蔽日，是一道美丽的风景线。1968年以后大力推广人工嫁接栗树，产量逐渐上升，2017年产量达到13000余吨。

吉阳大蒜：广水市的名优特产，历史悠久，因产于陈巷镇吉阳山周围而得名，主产于太平乡、李店乡、骆店乡、陈巷镇、十里街道办事处、城郊乡、杨寨镇、广水街道办事处8个镇（办），广水市吉阳大蒜种植面积10万亩以上，年产大蒜砣3万吨。吉阳大蒜质优，砣大（4.5cm以上）、皮薄、肉嫩、瓣匀、味辣、营养丰富。吉阳大蒜获农产品地理标志登记认证。

随州绿茶：随州产茶历史悠久，随县草店镇车云山是最早的绿茶产地，唐代已有茶园，北宋以来就办有茶场。光绪三十二年（1906）仿照龙井茶制作方法创制了"车云山毛尖"，民国四年（1915）在美国旧金山举办的巴拿马国际博览上获金质奖。1965年至1985年是随州发展茶叶产业的高峰期，当时的随县建茶场380处，总面积48300亩，常年茶叶产量60万公斤左右。大型茶场有云峰山、棋盘山、大洪山、光河岭、院子河、铁山、石板山、覃家畈、新颜岭、安南山等。20世纪80年代，广水市茶园面积发展到5312亩，其中采摘面积3611亩，年产量3.8万公斤。主产区在吴店、蔡河、郝店等地。大洪山茶区为湖北省五大茶区之一。

白果：即银杏果，历来是随州收购量较大的农副产品。1996白果产量792吨，占全省总产量的60%以上，为历史最高产量。随州白果以果核洁白、种仁匀实而享有盛名，为传统出口产品。

葛根和葛粉：野生葛根素有"亚洲人参"之美誉，葛根制成的葛粉曾是贡品，有食用、药用、特殊工业用三方面的用途，随州葛根资源十分丰富。随州"二月风"牌野生葛粉经农业部食品质量监检测试中心检验，富含多种微量元素和氨基酸，易消化、易吸收，具有降低血糖、血脂，增加脑及冠状血管血流量的功能，被列为国家"星火计划"开发项目。

洪山鸡：是我省兼用型地方良种鸡之一。因其羽毛、喙、胫均为黄色，故又称"三黄鸡"，洪山鸡肉丝细嫩，味道鲜美，尤以烹饪鸡汤甜香浓郁，滋补性强，在香港市场深受欢迎。1956年入选湖北省农业展览馆。1958年湖北省畜牧科研所对洪山鸡进行提纯和提高生产性能的研究，开始大量繁殖饲养。1973年被国家有关部门列为肉卵兼优的名贵种鸡，2000年开始提纯复壮工作，2004年录入《湖北省家畜家禽品种志》。2012年8月被认定为农产品地理标志登记产品，地域保护范围为随县洪山、长岗、三里岗、新街、濉潭、均川、柳林、安居8个镇，区域面积2800平方千米。

随州泡泡青：随州泡泡青栽培历史悠久，属地方特有优良品种。学名皱叶黑油白菜，历史上曾叫"羊肚菜、鹿茸菜"，是十字花科白菜类不结球白菜的越冬栽培草本植物，叶片呈泡状，色泽墨绿，叶肉厚实，质地柔软，抗寒性强，无虫害，经霜雪后，品质尤佳，主要以柔嫩叶供食，后期也可食用嫩茎，绵甜爽口，营养丰富。每年种植面积5万亩左右，产鲜菜5万吨，春节前后上市，是城乡居民春节期间尤为喜爱的菜肴之一，是随州人招待贵宾、馈赠外地亲朋好友的礼品。近年，泡泡青菜逐渐形成产业规模，享誉省内外。农业部食品质量监督检验测试中心（武汉）对随州"泡泡青"检验报告显示，该产品营养物质丰富，含有丰富蛋白质、脂肪、碳水化合物、胡萝卜素、维生素和矿物质，认定其为农产品地理标志登记产品。泡泡青获得国家农业部颁发的绿色产品认证，并于2013年1月6日获评最具影响力中国农产品区域公用品牌。

随州香稻：随州南环大洪山、北接桐柏山，是长江流域和淮河流域交汇地带，独特的地理环境和自然资源，赋予了"随州香稻"特有的品质。稻谷干物质积累多，营养成分高；加工出的大米颗粒饱满、色泽莹亮；蒸煮后米饭自然清香、棱角分明，入口香软有弹性，冷后不反生。

油桃：随州油桃自20世纪90年代初，由双河镇引进优良品种栽培，1998年"中国科普万里行"专家考察团视察双河油桃生产后，认为双河油桃面积和产量居全国第一，被誉为"中国油桃之乡"。后在尚市、吴山、厉山、唐县等镇得到快速发展，种植面积5万余亩，年产油桃3万余吨，成为全省油桃的主要产地。随州油桃因着色好、单果重、口感佳，光滑无毛，外观漂亮，品质优良。产品远销全国各地，年创产值3000多万元。

葡萄：20世纪80年代，随县吴山镇、尚市镇、厉山镇先后引进巨峰葡萄试栽，通过精心管理，获得了"一年栽种、两年受益、三年丰产"，亩产达到3000公斤以上的良好效果。随后，葡萄品种不断更新，种植规模不断扩大，葡萄栽培面积达到2万亩，年产葡萄6万吨，以其果大、色鲜、甜而不涩、鲜而不酸而闻名省内外，产品销往全国各地。

随州金头（红头）蜈蚣：蜈蚣又名天龙、百脚虫，亦称金头蜈蚣。中医以干燥全虫入药，性温，味辛，有毒。随州各地均产蜈蚣，体长肥硕，头足均红，故称"金（红）头蜈蚣"，与白果、桔梗并称"随州三宝"。"金（红）头蜈蚣"以药效显著驰名中外，是随州传统的外贸产品，民国时期年运销量在10万条左右，从1957年起，年收购量400万条。20世纪80年代中期以后，由于"金（红）头蜈蚣"价格持续上涨，带动了捕捉量的一路攀升，直至1995年左右达到3000万条后便逐渐稳定了下来。近几年，随州"金（红）头蜈蚣"批量出口到韩国及东南亚等地，在国内中药材市场也很走俏，随州农民每年从捕捉蜈蚣中增收3000万元左右。

猕猴桃：随县的大洪山、桐柏山两大山脉中，生长着大量的野生猕猴桃。野生猕猴桃是一种浆果类藤本果树，其果名为猕猴桃，俗称软枣子、羊桃、涎藤果。野生猕猴桃营养价值和药用价值很高，果树味独特鲜美而且富含蛋白质和多种矿物质，尤其维生素C含量很高，为其他水果的数倍或数十倍。野生猕猴桃汁具有阻断致癌性亚硝基化合物合成的作用，还含有硫醇蛋白酶的水解酶和超氧化物歧化酶（SOD），可以嫩化肉类、具有养颜、提高免疫功能、增强抗癌、抗衰老、软化血管、抗肿消炎功能。因而被列入宇航员食谱，被誉为"世界之珍果"。随县万和镇农民成功地将野生猕猴桃转为人工栽培，增大了个体，提高了产量，还进行了系列开发，使之产业化。现已开发出系列产品，有猕猴桃原汁罐头、猕猴桃果汁、猕猴桃果茶、猕猴桃果脯、猕猴桃果酒等，是正宗的纯天然绿色食品。其藤蔓中含有胶质液体，故山里人常用来榨取汁液拌三合土取代水泥混凝土。根、皮可入药。

兰花：随州是我国兰花的主要分布区之一，资源丰富，历史悠久，有120多个品种，尤以野生蕙兰数量最多。全市有4万人参与兰花产业，建立了300多处兰花培植基地和150多处珍品温室，拥有2000多万盆兰花，年交易额6000万美元，在全国和东南亚地区颇有影响。首届中国随州（万和）兰花节于2007年在随州市随县万和镇举办，2009年12月，中国野生植物保护协会授予随州市"中国兰花之乡"。

厉山腐乳：厉山腐乳，又称白方，有100多年的生产历史，是随县地方名产，在国内久负盛名。它制作精细，具有细、黄、软、五味调和、滋味香酥、汤汁醇浓等特点，含有丰富的营养成份，有去腻开胃、增强食欲之功能，深受人们喜爱。早在清光绪年间，淅河镇有刘姓人家善制腐乳，在随县很有名气。1929年厉山富商秦观楼开设酱园，以高薪聘请淅河刘家后人专制腐乳，很快使厉山香酥腐乳成为享有盛名的名牌。1956年，私营酱园实行公私合营，酥香腐乳改由厉山供销社生产经营。由于老工人配料得法，精心制作，所以质量一直很稳定，年产达到50万块。因厉山镇生产的腐乳时间长、规模大、品质优，故称为厉山腐乳至今。1958年，原国家副主席董必武视察随县，品尝厉山腐乳之后，连声称赞说好。1985年荣获襄樊市传统名特产品优质奖；1987年，厉山腐乳包装的古编钟型陶坛，使美味与艺术融为一体，荣获国家包装二等奖。1996年12月荣获"中国国际食品博览会国际食品名牌产品"。

广水奎面：广水市地方传统特产，俗称"银丝贡面"。据志书记载，已有800年历史。相传于明朝初年由四川夔州传入，曾称"魁面"。以工艺独特、银丝空心、软滑爽口、营养丰富著称。清末应山商人吴长焕以"吴太盛"字号经营奎面，曾被地方官员作为贡品送慈禧品尝而受到赞赏，从此成了皇家食品，改称"银丝贡面"，鼎盛一时。1915年在美国旧金山市举办的巴拿马太平洋万国博览会上获得优质产品奖。奎面采用本地无公害特级面粉、土鸡蛋、小磨香油、食盐等原料精工制作，色泽白、根条细、不连条、不浑汤，深受消费者青睐。该产品有9大系列、46个品种，年产1.8万吨。广水奎佳公司经与武汉工业学院食品科学与工程学院共同研究，在传统工艺上进行科学配方，精细制作，重振了奎面的质量和信誉。在第六届中国国际食品博览会上被授予"中国名牌食品"金奖。2003年被认定为绿色食品。应山奎面制作技艺被列入省级非物质文化遗产名录。

花山莼菜：广水市花山水库特产。莼菜为睡莲科水生宿生草本植物，自古以来就被视为蔬菜中的珍品，以嫩茎叶供食用。花山莼菜经深加工后，可贮藏，是广水市出口创汇的重要蔬菜品种之一，在国内、国际市场上享有较高声誉。

鄂北贝母：为百合科多年生草本植物，具有清热润肺、化痰止咳功效。1985年12月25日，国家医药管理局、中国药材公司组织全国21家大专院校和中药材研究部门专家对随州产鄂北贝母作出评审结论：对（全国）近20种贝母进行理化分析，包括生物碱、生物碱甙含量测定和微量元素分析，总生物碱含量以新种鄂北贝母为最高。鄂北贝母、紫花鄂北贝母生物碱含量最高，分别是0.40%、0.556%，镇咳、去痰作用明显，栽培繁殖系数高，值得推广应用。

随州芽茶：随州芽茶的产地主要集中在北纬31°19′—32°26′的大洪山和桐柏山，随州芽茶嫩绿的茶芽满披白毫、肥硕饱满，百粒单芽重15—20克，一般春芽长1.5—2厘米，夏秋芽长1.8—2.5厘米；干茶银绿隐翠，扁平尖削；茶汤嫩绿明亮，香气清高持久、有花香，滋味鲜醇回甘，令人回味无穷，因富含人体所需的氨基酸、维生素及硒、锌等微量元素，风味独特，保健功能突出而享誉海内外。随州芽茶历史悠久，最早可以追溯到炎帝神农氏，《神农本草经》著有：神农尝百草，日遇七十二毒，得茶而解之。随州芽茶曾获得湖北省首届十佳文化旅游名茶、上海世博会国际名茶和世界茶联合会国际金奖，2014年获得国家地理标志保护产品认定，是随州市首个茶叶区域公共品牌产品。现该茶年产量达到25万千克，年创产值15000万元。

黑木耳：随州栎木资源丰富，气候条件有利于黑木耳生长。木耳朵大肉厚，水发性好。近年大力推广段木栽培技术，黑木耳产量大增，2017年干品产量1.26万吨。

了花：随州春节时令食品，有数百年生产历史。了花生产只限于霜降之后，精选当年产上等纯真长颗糯米、青皮黄豆，经浸料、磨粉、和面、制胚、油炸、上霜等多道工序制作而成。吃时酥脆、香甜、爽口。

蜂蜜：随州蜜源植物丰富，适宜养蜂。20世纪50年代，意大利蜂传入随州，蜂种改良，开始人工放养，繁殖增快。1979年随县收购商品蜜39万公斤。1985年全市养蜂存笼14675群，收购商品蜜43万公斤，90年代上升到150万公斤。随州出产有蜂蜜、蜂胶、蜂王浆等产品。鸿发蜂胶软胶囊列入全省第二批支柱产业细分领域隐形冠军。

桔梗：在我国中药材中，尤以随州产的桔梗为上乘，个大、条匀、色白、菊花心，历史上习称"随桔"。随县吴山、万和、天河口、新城为集中产地。历史最高产量10万公斤。

广水胭脂红鲜桃：成熟的桃子果皮淡红，果肉深红，食用后嘴唇上像抹了一层"胭脂红"唇膏，因此得名"胭脂红"。它是广水市传统桃树栽培品种，其树势强健，枝条直立，发枝力弱，以中、短结果枝结果较好。果皮有红斑和红色条纹交错成花脸状。果肉紫红色，肉质松脆，汁多味甜，保鲜期长，被认定为农产品地理标志登记产品。保护范围为广水市现辖行政区域。

随州漆器：1978年随州战国曾侯乙墓被发掘，随编钟一起重见天日的漆器，数量多、种类丰，被专家统称为"随州漆器"。2000多年来，随州漆器这一传统技艺一直在本地艰难传承，并保留了其独有的特点，一是工艺繁杂，均以传统手工艺麻布为原料，以生漆（国漆）为粘剂，灵活运用浮雕、透雕、圆雕、剔凿、阴刻并采用点描线勾、平涂色块、堆漆、针刻等技法，经几道工序精制而成；二是胎形材料多样，有木胎、夹胎、皮胎等；三是图案纹饰丰富，人物、走兽、草木、花鸟、天文等应有尽有，且画面惟妙惟肖，线条疏密有致，具有浓厚的楚文化风格和曾随特色。随州漆器工艺师们依托祖传技艺，将该工艺发扬光大，一批漆器作品先后在中国旅游商品大赛、湖北旅游商品大赛上夺得金银奖，"曾侯乙盖豆""鸳鸯盒""夹纻胎漆盘"等产品被湖北省旅游局认定为"灵秀湖北"金牌旅游商品，并跻身省、市对外交往首选礼品之列，成为传播地域文化、见证友好交往的重要载体。美国前总统卡特，国民党领导人连战、吴伯雄，香港前特首曾荫权，莫桑比克总理艾雷斯阿里等政界要人，都接受过随州漆器馈赠。曾国漆器髹饰技艺入选湖北省人民政府公布的第五批省级非物质文化遗产代表性项目名录。

【特色饮食】 拐子饭：广水市盛行的传统特色风味小吃，起源于马坪镇。传统做法是专选上好的猪腿肉改刀之后放在锅中卤熟。由于选用的是猪脚部分的"活肉"，吃起来油而不腻，口感特好。尤其猪皮厚实胶质丰富，十分爽口。拐子饭除有猪拐肉外，还配有其他小菜及小鱼等十余种，任意挑选。拐子饭是增强早餐食欲的佳肴，是实实在在的"吃早饭"。

应山滑肉：广水市的传统名肴之一，曾载入《三楚名肴》和《中国菜谱湖北菜系》两书中。滑肉选猪五花肉去皮切块浸泡后，沥干水分，盛于碗内，用面粉拌和，加上蛋清、葱、姜等十余种配料，先炸，再溜，后烩，做出一道颜色金黄，外形很像豆腐的菜。由于烹制巧妙，油润滑爽，软烂醇香，肥而不腻，风味隽永，尤其为老年人所喜食。相传唐太宗李世民食欲不振，身体虚弱，广水籍御厨詹厨师得知，便为其做了一道滑肉，荤素搭配。唐太宗吃后，觉得醇香可口，又不腻人，很是开胃。此后，詹厨师每天都为李世民做上这道菜，李世民身体又强壮起来，便封詹御厨为厨王。

罐儿肉：将猪坐墩肉切成片形置入罐中，架上文火上煨炖而成。然后拌以五香、生姜、胡椒、葱等佐料，其味美而香，可口而不腻。这种传统风味小吃深受群众喜爱。

随州春卷：这是随州的一道传统美食，又叫"随州菜饼"。制作原料主要有豆油皮、荠菜、肉末、鸡蛋等。由于荠菜有和脾、利水、止血、明目功效，加上制作外脆内软，清香可口，成为春节深受群众喜爱的菜肴。

三鲜：是随州人过年常备的一种菜肴，其

味道不逊色于肉元子。原料有猪肉（肥瘦比例为2:8）、鲜蛋、鲜虾、生姜、大葱、油条、莲藕（或荸荠）、豆油皮、生粉、胡椒粉、鸡精、盐等。将鲜肉、虾仁、生姜、莲藕、大葱剁碎后，再打入鸡蛋和加入佐料后拌匀，用豆油皮裹成饼状适当大小，在油锅中炸至两面金黄，吃时切成小块，或蒸、煎、煮、煲汤、火锅均可，随各自的喜好，做成不同花样的菜肴。

【优势产业】 随州坚持"产业兴市、质量强市、创新活市、生态立市"的基本原则，以全球视野谋划和推动特色产业优化升级，在中高端消费、绿色低碳、共享经济等领域培育新增长点、形成新动能，加速创新链、产业链、资金链、政策链、人才链深度融合，促进存量变革、增量崛起、特色壮大、品牌提升，培育若干在全省全国乃至全球有影响力的特色产业集群，努力打造全国前列、全球有竞争力的"中国专用汽车之都"，建好世界华人谒祖圣地，筑牢"中国编钟之乡""中国香菇之乡"地位。全市工业战线紧紧围绕创建经济转型升级和创新驱动示范城市、建设特色产业增长极的战略目标，深入推进供给侧结构性改革，推动工业经济高质量发展，全市工业经济成色更纯、底色更亮、根基更牢，呈现出良好的发展态势，2018年，全市规模工业实现总产值1377.8亿元，同比增长11.1%，其中六大产业实现总产值1236.5亿元，同比增长10.5%，占全市规模工业的比重达89.7%；规模工业实现增加值336.8亿元，同比增长8.1%，位居全省市州第6位。2018年新进规模企业51家，超省经信厅计划21家，（计划30家），全市规模企业达672家。实施"危困企业重组盘活计划"，北京冠群集团整合俊浩专汽、五环专汽、厦工楚胜等企业，实现集团化发展；三铃专汽与武汉里得电力科技股份有限公司完成重组。全力集团、航天双龙破产重组有序推进。骨干企业引领作用加强，产值过亿元企业达400多家，其中50亿元以上企业1家，20亿—50亿元企业2家，10亿—20亿元企业11家，5亿—10亿元企业40家。

机械制造业：专汽产业发展。2016年编制了《随州市专汽产业"十三五"规划》，相继出台了《打造千亿元专汽产业三年行动计划》《关于进一步加快新能源汽车产业发展的实施意见》《突破性发展新能源、轻量化、智能化专用车打造千亿元专汽产业实施方案》等系列文件，明确了"十三五"发展目标和发展重点，为专汽产业向轻量化、智能化、新能源转型提供了强有力的政策保障。2018年新增专用汽车资质企业5家，资质企业达到40家，占湖北省总量三分之一以上。专汽总产值365亿元，同比增长16%，生产专用车13万辆，同比增长15.9%。专汽工业增加值82亿元，增速达到11.2%，高于全国、全省平均水平。专汽产业全年实现税收6.1亿元，同比增长15%。产品抽检合格率达到98%以上，骨干企业自主销售产品品牌比重达到99%，名牌产品产值比重提高到31.5%。全行业拥有中国驰名商标9个，单个行业驰名商标为湖北省最多地区，在全国名列前茅。新能源汽车突破发展。程力集团成功通过新能源汽车资质复审，达到新能源汽车产能5万辆。恒天新楚风公司生产新能源汽车1万辆。技术创新加快推进。多功能抑尘车、聚尘王清扫车、沙漠制水车、太阳能野外作业车、新能源环卫车等40多种产品填补了国内空白，全市专汽行业拥有国家发明专利200多个、省级各类技术中心23个、高新技术企业30家，6家企业参与了国家行业标准制定。随州专汽产品覆盖亚洲、非洲、美洲、欧洲等40多个国家和地区，年出口创汇达2亿美元。油罐车、洒水车、化工防腐液体车、房车等多项品种销量全国第一。程力集团、齐星集团年产值已经突破50亿元，入围中国民营企业500强。2018年"专汽之都"成功通过复审。风机产业转型发展。毅兴智能新上通讯滤波器生产项目，成为华为、中兴等大型集团公司的供货商。宏达脚轮与高铁知名供应商西安华强工程材料公司合作研发的"隧道接触网预埋槽道"，处于国际领先水平。公共服务平台建设不断完善。泰成金融投资担保有限责任公司、广水市楚北小额贷款有限公司、广水市众元小额贷款有限公司成立，为企业融资担保6

亿元。中国风机产供信息服务公司成立，为风机行业提供交易信息服务。企业自主创新能力增强。广水市风机产业有百余项新技术、新工艺处于国内领先水平，注册的新型实用风机231项，发明专利46项。企业与高等院校、科研院所合作加强。三峰透平公司获批省级企业技术中心。双剑公司与沈阳鼓风机研究所合作，成立湖北双剑鼓风机制造有限公司技术研发中心。风机行业拥有中国驰名商标2个、湖北省著名商标2个、湖北名牌产品3个。

农产品加工产业：2018年围绕市委、市政府打造特色农业增长极和农产品加工千亿元产业发展战略，突出随州特色，放大产业优势，推进农产品加工业、农村第一、二、三产业融合和农业品牌创建等工作，全市农产品加工业稳步健康发展。据市统计局统计，2018年1—12月份，全市农产品加工业产值452.3亿元，同比增长10.2%，占全市规模工业总产值的32.8%，继续领跑全市工业产业。截至2018年12月底，全市农产品加工业规上企业217家，占全市规模工业总数的32.3%，神农茶业、金悦农产品副产物综合利用被农业农村部列入第二批全国农产品及加工副产物综合利用典型模式目录。金银丰食品、湖北正大分别位列2018中国农业产业化龙头企业500强第231位、第392位。裕国菇业、金银丰食品分别位列2017湖北民营企业100强第93位、第98位。裕国菇业、天星粮油、金银丰食品、中兴食品、鸿发蜂产品、万和食品等6家企业上榜2018年全省隐形冠军企业名录。天星粮油与湖北省粮油集团等实现强强联合，成为该市第一家混合所有制国有企业。随州被农业农村部等部委认定为中国特色农产品优势区（香菇）并位列第一；广水市被农业农村部认定为全国农村创业创新典型县范例（全省2个）；随县被农业农村部等部委认定为2018年全国农村第一、二、三产业融合发展先导区；广水市应山办事处被省农业农村厅列为2018年国家农村第一、二、三产业融合发展产业兴村强县示范创建单位。品源现代成为全省第一家香菇酱出口企业。截至2018年12月底，全市现有有效农业"三品一标"166件，认证总量达到55余万吨。新认定获证产品34件。"随州香菇"被农业农村部认证为农产品地理标志登记产品，并获评2018年湖北省二十强农产品区域公用品牌。中兴食品香菇、裕国菇业香菇和木耳获评2017年度"湖北名牌"的荣誉称号。

生态文化旅游产业：随州市坚持以"生态优先、绿色发展"为纲领，以"全域旅游、全业旅游"为战略统领，科学规划旅游产业布局，着力打造核心景区项目，加快旅游与其他产业融合，逐步建成全域生态文化旅游目的地。2018年全年接待游客2500万人次，旅游综合收入155亿元，分别增长12%和10%。围绕打造旅游目的地"升级版"，制定了《全域旅游实施方案》，在抓好随县、长岗镇两个省级全域示范区的基础上，确定了5个市级全域旅游示范镇和县市区全域旅游示范片，形成全域布局、突出重点、示范引领的发展格局。随县以"一主两翼三环"的发展战略推进随中、随北、随南三个旅游区的大建设、大联通。曾都区实施"双核驱动"战略，以打造洛阳特色小镇和何店高铁小镇为载体，打造全域旅游和城乡一体化示范区。广水市以武胜关生态文化旅游区为核心，打造乡村旅游升级版。大洪山风景名胜区以创建省级"全域旅游示范镇"为载体，加快核心景区和长岗新区建设，建设"全景大洪山"。随州高新技术开发区积极将全域旅游理念融入园区建设，启动了府君山生态文化旅游区、漂水河湿地公园建设。全市形成"市—县—镇村—企业"联动发展全域旅游的良好格局，全域旅游目的地初见雏形。

电子信息产业：全市初步形成了新型电子元器件、消费电子的产业格局。2018年全市电子信息产业规模企业达24家，从业人员5173人，规模企业实现总产值33.5亿元，工业增加值8.4亿元，实现利润1.82亿元，实现税金5542万元。主要产品包括电子信息基础原材料及元器件、消费电子、光伏四种等门类。泰华电子投资3亿元，年产4.8亿只微型片式晶体谐振器工程，成为随州市电子信息产业的新的增长点。各类试点示范企业申报成果丰硕。

医药化工产业：医药化工产业是随州六大支柱产业之一，2018年，规模以上医药化工企业共77家，从业人员11718人。实现工业总产值192.52亿元，同比增长18%；实现工业增加值47亿元，同比增长13.5%；主营业务收入157.57亿元，同比增长9.2%；利润总额10.12亿元，同比增长16.1%；实现税金2.9亿元，同比增长18.7%。主要产品有中成药、化肥、农药、硫醇甲基锡等。代表企业有叶开泰国药、广仁药业、利康药业、犇星公司、中盐红四方、茂盛生物等。其中，犇星公司实现产值25.2亿元，同比增长114%，税收过亿元；叶开泰国药实现产值4.7亿元，同比增长14.9%，税收首次突破5000万元。

冶金建材产业：2018年，规模以上冶金建材企业共有158家，从业人员16419人。实现工业总产值256.6亿元，同比增长12.5%；实现工业增加值65亿元，同比增长5.9%；主营业务收入233.77亿元，同比增长10.4%；利润总额24.92亿元，同比增长8.4%；实现税金3.85亿元，同比增长2.3%。主要产品有钢铁、有色金属制品、石材板材、水泥、人造板等。代表企业有华鑫冶金、广同铜业、金辉铝业、华新随州水泥、中盐银港、金磊石材等。其中，华鑫冶金重组后，实现产值28.8亿元，同比增长26.3%，税收6623万元。

新能源产业：全市形成了以风电、光伏发电为代表的新能源产业发展格局。2018年建成中广核广水寿山、丰华广水牛脊山、丰华广水香炉山3个风电场，实现14万千瓦产能，齐星陈畈、广水余店等2个光伏电站，实现7万千瓦产能，共5个新能源项目，装机21万千瓦，全市已累计投产新能源装机达200万千瓦。2018年新能源项目累计发电量达30.89亿千瓦时，占全市同期全社会用电量的73.11%，占全省新能源发电量的27.26%，新能源产业发展位居湖北省前列。

大 事 记

1月

2日至4日 中国人民政治协商会议随州市第四届委员会第二次会议隆重召开。政协主席黄志群，副主席张书文、黄秋菊、周峰、加玉计、黄安一、万正强、程敦怀、刘玲，秘书长朱木清出席会议。本次大会应到代表330名，实到315名。开幕会议由黄志群主持，闭幕会议由周峰主持。会议听取并审议了周峰同志所作的《中国人民政治协商会议随州市第四届委员会常务委员会工作报告》，万正强同志所作的《中国人民政治协商会议随州市第四届委员会常务委员会关于四届一次会议以来提案工作情况的报告》；听取并讨论了郭永红同志所作的《政府工作报告》；协商讨论了市发改委《关于随州市2017年国民经济和社会发展计划执行情况与2018年计划（草案）的报告》、市财政局《关于随州市2017年财政预算执行情况和2018年财政预算草案的报告》以及《随州市中级人民法院工作报告》《随州市人民检察院工作报告》。会议赞同上述报告，圆满完成了各项任务。

3日至6日 随州市第四届人民代表大会第三次会议召开。本次大会应到代表330人，实到320人。陈安丽主持大会，郭永红向大会作政府工作报告。杨金贵作了关于《随州市城乡饮用水水源保护条例（草案）》的说明；表决通过了《随州市第四届人民代表大会第三次会议选举办法（草案）》。大会宣布了会议选举结果：王松涛等27名同志当选为随州市出席湖北省第十三届人民代表大会代表（报省人大常委会审查后确认代表资格）；郭永红同志当选为随州市人民政府市长；郑军同志当选为随州市监察委员会主任；肖诗兵等5名同志当选为随州市第四届人民代表大会常务委员会委员。大会表决通过了关于随州市人民政府工作报告的决议、关于随州市2017年国民经济和社会发展计划执行情况与2018年计划的决议、关于随州市2017年财政预算执行情况和2018年财政预算的决议、关于随州市人民代表大会常务委员会工作报告的决议、关于随州市中级人民法院工作报告的决议、关于随州市人民检察院工作报告的决议。表决通过了《随州市城乡饮用水水源保护条例》（报省人大常委会批准后实施）。

3日至4日 随州遭受气象记录史上最大暴雪。持续强降雪对城市交通、供电供水、设施农业、园林绿化、居民生活等造成严重影响。据市减灾办统计，截至5日16时，全市受灾人口7683人次，紧急转移人口247人次，分散安置人口247人次；农作物受灾面积4.1424平方千米，其中成灾面积3.5374平方千米，绝收面积0.807平方千米，因灾死亡牲畜70头（只）；倒塌房屋户数94户291间，严重损坏70户124间，直接经济损失2975.65万元。截至5日晚，城区主要道路上的积雪全部铲除，公交恢复运行，车辆通行正常；因雪灾受损中断的供电线路、供水设施、通信基站等，大部分已经恢复正常。截至5日，全市共下拨救助物资棉大衣1470件、棉被1530床，确保受灾群众不受冻、不挨饿。

9日　随州援建新疆生产建设兵团五师双河市八十一团的两个产业项目正式签约，标志着全市产业援疆再进一步。

9日　随州市漂水河"一河一策"实施方案评审会议召开。

12日　国家电网随州供电公司高新区供电中心成立，正式担负起随州中心城区、高新区和城南新区的供电业务。

14日　随州市与武汉大学战略合作签约仪式在随举行。武汉大学党委书记韩进、市委书记陈安丽分别致辞，并共同为"武汉大学驻随州市工作站""随州市驻武汉大学工作站""武汉大学大学生实习实训就业创业基地""武汉大学农副产品供应基地"揭牌。

15日　随州市供销社被国家人社部、中华全国供销合作总社联合表彰为"全国供销合作社系统先进集体"，是湖北省唯一获此殊荣的市级供销合作社。

24日上午，湖北省十三届人大一次会议开幕，省长王晓东在《政府工作报告》中指出："要促进新动能持续快速成长，支持随州等地建设国家应急产业基地。"点出的随州元素鼓舞人心，报告多处蕴含的随州机遇催人奋进。

31日　中央文明办在湖南长沙发布2018年1月"中国好人榜"，湖北2人上榜，其中有一人是随州的"抱罐哥"——消防战士蔡伟。自2017年11月、12月，随州市顾世国、邱学春分别上榜之后，随州连续三个月有人成为"中国好人"。

2月

6日　随州召开全市工业发展暨开门红现场会，分析2017年各地工业经济运行、工业投资、技改投资、中小企业成长目标完成情况，明确2018年目标安排，研究完成全年目标和做好首季开门红工作的措施。

9日　2018年随州市城区禁鞭、禁孔明灯（以下简称"两禁"）工作会议召开。会议通报表彰了2017年度随州城区禁鞭工作先进单位和先进个人。

13日　随州市人民政府与武汉经济开发区（简称武汉经开区）管委会签署合作协议，共建武汉经开区随州产业园。

23日　随州市2018年"春风行动"启动仪式暨专场招聘会在市劳动就业管理局拉开序幕。来自市内外280多家用人单位提供岗位1万多个，11000余名求职者进场求职，现场达成就业意向5100余人次，现场报名参加各类工种职业培训1100余人次。

本月　泰晶科技发布2017年科研成果，由泰晶科技与武汉理工大学合作研发的新一代SMD微纳米石英晶体封装设备，打破国际垄断，即将量产，成为推动其提升行业站位的又一"杀手锏"。

本月　湖北泰晶电子科技股份有限公司"一种新型音叉晶体的动态测试电路"发明专利荣获湖北省专利金奖，成为本届湖北省获此殊荣的15项专利之一。

3月

3日　央视一套播出的《经典咏流传》第四期节目中，随州编钟再登央视舞台，穿越2500年的"王者之音"震撼全场。

8日　"巾帼心向党·建功新时代"党的十九大精神宣传暨2018年庆"三八"广场舞比赛在神农公园举行。

15日　省政府命名的"湖北省爱国主义教育基地"授牌仪式在广水市吴店镇尹家湾新四军第五师司令部旧址前举行。

27日　全市"厕所革命"工作推进会召开。会议提出，通过三年努力，全面完成全市11.25万户农户无害化厕所新建、改造，完成852座农村公共厕所、169座乡镇公共厕所、177座城市公共厕所、10座交通沿线厕所、100座旅游公共厕所建设改造任务。

28日　全市5个种子市场观察点分别接收到

由农业农村部授予的"种子市场观察点"牌匾，标志着此项工作正式落户随州市。

本月　省环委会办公室公布了2017年度省级生态乡镇和省级生态村名单。随州市27个村摘得"省级生态村"荣誉称号。其中随县12个村，广水市10个村，曾都区4个村，随州高新区1个村。全市累计创建国家级生态镇1个、省级生态镇12个、生态村131个，市级生态镇24个、生态村468个。

4月

3日　新㴲水一桥建成试通车。新㴲水一桥是在老桥原址上建造的，其设计灵感来源于随州市花——兰花。全长268米，桥宽32米，为双向六车道，两侧各修一条2.5米人行道和景观带，设计时速为40千米，使用年限为100年。新㴲水一桥开创了随州桥梁建设的多个第一：第一次采用爆破拆除，第一次采用钢栈桥进行桩基施工，第一次运用液压顶推滑移拼接钢箱梁，也是随州城区第一座斜拉景观桥。

3日　《湖北省人民政府关于2017年度科学技术奖励的决定》公布，随州5家企业获得省科技奖励，其中科技型中小企业创新奖2个，科技进步二等奖1个、三等奖2个。

16日　随州出现首家"共享农场"——曾都区何店镇浪河村的湖北三箭共享农场，是集体验式种植、采摘、垂钓、休闲娱乐于一体的田园综合体项目。

18日　随州受邀参加《魅力中国城》第二季启动仪式暨魅力中国城·城市联盟成立大会。随州及茂名、凉山、延安、肇庆等全国46个城市共同签订《城市联盟旅游合作框架协议》，作为理事城市加入魅力中国城·城市联盟。

23日　随州举行博士服务团对接见面会。湖北省第七批"博士服务团"的4名博士来到随州，分赴基层企事业单位，开展为期一年的挂职服务锻炼。

28日　全市庆"五一"劳动奖命名大会召开，命名了一批在全市各行各业、各条战线涌现出的先进集体和先进个人，其中10个单位被授予随州"五一劳动奖状"荣誉称号，45名个人被授予随州"五一劳动奖章"荣誉称号。

本月　随州新获批省级院士专家工作站4家，引进高等院校专家团队20人。此次获批省级院士专家工作站的企业（协会）是随县马铃薯专业技术协会、湖北锦鸿生态农业开发有限公司、广水市奶狗面业有限责任公司、三友食品（随州）股份有限公司。

5月

9日　首届"湖北工匠表彰大会暨技能中国行2018走进湖北启动仪式"在中国光谷科技会展中心举行，随州市两名技能人才获得表彰奖励。湖北省齐星汽车车身股份有限公司加工中心操作工周璇获评"湖北省技能大师"，齐星汽车车身股份有限公司车工陈真获评"湖北省技术能手"。

11日　聚玉街（沿河大道至舜井大道段）改造全线竣工，1.2千米的道路焕然一新，成为中心城区第一条高标准的城市支路。

11日　随州市建投公司与浙江绿城佳园公司签署战略合作协议，共同启动桃李春风时光记忆小镇项目。

16日　市人大召开《随州市城乡饮用水水源保护条例》（以下简称《条例》）新闻发布会。此《条例》已经随州市第四届人民代表大会第三次会议通过，湖北省第十三届人民代表大会常务委员会第二次会议批准，于2018年8月1日正式实施。

5月中旬　经市人民政府批准，随州市首批历史建筑名录对外公布，随县安居九街十八巷、随州高新区淅河石码头街、曾都区西城草甸子街等36处老建筑榜上有名。

28日　全国老干部"神韵随州杯"诗词竞赛颁奖大会在随举行。湖北省红安县铜锣诗社、河南省光山县诗词学会获得竞赛组织奖，广西南宁市玉智念《贺新郎·随州印象》获得一等奖。

本月　随州花鼓戏传承人万保英成功入选第五批国家级非物质文化遗产代表性项目代表性传承人名单，成为随州市第一位国家级非遗代表性传承人。

本月 在市规划局统一安排下,市规划勘测设计研究院的测绘技术人员,在随州城南高铁小镇片区,首次将"随州市2000国家大地坐标系和区域似大地水准面精化"项目成果运用到地形高程测量中,测量精度达到毫米级。

6月

5日 220千伏随州变电站2号主变充电合闸成功,标志着历时70天的随州变电站改造工程完工。

6日 随州举行农民工实名制管理、银行代发工资和信息化管理启动仪式,启动工程建设领域农民工实名制、农民工工资与工程款分账管理,并由银行代发,确保农民工工资按时足额支付。这一举措,标志着全市农民工工资支付长效保障机制取得重大进展。

6日 涢水一桥迎来试通车,更好地服务高考和寻根节交通出行。涢水一桥是连接擂鼓墩大道和白云大道的一座重要桥梁。2016年,市政府决定改造涢水一桥,在老桥上游新建一座桥梁,新老桥合二为一,桥面总宽拓展至25米。

8日 戊戌年炎帝文化庙会在随县盛大开幕。省文联副主席陆鸣,省文化厅副巡视员徐尚文,市委常委、统战部长冯茂东,副市长郑晓峰,市政协副主席周峰等出席开幕式。

8日 2018湖北·随州炎帝故里经贸洽谈会在随县隆重举行。副省长陈安丽讲话并宣布经贸洽谈会开幕,市委副书记、市长郭永红致辞,省商务厅副厅长黄谋宏讲话。15个项目现场签约,投资额达163.2亿元。

9日下午 戊戌年寻根节炎帝神农文化高端讲坛在随州凤凰酒店国际会议中心隆重举行。

10日 戊戌年世界华人炎帝故里寻根节隆重举行。全国政协副主席刘奇葆,第十届全国人大常委会副委员长顾秀莲出席大典。中国国民党荣誉副主席蒋孝严,中共湖北省委书记、省人大常委会主任蒋超良,中共湖北省委副书记、省长王晓东,湖北省政协主席徐立全,美国著名爱国侨领张素久,中国国民党中常委曾文培,中国国民党前主席特别顾问兼大陆事务部主任黄清贤,河南省委原书记徐光春,中华全国归国华侨联合会副主席康晓萍,海峡两岸关系协会副会长孙亚夫,中国文联原副主席杨承志,中华炎黄文化研究会常务副会长张补旺,中华炎黄文化研究会副会长任大援、唐本高,湖北省人大常委会党组书记、常务副主任王玲,中共湖北省委常委、省委秘书长梁伟年,湖北省人民政府副省长陈安丽,陕西省政协副主席李冬玉,甘肃省政协副主席德哇仓,中国恒天集团董事长、党委书记张杰,资深外交家安文彬,湖北省人大常委会原副主任吴华品,中共随州市委副书记、市长郭永红等参加大典。湖北省人民政府副省长陈安丽主持拜祖仪式并致欢迎辞。全国政协副主席刘奇葆宣布大典开幕。中国航天科技集团公司特级技师崔蕴,中铁第四勘察设计院集团有限公司设备处总工程师邱绍峰,全国劳动模范、武汉机械工艺研究所编钟制造师刘佑年,全国五一劳动奖章获得者、港珠澳大桥建设者孙建波,共同点燃圣火。

14日 在"6·26国际禁毒日"到来之际,随州市禁毒委员会在随州技师学院举行集中公开销毁毒品警示教育暨2018年全市禁毒宣传月活动动员大会。禁毒宣传月的主题是"健康生活,绿色无毒"。根据省禁毒办统一部署,当天该市共销毁近年来查获的各类毒品59公斤。

21日 中国作家协会"2018年会员发展公示"的公示期结束,曾都区作协主席罗爱玉成为继蔡秀词、胡晓晖、胡晓明之后的第4名随州籍中国作家协会会员。

27日 随州在湖南省岳阳市巴陵广场举行旅游专场推介晚会,这是随州首次在湖南区域开展的专场旅游推介会。

本月 随州老火车站片区棚户区改造启动。

7月

1日 随州市全面开通社会保障卡城乡居民

医保结算功能，城乡居民须使用社会保障卡就医结算。

1日　中国铁路总公司开通襄阳东至上海虹桥的动车组D3004/D3002，经停随州。这也是随州火车站首次开行的至上海的动车。

3日　位于随州城区神农公园旁的市民中心立体停车库，试运行10天情况良好，周边停车紧张的现象得到了极大的缓解。市民中心立体车库是随州中心城区首个建成对外开放的立体停车库。

4日　随州市爱国主义教育基地杨玉麟故居授牌仪式在曾都区府河镇拱桥河村举行。这是随州市首次为个人故居授牌。

5日　原随州市国家税务局、地方税务局正式合并，国家税务总局随州市税务局挂牌成立，履行全市各项税收、非税收入征管等职责。

12日　外交部、湖北省人民政府在外交部南楼举行湖北全球推介活动，活动主题为"新时代的中国：湖北，从长江走向世界"。全球目光聚焦湖北，随州元素惊艳亮相。来自随州的三件青铜器——鉴缶、曾侯乙尊盘和鹿角立鹤，在外交部蓝色大厅"长江边的文化遗产展示区"展示。宣传片《灵秀湖北》展示了世界华人炎帝故里寻根节的盛况及曾侯乙编钟演奏的场景。

23日、24日23点19分　CCTV9《发现》栏目播出纪录片《深墓钟声》（上、下），探秘曾国编钟发展史，这是继2017年CCTV10《探索发现》栏目播出三集纪录片《曾随之谜》之后，央视再次聚焦曾随文化。

24日　"荆楚楷模"7月上榜人物名单揭晓，湖北味万金商贸有限公司总经理金磊榜上有名。湖北味万金商贸有限公司曾荣获随州市首届"青年创业大赛"十强企业，金磊本人也曾被评为2017年第四季度"随州楷模"。

本月　随州珠峰钢构工程有限公司和湖北楚天药业有限责任公司同时获得"中国知识产权管理体系认证证书"，这是随州市开展企业知识产权贯标工作后，首批取得认证的两家企业，实现全市企业知识产权贯标零的突破。

本月　湖北省企业联合会、湖北省企业家协会发布《2018湖北企业100强名单》，湖北齐星集团以2017年营业收入77.8亿元位列第58位，连续10年蝉联"湖北百强"，为随州市唯一上榜企业。

8月

5日至6日　"文旅中国·魅力博览"魅力中国城文化旅游（西昌）博览会、项目推介会在四川省凉山彝族自治州盛大开启。随州市作为《魅力中国城》第一季十佳城市、"魅力中国城·城市联盟"理事单位受邀参加，现场开设城市展厅并上台作推介，在参加的34城之间、央视等媒体平台上，进一步擦亮随州旅游名片，展示随州城市魅力。

7日至8日　央视记录频道《国乐的侧脸》摄制组来随，前往随州市博物馆、曾侯乙墓遗址博物馆进行取景拍摄。

8日　湖北犇星公司举行捐资助学暨奖学金发放仪式。随州市11名优秀高考学子分别获得2万、1万元不等的奖学金。

13日　随州庆祝首届"中国医师节"暨表彰大会在随州市中心医院举行。

29日　随州6家企业收到留抵退税款1.24亿元，成为首批受益者，标志着留抵退税新政在随州全面落地。

本月　炎帝故里风景名胜区、大洪山风景名胜区、西游记公园景区等全市11家单位获评首批市级中小学生研学旅行基地。

本月　"随州香菇"经农业农村部评定，成功获得农产品地理标志登记认证，地域保护范围将涉及全市33个镇（场、办事处），778个行政村。这也是继"随州泡泡青""广水胭脂红鲜桃""洪山鸡"之后，随州获得的第4个农产品地理标志登记产品。

本月　随州市正开展为期三个月的"双违"（违法建设、违法占道）专项集中整治，时间为8月至10月，以改善城市环境。

本月　"荆楚楷模"8月上榜人物名单揭晓，武汉铁路局襄阳供电段随州供电车间助理工程师黄聪榜上有名。

9月

2日 在马来西亚举办的2018年第四届马六甲海峡横渡活动中,来自随州的王帮勇、方金玉克服重重困难,成功"征服"马六甲海峡,获得第二名和第四名。

5日 随州新一代天气雷达迁建项目主体结构顺利通过市质量监督站、建设单位、设计单位、监理单位及施工单位的共同验收。新一代天气雷达迁建项目是重要的民生项目,是"智慧气象"的重要组成部分,也是中国内陆地区首部投入使用的新一代双偏振天气雷达,将大力提升随州气象防灾减灾和服务民生的能力。

7日 2018"寻访荆楚好老师"评选结果出炉,随县澴潭镇涢水小学教师王从伦作为随州入选者,被评为2018"荆楚好老师"。

15日至16日 "中国·随州2018大洪山金顶挑战赛"正式举行,挑战赛由禅修马拉松赛和山地车竞速赛两项赛事组成,竞赛起点设在大洪山核心景区洪山禅寺,终点为大洪山金顶停车场,全程6千米,该赛事自2015年首次举办以来,每年一届,旨在通过"赛事+"模式,打造地域精品赛事,推动体育文化旅游融合发展,提升大洪山对外知名度和影响力。

17日至18日 来自中、美、法、德、日等国家的60余名楚文化专家学者齐聚随州,实地参观曾随文化考古遗址及出土文物,感受曾随文化独特魅力。

23日 首届"中国农民丰收节"湖北省主会场活动在随县炎帝故里风景名胜区谒祖广场盛大开幕,来自全省各地的4000名农民代表欢聚围坐,共庆丰收。

本月 省经信委发布2018年湖北省第二批服务型制造示范企业名单,随州市三峰透平装备股份有限公司成功入围省级示范企业行列,这也是该市首家服务型制造示范企业。

本月 湖北随州天姿旗袍表演团赴港参加湖北省中老年国际文化交流艺术大赛"广场舞比赛"香港站比赛,捧回亚军奖杯。

10月

9日 "编钟出土四十周年"书画摄影展在随州博物馆正式开展,展期持续一个月。

10日至13日 一年一度的中国(上海)国际乐器展览会在上海举行,随州曾侯乙编钟编磬企业首次参加世界级展会,将曾侯乙编钟和编磬搬上世界舞台,奏响中国声音,讲好随州故事,将随州特色文旅产业推向全世界,吸引了16万人次驻足欣赏。

17日 随州市第六届编钟美育节文艺节目现场展演在随县炎帝学校礼堂举行,全市各县(市、区)、市直各学校共选送35个精彩的文艺节目参加展演,参加展演的师生1000余人。

20日 澳大利亚国际商会首席执行官、澳中友好城市交流中心总裁麦克·果一行来随,开展友好交流,探讨合作。澳大利亚昆士兰州自由党秘书长、昆士兰州议会议员罗布·莫豪克,新西兰奥克兰市议员、奥克兰商业发展委员会理事罗布·汤玛斯等一同来随。市委常委、市政府党组成员林常伦参加活动。

本月 国务院正式批复《淮河生态经济带发展规划》,随州淮河镇、殷店镇、草店镇、小林镇、郝店镇、吴店镇、蔡河镇被纳入淮河生态经济带范围,参与中国经济社会发展第四增长极建设。

本月 随州市炎帝故里风景名胜区成功入选"2018年全国中小学生研学实践教育基地"。

11月

1日 湖北省举行重大项目集中开工活动。在随州分会场,黄鹤楼酒业搬迁改造等22个重大项目集中开工,总投资92.3亿元。同日,2018年全国机械工业产业集群工作会议在随召开,中国机械工业联合会执行副会长杨学桐讲话,市委常委、常务副市长蒋星华致辞,副市长吴超明就深入推进专用汽车产业集群高质量发展作报告。

5日 在第八届全国烹饪技能竞赛(湖北赛区)暨2018年"湖北工匠杯"技能大赛——湖北

省楚菜职业技能大赛上，随州市代表队斩获8项大奖。其中，玉明随厨餐饮酒店选手周强、王海勇和曾都食府选手甘猛、龚学江在全国烹饪技能大赛中获得4项大奖，周强、冠南春天刘兵、广水福嘉膳坊酒店敖家斌、高树良4名选手获得"湖北工匠杯"楚菜技能大赛个人赛特金奖。

10日　在全国法院审判执行工作会议暨全国法院审判管理工作座谈会上，市中院作为省会城市以外的唯一中级法院就"两评"机制作经验交流。最高院多次向全国法院推广，山西、天津等各地法院前来学习，《人民法院报》《人民法治》等媒体专版报道。

16日　市委召开全市领导干部大会。省委组织部常务副部长肖菊华出席会议并宣布省委决定：陈瑞峰同志任中共随州市委委员书记。

17日　在第十五届武汉农博会上，"随州香菇"入选湖北省首批"农产品区域公用品牌"名单。

20日　随州市召开电视剧《界线》商务推介接洽会，为该市企业与剧组合作共赢搭建交流平台。

28日　随州第七期公共租赁住房分配抽号在神农大剧院举行，356户住房困难家庭获得公租房入住资格。

12月

4日　随州市3人在第二届"荆楚工匠"授称活动中荣获"荆楚工匠"称号，分别是湖北三峰透平装备股份有限公司焊工、高级技师郝波，湖北省齐星汽车车身股份有限公司数控车工、高级技师周璇，随州市擂鼓墩文物管理处高级技师项绍清。

7日　在北京举办的《魅力中国城》文化旅游魅力榜发布会暨城市文化旅游论坛上，随州千年银杏谷景区获评年度魅力生态景区，编钟乐舞获评年度魅力旅游演艺节目。

本月　"随州市2000国家大地坐标系和区域似大地水准面精化建设"项目荣获2018年度湖北省测绘科技进步一等奖，这是随州测绘项目首次获此殊荣。

25日　市民陈龙子在市政务服务中心工商部门窗口，领取了随州首张商务秘书公司营业执照。这是随州市颁布《随州市商务秘书公司登记暂行办法》，实施为集群注册企业提供住所托管服务后，成立的首家商务秘书公司，标志着全市助推全民创业的又一商事制度改革迈出了实质性的一步。

29日　随州举办"致敬四十年·奋进新时代"随州典型代表人物致敬盛典。本次活动从农业、教育、医疗、公安、装备制造业等甄选30位行业代表人物和1个典型代表团体，以人物视角，共话改革力量，展现全市各行各业在改革开放40年间取得的重大成就和历史进步。首届世界炎帝故里寻根节筹委会获评"随州典型代表群体"，常东昌（已故）、杨新美（已故）、徐德、张振建、肖保新、熊俊杰、喻信东、左光满、付本发9人荣获"随州典型代表人物"荣誉称号，宫贵国、熊仕荣、陈勇、徐正刚、王从伦等21人荣获"随州优秀代表人物"荣誉称号。

经济社会发展战略

建设特色产业增长极

为深入贯彻落实党的十九大精神、省第十一次党代会和省委十一届二次全会精神，落实"创建经济转型升级和创新驱动示范城市"要求，在湖北建设现代化经济体系，开启"建成支点、走在前列"、全面建设社会主义现代化强省的新征程中，进一步提升随州在全省发展格局中的地位作用，市委于2017年年底作出奋力建设特色产业增长极的决定，明确发展目标。随州是国内知名的专用汽车生产基地，专用汽车产业聚集度在全国名列前茅；是全省农产品出口第一大市，香菇出口连续多年居全国地级市前列；是炎帝神农故里、编钟古乐之乡、国家园林城市、国家森林城市，生态文化旅游资源非常丰富。为进一步凸显产业、资源等方面的特色和优势，把专用汽车及零部件、农产品加工、生态文化旅游等作为特色产业增长极来打造。

力争经过五年努力，实现以下目标体系：

——产业发展目标。深化创建全国专汽产业集群区域品牌示范区、国家专用车质量提升示范区、国家应急产业（专用车）示范基地；大力创建国家特色农产品优势区、国家农业产业化示范基地、国家级香菇生态原产地农产品保护示范区；着力把生态文化旅游业培育成战略性支柱产业，打造全国知名旅游目的地；积极创建国家新能源示范城市，打造全国中医药大健康产业发展示范基地。

——产业集群目标。专用汽车及零部件、农产品加工两大产业集群实现千亿元目标；旅游综合收入实现翻番。

——企业发展目标。专用汽车及零部件、农产品加工领域培育一批具有国际竞争力、产值过100亿的领军企业和高成长性、产值过50亿的企业，规模以上企业、高新技术企业实现突破性发展。

——科技创新目标。科技进步对经济增长的贡献率、高新技术产业增加值占地区生产总值的比重持续提升；新建一批国家级、省级技术中心。

突出发展重点。形成"三极支撑、多点突破"的特色产业发展格局。

——专用汽车及零部件。大力发展"高精尖"专用车，重点研发生产新能源、轻量化、智能化专用车，推进高附加值专汽产品产业化发展。推动专汽关键零部件产业化、规模化发展，确立区域核心竞争力优势。

——农产品加工。优化区域布局，重点建设食用菌、畜禽、优质粮油、木本油料、果蔬茶五大特色产业标准化生产基地、加工基地、仓储物流基地，重点发展农产品精深加工，培育一批省级以上农业产业化龙头企业，打造全省重要的特色农产品加工物流交易中心和国家级出口基地。

——生态文化旅游。着力提升"国家历史文化名城""世界华人炎帝故里寻根节"、全国"十佳魅力城市"品牌的美誉度和影响力,建成全国重要的生态休闲、寻根谒祖旅游目的地。充分挖掘炎帝文化、编钟文化、红色文化、佛教文化等文化资源,打造特色文化品牌。

同时,大力培育发展新兴产业,促进风力、光伏发电等新能源产业进一步做大做强,风机制造产业保持全省领先水平,晶体材料、电子信息、智能制造、生物医药、大健康等产业成为新的增长点。

专用汽车及零部件产业

【概况】 按照中机联要求,认真申报专汽之都复审材料,做好各项复审工作的现场审核,中机联给予随州专汽产业发展高度评价,并继续授予随州"中国专汽之都"称号。抓好资质企业申报过程中的指导和服务,加强地方行业监管力度,2018年新增专用汽车资质企业五家:长兴机械、四通专汽、旺龙专汽、汇龙专汽、帝成环卫,资质企业达到40家,占湖北省总量三分之一以上。专汽总产值365亿元,同比增长16%,生产专用车13万辆,同比增长15.9%,实现了逆市增长的可喜成绩。新能源汽车突破发展。程力集团成功通过新能源汽车资质复审,达到新能源汽车产能5万辆。恒天新楚风公司生产新能源汽车1万辆。

【专汽行业整治规范工作】 2018年以来,开展了以打击"路边店""黑窝点"违法生产经营行为为重点的专汽行业整治规范活动。整顿规范工作专班联合执法,查封腾誉专汽公司,立案调查32起,关闭违规违法生产企业11家,打掉黑窝点3个,查封不合格产品86台,刑事处罚3人。设立举报电话全面摸排,对地摊式、作坊式违法生产行为从重从快坚决予以铲除。组织开展了专汽行业规范整顿"不合格产品集中报废"大行动,有力震慑了违法违规行为。

【技术创新】 建立以企业为主导、市场为导向、产学研用深度融合的技术创新长效机制。充分对接全国高校资源,发挥湖北专汽研究院、武汉理工大学随州工业研究院、全国专用车技术创新战略联盟等单位的作用,推进企业技术合作,加快技术研发和成果转化。在全行业开展智能制造新技术、新模式试点示范,推广应用数字化技术、系统集成技术、智能制造技术,建设数字化车间、智能工厂。多功能抑尘车、聚尘王清扫车、沙漠制水车、太阳能野外作业车、新能源环卫车等40多种产品填补了国内空白,全市专汽行业拥有国家发明专利200多个,省级各类技术中心23个,高新技术企业30家,其中6家企业参与了国家行业标准制定。

【企业家队伍建设】 组织随州专汽资质企业、重点零部件企业20多人赴德国汉诺威访问考察,同世界高端制造企业交流学习。举办武汉理工大学专用车和新能源汽车技术研讨会,为企业解决技术难点。协调邀请武汉爱易适6S管理培训公司在专汽行业开展专汽精益化管理试点,并组织开展全市专汽企业精益化管理培训班,提升行业管理水平和生产效益。

【提质增效】 2018年该市专汽工业增加值82亿元,增速达到11.2%,高于全国、全省平均水平。专汽产业全年实现税收6.1亿元,同比增长15%。产品抽检合格率达到98%以上,骨干企业自主销售产品品牌比重达到99%,名牌产品产值比重提高到31.5%。全行业拥有中国驰名商标9个,使随州成为单个行业驰名商标为湖北省最多地区,在全国名列前茅。成功举办专汽质量提升大会和精益培训班。11月9日,随州专用汽车质量提升工作会议及精益管理培训班在市委会议中心举办。全市专用车和零部件生产骨干企业负责人、技术骨干、首席质量官等120余人参加会议,接受了核心竞争力与生产体系精益管理、工厂的生产现场改革、精益质量管理、财务与精益管理、生产现场精益诊断等课程培训。通过培训、交流,以点带面,进一步提升全市专用车发展质量水平。

【开放合作】 出台了一系列支持汽车产业发展的

政策，加大招商引资力度，重点瞄准大型跨国公司、国内上市公司、央企省企和知名民营企业，引进战略投资者和大型企业，运用并购、控股、参股等方式推进本土企业联合重组。成功引进中国中车重组楚胜专汽。抢抓"一带一路"建设机遇，以沿线国家和地区为重点区域，加快骨干企业走出去步伐，通过国际展会、博览会、经贸洽谈会等活动，开展资源、技术和市场合作。随州专汽产品已覆盖亚洲、非洲、美洲、欧洲等40多个国家和地区，年出口创汇达2亿美元。

【品牌效应】 油罐车、洒水车、化工防腐液体车、房车等多项品种销量全国第一。其中，绿化洒水车全国市场占有率达到80%；新能源专用车产量1.2万辆，居全国第三；危化品罐式车1万辆，占全国总量50%。程力集团、齐星集团年产值已经突破50亿元，入围中国民营企业500强。同时，相关配套服务逐步完善，湖北省专用汽车研究院、专汽检测中心以及信息、物流、营销、博览、金融等公共服务平台，已经建成或正在建设中。引导程力集团在全国布局建设338家售后服务站，健全完善汽车售后服务体系，并以此为试点在全行业推广实施质量品牌战略，加强售后服务质量，提升客户满意度，提升"中国专用汽车之都"品牌影响力。

农产品加工产业

【概况】 2018年，随州市农产品加工业工作紧紧围绕市委、市政府打造特色农业增长极和农产品加工千亿元产业发展战略，突出随州特色，放大产业优势，着力推进农产品加工业，农村第一、二、三产业融合和农业品牌创建等工作，全市农产品加工业稳步健康发展，取得了一定的成效。农产品加工业稳中有进。据市统计局统计，1—12月份，全市农产品加工业产值452.3亿元，同比增长10.2%，占全市规模工业总产值的32.8%，继续领跑全市工业产业。龙头企业实力不断壮大。截至12月底，全市农产品加工业规上企业217家，占全市规模工业总数的32.3%，神农茶业、金悦农产品副产物综合利用被农业农村部列入第二批全国农产品及加工副产物综合利用典型模式目录。金银丰食品、湖北正大分别位列2018中国农业产业化龙头企业500强第231位、第392位。裕国菇业、金银丰食品分别位列湖北2017湖北民营企业100强第93位、第98位。裕国菇业、天星粮油、金银丰食品、中兴食品、鸿发蜂产品、万和食品等6家上榜2018年全省隐形冠军企业名录。天星粮油成功与湖北省粮油集团等实现强强联合，成为该市第一家混合所有制国有企业。现代园区建设取得新进展。随州被农业农村部等部委认定为中国特色农产品优势区（香菇）并位列第一；广水市被农业农村部认定为全国农村创业创新典型县范例（全省2个）；随县被农业农村部等部委认定为2018年全国农村第一、二、三产业融合发展先导区；广水市应山办事处被省农业农村厅列为2018年国家农村第一、二、三产业融合发展产业兴村强县示范创建单位。精深加工项目快速推进。品源现代成为全省第一家香菇酱出口企业，7月5日正式出口泰国，现每天出口一个货柜，货值30万美元，2018年香菇酱出口可达到2800万美元。继北京捷文科技投资5亿元后，香菇酱将由日产10万瓶增加到50万瓶，成为该市农产品加工业的一匹黑马。湖北正大熟食鸡深加工项目仓库改造已完成，2019年5月可投产；投产后，年可新增产值30亿元，利税1亿元，进一步完善了肉鸡的产业链。兴鹏实业千万只肉鸽屠宰深加工项目正在开展基础设施建设，预计2019年投产。昌瑞纺织三期已投产三个月。大自然农业熟食深加工设备正安装之中。裕国菇业香菇饮片加工项目手续办结，加工厂房改造完成。大自然米业10万吨优质稻加工项目征地手续待批等。精品名牌创建取得新成效。截至2018年12月底，全市现有有效农业"三品一标"166件，认证总量达到55余万吨。新认定获证产品34件。7月份，"随州香菇"被农业农村部认证为农产品地理标志登记产品，并获评2018年湖北省二十强农产品区域公用品牌。中兴食品香菇、裕国菇业香菇和木耳获评2017年度"湖北名牌"的荣誉称号。

【打造特色产业增长极】 先后起草了《随州市特色农业增长极建设实施方案》《随州"荆楚农优品工程"实施方案》和《特色农业产业发展规划》。先后3次组织召开了农产品加工现场会和形势分析会，对特色产业增长极工作进行了动员部署和形势分析。参加了刘泽富副主任等人大代表对全市农业产业化发展情况考察，并陪同市人大部分常委到福建古田、浙江庆元、江西广昌考察食用菌产业，撰写了考察报告，农产品加工业发展得到市人大领导高度重视和大力支持。10月，开展了全市农产品加工业大调研活动，形成了《农产品加工业龙头企业经营形势与政策落实情况调研报告》，进一步摸清了农产品加工业底数。

【新型经营主体培育】 开展龙头企业监测认定。4月，开展了市级龙头企业增补认定工作，合泰食品等10家企业增补成为市级龙头企业。截至7月，全市现有市级以上龙头企业138家。11月，裕国菇业、天星粮油继续被农业农村部认定为农业产业化国家重点龙头企业。加大政策支持力度。随县继续获得国家现代农业（香菇）产业园发展资金2000万元支持；为裕国菇业等8家企业争取省财政贷款贴息资金370万元；为神农茶业等3家龙头企业争取省现代农业产业园项目资金210万元；为旗峰电商等3家返乡下乡典型争取省现代农业产业链"双创"资金45万元。12月，"随州香菇"又获得省品牌宣传500万元专项资金支持。市政府继续落实了农产品加工奖补资金500万元。发展创业创新主体。激发各类新型经营主体参与创业创新，市农业局代市政府起草了《随州市支持返乡下乡人员创业创新促进农村一二三产业融合发展联席会议制度》（随政办文〔2018〕1号）文件，推进全市创业创新工作发展。5月，全省农村创业创新推进会在广水市召开，广水市被农业农村部认定为全国农村创业创新典型县范例。

【精品名牌建设】 积极参加品牌推荐。组织参加全省"我最喜爱的百种湖北绿色农产品网络评选"和湖北省二十强农产品区域公共品牌评选活动。金禾粮油鹦鹉大米等7个产品入选全省"我最喜爱的百种湖北绿色农产品"，"随州香菇"荣获省二十强农产品区域公共品牌。先后组织40家（次）企业（单位），参加了长沙"农交会"、武汉"农博会"、厦门"绿博会"等展会活动，既展示了龙头企业精品，又宣传了该市特色农业品牌。持续加大政策支持。对2017年新认证的23家认定单位40件农业"三品一标"产品进行奖补，兑现奖补资金48万元。多渠道宣传。利用随州电视台、随州日报等媒体推介品牌宣传，其中先后8次在随州日报对农产品加工业和精品品牌进行了宣传报道；与移动公司开通"随州香菇"短信宣传；与铁塔公司合作在随州境内及高速区域设置"随州香菇"固定文字宣传，不断扩大名牌农产品知名度，聚力打造"来自炎帝故里的馈赠"精品品牌。

生态文化旅游产业

【概况】 为充分发挥旅游业在资源环境保护和优秀文化传承等方面的重要作用，以"绿色、低碳、环保"的现代旅游文明作为价值取向，努力把随州市旅游业培育成为促进生态文明建设先导产业。市外事侨务旅游局坚持以"生态优先、绿色发展"为纲领，以"全域旅游、全业旅游"为战略统领，科学规划旅游产业布局，着力打造核心景区项目，加快旅游与其他产业融合，逐步把随州市建成全域生态文化旅游目的地。2018年全年接待游客2500万人次，旅游综合收入155亿元，分别增长12%和10%。经济指标呈稳定增长态势，旅游业引擎带动作用不断凸显，经济效应和社会效应不断放大，对国民经济的贡献率不断攀升。

【建立全域旅游格局】 围绕打造旅游目的地"升级版"目标，制定了《全域旅游实施方案》，在抓好随县、长岗镇两个省级全域示范区的基础上，确定了5个市级全域旅游示范镇和县市区全域旅游示范片，形成全域布局、突出重点、示范引领的发展格局。随县构建了党委政府、县直部门、乡镇和旅游企业"四方联动"的工作机制，以"一主两翼三环"的发展战略推进随中、随北、随南三个旅游区的大建设、大联通。曾都区实施"双核驱动"战略，以打造洛阳特色小镇和何店高铁小镇为载体，全力打造全域旅游和城乡一体化示范区。广水市以武胜关生态文化旅游区为核心，着力打造乡村旅游升级版。大洪山风景名胜区以创建省级"全域旅游示范镇"为载体，加快核心景区和长岗新区建设，奋力建设"全景大洪山"。随州高新技术开发区积极将全域旅游理念融入园区建设，启动了府君山生态文化旅游区、㵐水河湿地公园建设。全市形成了"市—县—镇村—企业"联动发展全域旅游的良好格局，全域旅游目的地初见雏形。

【打造精品景区集群】 以炎帝故里文化旅游区和大洪山风景名胜区两大景区创建5A级景区为龙头，带动该市精品景区提档升级。炎帝故里文化旅游区创建5A级景区投入资金2.6亿元，对炎帝故里、博物馆和曾侯乙墓遗址三个景点的软硬件进行系统提升，促进景区的配套设施和服务设施、导览和标识系统达标完善；对博物馆片区进行了改造和美化，按荆楚风格对民居进行了全面改造，拆迁了杂乱的民房和厂房，建成了二级游客中心和曾侯乙墓遗址公园，整个片区面貌焕然一新。炎帝故里文化旅游区5A级创建工作已经通过省级初评，准备迎接国家验收。大洪山风景名胜区对照5A级标准全面开展创建工作，基础设施、配套服务进一步完善，综合管理进一步加强。在核心景区的带动下，抱朴谷养生产业园、神农牡丹谷、太白顶田王寨景区、印台山文化生态园等一批景区正积极创建4A、3A级景区，其中太白顶田王寨景区今年顺利通过了4A级景区的景观价值评定，进一步夯实了高等级景区创建的基础。

【旅游项目建设】 随着全民休闲时代的到来，"旅游+""+旅游"步伐加快，除传统的景区项目外，特色小镇和文旅、农旅、康旅等产业融合项目纷纷上马，2018年全市40个重点旅游项目投资达21.9亿元。桃李春风时光记忆文旅小镇、大洪山慈恩小镇和林泉长寿谷、广水印台山文化生态园、大洪山原石部落度假区等一批重点文旅项目正在推进；以编钟音乐创意产业园、洛阳银杏小镇、应办多肉艺术小镇、尚市兰花小镇、曾随文化大遗址走廊和炎帝大道文化旅游带为代表的一批重大项目正在进行前期策划和招商，重大文旅项目形成了梯次建设、滚动发展的良好态势。

【旅游产业融合】 "农业+旅游"方面，大力发展特色农庄、观光农业、农家娱乐、民俗节庆四大农业旅游，推动神农牡丹谷、"神农红"红酒庄园、淮河源国家湿地公园、广水花田故事田园综合体等一批新型农业项目按4A级景区建设。"工业+旅游"方面，依托"中国专用汽车之都"的品牌优势，指导专汽博览中心、裕国菇业和黄鹤楼酒业等工业项目创建工业旅游景区。特别是裕国菇业把现代化的栽培、加工、美食和"菇"文化作为旅游吸引物，打造香菇科普游、体验游和创业励志游产品，年接待以"无限极"工业"溯源之旅"为主的游客达到10万人次以上，该项目作为国家工业旅游示范基地备选项目上报国家文化和旅游部。"研学+旅游"方面，培育了11个市级研学旅行基地，炎帝故里和博物馆分别被评定为全国和省级中小学生研学实践教育基地。2018年全市共吸引武汉、荆门、荆州、襄阳等周边研学游15万人次，研学游成为新的增长点。"文体养生+旅游"方面，长寿谷、抱朴谷、颐养生态城等康养项目，大洪山自驾营地等文旅项目推进顺利；在神农牡丹谷举办了首届全省汽车越野赛。"旅游+特色小镇"方面，应山办事处多肉艺术小镇（植物）入围湖北省首批特色小镇创建名单，齿轮社区桃李春风时光记忆文旅小镇、南郊编钟青铜古镇等特色小镇建设正在推进之中。

【完善旅游要素配套】 旅游交通瓶颈逐步改善。投入3300万元对银杏谷景区旅游环线道路进行降坡、拉直、刷黑，并配套道路护栏，满足旅游大巴的双向行车需求；明玉珍故里、昱辰生态园、车云山、铁山红叶等景区旅游公路建设提速；中华山二级旅游公路、徐家河环库公路和三潭景区联通公路建设启动。旅游宣传和标识系统建设力度加大。以5A级景区创建为抓手，市政府投资300多万元，在高速公路设置了7块大型旅游宣传牌，在城区增设了一批旅游宣传牌和交通指示牌。"厕所革命"稳步推进。制定了旅游厕所革命专项规划（2018—2020），计划三年新（改）建旅游厕所100座，2018年40座旅游厕所建改任务已超额完成。旅游商品开发不断提速。与专业公司合作进行旅游商品开发和销售，实施旅游商品进景区、进酒店、进街区、进网店工程，4A级景区和凤凰酒店、随州宾馆、齐星湖酒店均设立了旅游商品展销点，裕国菇业商品展销中心月均销售额达50万元以上，"大随好礼"等系列商品已上线4个电商平台，游客"购"的问题得到初步解决。

【神韵随州品牌推介提升】 扎实抓好宣传营销基础性工作。与专业机构合作，拍摄了2个新版旅游宣传片，设计制作了随州旅游指南、旅游地图、随州旅游LOGO、一套景区形象海报和明信片，重新编撰了随州旅游攻略和主要景区的导游词，制作了随州旅游VR产品和App，推出了随州旅游微信公众号和微博，旅游营销的基础性工作进一步夯实。开展全方位营销。在武汉市主要街区、地铁站等部位集中投放了旅游广告，组织了随州旅游进武汉高校、进武汉社区活动，针对武汉高校市场组织了"请进来""走出去"3场专项活动，深耕武汉市场；组织开展了湖北乡村赏花游启动仪式暨赏花游采风活动、随县美丽乡村马拉松赛、第二届牡丹文化旅游节、神农牡丹谷汽车场地越野公开赛、武汉高校"静修之旅"之"佛系青年走进大洪山"、抱朴谷景区萤火虫文化旅游节等活动。参与"魅力中国城联盟"，与央视财经频道和《魅力中国城》主办方盈科旅游建立长期合作关系，编钟乐舞被评为央视财经频道2018年度"魅力演艺项目"，银杏谷被评为年度"魅力生态景区"。积极参与"2018年中国旅游产业影响力风云榜"评选，炎帝故里景区上榜"2018中国旅游影响力文化景区前十"，与故宫博物馆、布达拉宫、敦煌莫高窟等共享十强榜单。大力拓展研学游市场和外省客源市场，组织开展了随州研学游推介会暨考察采风活动，随州旅游湖南岳阳推介会和随州旅游凉山推介会取得了良好的市场反响。

改革发展

改革与发展工作

【国家新型城镇化综合试点】 推进户籍制度改革,完善公共就业创业服务体系,拓宽住房保障渠道,保障随迁子女平等享有受教育权利,扩大社会保障覆盖面、改善基本医疗卫生服务。于2018年上半年制定出台《市人民政府关于深化户籍制度改革的实施意见》,全面放宽落户政策。规范户口登记落户政策,坚持"尊重民众意愿、结合地方实际、统筹稳步推进"的基本原则,将本地农业转移人口和外来人口落户城镇一视同仁实行同等条件,取消了一切购买房屋、投资纳税落户等不合理的落户限制。着力推进基本公共服务均衡发展,重点完善医疗公共服务,加强基层能力建设,县(市、区)4家县级综合医院和3家县级中医医院均达到"二甲"水平。建立帮扶协同机制,推进市帮县、县帮镇、镇帮村医疗服务联动协同,3个市级医院对19个镇卫生院对口帮扶,8个县级公立医院与47个镇卫生院实行对口帮扶,创新组建院办院管模式医疗联合体,市中心医院选派骨干人员担任社区卫生服务中心主任,定期安排医院知名专家到社区卫生服务中心轮流坐诊,社区居民在家门口就能挂到专家号。

【国土资源节约集约示范市创建】 2018年,国土资源节约集约示范市创建工作坚持"政府领导、部门协同、公众参与、上下联动"的原则,创新活动载体,优化管理机制,总体稳步推进。制发《随州市国土资源节约集约示范市创建工作考核办法》《随州市国土资源节约集约示范市创建工作问责办法》《随州市国土资源节约集约示范市创建工作领导小组关于加快推进国土资源节约集约示范市创建工作的意见》,完善了创建工作体系,增强了国土资源节约集约动能。

保障发展用地。突出抓好市级占补平衡工作,拓宽用地空间,全市立项正在实施和已验收待备案项目共计44个、面积38383.158亩(旱地28075.38亩、水田10307.778亩),其中2018年立项29个、面积152181.315亩,将极大充实全市占补平衡指标库,为各类建设用地项目占补平衡提供保障。按时保质做好新增建设用地和农转用地审查、报批工作,上报省政府审批92个批次、项目,面积725.8842公顷,现批回新增建设用地53个批次、项目,面积322.3548公顷。积极服务重点项目用地,选派业务骨干到征地报批工作一线,按照2018年省级重点建设项目征地报批目录,涉及本市的重点项目15个,现批回8个。

保护国土资源。扎实整改例行督察反馈问题,2018年下发的1007个问题图斑中,举证销号633个,剩余374个,已整改完成115个、共172公顷。充分利用6·30政策消化违法用地,违法占用耕地比例由初审的48.1%降至8.32%。对自2004年以来的343件案件进行了清理,通过查漏补缺、重新会审、协调移交等措施,对案卷进一步规范。全面推进"大棚房"清理整治工作及全市矿产资源领域打非治违专项行动。

推动转型升级。大力开展全市存量建设用地消化处置工作，加快推进"五个一批"消化处置措施落实。根据省厅下发的任务清单，全市2018年底需完成消化处置批而未供建设用地5845.7亩、闲置土地471.57亩，截至2018年年底，该市批而未供处置面积9060.9亩、闲置土地处置面积654.25亩，分别超2018年任务55%和38.74%，位列全省前列。全省首批两个生态土地整治项目之一的杨寨项目正式动工，项目总面积2万亩，总投资7814万元，力争打造成人与自然和谐相处，生产生活方式绿色化的生态产业示范区。积极督促矿山企业开展矿山地质环境恢复治理，通过验收复绿面积共1319.985亩，完成全市范围内37家矿山50个图斑矿山环境恢复治理变化和矿山开采损毁土地变化情况数据复核工作。

【价格体制机制改革】 建立公平竞争审查联席会议制度。3月，召开公平竞争审查工作联席（扩大）会，发布《随州市清理现行排除限制竞争政策措施的工作方案》，确保公平竞争审查的有关工作在全市有序开展。制定《公平竞争审查制度实施细则》，为增量部分的审查提供了依据。对价费文件进行一次全梳理、大清查，在新版定价目录的框架下，对与"放管服"不一致、影响市场公平竞争的价费文件予以废止，废止6件，修改4件，保留125件，督导县市区建立公平竞争审查制度和开展清理工作。

推进农业水价综合改革。出台《随州市农业水价综合改革2018年度实施计划》，确定了第一批次在2018年底前完成改革实施面积13.6万亩，按照正在建设的大中型灌区和高效节水项目区要同步完成水价改革任务的要求，明确全市增改革实施面积2万亩。完成了2018年度2个高效节水灌溉项目建设任务，启动了随中灌区农业节水综合示范工作。6月上旬，市农业水价综合改革领导小组办公室对各地农业水价综合改革的组织领导和任务明确情况、出台实施方案情况、制订年度实施计划情况、改革实际进展情况等开展督查。12月，市物价局、市水利局组成联合督查专班，对曾都区、广水市2018年度农业水价综合改革工作任务完成情况进行了督查。

推进公立医院价格改革。对近年来随州市部分医疗机构的190多项新增医疗服务项目服务成本进行了审核，在征求医疗专家意见的基础上，参照周边地市收费标准，于5月出台了《随州市新增医疗服务费价格标准》，根据市政府统一安排，会同市卫计委、市人社局对全市公立医院改革及单病种收费执行情况进行了调研摸底，于9月出台《关于进一步完善住院患者单病种收付费工作的通知》，取消调整了部分单病种种类和收付费实施范围，进一步细化各环节的管理办法。

【"厕所革命"攻坚行动】 截至2018年11月底，全市完成农村户厕52755座，占全市年度目标任务的156%；农村公厕363座，占年度目标任务的141%；乡镇公厕72座，占年度目标任务的107%；城市公厕142座，占年度目标任务的95%；交通厕所9座，占目标任务的180%；旅游厕所47座，占目标任务的117%。全市"厕所革命"工作综合排名均处于全省第一方阵。具体措施是抓规划指导，编制出台《随州市"厕所革命"三年攻坚行动实施方案（2018—2020年）》《随州市"厕所革命"总体规划》《关于深入推进"厕所革命"的指导意见》，引领全市"厕所革命"科学规范、全面深入推进，拟定并下发关于加强"厕所革命"规范管理、建档立卡、档案资料、工程质量监管等文件，提出了具体工作要求和推进措施；抓检查督办，建立分类指导、协同督导的工作制度并形成周检查、月通报的督办机制，市厕所办联合相关部门多次组织综合或专项督查组到各地指导、督办"厕所革命"并下发了综合通报和质量管理、台账建立等专项通报，通过提请市领导现场办公，定期选择工作突出的地区召开现场推进会，促使各地高度重视，加快推进"厕所革命"；抓宣传引导，通过宣传造声势和监督营氛围的方式促进工作快速推进，在随州日报设立专版，刊登《致农民朋友的一封信》《文明如厕倡议书》，营造舆论氛围，激发农户改厕的积极性，以"厕所也是一道美丽风景"为主题报道了曾都洛阳镇"厕所革命"推进机制和建设模式；抓示范引领，鼓励各地在建改模式、融资途径、管护机制、资源利用和规范推进等方面进行探索创新。全市涌现一批建改模式、推进方式等方面的典型经验，起到了很好的示范带动作用：曾都区洛阳镇探索出"一二三四五"简便高效的推进机制；随县尚市镇以自然湾为单位采取中端处理方式集中处理污水；随县万福店农场采取微动力污水处理模式；广水吴店镇推行砂石滤池和植物种植相结合污水净化模式，无害化效果明显；高新区推行"厕所建改+农业湿地"建改模式，粪水排入附近果园，生态环保效果明显。

【信用体系建设】 不断强化组织领导和管理机制，加大对信用信息公示等工作的督导力度，为营造良好的营商环境提供了保障。在2018年7月全省信用体系建设现场观摩会上，随州市荣获优胜奖。具体措施包括强化平台建设，公共信用信息平台投入运行。市、县两级信用信息汇集系统先后建成并与省信用平台联网运行，实现数据对接。《信用随州》网站投入使用并与市县两级党政部门网站实现全覆盖联接，累计更新信用建设信息200余篇，公示行政许可、行政处罚、信用红黑榜等信息4.2万余条。市级信用信息汇集系统功能不断完善，通过市级信用信息汇集系统报送信用信息40万余条，充分发挥市级汇集系统为省信用服务平台的补充作用。强化数据归集，形成常态化数据归集机制。编制全市60个部门的信用信息目录3600余项。不断加强人社、民政、公安、国土等重点部门和县市区信用办信息归集录入，全市向省信用平台信源库报送信息数据达520万条，11月已报送数据160万条，单月数据增量居全省第三。强化信用信息应用，建立以奖惩为重点的信用体系运行机制。在行政服务中心设立信用服务窗口，协调推动各部门在行政许可、财政资金补助、政府采购、政府购买服务、政府投资工程建设招投标过程中查询和使用信用信息和信用报告。与经信、人社、法院、教育、公共资源交易管理等部门签订联合奖惩工作方案，大力推进失信行为联合惩戒。制定了发改系统在履职过程中开展信用信息查询、信用承诺实施的方案，明确信用查询、信用承诺事项清单，为全面推进信用查询、信用承诺起到示范作用。强化失信修复，助力城市信用水平提升。继2017年完成四家政府机构失信行为治理后，2018年为6家企业和2家政府机构失信行为完成信用修复，为企业消除金融融资、参与招投标等经营活动的影响。收到了"一处守信、处处受益，一处失信、处处受制"的效果。通过信用修复处理历史债务260余万元，随州所属政府机构失信行为全部完成整改。强化信用宣传，树立诚实守信良好风气。打造信用建设亮点，努力营造"守信光荣，失信可耻"的良好社会氛围。将信用体系建设相关法规，第一时间推送到《信用随州》网站，供全民查阅、学习。印制《湖北省信用信息管理条例》读本700本，发放到全市106个部门及县市区信用办。联合人行随州中心支行开展信用知识进校园活动，讲授信用知识，发放宣传画册万余本。在重大节假日搞好宣传活动，联合市消委，在3·15国际消费日开展宣传活动，促进商家诚信经营。

【深化预算管理改革】 印发《2018年随州市市直部门预算编制指南》，进一步明确了一般公共预算、政府性基金预算、国有资本经营预算和社保基金预算的收支范围，形成了定位清晰、分工明确的全口径预算管理体系。同时，按照中央、省、市有关精神，进一步完善了人员经费标准、公用经费定额标准。加强预算资金统筹力度，加大政府性基金预算调入一般公共预算力度，将土地收入、福彩公益金、体彩公益金结余资金的30%调入公共预算统筹安排；加大对专项收入的统筹使用力度，取消城市维护建设费、教育附加、排污费、水资源等专项收入专款专用的规定，对相关领域支出统筹安排，打破以收定支、收支挂钩、切块安排的模式。加大盘活存量资金力度。在清理核实的基础上，对部门结余资金和连续两年未用完的结转资金，全部收回财政统筹使用，金额达2.5亿元。加大项目资金整合力度，2018年项目支出预算安排实行预算额度只减不增、项目个数只减不增，实行"三个一批"，即取消一批：对阶段性、一次性支出项目，历史性老项目中无实质意义的项目，主要用于下拨至县市区、企事业单位、行业协会和社会组织的项目一律取消；调减一批：对执行进度缓慢、结余结转大的项目调减50%以上，对部门一般性项目调减30%以上，对用于弥补工资和公用经费不足的项目，根据财政对人员经费和公用经费保障标准提高额度相应地调减项目预算额度；合并一批：对科技、教育、文化旅游、农业、支持经济建设等专项资金进行整合。推进中期规划管理。在编制政府预算中期规划基础上，从2018年起将中期规划管理拓展至部门单位，要求各部门、各单位编制2018—2020年中期支出规划，以后年度依次更新和补充，逐步建立滚动预算制度。加强预算绩效管理。要求所有预算单位开展自评，同时对20个部门开展整体支出绩效评价，对44个项目开展重点项目绩效评价，评价资金达2.3亿元。注重绩效评价结果运用，将评价结果作为调整预算安排或相关支出政策的重要依据，建立起一套科学可行的财政绩效考核制度。推进部门预决算公开。全面公开政府预决算、部门预决算及"三公经费"，细化公开内容，预决算公开率达100%。

【规范政府债务管理】 全面清理，摸清底数。开年以来，按照中央和省、市三大攻坚战工作部署，组织专班对全市各类政府债务进行了清理，建立了债务台帐，全面摸清了全市债务规模和底数。加强领导，归口管理。成立了随州市政府性债务管理委员会和防范化解政府债务风险攻坚战指挥部，加强全市政府债务管理工作的组织领导；将政府性债务、融资平台公司债务等各类债务全部归口管理，严格按照国务院、财政部相关文件规范举债行为，加强债务管理，杜绝违规操作，有力有序做好债务风险管控。2018年以来，市债务管理委员会和攻坚战指挥部先后6次召开专题会议研究政府债务管理有关问题，安排部署防范化解政府债务风险攻坚战各项工作。制定方案，聚力攻坚。先后制定印发了《关于规范政府举债融资行为防范和化解债务风险的实施意见》《随州市防范化解政府债务风险攻坚战工作方案》《随州市政府性债务风险应急处置预案》。建立机制，完善制度。建立了政府举债审批制度、债务风险评估预警机制、政府债务管理督查考核机制。

【推进权责发生制政府综合财务报告制度】 严格规范操作。始终坚持高起点、高标准、高质量要求，规范项目实施，对每一个实施项目严格按照"五大要素"进行管控，即制定科学合理的实施方案、编制物有所值评价报告、开展财政承受能力评估、同级政府批复同意项目方案、省级PPP办公室审核备案。通过有效管控，有力地保障了试点项目规范运行，及时纠正了不规范做法，避免一些地方以PPP项目为名、变相扩大地方政府债务、明股实债、BT等行为。严控支出"红线"。及时转发上级有关政策文件，强化财政承受能力论证10%"红线"的硬性约束。要求各地规范政府担保行为，严禁各类借PPP变相举债行为，审慎开展完全政府付费项目，对于不包含运营内容、无绩效考核机制、社会资本不实际承担项目建设运营风险的项目，不得安排财政资金。建立PPP项目财政支出责任统计分析制度，要求各县市区按月报送PPP项目财政支出责任统计表，严格监控PPP项目支出责任。加强平台管理。会同有关部门对各地摸排项目进行筛选，同时对完成实施方案、通过物有所值评价和财政承受能力论证的项目，通过市县、省PPP中心审核后，纳入财政部PPP综合信息平台管理。通过对PPP信息平台的综合运用，加大了项目信息披露的力度，拓宽了公共监督的渠道，提高了项目全生命周期线上监管的能力，为项目合作各方提供了大数据支持，保障项目的公开透明。截至2018年年底，全市纳入全国PPP综合信息平台的项目共14个，总投资116.12亿元。其中，管理库项目9个，储备清单项目5个，国家级、省级示范项目各1个，涉及市政道路、污水处理、排水管网、文化场馆、生态治理和城镇化建设等领域。

【深化税收征管体制改革】 2017年原市国税局地税局分别制发了《关于转变税收征管方式提高征管效能的实施工作方案（试行）》，截至2018年年底，国税地税征管体制改革已完成机构挂牌、"三定"暂行规定落实等环节工作，现正处于社保费和非税收入征管职能划转阶段。国税地税合并后，按照稳定优先、服务先行、便捷办税、协同高效的原则，迅速整合办税服务厅、征收管理等优势资源，集成原国税地税网上办税厅、电子税务局技术优势，持续加大涉税事项网办推行力度，力求让纳税人"多走网路，少跑马路"，全市税务系统办税服务厅均全面实现"一厅通办、一窗一人、一窗通办"，做到"纳税人一次性申请、前台一窗式办理、大厅一站式服务"，有效解决纳税人多头跑问题，不断提升纳税人办税体验和获得感。

【深化环保税改革】 原市地税局按照精心组织早部署、政府协作凝共识、搭建平台识信息、宣传辅导优服务、业务培训强基础的"五字诀"方针，扎实做好环境保护税开征前各项准备工作，确保环保税顺利开征。先后制发《随州市地方税务局环境保护税开征准备工作实施方案》和《全面推进环保税工作实施方案》，共计开展环境保护税政策及申报操作培训9期，识别固定环保税纳税人351户，开展上门政策辅导30余次。4月，组织开展环保税首日开征行动，全市税务机关坚守工作岗位，成功实现第一时间顺利开票和申报纳税，有效保障了环境保护税的顺利落地。截至年底，全市共受理环保税申报375户，已识别纳税人申报率达100%，征收环保税606万元，减免环保税870万元，实现了环保税"费改税"的平稳过渡。此外，组织开展环保税征收情况比对分析排查工作和环保税复核工作，将环保税申报征收情况与同期排污费征收情况进行比对，积极联系环保部门，推动开展复核工作，做好排污费与环保税纳税人申报户数差异比对和环保税纳税人享受减免情况的比对复核。经过联合复核比对，广水一户企业补缴环保税77万元。

【推进统计制度改革】 严格执行国家统计局《地方统计局与国家调查队部分业务分工调整优化方案》和省局制定的《落实国家局队业务分工调整优化实施细则》，按照"服从决定、执行方案、周密部署、落实责任、平稳交接、保证质量"的总要求，在规定时间内完成了工作交接和组织实施，各项业务工作有序开展。同时，对各项业务进行了制度化规范，组织编印了《统计法律法规和规下抽样调查操作规范》1000余册，免费向乡镇统计人员和调查对象发放。持续完善"三新"统计，做好了大健康产业统计、小康社会监测，为地区生产总值全国统一核算做好了各项准备工作，完成了基层统计人员工作环境调查，开展了全市统计数据质量整治攻坚战，连续第二年开展"统计法进党校"，编印了统计读本向调查对象免费发放，更好地服务了市委、市政府决策。

【事业单位公务用车制度改革】 按照省公车办统一要求及市政府有关领导指示，于2018年3月启动了市直事业单位公车改革指导意见的调研和起草工作。3月至4月对市直事业单位性质类别、人员编制、车辆配备、运行费用等信息进行了认真统计。据统计，市直事业单位共122家，事业单位总人数6158人，配有各类车辆287辆。总体而言，市直事业单位工作人员较多，现有车辆较少，不能有效满足公务出行保障，管理使用有待进一步规范。在仔细分析统计数据和全面了解其他市州改革作法的基础上，参照省直事业单位车改方案，6月草拟了《随州市直事业单位公务用车制度改革指导意见》（以下简称《指导意见》）及其起草说明，分发至市"四大家"相关领导和市公车改革领导小组成员单位征求意见。9月将《指导意见》进行修改完善后报请市政府常务会议和市委常委会议审定，并上报省公车改革领导小组备案。11月召开了全市事业单位公车改革部署动员会议，正式启动全市事业单位公车改革工作，2018年12月底基本完成改革工作。

【开展全市地下水环境监测】 2018年3月，委托湖北省襄阳地质环境监测保护站对随州市地下水进行监测。2018年4月，监测单位编制《随州市地下水地质环境监测项目工作方案》并在全市范围内选取11处地下水监测点位，截至年底，已开展2次水质取样监测。

【施行住所登记制度改革】 将住所登记制度改革纳入市改革办自主创新项目清单。借鉴外地经验，结合随州实际制定出台了《随州市商务秘书公司登记暂行办法》，此办法出台将进一步放宽住所（经营场所）登记条件，简化登记手续，破解小微企业、初创企业住所难住所贵的问题。

科学技术

科技创新、科技成果与知识产权

【高新技术企业发展】 把培育高新技术企业作为推动经济发展和结构调整的重要抓手，广泛调研，大力实施高新技术企业成长工程，对科技成长型企业进行"一企一策"定向辅导和跟踪服务。组织举办全市高新技术企业政策宣讲培训会，加强高新技术企业培育，广泛宣传科技创新政策，强化高企及研发费补助政策落实。市政府投资引入火凤凰云计算公司，在随州建成了集人才服务、企业孵化等功能于一体的双创平台。随州高新区引进蒲公英团队，采取租金减免、税收优惠等措施，吸引50余家企业入驻。2018年，全市高新技术产业增加值119.94亿元，增长13.2%。截至2018年年底全市高新技术企业总数96家。

【创新平台建设】 组织创新平台认定，2家企业被认定为省级工程技术研究中心。启动市级创新平台认定工作，新认定8家企业创新平台，其中工程技术研究中心3家，校企共建研发中心2家，企业技术中心3家。开展平台绩效评估，一方面，组织全市省级以上科技平台开展了运营绩效评估，结合平台近两年来的科技项目研发、成果转化、科技条件资源、经济效益等方面，确定了9家优秀科技创新平台；另一方面，结合全省开展的科技创新平台积分制改革管理办法，组织2家省级产业技术研究院、8家工程技术研究中心参加了省科技厅开展的专项绩效评估，10家平台均被评估为合格等级。提升平台创新能力，组织全市市级以上科技创新平台负责人、市县科技主管部门有关人员到深圳参加了为期一周的科技创新培训班学习，提高了全市科技创新平台负责人和科研管理人员的科技创新管理和服务能力，拓宽了科技创新平台管理人员工作视野。推进平台积分制改革，深入贯彻省厅技术创新基地改革总体部署，起草了《随州市技术创新基地积分制改革指导意见（试行）》，组织部分企业创新平台负责人到省厅参加技术创新基地积分制改革专题培训，努力构建结构合理、分类科学、运转高效的创新基地体系。2018年，全市市级以上创新平台达到94家，其中省级50家，市级44家。

【科技人才培育】 推进科技人才队伍建设，组织申报科技部2018年创新人才推进计划，泰晶公司喻信东成功入选第三批国家"万人计划"创业领军人才。推进市校合作，与华中科技大学开展深度合作，就省专汽研究院工作成效、科技成果转化、大学生实习实训、科技项目研发、高校平台延伸、推广随州旅游景点等方面进行了深入交流。推进"科技副总"计划，联合市委组织部出台了《关于印发随州市"科技副总计划"实施方案的通知》，鼓励高校、科研院所专家教授到随州市各类科技创新平台挂职科技副总，指导科技创新平台开展技术攻关和新产品研发,帮助企业拓宽产学研合作渠道,为科技创新平台引进和培养技术人才,对绩效优秀的科技副总,所在企业给予经费资助。

2018年4月,清华工业院副院长朱德权(左一)在时任常务副市长蒋星华(右三)陪同下考察随州企业

【创新创业】 创新服务机制,建立资源共享服务平台。为提升全市科技资源共享服务能力,推进省市联动工作,将省科技信息共享平台和科学仪器设备协作共用平台向随州延伸,推进随州分平台建设工作,为企业查询科技文献、论文、专利、标准等和使用科学仪器开展研发测试提供方便,提升全市企业科技创新能力。推进科技特派员工作,推选省级科技特派员,随州市博裕生态养殖公司黄文博对口帮扶十堰市茅箭区一合作社,推荐市食用菌协会会长许景闻入选省"三区人才",增强科技特派员获得感。拍摄科技扶贫微视频,展现科技特派员工作风采。开展市级科技特派员考核,对2017年度推选的20名市级科技特派员开展创新创业、科技扶贫等工作进行考评,并对考核合格的19名特派员给予了一定的经济帮助。引导科技特派员利用自身的技术、信息优势,开展技术培训咨询,新品种(新技术)推广,助力扶贫攻坚,为食用菌、优质稻、林果、畜牧水产等随州特色优势产业提档升级提供创新创业服务。推进"星创天地"建设,加大各县市区"星创天地"项目培育和服务力度,湖北风度电子商务有限公司承担的"风度星创天地"项目获批省级星创天地。

【科技项目】 积极争取省级科技计划项目,双雄催化剂"低成本高稳定性耐硫变换催化剂制备技术研究"获批省级重大科技专项,立项资金200万元。经过项目前期策划、建议征集,组织齐星、晶星等5家企业推荐申报2019年省级技术创新重大专项5项。加强科技项目绩效评价,对犇星、泰晶等四家承担2017年省级科技项目和港源电气承担的科技型中小企业技术创新基金项目开展绩效评价,按时上报评价报告。对新楚风、华威专汽等四家承担2017年市级科技项目单位开展中期检查。组织开展省级科技计划项目验收,"一对一"开展项目验收指导工作,督促企业按照验收材料编制要求,先后组织26家项目承担单位按时报送验收材料。认真实施市级科技计划项目。通过项目评审、现场核查、公示与报批等程序,总共立项9项,健民叶开泰等5家企业获科技成果产业化后补助项目,江南专汽等4家企业获专用车关键核心技术研发项目。

【科技成果】 湖北金悦农产品开发有限公司和湖北正佳微生物股份有限公司参与完成的"甘薯种植加工与综合利用关键技术及产业化"、湖北天星粮油股份有限公司参与完成的"稻米油加工关键技术创新及产业化"项目荣获省科技进步一等奖;湖北茂盛生物有限公司"含硒有机缓释肥制备的关键技术及产业化"项目荣获省科技进步二等奖;湖北双剑鼓风机股份有限公司"高效大流量制氧离心鼓风机"、国网湖北省电力有限公司随州供电公司"地区电网消纳高渗透率新能源智能决策控制关键技术及应用"、湖北犇星化工有限责任公司"清洁环保型热稳定剂技术创新平台建设"、湖北永阳材料股份有限公司"生态环保型高分子复合防水卷材的研发及产业化"荣获省科技进步三等奖;随州大方精密机电工程有限公司荣获省科技型中小企业创新奖,奖项数量和成果水平均创历史新高。

【科技成果转化】 鼓励成果产出，2018年，全市共有8家企业获省科技奖励，其中2家企业荣获省科技进步一等奖，奖项数量和成果水平均创历史新高。突出政策引导，积极落实《随州市鼓励自主创新和促进成果转化实施办法》及《随州市鼓励自主创新和促进成果转化实施细则》，按照成果交易额20%的补贴标准，落实市财政资金对全市11家企业进行了成果转化项目后补贴。同时，县市级科技成果转化补贴实现零的突破，随县率先出台《鼓励自主创新和促进科技成果转化实施细则》，按成果交易额的10%的补贴标准对企业进行科技成果转化后补贴。狠抓活动载体，大力推进"一线工作法"，全市成立4个工作专班深入企业征集技术需求，指导企业与高校开展合作，采集并在科惠网上发布合格技术需求40项，积极组织企业参与武汉大学、湖北工业大学等多场技术需求对接会及国家"千人计划""万人计划"青年英才考察团对接洽谈会，组织产学研合作对接10余次，全年共促成51项科技成果成功转化。

【知识产权】 大力宣传知识产权法，提高培训工作质量，开展知识产权进校园活动。积极开展省级知识产权示范建设工程，助推企业贯标有序开展，提升企业创新、运用、保护能力。全市共5家企业获批全省知识产权示范建设工程企业，全市首批2家企业知识产权贯标成功，全年查处假冒专利案75件，有效地维护了企业和消费者的合法权益。2018年申请专利2026件，同比增长20.6%，其中：发明专利申请852件，同比增长10%；专利授权数为777件，同比增长34.66%。

2018年4月26日，市科技局开展知识产权日宣传活动

科 学 普 及

【服务科技人才】 提升科协的群众组织力。在召开的随州市科协第四次代表大会代表中，将来自企业、高等学校、科研院所、农村等基层一线科技工作者的比例提高至65%左右，确保45岁以下青年科技工作者占比不少于三分之一，同时注重吸收新经济组织、新社会组织、新型研发机构和战略性新兴产业的代表人物，以及随州市明文确定的高层次科技人才，减少领导干部所占比例。优化科协领导机构人员组成，来自基层一线的市科协全委会委员比例提高至68%左右，常委会委员比例提高至70%左右。增强科协组织的协同化。树立联合协作意识，努力形成科协与工青妇群团组织和科技、教育、文化、环保、宣传等部门资源联用、活动联办、工作联动的工作格局，加强在高等院校、科研院所、乡镇街道组建科普志愿者队伍。加强对科技工作者的政治引领。明确学会党组织功能定位，着力扩大党组织的覆盖范围，始终把学会和科技工作者置于党的领导之下。科协组织牢固树立政治意识、大局意识、核心意识、看齐意识，引导科技工作者坚定理想信念，自觉在思想上、政治上、行动上始终同以习近平同志为核心的党中央保持高度一致，维护党中央权威。

【服务中心大局】 联系科研院所，促进科技成果在该市应用。围绕市委市政府"一园十基地"工程和炎帝人才支持计划，上联科研院所，下接需求企业，坚持跟踪销号式管理、保姆对接式服务。带领随州市博裕生态养殖有限公司、三友食品股份有限公司、随县马铃薯专业技术协会等企业、协会负责人和华中农业大学、省农科院等多所高校院所开展专场技术对接活动，达成技术合作意向5项。建立院士专家工作站，搭建创新驱动平台。在企业与院士专家有效对接的基础上，2018年新建了6家企业院士专家工作站，湖北犇星获批全国模范院士专家工作站（全国100家）。院士专家工作站不仅为企业解决了技术难题，同时也为该市储备了一批高科技项目，提升了企业的核心竞争力。全市37家院士专家工作站完成合作项目15项，为企业新增产值7亿多元、利润过1亿元，预计新增产值可超过30亿元。深化校企合作，推进科技创新。市科协继续深化了校企合作平台，通过平台向全省高校、学会发布随州市人才需求，进一步建立健全了人才引进、科技合作体制机制。湖北犇星公司与北京化工大学段雪院士团队基于PVC复合热稳定剂用插层水滑石技术开发项目，获得省财政资金专项补贴。

2018年5月15日，市科协领导赴随州神农茶叶有限公司调研院士专家工作站建设

2018年1月15日，时任市委书记陈安丽（右三）为六家院士专家工作站颁奖

【健全科普服务】《全民科学素质行动计划纲要》工作稳步推进。联合成员单位组织开展了科技活动周、科普进万家、科技下乡、科教进社区等系列科普活动和主题科普活动，创新性地开展了"楚天智慧蓝领"和"传承·创新·发展"主题年等专项活动。科普项目的品牌效应日益显现。2018年，新入库各类项目72项。随县食用菌、广水市甘薯、曾都区生态养殖等15个科普示范基地，广水市科技馆、曾都区白云湖社区、实验小学等共19个项目被中国科协、财政部和省科协、省财政厅纳入"2018年基层科普服务行动计划"奖补范围，争取奖励资金227万元。大力推进科普信息化建设。全年对获得市级科普教育基地的单位免费配送科普e站10台，全市科普e站达到15台。积极推荐公众使用科普中国App，促进传统科普与信息化深度融合，精准满足公众个性化需求，提高科普时效性和覆盖面。发挥科技在扶贫攻坚中的支撑作用。协调联络华中农业大学动物学院陈顺友教授牵头对口帮扶随州，提供构树养殖生态黑猪技术，联合博裕公司组织养殖技术科技培训、养殖技术推广等科技活动，每年脱贫近8000人；制作了专题科技培训视频，推动了贫困户掌握农村实用技术；在全市农村播放170部科普电影，帮助农民朋友以科学方法脱贫致富，达到精准扶贫的目的。

【服务科学发展】 积极开展决策咨询服务。组织科技工作者围绕"经济转型升级和创新驱动示范城市"建言献策，深入开展调查研究，收集整理13篇建议和报告，部分建议被有关职能部门采纳，部分建议受到党委、政府的肯定。繁荣学术交流活动。组织科技人员参加中国科协年会、湖北省科技论坛等学术交流活动，为科技人才成长提供学术交流平台。开展了全市第八届自然科学优秀论文评审活动，90余篇论文获得表彰。举荐宣传表彰优秀科技人才。推荐构树生态黑猪养殖黄文博，食用菌扶贫许景闻、严贤涛，甘薯种植扶贫陈全秀等一批"田秀才、土专家"，他们牵头的农技协和科普示范基地也获得省科协项目奖励。

农 林 业

综 述

【概况】 2018年，随州市扎实推进产业扶贫、"大棚房"问题专项整治、农村实用人才培训、建议提案办理、安全生产、文明创建等工作，并都取得了良好效果。市农业局系统干部职工全部入驻传媒大厦办公，办公条件大为改善。在全市上下的共同努力下，随县获批创建全国农村第一、二、三产业融合发展先导区，广水市获得全国农村创业创新典型县范例，曾都区农村集体产权制度改革整体试点工作处于全省先进行列。首届"中国农民丰收节"湖北主会场活动在随州市成功举办。

【农业综合生产能力】 粮食生产保持稳定增长，全市粮食总产152.19万吨，同比增长4.6%；全市生猪、牛受畜禽污染治理的影响，出栏量分别为196.06万头、6.45万头，同比分别下降1.78%、0.77%；全市羊、禽出栏量分别达到44.19万只、6011万只，同比分别增长0.6%、2.1%；全市水产品产量8.17万吨，同比增长1.9%；全市农产品加工业产值452.3亿元，同比增长10.2%，占全市规模工业总产值的32.8%。

【特色产业发展】 香菇产业捷报频传。全市建成了26家香菇"集中制袋、分散出菇"示范点，推动了香菇制棒模式的优化和更新。"随州香菇"获得国家农产品地理标志登记认证并被评为湖北省二十强农产品区域公共品牌。随州被授予国家特色农产品（香菇）优势区称号。全市干香菇出口4.26亿美元，居全省市州首位。优质稻产业实现突破。全市优质稻种植面积103.3万亩，其中"双订单"面积15.6万亩，实现了历史性的突破。畜禽产业转型升级。湖北正大10万吨熟食加工项目已经启动；广水千万只王鸽屠宰加工项目顺利落地。茶叶产业稳步发展。全市茶叶出口2982万美元，居全省市州第一。随州泡泡青、广水胭脂红鲜桃、洪山鸡、二月风葛粉、吉阳大蒜、马铃薯等地方品牌农产品都得到不同程度的巩固和发展。

【业务工作】 农机化率持续提高，全市主要农作物耕种收综合机械化水平达到74%，完成了省定目标。特色水产业加快发展，全市稻田综合种养面积10.65万亩，同比增长36.5%，小龙虾出口1200万美元。农村清洁能源应用不断扩大，全市能源基础设施建设项目投资2748万元，所建项目受到一致好评。农资市场监管成效明显，全市水稻、香菇等农作物优质种子市场占比率快速提高。农产品质量安全得到保障，全市种植产品、畜禽产品和水产品抽检合格率均为100%，未发生重大农产品质量安全事件。非洲猪瘟疫情防控阻击战首战告捷，全市未发生非洲猪瘟疫情。

【绿色发展】 2018年，省定的167家畜禽规模养殖场治理达标排放目标全部完成，全市畜禽养殖废弃物资源化利用率、规模养殖场粪污处理设施装备配套率分别达到68.2%、75.1%，均超额完成省定责任目标。全市4个种质资源保护区的禁捕方案、禁捕公告均已出台，禁捕工作正在按省定时间节点稳步推进。江河湖库围网拦网网箱养殖全部拆除，珍珠养殖全部取缔，大中型水库和水源地全部杜绝投肥（粪）养殖。

【农村改革】 农村承包地三权分置改革不断完善，新型农业经营主体不断增加。全市新增农民合作社721家、家庭农场154家，超额完成市政府确定的目标任务。全市新增土地流转7.2万亩，土地流转面积达到97.8万亩。农村集体产权制度改革试点工作稳步推进，"清产核资、清人分类"工作基本完成。全市农业经营主体通过省农业信贷担保公司获得融资担保贷款2.5亿元，位列全省市州第一。

新农村建设·农村综合改革

【乡村环境综合治理】 着力实施"厕所革命"。全市共完成无害化厕所51893户，占省下达年度目标任务的188.%；完成农村公共厕所358座，占省下达年度目标任务的163%；完成镇公共厕所69座，占省下达年度目标任务的138%；完成旅游公共厕所45座，占省下达年度目标任务的112.%。着力推进城乡"绿色革命"。实施精准灭荒工程，消灭荒山面积3.68万亩，占三年总任务的42.3%。着力抓好"三清一建"。全市在推进乡村环境整治活动中累计投入资金1.5亿元，共清理非正规垃圾堆放点978处，清运存量垃圾6.25万吨，清除黑臭水体5处。投入专项债券资金6.94亿元，启动了37个乡镇污水处理厂建设，铺设乡镇生活污水管网137公里。强化了畜禽养殖污染监管。全市共划定禁养区个数为141个，禁养区面积达452.6平方公里。对市级河道200米内周边养殖场进行了摸底调查，对禁养区内28家规模养殖场全部关闭。杜绝围养、投肥（粪）等行为，致力于生态环保，江河湖库围网拦网网箱养殖全部拆除，珍珠养殖已全部取缔，大中型水库和水源地全部杜绝投肥（粪）养殖。

【特色农业增长极加速形成】 香菇集约化、专业化、标准化生产水平不断提高。建成了26家香菇"集中制袋、分户出菇"生产基地，生产规模达到1100万袋；建成了60个香菇标准化种植示范基地，总规模达到3000万袋。优质大米产业提升工程加速推进。全市优质稻种植面积103.34万亩，"双订单"推广面积15.29万亩。一批农产品加工项目开工建设。品源（随州）现代年产5000吨香菇酱正式投产，年出口可以突破3000万美元。湖北正大10万吨熟食加工项目全面启动，投产后年新增产值可达30亿元、税收8000万元。

【乡村振兴稳步推进】 脱贫攻坚取得实质性进展，3.1万人、24个贫困村已经实现整体脱贫。农业农村经济稳定发展，随州市被列为全国农业产业化先进市、国家级出口食品农产品质量安全示范区、随县被农业农村部授予农业产业化（香菇）示范县。产业融合成效显现。全市累计发展现代农业产业园、休闲农庄、星级农家乐1590家，有6个镇、23个村被列入省级旅游名镇名村，全年实现乡村旅游综合收入55亿元。全市农村电商服务网点达到1100余家，电商从业人员2.3万余人，打造本地上线商品276个，农产品网上交易总额突破10亿元。广水、随县先后被列为国家电子商务进农村综合示范县（市）。美丽乡村建设取得长足进步。新建通村公路900千米，其中"美丽农村公路"105千米。全市获得国家级村镇建设品牌荣誉的镇（村）达到19个，4个村获得全国美丽宜居村庄、特色景观旅游名村命名，4个村列入中国传统村落名录，62个村被省政府命名为旅游名村、"宜居村庄"或"荆楚派"特色民居建设示范村，60个村被授予全省新农村建设示范村，82个村被评为省级绿色乡村。

【农业农村改革不断深入】 土地"三权"分置扎实推进。通过开展"回头"看，查漏补缺，解决未确权、缓确权等遗留问题；开展确权登记数据质检和汇交，建立确权数据库，推进土地确权后续完善工作。曾都区确权已实现数据与省汇交，随县、广水数据正在与省汇交中；全市新增加各类农民专业合作社721家，国家级示范社达到19家，新发展家庭农场154家，省级示范家庭农场达到61家，带动农户30多万个。稳步推进农村集体产权制度改革。曾都区被确定为全国首批农村集体产权改革试点县，改革经验在全省推广。国有林场、农场综合配套改革全面完成。供销社、粮食、水价改革有序推进。

农　　业

种　植　业

【稳定粮食产能】 2018年全市粮食总产量152.19万吨，同比增4.6%。围绕落实"藏粮于地""藏粮于技"战略，大力开展耕地地力保护和提高工程。顺利完成"两区"划定工作，全市"两区"划定总面积186万亩，其中粮食生产功能区面积166万亩、重要农产品生产保护区面积20万亩。按作物分类划定总面积326万亩，其中水稻面积152万亩、小麦面积140万亩、玉米面积14万亩、菜油面积15万亩、棉花面积5万亩。共涉及43个乡镇、895个村、53.4万农户，数据建库耕地面积173.5万亩。全面建成全市耕地质量监测网络，全面完成3个国家级监测点、1个省级监测点以及35个市、县级监测点设施建设工作。大力开展耕地质量保护提升示范推广，围绕"改、培、保"技术路径，重点采取秸秆腐熟还田、施用有机肥料、深耕深松等方式改良土壤、培肥保肥。据统计，全市共建设2个万亩示范片和6个千亩示范区，示范面积约2.8万亩。

【种植业结构调整】 按照"稳粮、优经、扩饲"统筹协调发展的思路，坚持以粮食生产为主线，以农民增收为核心，以推广农业科技为依托，持续调整优化种植业结构。调优结构，因地制宜发展马铃薯、甘薯、玉米等作物，做到以粮调粮，确保粮食生产能力稳定。调优品质，优先发展优质稻、脱毒马铃薯、特色蔬菜、食用菌、优质油桃，不断改善结构和品种，提高质量效益。调优模式，发展种养结合循环农业，推广稻－虾、稻－鳖等稻渔连作模式，扩大综合种养面积5万余亩。

【优质稻产业开发】 重点以推广优质稻品种为基础，以实行优质优价收购为突破，以"双订单"合同为保障，实行集中连片种植，做到单种、单收、单储、单加工，全力推进优质稻产业发展。2018年全市共推广优质稻种植面积103.34万亩，其中"双订单"推广面积15.29万亩。签订优质稻生产合同2845份，建设百亩以上标准化种植基地142个，参与"双订单"的稻米加工企业18家，订单供种企业16家，规模化种植专业合作社70家，筛选推广适宜本地种植的优质品种8个。为加工企业创建优质稻生产基地，破解销售难题、提升产品效益，实现了农民增收、企业增效、产业发展的良好局面。

【农业产业扶贫】 围绕农业供给侧结构性改革，全力打造特色农业增长极，进一步加大特色种养殖产业项目引进、开发、示范、推广等扶贫工作力度。全市重点推广了优质稻、香菇、特色蔬菜、甘薯、中药材、水果、肉牛、土鸡、黑猪、小龙虾等特色种养品种23个。按照"因地制宜、一户一策"思路，紧扣"特色"做产业，在89个贫困村发展多种特色产业，主要包括食用菌、蔬菜、林果、中药材、养殖等产业。全市各地新增特色种养项目8个，新增带动特色种养殖贫困户4120户，累计带动3.04万贫困户、8.81万贫困人口发展特色种养殖产业，实现了每个村都有1个以上主导产业，每个有劳动能力有发展意愿的贫困户都有1个以上增收项目，户均增收达到3000元以上。

水　产　业

【概况】 水域面积96万亩，其中河流、渠道30.1万亩，堰塘水面23.52万亩，水库水面28.95万亩，精养鱼池13.8万亩，水产资源丰富，素有鄂北鱼米之乡的美誉。全市养殖水面49万亩，已放养水面面积48万亩，其中增殖渔业放养面积15.23万亩，池塘29.4万亩。全市有各类水库708座，其中大型8座（含徐家河水库），中型水库21座，小型水库679座。小龙虾稻田综合种养面积达10.65万亩。全市河流、堰塘、水库、鱼池等水域中生存鱼类47余种。养殖的经济鱼类20余种，名特优鱼类有鳜鱼、甲鱼、黄鳝、泥鳅、美国鮰鱼、匙吻鲟、小龙虾、武昌鱼、细鳞斜颌鲴等。名优鱼养殖比例占总面积的70%。2018年全市水产品产量达到81684吨，渔业产值188875万元，渔民平均纯收入达18570元。

【水产企业发展】 全市唯一一家水产品加工企业——湖北大自然农业实业有限公司，是省级农业产业化龙头企业，2018年年加工成品2000吨，出口创汇3500万美元。该公司具有较完善的产业链和较高的产品附加值，是引导群众就业、带领农民致富、养殖技术培训的现代农业产业基地。全市共有水产苗种生产企业（持证）7家，其中省级原、良种场水产苗种生产许可证4家。共有亲鱼池580亩，种苗池面积1200亩，繁育设施6300立方米，亲本67000组，年生产鱼苗能力50亿尾；随州水产苗种品种齐全，主要有白鲢、花鲢、草鱼、青鱼、鲤鱼、鳊鱼、鲫鱼、翘嘴红鲌、细鳞斜颌鲴、鳜鱼、匙吻鲟、甲鱼、青虾、小龙虾等品种。全市休闲渔业共86处，其中广水53处、随县30处、曾都3处。全国休闲渔业示范基地共2处，曾都和广水各1处，分别是曾都区的桃园湖度假村有限公司、广水市神怡生态园。全市已认定无公害水产产地22个，认证无公害水产品35个，被农业部认定的健康养殖示范场19个，被湖北省水产局认定的健康养殖示范场11个。近五年接受农业部、省农业厅水产品抽检，产品合格率均为100%。

【渔业科技推广】 围绕全省开展的"基层农技人员知识更新培训""新型职业农民培育""科技文化卫生三下乡"等主题活动，组织水产部门大力开展对渔民的技术培训和知识更新，提高渔民科学养殖水平。重点加强对新型经营主体、科技示范户、健康养殖示范场等的培训，提高他们的示范带动能力。每年开展水产技术培训10余期，1000余人次，发放技术资料10000余份。重点在名特优养殖、健康养殖、生态种养新模式方面充实培训内容，优化产业结构，提高水产效益。

【渔业生态维护和修复】 按照湖北省关于突出环境问题整治工作的要求，市水产局系统积极作为，克难攻坚，对随州市境内的徐家河、郑家河水库等江河湖库展开网箱、拦网及非法渔具的整治取缔工作，取得了明显成绩。先后拆除徐家河水库网箱9141口，拦网养殖262处，拦网长度59316米，养殖面积5000余亩。郑家河水库随州水域水面13894亩，共有9处41条拦网。截至2017年12月底，全市江河湖库围网围栏网箱已经全部拆除，并保证拆得了、稳得住、不反弹。按照农业部6号《通告》关于对保护区全面禁捕工作的起始时间及禁捕的保护区名录公布的要求，随州市4个保护区禁捕时间自2018年1月1日起逐步实施。截至2018年12月底，全市4个种质资源保护区的禁捕方案、禁捕公告均已出台，禁捕工作全面完成。白云湖、烈山湖两个水域首次执行禁渔期制度。同时争取到增殖放流资金165万元在广水市徐家河、曾都区桃园河等水库实施放流活动，共投放鱼苗260万尾。同时，大洪山水库、黑屋湾水库等江河湖库实行了人放天养，推动了该市水生生物的养护修复。

畜 牧 业

【概况】 2018年，全市生猪出栏196.06万头、牛出栏6.45万头、羊出栏44.19万只、家禽出笼达6011万只，能繁母猪存栏量达到9.37万头。受环保治理压力的影响，养殖量有小幅回落，但养殖效益显著提升，产业布局更趋合理，产业结构进一步优化，草食畜牧业种草养畜突飞猛进；养殖规模化、标准化得到快速发展。随县、广水被列入全省42个生猪调出大县。随州市没发生区域性重大动物疫情和畜产品质量安全事件。

【养殖和草食畜牧业发展】 继续开展标准化示范创建活动，新增部级标准化示范场1个，部级标准化示范场达到14个。猪、牛、羊、禽规模化养殖比重均提高3%，分别达到66.8%、45.5%、29.9%、96.5%。利用随州市山场面积大，坡岗地多这一自然优势，种植牧草5万亩，牛羊存栏量增加5%，肉牛肉羊出栏量在全省十七个地市州中分别位列第七位、第六位。

【特色产业发展】 洪山鸡项目：依托谭龙畜禽公司进行洪山鸡提纯复壮，恢复性发展洪山鸡，2018年洪山鸡种鸡达到5000套。祖代鸡项目：科宝（湖北）育种有限公司是美国泰森食品集团在随州市兴建的湖北省内首个祖代鸡项目，2018年供给市场300万套父母代种鸡。生猪项目：广水中粮50万头生猪项目，其中陈巷22万头已投产，骆店11万头生猪建设设施设备全部完成。肉鸡产业：湖北正大公司下辖食品、饲料、肉鸡、种鸡四个事业部，其中食品工业园一期肉鸡屠宰线已达到单班年屠宰5000万只、双班年屠宰1亿只的生产能力，饲料分公司可年生产饲料70万吨，种鸡分公司建成8个种鸡场，种鸡存栏50万套，肉鸡分公司下辖45个标准化肉鸡养殖场，2018年屠宰销售肉鸡4100万只，投资总额3.5亿元年熟食加工项目进一步推进。

【畜牧业绿色发展】 配合河长制办公室制定《随州市河长制畜禽养殖技术处理规范》，出台《随州市畜禽养殖废弃物资源化利用工作方案》，为做好畜禽养殖废弃物资源化利用工作提供指导和制度约束。按照"三区"划定要求，全市禁养区内关闭（搬迁）81家养殖场，限养区、适养区内需治理的167家规模养殖场已全部配套建设粪污治理设施，实现农牧结合，全市畜禽养殖废弃物资源化利用率达到68.23%，规模养殖场粪污处理设施装备配套率78.11%。

【科学防控疫病】 按照"政府保密度、部门保质量"的工作要求，层层签订责任书，落实工作措施。六种重大动物疫病强制免疫密度达到100%，免疫耳标佩戴率100%。全市44乡镇全部完成了职业化改革，有效提升了防疫质量。持续开展布病净化工作，2018年全市共采集、检测羊血样193812份，阳性率由3.49%下降至0.4%，布病净化效果显著。全面开展种畜禽规模场疫病净化工作，随州市科宝（湖北）金花岭家禽育种场——湖北首个种禽场通过国家"动物疫病净化创建场"评估认证现场评审。各县（市、区）兽医实验室检测能力得到全面提升，在2018年全部取得了省级兽医实验室考核合格证书，曾都区分子生物学检测实验室改造升级成功。扎实开展非洲猪瘟防控工作：加强全面疫情排查，对关键环节进行了全覆盖、无死角地疫情监测和排查；全面禁止泔水饲喂，反复清理泔水饲喂养殖（户）场，并宣传教育泔水饲喂的危害性；加强移动监管，对全市17个高速公路收费站、3个动物边境检查站、18个临时检疫点实行严查验物和全面消毒工作，禁止生猪非法运输；加强联防联控，各级指挥部成员单位相互配合，密切协作，竖起有效堵疫屏障；加强应急值守，严格落实24小时专人值班和领导带班制度。截至年底全市未发生非洲猪瘟疫情。

【建立健全无害化收集处理体系】 按照农业部动物报检点建设规范要求，根据有利监管、方便群众的原则，对全市产地检疫报检点进行调整、充实和规范，共建立规范化电子出证申报点65个，以村为单位动物产地检疫开展面达到100%。全市2018年共实施产地检疫畜禽7400万头（只），产地检疫率达到99.98%；屠宰检疫45053.3万（头、只），其中猪52万头，牛羊1.33万头，禽4500万只，检疫率达到100%。建立了完整的病死猪无害化收集处理体系，实现了全覆盖、全收集、全处理。全市建有收集中心10个、冷库33个、冰柜和空调房462个，收集体系运营车辆14台。全年共收集处理病死猪220726头。

【畜产品质量安全监管】 严格落实屠宰管理"两个责任清单"和五本台账，全市产地检疫、实施屠宰检疫率均达到100%。加大执法力度，全市出动执法人员1100余人次，检查涉牧企业1300余次，立结案4起，其中涉及兽药打假案件1起，收缴药品111盒，罚款990元。生猪屠宰专项行动方面，全市出动执法人员600余人次，检查企业700余家次，下达整改意见95次，立结案9起，捣毁私屠滥宰窝点9个，收缴肉品1250公斤、屠宰工具7套，罚款1万4千元。全年养殖场"瘦肉精"抽检7500余批次，屠宰场"瘦肉精"抽检9400余批次，养殖场禽蛋产品氟喹诺酮类、磺胺类药物残留抽检965批次，检测合格率均为100%，顺利完成省厅、局安排的各种监督检测任务，受到省市领导的高度赞誉。积极开展畜产品质量安全争先创优活动，随县代表随州市参加"湖北省畜产品质量安全监管争先创优活动"，经过省局考评，成绩名列全省前茅，被评为优胜单位。

农业机械化

【概况】 2018年，全市各级农机部门按照乡村振兴战略的总体部署和高质量、绿色发展的要求，围绕农机供给侧结构性改革，以深化全面全程机械化示范创建为抓手，以规范执行农机具购置补贴、报废更新补贴和农机深松整地作业补贴为重点，以强化农机安全生产监督管理为主线，大力推广农机新机具和新技术，开展农机社会化服务，狠抓农机安全生产，锐意进取，扎实工作，全面提升农机服务现代农业水平，推动了全市农机化工作健康、持续、稳定发展。2018年年底，全市农机总动力218.14万千瓦，同上年农机总动力213.71万千瓦相比增长2.07%。拖拉机保有量13.22万台，增长2.13%。其中大中型拖拉机5884台；小型拖拉机126340台，增长1.84%；联合收割机5177台，增长5.67%；插秧机3849台，增长13%；各类配套农具26.81万部；农产品初加工动力机械17815台；畜牧机械930台（套）；水产机械6643台。全市完成机械耕（旋）整275984公顷，其中小麦机耕68212公顷、水稻机耕128832公顷、玉米机耕10802公顷、油菜机耕17585公顷。机播128898公顷，其中机播小麦40870公顷，机械栽植水稻81780公顷，机栽率突破50%。机收209365公顷，其中机械收割小麦67545公顷、机收水稻132538公顷、机收玉米2258公顷、机收油菜1440公顷。机电灌溉64949公顷、机械植保155062公顷。全市八大作物耕种收机械化水平73.75%，其中水稻综合机械化水平84.95%、小麦综合机械化水平84.16%、玉米综合机械化水平43.75%、油菜综合机械化水平34.15%。

【农机机构】 全市2018年底有县级以上农机管理机构4个，管理人员28人；农机安全监理机构4个，农机安全监理人员41人；农机化技术推广机构4个，农机推广人员30人；农机化教育培训机构2个，从业人员37人；农机维修厂（点）182家，从业人员1760人；农机经销机构33个，从业人员117人；拖拉机驾驶培训机构2个，从业人员21人。

【农机科技推广】 全市举办深松耕整、马铃薯机械化种植、机械插秧、小麦条播、秸秆还田、水稻、油菜直播等各类现场会18场次，参加人员3200余人次，推广各类新机具1200余台（套）。2018年全市共完成机械深耕面积65147公顷，其中机械深松面积1591公顷，机械免耕播种面积691公顷，精量播种面积1789公顷，机械深施化肥面积922公顷，机械铺膜面积2029公顷，农田机械节水面积灌溉面积7310公顷，机械化秸秆还田面积39144公顷，秸秆捡拾打捆面积3576公顷，农用航空器作业面积1170公顷。全面全程机械化技术、保护性耕作技术、秸秆机械还田技术、北斗卫星定位精准农机作业等先进农机化技术得到示范和推广；拖拉机、联合收割机、插秧机、打捆机、烘干机、无人植保飞机等先进农业机械（具）得到推广应用。

【农机安全生产】 2018年全市共检验拖拉机、联合收割机1638台，核发号牌592副，考发驾驶证224本，换证169本，转移登记55户，发放跨区作业证921本。全市共开展安全宣传活动26场次，发放农机安全宣传资料3500余份，共出动农机监理执法人员1260人次，开展专项安全检查33次。全市共发生农机事故29起，3人受伤，无死亡事故发生。全市共查处无证驾驶行为27人次，无牌机车17台，未年检机车42台，警告12次，限期整改24次，拖拉机（联合收割机）驾驶员违规违法行为得到有效遏制，全市农机安全形势较好，没有发生一起较大以上农机事故，农机事故死亡率控制在指标范围内。

【农机购置补贴】 2018年，全市争取到农机购置补贴资金1609万元，补贴机具2269台，其中动力机械240台、耕整地机械835台、收获机械302台、农产品初加工机械27台、收获后处理机械36台、畜牧机械355台、种植施肥机械471台、田间管理机械1台，受益农户1627户。报废更新补贴资金42.3万元。全市土地深松补贴资金75万元，完成项目面积2万亩。

【农机服务组织】 全市农机化作业服务组织99个，从业人员1594人，其中，拥有农机原值50万元（含50万元）以上的20家、从业人数达520人，农机专业合作社70家，从业人数1435人，建成省级农机专业合作社示范社7家。全市农机户达441721户，从业人数达48103人，其中拥有农机原值20万元（含20万元）以上的644个，从业人数1044人；农机作业服务专业户3708个，从业人数4200人。农机维修网点181个，从业人数1758人。农村农机从业人员144884人。农机服务收入82346万元，其中农机作业收入74822万元，农机社会化服务项目涵盖机械耕整、育秧、插秧、机播、植保、收获、秸秆还田、烘干等农业生产全过程。

【农机教育培训】 依托各地农机推广中心、农机学校和农机专业合作社、经销商及生产厂家，进一步加大对农机从业人员的培训。2018年，全市共举办各类培训班18期，培训农机行政执法人员36人次，农机操作人员1400人次，培训农机大户、农机合作社的技术骨干65人次，农机驾驶教练员7人次，培训机手及农民1.2万人次。通过农机化技术培训，使受训人员开阔了视野，增强了安全生产知识，提高了保养、操作技能。

【农机装备制造】 全市具有一定规模的农机工业企业达到12家，湖北双利农机制造有限公司生产的联合收割机和烘干机，曾都猛龙机械厂、随州隆兴食用菌设备有限公司生产的食用菌装袋机等4个产品纳入了省级补贴目录。随州市神力脱粒机有限公司生产的脱粒机、湖北东宇机械制造有限公司（农业装备制造分厂）生产的花生摘果机等产品得到较快发展，企业生产规模不断扩大，对推动全市农机工业发展起到促进作用，为全市农机工业发展奠定了基础。

农业行政执法

【农资市场监管】 2018年以来，共出动执法人员603人次，涉及乡镇24个，巡查门店201个，检查水稻、玉米等种子398品次，下达违法行为记录卡52份，签订责任状和承诺书500余份，抽样检测41个水稻种子样品，5个玉米种子样品，抽检合格率达100%，从市场和生产企业共抽取肥料样品18个，农药样品15个，对67个违法销售未审先推水稻玉米种子和26起销售摆放过期农药产品或假农药的违法行为责令改正，对拒不改正或整改不力的9家种子经销商、8家农药生产经销商立案查处。并有针对性地对菌种的生产经营开展了监管，特别是针对标签标识不规范的问题，分片召开了推进会，张贴《关于规范食用菌菌种市场的通知》200多份，利用典型引路，多措并举，使全市菌种标签标识实现了从无到有的跨越。

【违法案办理】 先后办理了以"随县殷店镇肖某某无证生产经营香菇菌种案""湖北贝斯特农化有限责任公司涉嫌生产销售劣质农药案"为代表的违法案件，共办案17起，其中已结案14起，案值26.6万元，已罚没金额8.1万元，移交司法机关处理，此外，还根据函件协助贵州省大方县农业局对涉案企业进行了产品确认，协助省公安厅对河南违法企业的违法销售行为进行了取证，协助河北有关农业部门对相关企业生产行为进行调查等，在区域协作和联动上实现了突破。一年中向各县市区指定办理案件7件，下发督办函4份，通过案件的办理，对违法行为保持高压态势，让违法行为付出应有的代价。

【农资生产经营管理】 一年中实现了"三个第一次"，分别颁发了第一个农药生产许可证，第一个农药经营许可证，第一个种子生产经营许可证。重心下移，划片培训，共培训各类办证人员500余人（次）；分类指导，提高效率，实行一对一服务，责任到人；压实责任，严把标准。党组书记、局长徐锋同志及相关领导曾带队多次深入到中盐红四方肥业有限公司、湖北犇星公司、湖北茂盛生物有限公司、湖北贝斯特农化有限公司、大洪山楚瑜食用菌菌种厂、湖广农资超市长岗店等企业，分别就所涉及环保转产、生产经营许可证的审批等事项现场办公指导，把脉问诊，回答咨询，提供办理行政许可的相关服务，解决在办理行政许可证中遇到的问题，实现在办理行政许可审批中"只跑一次路"的目标。

【农业纠纷化解】 24小时保持临战状态，有诉必接，快速调处，在调处过程中坚持以人为本，以法为准，统筹兼顾纠纷双方的利益，把矛盾消灭在萌芽状态，最大限度地保护农民的合法权益，对农民反映大、危害重，不主动赔偿损失的情况立案查处，情节严重的移交司法机关追究刑事责任。一年来全市共调处各类纠纷70余起，其中支队共调处纠纷14起，为农民挽回直接经济损失30多万元。切实当好农民利益的"守护神"、平安随州的"稳定器"。

【农业环保工作】 农作物秸秆综合利率稳步提高，肥料化、饲料化、基料化、能源化、原料化的综合利用格局进一步巩固，秸秆综合利用率达到91%，比上年提高2%。完成了全国第二次农业污染源普查第一阶段工作，组织培训各类人员150多人次，完成了各行业的污普（污染源普查）进度工作表的汇总上报，并落实经费30万元。完成了全市360个土壤详查点取样工作，落实专项经费25万元，配备手持终端6部。完成了农产品产地重金属监测国控点的定位调整和200个取样送检工作。

【特色工作】 开展了优质中稻品种的展示示范，为优质米产业提供了有力的品种支撑。按照方案在全市征集了18个优质中稻精品品种，在何店三岔湖村开展了展示示范种植，并安排专人记载、管理，整个生育期管理精细，表现良好，省种管局、市政府、农业局有关领导及种子企业和大米加工厂、种植大户多次到展示示范基地视察、观摩。9月和11月分别组织由有关领导、专家、科室负责人、供种企业、部分优质米加工企业及种植大户组成的观摩评比组对18个品种田间的整齐度、熟相、结实率、耐寒性、病害和抗倒性表现以及米质品质、米饭品质进行品鉴评比，评选出10个表现突出品种。评选结果已于12月在《随州农业信息网》上公告，并和9个供种企业签订了优质品种种子储备合同，给予补贴，按照每个品种储备1万公斤的计划，就可为2019年生产提供10万公斤的优质稻种子。

严密监控植物检疫病害，把损失降低到最低。为了预防稻水象甲等检疫性疫情的蔓延，在全市设立了5个疫情观测点，派出植物检疫人员参加了省植保站组织的全省南繁基地检疫性病害排查，每个月定期到各地实地普查，指导各地加强预防。针对稻水象甲和水稻细菌性条斑病疫情，积极和省植保站联系，调运防治专用农药5吨，把疫情控制在最小范围，由于发现早，防控有效，疫情得到有效控制，没有造成大的危害。

认真做好调研工作，为领导决策提供可靠的依据。一年中，按照程序高质量地回复了市人大代表建议案和政协提案共2份。完成农业农村部首批种子观察点的设立和布置工作，根据首批种子市场观察点工作要求，设立5个观察点位，并授予牌匾，此后对各点位跟踪指导，向农业农村部实时报送种子信息，因数据准时、全面，受到省种管局的通报表扬。按照农业局

《关于开展农业系统"集中调研月"活动的通知》要求,支队确定了《随州市农业行政执法体制改革思路探索》的调研题目,成立专班,在充分调研全市各级执法单位现状的同时,赴中央编办农业综合执法改革试点宜昌市及湖北省农业行政执法综合改革的试点荆门市两个地区学习考察,最后形成调研报告,报告思路明晰,数据翔实,建议可行,具有较高的参考价值,为领导的改革思路提供了第一手资料。

组编了《执法护农保丰收》记实报道,在《随州日报》上专版刊发,充分展示了农业系统执法工作成效和良好的部门形象。

农业技术推广

【农业技术服务与培训】 开展香菇标准化生产技术大培训工作。为切实解决香菇生产过程中"病虫害加重,烂袋增多"等突出问题,从7月开始,在全市17个香菇种植重点乡镇开展历时5个月的香菇标准化生产技术大培训,共组织培训班180场次,培训11483人次,发放资料55000余份。组织召开新技术、新模式示范现场会。组织召开"粮食+"高效模式,中稻水(旱)直播,小麦、水稻等病虫害综合防控等新技术、新模式示范现场会7次,培训总人数超过1000人次。推广优质稻"双订单"种植。支持全市种子企业、种植合作社、加工企业联合,推广"双订单"生产。2018年全市推广优质稻种植面积103.34万亩,其中"双订单"生产推广面积15.29万亩,签订订单生产合同2845份,建设百亩以上标准化种植基地142个,实现了企业增效、农民增收、产业发展的三赢局面。

【加强农业科技成果转化】 加快转变农业发展方式,强化农业科技成果的引进、示范和推广,加强成果转化与应用。

开展食用菌新品种、新基质试验示范工作。开展了香菇和黑木耳新品种栽培试验,以及主栽品种的新基质添加配方试验,试验规模1万棒,致力于降低产业生产成本,调节产业发展与林木资源的矛盾,解决资源浪费和环境污染问题。

积极推广"集中制袋,分散出菇"模式。依托特色农产品优势区项目和"国家现代农业香菇产业园"项目,共新建香菇"集中制棒,分散出菇"生产基地26处,生产示范规模达到1100万袋;打造"标准化生产基地"31处,示范基地都购置了一体化自动拌料装袋机,高压或半高压灭菌设施,建设了标准化出菇棚等,制袋效率和制袋质量大幅提升,大大促进了随州香菇产业标准化、规模化、集约化发展。

创新香菇"周年栽培"模式。2018年与上海农科院等科研院所合作,充分利用沪香F2、申香1504等新品种,温型广、适应性强的优势,配套"双棚模式",基本实现了除6、7、8三个月之外,其他季节都能出菇,而且菇质好。此项技术对增强全市鲜菇的市场竞争力,提升产业效益具有重要意义。

推动优质稻绿色发展。在优质稻上积极开展黄板诱杀、全自动太阳能及频振式杀虫灯、"生物导弹"等绿色防控技术的示范与推广,核心示范面积10.6万亩,带动推广面积66.7万亩。

开展研究示范,探索"优质稻+"新模式。针对优质稻品质提升问题,开展了品种对比试验研究、不同生态区域以及不同施肥结构的对比试验研究,对进一步推动全市优质稻种与种配套提供技术支撑。同时围绕优质稻产业提升,重点开展"优质稻+小龙虾""优质稻+马铃薯""优质稻+食用菌""优质稻+大麦"等新模式示范,全面提高农作物的综合效益。

【农业生态环境保护】 主攻农业绿色发展,持续开展耕地质量保护与提升行动,扎实推进农业面源污染综合治理。

积极开展农药减量行动。不断探索创新绿色防控技术,积极在茶园、水稻上推广黄板诱杀、全自动太阳能及频振式杀虫灯、"生物导弹"等绿色防控技术,建成统防统治与绿色防控融合示范区共23个,核心示范面积12.15万亩,示范区辐射带动面积95.15万亩,有效降低了化学农药使用量。2018年全市农药使用量0.55万吨,同比下降3.5%，保障该市实现了农药零增长的目标。

大力推广化肥减量增效相关技术。通过推广测土配方施肥技术、有机肥替减化肥等节肥技术，大力推进化肥零增长行动，引导农民合理利用有机养分资源，减少因不合理施肥带来的农业面源污染。2018年，全市推广测土配方施肥技术400万亩，测土配方施肥技术覆盖率达95%，全市化肥使用量15.66万吨，同比下降4.2%。

有效推广节水农业技术。在水田大面积推广了集雨蓄水插秧、浅湿薄晒灌溉、控制灌溉技术和秸秆返田技术。同时积极推广春玉米、花生、马铃薯等耐旱作物，主推地膜覆盖、秸秆覆盖和集雨保墒等技术，集成马铃薯"深沟高垄全覆膜栽培技术"和设施蔬菜"双膜栽培技术"，全市推广面积20万亩。示范推广农业高效节水灌溉技术，主要采取"有机肥+水肥一体化"模式，全市水肥一体化示范面积3000亩。

加大耕地质量保护力度。重点结合耕地质量监测点兴办耕地质量保护提升示范区，围绕"改、培、保"技术路径，重点采取秸秆腐熟还田、施用有机肥料、深耕深松等方式改良土壤、培肥保肥。2018年，完成了3个国家级监测点、1个省级监测点以及35个市、县级监测点设施建设工作。开展全市耕地质量等级评价工作，检测化验数据28106项，初步完成县域耕地质量等级调查评价报告，为保护提升耕地质量提供了基础支撑。

【实施公共品牌战略】 打造农产品区域公共品牌，提升市场综合竞争力，促进产业转型升级。大力培育"随州香菇"公共品牌。7月，"随州香菇"成功获得农业农村部农产品地理标志登记认证。11月，"随州香菇"被评为湖北省二十强农产品区域公共品牌。12月，随州被农业农村部、国家林业和草原局等九个部门联合授予随州国家特色农产品（香菇）优势区。大力培育优质大米品牌。积极组织申报"随州香稻"地理标志证明商标。在凤凰大酒店组织召开了两届优质大米品牌品鉴展示活动。参会人数超过200人次，参展大米品牌超过30个。品鉴活动对提升企业品牌意识，促进随州人民对随州优质稻米的重视，推动随州优质米产业发展起到很好的促进作用。

农村经济经营管理

【概况】 2018年，新增农民合作社721家，家庭农场154家，任务完成率360.5%、154%；适度规模经营不断发展，新增土地流转面积7.2万亩，任务完成率101.9%。农村产权制度改革稳步推进，859个村完成了清产核资，占改革总村数的88.47%，高于目标完成率8.47个百分点；868个村完成了清人分类，占改革总村数的89.39%，高于目标完成率19.39个百分点；136个村完成了股份权能改革。曾都区作为整体推进试点，进度处于全省前列。

【土地确权工作】 开展土地确权"回头看"，查漏补缺，解决遗留问题，进行数据质检和汇交，推进确权数据与省、部汇交，效果比较理想。全市确权47乡镇（办）、922个村，共确权承包农户419525户，实测承包地块2347786块，实测承包地总面积2454996.02亩，做到了承包耕地应包尽包，合同应签尽签，权证应发尽发。推进确权成果运用，实现耕地地力保护补贴按确权实测面积实施，2018年全市共补贴资金1.9238亿元；适度规模经营面积进一步扩大，新增土地流转面积7.2万亩；新兴经营主体高质量发展，新发展农民合作社721家，家庭农场154家，其中新增国家级示范社3家，1家家庭农场被省农业厅评为全省十大标杆之一；新增设省农业信贷担保公司曾都办事处，共为213家农业经营主体融资担保贷款25318万元，解决新兴经营主体"融资难、融资贵"问题，促进新主体的辐射带动小农户的作用。2018年，随州市农业经营主体通过省农业信贷担保公司获得融资担保贷款总额2.65亿元，随县位列全省各县市区第一。

【产权制度改革工作】 认真落实市委农村集体产权制度改革2号文件精神，通过举办培训班、印发培训资料、召开推进会议、进行督促检查、印发《督查通报》等措施，推进全市的产权制度改革工作有序进行。2018年，全市基本完成"两清"目标任务，971村（居委会、社区）完成清产核资859村，占88.5%，完成清人分类868村，占89.4%，136个村完成了股份权能改革。产权改革初见成效，比如随县梅子沟村，推行"资源变资产、资金变股金、农民变股民"三变，每年集体经济收入增加近20万元，曾都区舜井道社区股民2018年每股分红80多元，很好地发展壮大了农村集体经济，保护了农民的财产收益分配权。

【农民负担监督管理】 2018年，按照省里要求，与财政局商贸科一起，对全市的2018年耕地地力保护补贴政策执行情况督查，确保补贴资金19258万元全部到补贴到农户；与市综改办一起对全市各地开展2016—2018年村"一事一议"筹资筹劳及财政奖补项目建设突出问题专项治理情况进行了督查，涉及三年1020个项目，进一步建立健全"一事一议"项目申报、审批、监督和档案管理等工作制度。

【扫黑除恶专项斗争工作】 按照省、市要求，结合农村集体产权制度改革、农村"三资"清理工作，下发了农经管理系统与扫黑除恶专项斗争实施方案，在清产核资、三资清理、惠农政策落实、村干部离任审计方面贡献经管部门力量。据不完全统计，全市共清理村不规范、不合理承包经济合同300多份，涉及金额1000多万元，较好地理清了农村集体经济利益关系。

林 业

【林业产业】 林业产值不断攀高。2018年全市林业总产值达150.4亿元，同比增长超过10.1%。第一产业694万元，涉林产业合计678万元，其中湿地产业9530万元，林业系统非林业产业16267万元。第二产业408万元，涉林产业合计399115万元，其中湿地产业6820万元，木本油料、果蔬、茶饮料等加工制造28058万元，森林药材加工制造22070万元，林业系统非林业产业9620万元。第三产业400387万元，涉林产业合计377247万元，其中湿地产业13571万元，林业系统非林业产业23140万元，油茶产业产值28498万元，林下经济产值22420万元，森林旅游与休闲服务222288万元，林业生态服务21582万元。

龙头企业培植增长居全省前列。全市新增省级林业产业化重点龙头企业7家，重新认定总数达50家，新增幅度处全省前列。随县二月风食品有限公司的"野生葛根立体开发技术与运用"和神农茶业有限公司的"有机绿茶标准化生产集成技术研究与示范"两项科技成果荣获"中国林业产业创新奖"，三友（随州）食品、万和食品有限公司获"湖北省森林食品质量安全示范企业"称号。

争取林业产业项目资金逐年增加。2018年争取国家发改委、财政部、林业局涉林项目资金15292万元，占目标任务12000万元的127.4%。其中，争取中央及省级财政贴息资金494万元。

林业特色经济稳步发展。新增和改造木本油料基地5万亩，总量达57万亩。其中，油茶50.4万亩，核桃5万亩，油用牡丹1.35万亩，其他0.25万亩；新增中药材种植3000亩，总面积3.6万亩；新增林下经济面积3万亩，总面积20万亩，全市林下经济年产值近3亿元。林业产业助力精准扶贫建设贫困人口3.22万人。成功引进七叶一枝花中药材项目建设基地580亩，招商引资7032万元。

名贵花果苗木产业发展势头强劲。随县神农苗圃有限公司被评为2018年度"湖北省十佳苗圃"基地；全市建有人工兰花培植基地300多处，精品兰花温棚150余处，数量2000万株约500万盆。全市新增蓝莓基地面积0.3万亩，总面积达0.8万亩。重点推进淅河万亩蓝莓基地建设，已建成5000亩。

工 业

综 述

【工业经济】 2018年，全市规模工业实现总产值1378亿元，同比增长11.1%，其中六大产业实现总产值1236.5亿元，同比增长10.5%，占全市规模工业的比重达89.7%；规模工业实现增加值336.8亿元，同比增长8.1%，位居全省市州第6位。2018年新进规模企业51家，超省经信厅计划21家，全市规模企业达672家。实施"危困企业重组盘活计划"，北京冠群集团整合俊浩专汽、五环专汽、厦工楚胜等企业，实现集团化发展；三铃专汽与武汉里得电力科技股份有限公司完成重组。全力集团、航天双龙破产重组有序推进。骨干企业引领作用加强，产值过亿元企业达400多家，其中50亿元以上企业1家，20—50亿元企业2家，10—20亿元企业11家，5—10亿元企业40家。

【工业创新发展】 加快推动工业和技术改造重大项目建设，将毅兴智能智能化工厂技术改造等129个项目纳入项目库，推动全市先进制造业和优势传统产业实施新一轮技术改造，1—11月，全市工业技改投资增速达到16%。组织起草《随州市工业 经济稳增长快转型高质量发展行动方案（2018—2020年）》《随州市支持民营经济发展二十条措施》，为市委市政府决策当好参谋，为工业经济、民营经济的发展量身扶持。齐星车身、裕国菇业、金龙集团等17家企业成功入围"全省支柱产业细分领域隐形冠军"，三峰透平被认定"省级服务型制造示范企业"，程力专汽成为国家"两化融合"管理体系贯标试点企业，裕国菇业、毅兴智能等4家企业被认定为湖北省智能制造示范企业。加大产学研合作力度，充分发挥"三大研发平台"的作用，加速科技成果转化。湖北专汽研究院为企业解决20多项技术难题，开发新产品8款；香菇研究院获得专利22项；工业研究院已与2名国家千人计划专家确定合作意向，合作近20个项目。国家专汽质量检测中心建设基本竣工。

【工业特色产业】 深入贯彻落实市委《关于贯彻落实党的十九大精神奋力建设特色产业增长极的决定》，强力推进专用汽车及零部件千亿元产业建设，2018年，专汽产业实现产值365亿元，同比增长16%，全社会全口径达到600亿元。长兴机械、同威汽配等5家企业获得专用车生产资质，全市资质专用汽车企业突破40家。程力集团低速货车成功升级为商用车整车，全市整车资质企业达到3家。引导程力集团在全国布局建设338家售后服务站，健全完善汽车售后服务体系。成功引进中国中车重组楚胜专汽。齐星车身智能化罐体机器人焊接和智能化数控模具项目等19个重点项目加速推进。以专用汽车产业为依托的应急产业始终保持高位运行，为推进应急产业示范基地建设，出台了《随州市应急产业发展规划(2018—2022年)》。加强专汽产业规范整顿，提高产品质量，工作专班

2018年6月28日，市经信委举办"犇星杯"十九大精神进企业演讲比赛

先后两次依法对腾誉公司进行了专项检查，对11家公司非法改装行为进行行政和刑事处罚，共查封不合格产品86台，刑事处罚3人。

【县域经济发展】 以产业集群为依托，以工业园区为平台，以镇域经济为补充，大力推进县域经济发展，形成"一城一业"的产业格局。在全省县域经济考核中，曾都区在全省一类22个县（市、区）中居第13位，获得2017年度争先进位奖。以县域"比拼赶超"为抓手，把工业项目建设摆在重要位置，全市41个亿元以上技改项目陆续开工。专用汽车及零部件、风机、香菇、铸造、电子信息5个产业集群继续跻身全省重点支持的成长型产业集群，形成了"一县一品"的发展态势。5个产业集群聚集规模企业298家，占全市规模工业企业总数的44.3%；实现总产值约占全市规模工业的49%，实现利税约占全市规模工业的47%，成为拉动经济增长的主动能。

【服务措施】 投资2200万元的"神农云"信息平台已竣工投入运营，工业经济运行监测平台、专用汽车信息中心正在逐步"上云"。积极服务于重点企业"五个一"包保服务和市级领导"大调研、大走访、大落实"活动，为齐星车身、金龙集团、犇星化工等重点企业召开"一企一策"专题会议。继续实施经信系统"全员下沉，驻点服务企业"活动，多途径收集并解决企业存在的问题。2018年共收集50家重点企业提请解决的问题63项，已初步解决50余项。着力解决企业融资难题，多次组织参加政银企对接会，帮助民营企业解决融资难问题。加强企业人才培训，组织50名优秀企业家赴上海财经大学进行专题培训，专用汽车骨干企业120余人参加精益管理培训，30家专汽骨干企业负责人赴德国汉诺威、英国伯明翰考察学习，通过一系列培训学习，拓宽了发展视野，提高了管理水平。积极争取项目资金，累计争取传统产业改造支持资金、成长工程、隐形冠军等省、市两级项目资金2440万元。

2018年7月3日，随州市神农云信息平台建设项目签约仪式举行

【招商引资】 制定全员上阵、精准定位的招商引资方案，围绕重点地区、重点产业、重点项目进行招商，采取产业招商、平台招商、项目招商，利用亲戚、朋友、同学、战友等亲朋好友开展招商。在浙江省义乌市组织开展招商引资对接会1次，首开市直部门招商分局在外地组织召开招商引资对接会的先河。全年开展招商引资活动60余次，洽谈亿元以上项目9个，约定亿元以上投资意向性协议4个，签定亿元以上投资协议1个，"一对一"服务、协调已落地项目建设3个，较好地完成了全年任务。

机械制造业

【概况】 成功举办全国机械工业产业集群工作会议。11月1日，2018年全国机械工业产业集群发展工作会议在随州市召开，来自全国机械行业120余名机械工业产业集群地方政府、骨干企业及全国性机械专业协会的代表共聚一堂，分享成功经验，共同探讨机械工业高质量发展新路径。

中机联授予随州"机械工业产业集群高质量发展集聚区"称号。智能制造试点示范项目全省领先。组织齐星车身、泰晶电子、裕国菇业等8家企业申报国家和省智能制造试点示范项目，齐星车身、裕国菇业、泰晶电子、利康药业等4家企业获得省级示范项目，在全省地市州中处于领先地位。

【专汽产业发展】 随州是中国专用汽车的主要发源地，专汽产业历经50多年的发展，已发展成为全国较具竞争力的专用车生产基地之一。2016年编制了《随州市专汽产业"十三五"规划》，相继出台了《打造千亿元专汽产业三年行动计划》《关于进一步加快新能源汽车产业发展的实施意见》《突破性发展新能源、轻量化、智能化专用车打造千亿元专汽产业实施方案》等系列文件，明确了"十三五"发展目标和发展重点，为专汽产业向轻量化、智能化、新能源转型提供了强有力的政策保障。2018年新增专用汽车资质企业5家，资质企业达到40家，占湖北省总量1/3以上。专汽总产值365亿元，同比增长16%，生产专用车13万辆，同比增长15.9%。专汽工业增加值82亿元，增速达到11.2%，高于全国、全省平均水平。专汽产业全年实现税收6.1亿元，同比增长15%。产品抽检合格率达到98%以上，骨干企业自主销售产品品牌比重达到99%，名牌产品产值比重提高到31.5%。全行业拥有中国驰名商标9个，让随州成为单个行业驰名商标为湖北省最多地区，在全国名列前茅。新能源汽车突破发展。程力集团成功通过新能源汽车资质复审，达到新能源汽车产能5万辆。恒天新楚风公司生产新能源汽车1万辆。程力集团成功通过新能源汽车资质复审，达到新能源汽车产能5万辆。恒天新楚风公司生产新能源汽车1万辆。技术创新加快推进。多功能抑尘车、聚尘王清扫车、沙漠制水车、太阳能野外作业车、新能源环卫车等40多种产品填补了国内空白，全市专汽行业拥有国家发明专利200多个、省级各类技术中心23个、高新技术企业30家，6家企业参与了国家行业标准制定。随州专汽产品覆盖亚洲、非洲、美洲、欧洲等40多个国家和地区，年出口创汇达2亿美元。

油罐车、洒水车、化工防腐液体车、房车等多项品种销量全国第一。程力集团、齐星集团年产值已经突破50亿元，入围中国民营企业500强。2018年"中国专汽之都"成功通过复审。

【风机产业转型发展】 项目建设加快推进。毅兴智能新上通讯滤波器生产项目，成为华为、中兴等大型集团公司的供货商。三峰透平投入5000万元，新上全自动地铁风机生产线、焊接机器人、日本进口五轴加工中心等数控加工检测设备15台套，省级风机检测中心投入运营，研发的国内首台最大型号硫酸风机成功下线，填补了国内空白。宏达脚轮加大科研力度，进军铁路市场，与高铁知名供应商西安华强工程材料公司合作研发的"隧道接触网预埋槽道"，处于国际领先水平，相继中标银西线、郑万线等建设项目。

公共服务平台建设不断完善。分批组织企业技术、质量、营销等关键岗位的干部到清华大学、复旦大学、华中理工大学、沈阳鼓风机研究所等高校和科研机构深造学习，组织企业中层以上干部到宜化集团、海尔集团、武烟集团等全国管理示范企业学习管理经验，全年累计培训企业员工1300余人次。为拓宽融资渠道、改善融资环境，支持风机企业做大做强，成立了泰成金融投资担保有限责任公司、广水市楚北小额贷款有限公司、广水市众元小额贷款有限公司，已为企业融资担保6亿元。成立了中国风机产供信息服务公司，为风机行业提供交易信息服务。

企业自主创新能力增强。广水市风机企业主动与高等院校、科研院所合作，并取得了明显成效。中意公司与大连理工大学合作的三元流风机项目，三峰透平与华中科技大学合作的高效节能风机制造项目，以及双剑公司与沈阳鼓风机研究所、西安交大、华中科技大学等开展技术合作的协议均已签约实施。广水市风机产业有百余项新技术、新工艺处于国内领先水平，注册的风机实用新型231项，发明专利46项。其中主导企业三峰透平申请专利102项（其中发明专利17项）、双剑公司95项（其中发明专利18项）、毅兴智能46项（其中发明专利9项）、中意公司14项

（其中发明专利2项）、天桥公司8项、微特风机12项。三峰透平获批省级企业技术中心，被省人力资源和社会保障厅和省博管办联合授予全省机械行业首个"湖北省博士后产业基地"；双剑公司与沈阳鼓风机研究所合作，成立了湖北双剑鼓风机制造有限公司技术研发中心，被授予"国家火炬计划重点高新技术企业"。行业拥有中国驰名商标2个（"三峰牌""双剑牌"），湖北省著名商标2个（"中意牌""天桥机械牌"），湖北名牌产品3个（"三峰牌离心鼓风机""双剑牌"鼓风机、"中意牌"离心鼓风机）。

农产品加工业

【概况】 2018年，随州市农产品加工业工作围绕市委、市政府打造特色农业增长极和农产品加工千亿元产业发展战略，突出随州特色，放大产业优势，着力推进农产品加工业，农村第一、二、三产业融合和农业品牌创建等工作，全市农产品加工业稳步健康发展，取得了一定的成效。据市统计局统计，1—12月份，全市农产品加工业产值452.3亿元，同比增长10.2%，占全市规模工业总产值的32.8%，继续领跑全市工业产业。

【农业产业化龙头企业发展】 截至12月底，全市农产品加工业规模企业217家，占全市规模工业总数的32.3%，神农茶业、金悦农产品副产物综合利用被农业农村部列入第二批全国农产品及加工副产物综合利用典型模式目录。金银丰食品、湖北正大分别位列2018中国农业产业化龙头企业500强第231位、第392位。裕国菇业、金银丰食品分别位列2017湖北民营企业100强第93位、第98位。裕国菇业、天星粮油、金银丰食品、中兴食品、鸿发蜂产品、万和食品等6家企业上榜2018年全省隐形冠军企业名录。天星粮油成功与湖北省粮油集团等实现强强联合，成为随州第一家混合所有制国有企业。

【农业现代园区建设】 随州被农业农村部等部委认定为中国特色农产品优势区（香菇）并位列第一；广水市被农业农村部认定为全国农村创业创新典型县范例（全省2个）；随县被农业农村部等部委认定为2018年全国农村第一、二、三产业融合发展先导区；广水市应山办事处被省农业农村厅列为2018年国家农村第一、二、三产业融合发展产业兴村强县示范创建单位。

【农产品精深加工项目】 品源现代成为全省第一家香菇酱出口企业，7月5日正式出口泰国，现每天出口一个货柜，货值30万美元，2018年香菇酱出口可达到2800万美元。继北京捷文科技投资5亿元后，香菇酱将由日产10万瓶增加到50万瓶，成为随州农产品加工业的一匹黑马。湖北正大熟食鸡深加工项目仓库改造已完成，预计2019年5月可投产；投产后，年可新增产值30亿元，利税1亿元，进一步完善了肉鸡的产业链。兴鹏实业千万只肉鸽屠宰深加工项目正在开展基础设施建设，预计2019年投产。昌瑞纺织三期已投产三个月。大自然农业熟食深加工设备正安装之中。裕国菇业香菇饮片加工项目手续办结，加工厂房改造完成。大自然米业10万吨优质稻加工项目征地手续待批等。

【农业精品名牌创建】 截至2018年12月底，全市现有有效农业"三品一标"166件，认证总量达到55余万吨。新认定获证产品34件。7月，"随州香菇"被农业农村部认证为农产品地理标志登记产品，并获评2018年湖北省二十强农产品区域公用品牌。中兴食品香菇、裕国菇业香菇和木耳获评2017年度"湖北名牌"的荣誉称号。

医药化工产业

【概况】 2018年，规模以上医药化工企业共77家，从业人员11718人。实现工业总产值192.52亿元，同比增长18%；实现工业增加值47亿元，同比增长13.5%；主营业务收入157.57亿元，同比增长9.2%；利润总额10.12亿元，同比增长16.1%；实现税金2.9亿元，同比增长18.7%。主要产品有中成药、化肥、农药、硫醇甲基锡等。

代表企业有叶开泰国药、广仁药业、利康药业、犇星公司、中盐红四方、茂盛生物等。其中：犇星公司实现产值25.2亿元，同比增长114%，税收过亿元；叶开泰国药实现产值4.7亿元，同比增长14.9%。税收首次突破5000万元。

冶金建材工业

【概况】 2018年，规模以上冶金建材企业共有158家，从业人员16419人。实现工业总产值256.6亿元，同比增长12.5%；实现工业增加值65亿元，同比增长5.9%；主营业务收入233.77亿元，同比增长10.4%；利润总额24.92亿元，同比增长8.4%；实现税金3.85亿元，同比增长2.3%。主要产品有钢铁、有色金属制品、石材板材、水泥、人造板等。代表企业有华鑫冶金、广同铜业、金辉铝业、华新随州水泥、中盐银港、金磊石材等。其中，华鑫冶金重组后，实现产值28.8亿元，同比增长26.3%，税收6623万元。

电子信息产业

【概况】 2018年全市电子信息产业规模企业达24家，从业人员5173人，规模企业实现总产值33.5亿元，工业增加值8.4亿元，实现利润1.82亿元，实现税金5542万元。主要产品包括电子信息基础原材料及元器件、消费电子、光伏四种等门类。初步形成了以新型电子元器件、消费电子为龙头的产业格局。

【重点企业】 湖北允升、泰晶电子等4家重点企业，实现总产值18亿元，占全市电子信息产业生产值的53.7%，其中，湖北允升实现产值4.9亿元，占全市电子信息产业总产值14.6%，拉动了全市电子信息产业发展。泰晶电子年收入2.8亿元，同比增长31.3%，泰晶电子是国内最大的音叉晶体制造企业，是国内唯一能生产微纳米级的微型晶体谐振器厂家。重组盘活增量，促成摩根电子托管美亚迪光电公司，现已基本运转良好。泰华电子投资3亿元，年产4.8亿只微型片式晶体谐振器工程上马，成为该市电子信息产业的新的增长点。

【各类试点示范企业申报】 程力公司成功申报国家两化融合管理体系贯标试点企业，电信公司成功申报省工业云互联网服务资源池名单项目，随州武汉理工大学工业研究院申报互联网制造业"双创"平台试点示范项目，湖北犇星化工、广仁药业、广彩印刷、湖北茂鑫、利康医用材料、俊浩专用汽车公司申报省两化融合试点示范企业。

新能源产业

【概况】 随州市将新能源产业发展作为高质量发展的增长极来谋划和推进，坚持以能源保障为基础、以优化结构为目标、以创新驱动为动力、以项目建设为抓手，逐步形成了以风电、光伏发电为代表的新能源产业发展格局。2018年建成中广核广水寿山、丰华广水牛脊山、丰华广水香炉山3个风电场实现产能14万千瓦，齐星陈畈、广水余店等2个光伏电站实现产能7万千瓦，共5个新能源项目，装机21万千瓦，全市已累计投产新能源装机达200万千瓦。2018年新能源项目累计发电量达30.89亿千瓦时，占全市同期全社会用电量的73.11%，占全省新能源发电量的27.26%，新能源产业发展位居湖北省前列。明确目标，规划引领，构建新能源产业发展良好格局。围绕建设湖北省新能源大市的工作目标，扎实推动《随州市"十三五"能源发展规划》实施，明确新能源产业发展的工作目标、思路和措施；将新能源项目列为市级重点工程，明确年度建设计划，落实领导包保，对涉及比较重大和复杂的问题及时协调解决。创新机制，攻坚克难，破解新能源产业发展制约因素。加大政策支持引导力度，在电网接入、税收优惠、项目推进等方面提出了明确的支持意见。加强沟通协作力度，确保土地、资金等要素稳定有效供给，协调了相关部门落实行政审批、金融支持、建设环境等要素保障责任。

华润新能源风力发电场

供 电

【概况】 国网随州供电公司供电区域覆盖全市，供电区域面积9636平方千米，现有用电客户96.69万户。2018年，累计完成全社会用电量42.25亿千瓦时，同比增长12.58%，增幅全省排名第五；完成售电量38.21亿千瓦时，同比增长13.09%，增幅全省排名第六。至2018年年底，国网随州供电公司下设11个本部部门、8个业务支撑机构，管辖随县、广水市、曾都区3个县级供电公司、38个乡镇供电营业所，全口径用工总量2340人。2018年，荣获全国"电力行业降线损增效益单位"，国网湖北省电力有限公司"最佳文明单位"、安全生产"红旗单位"等荣誉称号。"爱心红丝带"共产党员服务队"6+1"扶贫模式先后得到国务院扶贫办、国家电网有限公司主要领导的批示肯定，服务队荣获全国"学雷锋活动示范点"、国家电网"金牌共产党员服务队"等称号。传承放大"光满"精神，顺利实现"光满"旗帜接力，左光满荣获"湖北省第六届道德模范""随州市改革开放40周年典型人物"称号。

【安全生产】 安全生产。截至2018年12月31日，实现长周期安全运行4957天。结合电网企业特点，探索"4433"安全管控模式，突出"学、讲、考、评"四个关键要素，每个重大节假日后第一天，领导班子带头组织开展节后安全日等各类安全集中学习7次。编制下发"四个清单"52期，加大"四不两直"稽查力度。扎实开展安全生产"六查六防"、基层供电所安全管理督查等专项行动。对所辖变电站的消防设施进行逐站排查，整治线路"三跨"问题，保障跨越点安全可靠运行。实现全年220千伏线路、主变零跳闸。

电力供应。开展电网事件风险梳理"回头看"工作，全年发布五级风险预警16份，六级及以下风险预警30份。迎峰度夏期间，下达电网运行方式变更单23份，及时处理断面越限及设备重过载问题，确保各断面在稳定极限内运行。整治线路"三跨"问题，保障跨越点安全可靠运行。成功应对220千伏随州站母线改造非正常运行方式、迎峰度夏高温大负荷考验，实现全年220千伏线路零跳闸。完善"三包三定"保电流程，做好重要客户安全检查，确保客户用电可靠性，圆满完成春节、"寻根节"、高中考等9次重要节假日及重大活动保电工作。

2018年1月4日，国网随州供电公司输电员工冒着风雪对输电线路进行特巡

2018年1月5日，国网随州供电公司员工全力抢修因暴雪天气受损的电力设施

【电网建设】 随州电网地处鄂北，东邻孝感、西接襄阳。现有500千伏变电站1座，容量100万千伏安，500千伏输电线路35千米；220千伏

变电站5座，容量159万千伏安，220千伏输电线路14条538千米；110千伏变电站32座，容量213.85万千伏安，110千伏输电线路61条1010千米；35千伏变电站45座，容量51.795万千伏安，35千伏输电线路81条999千米；10千伏公用配变10158台，容量186.423万千伏安，10千伏公用线路431条5637千米。2018年1—12月份，国网随州供电公司累计完成电网建设投资7.24亿元，其中，电网基建投资2.74亿元、城配网投资0.31亿元、农网投资4.20亿元。其中，主网方面，建设投产220千伏项目2个、110千伏项目3个，建设投产110千伏及以上线路100千米，变电容量62万千伏安；新开工220千伏项目2个、110千伏项目3个，新开工110千伏及以上线路179.2千米，变电容量49万千伏安；城农网方面，新建及改造高压线路775.18千米，低压线路731.95千米，配电台区638个，容量13.56万千伏安。电网规划统筹推进。推动"多规合一"落地，顺利完成曾都梨园110千伏配套等4个项目核准，2019年拟新开工的曾都梨园等3座变电站纳入土地利用总体规划。完成白鹤滩—江苏±800千伏特高压工程路径属地内协议征取。明确10千伏中压骨干目标网架，完成公司2018—2025年配电网滚动规划报告的编制及评审。完成随州电网大规模新能源接入网架优化专题研究，针对存在的问题，提出网架优化方案，协调网源同步规划建设。电网建设全面提速。严格里程碑计划节点管控，220千伏季梁变、220千伏烈山扩、110千伏青龙扩等重点工程如期投运，进一步提升了随州电网供电可靠性和消纳清洁能源的能力。长期悬置的110千伏曾擂线全面贯通，为迎峰度夏奠定了坚实基础。加快推进110千伏滨湖变电站建设、110千伏擂鼓墩变电站改造，解决局部电网负荷集中问题，为迎峰度冬奠定坚实基础。持续优化城区配网结构，全面铺开配网自动化改造，在全省率先实现了城网自动化全覆盖。加快推进农网改造升级，积极解决农网"低电压"问题，2018年共解决卡口线路39条、低电压台区160个、重过载台区103个。

【优化服务】 持续优化营商环境。出台支持民营经济发展的电力新举措，着力推动报装提速，高压业扩报装平均接电时间比规定时间压减52.6%。贯彻落实一般工商业电价调整政策，主动完成367户转供主体以及配合物价部门完成2.16万户转供终端用户清理工作，确保降价红利及时传导到终端用户。采取差异化主动服务机制，打造客户经理、台区经理、营业厅电管家三位一体的供电服务网格，推进居民客户向贴心式服务转变，政企客户向个性化服务、增值服务转变，营销类和电网建设类投诉同比分别下降4.23%和1.72%。

深入实施电能替代。贯彻落实市政府《随州市"电气化+"专项工作实施方案》，全面推进"电气化+"五大领域电能替代工作，开展"电网连万家、共享电气化"主题活动，加速"电气化+"落地。跟踪电能替代报装业务全流程，为长久菌业有限公司、远宏艾草种植合作社"柴（煤）改电"项目提供一对一全程跟踪服务，帮助客户完成用能转型。2018年，累计推广实施电能替代项目35个，实现替代电量1.52亿千瓦时。

主动服务光伏扶贫。贯彻落实《随州市光伏扶贫实施方案》，全力服务随州市光伏扶贫工作大局，精准对接光伏扶贫工程，完成广水陈巷、曾都万店、随县吴山3个集中式光伏电站和239个村级电站项目建设，惠及1.66万贫困户，"阳光存折"活动得到央视等主流媒体大力宣传。截至2018年12月，全市有光伏扶贫电站888座，接入分布式光伏1534户，累计发电量1.33亿千瓦时，上网电量1.24亿千瓦时。

2018年10月14日，国网随州供电公司"光满·爱心红丝带"党员服务队上门为艾滋病家庭维护光伏发电设备

服 务 业

金 融

【概况】 截至2018年年底，全市共有各类金融机构37家，其中银行业金融机构12家，保险机构23家，证券机构2家。类金融机构中，小额贷款公司16家，融资性担保公司11家，典当行9家。全市社会融资规模存量达765.22亿元，增量99亿元，同比多增20.3亿元。银行机构业务情况：全市本外币各项存款余额1359.78亿元，同比增长9.8%；贷款余额692.34亿元，同比增长14.4%；余额贷存比50.92%，同比增加2.08个百分点；增量贷存比达72.16%，大幅增加15.32个百分点。不良贷款余额16.19亿元，较年初增加额由最高点的6.34亿元下降至1.47亿元；不良贷款率2.34%，同比下降0.09个百分点，全年累计处置银行业不良贷款约14亿元。保险机构业务情况：全年实现保费收入28.21亿元，同比增长8.79%，其中财产险公司保费收入9.1亿元，同比增长13.53%，人寿险公司19.11亿元，同比增长6.67%。全年纳税1.45亿元。类金融机构业务情况：小贷行业贷款余额8.33亿元，贷款笔数984笔，比2017年同期贷款余额减少1.01亿元，降幅10.85%；融资担保行业累计担保额12.37亿元，同比下降28%；典当行业注册资本合计1.9亿元，同比减少9.52%，典当总额2161.5万元，同比下降54.8%。

【信贷投放引导】 加大金融招商力度，经多次主动对接，汉口银行已成立随州筹备组，市金融办积极协助其完成选址，随州即将迎来第11家银行机构开业。强化考核引导举措，修订完善了银行业金融机构支持地方经济发展的考核办法，对财政性资金存放的指标进行优化，加大了对小微企业、涉农贷款、贷存比、降成本等指标的考核力度。搭建银企对接平台，拟定了《2018年随州市金融服务实体经济建设特色产业增长极对接活动总体方案》，促进银企沟通对接，降低企业融资门槛。随县举办了"金融服务实体经济建设特色产业增长极对接活动"专场；市建行与市国税局、市地税局联合举办了"银税合作，支持中小企业发展"专场对接会；市工商局召开"守合同重信用"企

2018年7月11日，随州市企业集体股权挂牌暨投资协议签约仪式举行

业公示授牌活动。发挥财政杠杆作用，积极推动政府加大对市金控公司注资，增强公司实力，修改完善了续贷周转金管理办法，进一步整合资源，强化续贷周转功效，做大做强政府融资增信业务，着重为中小微企业融资提供服务。全年共为随州市210家企业和经营实体"过桥"265笔、周转资金13.03亿元。政府融资增信业务：全年共为76家企业审放贷款3.04亿元。担保贷款业务：全年共为100余家企业和经营实体提供担保贷款4.6亿元。

【资本市场建设】优化政策引领，强化梯队培养。起草修订《关于进一步推进企业上市工作的意见》等政策文件，分层建立上市后备资源库。2018年年末，全市完成上市股改企业达到5家，新三板挂牌辅导签约企业达到4家，四板挂牌企业达到105家，2家企业被确定为省上市后备"金种子"企业，7家企业被确定为"银种子"企业。深化上市服务，加强激励引导。全年启动上市绿色通道2次，帮助犇星化工、毅兴智能化解上市和生产经营中遇到的困难。同时，积极做好上市、挂牌企业奖励工作，激发企业上市挂牌与发债融资积极性。2018年共对24家企业兑现了市级相关奖励补贴；全市企业实现直接融资13.3亿元。开展培训辅导，营造良好氛围。2018年，先后组织随州市企业参加上市挂牌培训四次，并积极邀请上交所、省上市指导中心、中信证券公司等单位领导和专家，为上市后备企业把脉问针，帮企业查找解决上市进程中遇到的困难和问题。做好制度设计，促进基金落地。起草了《随州产业引导基金管理暂行办法》，待审议后实施，积极推进与省高新投、省长投等单位开展基金合作对接。

【金融风险防范化解】抓机制建设，明确工作责任。成立了防范化解金融风险攻坚战指挥部，制定了《随州市防范化解金融风险攻坚战工作方案》《随州市防范化解金融风险攻坚战工作考核办法（试行）》《随州市2018年防范和处置非法集资重点工作计划》等文件，建立了成员单位联络员、月度工作报送和指挥部工作简报等机制，做到工作有方向、沟通有渠道、考核有依据。抓排查清理，摸清风险底数。对全市四大类16个风险点开展摸排，形成风险评估报告，并以日常监测与现场排查相结合的方式，加强对金融广告资讯信息的管理，同时督促各牵头单位摸清本行业本领域主要风险点和重点监测企业，建立风险台账。全年组织排查金融机构、类金融机构和企业546家，其中列入异常名录5家，办理注销工商登记7家，下达整改通知书7家；监测广告资讯226次，查处、清理涉非广告资讯信息27条。抓化解处置，确保社会稳定。进一步压实责任，督促各地指挥部落实属地管理职责。印发了《随州市处置非法集资事件应急预案》，编制了涉嫌金融风险案件处置流程图，2018年全市新发生非法集资案件2件，历史陈案5件，7起案件中2件已化解，2件移送法院审判，1件起诉至检察机关，2件处于侦破阶段，圆满完成全年新发案件和历史陈案双下降50%的目标。抓宣传教育，增强防范意识。广泛运用报纸、电视、广播、网络平台以及银行、证券、保险网点LED屏，开展防范非法集资日常宣传工作；组织开展防范非法集资宣传教育月活动，形成集中宣传攻势；与团市委、人行、银监部门针对大学生等群体开展专项宣传。2018年共组织宣传活动21场（次），发放传单、手册等金融宣传资料8.2万份，微信自媒体宣传63次，发送短信息6.3万条。

中国人民银行随州市中心支行

【概况】2018年，中国人民银行随州市中心支行紧紧围绕市委市政府"品质随州""建设特色产业增长极"的发展目标，认真贯彻落实稳健中性货币政策，全力支持随州经济高质量发展，为经济发展营造"强金融"支持环境。2018年年末，全市金融机构各项存款余额1359.78亿元，同比增长9.8%；全市本外币各项贷款余额692.34亿元，新增87.29亿元，同比增长14.4%，同比增速居全省第3位。新增表外融资9.85亿元，信贷总量实际增加97.14亿元。

【服务实体经济发展】 加大政策支持力度。牵头制定《关于深化金融支持小微企业发展的实施意见》，灵活运用普惠金融降准、小微企业融资定向降准、优惠存款准备金率、支农支小再贷款、常备借贷便利等政策，释放可贷资金16.17亿元，推动小微企业贷款平均利率下降1.8个百分点。为地方法人机构争取2亿元支小再贷款，为企业年均节省资金700余万元；为地方法人机构争取5亿元常备借贷便利支持，累放额达到57.4亿元，资金支持率在全省排名第一。2018年，全市中小微企业贷款余额338.08亿元，较年初增加35.67亿元，增长11.8%；全市法人金融机构贷款平均利率由8.59%下降至7.93%，下降了66个基点。

2018年6月21日，中国人民银行随州市中心支行组织全市金融机构举行"睁大理财'火眼睛'守好您的'钱袋子'"宣传活动

2018年7月10日，全市"小微企业融资难、融资贵"专题调研会在市人行召开

丰富融资渠道建设。加快推广应收账款融资服务平台，建立应收账款融资核心企业名单。1家供应链核心企业与征信中心签约，在平台共有注册机构197家，累计促成应收账款融资业务164笔，金额16亿元。在全市银行业金融机构开展"四比四看"竞赛活动，分类别、分层次、分行业实施精细化的小微企业信贷客户培植工程。以"行长访厂长、顾问解难题、对接促发展"为主线，组织金融机构与政府相关经济部门走访小微企业137户，解答金融政策咨询562条，解决融资需求17亿元。指导金融机构在示范县市、示范乡镇建立融资服务收费"明白卡"，联合市经信委收集整理307家随州市"两龙头四支柱"企业名录、118个市级重点项目名录、1996家小微企业基本情况名录、103个信贷产品目录，搭建信息互通"桥梁"。

助力乡村振兴落地。建立了金融支持新型农业经营主体名录，引导银行为符合贷款条件的新型农业经营主体量身定做融资方案21个，累计获信贷支持71亿元。2018年，全市涉农贷款余额409.51亿元，比年初增加45.01亿元，约占全市贷款增量的51.6%。引导金融机构大胆探索"两权"抵押贷款新模式，创新推出"益农油茶贷""随地贷""中银农贷1号"，满足农业生产经营融资需求。2018年，主办行共办理"两权"抵押贷款38笔，余额1.24亿元。"两权"抵押贷款增量、增速、贷款户数、单一抵押、颁证率等五项指标均完成目标任务值。

【助力脱贫攻坚战】 强化机制建设。先后召开了3次全市扶贫小额贷款推进会和2次督办会、4次现场督查会，印发《金融精准扶贫行动方案》《扶贫小额贷款专项考核办法》《2018年至2020年深化随州市金融扶贫领域腐败和作风问题专项治理工作方案》，使金融精准扶贫工作有目标、推进有措施、落实有重点、监督有载体，解决了金融部门与市扶贫办扶贫小额信贷统计口径不一致、部分市县区扶贫部门与金融机构配合不力等问题。加大有效供给。将扶贫小额信贷作为精准帮扶的主渠道，发挥四家扶贫小额贷款主办行能动作用，实现扶贫小额贷款提质扩面。引导金融机构在全市126个贫困村设立"金融精准扶贫工作站"，实现了贫困村全覆盖。引导金融机构创新金融精准扶贫信贷产品，推广"扶贫小额信贷""创业担保贷款""助保贷""菇农贷""惠农贷""创业贷"及"致富贷"等扶贫信贷产品70余个，对农户开卡、账户管理、电子银行、网银开通全部实行免费，利用金融精准扶贫信贷产品撬动"三农"市场。2018年，全市共建立风险补偿金6752万元，累计发放金融精准扶贫贷款10.21亿元，同比增长47%；发放扶贫小额信贷7.11亿元，新发放扶贫小额信贷3.3亿元，完成目标任务的144%，带动建档立卡贫困户7835户，户贷量4.21万元/户，户贷率17%，居全省前列。用心用情驻村。精准识别，认真开展贫困户精准识别"回头看"工作，对贫困户再走访、再识别。精准施策，探索"合作社+贫困户"扶贫模式，组织注册成立专业合作社，将贫困户纳入合作社社员，结合实际确定特色种养殖业，组队赴阜外帮助合作社扩大销路。驻村开发艾蒿基地230亩，小龙虾养殖池36亩，发动村民种植香菇10多万袋，帮助131户村民发展养鸡业，结对帮扶的贫困户中已有9户形成脱贫产业。精准帮扶，出资30万元改善驻村基础设施，修路1.03千米，打饮水井4口。

2018年9月18日，中国人民银行随州市中心支行组织召开全市金融系统扫黑除恶专项斗争督办会

【提升央行基础管理服务满意度】 围绕惠民生，提升金融服务普惠度。加强假币收缴管理，开展反宣币、反假币"五进"宣传，联合公安机关打掉制造假币窝点1个，查获制假币设备1台，涉案金额7万元，收缴假币4.87万元。推行小面额人民币服务网格化监控、受理举报措施，建设小面额人民币自循环系统，8家商业银行、17台硬币自循环机具接入"湖北省硬币自循环平台"，累计投放硬币20万枚。进一步畅通消费者投诉渠道，全年共受理各类投诉47起，办结率100%，受到社会各界的好评。

围绕"放管服"，提升金融工作满意率。加大涉外行政审批下放力度，为重点企业定制"出口收汇匹配表"，特事特办处理企业"出口少收汇"缺口，为涉外主体减少了业务环节、缩短了时间、降低了风险和成本，企业资金周转效率提高了50%以上，纳入重点监测企业从18%下降到13%，营造了良好的发展环境。开展"人民币银行结算账户服务优化年活动"，将小微企业开户"2+2"绿色通道普惠至所有新开账户，优化开户服务流程，实现开户平均时长由51小时缩减至32小时。联合税务部门推行退更免业务电子化，梳理出口退税、商贸退税全流程，加速企业资金周转速度。积极促成个人征信报告自助查询机在市行政服务中心落户，极大地方便了群众征信报告查询需求。

围绕"优环境"，推动"信用随州"建设。加强信用细胞建设，推进信用乡镇、信用社区创建工作，随州市连续九年荣获"金融信用市"，辖内随县、广水市荣获"金融信用市（区）"称号。联合市中级人民法院开展金融胜诉案件执结活动。2018年，随州金融债权胜诉案件金额4.50亿元，执结1.91亿元，执行率39.91%。

【防范化解金融风险攻坚战】 高效推动金融风险攻坚战。起草《随州市防范和化解金融风险攻坚战实施方案》和责任清单，推动成立"随州市防范化解金融风险攻坚战指挥部"；建立不良贷款季度分析机制，对15家小额贷款公司开展现场核查，向辖内银行业金融机构、相关行业主管部门发出风险提示函8次，提示房地产贷款增速过快、贷款集中度偏高、担保行业代偿激增等问题。强力治理违法违规金融广告。联合工商、金融办构建金融广告综合治理机制，开展金融广告"扫街式"清查行动，对21家金融机构和商户进行联合检查，26条金融广告被要求整改，向5家涉金融业务商户下达《责任整改通知书》，向1家涉金融业务商户进行处罚。开展非法集资处置工作。会同市金融办、工商等部门开展非法集资排查，对工商系统检索涉及金融投资相关业务的公司，逐一摸排检查，发现非法集资线索8条，将4家存在风险隐患的企业移交相关部门处置。积极开展扫黑除恶专项斗争。组织金融机构开展校园贷、现金贷、贷款诈骗、非法集资、地下钱庄等涉黑涉恶线索排查和案件协查，协助切断黑恶犯罪资金流动渠道。

2018年10月18日，中国人民银行随州市中心支行举办全市防范化解金融风险攻坚战专题培训

银行保险业监管

【概况】 2018年全市银行保险业务总体保持平稳增长，主营业务增速居前。12月末，全市银行业各项存款余额1346.13亿元，同比增长9.41%，增速居全省地市第1位；各项贷款余额692.34亿元，同比增长14.27%，增速居全省地市第3位；实现净利润12.18亿元，同比增长19.66%；实现中间业务收入2.77亿元，同比增长9%。2018年，全市保险业实现保费收入28.21亿元，同比增长8.79%，其中财产险公司保费收入9.1亿元，同比增长13.53%，人寿险公司19.11亿元，同比增长6.67%。

【银行保险业改革发展】 服务实体经济质效明显改善。持续加大信贷投放。围绕随州"圣地车都"战略和区域性中心城市建设，大力支持实体经济发展。2018年年末，全市县域贷款余额236.40亿元，比上年同期增加26.89亿元，同比增长12.83%；涉农贷款余额420.10亿元，同比增长43.92亿元，增幅11.68%。持续加强民营企业金融服务。积极引导银行业落实民营企业融资"一二五"目标，开展小微金融服务"高质量发展年"活动；开展监测通报，采取通报全辖、下发监管意见书、督促整改等督促银行完成"两增两控"目标；针对小微企业融资难融资贵和不良率较高等情况，开展专题调研并专报市政府主要领导。2018年年末，小微企业贷款余额210.66亿元，比上年同期增长24.64亿元，同比增长13.24%；小微企业贷款户数16730户，同比增加383户。全力支持扶贫攻坚。2018年年末，全市扶贫小额信贷净投放3.3亿元，户贷量4.21万元，户贷率19.66%，逾期率0.245%，全面完成省、市政府2018年各项任务和目标。深入推进金融服务网格化。深入推进金融服务网格化"提质增效工程"，围绕乡村振兴战略，积极探索两权抵押贷款产品；围绕供给侧结构性改革，结合"银税互动""银商合作"活动，进一步缓解小微企业融资难贵问题。2018年年末，辖内已建立金融服务网格化工作站1018个，完成年度总目标的100%；城市社区居民和农村建档面均达到100%。全市网格内授信27.61亿元，发放贷款25.10亿元。

银行保险体制改革全面推进。全力推进银保监机构改革，随州银保监分局顺利挂牌；积极探索企业全周期服务理念，科学引领银行业改革转型；扎实推进资本管理创新，开展资本管理评估，着力摸清资本底数；大力实施"引银入随"战略，汉口银行随州分行筹建申请已被省局受理；不断完善金融组织体系，随州农商行城东支行获批开业；加强银保融合工作，联合市保险行业协会开展保险业舆情监测；组织开展3次保险监管知识专题讲座，将保险监管知识纳入2019年重点培训计划，为银保监管融合打下坚实基础。

【银行保险业风险防控】 按照市委市政府打好防控金融风险攻坚战的部署，制定了随州市银行业"三大攻坚战"实施方案与工作考核办法，积极履行市防范化解政府债务风险及精准脱贫攻坚战指挥部成员单位职责。2018年着力防控以下六类风险。

持续防控不良贷款风险。督促银行将逾期90天以上贷款逐步划入不良贷款类别中，5家法人机构逾期90天以上贷款与不良贷款比例已压降至100%以下；定期召开不良贷款专题协调推进会；5次赴银行、企业实地调研，专报政府领导并获签批；成立7家债委会，指导辖内银行综合运用法院诉讼清收、资产重组、批量转让、资产证券化等方式化解不良贷款，2018年累计处置不良贷款约14.14亿元。

2018年5月23日，随州银监分局组织召开整治市场乱象工作会议

持续深化市场乱象治理。成立3大检查组，全体员工参与现场检查；重点整治银行业八个方面22种违规表现形式，共发现67个问题，涉及业务168笔金额35.73亿元；针对检查发现的问题，要求各机构切实履行主体责任，建立问题台账，制订整改方案，逐一落实整改，严格追责问责，2018年对辖内4家银行给予行政处罚共80万元，处理责任人5人。

持续防控外部风险传导。开展非法集资风险专项排查、涉嫌非法集资等金融风险广告资讯信息排查和防范打击非法集资宣传月等活动；联合市金融办等部门对全市16家小贷公司全面检查；开展P2P网贷风险专项整治工作，配合市金融办开展对武汉易贷信通金融信息服务有限公司、随州佳联集团等涉嫌非法集资企业的现场检查；深入开展"非法校园贷"风险排查，遏制"非法校园贷"高发态势，营造安全和谐的校园环境。

2018年9月29日，随州市举行防范和处置"非法校园贷"系列主题活动启动仪式

持续防控信访舆情风险。多措并举加强汇丰村镇银行舆情处置力度，汇丰村镇银行肖楠死亡舆情事件成功处置，省局将此事件作为成功处置案例上报银保监会。扎实做好节假日、十九大舆情值班工作，开展舆情跟贴引导8次，跟帖150余条，最大限度引导网络舆情发展；完成11件信访案件核查回复工作；督促辖内银行做好两会、寻根节等重大节假日期间信访维稳工作，重点关注银行业协解人员。

持续深化内控合规管理。召开内控合规深化年活动动员大会，印发活动实施方案，层层签订合规经营责任状，召开工作推进督办会。编发《随州银行监管》内控合规专刊4期；开展制度优化月活动，清理制度1003件，废止214件，修订71件；组织13家机构253个网点播放合规倡议视频，组织合规知识大讲堂6期；开展合规征文和微电影比赛，分局推荐的农行微电影荣获省局微电影大赛最佳创意奖，推荐的两篇合规征文分别荣获二等奖、优胜奖，推进了"内控合规管理深化年"活动向纵深发展。

持续防控案件及社会治安风险。组织召开全市银行业金融机构案件防控暨安全保卫工作会议，层层签订案件防控承诺书；持续跟踪督导银行业金融机构落实案防工作办法、案件风险排查办法、从业人员处罚信息管理办法制度等，持续保持案防高压态势；积极部署落实扫黑除恶专项斗争工作，印发《扫黑除恶专项斗争工作方案》，全面排查六类重点问题，加大员工行为排查力度，将涉黑涉恶信息列入市场准入审核内容，配合公

保 险 业

【概况】 截至2018年12月底，全市保险机构发展到24家，其中寿险公司12家，产险公司12家。保险从业人员达到12333人，其中代理制10837人，占比87.87%。2018年全市保险业共计实现保费收入28.21亿元，同比增长8.79%，其中财产险公司保费收入9.1亿元，同比增长13.53%，人寿险公司19.11亿元，同比增长6.67%。全年纳税1.45亿元，其中代收车船税0.68亿元。2018年，财产险公司赔付5.56亿元，赔付率61.12%，人寿险公司赔付及给付金额2.4亿元，赔付率13.27%。在经过两次商车费改，全面"让利于民"的情况下，12家财产险公司实现利润4600万元，承保利润率5.05%，在全省12个地市州中排名第六。

【小额贷款保证保险】 在市金融办、人民银行和保险协会的共同推动下，随州市已于2016年签订了政府、银行、保险三方合作协议。各县市区参照市政府协议执行。同年，政府风险补偿金存入邮储银行，其中随州市、广水、随县、曾都区、高新开发区各200万，大洪山风景名胜管理区50万，共计1050万。人保财险随州分公司自2016年8月份开始，便积极稳妥地开展了小额贷款保证保险业务。截至2018年12月底，人保财险随州分公司开展的小额贷款保证保险业务已累计为41家企业（包含已到期并续贷企业）提供小额贷款保证保险服务，累计放款金额6770万元，净保费合计179.11万元。

【"三农"保险】 该市"三农"保险主要由人保财险随州分公司经办。截至2018年12月底，人保财险随州分公司承保能繁母猪、水稻基础保险、水稻大灾保险等险种，签单保费2525.93万元。其中养殖险签单保费847.02万元，种植险签单保费1675.65万元，林木保险签单保费3.26万元。种植险赔款金额32.7万元；养殖险赔款金额505.37万元；林木险赔款金额5.1万元。

【城乡居民大病医疗保险】 2017年，经过新一轮招投标，人保财险随州分公司中标曾都区、随县大病保险，中国人寿随州分公司中标广水大病保险。合同期3年。2018年，人保财险随州分公司累计承保120.54万人，签单保费6629.7万元。其中随县参保69.69万人，签单保费3832.95万元；曾都参保50.85万人，签单保费2796.75万元。2018年共赔付75111人次，赔付金额8014.86万元，赔付率120.89%，赔付进度100%。其中：随县赔付42172人次，赔付金额4573.35万元，赔付率119.32%；曾都应赔付32939人次，赔付金额3441.51万元，赔付率123.04%。2018年，中国人寿随州分公司累计承保72.43万人，保费收入3983.65万元。应赔付5252万元（其中涉及住院9931人次、4758人、4920万元，门诊7474人次、690人、332万元），赔付率131.84%。该公司通过"一站式"即时结报赔付金额4161万元，其余赔款由于是在异地治疗无法纳入"一站式"即时结报，公司已安排工作人员通过其他程序加紧处理。

【诉调对接工作情况】 2016年3月1日，在随州各级人民法院和各会员公司的大力支持下，随州市保险行业协会调解委员会正式成立并投入运行。调委会成立后，从零起步，无经验可借鉴，全靠摸索前行。通过两年的运作，逐步形成了自己的工作模式，每年调解成功的案件都在150件以上，受到各级法院和各方当事人的好评。调解人员通过总结经验，创新方法，2018年案件调解量又有新突破：共受理案件350件，调解306件，调解成功213件。

交通·物流

综　述

【概况】 至 2018 年年底，全市公路通车里程 10259.098 千米，其中高速公路 320.3 千米，一级公路 121.326 千米，二级公路 1133.77 千米，三级公路 221.245 千米，四级公路 8462.457 千米，公路密度为 103.14 千米/百平方千米；全市内河航道通航总里程 150.5 千米，渡口 37 个；全市现有一级客运站 1 个，二级客运站 4 个，三级客运站 1 个，五级客运站 23 个。

【重点项目建设】 2018 年，全市完成交通固定资产投资 20.7 亿元，占年计划的 103.5%。随州至信阳高速公路正在编制可行性研究报告；浪河至何店一级公路项目在因政策原因缺乏资金来源的情况下基本贯通路基工程，浇筑完成所有桥梁下部结构，完成桥梁梁板的预制。南外环施工图设计已通过审批，规划手续已办理完毕，正在办理用地手续，北外环初步设计已经通过省厅组织的审查。桃园大桥项目克服资金压力已完成全部 68 根桩基浇筑和承台及墩柱建设，正在进行盖梁、箱梁施工。

2018 年 1 月，交通部门干部职工在公路上除雪保畅通

【路网建设】 完成一级公路路基 33.15 千米、路面 18.33 千米，二级公路路基 21.77 千米、路面 21.02 千米；完成农村公路新改建 545.8 千米，占年度任务的 185.9%，完成 "455" 安全生命防护工程 847.7 千米，占年计划的 112%。

【行业服务】 新增客运班线 1 条，新增市际旅游客运企业 2 家，新增更新客车 115 台，新增货运业户 1542 家 3910 台，运输结构不断优化。科学调配各类运力，圆满完成春节、寻根节、高考等重要节点运输保障工作。随州"掌上公交"App 正式上线，首批 20 个公交电子站牌投入使用，全市 18 条公交线路全部实现了全国交通一卡通的互联互通，与交通部全国交通一卡通清算平台完成对接，发行全国交通一卡通 CPU 普通卡 2500 张，乘客乘车更加方便快捷。

【综治安全】 水上交通安全连续 22 年无安全事故；道路运输安全总体平稳，整改销号 266 起安全隐患；危桥改造项目——老 316 国道三道河桥、广水公铁立交桥和溳水大桥已建成通车；所有在建工程质量安全监督继续保持全覆盖、零事故。妥善处理了出租汽车从业人员以及九星公司改制人员等方面的上访问题。

【行业管理】 启动道路运输从业资格证清理和 IC 卡发放工作，道路运输管理水平不断提升。始终保持治超高压态势。持续加大打击非法营运的稽查力度，客运市场秩序不断规范。全力推进货运车辆"两检合一"改革工作，4 家检测机构完成系统联网升级改造并投入运营，"一次上线、一次检验、一次收费"一站式服务的目标基本实现。

【行业典型引领】 全系统涌现出全国最美家庭田英卫家庭、省级先进工作者何宗刚、巾帼建功标兵李妍萍等一批孝老爱亲、爱岗敬业、无私奉献的先进人物；局机关退休干部党支部被省委组织部、省直离退休工委、省委老干部局授予全省首批离退休干部"示范党支部"，交通部门退休干部周忠勤被评为"致敬四十年，奋进新时代"随州优秀代表人物；公路部门职工王何林同志获全国"三八红旗手"荣誉；货运驾驶员徐超荣获"湖北交通工匠"称号。

公 路 管 理

【项目建设】 全市完成一级公路路基 33.15 千米、路面 18.33 千米，二级公路路基 21.77 千米、路面 21.02 千米。

【养护管理】 完成国省道"455"安全生命防护工程 97.471 千米；完成大修工程 32.304 千米，中修工程 6.167 千米；完成国省道移交 275.551 千米，接养任务 113.178 千米；完成 2 个公路管理站站房扩改建任务，5 处利用公路管理站公路停车区建设，完成 7 座国省道交通厕所新建和改造任务，在随县和曾都新 316 国道、炎帝大道和周新路等道路两边各实施了 50 米宽的绿化带。

【路政管理】 组织开展了由属地政府统一组织的"打击货车非法改装和超限超载运输专项治活动"和路警联合执法活动，进一步提升了科技治超水平。全年共清理公路及用地范围内堆积物 325 处，共计 2682 立方米；拆除非交通标志 97 块；清理占道经营 55 处，共计 727 平方米；制止打场晒粮、路面堆积物等各类路政违法行为 40 处；查处路政案件 35 件，其中立案 20 件，结案 20 件。各治超站点全年共检测车辆 20707 台，查处超限车辆 738 台，卸载货物 39917 吨；公安交警处理车辆 512 台，处罚 474640 元，扣分 3181 分；运管部门处理非法改装车辆 121 台，罚款 612001 元；在浙河治超站现有的不停车超限检测系统的基础上，与交警测速监控系统进行共建和对接，初步建成了电子抓拍和不停车超限检测系统。

【安全管理】 深入开展"平安公路"创建活动和"扫黑除恶"专项行动，先后组织召开安全工作例会 4 次，进行定期安全大检查 2 次，不定期督查 3 次。针对上半年开工项目较少的情况，重点对市重点工程桃园大桥项目进行了督办。完成广水公铁立交桥、涢水大桥危桥改造 2 座。共排查各类安全隐患 20 处，并下发了整改通知书。

【文明创建】 开辟了公众号"炎帝公路"，并以此为平台大力宣传推介随州公路、先进典型、信息动态，在系统内反响良好；大力推动"文明驿站"建设，随县投资 400 万元新建随北文明驿站，先后组织志愿服务队开展了除雪保畅、"泡泡跑公益活动"、志愿献血、"精准扶贫"等志愿服务活动；超额完成了文明网宣传任务，高质量完成公路职工教育论文 5 篇，在"随州日报"对全国文明单位创建工作进行了专题宣传，被省公路局推荐参加了"全国公路系统党委书记工作座谈暨全国公路政研会第 29 届年会"，通过强力打造公路文化品牌，有效扩大了随州公路行业的文化建设贡献度和影响力。

客 运 管 理

【概况】 2018 年，随州城区有公交营运线路 18 条，公交营运车辆 349 辆，传统巡游出租汽车 547 辆，依法许可网约预约出租汽车公司 4 家。市客管处优化公交发展，加强城市公共交通行业监管，努力营造畅通有序的城市公共交通环境，方便市民出行。

【优化公交线网和服务】 延伸 2 路、3 路、13 路；调整了 8 路线路走向；溮水一桥和涢水桥正式开通后，及时恢复了 9、11、4、6、13 路原有线路站点；19 路加密班次，新增 5 台纯电动空调车；2 路新增 8 辆新能源公交车。为了进一步方便乘客出行和换乘，根据《城市公共汽电车客运服务规范》，对全市公交营运线路名、站名重新进行规范，新规范的公交线路路名、站名结合城市发展，采用大家耳熟能详的名称，公交线路采用简洁数字，一目了然，为开通"掌上公交"打下了坚实的基础。2018 年 5 月"掌上公交"App 正式上线运行，11 月份首批 20 个公交电子站牌也正式投入使用，乘客能随时掌握公交车辆运行信息，合理规划乘坐公交出行线路，进一步方便了乘客出行。

【出租车管理】 加强巡游出租汽车行业管理，从严查处出租汽车不打表、拒载等违法违规经营行为，提高从业人员服务质量和服务水平，2018 年共查处各类违规经营行为 576 起。认真受理乘客投诉，共受理投诉860起，查证属实517起，投诉的受理率、处理率、准确率和回复率达到100%，有效地发挥了投诉对行业的监督作用。定期对出租汽车车容车貌进行检查，整治脏、乱、差现象。解决了运价矛盾，12月1日运价调整正式启动后，积极配合市质检部门做好出租汽车计价器调表工作，确保新的运价机制稳步实施。同时，在每辆出租车内重新张贴服务质量监督卡，更好地方便乘客监督。

【网约出租车管理】 随州市人民政府于2018年1月31日印发了《市人民政府关于随州市深化出租汽车行业改革的实施意见》（随政发〔2018〕3号），随后于2018年2月2日印发了《市人民政府办公室关于印发随州市网络预约出租汽车经营服务管理实施细则（试行）的通知》（随政办发〔2018〕3号）。市客管处及时启动了网约车管理工作，规范网约车经营办理流程，城区有4家网络预约出租汽车经营企业办理了《网络预约出租汽车经营许可证》。分别是：重庆呼我出行网络科技有限公司随州分公司、深圳万顺叫车云信息技术有限公司随州分公司、武汉斑马快跑科技有限公司随州分公司、吉林寰旗科技股份有限公司随州分公司。颁发网约车《从业资格证》15个。

【客运市场稽查】 始终保持打击非法营运车辆高压态势，加大稽查力度，查处非法营运车辆140辆。为进一步规范全市城区客运市场秩序，多次联合城管、公安、物价等部门开展城区客运市场秩序集中整治行动，重点整治火车站、汽车站周边交通环境及出租汽车各类违规经营行为。综合整治期间，共查处各类非法营运车辆39辆、违规停放车辆45辆，劝离三轮麻木290辆次，有效的规范了城区客运市场秩序。

【文明创建】 "寻根节"期间，利用出租汽车LED屏宣传"寻根节"；多条线路的公交车上安放寻根节宣传牌，营造浓厚的办节氛围。为确保世界华人寻根节群众方阵用车，通过精心组织，调配公交车173辆，圆满完成了寻根节车辆保障任务。高考期间，抽调100辆出租汽车成立了"关爱考生·义务接送"爱心车队，接送高考学生，树立了良好的行业形象。"三八"妇女节，50余辆出租汽车自发组织开展"妇女免费乘车"公益活动。市公交公司被评为全省"十佳文明优质企业"，10路被评为"十佳文明示范线"。

地 方 海 事

【概况】 2018年，随州市未发生水上安全事故，船舶安全面100%，安全态势持续平稳；完成货运量45.8万吨，同比上升9.8%；货运周转量9328万吨千米，同比上升0.4%；完成客运量18.4万人次，同比上升20%，客运周转量308.5万人千米，同比上升11%；核发船舶防污染证书179份；办理行政审批事项466件次。

【水上交通安全】 以渡口渡船、旅游客船、砂石船舶、内河运输船舶为重点，组织开展了"大建设、大排查、大整治""碧水安澜"、中小型船舶安全管理、打非治违、砂石船舶专项整治等活动。开展安全督查四次，各类安全检查活动24次，检查船舶1500余艘次，对辖区内船舶的技术状况、船舶船员证书持证情况、非法采砂行为进行了全面的摸底排查，共查出安全隐患17起，重大安全隐患3起。本着发现一起查扣一起的原则，共整治非法采砂船舶35艘，拆解7艘，非法采砂乱象得到一定扼制。辖区航行安全得到了保障，创造随州市连续22年无安全事故的新记录。

【行业监管】 强化责任落实。实行海事监管片区负责制，充分发挥远程监控系统监管作用，完善隐患查处、治理、跟踪、报告机制，实现安全监管"痕迹化"。推进执法信息化建设，持续推进"双随机一公开"监管全覆盖，完善随机抽查事项清单，结合该市实际，重点对安全监管、船舶防污染、水路经营活动、船员船舶资质监管等四方面进行风险监测和市场追踪，对抽查发现的问题及时公开，跟踪督办整改。严把许可关口，以水路运输及内河航运市场专项整治为契机，对经营资质不达标、船舶船员证书不齐全、隐患整改不到位的不予核发营运证，推动企业落实安全管理主体责任。规范船员管理，充分运用《船员违法记分办法》，对违法违规船员依规进行扣分，2018年共有7人被扣分。开展执法培训，在全市港航海事系统组织开展行政执法培训及考试，全体执法人员参加，考试不合格者给予一次补考机会，仍不能通过者暂停其执法资格，全力保障执法队伍的整体素质和能力水平。

【服务民生】 开展行政权力清理，推动"放管服"改革，简化办事流程，制定《业务办理流程控制单》并随资料运转，办理时间，办理人员签字确认，业务流转公开透明，迅速高效，以实际行动落实"不让服务对象上两次门"的承诺。提倡温馨服务，实行短信提醒、电话预约、上门服务等方式，对船舶、船员证书即将到期的前一个月发送短信提醒；恶劣气象环境下，提前发送短信预警，增强船员安全防范意识；对偏远地区的渡船采取上门服务、现场办公的方式，最大限度地为群众提供优质便捷的服务。开展"水上交通安全知识进校园"和赠送救生衣行动，为库区小学送去教育读本200余本，不断提升小学生的安全乘船意识和自我保护能力；为渡船送去救生衣300余件，淘汰破损、不达标救生衣，保障库区群众过渡安全。联合水路运输服务公司开展水上搜救应急演练，组织乡镇安全管理员、船员进行安全知识培训，提升船员安全驾驶意识，执法人员和水运公司的应急救援反应水平。

【船舶污染防治】 按照水运三年攻坚战、随州市政府批准印发的"一预案一规划两制度"要求，督促企业建立防污染管理制度，引导企业、船主落实船舶防污染设备和器材，辖区船舶分别配备垃圾桶和接油盘，货运船舶按要求配备垃圾桶、油污水分离器和生活污水处理器，现辖区内封江、琵琶湖、徐家河、桃源河等主要渡口已按照要求设置了垃圾、油污分类收集桶，90%库区船舶配备了垃圾桶和接油盘，85%货运船舶加装了油污水分离器和污水处理器，依规审验核发船舶防止生活污水、垃圾、油污、空气污染证书179份。

【基础设施建设】 计划实施的2个旅游渡运码头均已完成建设方案编制评审、交通主管部门批复和资料上报等工作。桃园河项目正在开展施工图设计，争取年内完成施工图评审及项目招标等工作；徐家河项目的主码头完成重新选址的征地、拆迁补偿、进站路基施工等工作，前期投入近200万元。随县海事趸船已出厂运至封江库区，焊接基本完成，下阶段依次完成上漆、设备安装、内部装修等工作。

交通工程质量监管

【概况】 2018年监督的项目有10个，其中，一级公路项目4个、长68.095千米；二级路改建项目3个、长40.029千米；独立大桥项目3个、桥梁681.61延米。2018年，所有在建工程质量安全监督继续保持全覆盖、零事故。组织项目交（竣）工质量检测鉴定3个，总里程28千米、桥梁292.08延米，质量鉴定合格率100%。

【交通工程项目监督】 进一步强化建设项目现场督查、严格交（竣）工验收检测、大力推行"品质工程""平安工地"创建和安全生产月活动，通过加强质量安全过程监管、组织第三方检测机构现场复核，对质量安全问题进行从严整治，注重整改情况的跟踪督办，促进了工程质量安全责任落实，把住了工程质量安全关口。着力践行一线工作法，综合督查、专项督查、交叉检查、痕迹化管理等监管方式在全市普遍推广。同时，站长挂牌+监督组+监督联系人的三级监督模式、"差别化"监督、"双随机"和政府购买社会服务、"互联网+智能监控"等新型监督方式方法的尝试和运用，更进一步推进了监督责任的落实。以开展公路工程质量安全管理行为、施工工艺和安全生产现场检查为抓手，坚持问题导向，坚持督查督办，对照内容细致排查、严格整改治理，补齐质量安全管理短板。针对日常监管和上级检查中发现的质量安全问题，督促各单位深刻剖析问题成因，举一反三，认真组织整改，及时消除质量安全隐患。质监机构加强对整改情况的跟踪复查，确保问题整改落实到位。加大对违规行为的曝光和处罚力度，建立从业单位"红黑榜"，并按规定纳入信用评价。

【打造示范项目】 坚持"品质工程"创建与"平安工地"创建、标准化建设三结合，互为补充、互为支撑，齐头并进，确保各项创建工作见成效。重点打造浪河至何店一级公路示范项目，从源头上严格市场准入，把标准化的相关条件列入招标文件或投标加分项；严格落实施工、安全生产、驻地建设和试验室标准化各项要求，确保拌制、加工、预制"三集中"和工厂化管理，切实把浪河至何店一级公路项目打造成一个值得学习借鉴、经得起检查考核、可复制推广的品牌工程。

【强化质量监管】 结合随州交通质监工作实际，充分发挥市县两级质监机构监督职能，强化工程质量安全监督和技术指导，服务打好"四好农村路""455"工程建设攻坚战。在全市交通质监系统开展"砥砺奋进新时代、合力攻坚建新功"主题劳动竞赛活动，建立了攻坚行动目标任务清单和定期督办检查制度，坚持从建设程序、施工过程、交工验收等全过程加强质量监管；建立考核通报机制，联合市局开展一月一统计抽检，一季一考核通报，为全市"四好农村路""455"工程建设目标任务的圆满完成提供质量安全保障。

【市场与行业管理】 加强施工、监理及检测市场信用诚信体系建设，严格信用评价工作，积极引导市场规范发展。完成进入该市建设市场的4家监理企业、23名监理人员和2家检测单位、12家工地试验室、85名试验检测人员的信用评价。

道路运输管理

【概况】 2018年全市完成公路客运量2334万人、客运周转量142048万人千米，货运量8822万吨，货运周转量1481221万吨千米，同往年同期相比下降28.02%、17.65%，增长10.45%、7.79%。全年全市道路运输行业安全生产形势总体平稳，发生道路运输安全事故2起，死亡3人、受伤2人。开展了"双随机"监督检查等活动，共计出动执法人员458人次，检查企业229家次，查处问题和隐患274起、已整改销案266起。开展稽查行动380次，出动稽查人员2760人次，检查车辆15040台次，检查经营业户748户，查处各类违法违章行为916起，其中打击"黑车"112台。处理各类投诉58起，受理率、查处率100%，无行政复议及行政诉讼案件发生。齐星物流有限公司货运驾驶员徐超参加湖北省交通运输行业第二届"交通工匠杯"道路货物运输驾驶员职业技能大赛，获得了大赛季军，荣获"湖北交通工匠"称号。

【安全运输监管】 突出抓好"放管服"改革，政策落地落实不断提速。积极贯彻落实省局关于促进道路货运行业健康发展八条意见精神，积极推进货运车辆"三检合一"改革政策的落实，全市6家检测机构签署了承诺书，其中4家检测机构已实现"一次上线、一次检验、一次收费"一站式服务目标。IC卡从业资格证的换发工作有序推进，着力探索"多证合一"模式的从业人员管理改革。全面实行货运车辆异地年审检验政策，全省已经实现货运车辆异地年审检验，切实减轻道路货运经营者负担。突出抓好安全运输监管，科技兴安水平不断提升。通过积极开展动态监控"十百千"培训。加强第三方监测数据应用，每月向"两客一危"运输企业转发监测报告，定期向公安交警部门发送"两超一疲劳"抄告，企业车辆违规行为大幅下降。认真开展"双随机一公开"监督检查，全市道路运输行业安全生产形势延续平稳态势，无重特大安全事故发生。突出抓好信访维稳，应急处置能力不断提高。通过全面落实"党政同责、一岗双责、失职追责"责任体系，做到职责明确、责任到人、工作到岗，积极帮助企业调解经营纠纷，提前预判，耐心与管理对象沟通，加强与公安部门信息共享，全市道路运输行业保持和谐稳定。突出抓好"扫黑除恶"，行业发展环境不断改善。按照"有黑扫黑，无黑除恶，无恶治乱，无乱强基"的要求，扎实开展行业"打非治违"专项行动，积极开展源头治超专项整治，开展从业人员资格集中清查行动，清理已被吊销注销驾驶证但仍持有道路运输从业资格证驾驶员，着力改善道路运输发展环境。

【优化服务】 扎实开展形式主义官僚主义集中整治暨"双评双治双促"工作，公开岗位职责和服务承诺，按要求张贴扫码评议牌，重点突出运政大厅等服务窗口评议，安排专人引导经营者积极参与扫码评议活动。大厅五个窗口全部做到"一岗一卡"，启用服务质量电子评价器，让经营者对窗口人员服务态度和工作能力进行点评。

交通物流发展

【项目建设】 积极与山东高速加强联系，山东高速成立了专班进行项目前期可行性调研工作。就山东高速提出的园区土地配比、土地价格、税收等相关合作问题征求相关部门意见，形成随州综合物流园征地成本测算情况的报告并提交市政府，已拟定和完善投资框架协议，待达成合作协议，力争2019年该项目能落地、开工建设。按照2016—2018年重点项目三年滚动计划，督促已纳入"十三五"的大随通物流园尽快完成主体工程建设，切实了解和协调解决物流园区在建设和运营中遇到的困难和问题，为物流企业排忧解难，竭力推进"十三五"物流重点项目建设进度，确保"十三五"项目建设顺利进行。启动2018年全省物流发展资金竞争性分配项目补助资金申报工作，积极引导大随通物流园申报国家补助资金的竞争性分配工作，为企业争取到国家补助资金600万元，指导企业提高资金运用效能，为企业的发展注入强劲动力。

【物流行业培训】 积极推进企业信息化建设，组织大随通、随广等市重点物流企业到宜昌物流园考察学习园区信息平台建设和运营模式，积极引进先进的信息化发展理念和软件系统，确保物流业务实现标准化、规范化、信息化，提高园区物流管理运行效率。

交 通 投 资

【项目建设】 浪河至何店一级公路项目，在项目建设资金未落实到位的情况下，想方设法筹集资金，艰难推进，累计完成投资约2.75亿元，征地拆迁基本完成，路基已基本成型，230根桥梁桩基全部浇筑完成，制成桥梁梁板307片，安装到位237片，占比71.4%。G346、G240随州市区段改建工程项目，G346随州市区段改建工程项目已完成征地手续外的所有前期工作，G240随州市区段改建工程项目已完成初步设计。公交首末站项目的建设，累计完成投资1300万元，其中裕民公交首末站已完成围墙和停车位建设，以及场地硬化，待进出口通道打通后可投入使用；清河路公交首末站已完成围墙、边坡护坡、停车位和雨水管网建设，待场地硬化到位后可投入使用；平原岗公交首末站已完成施工图设计和招标工作，已组织施工单位进场施工；㴔水大道公交首末站待完成场地硬化和进出口通道建设后可投入使用。

【业务经营】 驾驶员培训业务，全资子公司随通运输服务有限公司完成招生1352人，培训完成并出证1185人，累计经营收入137万元。门面房租赁业务方面，随州客运南站完成租赁经营收入27万元。广告经营业务方面，随州大道（新316国道）和麻竹高速随州西段长岗洪山连接线广告牌累计完成经营收入18.6万元。路桥材料供应业务方面，控股子公司随州长兴交通科技有限公司完成设备采购，并投入运营,完成梁板浇筑307片。

【项目融资】 重点围绕G346、G240随州市区段改建工程及浪河至何店一级公路PPP项目，展开一系列工作，2月7日完成社会资本方的招标工作，3月5日和26日，与社会资本方分别开展了可变细节的磋商和确认性谈判，5月3日提请市政府召集相关部门对PPP项目及合同体系进行再次论证，5月18日向中标社会资本方发出中标通知书，6月15日正式纳入财政部PPP项目管理库。至此，该PPP项目已完成所有采购阶段的工作，具备签约启动建设的所有条件。但受国家政策的影响，以及国家关于政府隐性债务相关政策的出台，PPP项目推进受阻。为顺利推进项目落地实施，先后向市财政局、省交通运输厅、省财政厅进行了汇报咨询，深入了解省内其他市州推进交通建设项目的模式和实施情况，实地考察了钟祥市、大悟县一级公路项目实施情况，并多次向市政府汇报争取。

邮　政

邮政管理

【概况】 2018年度，全市邮政业累计完成业务收入4.9亿元，同比增长17.89%。其中邮政企业完成业务收入3.28亿元，同比增长11.93%；快递业务收入完成1.63亿元，同比增长31.86%。年初制定的主要目标和重点任务全面完成，邮政、快递服务满意度持续升高，消费者申诉处理满意率达100%。在全市综合考核中，获得"党建工作优胜单位""社会治安综合治理优胜单位""市级文明单位""档案管理省一级先进单位"等荣誉称号。

【优化发展环境】 破解通行难题，联合交警部门出台《全市邮政行业交通安全管理工作方案》，对快递电动三轮车规范管理，统一标识外观、统一上牌备案、统一办理保险；为45辆邮政快递车辆发放"绿色通行证"，及时解决主城区货车限行问题。推动农特产品进城，抓好"一市一品"农特产品进城示范项目，建成邮乐购站点1553个，邮乐小店2125个，邮乐地方馆3个，产品达1700余种，拉动全市农民人均增收近千元。争取行业政策落地实施，在全省地市局率先出台《关于加快电子商务与快递物流协同发展的实施意见》，打造两个百万件"快递+"示范项目。

【提高服务质量】 积极推进邮政普遍服务创新发展，以落实中央1号文件关于实施乡村振兴战略的意见为指引，以构建邮政综合服务平台、拓宽特色产品流通渠道、带动包裹寄递业务量收增长为目标，提升邮政普遍服务能力水平和供给效能。扎实做好更贴近民生7件实事，全面提高邮政普通包裹时效，乡镇邮政、快递服务覆盖率达到100%，服务"三农"、助力扶贫基础能力提升；探索快递投递末端平台建设，在广水开展第三方共同配送试点18个；组织"不着地、不抛件、不摆地摊"等快递服务综合整治行动，强化开展"涉枪涉爆""打非治违"专项整治活动。规范快递服务管理，落实快递服务"三统一"标准，统一品牌标识服装、统一佩戴工号牌、统一服务监督电话，亮明身份，接受监督。

【邮政业三大攻坚战】 助力精准扶贫。真帮实干，助力扶贫村脱贫出列，2015—2018年共为驻点贫困村广水市铁城村投入扶贫专项资金近25万元；积极协调争取村级公路专项维护资金10万元；协同另外两家驻村单位多方筹资200余万元建700个大棚、60万袋香菇，仅此一项为每位贫困户每年增收1500元；协调资金40万元帮助该村建设50千瓦光伏电站，每年增加村集体经济收入5万元。该村已整体脱贫出列。发挥行业优势，助力全市脱贫攻坚工作，在全市所有贫困村建设126个村邮站，依托电商运营中心，大力发展农村淘宝等新业态，实现"五不出村"，支持贫困群众增收脱贫。积极参与社区扶贫，为对口帮扶贫困社区西城办事处通津桥社区提供帮扶资金2万元。

2018年12月4日，随州市副市长郑晓峰（右二）率队参观第四届全省邮政农村电商精准扶贫特色产品（文化）展随州馆

推动行业绿色发展。印发《关于推进全市快递业绿色包装工作的指导意见》，引导企业选择更加环保、绿色的包装材料，推广电子面单使用，推广新能源汽车应用。使用电子运单的快件已达到95%以上，两台新能源汽车投入运营。

狠抓寄递安全防范化解重大风险。出台《随州局打好防范化解重大风险攻坚战实施方案》，及时有效处置随州优速火灾事故、随州天天进港快件农药泄露突发事件以及快捷快递网络阻断维权事件，及时妥善处理电话来访、市长热线、局长信箱等各类信访、申诉案件28件，做好行业矛盾纠纷化解处置工作，有效阻止了重大群体性事件发生，确保全市寄递渠道安全稳定畅通。

【依法行政】 强化邮政普遍服务监督。落实邮政普遍服务监管责任，督促邮政企业开展中央巡视问题自查整改。严守两条红线，依法开展邮政普遍服务两项行政审批。加大平常信函投递质量整治力度，深入推进普遍服务营业场所局所分级监管，大力开展社会监督。认真落实《邮政法》和《湖北省邮政条例》。加强邮票发行与销售监管，认真开展马克思诞辰200周年、改革开放40周年等重大题材纪念邮票发行销售检查。共开展邮政企业监督检查66人次，检查营业场所22处，检查建制村通邮数量40余个。

加强邮政市场监管工作。严格落实寄递安全"三项制度"，总体实名率提升至99%以上；省市两级安检机补贴发放到位。积极开展安全检查，共检查企业及网点341家次，下达责令改正通知书41份，行政处罚4起，处罚金额6万元。抓好重点时段的安全监管，保障了春节、"两会""中非合作论坛""进博会""双11"期间等重点时段寄递渠道安全。强化应急管理和应急处置，全年无重大责任安全事故发生。进一步清理规范行业监管业务档案资料，邀请公安、国安等相关部门组织开展安全生产专题培训，督促242个快递企业及网点补全快递市场主体名录信息，召开3次政企联席会，1次寄递渠道领导小组工作会议，依法

行政、联合协作得到了有效提升。2018年查获非法寄递卷烟案件45起，涉案卷烟22.62万支，涉案金额26.3万元。

深入推进法治邮政建设。严格落实"谁执法谁普法""谁服务谁普法"的责任制，制定普法责任清单，大力开展法制宣传教育活动，充分利用"3·15消费者权益保护日""10·9世界邮政日""12·4法治宣传日""法律六进"《快递暂行条例》宣贯等主题活动，普及邮政快递法律知识，传播"法治邮政"理念，深入推进法治邮政建设。组织全局干部参加国家工作人员无纸化学法用法在线学习，组织开展《宪法》知识测试，考试合格率达到100%。

2018年3月15日，随州市邮政管理局组织开展"诚信快递，你我同行"3·15主题宣传活动

【综合服务保障】强化内控管理。加强财务管理，做好预算编制等工作。加强电子政务内网、外网联通，推进会商系统建设。严格执行保密工作制度，开展单位门户网站等信息自查，确保保密工作规范开展。强化新闻宣传，主动公开政府信息，编发各类政务信息120期，有效传播了行业的主流声音。不断加强督查督办、信访办理等工作。持续加强干部队伍建设，推动领导班子建设和干部培养工作，认真执行党政领导干部选拔任用条例，树立正确用人导向。强化干部教育培训工作，从严监督管理干部，着力从源头上整治"庸懒散"现象。

通 信

无线电管理

【概况】 2018年，湖北省无委办随州市管理处顺利完成"寻根节"、华中汽车场地越野公开赛、全省文化科技卫生"三下乡"、广水宝林抗险救灾、首届"中国农民丰收节"湖北省主会场活动"炎帝故里庆丰收"等大型活动通信保障工作；全面开展广播电视台站专项执法检查和清理登记工作成效显著，年度无线电频率使用率评价工作圆满完成；行政执法战果丰硕，快速成功排查"黑广播"、驾校干扰、航空频率干扰投诉6起；保障高考、公务员、职称、卫生、研究生等11场考试公平公正；圆满完成档案省一级复审；助力精准扶贫和爱心助残，主动参与地方经济社会发展，圆满完成年度工作任务。

2018年9月23日，无线电保障人员在首届"中国农民丰收节"湖北省主会场活动期间执行任务

【加强频率台站管理】 根据国家局和省办的统一要求，认真开展无线电频率使用率评价工作专项活动，成立了专项活动领导小组，制定了实施细则并抓好相关工作落实。加快推进"放管服"改革和"一张网"建设，全面推行台站审批和行政收费服务"马上办、网上办、一次办"，按时完成行政许可和政务服务事项的服务指南和审查细则的录入工作，启用政务服务中心新的审批平台开展政务服务和行政许可事项的审批工作，截至11月底，共办理行政许可件数47件，审批和备案基站532个，新指配呼号26个，新增加一般台站94个。无线电管理处与市文体新广局联合发文在全市开展广播电视台站专项核查和清理登记工作，以人机见面的模式，全面完成全市11个广播电视设台单位的871个广播电视台站的监督检查，频率使用许可证照、无线电台执照、发射设备的主要技术参数和型号核准等情况，与台站数据库一一比对，对全市广播电视台站信息做到心中有数。创新收费举措，实行"三个结合"的联合办公方法，将收费工作和专项活动、在用台站监管、行政执法有机结合起来，取得了良好的效果。指导业余无线电协会开展活动，成功举办随州市第一次业余无线电操作技术能力验证考试。业余无线电协会为华中神农部落汽车场地越野公开赛提供通信保障。

【依法行政】 加强无线电监督检查和行政执法，采取定期和不定期、普查和抽查相结合、公安、工商执法部门配合等形式，扎实开展销售市场和非法设台执法检查，对设置审批的合法台站按比例进行抽查。全年共开展非法设台执法检查27次，销售市场检查4次，完成执法案例4起，做到执法程序规范，检查记载清楚，案件质量较高。建立干扰监测和联合查处机制，严厉打击非法设台行为。联合孝感、襄阳管理处成功排查空军某部航空频率受干扰事件，快速查处1起屏蔽器干扰移动基站案件，联合市公安局、市广电局在随州市某居民小区成功查处5起"黑广播"案件，有效排查了随州市季梁驾校考试车辆GPS信号受干扰案件，随州市季梁驾校校长专程到管理处赠送"破案神速、雷厉风行"锦旗。

【日常监测和考试保障工作】 建立并落实规范化的日常监测、应急机动监测和重点频段监听监测机制，确保国家、省办监测任务的落实。在"春运""两会"和重大节假日期间，组成了由处领导亲自牵头的无线电监测值班应急小组，做到24小时值班，不离岗不脱岗。认真做好设备的调试和使用工作，全年累计监测时间3360小时，其中固定监测 2950 小时，移动监测 410 小时。2 个小型固定站建设技术指标达标，安全责任到位，资产目录清晰，日常管理规范，6 月底建成投用。应邀参与了高考、公务员、职称、卫生、会计等 8 场无线电监考工作，共压制作弊频点 15 个，维护了考试的公平公正，受到组织、人社、教育、卫计等部门的好评，随州市教育局专门送来感谢信，对随州市管理处长期以来为全市教育招生考试工作提供大力支持表示衷心的感谢。

【创新无线电管理宣传工作】 采取多种形式深入开展无线电管理宣传。通过广播电视、报刊、户外 LED、政府网站等方式，对无线电管理法律法规和相关知识进行广泛宣传，营造遵纪守法的良好氛围。围绕"世界无线电日""法制宣传月""党风廉政宣传月"等主题，不断推进宣传工作的创新开展。到曾都区特殊学校开展科普宣传进校园活动，现场演示，解疑问问，发放无线电科普漫画宣传手册 100 多本，定期到曾都实验中学为学生上无线电知识公开课，深受学生喜欢。全年信息宣传任务成效显著，被省市级报刊网站采用信息 42 篇，国家采用信息 16 篇，内、外网更新信息 58 条，有力提升了无线电管理部门的知名度，展示了单位风采。

【大型活动保障有力】 "戊戌年世界华人炎帝故里寻根节"是湖北唯一经国务院批准的庆典活动，无委办随州市管理处组织移动、联通、电信、铁塔四大企业各行其是保通信畅通，为重要场所的 76 个通信基站进行全面维护和充分扩容，开幕式现场调遣 3 辆应急通信车支持高话务需求，安装 2 部固定电话以备急需。加强公安、武警、消防调度指挥频率的规范管理，确保了寻根节期间重要活动的现场指挥调度、电视直播和公众移动的通信畅通，获筹备组颁发"优秀单位"称号。在广水市宝林隧洞发生突水突泥事故后，无委办随州市管理处和电信、移动、联通公司迅速启动通信保障应急预案，及时调配人员和车辆赶赴现场进行通信保障，扩容维护公众基站 10 余台，调集应急通信车 4 辆，监测车 1 辆，现场安装电信宽带 1 条，安装固定电话 1 部，架设 1800MHz4G 基站 1 个，对公安、武警、消防、卫生和救援指挥部调度频率进行保护性监测，确保救援现场无线电通信安全有序，受到市政府领导书面批示肯定。圆满完成了随县美丽乡村"马拉松"赛、华中"神农部落"神农牡丹谷汽车场地越野公开赛、全省文化科技卫生"三下乡"、首届"中国农民丰收节"湖北省主会场活动"炎帝故里庆丰收"等活动通信保障任务。

电 信 通 信

【概况】 中国电信股份有限公司随州分公司是一家集固话、宽带、手机、高清电视及信息化建设项目为一体的全业务综合通信运营商，现拥有固定电话用户、手机用户、宽带用户、天翼高清用户共约 70 余万户。服务网点覆盖全市所有乡镇，形成了有效运营规模。

【文化建设】 以大讲堂（天翼文化大讲堂、品质随州讲堂、道德讲堂）、党员天天学 App、OA 公告、墙报等多种载体加强政治思想教育和意识形态教育；参与并组织开展思想政治工作研讨，在实际调研的基础上组织思政论文撰写；结合实际选树典型，持续组织开展"两优一先""天翼之星""年度人物"等评选活动，弘扬正气，培育企业新风尚。

【网络建设】 持续打造精品网络，创建综合网络优势，重点建设 4G 网络，推进光宽带网络建设。移动网络建设方面，截至 12 月 31 日，分公司共计建设 LTE-800M 基站 765 个，LTE-1.8G 基站 597 个，4G 基站总数量达到 1362 个。C 网：C 网基站宏站总数量达到 496 个。光纤宽带网络建设方面，截至 2018 年 12 月 31 日，FTTH 覆盖地址总数达到 938323 户，较 2017 年年底的 837338 户增加覆盖 10.10 万户；FTTH 端口总数达到 453470 个，较 2017 年年底的 432825 个增加 2.06 万个。通过完善网络通信基础设施建设，随州分公司已建成十万兆高速 IP 宽带城域网、100G

DWDM城域传输网、高速光纤接入网，并在此基础上构建了宽带电子政务网、平安城市监控网等专用业务传输网络，拥有电子政务、财政、金融、医保、城管等近千条数据专线。在覆盖范围上涉及全市所有企事业单位及所有行政村。

【信息化建设】 中国电信随州分公司一直以来积极参与政府信息化建设，发展丰富应用，将智慧随州建设纳入分公司中心工作之一。建设了电子政务、平安城市、城市网格化、数字城管四大信息化应用系统，并以此四大信息基石为核心，构建以金税、金财、金保、金盾、农村党员远程教育、应急指挥等信息化系统为辅助的"智慧政府"体系架构，服务于全市、县、区、镇、乡各级政府与企事业单位；以全球眼、协同通信、外勤助手、企业翼机通等行业应用信息化产品，应用于全市包括机械制造、农业、旅游、金融等领域三百余家中小企业，服务范围包括语音、通信、视频、电子商务、企业管理等企业信息化的各个生产及管理、决策层面。基本形成了企业信息化一揽子解决方案体系，为全面构建"智慧产业"打下了坚实基础；建成了幸福新农村、居家养老等与百姓生活紧密相关的"智慧民生"信息化项目，通过加强与各行业的横向合作，进一步丰富项目内涵，真正达到了便民、利民、服务于民的目的。其中建设的重大项目有：平安城市、城乡网格化系统、数字城管、专用汽车综合服务平台、电子商务信息平台、香菇产业综合服务平台、"幸福新农村"三屏互动便民系统、居家养老便民服务平台、新农合系统、全市综合教育信息化平台、全市综合医疗卫生信息化平台、智能交通综合管控系统、三台合一公共警务平台、信访平台、电子政务涉密平台、交通卡口视频监管系统、警务E通、工商E通、司法E通、税务E通、社保综合管理平台等系列信息化平台。

【服务客户】 客户服务部以习近平新时代中国特色社会主义思想和"十九大"精神为指导，围绕2018年集团提出的"三个三"要求、省公司提出的八大工作安排和随州分公司提出的四大工作总体部署，以人民为中心，以客户满意为标准，全面提升客户服务感知，助力企业规模发展。

【企业荣誉】 多年来，中国电信随州分公司始终秉承"用户至上，用心服务"的服务理念，各项工作稳步推进，取得了丰硕成果。迄今为止，中国电信随州分公司先后荣获全国"用户装移机满意服务"单位、市级最佳文明单位、十佳文明单位窗口、物价价格管理诚信单位、全省电信思想政治工作先进单位、省（市）消费者满意单位、省守合同重信用企业、省级创建文明行业工作先进单位、随州市五一劳动奖状等一系列荣誉称号，两次被省委、省政府命名表彰为省级"文明单位"。

移动通信

【基础设施建设】 随州移动立足随州经济建设，深耕布局"智慧随州"城市建设。加快拓展4G、光纤传输、宽带、物联网，着手5G建设准备，2018年全年投资3.2亿元用于区域信息基础设施建设，优质4G网络已覆盖到每一个行政村（见下图）。微创新。逐月开展高速、高铁、重点景区网络优化，手机用户的网络下载速率提高到40Mbps，峰值速率可达80Mbps。

2018年1月4日，随州移动维修人员前去抢修因暴雪导致退服的广水郝店镇韩家岗村基站

【助力脱贫攻坚】 2018年，随州移动积极践行社会责任，履行了作为央企的社会担当精神。组织无偿献血30人次，"向雷锋学习 树新时代新风"系列主题实践活动5场次。做好日常训练、实景演练，

高标准备战应急通信保障，完成"炎帝故里寻根节"等30余次重大应急通信保障和抢险救援工作。坚持硬件软件同时抓，切实做好精准扶贫工作。积极筹措产业扶贫启动资金，推进产业扶贫工作，与其他帮扶单位合作，帮扶挂点村维修农田堤坝、道路，建设光伏电站基地，发展种植业、养殖业，建油茶基地1000多亩。狠抓信息扶贫，积极推进农村网络覆盖，缩小城乡数字鸿沟，全力打通信息化扶贫"最后一公里"，实现所有行政村4G网络和光纤网络100%覆盖（见下图）。

2018年1月25日，随州移动维修人员前去抢修因暴雪导致退服的广水盘龙岗村基站

2018年10月，顺利完成电信普遍服务试点项目交付，共计投资1.236亿元，新建FTTH端口49732个，新立电杆2.7万根，新建光缆5800千米，523个行政村实现光纤100%通达。该工程荣获"2018年度湖北省优质通信工程二等奖"和"中国移动优质通信工程二等奖"。同时坚决贯彻落实国家提速降费要求，制定专属套餐资费和宽带业务优惠，减轻贫困用户通信及上网负担，用信息扶贫助力乡村振兴。全面实施网络扶贫计划，投资上千万元加快农村偏远地区，特别是166个建档立卡贫困村网络建设，采用低频段LTE-FDD进行网络覆盖，FDD基站数据传输能力更强，更适合农村地广人稀、需要基站广覆盖的特性，实现随州地区2/4G全覆盖，特别是农村偏远深度覆盖。后期随州移动将通过对贫困地区群众加强互联网知识普及培训等举措，打破数字经济鸿沟，为精准脱贫铺好信息高速公路，用信息化助力新旧动能转换。

【提速降费，信息惠民】 随州移动始终积极响应政府号召，自2015年开展提速降费工作以来，随州移动通过提供更快的网络、更惠的资费和更优的服务，给百姓带来了实实在在的获得感。2018年，超额完成提速降费任务，全面取消流量"漫游"费的同时，还让手机上网流量单价累计同比下降61%，国际漫游流量平均单价下降50%，互联网专线平均单价下降23%，同时在固网宽带资费上，基本都是免费赠送，惠及随州地区超过100万手机用户、近20万家庭宽带用户和6000余家企事业单位。面对复杂严峻的信息安全形势，随州移动派驻专职员工到市反电信网络诈骗中心，积极配合公安部门开展诈骗电话查询拦截工作，配合侦破3起电信诈骗案件，涉及金额800万元，切实提升了对电信网络诈骗犯罪的防范拦截、封停阻断、止付挽损等效能，最大限度地减少了人民群众财产损失。同时严格落实实名制，实名率达到100%。积极防控垃圾短信，通过日常指标监控及时发现疑似伪基站活动区域，进行专项现场测试精确定位伪基站位置，联合无委、公安等相关部门进行现场查处，对"伪基站"进行持续打击。积极通过短信、微信、微博等电子渠道，发布防范打击通讯信息诈骗相关知识、预警近期较为频发的诈骗手段。还针对农村地区信息闭塞，对电信诈骗惯用伎俩了解不多的现状，开展送信息化下乡活动，为村民讲解了由分公司员工自己改编的"防诈骗十条秘籍"，增强村民的防电信诈骗意识（见下图）。

2018年4月5日，清明节期间，随州移动工作人员对铁路沿线2G和4G网络进行优化

【"智慧随州"建设】 2018年，随州移动依托强大的网络和客户规模优势，认真履行"智慧随州"战略合作框架协议，积极抢抓数字经济发展先机，推动随州城市治理、社会治理、产业发展、民生服务等步入大数据时代。2018年7月，随州移动正式与市经信委签订神农云信息平台建设合同，标志着湖北移动落实"智慧随州"战略合作的又一重大实践落地，同时也是随州移动政府行业信息化项目拓展的重大突破。神农云信息平台作为智慧随州建设的基石，能够很好地承载起随州市政府各项政务系统，大大加快了政府集约化建设进度。依托神农云信息平台的合作和政务系统的迁移契机，随州移动逐步加深与各委办局的业务合作，树立了行业信息化专家的良好形象，通过快速响应、优质服务，以移动技术优势和服务优势赢得了政企客户的关注，向社会证明了随州移动敢于承接并建好重大ICT项目的能力。

2018年，随州移动持续向市安监、市纪委、市检察院、市公安局、市人社局等重点市直单位输出信息化解决方案，为政府"提能增效、强化管理、惠及民众"出谋献策；在其他行业，随州移动继续充分发挥市场带头作用，以创新为驱动、应用为导向，结合随州特色打造一批优秀的案例。在制造业，将NB_Lot与5G应用结合推出了智能车载前装解决方案，打造随州产业优势竞争力；在医疗行业，完成医疗影像云、云医护等创新科技技术演示和推介，助力随州医疗资源区域平衡性发展；在城市品牌建设中，联合相关部门以"灵动"大数据平台为手段，打造城市名片；在聚类企业中，率先推出基于客户需求的上下行对等带宽，主动响应国家"万企上云"要求，率先为中小企业实行提速降费，在中小企业中普及"移动云"及其应用，助力本地中小企业健康发展，让"互联网+行业云"的硕果惠及随州。

联 通 通 信

【移动基础业务】 顺应市场需求特征，持续优化经营模式，加大产品、渠道的互联网化转型力度，实现差异化发展。简化产品销售流程，优化用户产品结构。简化渠道一线业务办理流程，灵活运用各类产品赋能政策，开展店外促销活动，扩大用户触点，提升业务成交率。紧抓用户融合，营销形式多样化。逐步实现用户融合化，优化手厅、微厅活动内容，扩大线上活动宣传，增强用户维系。多举措强化互联网产品经营。高效精细、提升转化。优化本地订单上门派送队伍，精细化运营管理，线上每笔订单责任到人，每日跟踪订单转化情况。以老带新、提升销量，提高用户的体验感，增强亲情卡渗透率。利用2I线下营业厅，举办周比赛、观影等活动。本地集约化中台支撑。按照划小承包要求，持续推进中台建设，整合营销策划、用户维系、存量经营、宽带专业、线上营销等支撑力量，做好一点受理，专业支撑的全方位服务格局。进一步发挥集中支撑优势，及时给与渠道零延迟支撑响应，逐步完善宽带系统支撑能力，打造全业务支撑中心。传统宣传向网络宣传转型。在做好传统宣传工作的同时，紧跟互联网发展热潮，整合本地新媒体及网络平台资源，有效利用各类宣传资源做好主推产品宣传。创新宣传形式，以年青人喜闻乐见的方式，提升宣传覆盖面及精准性。

【家庭市场拓展】 全面落实融合发展与社会化合作策略，补齐短板，为融合业务发展提供更快的加速度。强化装维营一体团队建设。强化融合业务考核评价体系建设并配置激励资源，全面落实营服的装维营一体人员配置要求。实现全区域承包和营维合一，盘活端口资源。开展沿街门面的覆盖提升，持续加强端口覆盖能力，积极探索与广电等异业合作模式，通过双方资源共享、优势互补提升产品竞争力，不断扩大市场份额。大力拓展小微企业、商户市场。根据客户特征和需求，推出能适配家庭、商业门面住户、小商业主等多种需求的小微企业、商务市场产品。

【创新业务发展】 坚持创新与基础业务协同发展，以创新业务为核心驱动力推动政企业务高速发展，打造政企业务发展新动能。以云网一体化发展为思路，加快双线业务拓展，做好业务发展的战略性营销活动，为业务发展奠定基础。开展政务上云营销，逐步推进市政府各委办局数据库和应用系统迁移至神农云信息平台。聚焦中小企业，以SAAS应用引领公有云业务发展，注重云网业务交叉补贴，以云引领，以网带云，为客户提供全方位通信及信息化服务。聚焦创新业务项目发展，提升响应速度。聚焦政务、医疗、住建、教育等重点行业，建立售前支撑、售中实施、售后运营的项目实施运营体系，加快IDC、物联网业务发展。

【提高服务质量】 深化落实国务院大督查问题专项治理。要以国务院督查问题整改为契机，认真落实省公司统一安排部署，深入排查，举一反三，建立问题改善长效机制。利用互联网化服务渠道推进NPS口碑提升。运用口碑大数据模型及互联化服务渠道建设推进，精准锁定用户消费和需求特征，有效推进2019年度客户满意度服务工作。持续深化开展"服务创优"活动。协同开展、深化执行，结合自控厅星级评定、短信满意度调查、本地窗口服务质量暗访、申/投诉等情况，在六大客户触点营造服务创优的良好氛围。直面客户感知，客户问题标本兼治。紧盯投诉通道的网络解决能力，以用户投诉和热点问题的专题分析为主线，持续做好网络优化及解决相关问题，进一步驱动网络质量全面提升。

【网络建设】 5G扬帆。积极开展5G布局工作。网络上提前启动资源摸查、改造，开展5G试验站建设、应用示范，探索创新业务生态，为5G网络"争先"实现预商用，做好铺垫。应用上聚焦AR/VR、车联网、高清视频、智能制造等做好产业布局，开放合作、生态共赢，树标杆、强体验，打造联通5G的创新领先形象。补齐网络短板，提升客户感知。开展10GPON网络试点建设和900M网络重耕工作。统筹推进固网、移网资源，联合铁塔公司立项攻关，多举措提升"一市一区"新建楼盘网络覆盖情况。积极落实网络规划。推进"汉十"高铁项目落地执行，打造高铁优秀项目。

完成随州"神农云"机房后期扩容工作，树立本地行业内IDC机房新标杆。

【优化基础管理】 轻触点建设。围绕销售、运营、管理模式的转型，强力推动触点规模提升，着力推进渠道效能提升，提升获客交互能力，优化渠道效能评价体系，社区渠道强化效能提升、触点渠道强化销售能力，打造企业和渠道双赢局面。持续推进划小改革，助力财务转型。增强营服小CEO对资源管控的自主权，建立营服快速报账流程，积极推进一线报账直通车，缩短报账流转时长。实施大共享体系建设，通过流程的简化，保证资源的运用更有效、更方便、更快捷，保证激发一线活力工作落到实处，助力公司数字化转型。认真落实网络与信息安全保障工作。严格规范执行用户实名制，进一步完善管理规范，不断加强实名制管控力度，防止伪造身份信息诈骗行为出现，引导非实名用户完成登记补录，进一步提升网络安全防护能力。

【体制改革】 深入推进全生产场景划小改革。进一步优化组织机构，落实推进全生产场景划小改革，加强干部队伍建设，构建人才培养机制。加大存量向创新调整力度，实行更加积极的人才引进政策。持续改进工作作风。不断强化责任担当，始终保持勇于创新的进取精神，坚持解放思想、与时俱进，深入实施创新驱动发展战略，充分激发创新潜能和创造活力，加快培育发展新能力，增强发展新动能，创造发展新优势。牢牢把握高质量发展的要求，全力推崇奋发有为、担当实干、敢于争先的干事创业新氛围，推动随州联通持续健康发展。加强企业文化建设，提升员工精气神。秉承中国联通"客户为本、团队共进、开放创新、追求卓越"的企业文化核心价值观，围绕湖北联通"八大文化"理念，营造随州联通"以奋斗者为本、以服务者为荣、以贡献者为傲"的本地企业文化，用实际行动践行"文化兴企"战略。充分发挥优秀党员、优秀员工在企业文化创建中的示范推广作用，为打造"五新联通"凝心聚力，积累起更加磅礴的力量。

商　务

【利用外资】　全市实际利用外资达15223万美元，同比增长8.1%，完成全年利用外资责任目标进度的100.1%，随州提前一个月超额完成了全年利用外资任务。2018年以来受国际经济分化、中美贸摩擦等不利因素影响，随州利用外资曾一度持续下滑，1—9月全市实际利用外资6818万美元，同比下降36.1%，距离目标任务30.2个百分点。面对日趋严峻的外资形势，市商务局在全市范围内开展了外资企业大走访大调研活动，及时调查了解企业生产经营难题，并加大了对正大集团、华润新能源发电等重点外资项目的跟踪服务力度，加快推进项目建设进程、到资进度。正大集团、华润新能源两个项目累计到资13089万美元，占全市利用外资总量的86.0%，随州市利用外资品质进一步提升。

2018年6月4日，湖北省商务厅副厅长胡中海（中）来随州调研商务及开放型经济发展工作

【电商产业发展】　电商发展，风起云涌。传统企业纷纷"触网"，搭上互联网快车，呈现良好势头。随县、广水先后被授予国家级"电商进农村示范县（市）"。随县和广水形成了以蔬果、香菇、多肉植物等农特产品为主的网销特色，曾都区依托专汽产业优势，打造专汽电子商务集聚区，实现了85%以上的专汽网上销售；高新区依托"互联网＋创客空间"，培育年交易额过千万的企业10多家，全市已引进淘宝、京东、苏宁、58同城、美团等知名龙头企业平台20余家，并创建专汽网、城乡惠、葛根交易网等近20家本土网站，全市年网销过亿元企业1家，全市年交易额过千万元的企业40多家。全市电子商务年交易额达170亿元，以20%的速度增长。

【提升内贸流通水平】　全市实现社会消费品零售总额545.58亿元，同比增长11%。高于全省平均增幅0.1个百分点。随州海关正式设立，该市2018年又成功申报设立了"随州百味佳外贸综合服务体"，是全省唯一面向农产品出口提供服务的综合平台。随州市是全省国家级出口基地最多的市州。圆满完成大学生实习实训任务，引导湖北欧瑞生化、随州二月风、湖北品源公司与湖北工业大学的校企合作，解决了企业新品研发和产品升级等难题。

2018年9月26日，湖北省贸易促进会会长周彩娟（左二）来随州调研商务年度指标任务完成情况

【打好精准脱贫攻坚战】　2018年在广水关庙铁城村已投入产业资金50万元用于香菇基地建设和64000袋香菇菌棒，每袋菌棒预计收入8元，2018年香菇种植总收入51万元，合作社盈利19万元，根据贫困户与合作社签订的分红合同，每户可增收2000元。合计分红102000元，剩余资金将作2019年合作社香菇种植成本，为精准扶贫驻点村实现可持续发展打下了产业基础。积极探索推进电商扶贫工作。全市共建立县域电子商务运营服务中心4个，县域仓储配送中心6个，镇级电子商务综合服务站96个，村级电商服务点

685个。全市参与电商扶贫组织63个，惠及农户近1200户。

供销合作

【概况】 2018年，市供销社全年完成商品购销总额139亿元，实现汇总利润2060万元，超额完成目标任务10.3%和17.6%，综合改革、招商引资、污染防治攻坚战、电商扶贫、综合治理、文明创建等市级责任目标任务圆满完成。2018年1月，市供销社被人社部、中华全国供销合作总社联合表彰为全国供销合作社系统"先进集体"，是湖北省唯一获此殊荣的市级供销合作社。11月，随县尚市镇供销社、殷店镇供销社、广水市城郊供销社被评为全国基层社标杆社。市供销社监事会被全国总社监事会表彰为"社情民意信息先进联系点"。市社机关党支部在工作实际中探索出"12345"支部工作法，被市委市直机关工委授予为"红旗党支部"。

【提升为农服务水平】 牢牢抓住农村网络这个网络终端和前沿阵地，通过政策扶持、资本合作、联合社带动等多种方式，盘活社有资产，吸收社会资本，基层供销社自身实力不断壮大，全年恢复重建基层社2个，基本实现乡镇基层供销社全覆盖。广水市蔡河供销社依托当地主导产业和拳头产品，引领、培植、发展金悦甘薯专业合作社，并于10月10日至12日成功举办全国第八届甘薯擂台赛，其独立培育的鄂薯6号获得一等奖，有效扩大了蔡河甘薯合作社在全国食品行业的美誉度和影响力。2018年，全系统共发展各类农民专业合作社3个，A级以上协会2个，专业合作社入社农户160余户，兴建改造集农资直供、农机服务、测土配方、烘干仓储、统防统治、农民培训、电子商务、公益性服务等功能为一体的村级综合服务社和网上便民服务中心8家，新建和提档升级镇、村电商服务站和三民服务中心68家，为农民提供购物消费、信息咨询、物流配送、便利金融等"一站式"服务，推动传统供销社由"一条线"扩展到为农服务"一个面"，构筑起了农民"办事不出村、购物不到镇"的综合服务平台。

【促进农村产业发展】 围绕农业生产全过程，不断扩大服务规模、提升服务质量，为新型农业经营主体和普通农户提供产前、产中、产后一站式农业社会化服务，着力建设覆盖全程、综合配套、便捷高效的社会化服务体系。全系统新购新建各类农业机械设备200多台套、育秧大棚15个、烘干基地3个，积极推广水稻水直播、旱直播技术，减少生产环节，节约育秧成本，基本形成了为农民提供代育、代插、代收、代储、代销、全程病虫害防治的"五代一防"一体化服务体系。2018年，开展配方施肥1.5万亩、统防统治1.2万亩、农机作业1.5万亩、科学试验示范田积4.8万亩。同时，在洪山镇朱集村、草店镇檀山村、厉山镇王岗村新建或扩建了3处育秧工厂，新增育秧面积7500平方米，全系统土地托管服务从水稻拓展到甘薯、油菜、大蒜、药材、蔬菜等经济作物，服务面积达到32万亩，有效推进了随州市农业适度规模经营和农业发展质效。

【助力美丽乡村建设】 全系统把增加绿色优质农产品供给放在服务乡村振兴的突出位置，深入实施"化肥、农药使用量零增长行动"，积极推广绿色防控技术，引进、试验示范推广农业新肥10个、新药15个、种子新品种21个、种植新技术9项，"四新"试验示范与推广面积达12.8万亩。加快高效缓释肥料、水溶肥料、低毒低残留农药推广运用，完成"三品一标"认证的农产品10个。新建和改造升级庄稼医院（诊所）308个，培育新型农业经营主体160多户，培训农村实用人才1.3万人，建立科技特派员队伍289人，举办农业科技培训班6期，发布科技信息12期、技术咨询800人次、测土配方9600亩、病虫预报19次、标本开处方280张、机防喷药2600余亩，指导农民科学施肥，合理用药，化肥农药使用量进一步减少，绿色优质安全和特色农产品供给逐步增加，有效推动了随州农业绿色发展步伐。

【服务脱贫攻坚】 全系统充分发挥传统产业和经营网点优势，主动融入全国"供销e家"一张网，接入"裕农网"金融平台，在网上销售购买特色农产品和农业生产资料，开展农产品购销、小额存取款、代缴话费、电费等业务。新建和提档升级镇、村电商服务站和三民服务中心68家，覆盖全市30个省级贫困村，同时给予精准扶贫村随县太白顶风景区宗湾村帮扶资金6万元，赠送慰问物资折合1万余元，通过兴办合作社、产业奖补、医疗救助等措施，全年包保的脱贫户已全部脱贫，达到整村出列。全系统建立电子商务公司4个、县域电子商务运营服务中心4个、仓储配送中心3个、镇级电子商务综合服务站51个、村级电商服务点258个，实现了市、县、镇电子商务全覆盖。网上交易商品由30种增加到60余种，精心培育了"裕国香菇""二月风葛粉""高祥碱面""楚丹皮蛋""中华山蜂蜜"等10个特色农产品网销品牌，带动30个农产品品种网上销售。

【招商引资】 市供销社把项目建设作为提升经济质效、优化产业结构、壮大发展底盘的强社之策，兴社之路，戮力同心抓项目，殚精竭虑抓招商，成功与湖北华特专用设备有限公司签约招商引资项目，完成固定资产投资5182万元，在曾都经济开发区征用土地38亩，建设厂房15000平方米，购买机器562台，超额完成市政府下达的5000万年度招商任务。在积极争取国家和省项目资金的同时，采取多种运作模式撬动社会资本，助推项目发展。广水市供销社争取国家和省农业综合开发项目扶持资金280万元，兴建大蒜冷链仓储项目，建成后将带动当地大蒜产业发展。曾都区供销社投资500余万元兴建的1200平方米的花湾专业合作社、900平方米的万店塔湾菜豌豆专业合作社和万店镇小河沟村"三农服务中心"三个项目先后建成，其独资企业丰汇山珍公司在园区内二期工程竣工后，又投资兴建了7000平方米的生产厂房，增加贮存能力达4000吨的冷库，企业经营规模、创效能力进一步提升。

粮 食 工 作

【概况】 全面落实粮食安全责任，推进粮食收储制度改革，市场化收购和去库存成效明显，保供稳市有力。大力实施"优质粮食工程"，促推粮食产业高质量发展。继续实施项目建设，粮食流通基础不断完善。强化粮食流通和行业"两个安全"监管，提升依法管粮能力水平，确保生产和储存安全。全年收购粮食11.42亿千克，占市分目标任务的163%，销售粮食26.73亿千克，同比增加0.7亿千克。政策性粮油出入库检验率100%，军粮供应质量合格率100%。

【粮企改革】 全面完成了国有粮食部门"一县一企、一企多点"资源整合、资产确权、土地变性改革任务。深化国有粮食企业改革，随州市粮食储备公司控股企业随州高新区粮油储备有限公司按照现代企业制度要求进一步优化治理结构。发展混合所有制粮食企业，湖北天星粮油股份有限公司与湖北省粮油集团、随县城市开发投资有限公司实现战略重组，成立国有控股混合所有制企业湖北省天星现代农业有限公司。

【粮食购销】 推进实施收储制度改革，粮食市场化收购活跃、去库存成效明显。全市纳入统计范围的各类粮食经营主体共收购粮食11.42亿千克，其中市场化收购占总量的70%。秋粮收购方面，市粮食局、中储粮随州直属库有限公司、市农发行创新思路，积极争取全市获批托市收购点39个；争取到中粮公司、省粮油集团、市及县四级国企租仓收购，开全省先河。当年稻谷托市收购量居全省第一，全年做到了"有人收粮、有钱收粮、有仓收粮"，未出现"卖粮难"和"打白条"现象，守住了市政府明确的三条底线。多措并举"去库存"，销售粮食26.73亿千克，同比增幅3%，其中销售政策性粮食4.4亿千克，同比增加2.39亿千克，增幅121%。

【粮食储备】 足数落实新增地方储备粮规模计划。严格执行地方储备粮轮换制度，督导各承储企业按时完成储备粮轮换计划。加强储备粮监管，做到"一符、三专、四落实"，确保储备粮质量良好，储存安全。

【基础设施建设】 争取到中央预算内投资粮食仓储项目补助资金707万元，支持湖北省储备粮随州储备库有限公司二期扩建高大平房仓2栋、仓容3.1万吨项目和3个国有粮库准低温库改造项目，当年全部完工。曾都区1个中心粮库、5个骨干收纳库和1家民营企业粮库纳入湖北省"两个安全"网格化管理试点建设，取得初步成效。

【粮食安全管理】 履行粮食安全领导小组办公室工作职责，积极当好参谋，加强综合协调，牵头做好对各县（市、区）政府、管委会落实粮食安全行政首长责任制的情况进行考核和省考核组对本市考评的备检工作。全面压实粮食行业"两个安全"责任，贯彻实施安全储粮和安全生产"一规定两守则一规范"，组织开展春秋两季粮油安全大普查和冬夏专项检查，强化安全管理和防范，抓好安全隐患整改。有效开展粮食源头监管，协调市公共检验检测中心做好夏秋两季粮食生产质量调查、品质测报和安全监测，加强出入库和库存粮食质量检测，全年抽检粮食样品275个。落实军粮供应"一批一检一报告"制度，不定期组织开展政策性粮食巡查，保证数量真实、质量良好、储存安全、出库顺畅。深化"放管服"改革和政务公开，开通12325全国粮食流通监管热线，及时受理和查处涉粮案件。加强粮食行业信用体系建设，促进粮食经营企业公平竞争、守法经营。

【粮食产业化】 加快"优质粮食工程"建设。随县"优质粮食工程"示范县建设取得阶段性成效，首批22个粮食产后服务项目已建成并投入使用，县公共检验检测中心粮食质量检测设备安装到位，湖北金银丰粮食储备有限责任公司"好临门"挂面获"荆楚好粮油"称号。积极争取曾都区被纳入了全省"优质粮食工程"重点县建设，获中央财政支持资金2930万元。粮油产业提档升级步伐加快，湖北香思里食品公司新建5条挂面生产线和30万吨粮食仓储物流项目，金禾粮油公司引进石磨面粉加工设备已投入生产，增加了有机特色产品。对"放心粮油"市场体系进行升级改造，创建"放心粮油"示范配送中心1个、示范店4个。组织粮油加工龙头企业参加福州、哈尔滨粮油产品交易洽谈会和第20届荆楚粮油精品展示交易会，深化产销对接，促推本地粮油走出去。

2018年12月12日，湖北省粮油集团与随县政府举行战略合作签约仪式

【市校合作】 全面落实校企合作计划，协调落实武汉轻工大学144名学生来随州市实习实训，超额完成市校合作办分配的任务。组织10家重点粮油加工龙头企业参加在武汉轻工大学举办的"全国粮食科技周"活动，组织22家骨干企业参加校园招聘会。天星粮油、神农丰源与武汉轻工大学共建教学科研基地和研发中心，金银丰食品公司与华中农业大学建立粮食质量追溯体系。科技人才成为助推粮油产业发展的重要支撑。

石 油 销 售

【中国石油湖北随州销售分公司】 销售概况。2018年，库批销售1.37万吨，完成年度任务1.9万吨的72.11%，同比减少0.05万吨，减幅5.15%；汽油0.04万吨，完成年度任务0.25万吨的16%，同比减少0.1万吨，减幅71%；柴油1.33万吨，完成年度任务1.65万吨的80.61%，同比增加0.06万吨，增幅4.7%。市场占有率为27.34%，同比下降10.57个百分点。全年销售成品油73531吨，完成年度任务81392吨的90.3%，欠任务7861吨。其中纯枪销售59642吨，完成年度任务64392吨的95.6%，欠任务2750吨。批发销售13889吨，完成年度任务19000吨的73.1%，欠任务5111吨。全年完成非油收入2204.15万元，完成年度任务3000万元的73.47%，欠进度795.85万元；实现非油利润213.71万元，完成年度任务300万元的71.24%，欠进度86.29万元。累计投运加油站2座，完成率200%，同比持平；防渗改造项目完工6座，完成率100%。未发生一起较大及以上安全生产事故，实现"零事故"。

油品销售：加大客户开发力度，积极开展沟通拜访，全年新增客户40家、新增销量0.56万吨、新增客户达销率87%，其中小微客户32家、同比增加27家、增幅540%。灵活市场营销策略，通过市场研判、客户分析，动态调整辖区汽油政策，持续打造"乐享周末""跨级优惠"主题促销、强化加油卡推介、探索微信营销新渠道、"包装改造"白云站打造汽油高端品牌等一系列灵活的营销策略，实现了汽油同比不降、利润大幅提升。推进批直零一体化。2017年，地炼扩能升级、资源过剩加剧，柴油市场呈现常态化降价趋势，分公司一方面把握直销时机，应销尽销，销售农业用油280吨、工程用油640吨，另一方面积极稳价推价，适时投放政策，把控销售节奏，充分利用有限的促销资源抢夺边界市场份额，316、312国道站共同发力，遏制了分公司柴油销量持续下滑的趋势，小林站日均突破60吨、同比增长70%。

非油品销售：优化非油考核比例，将非油收入考核权重提升至50%，委托站、自营站非油指标权重分别提高至60%、45%，按"现场自营、大单团购和润滑油销售"三大类差异化调整返利标准，充分发挥考核导向和薪酬激励作用，员工非油返利同比增长19.9%。寻找非油销售新机遇，相继在16座加油站开展彩票业务、创收19.07万元，在慈铭体检中心投放了首台自助售卖机，成功销售了首台汽车、创收18.43万元。加大重点商品销售力度，优化便利店商品结构，引进中央仓新品50余种，淘汰滞销品300余种，促进油非客户共享，新增非油客户8家，实现润滑油同比增幅56.1%、车辆产品同比增幅14%。

站点建设：突破网建规模瓶颈。随着麻竹高速淅河南（北）站投运见量、新建杨寨站完工，分公司2018年建成加油站数量达到37座；自主招标、自主建设的水岸国际项目，已完成工程招标，即将开工建设；编钟大道项目已取得建设用地批复，正在办理土地收储手续。逐步优化资产结构。以环保改造为契机，主动与业主进行沟通协调，实现了十长站租赁转收购，基本完成了两水站收购谈判，积极推进曾都站的收购谈判，白鹤湾、万利站所有经营性手续已全部办理完毕。抢占网络布局先机。整合资源、巧借外力，加强与政府沟通协调，努力推进响水桥站拆迁还建项目谈判，力争落实拆一还二，有望实现城南新区高铁站的网络突破。推进防渗改造。成立防渗改造项目部，明确各部室职责，每周召开对接会，对接问题，查摆隐患，倒排工期，全年完成防渗改造项目6座，完成率100%。

风险防控：强化安全生产监管，开展新版HSE管理体系量化审核，查找出"低、老、坏"问题1278项，整改1081项，整改完成率85%；开展数质量检查328站次，确保全年零售保管环节损耗受控；加强对在建工程的监管，确保全年加油站改造项目安全受控。强化企业合规管理，抓实电子发票、卷式发票的管理和使用，落实合同集中化管理，规范委托站公章集中保管和使用流程，制定HSE管理负面清单，精确描述合规作业内容，全年累计对违反清单项的4座在营站、5座停业施工站及3家承包商作出问责和处罚。强化稽查工作水平，建立常态化稽查和问责机制，深入开展重难点问题专项稽查，对整改情况进行绩效考核，共开展例行稽查433站次，夜间稽查136站次，发现问题2504项，整改率98.72%，加油站基础管理意识不断提升。

多元合作：积极参与地方政治生活，参加地方两会及政府全会扩大会议，定期向市政府领导汇报工作，及时掌握经济社会发展变化情况，有的放矢谋划工作方向，结合实际发出企业声音，争取政策支持，化解发展难题。密切协调职能部门，针对投资领域的规划、土地、商务、环保、安监、消防等关键部门，密切沟通协调，建立顺畅健康的工作关系，为公司各项工作推进创造了有利条件。广泛与地方企业开展合作，借助同行业友商及地方企业力量，维护成品市场稳定，突破项目建设难题困局，开展汽服、电子产品销售等跨界合作，为公司发展开拓更大空间。坚决响应国家号召，认真做好精准扶贫工作，选配2名专职驻村扶贫队员，常态化开展驻村扶贫帮困活动，开展分公司党支部与挂点村党支部结对共建，组织秋收主题党日活动1次，看望慰问贫困家庭18户，不断将扶贫工作做细做实。

【中国石化湖北随州石油分公司】 石油销售。2018年，随州石油分公司现有在营加油站82座，实现成品油销售总量20.3万吨，计划完成率排名全省第6位；零售总量18.54万吨，其中：汽油9.86万吨，柴油8.68万吨，年度计划完成率分别排名全省第2、7、2位；实现枪售17.37万吨，其中：汽油9.74万吨，柴油7.62万吨，年度计划完成率分别排名全省第2、6、2位；零售总量同比增长8959吨，其中：汽油2393吨，柴油6566吨，同比增幅分别为5.1%、2.5%、8.2%，分别排名全省第2、6、2位；枪售同比增长9699吨，其中：汽油1714吨，柴油7986吨，同比增幅分别为5.9%、1.8%、11.7%，分别排名全省第2、5、2位；天然气销售85万方，同比增长53.5万方，增幅169.7%。随县分公司利用站多面广的优势，发动站长大力开展小额配送和"五进活动"，规定每一个站必须要有小额配送销售；直属零售片区在汽柴比高达2∶1的情况下，做大做强汽油销售，用汽油销量弥补了轻油掉量；广水分公司努力巩固老客户，拓展新客户，重点攻关竞争对手客户，2018年"五进"办卡28153张，增幅28.95%，汽油销售同比上升6.7%，年度排名县市区分公司第1位。

非油品销售。创新经营模式，发展连锁经营和电子商务，建立集加油、购物、用餐、休息、汽车保养维修等为一体的综合服务体系。并以烟草、燃油宝、赖茅酒等重点商品为抓手，选树先进典型，在各加油站巡回宣讲非油品营销及燃油宝销售先进经验，引导各加油站处理好非油品进、销、存关系，各站销售额逐月增长。随县分公司积极开展现场营销示范活动，鼓励员工开口营销，大胆营销，直属零售片区利用油非互促方式开展轮胎销售，采用加油送洗车券方式，并借助"感恩星期三"活动处理年货节积压商品，带动加油站轻油、非油销售；广水公司从商品要货多样化、销售服务规范化、销售服务特色化入手，激发员工潜力，利用关系网、外销团购，开展每周"晒一赛"活动，狠抓重点销售，提高毛利率。全年实现非油品营业额7345万元，完成年度任务的91.24%。其中，基础品类销售6995万元，同比增长17.64%，实现毛利639万元，同比增长14.5%，全省年度综合排名第6位，年度计划完成率排名全省第6位。

站点建设。随州石油分公司2018年完成了13座加油站的防渗改造工程，直属黄坨加油站防渗改造创造了比预计工期缩短一周的记录；三座统筹改造加油站建设完工，一座新建站加油站投营，一座新建加油站正在建设当中。其中柳林出口、直属黄坨、直属旭光三座站已恢复营业，随县高城、直属摇鼓墩两座站已竣工，直属加油城、直属府河、广水铁板桥、随县双河四座站在建，广水光明站、直属河西站也在开工筹备中。

安全管理。严格履行"一岗双责"制度，深化各类各级人员的安全教育与培训，着力开展安全生产大检查和重点领域专项整治行动，加大安全督查力度。全年共开展月度抽查12次，节前专项检查6次，发现问题765条，整改率98.17%。暂时不能整改的问题隐患，逐一明确了防范措施及责任人。公司领导定期或不定期带领相关部门负责人对全市系统在建工程工地进行了全面检查，检查出的问题，及时整改，确保了施工现场管理"零"事故。认真开展库站油品质量检测工作，严密关注库站油品质量状况，认真对待系统外政府抽检，全年有7座站16批次油品抽检，合格率均达到100%。细化调整损耗考核办法，分规模类型每月对所有加油站损耗考核进行通报。全力推动液化仪深化应用和油罐车智能联锁监控工作，对所有在营站使用液位仪计量盘存扎账。

全年加油站累计销售油品21948.06万升，累计损耗8.26万升，综合损溢率0.38‰，实现了省公司下达的管理目标，比上年同期0.59‰下降了2.1个千分点。

盐业销售及管理

【概况】 湖北盐业集团有限公司随州分公司成立于2002年2月，公司现设三个职能科室、下辖广水公司、曾都批发部，共有干部职工54人。2018年，随州分公司始终坚持"团结拼搏，拓业快上，诚信专营，保民健康"的企业精神和服务宗旨，紧紧围绕省集团公司的"价值引领、改革驱动"工作主题，克服盐业体制改革带来的影响，深化内部改革、着力渠道建设、加强内部管控、强化产品宣传、提升管理水平、加强党建和党风廉政建设，充分发挥食用碘盐供应主渠道作用，切实满足市场需求，确保了全市260万人民合格碘盐的供应和食盐安全。全年销售各类用盐6613吨，其中，食用小袋盐5442吨、食品加工用盐700吨、工业用盐400吨，实现利税75.4万元，是随州市区域内唯一一家食用碘盐、其他用盐和具有三A资质的盐业批发企业。

【积极推进划转】 随州分公司按照《湖北省盐业监管体制改革食盐监管执法人员择优划转方案》（鄂经信轻纺函）〔2017〕557号）的通知要求，于2017年12月份启动此项工作，成立了随州分公司盐政执法人员择优划转工作领导小组，按时限要求先后完成了盐政执法人员的考试报名、资格审查和统一考试工作。按照《随州市盐业监管体制改革方案》要求，随州市食盐质量安全监管人员共13名，其中：市直3名、曾都区4名、广水市3名、随县3名。各县、市、区食药局都已加挂了食盐质量安全监督管理局的牌子。明确了编制数额和机构后，随州分公司主动联系和积极协助随州市各县、市、区食药局和人社部门做好拟择优划转人员的体检、考察、公示等前期划转工作。在相关部门的通力合作下，全市食盐监管执法人员择优划转人员已经全部到位（随州市食品药品监督管理局3名人员已于8月8日到岗、曾都区食品药品监督管理局的4名人员已于5月30日到岗、广水市食品药品监督管理局的3名人员已于7月5日到岗、随县食品药品监督管理局的3名人员已于8月20日到岗），随州分公司食盐监管执法人员择优划转工作于8月底圆满完成任务。

【深化内部改革】 继续深化盐业体制改革，随州分公司于2018年4月底，在公司内部拉开了三项制度改革的帷幕，制定了随州分公司三项制度改革方案。方案分为《人事制度改革方案》《机构设置和三定方案》《全员竞聘上岗方案》《薪酬分配方案》《全员营销激励实施方案》五个部分。该方案前后衔接，相互配套，逻辑性、操作性较强，经全体干部职工大会讨论审议通过后，已于6月1日正式施行。本着公平、公正、公开和人岗相宜的原则开展了全员竞聘上岗，建立了能者上、平者让的选人用人机制。实行薪酬制度改革，机关实行绩效考核，营销类的岗位实行吨平工资，打破大锅饭平均主义，充分体现了公平效率和多劳多得的分配方针。从实施的效果看，切实激发了广大员工的工作热情，调动了积极性和主动性，为完成集团公司下达的工作任务提供了智力支持和组织保证。

【保障市场供应】 加大宣传力度。2018年，随州分公司联合工商、食药、卫生等部门全年集中开展了"新春市场行"活动、"3·15"和"5·15"等3次大型设点宣传活动。为了提升宣传成效，专门购置了播放器等宣传工具，安装在配送车辆上，将《食盐专营办法》的主要条款和云鹤系列产品的主要功效刻录成光盘，向广大经营户、消费者循环播放，渲染了现场氛围，增强了宣传效果。同时，发放宣传资料，大力宣传云鹤品牌和随州盐业企业形象，并接受现场咨询，解答消费者生活中遇到的问题，讲解真假碘盐识别的方法。

制定营销策略。一方面以市场需求为导向，按经济流向合理细分市场，重新梳理渠道，确定核心客户，并做到点、线、面相结合责任到人；另一方面以云鹤品牌为依托，以企业信誉为支撑，以诚信服务为抓手，进一步深耕市场，掌控市场情况，制定灵活的营销策略，同时，为了及时了解销售进度，建立了"周汇总，旬报告，月分析"的小袋盐销售预测分析机制，对销售中发现的问题及时解决，防止冒进和保守。

加强访销力度，维护好客情关系。在公司月度分析会上许多同志对销售工作提出很多中肯的建议，除了一线搞销售的同志外，鼓励发动机关工作的同志，利用下班业余时间、双休日、节假日空余时间到城区各大超市维护客情关系，及时上货，把产品陈列放到最佳位置，使"云鹤"品牌食用盐始终处于主导产品地位，起到了风向标的引领作用。

实行全员营销。为应对日益严峻市场形势，抢占市场份额，努力提升"云鹤"小袋食盐市场占有率和促进非盐产品销售，要求全员关注营销、全员参与营销，全身心投入营销，制定了利益共享、共赢的全员营销方案。从方案实施的情况看，进一步调动了全体干部职工的工作热情，积极性、主动性和创造性明显增强，扩大了销售，增加了企业效益。

2018年5月15日，随州盐业公司员工为市民普及碘盐知识

【安全生产】 为切实增强安全生产管理，随州分公司每年年初与各单位、各部门签订安全目标责任书，编制了"安全生产突发事件应急预案"，出台了"安全管理目标考核办法"，加强了督查，细化了标准。以安全生产月活动为契机，集中时间、集中人员、集中精力，用两个月时间，开展专项宣传活动，在宣传活动中，利用黑板报、拉横幅、电子显示屏等各种宣传形式，大力营造安全生产氛围；认真组织开展安全隐患排查治理工作，加强安全监督管理，消除安全隐患，采取自查、督查相结合的办法组织开展了安全生产大检查活动。公司机关本部及广水公司坚持执行节假日贵重物品集中存放、车辆全部入库停放、节假日领导带班制度、车辆管理员巡查制度等，取得了较好的效果。

对外及港澳台经济贸易合作

【外贸出口】 出口产业特色彰显。2018年全市实现外贸出口近10亿美元，出口总额居全省前列。全市农副产品出口5.8亿美元，出口额位居全省第一，其中食用菌出口5亿美元（居全省首位），茶叶出口2982万美元；机电产品出口9340万美元；轻纺产品出口13493万美元；医药化工产品出口10524万美元。全市逐步形成以农产品出口为特色，专用车及零部件出口、电子通信产品出口为支柱，医药化工、传统轻工产品齐头并进的"三足鼎立、多元发展"的外贸格局。调结构促转型。引导企业进行新技术、新产品的研发，食用菌出口产品由过去单一原形干香菇发展到鲜香菇、香菇胶囊、香菇多糖提取物、香菇丝、香菇粒、香菇粉、香菇酱等系列产品；专用车出口产品发展到空作业车、吊车、油罐车、消防车、水泥搅拌车、危化品运输车等62个品系，零部件囊括800余个品系。强化基地建设，扩大品牌影响。随州先后成功创建国家级"外贸转型升级示范基地"、国家级"出口专用车产业质量安全示范区"、国家级"出口食用菌质量安全示范区"，国家级"农产品生态原产地产品保护示范区"。以国家级基地和示范为载体，加大对食用菌、专用车等优势出口产业的培育，引导企业加快产业转型升级，提升产品质量，提高生产效率。不断扩展多主体、大市场出口格局。全市进出口经营资格备案的企业过400家，有进出口业务的企业120余家，出口市场辐射到130多个国家及地区。全市已与"一带一路"沿线53个国家和地区发生经贸往来，全年出口额达3亿美元，同比增长54.2%。

【经济合作】 成功协调犇星化工办理香港投资500万美元的审批手续。协调华威公司到商务部办理海外工程供货备案工作；继续做好外派劳务工作。2018年，向日本外派农业、服装研修生21人次，向吉布提、柬埔寨、刚果金外派建筑工86人。现全市共有11家企业到境外投资开设12家境外销售中心、境外分支机构、境外售后服务网点，投资总额2178万美元。全市已累计外派劳务人员1200多人次。

招商引资

【概况】 2018年全市实际利用内联资金331.96亿元，占目标任务103.7%，超目标进度3.7个百分点。全市新签约项目188个，其中亿元以上项目49个，占目标任务122.5%，新开工亿元以上项目64个。主要有：投资30亿元的新城·吾悦广场项目、投资15.6亿元的随县东莞产业园项目、投资15亿元的中国供销·鄂北（随县）国际农业文旅博览城、投资12亿元的红色江山导航技术产业园项目、投资10亿元的通信滤波器项目、投资5亿元的太白顶及八访涧景区开发建设项目、投资5亿元的科逸住宅整体卫浴项目、投资5亿元的专汽产业园项目、投资5亿元的基于物联网与智能化技术的汽车驾驶室研发及智能制造建设项目、投资4.3亿元的万和风电场项目、投资3.45亿元的结构功能一体化绿色建材产业化项目、投资3亿元的湖北亿邦环保新材料有限公司环保材料项目等。

【招商活动】 2018年以来，市政府先后4次组织召开全市招商引资工作推进会，安排部署工作，分解责任目标，压实责任主体，层层传导工作压力，适时调度项目进度，加速推进项目建设。6月10日，召开全市招商引资业务培训会，提升招商干部业务能力。组建9个市直招商分局，调优配强招商分局人员，围绕特色产业增长极开展产业招商。市领导亲自带队开展招商活动，走访重要客商，亲自抓项目，跑对接，一批亿元项目顺利落地开工建设。各地各部门及市直招商分局也纷纷外出招商，全市上下形成了一级带一级、一级抓一级、层层抓招商的良好氛围。

2018随州·深圳经贸洽谈会项目签约仪式

6月8日，戊戌年世界华人炎帝故里寻根节"2018湖北·随州炎帝故里经贸洽谈会"共邀国内外128家企业280余名客商参会，对接洽谈项目45个，现场签项目约15个，总投资额达163.2亿元。单个项目投资规模实现新突破，过5亿元项目9个、过10亿元项目8个、过20亿元项目2个。投资领域涉及汽车及零部件、文化旅游产业、机械制造、医药化工、新材料、新能源、大健康等产业。如：投资33亿元的桃李春风时光记忆小镇一期项目、投资30亿元的新城·吾悦广场项目、投资19亿元的吉瑞达新能源产业园项目、投资15.6亿元的随县东莞产业园项目、投资15亿元的中国供销·鄂北（随县）国际农业文旅博览城项目、投资13.5亿元的根祖文化旅游开发项目、投资10亿元的通讯滤波器项目和投资10亿元的美亚迪关联重组项目等。9月4日，在深圳举办2018随州·深圳经贸洽谈会，共吸引全国各地90余家企业，10余家商（协）会，共160余名客商参加，11个项目现场签约，总投资约40亿元。这些项目投资领域涉及专用汽车、农业加工、医药化工、电子信息、新能源等产业，如：投资10亿元的5G通讯电子器件项目、投资5亿元的专用汽车产业园项目、投资3.5亿元的农产品加工项目、投资3亿元的福达康医药器械项目、投资3亿元的手机配套产品生产基地项目、投资2.1亿元的电子显示化学材料循环利用项目等。依托省市搭建活动平台宣传推介随州。市招商局先后组织市直招商分局和县市区参加"哈洽会""渝洽会""津洽会""夏洽会"等经贸洽谈活动，对接招商项目，宣传推介随州。9月3日至4日，市经贸代表团及10名客商在香港参加2018鄂港经贸合作洽谈会，会上广水市投资5亿元的科逸住宅设备整体卫浴项目上台签约，考察香港东荣盛贸易公司推动在随投资的农产品加工项目成功签约。9月11日至12日，市领导带队参加世界500强对话湖北活动，考察绿地集团，洽谈对接随州高铁枢纽中央商务新区的规划设计相关事宜。11月5日，市领导带队赴上海参加中国国际进口博览会，拜访考察上海正阳集团，洽谈招商项目。11月27日，市领导赴武汉市参加上市公司走进湖北项目推介洽谈会，考察参观在汉意向投资企业，宣传推介随州。

【项目建设】 坚持"一月一调度、一季一观摩、半年一总结、年终一考核"的督办机制。2018年以来来，全市组织了三次投资重点项目建设观摩现场会，听取新开工重大产业项目介绍，查看项目建设进展情况，督促各地各部门搞好协调服务，优化营商环境，推动项目落地。以省政府季度督查为契机，会同发改、统计、经信等部门，先后8次对亿元以上招商项目开展调研核查，了解项目现状，推动项目进程，指导企业"入库"。

旅　　游

【概况】 2018年，市旅游局以建设"文化旅游特色产业增长极"为目标，深化全域旅游理念，探索"旅游+"新模式，丰富旅游产品和业态，放大"魅力中国城"宣传效应，全市旅游业保持了强劲的发展势头，游客接待量持续保持较高增幅，全年接待游客2517万人次，综合收入突破155亿元，同比增长12%、10%。炎帝故里文化旅游区5A创建顺利通过省级验收，等待国家终评；田王寨景区通过4A级景区景观价值评定。重点项目推进势头较好，全市40个重点旅游项目完成投资20亿元，争取上级无偿投资259万元。研学旅行成为新热点，培育了11个市级研学旅行基地，炎帝故里景区被评为全国中小学生研学实践教育基地，随州博物馆被评为省级中小学生研学实践教育基地，共吸引武汉等周边研学游15万人次。旅游营销再放光彩，在第二季《魅力中国城》评选中，中国千年银杏谷景区荣获"年度魅力生态景区"，随州编钟乐舞荣获"年度魅力旅游演艺项目"；央视二台两次拍摄随州旅游专题片并在黄金时段播出；炎帝故里景区上榜"2018中国旅游影响力文化景区前十"，与故宫博物馆、布达拉宫、敦煌莫高窟等共享十强榜单。旅游监管力度加大，安全生产获得省文旅厅表彰。

【旅游品牌创建】 以炎帝故里文化旅游区和大洪山风景名胜区两大5A级景区创建为龙头，带动精品景区提档升级。炎帝故里文化旅游区5A级景区投入资金2.6亿元，对炎帝故里、博物馆和曾侯乙墓遗址三个景点的软硬件进行系统提升，整个片区面貌焕然一新。炎帝故里文化旅游区5A创建工作已经通过省级验收，正准备迎接国家终评。大洪山风景名胜区对照5A级标准全面开展创建工作，基础设施、配套服务进一步完善，综合管理进一步加强。在核心景区的带动下，抱朴谷养生产业园、神农牡丹谷、太白顶田王寨景区、印台山文化生态园等一批景区正积极创建4A级景区，其中太白顶田王寨景区顺利通过了4A级景区的景观价值评定，印台山文化生态园建成开园，进一步夯实了高等级景区创建的基础。

【旅游项目建设】 加大项目推进力度。除传统的景区项目外，特色小镇和文旅、农旅、康旅等产业融合项目纷纷上马，大洪山慈恩小镇和林泉长寿谷、广水印台山文化生态园、大洪山原石部落度假区等一批重点文旅项目正在推进；编钟音乐创意产业园、洛阳银杏小镇、曾随文化大遗址走廊等一批重大项目正在进行前期策划和招商，重大文旅项目形成了梯次建设、滚动发展的良好态势。另做好项目跟踪服务工作。大洪山慈恩小镇项目、随县神农红生态红酒文化产业园项目、随县万亩茶园风景区综合开发项目三个项目入选优选旅游项目，推荐大洪山风景名胜区创5A提档升级建设项目入选省级金融支持旅游扶贫优质项目。联合市金融办召开了全市重大旅游项目银企对接会，重点旅游项目负责人和银行面对面交流，切实推进企业发展中的信贷难题。

继续推进旅游"厕所革命"，高标准完成40

座旅游厕所建改任务,占三年行动计划的40%。启动了随中旅游环线建设,完成了洛阳千年银杏谷旅游公路的配套和改建。统筹、规划和支持了洛阳镇胡家河、洪山镇温泉村民宿示范点建设,武胜关桃源村和大洪山民宿示范项目正抓紧推进;武汉博大科技公司投资的银杏谷"国际银杏康养谷"系列项目进展顺利,民宿作为休闲康养的新业态已经渐成气候。委托专业公司对旅游商品进行设计和规范,一批有随州特色的商品在线上线下销售。

【推进"+旅游"融合发展】 在"农业+旅游"方面,大力发展特色农庄、观光农业、农家娱乐、民俗节庆四大农业旅游,推动神农牡丹产业园、淮河源国家湿地公园等一批新型农业项目按4A级景区建设,北郊开心农场、何店花湾花海等一批农旅融合项目逐渐成熟。在"工业+旅游"方面,依托"中国专用汽车之都"的品牌优势,指导专汽博览中心、裕国菇业和黄鹤楼酒业等工业项目创建工业旅游景区。在"研学+旅游"方面,炎帝故里景区被评为全国中小学生研学实践教育基地,随州博物馆被评为省级中小学生研学实践教育基地,共吸引武汉、荆门、荆州、襄阳等周边研学游15万人次,研学游成为新的增长点。在"文体养生+旅游"方面,长寿谷、抱朴谷、颐养生态城等康养项目,大洪山自驾营地等文旅项目推进顺利,神农牡丹谷在牡丹节期间举办了首届华中地区汽车越野场地赛。

2018年3月,武汉高校大学生团赴大洪山开展研学之旅活动

【行业监管】 聚焦市场监管,优化旅游市场秩序。在大洪山等重点景区设立了旅游巡回法庭、旅游工商分局,指导4A景区成立12315消费者服务维权站,建立健全综合监管机制,开展旅游交通、漂流专项整治5次,开展"春季整治""暑期整顿""秋冬会战"三大市场整治行动,开展检查10余次,发出整改通知10份,依规进行行政处罚1家,约谈5人;全年通过信息平台处理旅游投诉32起,满意率100%。聚焦素质提升,提高旅游服务质量。举办各类旅游专题培训班8期,培训2000余人次;强化行业精神文明创建,大力宣传文明旅游出行须知、社会服务承诺,免费发放《文明旅游手册》《出境旅游文明行为指南》《国内旅游文明行为公约》5000余份。聚焦安全管理,加强旅游安全服务。通过"两微一网"和QQ群四大平台,实时推送出行提示和旅游目的地安全信息;抓好春节、"五一"、暑期及汛期、"十一"黄金周旅游旺季和节假日的旅游安全工作,开展旅游安全检查30余次,排查重大隐患20余处,下达隐患整改通知书35份,全市无重大旅游安全事故发生;标准化、数字化安全生产监管触角延伸到A级景区、星级饭店和旅行社,"两化"平台综合得分持续位居全市前列。

【创新旅游营销】 活动促销。举办了2018年湖北乡村赏花游启动仪式暨赏花游采风活动,来自全国各地的90余名媒体记者、摄影家、旅游达人在随州市开展了为期3天的采风和宣传;举办随州旅游湖南岳阳推介会,市场反响强烈,11月底,120余家岳阳重点旅行社主动来随州开展了专题踩线活动,随州旅游产品引爆岳阳旅游市场;组织开展"春满荆楚 幸福乡里"路演活动、美丽乡村马拉松赛、第二届牡丹文化旅游节和武汉高校"静修之旅"之"佛系青年走进大洪山"、随州研学游推介会等活动,面向武汉高校的"请进来""走出去"推介营销活动力度之大、效果之好为历年之最。

2018年9月16日大洪山修禅马拉松山地自行车竞速赛开幕式

2018年12月5日，随州市举行旅游招才引智暨研学游产品推介会

央视宣传效应。为抢抓魅力中国城后续宣传效应，2018年，随州先后参与央视"魅力中国城·城市联盟"、《魅力中国城》文化旅游西昌博览会、2018第二季《魅力中国城》节目交流年会暨年度盛典活动等系统宣传，随州两大元素再获殊荣：中国千年银杏谷景区荣获"年度魅力生态景区"，随州编钟乐舞荣获"年度魅力旅游演艺项目"；对接央视二套《生财有道》《乡村振兴中国行》栏目来随深度采风，拍摄了夏日旅游和乡村振兴题材的两部专题片，两个节目已分别于8月23日和12月20日在央视二套播出，反响强烈。

传统平台、新媒体联合营销。利用随州凤凰酒店客流量大、外地游客较多的优势，在凤凰酒店一楼大堂设置随州大型电子屏专门用于随州旅游形象宣传；与武汉市嘉城国旅等重点旅行社合作，将该市以银杏谷、炎帝故里、编钟乐舞为代表的旅游产品推向香港、澳门、菲律宾、马来西亚、泰国等周边境外市场，仅银杏谷旅游旺季就接待境外游客5000人次以上。开发了随州旅游App，丰富了随州旅游微信公众号信息，线上推出一批特色线路；在腾讯、爱奇艺、新浪微博等知名新媒体上开展了随州旅游宣传片展播，点击量达到100万次以上；组织"全国实体旅行社联盟随州行"等线上线下活动；与中国联通营业厅合作拓展旅游年卡办理渠道，优化升级线下办理旅游年卡系统，与支付宝合作开通随州旅游年卡购买和缴费功能，既方便市民、游客购买年卡，又依托支付宝大平台扩大年卡的影响力。

旅游扶贫和旅游惠民取得实效。出台《市旅游产业扶贫攻坚实施方案》，实施旅游名城名镇名村名景名店"五级联创"工程、乡村旅游后备箱工程和民宿、特色小镇、产业融合、精品线路、人员培训等九大工程；开展旅游产业扶贫试点，确定7个"景区带村"示范点、10个扶贫试点村、8个"公司（合作社）+农户"产业扶贫示范基地、11个产业融合带动示范基地，带动贫困人口人均旅游增收达到500元以上，带动1万贫困人口脱贫致富。

住房和城乡建设

综　述

【项目建设】 谋划实施了76项城市重点项目建设，交出了完工14项、开工建设33项的成绩单，年度实际完成市政基础设施建设投资约60亿元。清河东路、汉东东路等城市"断头路"相继打通，㵐水一桥拆除新建及两端道路建成投用，有效缓解了进出城交通拥堵问题，烈山大道中段改造完工交付使用，聚玉街等城市微循环道路初见成效，文帝大道地下综合管廊和花溪河湿地公园一期、㴐水湿地公园等海绵城市建设有序推进，城市品质得到新的提升。

【住房保障】 分五个区域对中心城区商品房实施分价调控，房价涨幅控制调控范围之内。全市棚户区改造新开工7236套，棚户区改造住房基本建成4075套，超额完成年度目标任务。争取到位中央财政保障性安居工程专项补助资金1.2亿元、保障性安居工程配套基础设施投资补助资金2.98亿元，政府投资公租房分配入住率达到94.25%。"红色物业"示范引领实现破冰，小区物业服务规范化建设全面推广，老旧小区改造试点圆满完成。

【绿色发展】 开展城市建设绿色发展三年行动，中心城区新增绿地面积61万平方米。先后完成6条黑臭水体整治任务，全市黑臭水体消除率达到75%。市本级污水处理厂提标升级改造完工投用，污水集中处理率达到97%。左岸星城等易涝点治理全面完成，城市地下排水管网得到及时疏通。建成废弃建筑模板、建筑垃圾、工业矿渣回收利用等3条建筑节能生产线，获批"湖北省建设科技计划项目"和中央1000万元的奖补资金。5个项目获批国家和省级绿色建筑标识，随州应用建筑节能和绿色建筑经验做法在全省推广交流。

【行业发展】 做大做强建筑产业，建筑工程总承包一级资质新增3家，总计达到5家。全市建筑业总产值突破122亿元，增长18.9%。持续推进为期两年的建设领域设计、监理、预算、评估、招标代理等六类中介机构专项治理，先后立案查处20家，取缔资质资格1家；扎实开展扫黑除恶专项斗争，先后移交涉黑涉恶案件线索17件。以质量安全标准化提升、建筑施工扬尘治理等专项行动为契机，全面落实文明施工现场"六化"标准，严格落实"五方"责任主体，实现了建设工程安全生产零死亡的目标。

【镇村建管】 37个新建污水处理项目基本建成；全市推行生活垃圾分类和资源化利用试点的行政村达到56%，37个镇级生活垃圾填埋场无害化治理和849个村级生活垃圾填埋场基本完成封场，建成乡镇垃圾中转站37座，新建改建乡镇公厕

105座，初步形成了"户分类、组保洁、村收集、镇转运、县处理"的垃圾收运处理体系。全市被列入省、市级美丽宜居乡村示范项目达到29个，随县草店柯家寨等4个村先后被列入国家传统村落保护名录。倾力参与精准扶贫攻坚战行动，争取中央危改计划5897户资金9737万元，开工6465户，竣工投用6288户；全市24个计划脱贫出列村的363户危房改造任务已全部完成。

城 乡 规 划

【城市总体规划改革】 市规划局制作了《随州市城乡总体规划》公众版宣传手册和宣传片，《随州日报》先后刊登了14篇深度解读《随州市城乡总体规划》的文章，《人民网》《中国建设报》对随州总规改革经验作了详细介绍，《湖北日报》刊发了题为《勾勒城市"成长坐标"——城市总体规划改革的随州样本》的长篇报道，湖北电视台来随专题采访生态规划建设情况；随州规划工作经验在全省住建会议上作典型发言（全省仅6家），随州市规划局被国家住建部和省住建厅推荐到全国规划局长培训班上学习交流（全省仅2家）；天津市、福建省厦门市、江西省赣州市、湖北省孝感市、湖北省罗田县等地先后组团来随州考察学习随州规划经验。2018年6月23日至26日，成功承办了以"人居湖北、品质规划"为主题的湖北省城市规划年会，省内外500多名规划专家及注册规划师在随州参加了培训学习和实地考察。

2018年3月30日，赣州市和厦门市规划局来随考察学习城市总体规划改革经验

【规划编制】 积极参与中心城区重点建设项目库策划工作，变"规划跟着项目走"为"规划引领项目建设"。围绕市政府工作报告确定的民生实事、城市重点项目、重大招商引资项目、工业项目建设，及时组织编制了市校合作产业园起步区控详规、城南高铁片区控详规和中心城区公共厕所布点等各类规划400多项，其中重点规划190多项，编制完成了全市第一个乡村振兴规划——广水市陈巷镇方略村美丽乡村振兴规划，引领城乡统筹发展。涉及规划编制的31件人大代表、政协委员建议和提案高质量办理完毕，满意率100%，促进了老旧小区安装电梯、停车难、交通拥堵等难点问题的解决，建议提案办理见面工作受到市政府办通报表扬。

2018年6月23日至26日，省规划年会暨注册规划师培训会在随州召开

【规划审批】 共依法依规核发"一书两证一核实"771件，审批建筑面积290多万平方米，收取配套费1.49亿元。2018年规划政务服务事项全部进入市政务服务中心，并可通过"湖北省政务服务网"和"湖北省投资项目联合审批平台"进行线上申报、线上审批，实现了"网上办"，规划审批窗口先后4次被评为"红旗窗口"，荣获2018年年度红旗窗口。

【规划监管】 加强建设项目批后管理，组织放（验）线173起，及时发现和处理违法建设行为16起；开展规划执法监督检查和现场督办活动80余次，下达停工通知书38份；组织拉网式大检查，查处经营性建设项目违规问题19个；会同相关部门拆除违法建筑26起；督导随县和广水市对洪山镇、杨寨镇、余店镇开展了规划督察工作，维护了规划的严肃性。

【移动办公】 创新工作方式，改进工作作风，组成工作专班，先后到曾都区、随州高新区、市级平台公司、重点企业开展集中式"移动办公"活动6次，小规模、一对一"上门服务"80多次，共对接规划问题158个，主动"领题"，快速"破题"，勇解"难题"，干净"答题"，以实际行动支持重点项目建设；在"上门服务"过程中，扎实开展遍访"两代表一委员"活动，主动听取代表、委员对规划工作的意见和建议，受到社会各界好评。"上门服务、移动办公"活动成为规划系统反对形式主义、官僚主义的创新举措和特色载体，受到省住建厅表扬和推广（见下图）。

市规划局到齐星公司开展上门服务，听取代表对规划工作的意见和建议

【三大攻坚战】 在污染防治方面，组织编制了《随城山国家生态公园总体规划》《城东工业园片区污水干管规划》《柳树淌黑臭水体治理规划》《花溪河湿地公园规划》等9个生态规划；扎实做好均水河"河长制"工作，组织巡河及督办活动11次，在全市率先编制完成《"一河一策"实施方案》，市河长办专门编发简报，对相关工作经验进行总结推广。在精准脱贫方面，扎实开展"一对一"结对帮扶、遍访贫困户活动，为横山坡村送去帮扶资金22万元，为中心城区100余户精准扶贫户解决了住房困难。在防范化解重大风险方面，认真做好现场接访、网上信访，受理群众来信来访135件（次），涉房遗留问题得到较好化解，汉东福邸小区业主送来锦旗一面。

城乡建设

【城市建设】 重点项目建设。2018年，随州市中心城区实施城市重点工程建设76项，计划投资102.03亿元，估算完成投资额约60亿，占目标任务的59%。城市空间进一步拓展，人居环境得到极大改善，其中东西护城河治理、桃园公园、花溪河湿地公园、涢水湿地公园、垃圾无害化处理厂建设、市污水处理厂提标升级等生态环境治理项目相继启动并陆续投入使用；文帝大道、绕城南路、白桃一路、涢水二路等新区路网逐步完善，城东新区"一纵五横"、城南新区"两横四纵"路网初步建成；汉东东路、㵐水一桥、涢水一桥等重要交通枢纽相聚建成通车，制约新老城区的堵点得以消除；老城区烈山大道、聚玉街等主次干道改造完工并投入使用，大润发人行天桥、实验小学人行天桥、桃园路大桥等项目正在紧张施工中，进一步完善了老城区"微循环"道路；新建市民中心立体停车库、清河路中百地下停车场、龙门街立体停车库等城市公共停车场项目，新增城市停车位483个，缓解了城市停车难问题。

城市污水和黑臭水体治理。将城市黑臭水体整治纳入城市重点工程项目建设同研究、同部署、同督办，取得了控源截污、集中处理、生态修复、河清岸绿的阶段性工作成效。中心城区先后完成6条黑臭水体整治任务，新发现黑臭水体全部纳入治理计划，全市黑臭水体消除比例达到75%。城市污水处理设施安全运行监管得到加强，市本级污水处理厂提标升级改造完工调试，污水集中处理率达到97%，各项运行管理指标均处于全省先进行列。

【村镇建设】 乡镇生活污水治理。全市计划新建37个乡镇生活污水处理厂，其中，随县18个，广水市13个，曾都区4个，高新区1个，大洪山景区1个。项目计划总投资16.24亿元，污水主管网总长度380千米，污水处理厂总规模5.85万吨/天。全市共申请省政府债券资金9.4675亿元，实际到位6.9442亿元。全市乡镇污水处理设施建设已基本完成，进入收尾阶段。其中曾都区4个乡镇、大洪山风景名胜区长岗镇污水处理厂网设施已建成，正在安装设备进行调试；随县15个、广水市9个乡镇生活污水处理厂区主体完成，正安装设备。

农村生活垃圾治理。市政府自2018年起每年预算800万元农村生活垃圾治理以奖代补资金，用于支持农村垃圾收运设施建设和推行垃圾分类减量化工作。先后出台了《随州市农村人居环境整治三年行动实施方案》《随州市城乡生活垃圾无害化处理全达标三年行动实施方案》等文件。截至2018年年底，全市共争取省政府农村垃圾治理债券资金2.21亿元，524个行政村（占总量的56%）开展了农村生活垃圾无害化治理和垃圾分类试点，村级非正规生活垃圾填埋场逐步实施封场和生态修复，村域新产生的生活垃圾全部收集转运到镇集中进行卫生填埋；37个镇级生活垃圾简易填埋场按照《环境整治技术规范》进行无害化治理；37个镇级压缩式垃圾中转站即将建成；中心城区生活垃圾无害化处理项目启动建设，广水市垃圾焚烧发电厂形象进度已超过70%。全市各地因地制宜配足分类垃圾桶、转运车等收运设备，落实户分类、组保洁、村收集、镇转运的治理工作体系，共招聘农村保洁员5038人；配置各式垃圾桶（箱）76285个，勾臂式垃圾箱3365个；购置密封式中转车48辆，压缩式垃圾中转车45辆，勾臂式垃圾中转车104辆，机动挂桶车44辆，其他各类收运车3948辆，农村生活垃圾治理能力明显提升。

农村危房改造。全年争取中央危改计划5897户，资金9737万元。截至2018年年底，已经开工6465户，占计划数的109%；竣工6288户，占计划数的106%。2018年全市24个计划脱贫出列村363户危改户已全部改造完成。

乡镇公厕建设。随州市2018年乡镇公共厕所新改建省定目标67座，截至12月31日，已完工92座（新建44座，改建48座），占总任务的137%。

美丽乡村建设。稳步推进特色小镇、美丽宜居村庄创建和传统村落保护，国家和省级特色小镇均实现榜上有名，全市列入省、市级美丽宜居乡村示范项目达到29个，随县草店柯家寨等4个村先后列入国家传统村落保护名录，全市累计获得省级以上命名的小城镇达到20个、示范村66个。

城 市 管 理

【概况】 2018年，市城管综合执法局按照打造品质随州的总体目标，大力推进体制机制改革，着力推进民生项目建设，强力推进市容秩序综合整治，加力推进城市管理综合执法，努力解决社会关注、群众关心的热点、难点问题，参与并承担了"禁鞭禁燃"、食品安全、环境保护、校园周边环境整治、"超载超限"整治、擅自开挖城市地下空间整治、交通秩序整治、客运市场整治、"非洲猪瘟"防控等一系列急重难阻的社会管理任务，城市管理水平大幅提升，城市环境和城市形象明显改善。

【民生项目建设】 大力推进"四个三重大生态工程"和民生项目建设，城市功能更加完善，群众生活更加方便。

"厕所革命"建设任务。按照"新建、改造、提档"并举的原则，绘制"作战图"、制定"进度表"、落实"销号制"，化解邻避效应、排除施工阻碍，高标准设计、精细化施工，全面高质完成了新建10座、改造30座公厕的建设任务。

生活垃圾焚烧发电项目推进。在加强宣传的同时，邀请部分人大代表、政协委员，组织选址地干部群众，两赴成都、三赴武汉，考察垃圾焚烧发电项目，消除了顾虑、统一了思想。专班人员克服重重困难、排除种种阻碍，完成了规划选址、规模论证、土地勘界、土地预审、厂区设计、环评、稳评、水资源论证等前期申报工作及土地征用、附属物补偿、配套设施规划等工作，为项目建设的顺利推进奠定了坚实的基础。

2018年5月，市城管部门在白云湖堤岸开展垃圾无害化处理专项整治行动

垃圾处理提档升级。针对城南垃圾处理场渗滤液处理能力不足导致外排废水超标的突出环境问题，全力推进城南垃圾处理场技术改造，增添了渗滤液处理设备，引进了生化处理技术，铺设了防渗膜，建设了防渗墙，实施了雨污分流，解决了氨氮超标、在线数据超标等问题，渗滤液处理能力大幅提升。烟岱包垃圾处理场按照封场建设要求，实施了场地覆膜覆土、雨水防渗、生态修复等项目建设，正在推进渗滤液处理设备安装调试，烟岱包垃圾处理场封场建设进入最后收尾。

烈山大道中段包装改造收官。投资296万元，对烈山大道中段临街破损墙面、广告、管网、空调外机和亮化进行统一包装改造，拆除并更新破损广告牌和门店广告牌6200平方米，粉刷外墙6000平方米，对临街屋面、窗户和亮化进行了统一设计、统一规范，烈山大道环境焕然一新，品位明显提升。

【"八大整治"行动】 按照打造品质随州的总体要求，全面实施"八大整治"行动，管理水平显著提升，城市品质更加彰显。

整治环境卫生。不断巩固环卫改革成果，严格执行考评标准，严格落实奖惩兑现，对城区道路和小街小巷环卫保洁质量实施适时监督、动态考核，大力推行垃圾分类收集、分类处置，环卫机械化作业率达到87%，垃圾无害化处理率达到98.5%，环卫保洁水平明显提升。

整治占道经营。集中整治城区出门出店出窗占道经营、堆物占道、修理占道、洗车占道等违章行为，重点规范菜市场、集贸市场、批发市场等地段市容秩序，坚决取缔沿街叫卖、流动售卖、马路市场；强力开展校园周边市容秩序整治，为高考中考营造了良好的环境氛围；联合公安交警集中整治"以车代市"违法行为，对流动叫卖车辆一律实施查扣，市容秩序全面好转。

整治空间环境。清理流动广告，清除"牛皮癣"和墙体广告，全面加强党建宣传、文明宣传、公益宣传，户外广告设置进一步规范。对新建项目实施亮化建设与主体建设同步规划、同步施工、同步验收，将重要地段、重要节点亮化接入路灯专线，实现"一键启动"，城市空间更加清爽、夜景更加靓丽。

整治渣土漏撒。采取控制出口、控制源头和定岗、定责的管理措施，对重点路段、在建工地实行24小时巡查值守，对建筑渣土运输漏撒行为实行严查重处，查处违规运输渣土车辆173台，强制卸载超载渣土1350吨，"走一路、撒一路、灰尘扬一路"的现象得到根本遏制。

整治停车乱象。开展"还路于民，还位于车"集中执法行动，对城区临街单位、商户擅自设置的地锁、地桩、水泥墩、栅栏进行集中拆除，共计清理拆除临街单位和商户擅自设置的违规停车设施1200套，腾出公共停车位500余个，缓解了城区停车难压力。

整治违法建设。坚持逢建必查、逢违必拆的钢纪铁律，始终保持对违法建设的高压态势，紧防重点区域、紧盯重点建设，对高铁小镇建设、棚户区改造、东护城河改造、涢水大桥改扩建和黄鹤楼酒业、武汉理工大科技园建设等重点项目实施重点管控，对违建、抢建行为，发现一起、拆除一起，共查处并拆除违法建筑420余起、面积4万平方米，切实维护了城乡规划的权威性和严肃性。

整治油烟噪声。将夜间建筑施工噪声污染作为管控重点，查处夜间建筑施工噪声污染案件120起；对夜市烧烤摊点进行重点整治，规范出店占道烧烤经营90余处，暂扣违规经营烧烤炉

280套，遏制了油烟污染态势。

整治损绿毁绿。坚持依法护绿、依法治绿，对城市公共绿地实施严格监管，从严查处各类损绿毁绿案件，现场制止并责令整改园林违章行为51起，查处损毁园林绿化违法案件27起，城市园林绿化成果得到有效保护。

【提升城市管理效能】 注重发挥数字城管和城管督察的监督考评作用，受理并督办"12319"专线电话投诉2381件，处理率为100%；编发《城市管理督察通报》12期，下达督察整改通知书130余份，督察整改市容环境问题500余件、违法建设20起，整改并拆除违法建设7000平方米，城市管理效能大幅提升。

房产管理

【棚户区改造】 落实保障责任。召开专题会议进行动员部署，签订目标责任书，将棚户区改造完成情况纳入县（市、区）政府（管委会）党政领导班子年度综合考核指标，制定棚户区改造实施方案和项目责任分解表，月督办月通报，强力推进全市棚改进度。

2018年5月9日，全市棚户区改造工作动员会召开

广泛宣传政策。组织棚改政策巡回宣讲专班，发放宣传资料万余份。加快房屋征收。建立"市区一体、重心下移、市级统筹、区级实施"房屋征收推进体制机制，项目实施单位探索建立了"区政府+主管职能部门+实施单位+街道办事处、社区"合力推进棚改房屋征收工作模式。落实资金保障。加大与银行的协调沟通，全力争取各类资金支持。全年共争取中央财政保障性安居工程专项补助资金1.2亿元，保障性安居工程配套基础设施投资补助资金2.98亿元；争取国开行、农发行及各商业银行棚改专项贷款额度15.2亿元。

【住房保障】 保障范围进一步扩大。将住房租赁补贴保障标准从家庭人均月收入918元提高到1008元，将城镇中等偏下收入住房困难家庭保障标准从家庭人均月收入1630元提高到1797元。举行两次公租房分配入住摇号仪式，共有784户家庭获得配租资格，780余人圆了"安居梦"。

2018年11月27日，随州市第七期公租房摇号仪式现场

制度建设进一步加强。拟定了《随州市公租房维修管理制度》《随州市公租房调换管理规定》和《随州市公租房后期管理办法》，为公租房规范管理奠定基础。审批效率进一步提高。实现公租房保障常态化申报，随时申报，即时受理，及时审核审批。动态管理成效显著。组建核查专班，常年对入住对象不定期核查、不定时暗访，对发现的问题随时处理。启动城东公租房、朝阳小区、光明小区、香珠花园等10个公租房小区的房产大清查工作，共清查保障家庭5000余户，发现收入超标264户，均已按公租房管理规定进行处理；发现超出住房保障标准50户，均已清退。小区日常管理进一步规范。坚持水、电、路、绿化、停车棚、物业管理用房及其他生活服务设施用房等配套工程与主体工程同步设计、同步施工、同步交付使用。通过选聘优秀的物业服务企业对保障性住宅小区实施专业化物业服务，全市保障性住

宅小区物业管理覆盖率达100%。加强对物业公司日常管理服务工作的监督检查，发现问题及时督促整改，及时受理处理保障房住户的各类投诉。

【**房地产市场管理**】 抓预售价格监管。做好全市房价监管监控，贯彻落实《全省2018年房地产市场监管工作要点》，大力推进"控房价、稳市场、防风险"工作。采取新建商品住房控价措施，确定中心城区房价控制目标为5500—5800元/平方米，严格新建商品住房预售价格审核和装修项目价格管理，对不接受指导价格的，不予价格备案。强化房产市场调控会商制度，定期分析房地产市场状况和发展形势，加强对市场分析、政策研究和市场调控，指导企业合理定价。根据城市功能空间分布、片区差异等状况，划分城东、城西、城南、城北、城中五个调控片区，结合每个片区的交通便利性、周边环境、未来发展规划和每个项目楼面地价、企业信用等实际情况，构建科学的房价控制体系。加强房地产市场监测预警，进一步做好交易日报和房价监测分析，密切关注房价走势。加强对所辖县市的督导力度，要求各县、市切实抓好各项调控政策措施的落实落地，对房地产市场调控工作不力的县、市进行通报。2018年，中心城区房价控制目标有效稳步实现，全年中心城区商品房新增面积178.04万平方米，其中新增商品住宅面积160.01万平方米，同比增长17.85%；商品房交易面积180.9万平方米，其中商品住宅交易面积172.06万平方米，同比下降15.54%；商品住宅平均交易价格为5352元/平方米，房价涨幅控制在市政府确定的调控范围之内。

【**物业服务和管理**】 开展试点小区建设和改造。开展"红色物业"创建。深入基层，广泛调研，摸清物业公司党员及相关情况。选定凯旋中央、新城大自然、千千水岸、城东公租房作为"红色物业"的试点小区。积极交流学习武汉市"红色物业"的先进经验。广泛征求意见，督促各试点小区按照创建思路完成红色阵地布置，并组织小区之间进行观摩学习。持续推进小区标准化建设，在中心城区再选取千千水岸、新城大自然、凯旋中央3个小区，继续扩大标准化创建的范围。工作专班入驻三个试点小区，发动小区业主积极参与，指导小区完成相关创建工作。新城大自然小区已全面推行"互联网+智慧物业"，千千水岸小区和凯旋中央小区正在推广中。实施老旧小区提档升级。选取了3个老旧小区试点进行重点整治改造。已实现对棉花小区道路、公共停车棚、监控、立面墙、门卫室、大门等六个方面的全面改造，烈山小区127户供水供电改造全部完成，银湖花园小区完成供电改造工作165户，剩余3户正在进行之中。

开展全市物业服务市场大检查。在全市130个物业服务项目开展为期三个月的物业服务市场大检查，从物业服务企业的10项服务质量行为、9项市场行为、2项行业管理行为和开发企业的8项市场行为入手，重点查处服务质量低下、承接查验不到位、物业用房未按规定移交等违规行为。此次大检查下达书面督办通知17份，责令整改通知书2份，并在全市物业服务企业进行通报。抽查广水6个小区，随县5个小区，下发整改检查记录11份。

启动物业服务质量等级考核工作。2018年，市房产局、物价局组织联合考核专班，根据《随州市住宅小区物业管理服务等级评分标准》，以问题为导向，以业主投诉的热点小区为重点，共考核40个小区，下达了整改通知书40份，限期整改到位。截至2018年年底，在规定的时间内已全部整改到位。

完善制度体系。先后出台了《随州市房产管理局关于做好物业管理行政备案工作的通知》（随房〔2018〕2号）《随州市中心城区住宅专项维修资金使用工作规程》（随房〔2018〕3号）《市房产管理局关于调整住宅专项维修资金交存时间的通知》《随州市关于成立业主大会的工作指南》（随房〔2018〕12号）等文件，健全物业管理制度，提升物业管理效能，为规范物业服务行为提供了制度保障。

加强物业管理各项日常工作落实。住宅专

项维修资金管理，全年中心城区归集维修资金7654.9616万元，办理归集维修业务13924户，办理使用维修资金57笔共308.97万元。截至2018年12月，全市中心城区住宅专项维修资金归集2.68亿元。规范行政备案管理，2018年办理中心城区物业用房核查24个、前期物业合同备案24个、前期物业管理招投标24个、承接查验17个、物业合同备案1个。指导成立业主大会，向街道办事处和社区下发成立业主大会的通知22份。督促开发企业向办事处移交业主大会成立的相关资料，下发督办通知4份。指导供电公司、烟草公司等7家国有企业"三供一业"分离移交工作。指导行业协会工作，拟定了《随州市物业管理协会章程》，协助开展两次培训，提升行业自治能力。

【房屋征收】 规范征收行为，宣传征收政策，对市级重点项目征收补偿方案组织论证，对补偿资金预算方案进行审查，对实施情况进行监督。积极服务项目，严格房屋征收程序，服务指导亚通、齿轮、铁树、东护城河改造、汉东东路延伸段、铁路片区棚户区改造和解放路市场九星运业35户房屋征收。完成青年路大路东端北侧市政基础设施建设前期手续和房屋征收的准备工作，就下一步工作提出建议。

【房屋安全管理】 继续做好中心城区老旧危楼安全排查，对排查过程中有疑点的房屋进行检测鉴定，为业主和各级政府排险提出合理化建议。做好城市规划区居民危房安全鉴定工作，对农房改造申请户出具危房鉴定报告。全年共鉴定各类房屋315起，建筑面积约6.5万平方米，老楼危楼排查800余幢，建筑面积约8万平方米。高度重视白蚁防治工作，增强主动服务意识，规范服务流程，公开服务事项，避免办事人多跑路。做好新建、改建、扩建、装饰装修房屋的白蚁预防工作，严格履行合同，继续做好原有新建房屋白蚁预防在十五年包治期的回访复查、返治工作，确保工作规范严谨，全年共办理新建房屋白蚁预防业务53笔，建筑面积约216万平方米。

【政策性住房】 规范政策性住房上市交易，妥善化解历史遗留问题。认真处理房改房上市交易业务，全年办理房改房产权变更交易共计977户。认真处理17个单位共计127户职工住房遗留问题。全年完成领导干部个人房产查核132批次，查核人数1666人次。

风景园林管理

【园林绿化建设】 坚持"海绵城市"建设理念，加强精品建设和民生项目建设，中心城区完成绿化项目总投资1.32亿元，先后完成桃园公园、㴔水湿地公园、东护城河香港街水塔空地小游园、花溪河湿地公园一期主体建设；大力推进"城市双修"工程，加快城市公园广场建设和改造步伐，补齐城市功能短板；有序推进湖北省第二届（荆州）园博会"随州展园"项目建设。全年随州中心城区新增绿地面积61万平方米，绿地率达34.46%，绿化覆盖率达39.81%，人均公园绿地面积达10.81平方米。截至2018年年底，随州市中心城区绿地面积1918.6公顷，建有各类公园12个（含在建），街头小游园30处，广场7个，各项指标均达到或超过国家园林城市的标准，顺利通过了2018年9月国家园林城市复查验收。

【园林绿化管理】 深入开展市容环境综合整治行动。对主城区公园、广场游园、道路绿地等实行全天候巡回检查和保洁；春季对城区受损、死亡苗木开展全方位补植、修剪，绿化补植各类乔灌木3.6万株、地被植物1.2万平方米；持续加大城市生态修复力度，切实做好了辖区内青护城河、白云公园人工湖、政府山人工湖、文化公园人工湖等水域黑臭水体治理。扎实推进"以钱养事"考评工作。不断完善"以钱养事"月考机制，采取电脑随机抽取考评专家、随机抽取考评路段的方式，规范绿化管养考核小组对城区绿地的检查评分工作，建立了"公平、公正、公开"的考评制度，通过"月考"促进各管护单位提高精细化管理水平。不断加强园林行政执法力度。及时发现和处理侵绿毁绿等破坏绿化行为，2018年，市园林局督办各类社会绿化项目40余个，清理纠正各类绿化违章行为100余次，处理各种社会侵绿毁绿案件10余起。持续推进行政审批效能风暴，全面落实行政许可事项线上办理，实现行政审批办件办结率100%。

【行业监管】 加强园林工程质量监管。深入开展园林工程质量安全生产提升行动，实行工程项目经理负责、工程项目报备、工程前期预算财审最高限价、现场技术指导等制度和措施，强化园林工程质量安全过程监管。规范园林行政许可监管。对城市建设项目的园林行政许可事项实行"专人监管"制度，分别对设计图审、施工过程、竣工验收时的绿地率进行全面监管，并严格建设单位竣工后绿化养护责任，严控项目建设绿地率。加强景区公园安全监督。深入开展园林系统"扫黑除恶"专项斗争，每季度对景区、公园、广场进行全面安全生产检查，重点排查风景名胜区违法违规开发活动，督促各单位部门发现问题限期整改；开展安全生产专题培训，提高景区、公园、广场安全生产意识和应急救援能力水平。2018年，园林系统安全生产实现"零事故"。

建筑业管理

【建筑市场发展】 扶持企业。落实重点企业培育政策，帮助企业资质提档升级。先后扶持湖北大随、沿河、中建福建等3家公司升为一级，新批资质42家，资质增项41家，资质升级14家，为本土企业做强奠定了基础。严格监管。发挥"一体化"平台综合监管作用，从项目报建到竣工验收备案手续均在网上办理，五方责任主体动态监管在网上掌控，实现了"数据一个库、监管一张网、管理一条线"的监管目标。2018年，共对违规项目经理（建造师）扣分30人次，约谈企业负责人16人次，立案查处12起，有效地遏制了未批先建、现场管理人员不到岗、不履责及"三包一靠"现象。清欠保支。全力推进农民工工资保证金、银行按月代发、实名制管理和专用账户管理等制度落实。下发督办函20余份，督促建设单位、施工单位年底按时支付资金。

【工程质量安全监管】 稳步推进工程质量安全标准化管理。向在建工地发放标准化手册1000余册，指导各在建工地做到过程管理标准化、工序施工样板化及方案交底可视化。先后开展2次综合检查，共检查项目90余项，涉及建筑施工企业31家，监理单位17家。下达停工、整改通知书90余份，当场处罚决定书4份，对项目总监扣分5人次，约谈各类违规行为的项目负责人20余人（次）。提升监理工作水平。邀请省监理协会专家2名，对该市监理工作进行了专项检查。共检查12家监理企业的15个在建项目监理机构，以及2家外地监理企业在随设立的分支机构，下达整改通知书10份，总监扣分8人次，进一步净化了监理市场，规范了监理行为。扎实开展打非治违专项行动。将打非治违作为日常巡察和综合检查的重要内容，对发现的问题登记建册，建立问题清单。采取督办整改、停业、约谈、立案处罚等措施，依法从严整治，实行销号管理。对未按程序执行"危大工程"管理办法的项目予以局部停工，有效促进了各方责任主体对"危大工程"的管理水平；现场纠正"三违"行为400多人次；暂扣各类特种作业人员操作资格证32个。落实安全生产四大行动。制定安全生产大约谈、大暗访、大排查、大警示四大行动方案，下发至各县市区、管委会及专委会成员单位，每周进行督办统计。2018年9月至12月，共约谈企业负责人6人，排查隐患70余处，开展大暗访4次，组织观看警示教育片60余场次，有效助推了安全形势的持续稳定。妥善处理信访问题。妥善处理了清河星苑、随园嘉墅、文峰都市花园、居家花园、舜井佳苑等小区质量安全投诉问题。多次深入小区现场办公，迎宾花园、世纪花园房屋办证问题正逐步得到解决。完成了市长热线、阳光信访、交办的信访问题10余件，使百姓的合理诉求得到有效解决，维护了社会稳定。

【施工扬尘防治】 印发了《随州市建筑工程大气污染防治实施方案》《随州市建筑施工扬尘防治工作实施方案》，健全管理体系，确保建筑施工扬尘防治工作有序开展。组织全市建设单位和施工单位负责人400余人到市委党校新院区、海翼汉东至尊三期、恒大御府三个环境整治示范工地项目进行现场观摩，通过示范引导，形成以点带面、整体推进、整体提升的工作局面。先后四次组织开展全市建筑施工扬尘专项检查，督促所有在建工地落实"六化"措施，规模以上施工项目设置在线监测系统。对市民投诉、作风聚焦曝光、环保督察"回头看"反馈的扬尘污染问题，立行立改，并举一反三，对严重违规行为进行立案查处，起到了很好的震慑作用。

建筑节能与科技

【绿色建筑】 举办了全市《绿色建筑设计与工程验收标准》宣贯培训班，积极协调设计、监理和图审机构处理好过渡期内《标准》与绿色建筑省级认定的衔接问题，使绿色建筑发展工作由推广转变为强制实施。成立了由中国建科院、省建科院等绿色建筑咨询机构和本地设计、图审机构相关专家组成的"绿色建筑验收专家库"，对建设完毕的绿色建筑创建项目进行专项验收。已有5个绿色建筑创建项目74.93万平方米通过了专项验收，为其中3个项目争取到省级以奖代补资金115万，激励了绿色建筑的创建热情，推动了全市绿色建筑全覆盖。

【建筑节能】 联合发改部门开展了固定资产投资项目节能评审工作，督促设计单位和图审机构进一步完善了节能设计文件，规范了图审与节能变更程序。采取发放宣传资料、悬挂横幅标语、召开宣贯会、座谈会、现场观摩会等形式，广泛宣传国家、省和市有关建筑节能、绿色建筑和发展散装水泥的相关政策法律法规。组织执法人员对城区在建工程项目建筑节能标准执行情况巡查100多次，开展了全市建筑节能与勘察设计监理工作综合检查1次，对违反《民用建筑节能条例》的项目下达整改通知书56份，停工通知书5份，执法建议书4份，对项目总监理工程师扣分处理的有3人。

【绿色生产改造】 全市17家预拌混凝土企业，以及2家预拌砂浆企业均已启动绿色生产改造，其中13家预拌混凝土和1家预拌砂浆生产企业已基本改造完毕，1个新型墙材企业取得绿色建材标识，4个预拌混凝土（砂浆）企业取得星级"绿色生产"认证，还有3家企业已经通过省级绿色生产达标验收及公示。其余企业正在加大改造力度和积极申报绿色生产认证，实现了绿色生产改造全覆盖，全市预拌混凝土行业"绿色生产"和"质量控制"工作双双受到省厅表扬。

【预拌砂浆推广应用】 加大建筑工地巡查力度，查看施工单位是否签订砂浆供货合同，是否建立供货台账，现场是否设立砂浆罐。对城区70个项目巡查190余人次，对未按要求使用预拌砂浆和现场搅拌砂浆的项目予以了制止，对参建各方负责人进行了约谈，督促其整改到位，坚决杜绝现场搅拌砂浆的行为。开展"禁现"专项检查，对不按文件要求使用预拌砂浆的项目下达整改通知书32份，停工通知书3份，拆除搅拌机7台，现场要求施工单位清走黄砂2次2000立方，召开约谈会5次，对履责不到位的项目总监理工程师扣分的有4人，有力地促进了预拌砂浆的应用。

【资源综合利用】 响应国家"绿色发展"要求，积极引导企业积极开展建筑、工业垃圾回收利用技术探索。在建筑垃圾回收利用方面，随州中阳明建材有限公司利用废弃建筑模板加工生产生物质燃料、锯末颗粒、环保型木炭、装修模板、家具等，年消耗利用废弃模板15万立方米。随州金环水泥有限责任公司和春松建材有限公司各新建了一条建筑垃圾生产线，将废弃的混凝土、砖石加工成机制砂、水泥骨料用于生产预拌混凝土、预拌砂浆、水泥等，项目投产后，每年可消耗建筑垃圾近110万吨。在工业垃圾综合利用方面，配合武汉高校专家，为随县华策机制砂有限公司进行技术指导，研究利用大理石矿山开采形成的矿渣制作机制砂并取得成功，年处理矿渣200万吨的机制砂生产线已建成投产。随州金环水泥有限责任公司、随县华策机制砂有限公司已被列为"2017年度湖北省建设科技计划项目"，并获批"中央预算内投资生态文明建设专项资金"1000万元。

【既有建筑节能改造】 加强事前介入和事中督查，对公共建筑在进入装修改造招标阶段时开展跟踪服务，建立项目台账，加强政策宣传，督促其严格按照《湖北省民用建筑节能条例》的规定同步进行节能改造。利用省级建筑节能以奖代补资金开展既有建筑节能改造试点示范，以试点引领带动学校、医院等既有公共建筑物实施节能改造。

建筑设计

【施工图审查】 严格按照资质管理规定和有关文件要求，审核资质申请资料，对申报设计资质不符合条件的企业坚决不予办理。2018年，为2家设计企业和1家图审机构办理了资质延续；为20名注册建筑师、注册结构师分别办理了初始注册和延续注册。指导督办图审机构建章立制抓管理、引人才强素质，完成各类房屋建筑、市政项目图审共计330批次，其中房屋建筑施工图审查420万平方米，纠正违反强制性条文和标准618条，为工程质量安全提供了有力保障，引进专业技术人员2人，审图工作实现了零投诉。

【市场监管】 采取"项目自查、图纸审查、查看资料、现场抽样、集中讲评、下达整改"等方式，对城区和县市区建筑节能勘察设计图审监理等工作进行综合检查。共检查城区在建项目42个，抽查县市区在建项目6个，现场审查建筑设计图纸48套，调审结构设计图纸20套，总建筑面积219万平方米，涉及到勘察单位6家，设计单位22家，图审单位5家，施工单位22家，监理单位12家。针对检查发现的问题，先后下达整改通知书31份，执法建议书5份，约谈设计图审单位2家，对现场6位项目总监进行扣分处理，现场召开了48次由参建各方参加的点评会，使责任人受到警示，与会人员受到教育，确保了行业健康平稳发展。

环境卫生管理

【环境整治"六大行动"】 在迎接华人炎帝故里寻根节的活动中，市城管综合执法局按照市政府市容环境整治"三大行动"的工作部署，制定了环境卫生整治"六大行动"方案，全力以赴开展"环境卫生大清扫、道路桥梁大冲洗、公厕站点大变样、垃圾死角大清理、环卫设施大维修、卫生质量大检查"的六大环境整治行动。在开展环境卫生大清扫活动中，对中心城区主次干道、背街小巷、城乡结合部进行大清扫，疏而不漏，全域覆盖。在开展道路桥梁大冲洗、大降霾活动中，投资近70万元，购买2台抑尘车用于降尘除霾。根据道路特点，启动"白+黑"作业模式，对主干道、人行道、桥面、路口等公共场所，增加洒、洗、冲、扫频次，使道路机械化洗扫率由上年的85%提高到87%，达到以克论净、深度清洁作业标准。在开展公厕站点大变样活动中，对所有的公厕站点开展全面检修、粉刷墙面、完善标识、除垢消杀行动，确保内外环境整洁无异味。在开展垃圾死角大清理活动中，安排铲车、自卸车等环卫专用车辆铲除道路两旁、背街小巷的杂草和建筑渣土。清理解放东路、编钟大道、擂鼓墩大道、神农大道、车桥巷等处垃圾550余吨；清除白云大道、神农大道、白云湖东堤、擂鼓墩大道等路段杂草12万平方米；铲除迎宾大道（政府至何店高速路口）路边积土、杂草达24千米；清除白云湖西堤、护城河周边等5条黑臭水体及中环路、白云大道、迎宾大道等路段存量垃圾2000余吨。在开展环卫设施大维修活动中，清洗了油饰垃圾转运箱，更换了破损垃圾桶和果皮箱，保持了环卫设施完好使用、干净整洁。在开展卫生质量大检查活动中，成立寻根节环境卫生整治督查专班，倒排工作任务，每周通报整治工作落实情况，确保各项整治工作有序推进。

2018年5月，市城管环卫部门在白云湖堤岸开展黑臭水体专项整治行动

【垃圾分类宣传】 认真落实《湖北省城乡生活垃圾无害化处理全达标三年行动实施方案》，2018年6月上旬，市城管综合执法局与曾都区建设局强力推进中心城区垃圾分类试点工作。为使垃圾分类工作有序推进，市城管综合执法局成立垃圾分类工作专班，开展前期宣传发动工作。组织专班人员集中学习垃圾分类知识，向沿街党政机关、公共机构及经营门店发放宣传单2000余份，在火车站和垃圾中转站等公共场所悬挂垃圾分类宣传牌，增强市民垃圾分类的意识和提高公众知晓率、参与率。市城管综合执法局和龙吉顺、万城美、隧成等三家环卫作业公司在解放路、烈山大道、火车站、垃圾压缩中转站投放了256个垃圾分类收集桶，每处垃圾分类试点配有红、蓝、绿、灰四种颜色标识（分为可回收物、其他垃圾、厨余垃圾、有害垃圾）的垃圾桶，方便市民分类投放垃圾。除此之外配备垃圾分类运输车，对垃圾采取分类收集，进一步推进了垃圾"资源化、减量化、无害化"处理。

【环卫设施建设】 为确保环卫设施的使用完好，提高公共设施的使用率和无害化处理能力，市城管综合执法局在圆满完成十三五环卫专项规划建设压缩中转站点的任务后，注重对现有环卫设施设备进行维修、改造，以发挥其更大的服务功能。市城管执法局对辖区所有站点、公厕进行了全面维修、更换和粉刷，疏通和清掏公厕下水道、化粪池，确保了环卫设施的正常使用；城南垃圾处理场进一步加强渗滤液处理技术改造，解决了渗滤液不能稳定运行的问题，顺利通过了中央环保督查组的检查和园林城市复查；做好了烟岱包垃圾填埋场建设及维稳工作，保障封场项目建设按期开工建设，主动与市建投公司对接，破解项目建设中的难题。

【应急保障措施】 2018年1月，随州市迎来60年一遇的两轮强降雪，雨雪冰冻天气造成城区交通瘫痪。为确保道路畅通，杜绝交通事故发生，市城管综合执法局迅速启动雨雪冰冻天气应急预案，清扫处、清运处、垃圾场及三家环卫作业市场化公司组建应急小分队，实行路长、桥长负责制，开展对城区险情路面、桥梁的除雪保畅工作。据统计，两次突击除雪融冰工作历时12天，共投入资金19.6万元，每天租赁6台铲车，出动16台机动车和500余名环卫工人，对迎宾大道、交通大道、烈山大道、神农大道、青年路等10条交通要道及城市桥梁、坡道、路口进行机械铲雪和人工融雪，抛撒除雪融冰工业盐47吨。在局属各部门、环卫作业市场化公司的通力协作、密切配合下，城区道路雪灾险情得以迅速遏制，确保了城区主要交通要道和桥梁、路口交通及时恢复畅通，有效减少了交通事故的发生。

市 政 管 理

【城市道路设施维护】 针对市政设施现状，因路施策、分类施策、精准施策，多途径多渠道主动作为，采取合力整治一部分、重点整治一部分、提前防范一部分的办法对中心城区市政设施进行了全面修补，共修补沥青路面17700平方米、维修人行道7062平方米、沥青灌缝109035米、维修树围196座，更换花坛石（路沿石）1159米，保证了市政设施完好，消除了道路安全隐患。

【行政审批】 不断完善设施巡查机制和企事联动机制，在行政审批中始终坚持服务企业、服务经济、服务民生的理念，帮助投资者解决项目实施过程中的实际问题。共受理行政许可项目95项，其中临时施工占道66项、挖掘城市道路许可29项，查处损坏市政基础设施的违章行为13起。

【桥梁管理】 紧紧围绕桥梁运行安全管理目标，加大城市桥梁的养护维修管理工作，建立日巡查、周检查、重大节日桥梁巡查制度，加强节假日、重大活动日、特殊气候等情况下桥梁的巡查力度。共维修桥梁护栏3处，粉刷桥梁853平方米，确保桥梁设施损坏能够及时发现，及时处置。

【排水设施管护】 进一步加强城区污水设施运行的监管和养护，推行网格化管理，分片定岗定责、专人专线、逐段逐片定岗巡查，严格执行巡逻检查日报制、定岗包干责任制和排水设施抢修限时制等管理制度，确保设施安全。

城建档案

【城建档案管理利用】 坚持执行"服务回执卡"制度，进一步加大重点项目和市政项目档案收集力度，对市委党校新校区建设、高新区污水处理厂网一体化项目、㴉水大桥改造、东护城河治理、绕城南路综合管廊建设等大型重点项目进行跟踪收集。严格竣工档案合格证发放，对不合规范的档案及时告知服务对象，并及时提供业务指导帮助完善，保证了竣工档案的准确性、系统性和完整性，为以后的信息化和利用工作打下坚实的基础。2018年，共服务在建项目95项，工程现场业务指导700余人次，收集竣工档案3100卷，核发竣工档案合格证77个，进馆档案合格率100%，服务对象满意度100%。充分利用馆藏资源，积极拓展利用领域，不断提升服务质量和服务效率，全年共接待档案利用200余人次，调阅案卷800余卷，为多项市政工程提供详细准确的地下管线数据，确保工程安全顺利推进。

【信息化建设】 按照省住建厅《关于加强新形势下城建档案管理工作的通知》（鄂建办【2018】180号）要求，积极开展档案信息化工作，对现有全部档案进行数字化扫描、录入和整理。组织20余名人员，配置16台电脑、6台扫描仪和防火防盗监控设备，制订了档案出入库台账，扫描录入工作流程和检验标准，以及工作安全保密措施，安排专人负责每个项目扫描录入审核，确保信息化工作规范高效。截至2018年年底，完成了整理工程档案12000余卷和150万页（幅）文件和图纸扫描录入工作，随州档案信息化工作在全省城建档案大检查中得到省专家们的充分肯定。

【地下管线修补测绘】 根据省住建厅《湖北省城市地下管线工作实施方案》，投资196万元，计划至2021年年底，对新建道路及部分重点背街小巷开展地下管线补测补绘工作。以后将以三年为一周期，适时更新完善地下管线信息系统数据，实行地下管线数据动态跟踪管理机制。

住房公积金管理

【概况】 2018年，全市住房公积金快速发展，市定目标任务全面完成，主要业务指标实现新突破。1月—12月，全市新增缴存单位166家，占市政府下达年度目标任务的166%；新增缴存职工10475人，占市政府下达年度目标任务的174.58%；新增归集额10.67亿元，占市政府下达年度目标任务的118.56%；新增公积金贷款8.57亿元，占市政府下达年度目标任务的122.43%；办理公积金提取6.47亿元，占市政府下达年度目标任务的143.78%；实现增值收益4900万元，占市政府下达年度目标任务140%。截至2018年年底，随州中心主要业务指标实现"四大突破"：

首次归集总额突破50亿元大关达到54亿元，住房贷款发放突破30亿元达到39亿元，提取总额突破20亿元达到23亿元，增值收益创历史新高达到4900万元；个贷率达到90%，位居全省第三。住房公积金事业发展保持了走在全省第一方阵。

【制度覆盖范围扩大】 以新市民为重点，深入开展"归集扩面百日行动"，让更多群体共享公积金制度发展实惠。行政推动，提请市住房公积金管委会召开管委会会议，明确目标任务，强化各部门和县（市、区）政府（管委会）落实扩面建制责任。宣传发动，组织开展"政策宣传月"，会同银行、楼盘、社区等在城区、广水、随县等区域开展政策咨询宣传30余场次，为2000余人次提供政策咨询。银企联动，建立全员抓扩面工作责任机制，采取机关科室＋银行＋企业的工作模式，共同开展扩面催缴工作。执法促动，创新行政执法与归集扩面、维护职工权益新举措，采取执法约谈、下发《律师函》、媒体公告（公示）等办法，推动了一批多年想建制而未建制"老大难"单位建制缴存。府河化工厂、新世纪购物中心、妇幼保健院、市城管等单位建制缴存、妥善化解职工诉求，受到省住建厅充分肯定。累计发送209份催建通知书，为10475名职工办理缴存登记或正常缴存。全年归集扩面人数继2015年后再次突破10000人目标。

【促进房地产市场健康发展】 坚持"房子是用来住的，不是用来炒的"定位，认真落实市政府调控精神，发挥政策性住房金融工具作用，把有限的资金用到"保障刚性需求、支持改善性需求"上。差别化调控，满足多层次购房需求。市住房公积金管委会科学决策，出台新政，进一步放宽贷款条件、提高贷款额度，加大对职工住房刚性需求和改善性需求的支持力度。1月—12月，共为84040名职工办理公积金提取6.47亿元，发放贷款8.57亿元。支持3048户职工购房面积38万平方米，节约贷款利息支出2.1亿元，户均8.7万元，中低收入家庭受益明显。全年共为缴存职工提供住房消费资金13.33亿元，占到全市8家商业银行个人住房贷款额的近三分之一。精准施策，支持新市民使用住房公积金。将在城镇稳定工作的农民工、个体工商户等新市民纳入制度保障范围，在租购住房上给予政策支持，让新市民从"落脚"转变为"扎根"。将"发放住房公积金提取贷款3亿元，支持新市民住房消费"列为2018年随州市政府民生实事项目。截至12月底，共向新市民发放住房消费资金3.36亿元，超额完成市定3亿元目标任务。重拳出击，维护缴存职工购房贷款权益。联合市房产局、市财政局、人行市中心支行、市国土局等5部门，开展拒绝住房公积金贷款专项整治行动，对涉及的132家开发企业宣讲政策法规，约谈5家企业并下达整改通知；专项开展打击骗提骗贷专项治理，对18起违规行为采取责令限期退还、通报所在单位、纳入联合惩戒、限制使用公积金等措施严厉惩处，形成强大震摄，有效维护广大缴存职工权益。

【资金风险防控】 坚持科学运营、合理理财、增收节支、提质增效。落实风险防控措施，每季度开展以防控廉政风险、资金运营风险、业务操作风险为主要内容的"三检合一"交叉大检查，资金安全得到充分保障，运营质效明显提高，职工个人财富积累持续增多。全年实现增值收益4900万元，同比增长284万元；缴存职工利息收入增加，为职工结付利息4300万元，户均增收425元。住房公积金贷款逾期率为0.45‰，远低于金融业规定标准，资金运营风险完全可控。

【"放管服"改革】 优服务，"放管服"改革纵深推进。高水平推进信息化建设。以"全省领先全国一流"的信息管理模式为目标，以最新的服务理念推进"放管服"改革，强力推进"智慧公积金"建设，初步实现了公积金贷款"一趟清"、资金"秒到账"、服务"不见面"。9月11日，随州中心综合服务平台以"优秀"等次通过住建部验收，成为湖北省第一家通过住建部检查验收的单位。新综合服务平台上线后，涵盖缴存、提取、贷款等3大类51项业务实现网上申请全覆盖，23项业务实现网上一步办结，极大减少了办事群众时间成本和精力耗损，深化了"不见面审批服务"改革。大力推行简证便民。精简证明材料。在全省第一家实行业务办理材料"零复印件"，16类提取、9类贷款业务，均只需提供身份证等主要材料原件。新规推出以来，为办事群众减少复印材料3万余份。简化业务办理要件。对农民工等新市民只需提供个人身份证即可办理开户缴存手续，取消原来3类5项证明。优化业务流程。与不动产登记部门联网，在公积金中心业务大厅设立抵押受理窗口，真正实现了公积金贷款"一站式"服务。提升群众获得感。继推出为办事群众提供免费文印、免费停车、免费供应茶水"三免"服务的基础上，针对贷款群众贷后资料领取不方便问题，又及时与市邮政公司合作，推出中国邮政EMS免费寄送贷款资料服务，不断消除老百姓办事的痛点、堵点。全面提升服务质效。制定包含行为规范、首问责任制、一次告知制等五大类36项管理制度，常态化开展服务明星、服务标兵、示范窗口评比，打造服务优、秩序好、环境美的标准化管理办事大厅，提升办事群众满意感。

综合管理监督与服务

财 政

【财政收入】 全市完成地方一般公共预算收入47.38亿元，超目标任务1.4个百分点；增长9.4%，超全省平均增幅0.9个百分点；税收收入占一般公共预算收入比重达76.4%，收入质量为建市以来最好水平，在全省居第3位。

【服务三大攻坚战】 切实履行政府债务归口管理职责，成立债务管理委员会，科学制定政府债务管理和防范化解风险一整套工作机制，全面清理政府债务和隐形债务，建立债务监测平台，加强动态监测和风险预警，政府债务风险防控取得突破性进展。落实财政扶贫投入政策，市级预算安排3000万元重点支持各地产业扶贫，推进县级财政统筹整合资金11.8亿元，为打赢脱贫攻坚战提供有力保障。推进全市筹措财政资金3.3亿元，向上争取债券资金7亿元，着力支持"厕所革命"、城乡生活垃圾和污水治理等"四个三重大生态工程"建设，新改建各类厕所5.3万座，建成乡镇生活污水处理厂37个、乡镇垃圾压缩中转站29个，精准灭荒3.68万亩。

【服务经济发展】 落实市委、市政府支持实体经济发展、新旧动能转换、民营经济发展等各项政策，市财政直接兑现各类奖补资金9700多万元，有效激发市场主体加快发展。对中小企业担保公司新增注资5000万元，支持金控集团开展融资担保、"过桥"和融资增信业务，为700余户企业提供贷款资金25.83亿元，有效缓解企业融资难问题。扎实开展"五个一"包保服务，先后4次主动上门与湖北省风机厂有限公司对接，摸清企业现状和存在的困难，帮助协调解决流动资金不足和优惠政策落实难问题，深受企业好评。积极向上争资立项，争取到位各类专项资金36亿元、政府债券资金21.33亿元、新增财力性转移支付补助2亿元，为重点项目建设提供有力支撑。

【保障民生】 坚持财力向民生倾斜，兜牢民生底线。筹措19.5亿元，支持农田水利、高标准农田建设和农村环境整治，改善农村生产生活条件。筹措33.3亿元，重点保障城乡最低生活保障、基本养老保险提标、就业创业、养老服务体系和保障性安居工程等政策落实。筹措12.4亿元，支持增加学前教育供给，改善农村义务教育薄弱学校和普通高中学校办学条件，完善职业教育和培训体系。筹措10.3亿元，推进医疗卫生体制改革，建立大病商业保险补偿机制，支持医养一体化发展。筹措6081万元，支持公共文化服务体系建设，保障戊戌年世界华人炎帝故里寻根节成功举办。筹措2.8亿元，健全公共安全体系，维护社会稳定。全年民生支出125.1亿元，比上年增长3.8%，占一般公共预算支出比重达81%。

【财政改革】 不断深化财政改革，努力构建现代财政制度。完善政府预算管理体系，实现公共预算与其他预算统筹衔接，实施中期财政规划管理，预算约束持续强化，获评全省财政预算编报工作先进单位、财政专项资金统筹考核工作A级等。绩效评价机制常态化，市直一级部门全面开展绩效自评，公开招标聘请第三方机构对100万元以上的重点项目和20个部门整体支出进行绩效评价，将绩效评价结果与预算安排挂钩。预算公开制度化，市级预算和部门预算全部上网公开，预算公开的内容、范围和方式不断扩展和规范。规范推进PPP项目，全市纳入全国PPP综合信息平台项目14个，2个项目成功入围国家级、省级示范项目。

【财政监管】 充分发挥财政监督职能，全面加强财政监督管理。制定《关于加强市级行政事业单位工会经费收支核算管理通知》，规范工会经费管理。严格厉行节约，市本级"三公"经费同比下降16.58%。开展会计监督检查、违规公款吃喝和公务接待专项检查、违规发放津补贴和福利专项检查，发现违规问题单位15家，金额1012.53万元，处理处罚15家，罚款金额0.9万元，移交线索30多条。规范投资评审，评审85个重大工程项目，审减投资2.2亿元。

【信息化建设】 积极适应大数据、信息化新形势，财政信息化建设提速。国库集中支付电子化覆盖到市直所有预算单位。建立预算人员信息库、项目库系统，提升预算编制和管理精细化水平。建立地方融资平台债务和政府中长期支出事项监测平台，强化政府债务信息化管理。建立扶贫资金动态监控平台，将各级扶贫资金纳入动态监控范围，实现财政系统全国联网监控。搭建预算单位会计核算网络平台，推进预算单位财务数据集中共享，提高大数据分析运用能力。

【依法行政】 坚持把学法纳入中心组学习内容，充分利用无纸化学法用法平台引导全局干部自主学法，考试通过率达100%。扎实开展财政"七五"普法，向企事业单位免费发放《税收优惠政策汇编》，在随州日报开办政策速递专栏，多途径多形式宣传财政政策法规。健全依法理财工作机制，完善党组议事制度、法制建设行政首长负责制和法律顾问制度，对重大行政决策事项进行合法性审核，做到依法决策。认真贯彻法治随州、法治政府建设纲要，切实履行财政部门职责，安排2.5亿元健全公共安全体系，加强法治随州建设经费保障。认真落实部门综合治理主体责任，层层签订责任书，把综合治理工作落实落细落地。加强信访维稳，全年信访办结率、满意率均达100%。

审 计

【概况】 全年共完成了10个审计署及省审计厅统一组织的大型审计项目以及59个市本级项目，共查处相关单位在政策落实、预算执行、财经内控管理、履职尽责、民生社保等方面违规违纪和管理不规范问题资金总额9亿余元，审减投资建设项目结算资金1.69亿元。全市审计机关共向各级纪委监委和有关部门移送案件线索43件，提出追责问责建议84人次。代表市政府在市人大常委上所作的审计工作报告，顺利获得高票满意通过。在市政府组织的第三季度市直部门述职评议中，荣获第一名的优异成绩。

【经济责任审计】 根据市委组织部委托及市领导统筹安排，2018年共完成了对市委政法委、市委党校、市城投公司等13个单位的经济责任审计，重点关注了领导干部贯彻执行国家重大决策部署、遵守有关法律法规、目标责任制落实、重大经济决策、落实中央"八项规定"、审计问题整改以及本人遵守廉洁从政规定等情况。揭露和查处了预算执行不严格、挤占挪用专项资金、违规收费摊派、内控管理不规范等8个方面的问题资金近2亿元，并按照"三个区分开来"的要求，审慎评判领导干部履职尽责和重大事项决策情况，对万福店农场、市商务局等单位在服务改革民生和促进企业发展举措中存在的不足，经科学研判后，给予审慎包容处理，有效保护干部干事创业和改革创新的积极性。坚持加强风险预警，在对市城投公司和市高新投公司领导干部经济责任审计工作中，坚持以"盘家底、理账目、查风险、纠偏差"为目标，着重关注了两家平台公司的资产负债、领导干部履职尽责、财务收支以及经营管理等情况，充分揭示和分析了两家平台公司普遍存在的资产质量较差、融资资金运用绩效不高、利息及偿债负担重、财经管理不严格、往来款长期挂账不清、投资项目收益率低、现代企业治理制度不完善、土地等部分存量资产底数不清等问题，并及时向市领导提交了关于两家平台公司融资资金大量沉淀和应收账款长期挂账未清两方面的《审计要情专报》，均得到市领导的高度肯定和关注，两家平台公司也及时进行了问题整改，完善制度规章10余项。同时，充分运用经济责任审计结果，对问题台账未销号的单位和个人，先后向市经济责任审计领导小组提出问责建议5次，对6起典型案件进行通报，共问责7人，其中2人行政警告处分，5人党内警告处分，涉案资金100.98万元。

2018年11月27日，随州市召开国有企业和国有资本运营情况专项审计调查会议

【预算执行审计】 深入推进预算执行审计全覆盖，采取"集中分析、发现疑点、分散核查、系统研究"的大数据审计模式，组织对市直223个预算单位2017年度部门预算执行情况开展全面数据分析，并重点对48个预算单位的预算执行和财政收支进行了审计，分析了财政支出结构和资金使用绩效，揭示了在预算编制执行、财政收支、国有资产管理、财务管理与会计核算、税收政策执行等五个方面290个具体问题，严肃督促整改挤占项目资金、滞留闲置财政资金、违规发放津补贴等违规违纪和管理不规范的问题金额1.15亿元，向纪委监委移交涉嫌公款私存、违规处置国有资产案件线索2起，促进各单位不断规范财政财务管理，提高财政运行质量与效益。着重对政府购买服务、预备费管理等问题进行专项调查，向市委市政府领导提交了《我市政府购买服务工作存在的问题和建议》《财政预备费管理使用存在的问题和对策》等情况专报，得到市领导的重视采纳和签批督办，促推财政部门修订完善政府购买服务、预备费管理等相关制度办法。同时，发挥审计专业优势，积极配合和服务市人大常委会开展2019年度预算审查工作，积极指导和推动各部门2019年预算编制工作更加科学、细化和优化。

【政府投资审计】 全年共完成城东公租房二期、新殡仪馆、回龙寺公园一期等政府投资审计项目27个，审计项目投资总额13.5亿元，审减1.69亿元。积极服务领导决策，组织对市领导交办的花木公司旧城改造、星光二路用地补偿等13个项目进行成本核实，为政府节约补偿和建设资金4810万元。组织对市委党校新校区建设、城区及道路绿化建设、白云公园改造等项目实行全程跟踪审计，确保财政资金节约高效，全部用在刀刃上。在审计过程中，还重点关注和揭示了工程项目建设过程中存在的未按规定招投标、虚报套取建设资金等相关违法违规问题。同时，针对部分建设项目存在的超概算、合同条款不合规、未严格执行建设审批程序、质量不达标、损失浪费、虚列工程款、会计核算不规范等建设管理方面不规范的问题，坚持深入走访调查和调研分析，向党委政府和相关主管部门提出审计意见建议20余条，并提请市政府修订完善《随州市政府投资建设项目审计管理办法》，进一步聚焦审计在投资监管中的主业主责，紧盯重大项目审批、征地拆迁、工程招投标、物资采购、工程结算、资金管理等关键环节，更加注重分析投资结构是否合理、投资管理是否有效，从体制机制和制度层面提出建设性意见和建议，促进政府重大项目建设规范管理和提高效益。

2018年5月3日，审计人员深入淅河污水处理厂实地调查，关注生态环境保护

【民生社保审计】 坚持把扶贫审计作为一项重大政治任务，对全市扶贫审计全覆盖，严肃揭露和查处移送各地在精准扶贫中存在的挤占挪用和虚报冒领扶贫资金以及扶贫工程项目管理不规范，利用职权优亲厚友等重大违纪违法问题案件线索4起，问题金额2000余万元。聚焦民生热点，推进民生保障工作不断提质升级。在保障性安居工程跟踪审计中，重点揭示了保障性安居工程专项资金结余趴窝过大未能发挥应有效益，导致中央补助减少和贷款利息负担沉重的问题。在新农合大病保险审计中，重点揭示了新农合大病保险赔付比率差距较大、大病保险赔付时间滞后或存在少量应赔未赔现象以及大病保险资金存管不合规等问题。针对民生领域的各类问题，在第一时间向党委政府提交了《扶贫交叉审计中发现的一些突出问题需加强防范和引以为戒》《当前我市精准扶贫政策落实及资金管理使用过程中存在的屡查屡犯问题及建议》《应及时化解保障性安居工程专项资金趴窝过多的问题》《当前我市新农合大病保险执行过程中存在问题及建议》等专报6期，多次得到市委市政府相关领导的批示采纳，并督促市纪委监委及相关工作部门对审计发现的各类问题，严格定性，严肃追责问责，切实强化整改督办，完善规章制度，落实相关民生政策，有力促进了各项惠民社保政策落地落实。

2018年9月4日，审计人员深入高城镇梅子沟村蓝莓基地调查了解扶贫项目资金使用效益情况

【专项审计】 对佛手岛休闲度假中心项目开展资产、债权、债务专项清理审计，对该项目因资金链断裂，导致长期拖欠工程款和农民工工资问题，以及因长期乱尾导致后期建设、管理、维护、保养不到位造成的自然损毁问题进行了专项调查，提交了《佛手岛项目资产闲置乱尾问题亟待尽快解决》的情况报告，为市领导盘活存量资产，促使该项目重新开发、提升价值以及招商引资提供决策服务。坚决维护国有资产安全，对市政府直管公房管理经营情况进行了专项审计调查，针对政府直管公房在经营管理中存在的严重国有资产流失风险、管理运营体制不畅、住宅维修资金政策落实不到位等突出问题，向市委市政府主要领导提交了《我市政府直管公房管理经营问题应予以重视》的要情专报，得到市委书记陈瑞峰同志和市长郭永红同志重视批示，要求迅速成立专班摸清情况、查明原因、积极整改，对违规行为坚决查处。同时，在审计任务繁重和人力严重不足的情况下，常年抽调5名精兵强将配合市委巡察办开展了对安监局、地税局、旅游局等单位的巡察工作，并配合市纪委监委和财政人社部门对一些违纪违法线索进行了调查核实，对相关市直部门财务管理、津补贴发放等进行了监督检查，充分发挥了审计人员政策性强、接触面广、反应快速的专业优势，得到各级领导的高度认可和充分肯定。

【审计信息化】 开展了审计管理系统三级等级

保护测评工作，建成了视频会议室和数据分析室，局机关通过计算机中级考试的同志达14名，通过率接近50%。探索并开展了全市行政事业单位信息系统审计调查，积累了信息系统审计经验。

国有资产监督管理

【国资规模和效益】 全市国有经济平稳运行，实现了国有资产总量和效益持续稳步增长。2018年，全市38家企业资产总额571.78亿元，同比增长6.6%；净资产248.34亿元，同比减少4.2%；完成营业收入14.3亿元，同比下降11.1%；实现利润0.8亿元，同比增长244.4%；上交税金0.53亿元。国有资本经营预算收益实现3634万元。

【三大攻坚战】 着力打好防范化解企业债务风险攻坚战。印发《关于进一步规范市属平台公司举债融资工作流程的意见》。对企业2018年投资计划实行备案审查制度。积极探索推动平台公司实体化市场化运营，取得一定成效。市城投与世界500强绿地集团成立合资公司，共同开发随州城际空间站；光伏电站运营顺利，首年实现电站收益6174万元。市建投全力厚植项目建设、地产开发、金融投资、融资担保、市场营运、文化旅游、文旅康养等"七大产业"。高新投扶持、参与利康公司生产经营，以4000万元收购孵化器公司全部股权，同时向三友公司提供投资款5000万元。市交投充分发挥子公司的市场主体作用，规范公司治理，积极拓展市场。着力打好精准脱贫攻坚战。扎实推进驻点村脱贫攻坚工作，印发《委党员干部与贫困户结对帮扶责任制度》《关于加强"脱贫攻坚"产业发展指导的通知》等文件，对委帮扶的34户贫困户（含14户保留户），因户施策，重点进行养殖业和种植业帮扶。先后与市博裕生态公司等单位取得联系，对有兴趣养殖的贫困户送鸡苗、送猪苗，支持其发展养殖，增加收入；对有劳动能力的贫困户，帮其技能培训，联系外出务工，同时与该村邻近的添程农业合作社和兰草种植合作社取得联系，争取优先安置吸纳贫困户务工和承包大棚，发展种植。着力打好防范化解社会风险攻坚战。多年未能解决的原省专汽蔡荆平补缴社会养老保险诉求及陈秀娥等部分职工特殊工种提前退休问题得到解决，原铁树集团、省专汽公司破产清算相关遗留问题逐步化解。市建筑设计院部分干部职工因社会养老保险和退休工资上访，企业积极主动向干部职工宣传解释政策，确保了职工稳定。市中房公司在困境中生存，全年补贴20多万元的水电损耗及相关费用全力保障所属老旧小区正常运转，确保了企业基本稳定。一片净公司股权案二审裁定原投资518万为债权可望收归入库，神钟公司和原报废汽车拆解中心诉讼案结案。全市涉国企维稳工作扎实有效，重大节假日及各级两会期间无群体赴省进京上访事件发生。

【国资国企改革】 央省企合作及混合所有制经济发展成效显著。市国资委成立招商分局，首次建立实施专班招商机制。截至2108年12月底，签订框架协议项目1个，达成意向性合作项目5个，新引进央企合作项目3个，总投资8.4亿元。在随央省企项目新增投资16.05亿元，超额完成省定10亿元的全年目标任务。混合所有制经济发展取得新成效，2018年新增混合所有制企业3家，全市混合所有制经济体累计达43家，总资产超过320亿元，在全国探索并优化巩固出随州"混改"模式。随州市"混改"经验被省发改委、省政府国资委、市委市政府肯定并被收录为改革创新成功案例。全面推进国有企业公司制改革。印发《关于加快国有企业公司制改制工作的通知》，召开了全市国有企业公司制改制工作会议，积极推动全市国有企业公司制改革。广水市完成恒泰汽运、广水城投、金盾押运3家企业的公司制改革。曾都区积极推进区城投、市食品总公司和市农机总公司的改革工作。制定《市鸿运公司整合重组方案》，积极推动市鸿运公司与市金控集团的整合重组，方案已上报市政府，获批后组织实施。加快推进"三供一业"分离移交工作。随州市涉及"三供一业"供水、物业分离移交工作的在随央省企业共14家（涵盖55个家属区，7213户）。截至12月底，需移交企业的供水、供电、物业全部签订正式协议，进入到"三供一业"维修改造实施阶段，其中供电改造已基本完成，供水、物业维修改造部分完成，资产接收和物业管理职能移交正在加快推进。稳妥推进国有企业脱钩改制。在前期清产核资、资产评估的基础上，组织召开市公安系统所属金盾押运和保安服务公司的脱钩改制移交工作会议，完成了资产和人员的整体划转移交，2家企业正式与市公安局脱钩，移交市国资委纳入竞争类出资企业管理。自此，市国资委首次全面直接管理出资企业。广水工程咨询公司与广水市发改局脱钩，注销事业单位法人，改制为按照《公司法》登记的有限责任公司。

【国有资产监管】 国资监管制度体系不断健全。印发《随州市政府国资委重大决策程序规定（暂行）》，对涉及市国资委"三重一大"事项及国有资产出资人权益的重大事项决策程序作出规定，促进规范全市国资监管机构依规行权履职，为国有资本安全运营夯实了制度基础。市属企业负责人经营业绩考核与薪酬管理工作开拓性地开展。2018年是对市属企业负责人经营业绩与薪酬考核的起始年，对第一批纳入经营业绩考核的5家企业（市城投公司等）的2017年度经营业绩实施了综合考核。考核结果报经市政府批准后，现正在依规兑现企业负责人薪酬。同时，对市属出资企业负责人的履职待遇和业务支出情况进行了核查，基本完成了企业公车改革工作。国有资本收益及时上缴入库。随州市自2014年实行国有资本经营预算制度以来，预算管理渐为企业接受，带动出资企业主动交纳意识增强，对市属出资企业的国有资本收益与支出预算实现了全覆盖，实现2017年预算收入入库1.1亿元。近四年市属出资企业累计实现缴库收入2.1亿元。广水市和曾都区国资局均启动了年度国有资本经营预算的编制工作。对县级国资监管工作的指导监督不断加强。坚持"大国资、一盘棋"理念，建立健全委领导干部定点联系县市区国资监管工作机制，指导推进县级国资监管机构国资监管与国企改革发展工作，着力构建市、县两级协调联动和发展的工作格局。

【国资平台公司】 项目融资成效显著。市属平台公司主动适应经济新常态，把握十九大后的系列政策，拓展融资渠道，创新融资方式，重点加强与金融机构的合作，推动中期票据发行，发行PPN债券，争取中央预算内无偿资金，申报棚改贷款等，全年累计融资到位56.27亿元。重点项目建设快速推进。根据市政府年初下达的项目建设任务，市城投等4家平台公司全年完工68个项目，投资到位38.1亿元，继续在市政建设中发挥引带作用。金融服务平台运营良好。市金控集团多措并举为全市中小企业破解融资难、融资贵问题。集团全年支持民营经济的资金量20余亿元，为企业降低融资成本1亿余元，服务全市各类企业和经营实体300余家。与湖北高宜产业投资管理公司达成了合作设立规模为2亿元的随州汽车产业基金的协议。企业管理水平进一步提升。市属平台公司在狠抓主业的同时，不断完善内部决策程序，强化制度管理，规范经营行为，公司的治理水平进一步提升。市城投印发了2018年度重点工程项目建设实施方案及详细推进计划等，强化对项目建设的管理。市建投通过公开竞聘，选优配齐子公司领导班子，实施规范的董事监事和经理办公会制度，推动子公司法人治理结构建设。建立了"一公开、两加强、三提前、四签证、五控制、六审核、七审批"项目管理制度。高新投强化工程内部审计工作，印发了公司工程项目结算审计方案。市金控集团制定了公司内部机构与干部员工岗位设置方案、"三重一大"决策制度实施细则等，进一步强化了内部管理。

【国企法治建设】 深入推进国企法治建设。指导市属出资企业建立法律顾问制度和建立健全产权交易等内部管理制度，向市政府国资委报送的涉及出资人权益的重大事项，要求各企业必须出具法律意见书。法律顾问在企业经营管理中的法律审核把关作用已初步显现，有效防范化解了企业经营风险，推进了企业依法合规经营。

税　　务

【税收收入】 2018年，共组织各项税费收入97.3亿元，同比增收9.71亿元，增长11.1%。其中，累计完成各项税收收入72.75亿元（含消费税，未扣减出口退税，无海关代征增值税、消费税）。办理出口退税6.2亿元，同比减少2.37亿元，下降27.7%。全市征收的16个税种中，12个税种实现增收，其中，增值税完成32.12亿元，同比增长20.4%；消费税完成9.06亿元，同比增长6.9%；企业所得税完成9.46亿元，同比下降7.7%；个人所得税完成4.27亿元，同比增长10.9%。

2018年7月5日，国家税务总局随州市税务局挂牌成立

【国税地税征管体制改革】 成立全市征管体制改革工作领导小组，组建8个专项工作组和4个督导联络组，形成1+8+4+N+1的组织推进体系。顺利完成市、县、乡三级共33个新税务机构挂牌，"三定"工作平稳落地，精减正处级机构1个，副处级机构5个，正科级机构10个，副科级机构22个，精简比例42%。顺利完成社保费和非税收入征管职责划转工作，与人社部门共建社保费信息共享平台，接收各类存量数据152.49万条。有序推进金税三期并库前期准备工作，进行五轮系统配置升级，完成原纳税服务局机构撤销后相关业务系统调整配置工作，确保涉税服务业务平稳衔接。

【非税收入】 对非税收入实行税式管理，对税费征收保障平台和金税三期系统获取的非税收入信息进行比对，堵塞征管漏洞。共组织除社会保险费以外的非税收入1.88亿元，其中：教育费附加1.15亿元，同比增长30.4%；地方教育附加5326万元，同比下降15.1%；残疾人就业保障金1963万元，同比增长13.1%；其他收入82万元，同比下降25.5%。

【纳税服务】 全市15个办税服务厅全部实现"一厅通办"，154个涉税事项纳入省内通办，"最多跑一次"办税事项和"一次不用跑"清单全面落实到位。与房产、国土部门实现涉税信息实时自动共享，不动产交易、税收征缴与登记"一窗联办、集中服务"；全面落实纳税信用评价扩围增级新规，评价户数1.33万户，同比增长91.77%，5892户新办企业被评价为M级，基本实现纳税信用评价对企业纳税人的全覆盖。开展涉税专业服务机构信息采集及自查，采集40户涉税专业服务机构、144名涉税专业服务机构从业人员相关信息。全面开展"线上银税互动"试点，195户企业获得"纳税信用贷"2.85亿元。

【社会保险费征收】 加强部门配合，完善社保、银行、税务三方沟通联系机制，进一步优化业务工作流程；深化单位和个人社会保险费代征平台应用，扎实推进税费一体化管理，依法征收社保费，提高社会保险费征缴率。共征收社会保险费22.44亿元，同比增长16.9%，增收3.24亿元。

【税收法治】 全面完成机构改革期间文件清理工作，市级税务机关确认继续有效的规范性文件

11件，部分条款需修订的10件，全文失效废止的4件；县市区税务局修订规范性文件8件，全文失效废止的3件；开展地方政府级部门涉税费规范性文件清理，3个政府文件按时发布。完成4件行政许可事项审查细则编写，按时录入湖北政务服务网。对11件重大税务案件及时召开审理委员会进行审理。做好政协提案办理，共收到4件会办案、1件主办案，按时回复率100%。组织无纸化学法用法，举办系统内宪法演讲比赛，2人在市普法办举行的决赛中获奖；报送法治惠民实施项目2个，顺利完成全省"七五"普法中期督查迎检工作；精心组织执法资格统一考试，参考的40名考生通过率达100%。

【税收政策落实】 共减免税费及出口退税22.1亿元，其中：严格落实降低增值税税率、统一小规模纳税人标准和退还部分企业留抵税额在内的三项深化增值税改革措施，减免增值税、消费税及附加9.07亿元；严格落实国务院七项减税政策，减免企业所得税1.62亿元；严格落实提高个人所得税起征点和契税优惠政策，减免税款9092万元；全面落实社会保险费降率、地方教育附加减率等减率降费优惠政策，减征各项规费9638万元；严格落实出口退税优惠政策，办理出口退（免）税9.54亿元。

【电子政务】 加强第三方涉税信息利用，共收集31个成员单位提供的涉税信息5万余条，筛选推送涉税信息7000余条，征收税款7529万元。开展风险指标分析，查找风险疑点，完成3342户纳税人风险应对，入库税款1.55亿元。完成税务不动产信息平台建设，实现税收征管和不动产交易"一窗受理、信息共享、一网通办"；稳步推进社保信息共享平台建设，为社保征管职能划转打下坚实基础；完成了新门户网站及FTP服务平台建设，保证新机构办公顺利开展。

【税种管理】 深化增值税改革，通过降低增值税税率，减税7520万元，减税面由5月的27.5%上升到12月的48%；统一小规模纳税人标准，共有符合条件的432户一般纳税人转为小规模纳税人，减税近1000万元；落实退还部分企业留抵税额，6家企业收到留抵退税款1.24亿元。全年共征收增值税32.12亿元，同比增长20.4%。全面落实成品油消费税管理新政策，严格执行核价机制，实现消费税9.06万元，同比增长6.9%。以"引导遵从、数据审核、风险管控"等重点环节为突破口，整合数据信息，开展征管风险分析，2018年企业所得税申报率达到99.95%，排名全省前列，企业基本信息完整性达到100%，入库企业所得税9.46亿元，同比增长7.73%。深入推进个人所得税改革，对内培训30场次1943人次，对外培训78场次1.14万人次；扎实推进个人所得税全员全额管理，共入库个人所得税4.27亿元，同比增长10.9%。规范财产和行为税管理，入库税款14.6亿元，同比增长11.24%。因房地产行业市场上行，土地市场升温等因素，与房地产交易相关的城建税同比增长10.6%，印花税增长15.1%，土地增值税增长39.7%，契税增长36.5%。

【征收管理】 扎实开展数据清理，采集纳税人实名信息2.05万户，核实4.5万条疑似同一纳税人信息，完成对13万余条纳税人"管户信息对照"，对涉及跨县区、跨地域、跨分局的727户纳税人进行"管户调整"，核实修改问题数据1.01万条，清理自然人数据14.21万条。与环保部门建立信息共享、数据复核和业务协作工作机制，顺利开征环保税；强化环保税政策宣传和纳税辅导，已识别环保税纳税人全部按要求进行环保税申报，共征收环保税604万元。探索税务邮政深度融合，

2018年10月25日，省税务局领导在曾都区办税服务厅电子税务体验区视察

拓展业务范围，邮政网点共代征税款66.73亿元，邮寄发票3368份。

【税务稽查】 共立案检查各类纳税人99户，结案59户，查补入库税款3511万元。认真落实"双随机一公开"、税收违法"黑名单"和联合惩戒制度，报送"黑名单"曝光典型案件1起；随机选取检查对象8户，查补税款、罚款、滞纳金共计798万元。严厉打击虚开骗税，检查纳税人25起，结案13起，查实虚开增值税专用发票1198份，虚开金额6.2亿元，税额1.05亿元。

【政务管理】 强化工作督查，下发督办单62件，推动工作落实；对各级督查通报的问题建立台账，明确责任，限期整改。优化调整绩效管理指标设置和考核办法，严格考核考评。抓好公文运转、信访维稳、政务公开、舆情监控、档案保密、财务管理、后勤保障等工作，政务管理顺畅。强化信息宣传，信息工作成绩在随州市53个市直考核单位中名列第1位，中国税务报用稿32篇。强化资产管理，成立资产清查工作领导小组，委托中介公司对全市12个单位开展资产清查，顺利通过上级资产清查会审；规范公车管理，完成全系统72辆执法执勤用车的涂装工作。

【教育培训】 先后组织43个专题相关业务培训，参训人数2300人次；大力推行"师带徒"工作制度，将2018年新招录的38名公务员录入"师带徒"范围。全力做好"新机构、新职责、新业务、新作为"知识网络竞赛活动，253人晋级第二轮，占在职总人数的20%；12人通过第二轮晋级全省前100名，晋级总人数位列全省第四；第三轮竞赛中，3人获全省一等奖，4人获二等奖，5人获三等奖。

统 计

【统计服务】 服务产品。坚持每年编撰《统计年鉴》《领导干部手册》，每月编印《国民经济统计月报》。为实现资源共享、数出一门，组织编撰了《随州市情手册》。为充分展示全市改革发展成就，组织编撰了《改革开放40年》。在《随州日报》及时发布了全市国民经济统计公报和全市第三次全国农业普查公报。协助政府办在市政府门户网站首页醒目位置开设了"数据开放"专栏，及时更新每月统计数据。各专业积极撰写统计信息分析，被各级媒体采用和领导签批数量均创历史新高，全年全局被各级媒体采用信息分析达到了390篇，其中市领导签批31篇，《随州乡镇统计人员工作环境监测报告》等两篇统计分析被国家统计刊物采用，《随州市绿色发展评价报告》获省优秀统计分析报告三等奖。举办统计开放日活动（见下图）。

2018年9月20日，随州市统计局举行第九届统计开放日活动

服务意识。始终保持敏锐的洞察力判断力，主动作为，积极服务领导决策。在全市"开门红"大会后、在第一季度和半年数据上报前夕，组织全局力量开展了三次全市经济运行形势大调研活动，先后对全市223家重点企业和投资项目进行了实地调研，掌握了第一手资料，形成了第一手报告，为市委市政府领导准确掌握和科学研判全市经济运行形势提供了参考。扎实的工作作风被市委督查室作为正面典型予以通报表彰，并先后两次在全市部门季度述职会中交流了经验。

服务功能。及时预警，服务决策。坚持每月底25日前开展预警预测，分析经济指标完成情况，形成预警预测报告呈市主要领导，服务领导决策；无缝对接，服务调度。每月报表平台开网期间，全体干部一律全时在线实时监测数据上报和变动情况，发现异动及时跟踪查询，并主动将联网直报平台每天数据上报情况与发改、经信、商务等相关部门无缝对接，服务部门调度；开放统计，资源共享。每月数据反馈后，第一时间整理月报数据，第一时间撰写各专业分析，呈送至市领导和各部门，有效发挥统计数库智库功能。全年开展预测预警7次，撰写预警分析报告7篇，均被市主要领导肯定、签批。

服务成效。以实际行动服务企业、服务全市经济发展，主动指导企业按照相关规定，高标准做好申报入库资料的收集、整理、上报工作，2018年全市共成功申报入库"四上"企业144家，其中工业企业50家，商贸企业53家，服务业企业16家，建筑业企业17家，房地产企业8家。申报入库5000万以上在建项目法人单位87家，超额完成申报新增企业目标任务，有效壮大了全市经济总量。

2018年8月15日，省统计局局长朱慧（左一）来随调研

【依法治统】 优化统计环境。市领导高度重视统计工作，多次听取统计工作汇报并研究解决统计问题，陈瑞峰书记在市委常委会专题研究统计工作时强调，要充分认识统计工作的重要性，要深化统计管理体制改革，要坚持实事求是，做到应统尽统。市政府常务会2018年两次（第37次、39次）专题研究统计工作，市领导带头学习统计法律法规，并专题下发文件要求各党组中心组开展统计知识学习，这些都为统计工作创造了良好的政治环境。

巩固基层基础。曾都区和随县统计局先后通过省统计局县级规范化达标验收，不断巩固规范化建设达标成果，广水市统计局规范化建设稳步推进。镇村规范化建设成果有效巩固，全市所有乡镇实现了统计基础"八有八化"，92.7%的村实现了统计基础"五有五化"。开展了全市乡镇统计人员工作现状调查，积极研究对策，为基层解困。

规范业务流程。在坚持统计报表制度的基础上，结合实际拟定了《随州统计业务操作规范》和《规下企业统计调查规范》，免费分发至全市统计人员和调查对象，具体明确了各统计专业调查方法、工作流程和有关要求，构建了科学统一、公开透明、全程工作能留痕可追溯的规范化业务操作模式。

增强统计能力。2018年5月举办了全市"深化统计改革坚决打赢数据质量整治"的培训班，对全市基层统计人员进行了为期三天的业务培训，对统计执法检查规定、流程与技巧、统计违法案件查处、统计执法文书制作等内容进行讲授，提升统计人员能力和业务水平。8月、12月又分别组织全市基层统计人员、普查"两员"近200余人开展了经济普查单位清查、普查方案及软件操作培训，培训规模、培训时间均超历年。大力加强统计人才队伍建设，姚岳同志入选国家统计执法检查名录库，吴军柏等三人入选省统计执法检查名录库。

提升数据质量。坚持质量意识，每月开展数据评估，集体议数定数，确保数据质量。认真开展新增单位核查、平台监测、异动查询、季度数据质量核查，督导县市区开展新增单位现场核查11次，核查企业（项目）227家，核查通过186家，通过率81.9%；组织开展数据质量核查实践3次，核查工业企业5家，投资项目5个，服务业11家，商贸企业15家，对核查发现的问题跟踪整改。第一季度省统计局组织对各地数据质量进行了核查，并对出现数据偏差较大情况的十堰等十个市州领导进行了约谈，随州市统计数据质量较高，没有出现偏差较大的情况。

【经济普查】 2018年，国务院开展了第四次全国经济普查工作，随州市周密计划严密组织，普查工作取得阶段胜利。及时下发《关于开展第四次全国经济普查的通知》，成立了市四经普领导小组及其办公室，制定了领导小组成员单位工作职责及办公室工作规则，为普查工作的高标准、高质量完成提供了组织保障。制定了《随州市第四次全国经济普查实施办法》，对普查的目的、对象、时间、内容、方法、组织实施、工作进度及质量控制等方面工作进行了周密的安排和布署。先后召开四次全市经济普查领导小组会议，推动普查工作落实到位。根据普查计划，在曾都区东城办事处进行了普查试点，认真选调普查"两员"2608名，并在全市范围内开展了两轮大型培训，为普查正式开展提供了坚强人力保障。周密细致地做好了普查准备、普查区划分绘图、部门数据比对、单位清查和审核改错等工作，开展了广泛的普查宣传活动，提升公众知晓度和配合度。1月1日在文峰塔举行了正式入户登记启动仪式，正式普查全面铺开。完成了对全市1001个普查区、1433个普查小区的地毯式清查工作，全市共清查法人单位19552个、产业活动单位总数23013个、个体经营户124422户，与三经普相比分别增长了120.7%、76.0%、20.3%。经济普查取得阶段性胜利。

【专项任务】 招商引资超额完成。组建专班，成功引进湖北铸力汽车销售有限公司在曾都经济开发区落户建厂，从事汽车整装及配件生产项目，投资3800万元，完成了厂房建设及加工设备采购，现正在试生产。精准扶贫。坚持把脱贫攻坚当作最大的政治任务，在2016年草店镇大石村脱贫达标验收已经完成的基础上，狠抓巩固提高，扶上马后再送一程。先后5次召开党组会议研究扶贫工作，选派了第一书记驻村开展帮扶，局主要领导亲自带队现场办公8次，圆满完成遍访任务，局党支部与大石村党员干部联合开展主题党日，发挥党建引领脱贫功能，做到扶贫扶智同步。一年来，在财力十分紧张的情况下，帮扶驻点村10万余元，有效提升了帮扶成效。助力攻坚。认真履行部门职责，强化资源共享，认真开展统计监测预警工作，加大数据评估审核查询力度，夯实数据基础，按时按质提供节能减排、绿色发展、生态文明建设、全国第二次污染源普查、水资源考核等各项统计指标数据，为全市生态文明建设提供了强有力的统计数据支撑。

【统计改革】 深入贯彻落实中央《关于深化统计管理体制改革提高统计数据真实性的意见》（中办〔2016〕76号）和省委《实施意见》（鄂办发〔2017〕20号）精神，认真抓好全市统计改革工作，先后多次深入基层调研，广泛听取意见，结合实际拟定了随州市《关于深化统计管理体制改革提高统计数据真实性的实施意见》，通过了市政府常务会、市委常委会审议并正式发文，随州市《实施意见》的下发，助推全市统计改革迈向深入。

工商行政管理

【商事制度改革】 大力深化"多证合一"登记制度改革。巩固全市"29证合一"改革成果，如期全面实施全国统一的"多证合一"改革，实现"36证合一"。2018年，全市共办理企业"多证合一"登记注册21358件、个体工商户"两证整合"63210件。推行"证照分离"改革。在随州高新区部署实施"证照分离"改革试点，通过精心组织、细化方案、专题督办、培训指导等措施，促进"证照分离"改革试点工作顺利启动、稳妥实施，并在全市全面推开，共办理"证照分离"登记1098件。压缩企业开办时间。将企业开办时间由以往平均20个工作日逐步减至8.5个、5个工作日，工商登记环节已压减至3个工作日以内，最快立等可取。推进登记注册便利化。借鉴外地经验做法，结合实际出台《随州市商务秘书公司登记暂行办法》，缓解了小微企业和初创企业住所难、住所贵的问题，住所登记制度改革被市改革办纳入随州市自主创新项目清单。深入落实"同城通办""局所联办""一人办结"等登记服务举措，启用企业全程电子化登记系统，全面实施企业登记全程电子化改革，实现企业登记从"最多跑一次"到"一次不用跑"，全市首张电子营业执照于7月12日发出，共颁发电子营业执照330份。深化企业名称登记制度改革，推行企业名称网上登记，实行名称自主申报制度。扩大委托银行网点免费代办登记注册服务，5大银行13个网点共已为158家企业代办了营业执照，同时提供开设结算账户等金融服务。实行企业容缺受理审批，最大限度地方便人民群众投资兴业。市局驻政务服务中心窗口连年获评"红旗窗口"或"优质服务窗口"称号。

【优化服务】 培育壮大市场主体。紧扣服务随州发展大局出台了服务建设特色产业增长极的"22条措施"，被市政府作为支持实体经济发展的重要参考。深化大众创业促进、小微企业成长、重点企业培优"三项工程"，深入实施市场主体扩量提质行动，2018年全市新登记各类市场主体3.86万户。全市各类市场主体总量突破20万户，达到20.42万户，其中企业类市场主体3.72万户，分别比上年末增长10.18%和11.45%，企业户数在市场主体总量中占比比上年末提高0.21个百分点，圆满完成市政府"新登记市场主体3万户"和省局"双增长一提高"市场主体增量目标。撰写的《市场主体发展情况分析报告》得到市政府领导批示肯定，并以市政府《专报信息》形式予以刊发。推进品牌强市战略。完善充实中国驰名商标、地理标志商标孵化库，大力引导商标注册，积极培育驰名商标，帮扶"随州香菇"等3件商标争创地理标志商标。2018年新申报商标注册2199件，新获驰名商标认定1件。全市有效注册商标累计达到7640件，同比增长40.42%，其中驰名商标18件，位居全省第七，为推动建设特色产业增长极、打造品质随州提供了有力的品牌支撑。驰名商标品牌培育工作得到市委、市政府主要领导的批示肯定。深化广告"四库三基地"建设，新发展广告经营单位352户。扶持实体经济发展。拓展企业股权出质和动产抵押登记融资渠道，共办理企业股权出质和动产抵押登记291件，融资担保总额达到53.20亿元，有效缓解了企业融资难题。审定、公示市级"守合同重信用"企业190家，推荐荣获省级"守合同重信用"企业公示118家，与建行开展政银战略合作，为诚信经营企业量身打造"诚商贷"信贷产品。创建非公经济组织党建工作示范点市级12家、省级1家，通过党建引领，助推个体私营经济持续健康发展。围绕中心服务大局。积极参与"三大攻坚战"、文明城市创建、招商引资、综合治理（平安建设）、扫黑除恶、城区禁鞭等全市中心工作，配合有关部门开展扫黄打非、烟草打假、防范金融风险、处理应急非访等工作，努力维护全市经济社会和谐稳定。开展违法违规金融广告综合治理行动得到市政府主要领导的批示肯定。市局扶贫驻点村工作走在全市前列，驻村第一书记工作经验在《湖北日报》推广。市局荣获"随州城区禁鞭工作先进单位""全市卷烟打假市场整顿工作成绩突出单位"等称号。

【市场监管】 构建信用监管新机制。狠抓市场主体年报公示，2017年度企业年报公示率89.35%，高于全省平均水平，比上年提升5位。新列入经营异常名录5834户、新移出1137户。组织开展"双随机"不定向抽查和部分领域"双随机"定向抽查，推进部门间涉企信息归集共享、协同监管和失信联合惩戒。截至2018年年底，市场主体信用信息共享交换平台共注册市、县两级部门184个、用户1094个，录入行政许可和行政处罚信息超过20万条，基本形成"一处失信、处处受限"的信用监管新格局。市工商局撰写的《"双随机一公开"监管方式改革思考》被中国市场监督管理学会评为优秀奖。强化重点领域监管执法。加大反不正当竞争执法力度，强化广告导向监管，先后组织开展节日市场、红盾护农、无照经营、侵权假冒、互联网广告、网络市场监管、专用汽车市场等专项整治行动。持续发力打击传销规范直销，查办一起违法直销案件，罚没金额90万元。全年全市工商部门共查办各类经济违法案件1157件，有效净化了市场经营环境。推进"红盾质量维权"行动。针对消费者反映突出的问题和热点，开展"靶向式"整治，2018年共抽检流通领域商品质量612组，已查出不合格商品277组，对不合格商品均依法予以处理。通过实施订单式打假、点题式打假，精准打击假冒伪劣行为，共查办侵权假冒案件481件。

【强化维权】 推进放心消费创建。通过全市系统共同努力，圆满完成三年放心消费创建工作任务，有力提升了消费环境安全度、经营诚信度和消费满意度。全市共创建放心消费示范街区1条、放心消费示范维权站47个、放心消费示范商户259户，其中8个放心消费示范维权站、8家放心消费示范商户被评为省级放心消费创建示范点。联合市外事侨务旅游局开展旅游行业放心消费创建活动，在5家4A级景区完成消费维权站建设工作。深化消费维权效能建设。加强12315中心建设，成立了17家以维权能手命名的消费维权（调解）工作室。2018年全市12315系统共受理、处理消费者诉求9379件，其中投诉举报1682件，为消费者挽回经济损失1731.46万元。坚持每季度制作发布12315数据分析报告，供市委市政府参阅和广大消费者知晓。开展消保法规学习宣传。突出"八个一"活动，扎实开展"3·15"国际消费者权益日纪念活动，湖北电视台予以跟踪报道。全方位开展《湖北省消费者权益保护条例》学习宣传活动。

【依法行政】 强化政治建设。统筹推进党的各项建设，巩固、提升市委巡察成果，坚持问题导向，健全完善"三重一大"等10余项规章制度，狠抓整改落实到位。深化作风建设。扎实开展党风廉政建设宣教月活动，参加党纪法规知识测试，组织局机关中层以上干部赴襄阳监狱开展警示教育。加强法治建设。深入开展学法普法教育，不断规范行政执法行为，在全省工商系统案件（卷）质量评查中位居前4名。硬化履职尽责管理。以春训、省局巡回培训等活动为载体，加强新法新规教育培训。参与全市"评机关评站所治不为治乱为促担当促服务"活动，推进依法履职到位。组建大洪山风景名胜区工商分局，加强旅游景区市场监管。

价 格 管 理

【概况】 2018年1至11月，随州市CPI累计涨幅为2.1%，与全国持平；全年收集上报食品、生猪、药品、劳动力、砂石水泥等价格监测数据6151条，公布"价比三家"48期；向近9万困难群众发放价格临时补贴220.93万元；落实新版《湖北省定价目录》，动态调整涉企收费目录清单，实现目录之外无定价、清单之外无收费；完成公平竞争审查制度、农业水价综合改革、资源环保价格改革、公立医院改革、旅游物业等服务领域价格改革等目标任务；降低一般工商业电价，减轻企业用能成本近6500万元；检查单位110余家，清退71.5万余元，处罚160.7万元；化解各类价费矛盾260余起；成本监审和价格认定完成率100%；坚持围绕中心、服务大局，持续加强作风建设，各项工作取得优异成绩。

2018年6月1日，市物价局举行《湖北省价格条例》颁布实施两周年宣传活动

【价格调控】 2018年1月至11月，随州居民消费价格累计同比涨幅为2.1%，与全国持平，基本实现了年初制定的3.5%的预期目标。落实重要商品和服务价格监测上报制度，尤其是冰冻雨雪恶劣天气和重大节假日期间，严格实行24小时值班制，坚持一日一采价、一日一报价，全年完成食品、生猪、药品、劳动力、砂石水泥等价格监测工作，收集上报数据6151条。组织专班开展了随州市工业生产资料、随州市商砼市场价格、房地产价格、出租车行业、大洋塑胶发展现状专项调研，分别撰写5篇调研报告上报市政府。每周一通过报纸、网络、云上随州等平台公布重要商品和服务价格信息，全年共计公布"价比三家"信息48期，价格数据1680条，为市民购买商品"货比三家"提供了便利，获得了群众的一致好评。进一步完善社会救助和保障标准与物价上涨挂钩联动机制，2月食品价格上涨过快，及时启动惠民政策，发放临时补贴220.93万元，惠及近

9万困难群众。督促落实最低收购价格保护政策，切实保障农民利益。

2018年4月17日，市物价局干部到随县政泰天然气公司督查价费政策落实情况

【价格改革】 建立公平竞争审查制度。3月出台《随州市清理现行排除限制竞争政策措施的工作方案》，牵头推动公平竞争审查的有关工作在全市有序开展。8月中旬，对全市20个市直单位开展了为期两周的专项督查，截至2018年底，市直各部门和县市区均已建立公平竞争审查制度。

推进资源环保领域价格改革。围绕全市污染防治工作，充分发挥部门职能，贯彻落实好水、电、气等资源价格和环保收费政策。支持"厕所革命"，对向公众免费开放的各类城乡公共厕所、交通厕所、旅游景区景点厕所用水执行居民生活用水价格。实行天然气价格联动机制，及时缓解价费矛盾。支持新能源企业发展，完成广水丰华新能源开发有限公司武胜关风电场工程项目等13个批次的光伏、风电上网电价的申报工作，确保该市各新能源建设项目准时并网发电。

推进农业水价综合改革。出台《随州市农业水价综合改革2018年度实施计划》，明确了2018年度总体目标、主要工作和具体要求。2018年度完成农业水价综合改革面积3.28万亩，在试点区率先出台了农业用水和节水奖励办法。

推进公立医院价格改革。5月出台《随州市新增医疗服务费价格标准》，有效规范医疗服务价格行为。9月出台《关于进一步完善住院患者单病种收付费工作的通知》，取消调整了部分单病种种类和收付费实施范围，进一步细化了各环节的管理办法。

推进服务领域价格改革。5月出台《随州市物业服务收费管理实施细则》，使多年来在物业服务收费中相关政策不明确、政策界限不清等问题得到有效解决，随州市在全省座谈会上作典型发言，经验做法在全省被推广；会同市房产局对市城区各住宅小区物业服务等级进行了统一核定，进一步规范物业管理。调整降低全市国有景区门票价格，督促协助大洪山、炎帝风景区等落实了降价政策。对农村五保供养对象和服务机构有线电视及通信收费实行减免优惠。规范道路停车收费，所核定的收费标准一律严格遵守有关规定，并对新能源汽车停车收费实行减半优惠。

【清费减负】 降低用能成本。及时按照省局统一部署，三次累计降价一般工商业电价0.087元，降价幅度达到10%，年可减轻一般工商业用电负担6500多万元。组织清理规范转供电环节价费行为专项检查，清理规范转供电主体户数205户，涉及终端用户近8000户，清理后的转供电全部按国家规定价格额度传导到位，减轻转供体终端用户负担近2500万元。

涉企收费清理。全面落实涉企收费"一张清单"制，动态调整涉企收费目录清单，涉企行政事业性收费部门由8个减为7个，对涉企经营服务性收费重新进行了归类整理，具备竞争性的收费项目全部放开，将清单送至全市各企业，并在媒体上公示，加强监管，确保清单之外无收费；落实新版《湖北省定价目录》，对截至2018年5月31日，由物价局制发或牵头制发的所有价格文件进行了清理和公平竞争审查，出台了《市物价局关于废止部分价费文件的通知》，并通过媒体向社会公示，进一步明确职权，确保目录之外无定价。制定《随州市涉企收费专项检查实施方案》，要求各涉企收费部门严格按照文件精神，认真清理自查近年来国家和省政府取消的收费项目、降低的收费标准、减免暂停收费项目等政策落实情况，对国土和环保（含相关行业协会、商会）进行了为期一个月的专项检查。

坚持依法定价、科学决策。依照法定程序，严格把关政府定调价项目，按照市委市政府指示要求，市局在大量前期调研、掌握一手资料的基础上，充分考虑经营者利益和消费者承受能力，审慎制定出租车调价方案，坚持公开成本、公开听证，确保政府决策的科学性，圆满完成了出租车运价调整。

【服务民生】 加强市场监管，规范市场秩序。通过多领域广覆盖的专项检查，结合不间断的日常巡查，采取"双随机一公开"的方式，市县两级协同发力，实现了重要领域、重点时间段的监管全覆盖。重点对涉农、国土和环保部门涉企收费、供电、供气、电信、有线电视、城区停车收费、银行、教育、商品房销售和物业服务、相对封闭区域、道路施救等进行了专项检查，从严查处和打击各类违法违规价格行为，全市共检查单位110余家，清退71.5万余元，处罚160.7万元。密切关注元旦、春节、五一、端午、中秋、国庆等重大节假日市场价格秩序，对生活必需品、商贸、旅游、交通运输等市场价格开展巡查，向辖区内各大商场、超市、景区、出租车公司下发提醒函，提醒各单位保持节日期间市场价格稳定。紧抓明码标价规范工作，在日常巡查过程中大力倡导诚信经营和明码标价、明码实价，重点检查了商品房销售、物业服务、道路清障、旅游等行业，对少数企业存在明码标价不规范问题，当场督促指导整改，加强跟踪检查，确保整改到位。

夯实基础工作，优化价格服务。全市通过"12358"价格监管平台、市长热线、阳光信访等共化解各类价费矛盾269件，办结率100%，针对各类举报投诉共召开协调会20余次，发放提醒告诫函500余份，价格举报工作做到咨询解释到位、化解矛盾及时、打击违法有力，深得群众好评。全年全市共办理价格认定案件233件，涉案金额1189万元，无一例复核，价格认定事项按时办结率100%，圆满完成市政府交办的高新区公安局关于68辆伪劣车辆的价格认定事项，受到市领导的好评。相继开展了乡镇供水、物业、出租车、幼儿园保育费等项目的成本监审，共核减成本1083.99万元，核减比例达到19.45%。

质量技术监督管理

【概况】 质量强市工作取得新突破。全市共取得ISO9000、GB14000、3C等各类质量认证证书632张，全市共有17家企业的17个产品申报湖北名牌，共有97家企业的108个产品被评选为湖北名牌。质量提升行动成效显著。全年开展重点产品定期监督检验235批次，合格率98.7%；委托检验527批次，合格率97.9%；执行省级监督抽查60批次，合格率96.6%；双随机检验15批次，合格率100%；省级监督复查3批次；完成了732个产品684个参数的产品标准和检验方法标准的查新。标准化示范区建设进入全省前列。全市共计开展了8个标准化示范区项目建设。组织申报的省级地方标准《地理标志产品随州芽茶》《机动车安全技术检测服务规范》通过批准实施。组织4家企业主导（参与）制定国家标准3项，行业标准2项，已发布实施国家标准1项，行业标准2项。全市特种设备安全继续保持零事故。"放管服"改革工作排名靠前。"互联网+政务服务"工作取得全市排名靠前好成绩。成立工作专班协助指导全市行政职权和服务事项标准化录入审核发布工作。完成了随州市政府下达的14项"双随机一公开"事项。"国家专用汽车质检中心"主体工程建设完成。执法维权力度不断加强。全年共计出动执法人员317余人次，检查企业95余家，立案17余件，涉案货值290余万元；调处举报投诉172起，为企业、消费者挽回经济损失500余万元。党建和管党治党主体责任工作成效显著。充分运用"随州市落实全面从严治党主体责任监督系统"监督作用，落实"一岗双责"，通过责任清单明任务、明责任、明目标，将全面从严治党压力传导到系统内"神经末梢"。

【专汽行业整顿规范暨精益管理培训】 11月9日—10日，全市专汽行业整顿规范暨精益管理培训班（第一期）成功举办。培训围绕企业核心竞争力与生产体系精益管理、生产现场改革、精益质量管理等方面开展，采取课堂集中授课＋企业现场诊断的授课方式，由中科院首席IE专家、武汉爱易适企业管理有限公司技术官CTO关田铁洪先生主导。全市专汽行业企业法人、总经理、生产副总、首席质量官80余人参加了培训（见下图）。

2018年11月9日至10日，随州市举办专汽行业整顿规范暨精益管理培训班（第一期）

【专项检查】为深刻吸取"6·30武汉爆燃事故"教训，严厉打击涉及气瓶安全的违法违规行为，保障随州市特种设备安全，7月2日，市质监局成立一对一检查专班，冒着酷暑对随州市城区及曾都区乡镇11家液化石油气瓶充装站进行了突击检查。此次突击检查行动，重点检查充装气瓶是否超过使用期限，充装人员是否持证上岗，气瓶充装记录是否完整，充装使用的计量器具是否经过检定，安全防护措施是否到位等，保障了用气安全。

【标准化业务专题培训】12月17日至18日，随州市标准化业务培训班在国家技术标准创新基地（武汉）举办，随州市省级以上标准化示范项目承担单位、专用车等制造业龙头生产企业的标准化工作负责人共计40余人参加了培训班。培训会上，学员们参观了国家技术标准创新基地展示厅，学习了解标准化发展历史及国家规划。湖北省标准化与质量研究院的标准化专家为培训班的学员们现场解读国家标准化相关政策，结合生动实例详细讲解了企业标准体系，现场解答学员们关于在开展标准化工作中存在的问题，并就标准编制、检测认证、品牌创建等标准化业务进行了供需互动（见下图）。

2018年12月17日至18日，随州市在国家技术标准创新基地（武汉）举办标准化业务培训班

食品药品监督管理

【完善监管体制】强化对各县市区食品安全工作的考评，督促落实属地责任。通过市食药安委会全会、成员单位联席协调会议，层层签订目标责任书，积极承接好食盐质量安全监管职责等措施，强化部门监管责任。督促指导食品药品企业开展安全自查，签订《药品安全承诺书》，推动企业落实主体责任。继续加强与随州主流媒体和新媒体合作，加强正向宣传引导，开展了"荆楚楷模·食美药安先进典型"评选活动，弘扬监管正能量。利用门户网站依法主动公开食品药品行政审批、抽检监测、核查处置、行政处罚等各类信息，接受社会监督。畅通12331投诉举报电话，建立和落实举报奖励制度，积极引导社会公众广泛参与，提升食品药品安全社会共治水平。全年受理投诉举报361件，回复办结率为100%。积极做好"3·15"、12331食品药品投诉举报主题宣传日、"5·25护肤日"等宣传活动，组织新闻发布1次，发放宣传资料22100余份，接受现场咨询4800余人次，积极营造"食药安全人人有责"良好氛围。

2018年3月31日，随州市食品药品安全委员会在购物中心（水西门店）举办12331主题宣传活动

【市场监管】 强化日常监管。按照食品药品企业风险等级，对照食品药品监管关键风险点手册，明确监管频次和监管流程，全力推进"互联网＋食品药品安全"监管模式。全市基本实现在手机终端现场填写检查笔录、现场得出整改报告的监管模式，食品药品监管效率大幅提高。投资30余万建立的"县市乡"一张网审批平台，已于2018年7月开始运行，网上受理行政审批事项1800余件，发出电子证书336张。完成食品药品（医疗器械）监督抽检1792批次，食用农产品快检27065批次，发现问题样品1242批次，暂停销售、销毁、无害化处理食用农产品1620千克；收到药品、医疗器械、化妆品不良反应报告2571例。

狠抓风险防控。2018年，结合省、市开展的食品药品安全风险隐患大排查，在全市开展了拉网式摸排。全市共排查小作坊560家，商场、超市、集贸超市、小副食店3606家，大中型餐饮单位、旅游景区餐饮、集中用餐配送单位、学校（幼托机构）食堂、网络订餐单位542家，医疗器械生产经营企业46家，药品零售企业440家，医疗卫生机构60家，隐形眼镜机构4家，计生服务机构6家，药品批发企业13家，其中存在隐患1155家，整改到位953家，行政处罚37家，停产9家。特别是在开展白酒专项整治中，本着规范一批、提高一批的原则，对全市白酒小作坊进行了摸底排查，责令整改565家，其中115家白酒加工小作坊已获生产许可，立案查处8起。针对"寻根节"、"中高考"、中秋、国庆等重大活动及节假日，专门制定保障方案和应急预案，加大排查力度和排查频次，圆满的完成了食品安全保障任务。

2018年6月4日，副市长郑晓峰（左一）在寻根节餐饮保障单位巡察

深化示范创建。按照省"双安双创"工作会议精神，2018年重点开展"六大工程"（放心肉菜工程、餐饮提升工程、基础提升工程、技术支撑工程、信用建设工程、"三小"治理工程）和"三项行动"（"地沟油"专项整治行动，农村食品安全治理行动，食品、保健食品欺诈和虚假宣传整治行动）。全市已有6家超市被授予"放心肉菜超市"称号，实现明厨亮灶1076个，全市45个乡镇中24个乡镇所通过标准所验收，2个乡镇所通过示范所验收；深入开展校园周边、旅游景区、车站码头等重点区域的"三小"食品安全专项整治，全市共统计"三小"对象3937家（不含食品小摊贩），基本做到了一户一档，曾都区整改小餐饮店1074家，广水在城区创建200家小餐饮示范店，随县将中心城区的79家小餐饮店进行提档升级，全市共发放小作坊许可248家，小餐饮许可1372个。在食品保健食品欺诈和虚假宣传整治工作中，立案查处违法违规案件84件，涉案货值227.8万元。在农村食品安全专项整治中，清理无证生产经营户124户，发出责令整改通知书1130份，查处农村地区食品违法案件198件，查扣假冒伪劣食品数量120.33千克。

强化应急管理。长生"问题疫苗"事件发生后，全市对疾控中心等24家接种单位，进行了拉网式检查，没有发现此次被通报的问题疫苗（长春长生生物的百白破疫苗批号 201605014-01、武汉生物的百白破疫苗批号 201607050-2）流入。特别是非洲猪瘟防控、洛阳疑似食物中毒和简朴寨清河路店食物中毒事件，快速反应，应对及时，有效妥善处置，防止了事件进一步蔓延。

【依法行政】 加强法制教育培训。采取走出去、请进来等形式，多次组织监管人员开展专题法制培训，提高法治思维和执法能力；组织全体机关干部进行在线法治学习，人均测试分数均在90分以上，干部的法治意识明显增强；开展"12·4"国家宪法日、食品药品法治宣传月、食品法律法规和食品安全知识进景区系列活动，普及了食品药品监管法律知识，增强了干部队伍依法行政和监管的能力。加强执法监督检查。实行"双随机一公开"监督检查。采取被检查对象与检查人员双向互盲原则，对辖区食品生产企业、餐饮单位、超市、药品生产厂家等单位实施不定向抽查，并落实"一抽查一公开"制度，抽查情况及查处结果通过多种形式及时向社会公布。梳理编定权力清单343项，并及时在湖北政务网进行公示，主动接受社会监督，促进阳光监督和执法。加强"行刑衔接"。认真落实行政执法与刑事司法衔接制度，充分发挥"两法衔接"信息共享平台作用，做到普通程序的处罚案件录入率100%。

安全生产监督管理

【安全生产责任体系建设】 积极引导全市党员干部强化生命红线意识和底线思维，牢固树立安全发展理念。认真宣传贯彻《地方党政领导干部安全生产责任制规定》，印发实施《随州市党政领导干部安全生产责任清单》，进一步强化党政同责、一岗双责，落实领导责任和属地监管责任；以组织召开市安委会全会、专委会工作会议、安全生产电视电话会议、行业监管联席会议以及开展各类督导检查为抓手，进一步强化部门行业监管责任；印发实施《督促企业落实安全生产主体责任的实施意见》，认真开展安全生产大约谈、大督查、大暗访和典型事故大警示等四大行动，进一步推动企业主体责任落实到位。同时，不断完善安全生产目标考评体系，将各级党委、政府安全生产工作职责纳入目标责任考核范围，明确考核内容、考核方式及结果运用，修订出台《随州市安全生产"一票否决"实施办法》，强化失职追责，倒逼责任落实。

【深化安全生产领域改革发展】 面向全市全面系统地宣传中央和省改革意见精神，凝聚安全发展共识。印发了《关于进一步推进安全生产领域改革发展重点任务落实的通知》，对全市安全生产领域改革发展的22项重点任务明确责任单位、细化工作任务、规定时间节点、严明工作纪律，推动安全生产改革发展工作全面展开。市安委办组织起草了《随州市安全生产巡查制度》《随州市安全生产"双约谈"制度》，积极探索建立以制度推动责任落实的长效机制。在安全监管机构队伍建设上，突破乡镇无安监机构的问题，在重点乡镇设立了安监站（办），配备专职安监人员；所有乡镇、街办和国有农场、景区、开发区等功能区均明确了安全监管机构。

2018年9月19日，全市乡镇长安全生产培训班开班

【隐患排查治理】 构建风险隐患双重预防机制。强化高风险设备、高风险工艺、高风险场所、高风险物品、高风险岗位辨识管控，对高危行业企业全部实行分级分类监管。建立政府购买安全生产服务制度，聘请专家参与隐患排查，防范企业"带病"运营，有效提升企业本质安全水平。建设标准化信息化平台。全市共建立"两化"系统

各类监管平台150个,注册入网企业3034家,解决了企业不知道隐患查什么、怎么查、如何改的问题。企业运用"两化"系统查找隐患58282条,整改销案58282条,整改率达到100%。此项工作绩效位列全省市州前茅。落实重大隐患挂牌督办制度。省、市安委会挂牌督办重大隐患7处,及时在新闻媒体上公告。积极探索媒体参与的暗查暗访安全检查制度,市安委办先后5次派出暗访组,对企业"暗访暗查",强化舆论监督及负面曝光力度,跟踪督促隐患整改落实。省、市挂牌督办重大隐患均整改到位。

【重点行业领域监管】 认真做好全市非煤矿山安全监管工作。开展节后复工复产、石材行业验收、双重预防机制建设、尾矿库汛期检查、打非治违等专项行动,非煤矿山企业本质安全水平得到全面提高。深入推进危险化学品、烟花爆竹企业安全监管工作。组织开展了危险化学品和烟花爆竹行业复工复查检查、危险化学品企业停产检修、安全风险管控、"一责双卡""包联包保"专项行动以及医药化工企业安全评估工作;启动烟花爆竹生产企业整体退出市场工作。组织开展重点行业专项整治。在全市范围内的道路交通、重大在建项目以及建筑施工、消防、燃气、特种设备、水上交通、中小学校、专用汽车、旅游漂流、人员密集场所、农林业使用水池(塔)等行业领域、重点部位集中开展专项整治行动。建立安全生产与职业健康一体化监管机制,以职业性尘肺病、化学中毒为重点,突出抓好矿山、危险化学品生产、石材加工、木制家具加工等行业职业病危害专项治理,有效预防和遏制职业病危害事故的发生。

【应急防范管理】 提升社会安全意识。扎实开展第17个全国"安全生产月"、安全文化"六进"等系列安全生产宣教活动,打造了"安全生产神农故里行"的宣传名片。组织安全监管人员参加"最美基层安全卫士""安全生产十佳示范企业""安全生产十佳示范乡镇"等公益评选活动,弘扬安全生产正能量。通过开设专版、专栏,集中播放安全生产新闻、公益广告和警示信息,借助主流媒体发出了安全发展最强音,营造了全社会讲安全的良好氛围。强化安全教育培训。在市委党校主体班开设了安全生产知识教学课程,并将相关内容纳入开放课堂讨论。分行业、分区域培训企业主要负责人、安全管理人员、特种作业人员达2000余人次。举办了乡镇长安全生产培训班,全市乡镇长、安监站站长等140余人参加培训,提升了基层领导干部的安全生产意识和履职尽责能力。重视应急能力建设。不断健全市级安全生产应急救援管理体系,推进矿山、危险化学品、油气输送管道等专业化应急救援队伍建设,培育了随州市宏林救援队等"安全生产应急救援示范队伍",改善应急救援装备,组织安全生产综合应急救援演练以及各类专业性应急演练,督促事关民生的重点企业和部分危险化学品、矿山企业每年至少组织开展2次应急救援演练。认真落实24小时值班制度,完善信息报告制度,确保遇到突发安全生产事故,上下联动,指挥到位,处置得当。

2018年6月15日,随州市安监局开展安全生产宣教月活动,图为搜救急救人员示范急救常识

【打非治违整治行动】 按照全省的统一部署,综合运用整顿关闭、监察执法、工程治理等手段,强力整治重点行业安全生产薄弱环节,严厉打击非法违法生产经营建设行为。全市共上报安全生产非法违法行为案例3682起,给予警告2934次,共处罚罚款1391.6万元;没收违法所得、非法生产设备101起,责令停产停业、停止建设、停止施工346家,暂扣或吊销有关许可证130家,关闭非法违法企业106家,行政拘留19人,移送追究刑

事责任46人。此项工作绩效位于全省市州前列。

公共资源交易监督管理

【交易平台整合】 将整合建设全市统一的公共资源交易平台，作为深化公共资源交易改革的首要任务。对照国务院和省、市政府关于公共资源交易平台整合工作部署和要求，在全面总结情况、分析存在问题的基础上，积极争取市政府支持，主动与市财政局、国资委、国土局等部门加强联动，形成工作合力。已做好与省公共资源交易云平台实现全面对接的各项准备工作，交易项目的电子化水平得到进一步提高，交易活动更加快捷。

【规范交易程序】 注重从满足交易主体需求出发，坚持管理与服务并重，不断提升项目交易的规范化水平。全面推进公共资源交易领域的"放管服"改革，将资格预审文件、招标文件的备案审批改为备案管理，对在备案中出现设置排他性、限制性条件，影响市场公平竞争的行为，及时发现、坚决纠正。全面取消投标企业原件审查，主动为企业"减负"，为市场"解绊"。贯彻落实《必须招标的工程项目规定》和《必须招标的基础设施和公用事业项目范围规定》，对进场交易项目的审批手续、资金来源等登记资料进行严格把关，落实招标人承诺制，防止规避招标、虚假招标和未招先建等违法违规问题发生。认真落实《关于推进公共资源配置领域政府信息公开的意见》（国办发〔2017〕97号），积极推进公共资源交易信息公开工作，坚持以公开为常态、不公开为例外，通过市公共资源交易网，全面实时准确的将项目交易公告、资格审查结果、交易过程信息、成交信息以及有关变更信息向社会公布，提高公共资源配置的透明度。建立招标项目容缺受理机制，对扶贫项目、环保项目、民生项目实行"并联"操作，最大限度地为招标人节省时间、提高效率，助推惠民政策加快落实。2018年，市本级完成公共资源交易项目169个，交易额39.66亿元。其中：建设工程交易项目103个，交易额21亿元；政府采购项目22个，交易额1.36亿元；国有土地出让项目44个，交易额17.3亿元。

【加强法治建设】 注重开展法治教育培训，落实"谁执法，谁普法"责任制，根据工作需要、业务弱项、能力短板，坚持统一培训与分类培训并用、监管人员培训与市场主体培训并重、系统操作与交流研讨并存的方式，邀请省公共资源局、市政府法制办的专家进行授课，组织业务骨干、招标人、代理机构、评标专家等开展培训3批次，培训人员400余人次。利用网络学法平台开展法律知识学习和在线考试，培养干部运用法治思维和法治方式解决问题的能力，取得了参考率、通过率100%的良好效果。健全重大决策合法性审查制度，未经合法性审查或经审查不合法的，一律不研究讨论。认真落实"两法衔接"工作要求，及时、规范、全面地将行政处罚案件录入"两法衔接"信息平台，有效实现了案件信息的网上移送和网上处理。随州市公共资源局成功开展了"双评双治双促"活动暨随州子库评标专家培训会（见下图）。

2018年10月13日，随州市公共资源局开展"双评双治双促"活动暨随州子库评标专家培训会

【依法监管】 以构建统一开放、竞争有序的公共资源交易市场为目标，认真履行监督职责，规范市场秩序。对公共资源交易的规范性文件进行再次清理，废止和失效2件，纠正了通过规范性文件设置审批事项、干预交易主体自主权的行为。全面推进"双随机一公开"监管，做到了监管对

象全面、监管人员合格、监管事项合法、监管权责匹配。加大市场治理力度，以有诉必查、有查必果的态度，认真做好招投标投诉举报的调查处理工作。2018年以来，依法依规处理投诉举报15起，给予行政处罚68万元。投诉举报受理率、办结率达100%。全面推行招投标信用信息管理，建立了信用信息发布机制，对失信行为的认定、修复和披露进行量化管理，在给予行政处理的同时，将不良行为推送省信用平台进行公开，提高违法违规成本，促进交易市场规范有序发展。同时，鼓励招标人在招标文件中对诚信市场主体采取信用加分的措施，使守信者在市场竞争中获得更多机会和实惠。

进出口稽查、监管、缉私

【概况】 截至2018年11月底，随州海关共受理报关6607批，货值7.93亿美元。其中完成出境检验检疫货物6205批，货值7.54亿美元，入境检验检疫货物402批，货值0.39亿美元，签发产地证书931份，签证金额8269万美元。

【机构改革】 自2018年4月20日原随州出入境检验检疫局转隶为随州海关后，对标识、标牌和标志进行了全部拆除和更换，完成了统一上岗、统一着海关制服、统一佩戴关衔。对外窗口在行政大厅整合为一个窗口，统一对外办理相关业务，实现"一口对外、一次办理"。依托全国海关通关一体化"两中心三制度"整体框架。全面融入，优化作业流程，减少非必

2018年4月20日，原随州出入境检验检疫局正式挂牌"随州海关"

2018年4月20日，以"中国海关"的名称办公和履行职责并签发第一份单证

要的作业环节和手续，从而降低通关成本，提升通关效率。加强全局意识和服从意识的思想教育，服从执行改革期间各级党组织的要求，做到思想不乱、队伍不散、工作不断、干劲不减，确保一手抓监管业务，一手抓队伍稳定。

【"放管服"改革】 提高信息公开的实效。凡是决定和实施事关全局、事关进出口企业切实利益的重大事项，均在大厅公开办事程序、承诺时限等，并公开举报电话。对湖北省首批复制推广的自贸试验区13项经验中，复制并实施"出口食品生产企业备案采信模式"，免于现场审核。8月1日起，正式取消涉及公共利益、社会关切的进口机动车登检换证环节。组织工作人员认真学习，积极与现场业务一处协调解决企业报关资质的问题，从4月20日至今，随州市新增出口报关备案企业39家，全部是一次注册即办理报关报检两个资质。

【加大服务通关力度】 根据随州市政府《服务外贸出口十大升级工程的工作方案》有关要求，积极制定服务外贸出口的八项措施。在压缩通关放行时长方面，查找检全流程控制的短板和薄弱环节。1月至11月放行时长：出境13.2小时，入境

21.84小时，在分支机构排名靠前。积极推进实验室基础设施建设，做好实验室复查换证和扩项等工作。总结、完善和拓展蜡菇检验测能力和检测范围，基本实现辖区主要出口食品和农产品本地检测。精准地对接"一带一路"、"长江经济带"国家战略，服务"一带一路"建设。全面落实省《政府工作报告》确定的大通道和大通关工作任务。

【严把国门安全】 加强产业的风险管理。检查了辖区16家出口企业的36个备案基地，完成食品安全监督抽查43个、企业监督抽查、风险分级39家，并及时对5家失信企业进行约谈。建立信息集聚、优化高效、协调统一的风险防控体系。重点加强卫生检疫、动植物检疫、非洲猪瘟防控和进出口食品安全监管等工作。全力加强对危化品、机动车、医疗器械、旧机电等重点敏感商品质量的安全监管。做好童鞋、房车等新调入目录内产品的检验和监管。深入开展"清风行动"和"双打"等专项行动。加大对行业潜规则以及质量安全方面高风险隐患的打击力度，严厉查处隐瞒缺陷、不履行召回义务等行为，消除质量隐患。

烟草专卖管理

【概况】 2018年，全市烟草商业系统共销售卷烟66005箱，上缴各项税费4.35亿元；查获涉烟违法案件697起，非法三烟755.96件；破获国标案件1起，省标案件3起。

【市场营销与服务】 深入推进"网建深化工程"，卷烟经营质量有所提升。促进营销转型之变，突出高质量发展。深入贯彻行业"建设现代化烟草经济体系"的战略目标，尊重市场真实需求，实行"稍紧平衡"货源策略，用好平台管控，严格按等级供货，调正了企业发展方向，调好了员工经营思想，高质量发展深入人心，规范经营成为自觉。突出目标引领，围绕奋斗目标，对各县级局销售目标完成情况"旬跟踪、月通报"，做到了均衡销售。突出考核激励。落实"树标杆、夺红旗"举措，开展营销"榜样之星"评选活动，调动了员工销售积极性。走好品牌培育之路。走好品牌规划之路。持续完善品类布局规划，健全进退机制，在销品牌同比下降25个。走好品牌支撑之路。强化工、商、零、消"四方协同"，召开2次工商协同会，组织工商协同进自律小组活动，努力培育新的销售增长点，细支烟销售实现了快速增长。走好品牌考核之路。完善品牌培育评价机制，推动"一层三级五员"考核落地，品牌培育目标全面完成，对销量稳定形成了有力支撑。筑牢网络建设之基，高标准推进终端形象建设。全面落实全省网建会议精神，量化目标，落实责任，做到了稳步推进。探索金叶公司转型发展，拓展了"非烟"业务。高质量推进营销服务建设，组织了服务营销"三进"，强化了配送"四大服务主题"，送货及时率、到户率、准确率，电子结算率均达到100%。送货小票粘贴工作得到省局主要领导肯定。高效率协同推进诚信自律建设，开展创建"诚信规范经营示范街"活动。

2018年2月11日，副市长吴超明（右一）到烟草基层站所调研指导工作

【市场管理】 全面实施"市场净化工程"，让专卖严起来、管理硬起来、市场好起来。主要做到"三个创新"：①创新日常监管机制，做到市场监管全覆盖。即巩固了"三大机制"，开展了"四大行动"，办理了"9·30"国标案件1起，查办了"9·18""1·7"非法经营卷烟案和"4·3"非法经营烟叶案3起省标案件。查处了本地影响市场的"1·2""1·12"案件2起。出台了卷烟

零售市场考核办法，打破了"大锅饭""所长饭"，激发了干部员工的积极性。开展互联网涉烟案件侦办培训、真假烟鉴别培训，培训人员150余人。推进了"五层五维"考核体系落地，坚持了干部一线带班作业制度，立体式市场监管模式全面落实。②创新联合打假机制，做到打假破网全方位。即健全了监管"四项制度"，加大了"四个力度"，联动式协作打假模式全面加强。寄递领域打击成效尤为明显，查获物流寄递案件65起，查获卷烟24.94万支，案值38.14万元，市局侦办的物流寄递环节案件在全省卷烟打假市场整顿电视电话会议上，3次被点名表扬。随北口子大队查获烟叶363担，涉案值80多万元，联合十堰市局一次性查获假烟404万支，较好地发挥了"鄂北屏障"作用。优化行政服务，开展"双随机一公开"监管和案卷评查工作，做到依法行政、文明执法。③创新专卖内管机制，做到内部管控全过程。即完善了内部监管体系，健全了月度联席会议制度，开展了规范与承诺主题大教育、内管知识大学习、跟车送货大监督、内管工作大检查大排查活动和诚信自律小组建设活动，实行"挂图作战""清单销号"，对9类46项卷烟规范经营自查问题进行全面整改，全程式内管监督模式全面完善。守住了规范经营生命线。全年建立328个诚信自律小组，5640户加入，清理整治大户31户，清理"僵尸户"291户。全市支持卷烟行业发展暨卷烟打假市场整顿工作会议成功召开（见下图）。

2018年3月6日，全市支持卷烟行业发展暨卷烟打假市场整顿工作会议召开

公共检验检测

【概况】 随州市公共检验检测中心为市政府直属公益一类事业单位，相当于正处级。中心的主要职责是负责为政府相关部门实施食品、药品、农产品、医疗器械、化妆品、粮油及其他产（商）品质量安全监管工作提供全面的分析、调查和咨询服务，承担政府相关部门下达的食品、药品、农产品、医疗器械、化妆品及其他产（商）品质量检验检测任务，承担食品及相关产（商）品生产许可证发证检验及有关单位委托的质量（技术）鉴定，受理客户（公民、法人和其他组织）申请的食品、药品、农产品、医疗器械、化妆品及其他产（商）品委托检验和仲裁检验，承担食品、药品、农产品、医疗器械、化妆品及其他产（商）品生产企业质量检验的技术指导、培训、咨询，为制定企业和地方产品质量标准提供技术服务，开展食品、药品、农产品、医疗器械、化妆品及其他产（商）品检测方法、质量及技术标准等科研工作，承办上级交办的其他事项。中心内设办公室、业务部、技术质量监督部、食品检验检测所、药品检验检测所和农产品检验检测所。拥有美国Waters和Thermo高效液相色谱仪，Agilent和Thermo气相色谱仪、美国BD PhoenixTMM50微生物药敏分析系统、美国Thermo电感偶合等离子发射光谱仪、美国Preplinc凝胶色谱仪、美国Thermo三重四级杆液质联用仪、美国Thermo气质联用仪、美国Thermo-ev300、日本岛津紫外可见分光光度计和瑞士CAMAG薄层扫描仪等310余台套、价值近3600万元检测仪器设备。拥有食品、保健品、药品、化妆品、药用包装材料、农产品、水产品、畜禽产品、粮油以及相关商品等10大类、788个品种、1087个参数的业务检验检测能力，是全省地（市、州）中改革最早、力度最大、整合面最广、检验检测职能最全的公共检验检测平台，是全省地（市、州）中唯一具有药包材类检测能力，唯一拥有SPF级动物使用许可，能够开展部分食品、药品、化妆品和药包材安全

试验的检验检测中心,是国家食品药品监督管理局认可的第一批餐饮食品检测机构,是省食品药品监督管理局重点支持建设的湖北区域性检验检测中心。市公共检验检测中心选址城南新区新建的实验室大楼,投资约一亿元,规划占地面积50余亩,建筑面积12000平方米。2018年食品安全监督抽检工作全省排名第三,连续6年参加由国家认监委、国家食药总局、湖北省食药监局和湖北省质监局组织的24项能力验证,都取得满意等次,进入全省检验检测机构先进行列。2018年市公检中心被评为"省级文明单位""档案工作目标管理考评省一级单位""社会治安综合治理优胜单位""党建工作优胜单位"。

【检测业务】 2018年计划完成检验2300批次,实际完成食品、药品、化妆品、农产品和粮食产品检验检测3127批次,比改革前增加123%。

加强培训学习,实施业务提升行动。坚持内外培训、人员交流与实际操作培训相结合,送出去培训42人次,内部集中培训5次、268余人次,配合市粮食局、市食药监局开展抽样检测业务培训四期160余人次。开展练兵比武活动。组织科研团队研究创新,开展质量分析报告比赛,形成了2017年《药品化妆品质量分析报告》《食品质量分析报告》《粮食质量分析报告》《关于对我市优质稻品种研究分析的报告》《农产品质量分析报告》,及时积极地为市委、市政府和相关职能部门研究决策全市食药质量安全工作当好参谋。

强化能力建设,顺利通过资质认定。顺利通过了省质量技术监督局组织的实验室资质认定,首次以市公检中心的名义取得了实验室资质认定证书。

添置仪器设备,不断提高装备水平。2018年争取和整合资金340万元采购44台套设备,极大提高了检测装备水平。

【依法行政】 坚持法治思维,将检验检测纳入法制化轨道。坚持依法行政和依规治党的有机统一,牢固树立法治意识。开展学法用法守法宣传教育活动。组织法治建设工作会议5次,组织《宪法》《监察法》《消防法》以及食药法规、党规党法等法律法规的宣传、培训和考试9次,提高干部职工依法行政、依法办事水平;制定中心《质量手册》《程序文件》,将检验检测工作纳入法制化规范化轨道。

中国共产党随州市委员会

综　述

【思想政治建设】 加强政治引领，坚决维护以习近平同志为核心的党中央权威和集中统一领导。旗帜鲜明讲政治，每逢习近平总书记发表重要讲话以及中央重要会议召开、重要文件出台，坚决做到第一时间学习领会、第一时间贯彻落实；教育、引导、推动全市各级党组织和党员干部增强"四个意识"，坚决做到"两个维护"，在政治立场、政治方向、政治原则、政治道路上同以习近平同志为核心的党中央保持高度一致，自觉向党中央看齐、向习近平总书记看齐。强化理论武装，坚持用习近平新时代中国特色社会主义思想武装党员、教育群众。把学习宣传贯彻习近平新时代中国特色社会主义思想作为首要政治任务，常委同志带头学习、带头深入基层宣讲、带头作辅导报告，举行11次市委理论中心组集体学习。通过领导干部培训班、"两学一做"学习教育、读书分享会等方式，分层分级、多样多类，推动习近平新时代中国特色社会主义思想深入人心。狠抓贯彻落实，推动习近平总书记视察湖北重要讲话精神在随州落地生根。把学习宣传贯彻习近平总书记重要讲话精神作为重大政治任务牢牢抓在手上，坚持在深化中学习，在学习中深化，在全市持续掀起学习宣传贯彻热潮。出台《关于深入学习习近平总书记视察湖北重要讲话精神奋力谱写新时代随州高质量发展新篇章的实施意见》，明确23条工作措施，细化责任单位、完成时限，切实把讲话精神转化为推动随州发展的强大动力。

【建设品质随州】 着眼打造产业新城、文旅名城、生态绿城，着力建设品质随州，推动实现高质量发展。地区生产总值突破千亿元大关、预计增长8%；规模以上工业增加值增长8.1%，固定资产投资增长11.2%以上，社会消费品零售总额增长11%，地方一般公共财政预算收入增长8.5%，实际利用外资增长8%，城乡居民人均可支配收入增长8%。

深入推进供给侧结构性改革。巩固去产能成果，实施"危困企业重组盘活计划"，推动总量性去产能向结构性优产能转变。加强市场调控，推进房地产健康发展。减税降费21.9亿元，让企业轻装上阵。滚动实施"百企百亿"技改工程，工业技改投资增长14%；深入推进"中小企业成长工程"，规模企业达672家；加强企业品牌创建，中国驰名商标达到18个，湖北名牌达到108个。加大项目建设和招商引资力度，汉十高铁随州段全线铺轨，鄂北水资源配置一期工程基本完成；积极对接大武汉，武汉卓尔集团等一大批武汉知名企业来随考察洽谈；争取中央和省预算内投资创历史新高，新签约项目188个，引进过亿元项目49个。

加快建设特色产业增长极。着力优化"三极

支撑、多点突破"特色产业发展格局，推动出台专用汽车、农产品加工、生态文化旅游三个特色产业增长极建设实施方案。强力推进专用汽车及零部件千亿元产业建设，专汽产业逆势上扬，增长16.5%，产量突破13万辆，专汽资质企业达40家，通过"中国专用汽车之都"第二次复审，被授予"全国机械工业引领高质量创新发展产业集聚区"称号。农产品加工业持续壮大。"随州香菇"获农产品地理标志登记认证、入列全省农产品区域公共品牌二十强；随州入选中国特色农产品优势区。生态文化旅游业稳步发展。炎帝故里文化旅游区创5A级景区通过省级验收，被授予全国研学实践教育基地；千年银杏谷和编钟乐舞分别获评2018《魅力中国城》年度魅力生态景区、魅力旅游演艺节目；旅游接待游客、综合收入分别增长12%、10%。大力发展战略性新兴产业。战略性新兴产业增加值增长8.2%，新能源累计发电量占全省近30%。

深入实施创新驱动发展战略。积极创建经济转型升级和创新驱动示范城市，完善科技创新体系，随州武汉理工大学工业院投入运营，"三大研发平台"加速科技成果转化，各类创新平台发展到156家，国家专汽质量检测中心建设加快推进。与26所高校建立战略合作关系，参与市校合作企事业单位达到185家。企业转型升级步伐加快，17家企业跻身全省支柱产业细分领域隐形冠军，4家企业获评省智能制造试点示范企业。全市高新技术产业增加值增长13%。

推动民营经济健康发展。深入学习贯彻习近平总书记关于民营经济发展的重要论述，出台"随州市支持民营经济发展20条措施"。设立1亿元产业发展基金，创新完善企业续贷周转金、中小企业债务担保金、"政银担"等政策，"一企一策"帮助民营企业增强信心、战胜困难。民营经济景气指数连续7个季度位居全省前两位，民间投资增长16.1%，市场主体总量突破20万户。程力集团产值突破50亿元，入围全国民营企业500强。

大力实施乡村振兴战略。坚持五级书记抓乡村振兴，出台16条实施意见，全面落实"五个振兴"任务。深化农业供给侧结构性改革，稳定粮食产能和产出，推进绿色兴农、质量强农。大力实施"三乡工程"，加快培育新型农村经营主体，新发展农民合作社721家、家庭农场154家，新增耕地流转7.2万亩。积极推进农业产业化，拥有国家级农业产业化重点龙头企业2家、省级34家；曾都区被确定为全国首批农村集体产权改革试点县，随县获批创建全国农村一二三产业融合发展先导区，广水市跻身全国农村创业创新典型县市；3个镇、17个村纳入全省农村一二三产业融合发展示范镇（村）建设。大力发展乡村旅游，建设特色文化村，首届"中国农民丰收节"湖北主会场活动成功举办，随县被评为全省十大乡村旅游目的地，随县柯家寨入列中国传统村落名录。

着力提升城市建设管理品质。坚持规划引领，谋划实施76项城市重点项目，完成投资60亿元。加快推进国家新型城镇化综合试点建设，城镇新增落户7.13万人，城镇化率达到52.12%。实施环境整治提升工程。实施改善城区交通环境四年行动计划来改善城市交通，新增停车位2200个，缓解城区停车难问题；优化城市生态，城区新增绿地面积60万平方米，完成污水处理设施提标升级改造；持续推进市容环境综合整治，城区环卫市场化作业实现全覆盖；开展"品质随州建设大家谈"，引导群众共同关爱随州形象、共同参与城市建设、共享城市发展成果。

推进军民融合深度发展。坚持把军民融合纳入经济社会发展规划，推进体制机制改革创新，出台应急产业五年发展规划，促进军地资源互通互用。一批重大军民融合项目相继投产达效，曾都区应急产业园区建设积极推进，红色江山军工产业园一期投产，中澳纳米、润晶电子核心技术行业领先。"加快建设应急产业示范基地推动军民融合发展"，被列入省全面深化改革优秀案例，全市应急产业实现产值150亿元，同比增长16%。

【三大攻坚战】 把三大攻坚战作为现阶段要跨越的特有关口来攻克，作为牵引全局的战略性任务来推进。

打好防范化解重大风险攻坚战。坚持总体国家安全观，始终把维护国家政治安全放在首位，统筹做好防范化解金融风险、地方债务风险、社会风险等工作。金融机构贷款余额增速全省第一，连续9年获评省金融信用市州，金融服务实体经济能力提升，风险总体可控；开展非法集资专项整治，新增处非案件同比下降50%。严格政府债务管理，没有违规新增政府债务和隐性债务。开展防范化解社会风险"五大行动"，强化"3+N"维稳信息日研判机制，实现重要节日、重大活动和关键节点"六个没有发生"。严格落实安全生产责任制，切实加强应急管理。加强食药品安全监管，积极做好非洲猪瘟防控工作。

打好精准脱贫攻坚战。坚持五级书记抓脱贫攻坚，制定精准脱贫攻坚战三年行动方案。建立39亿元脱贫攻坚项目库，创新完善十大产业扶贫模式。提高扶贫实效，深入推进健康扶贫、教育扶贫、兜底保障扶贫，易地扶贫搬迁提前完成。坚持抓党建促脱贫攻坚，深入开展扶贫领域腐败和作风问题专项整治，查处问题472个、处理564人。全市3.1万人脱贫、24个贫困村"摘帽"。

打好污染防治攻坚战。制定实施污染防治攻坚战工作方案，打好蓝天、碧水、净土保卫战。PM2.5均值持续下降，优良天数比例79.9%，空气质量是近年来的最好时期。国考断面水质、县级以上城市饮用水源地水质达标率100%。土壤污染治理和修复扎实推进，土壤污染详查采样全部完成。

【深化改革开放】 认真抓好党中央和省委改革部署落实。坚决扛起抓改革落实的政治责任和主要负责同志的第一责任，把改革不断推向前进。全市承担的11个中央省级试点、75项重大改革项目、15个自主创新改革项目扎实推进，52个项目获得省级以上会议、媒体推介，市级领导同志领衔推进14个改革项目取得明显成效。推进重点领域和关键环节改革突破。有力有序推进地方党政机构改革，确保按时间节点完成改革任务。推进放管服改革，让群众办事"只进一扇门""最多跑一次"；不动产登记等改革工作成效明显，供销合作社改革、医养结合等多项改革经验在全国全省推广。混合所有制改革等取得新进展。推动形成全面开放新格局。积极对接"一带一路"和湖北自贸区建设，建好省级食用菌、茶叶、中药材、生物医药和汽车及零部件出口基地，产品出口130多个国家（地区），农副产品出口额保持全省第一。深化区域合作，随州被纳入淮河、汉江生态经济带发展规划。电子商务交易额增长20%，随县、广水被授予国家级"电商进农村示范县（市）"。

【加强民主法治建设】 支持和保证人大及其常委会依法履职。支持市人大及其常委会加强立法和法律法规实施工作，颁布《随州市城乡饮用水水源保护条例》，推动《随州市停车服务和管理条例》立法工作；依法开展法律监督和工作监督，听取审议专项报告20个；依法行使决定权、任免权，作出决议决定8项，选举任命国家机关工作人员21人次。

充分发挥政协协商民主重要渠道作用。支持政协围绕建设特色产业增长极、实施乡村振兴战略等重大主题，开展协商议政、建言献策；加强和改进人民政协民主监督机制，经验获各级媒体广泛关注；推动党政领导督办重点提案全覆盖，提高提案办理质量；出版发行《随州非物质文化遗产概览》，为传承保护非物质文化遗产献计出力。

切实加强统一战线工作。健全市县党委统战工作领导小组常态化运行机制，构建四级基层统战组织网络。扎实做好各民主党派、工商联、无党派、新的社会阶层人士工作，"全省民族团结进步创建示范基地"达到17家。坚持宗教中国化方向，建立落实市级领导宗教工作"三联系"机制。

扎实推进法治随州建设。健全"大法治"领导体制和工作机制，统筹推进科学立法、严格执法、公正司法、全民守法。积极推进司法责任制改革，市中院首创"两评"机制获全国推广。深化法治创建，曾都区被评为"全国法治县（市、区）"，尚市店居委会、草店子社区获批"全国民主法治示范村（社区）"。深入开展扫黑除恶专项斗争，打掉3个涉黑犯罪组织和一批涉恶犯罪团伙，破获涉黑涉恶刑事案件115件，刑拘220人；紧盯黑恶案件背后的"关系网""保护伞"，查处党员干部58人。

加强和改进党的群团工作。落实强"三性"、去"四化"要求，深化基层群团改革，工人阶级主力军、青年生力军、妇女半边天和人才"第一资源"作用不断得到发挥。

做好党管武装工作。召开市委常委议军会议，及时研究解决军队有关工作，自觉扛起党管武装政治责任。支持深化国防和军队改革，基本完成驻随部队停止有偿服务工作。深入开展国防教育和双拥共建，做好退役军人事务工作。

【发展文化软实力】 切实担负起举旗帜、聚民心、育新人、兴文化、展形象使命任务，积极推进随州优秀传统文化创造性转化、创新性发展，不断增强经济社会发展软实力。

牢牢掌握意识形态工作领导权。压实党委（党组）意识形态工作责任，建立意识形态工作联席会议制度，召开4次联席会议。坚持党管媒体不动摇，做好网络舆情安全工作，严格意识形态工作阵地管理，稳妥处理好重大热点、敏感问题舆论引导。做大做强主流思想舆论，围绕纪念改革开放40周年，策划推出系列主题活动，全媒体全方位展示随州改革开放发展成就，营造团结奋进的舆论氛围。

大力培育践行社会主义核心价值观。以创建文明城市为龙头，协同推进文明村镇、文明单位、文明家庭、文明校园创建活动。加强公民道德建设，4人入选"荆楚楷模"，3人被评为"中国好人"，"光满·爱心红丝带"共产党员服务队被评为"全国学雷锋活动示范点"。广水尹家湾新四军第五师革命旧址群被命名为省爱国主义教育基地。

繁荣发展文化事业产业。成功举办戊戌年世界华人炎帝故里寻根节，开展编钟出土40周年主题活动。积极推动曾随文化走廊建设，曾侯乙墓遗址保护被列为国家重点文物保护项目。深入实施文化惠民工程，随州花鼓艺术剧院被评为全国"服务基层、服务群众"文化建设先进集体，广水市获评省民间文化艺术之乡。

【保障和改善民生】 实现更高质量和更充分就业。开展"我选湖北·聚才随州"，大学生来随实习实训近6000人、就业创业3500多人。实施就业提升计划，城镇新增就业2万人，增发创业小额担保贷款9000万元，扶持创业724人，创业带动就业2691人，新增返乡创业主体2542个。

办好人民满意教育。均衡办好各类教育，持续夯实教育基础，投入1.3亿元改善义务教育办学条件，新建、改扩建校舍面积6.4万平方米，"大班额"问题逐步缓解，发放贫困生资助金6900多万元。稳妥推进高考综合改革，加快推进教育信息化。

加快健康随州建设。深化医疗医保医药"三医"联动改革，公立医院综合改革考核居全省市州第五，城乡居民医保新政全面实施。扎实推进爱国卫生运动、全民健身行动。曾都区获评全省慢性病综合防控示范区。全面加强二孩政策配套服务。

完善社会保障体系。实施社保共享计划，机关事业单位养老保险制度改革落地实施，企业退休职工养老金和城乡低保、特困人员供养标准稳步提升。推进防灾减灾救灾体制机制改革，投入3000余万元保障受灾群众基本生活。保障性住房建设目标超额完成，35个棚户区改造项目纳入国家计划。

加强和创新社会治理。学习"枫桥经验"，以"事要解决"为原则，探索"逢四说事"基层工作经验，加快构建自治、法治、德治相结合的基层治理体系；加强信访法治化建设，有效化解一批信访突出问题。深入推进"雪亮工程"，建成政法应急指挥中心，搭建市、县、镇三级视频监控平台，实现全网联通、全网调用、全网共享。依法打击各类犯罪，命案侦破工作居全省第二。

【加强生态保护】 坚定扛起生态环保政治责任。召开9次常委会会议部署推进环保工作，在全省率先成立12个环保专业委员会。市领导一线调研督办生态环保重点工作57次。严格推进中央环保督察"回头看"反馈问题整改，以零容忍态度向污染宣战，查处各类环境违法案件192件。解决生态环保突出问题。扎实推进"四个三重大生态工程"，农户无害化厕所建改超目标任务51.7%；精准灭荒工程进度综合排名全省第五；省级以上工业园区污水处理设施全部建成运行，37个乡镇生活污水处理设施基本建成；乡镇生活垃圾填埋场无害化治理整治率100%。全面落实河湖长制，关停河道非法采砂点19处，完成乡镇饮用水源保护区建设15个。开展高耗能企业专项监察，燃煤锅炉改造100%。矿山复绿超过8000亩。厚植生态文明底色。推进城乡绿化美化，森林覆盖率和蓄积量稳步增长，顺利完成国家园林城市复查迎检工作，新建省森林城镇2个、绿色示范乡村82个。全面加强森林资源管护，"长江生态大保护林业专项行动"全省综合排名第一。大力发展林业产业，建成木本油料基地57万亩。

【从严治党】 突出加强党的政治建设。压实管党治党主体责任，市委常委会专题研究党建相关工作55次，查处失责问题128个、问责177人。严格党内政治生活，扎实推进"两学一做"常态化制度化，高质量开好领导班子民主生活会。对各级党组织和党员干部开展"政治体检"，引导广大党员干部牢记"五个必须"，严防"七个有之"。加强领导班子和干部队伍建设。落实好干部标准，突出政治标准，选优配强市管领导班子和干部队伍。实施新时代年轻干部成长工程，注重从基层一线、"吃劲"岗位和艰苦地区培养选拔干部。全方位加强干部教育监督管理，累计培训党员干部1.25万余人次。不断提升基层党组织建设水平。树立一切工作到支部的鲜明导向，村（社区）"两委"换届基本完成。扎实推进抓党建促脱贫攻坚、促乡村振兴，致力打造党建引领乡村振兴示范区；实行"四进驻帮扶"，整顿转化97个软弱涣散村级党组织。实施"红色引擎"工程，全面加强机关、企事业单位、城市基层、两新组织党建工作。积极推动基层党建传统优势与信息技术融合发展，打造"多网合一"便民服务综合平台。加强作风建设。开展"双评双治双促"，举办专场"电视问政"，督促29个单位整改问题261个、问责96人。严格落实中央八项规定及其实施细则精神，查处问题164个，处理215人。倡导拼搏赶超工作作风，落实"三个区分开来"，保护干部干事创业积极性。保持反腐败高压态势。准确把握运用"四种形态"，前两种形态处理人数占比达92.5%。坚持"利剑高悬"，立案1007件、处分966人，采取留置措施人数上升85.7%。

组 织 工 作

【政治建设】 推动各级党组织和党员干部坚决践行"两个维护"，坚持把落实"两个坚决维护"作为最高政治准则，把"忠诚老实"融入党委（党组）中心组学习、民主生活会、组织生活会、干部考察、年度考核、日常监督等，推动党委（党组）在研究做出重大决策部署前，组织研学习近平新时代中国特色社会主义思想相关论述，促进党员干部始终做政治上的明白人。推动各级党组织和党员干部认真学习尊崇党章，严格执行新形势下党内政治生活的若干准则，扎实开展基层党建专项巡察整改，推动基层党组织规范落实"三会一课"等基本制度。扎实开展支部主题党日活动，坚持一月一主题、一月一督查，使主题党日成为严肃党内政治生活的重要载体。坚持和完善新党员入党宣誓、干部任职谈话发党章、重温入党誓词等政治仪式，推动党员干部把政治信仰融于灵魂。推动各级党组织和党员干部认真践行为民宗旨，推动市级领导带头落实"四联一保"等制度，示范带动广大党员干部自觉践行为民宗旨，真心走进群众、服务群众。

【教育培训】 认真组织开展"大学习"。坚持把学习宣传贯彻习近平新时代中国特色社会主义思想和习近平总书记视察湖北重要讲话精神作为首要政治任务，充分发挥党委（党组）理论学习中心组示范引领作用和党校主阵地作用，举办培训班、研讨班35期，培训党员干部1.25万余人次；组织宣讲团面向党员群众开展宣讲1670余场次，实现党员干部全覆盖。扎实推进轮训培训。推动各级党校不断优化课程设置，习近平新时代中国特色社会主义思想和习近平总书记视察湖北重要讲话精神的课程比重达到72.5%。实行点名调训，全年选派34批115人次参加中央和省级专题培训。积极组织开展干部教育培训好课程评选活动，选送的《大力实施乡村振兴战略——学习2018年中央一号文件的几点思考》，获评全省干部教育培训专业化能力培训类好课程。组织3447名干部参加在线学习，举办学习讲话精神系列网络专题培训班，完成情况在全省市州排名第四。全面推行"讲学、送学、述学、考学"制度。认真落实市县领导干部进党校、进机关、进联系点单位、进所在支部讲党课制度。开展"送教下基层"活动，推动优质培训资源向基层下沉。坚持训后述学，组织参加调训的干部，以书面报告或报告会的形式述学，促进培训成果共享和转化。实行以考促学，组织843人参加副县处级干部任职理论资格考试，合格率达93%；坚持对拟任政工人事科长开展《干部任用条例》等应知应会知识测试，倒逼干部养成学习习惯。

【干部队伍建设】 严格选人用人和干部日常监督。严格执行"凡提四必"规定，抽查核实个人有关事项报告221人。集中开展选人用人评议检查，对得分较低、排名靠后的4个单位主要负责人进行约谈。加大日常监管成果处理力度，提醒教育95人，函询2人，诫勉6人，1名市管干部因信访举报被取消提拔任用资格。探索推行组织和个人双向排查"裸官"，确定54名重点对象加强跟踪管理，全面开展因私出国（境）证件清理自查，相关做法被省委组织部推广。

不断完善知事识人体系。全面推行责任目标考核，修订完善县（市、区）以及市直单位考核评价办法。扎实推进各地各部门大拉练活动，把考核功夫下在平时、花在一线。探索推行蹲点调研考察办法，先后到市中医院、市一中、市二中等单位蹲点调研。完善"多考合一"考核机制，推进考核数据共享。强化考核结果运用，果断调整3名庸政懒政怠政、社会公认度较差的市直部门主职，倒逼干部担当作为，营造"拼搏赶超"的强大气场。

大力实施新时代年轻干部成长工程。招录选调生22名、公务员202名，做大年轻干部基数。开通急需专业化人才引进绿色通道，为市直事业单位"精准招录"3名急需紧缺人才。建立年轻干部挂职交流常态化机制，围绕"三大攻坚战"等中心工作，选派36名年轻干部到基层一线、"吃劲"岗位和艰苦地区锻炼。认真组织开展优秀年轻干部专题调研，经过调研访谈、综合比选，市县两级分层级建立优秀年轻干部库，提拔重用58名优秀年轻干部。

【机关党的工作】 大力实施"红色堡垒工程"。组织召开全市纪念建党97周年暨市委党建工作领导小组（扩大）会议，制定《市委党建工作要点》和《项目清单》，坚持和完善党委（党组）书记抓基层党建述职评议考核工作，推动党建责任压紧压实。深入实施基层党建"整县推进"，统筹抓好各领域基层党建工作。在农村，开展乡镇"大比武"；在城市，推进"红色引擎"工程；在非公有制经济组织和社会组织，认真开展"两新"组织"百日提升"行动；在机关，深入开展"五好党支部""红旗党支部"创建活动；在国有企业，全面推进党建入章，完善"双向进入、交叉任职"领导体制。高质量抓好村（社区）"两委"换届，七项核心指标均超过省定要求。深入开展扫黑除恶专项斗争，摸排处置基层组织涉黑涉恶线索38条，查处涉黑涉恶村（社区）主职干部2人，党纪政纪处分14人，组织处理16人。扎实开展农村"两堂""三资"专项清理，依法取缔8个非宗教活动场所，引导15个宗族祠堂转化为党组织领导下的群众文化活动场所。全面实行"四进驻"帮扶，推动97个村级软弱涣散基层党组织整顿提升。

大力实施"红色引领工程"。调整选派贫困村驻村工作队和第一书记，在脱贫攻坚一线发展党员8名，提拔（重用）副科及以上干部9名。推动落实助力脱贫攻坚10项措施，组织52名村党支部书记赴河南省濮阳农村党支部书记学院培训学习，制作《扶贫七十二策》"三微"教材，组织召开"贫困户知情会"，常态化开展以脱贫攻坚为主要内容的"支部主题党日"活动，联系服务群众经费和留存党费主要用于支持发展贫困村集体经济和党群服务中心建设，启动建设12个市级党建引领乡村振兴示范区。

大力实施"红色细胞工程"。探索建立党员政治审查负面清单，加大从重点群体和薄弱领域发展党员力度，970名发展党员计划全部完成。开展党员设岗定责活动，推行党员积分制管理，推选叶星梅、潘祥树、喻信东等一批先进典型，在全市纪念建党97周年大会上作事迹报告。探索建立"多网合一"市县乡村"四级互联"便民服务综合平台，实现手机、电脑、电视"三屏互动"。

【人才工作】 推进党委联系服务专家工作常态化制度化，健全落实人才工作联席会议和"四大家"领导联系人才制度，加强日常关心服务，党政领导慰问人才50人，组织专家健康体检100人。持续深化市校合作"一园十基地"建设，与26所高校建立战略合作关系，新建省级以上各类创新平台12个，推动185家企事业单位与高校开展合作，吸引大学生来随实习实训5999人、就业创业3548人。随州武汉理工大学工业院投入运营，实施科技副总计划，选派22名专家教授到企业挂职。全面启动"爱国、奋斗"精神教育，研究制定活动方案，召开会议专题部署。开展体验式研修，组织高层次人才代表32人，赴红旗渠干部学院学习交流。开展人才培训9期，培训各类人才400余人。不断完善人才服务体系，投资近600万元打造人才创新创业超市和创新创业基地，打通政务服务43项，提供市场化服务44项，引入服务型企业9家，创业孵化企业10家。开展人才创新平台运行绩效评估，列支100万元支持优秀平台建设。认真落实该市人才支持计划，建成专家公寓68套，申报筛选5大类优惠项目，兑现支持资金276余万元。

【党建工作】 扛起主责，强化管党治党政治责任，切实履行主体责任，认真落实领导干部"一岗双责"，制定部领导班子及成员党风廉政建设主体责任清单，开展专题调研督查2轮。认真履行组织部门巡察工作领导小组副组长单位、反腐败协调工作领导小组成员单位、干部监督工作联席会议成员单位作用，加强经常性沟通联动，及时移交问题线索，积极协助查办案件。从严带好队伍，坚持第一时间传达学习习总书记最新指示以及中央、省委和市委重大决策部署，认真组织学习习近平新时代中国特色社会主义思想、党的十九大精神和习近平总书记视察湖北重要讲话精神，扎实推进"两学一做"学习教育常态化制度化，开展"支部主题党日"13次、集中研讨6次。邀请专家学者宣讲《纪律处分条例》《国家安全法》等党和国家法律法规知识。严格落实部务会议事规则和市委组织部中心组制度，召开部务会30次，举办中心组学习10次。按要求完成干部在线学习、在线学纪、学法用法等学习和知识测试任务。深入开展"五好党支部"创建活动，市委组织部机关第一党支部获评"红旗党支部"。改进作风，举办组工干部培训班，组织干部遍访贫困户，扎实做好联系点淮河镇及所属龙泉村的脱贫攻坚工作。大力整治组织工作以及调研督查中的形式主义、官僚主义，严格落实中央八项规定及实施细则精神，规范福利发放、公务用车和公务接待。严格遵规守纪，认真开展廉政党课、廉政谈话、廉政宣教月等廉政教育活动，严密防控廉政风险点，引导党员干部严格要求自己，严守廉洁自律准则和组织人事纪律，保持健康纯洁的"生活圈""社交圈"。

宣 传 工 作

【概况】 2018年随州市意识形态领域平稳有序，意识形态联席会按季度召开4次，意识形态工作按月对省委报告12次，未出现差错。连续10年成功举办世界华人炎帝故里寻根节，寻根节已成为具有广泛影响力的民族文化品牌。中央、省级荣誉取得重大突破。荣获5个中央级荣誉：随州花鼓艺术剧院被中宣部评为全国第七届"服务基层、服务群众"文化建设先进集体、国网随州供电公司"光满•爱心红丝带"共产党员服务队被中宣部评为"全国学雷锋活动示范点"、海军参谋部复函同意"随州舰"命名、微电影《往后余生》获全国公安三微大赛二等奖、3人获评"中国好人";荣获5个省级荣誉:4人入选"荆楚楷模"、《十九大精神记心间》被省委宣传部评为"十九大精神百姓宣讲作品"一等奖、百姓宣讲花鼓戏《不忘初心》在全省巡演、随州市志愿服务联合会获评湖北省学雷锋活动示范点、广水尹家湾新四军第五师革命旧址群获评省爱国主义教育基地。及时处置了数起重大及突发网络舆情,有效应对"10·27"颠覆国家政权专案、广水"7·14"隧道突水突泥事故、广水垃圾焚烧发电厂建设、玉龙公司挤兑集资、随州出租车上访等重大舆情,阻止了群体性事件发生,为综治维稳作出了积极贡献。

【意识形态工作】 习近平新时代中国特色社会主义思想深入人心。市委中心组把学习贯彻习近平新时代中国特色社会主义思想作为重中之重,集中学习和研讨12次,超省委任务4次。以市委办名义印发《关于掀起学习宣传贯彻习近平新时代中国特色社会主义思想热潮的实施方案》,理论宣讲和百姓宣讲活动广泛开展。"新时代新气象新作为"百姓宣讲活动46场次、"助力脱贫攻坚 推动乡村振兴"主题宣讲活动14场次。组织开展了《习近平新时代中国特色社会主义思想三十讲》读书分享会、"经典诵读·书香随州"等活动。

意识形态工作责任制落实。市委常委会8次专题研究意识形态工作,超考核任务6次。以市委办名义印发《关于党的十八大以来全市意识形态工作情况的通报》。常态化开展意识形态领域风险排查,严格意识形态工作阵地管理,定期梳理排查新闻、网络、文化、社科等阵地,消除风险隐患。建立各级党委(党组)意识形态"五纳入"的主体责任落实机制。

【舆论引导】 新闻宣传。在媒体统一开设十九大和习近平新时代中国特色社会主义思想等专栏。围绕庆祝改革开放40周年,策划推出主题征文、影像见证、大型报道。精心开展了戊戌年世界华人炎帝故里寻根节、"三大攻坚战"、扫黑除恶、品质随州等宣传战役。策划开展了"镜头中最美基层干部""改革开放·我的家乡""扶贫日看扶贫"等三期"感受随州看发展"融媒体基层行活动,新华社、人民网、凤凰网、新浪网等近20家知名媒体记者深度推介随州,基层反响热烈。随州论坛微信公众号长期位居全省纸媒公号前十位,云上随州客户端发展态势较好。

对外宣传。寻根节宣传取得新突破,中央级、省级等一批知名权威媒体同步直播寻根节,央视4频道全程直播,人民网浏览量260多万,一点资讯曝光量达7000多万,腾讯大楚网直播点击突破100万次,微信朋友圈、QQ弹窗广泛推介。全年在省级及以上主流媒体发稿1000多篇,湖北日报开辟《随州观察》专版,央视播出两集考古纪录片《深墓钟声》。以省政府新闻办名义召开新闻发布会两次。

网络监管。坚持每日一报、突发舆情专报的双向舆情报送机制,共印发《互联网涉随舆情》968期、突发舆情专报208期。强化重要时间节点应急值守,加强舆情风险评估并制定预案。策划"品质随州建设"等网络主题宣传,点击量达3万人次、回帖400余条。加强全市千人网络志愿者队伍建设,优选30人建成骨干网络志愿者队伍,并选送至华中科技大学重点培训提升,网络舆情应急能力全面加强。

【文明创建】 "五大创建"纵深推进。创建文明城市实现了全域常态化管理,全面跟踪督办城区15条主要大街、8个办事处、43个社区的创建,全覆盖指导县域文明指数测评工作。开展了"十大不文明行为"大找寻、大讨论、大曝光和新时代随州市民文明公约大征集活动,组织举办了"喜迎寻根节·创建文明城"系列活动。创建文明村镇建立了覆盖全市各地的示范点,确定了8个镇、56个村的创建示范点。创建文明单位全面实行了动态化管理,实现网上在线创建,严格退出机制,提升了创建水平。创建文明家庭实现了规范化管理,研究制定了《文明家庭评选标准和评选办法》,组织开展了叶星梅家庭等先进典型事迹展播和

"家庭家教家风"公益宣传活动。创建文明校园达到了示范性效应,评选出27所市级"十星级文明学校"、9所全国文明校园先进学校,组织开展了"新时代好少年""暑期集中行动"等活动,未成年人成长环境全面净化。

新时代风尚广泛弘扬。公益广告宣传力度空前,制作刊播121个"文明让随州更美好"宣传展板、300余处大型公交站台和电子阅报栏公益广告、150余块"遵德守礼"提示牌、20万册《随州市民文明手册》和《创建文明城市 建设品质随州 做文明有礼随州人》文明宣传折页。持续推进诚信建设、志愿服务和文明旅游、文明交通、文明餐桌"五个制度化"建设,组织开展了"我是文明好司机"、第五届环白云湖健步行、精准扶贫公益助学行动等活动。开展大型志愿服务活动78场,参与人数3500余人次。

【文化发展】 社会主义核心价值观宣教深入人心。以庆祝改革开放40周年为主题,组织开展了"致敬四十年·奋进新时代"——随州典型代表人物宣传活动。采取"理论宣讲"+"周末大舞台"+"道德讲堂"+"我们的节日"四合一的形式开展活动,先后举办大型广场文化活动6场,放映电影230场,推动了习近平新时代中国特色社会主义思想、党的十九大精神、中华优秀传统文化和社会主义核心价值观进广场、进社区、进村镇、进机关、进校园。

"文化惠民"品牌活动广泛开展。共组织"送戏下乡"310场,"戏曲进校园"710场,均超额完成任务。开展"深入生活、扎根人民"主题实践活动22场,组织"万场好戏下基层"主题活动15场,新时代随州红色文艺轻骑兵共组织活动1057场。

文化改革态势较好。完善了意识形态联席会议工作机制,理顺了国有文化企业监管机制,督办建成100个市级综合文化服务中心(文体广场)。招商引进"花田故事"田园综合体建设与产业化运营项目,总投资超过3000万元。文化新业态培育有成效,神农部落项目在第十四届中国(深圳)国际文化产业博览会签约。重点扶持花田故事、花湾农耕文化体验展示馆等文化产业项目,助力文旅名城建设。蔡秀词创作的历史小说《公无渡河》在台湾出版发行。30集公安题材电视剧《界线》90%的剧情在随州拍摄,炎帝、编钟、银杏、花鼓戏等大量随州特色文化元素被深度植入推介。

【法治建设】 市委中心组模范引领。以市委办名义印发中心组学习文件,明确将学习党章党规党纪和国家法律法规作为各级党委(党组)中心组学习的重要内容。《宪法》和《国家监察法》以及扫黑除恶专项斗争是各级中心组学习的规定动作。市委中心组于2018年7月19日集中研讨《宪法》和《国家监察法》、10月22日集中研学扫黑除恶专项斗争内容。

新闻宣传重点突出。法治随州建设为全年宣传工作重点,严格落实媒体公益普法制度,做好法律及宪法知识的普及和普法动态宣传,积极营造"平安建设人人有责、法治成果人人共享"的浓厚氛围。宪法日活动丰富多彩。随州日报开设《平安法治周刊》《随州警讯》等专刊,累计刊发各类相关稿件1000余篇。市广电台开办《平安法治随州》栏目,共32个单位上线,《作风聚焦》栏目对有法不依、有错不纠的典型案例予以公开曝光,将"违法""宪法"等关键词纳入舆情监管体系常态监管,营造了尊法、守法的浓厚氛围。

统一战线工作

【统战基础工作】 统战工作政治责任逐级压实。健全市县党委统战工作领导小组、乡镇党委统战工作指导小组运行机制,先后提请市委召开三次市委常委会会议和三次市委统战工作领导小组会议研究部署统战工作,将统战工作融入中心大局来谋划和推进,并纳入党建工作考核、履职尽责管理和督查问责的重要内容,推动形成党委主要领导高度重视、党委班子成员带头参与、领导小组成员单位齐抓共管的大统战工作格局。

筑牢共同思想政治基础。把学习贯彻习近平新时代中国特色社会主义思想和党的十九大精神、习近平总书记视察湖北重要讲话精神、习近平总书记在民营企业座谈会上的重要讲话精神作为首要政治任务，采取召开专题会议、举办培训班、深入基层宣讲等方式，推动全市统一战线学习贯彻全覆盖。扎实开展系列政治引领主题教育活动，全年组织民营企业家参加各类培训、讲坛论坛500余人次，引导全市统战成员树牢"四个意识"，坚定"四个自信"，践行"两个维护"。

多党合作制度效能提升。坚持民主党派新发展成员培训制度，建立市委统战部部务会与各民主党派市委会领导班子联合学习制度，引导支持民主党派开展"不忘初心，继续携手前进"主题教育活动和纪念"五一口号"发布70周年活动，积极支持民主党派加强自身建设。健全完善协商民主、情况通报制度，定期召开党外代表人士座谈会，积极支持民主党派、无党派人士加强民主监督。

党外知识分子和新的社会阶层人士工作得到加强。调整完善优秀党外代表人物库和新的社会阶层代表人士信息库，定期举办党外代表人士专题培训班，协调组织市级党员领导干部与党外代表人士开展联谊交友活动。认真落实《关于加强新的社会阶层人士统战工作的实施意见》，对新的社会阶层中的优秀人士给予政治安排和社会安排，持续加强省级重点项目"同心圆梦"实践创新项目建设，全市新的社会阶层人士统战工作实践创新经验在全省推进会上交流。

民族宗教领域保持和谐稳定。尔肯江·吐拉洪常委对此作出批示肯定。深入开展民族团结进步宣传教育，加强少数民族流动人员服务管理工作。设立少数民族进城务工人员语言文化政策教育培训点3个，共打造17个"全省民族团结进步创建示范基地"，推荐1个单位参评"全国民族团结进步创建示范区（单位）"。加强党对宗教工作的领导，认真贯彻《宗教事务条例》和《进一步加强全省宗教事务管理意见》，建立市级领导宗教工作"三联系"机制，积极推动解决宗教领域重点难点问题。加强爱国宗教团体建设，推进宗教活动场所"四进"活动，宗教事务管理进一步规范化。

非公有制经济领域统战工作扎实有效。积极构建亲清新型政商关系，协调各级党委、政府以及相关部门、机构加强对民营企业的人才、融资、维权等方面的服务，着力优化营商环境。组织各行业企业家参与经贸洽谈活动，召开随州异地商会交流座谈会、企业融资创新座谈会，开展省"同心·院士专家服务团"随州行活动，协调推动30位院士专家与该市30家民营企业签订"一对一"帮扶合作意向书，助推民营经济转型升级。认真开展非公有制经济代表人士综合评价工作，推荐本市5名企业家获评"全省优秀中国特色社会主义建设者"，将40余名年青企业家纳入党外代表人士数据库，组织青年企业家参加年轻一代民营企业家理想信念报告会。不断深化"五好"工商联创建活动，积极开展"商会建设年"活动，指导加强行业商会、基层商会、异地商会建设，五个商会组织被评为全省"四好"商会。向全市非公有制经济人士发出助力打赢三大攻坚战倡议书，深入推进"百企联百村"精准扶贫行动，协调推动全市437家非公企业结对帮扶368个村，实现126个建档立卡贫困村全覆盖，共投入帮扶资金7670万元。

港澳台海外统战工作持续深化。市领导定期深入台企走访调研，深入台胞台企宣传国家"惠台31条措施""湖北省惠台62条"，协调解决企业发展的困难。以昌瑞纺织三期项目为代表的台企在随州落地，推动随台经贸合作迈上新台阶。抓住连续十年成功举办世界华人炎帝故里寻根节的机遇，组织开展寻根谒祖、经贸洽谈、文化交流系列活动，随州乃至湖北对海内外华人的影响不断扩大。

【统战工作创新发展】 建强"四级网络、三支队伍"，夯实基层统战工作力量。联合组织、政法等部门，依托基层党建资源和网格化管理平台，把统战网络撑起来、信息摸起来、阵地建起来。在各类开发区（园区）、乡镇（街道）、村（社区）设立统战工作联络站（室、点），明确由村（社区）基层党支部委员担任统战工作联络员，选聘村（社区）网格员担任统战信息采集员，健全县、乡、村、网格四级联动的基层统战工作组织网络，建立以乡镇统战委员为龙头、统战工作联络员为骨干、统战信息采集员为尖兵的三支基层统战工作队伍。着力构建"小网格·大统战"格局，以网格为单位掌握辖区统战对象基本信息，安排统战工作联络员与其建立结对联系。按照"统筹建家"模式，依托村（社区）党员群众服务中心，建立"党外人士之家""同心服务活动室"等活动阵地。

推动两大重点领域"六进"，扩大基层统战工作有效覆盖。按照统战工作进乡镇（街道）、进机关、进企业、进农村（社区）、进园区、进网格的要求，精准对接非公经济、民族宗教领域基层统战成员所需所盼，做好送政策、搞服务、解难题的工作。着力补齐民营经济发展短板。开展民营企业大调研大走访活动，安排统战委员、统战工作联络员当好辖区民营企业的"保姆"，主动上门送政策、送信息、送服务，协调推动市委市政府支持民营经济发展政策措施落地见效。着力巩固民族团结进步局面。深化民族团结进步创建"七进"活动，在社区设立民族团结联谊服务站，探索建立嵌入式的社会结构和社区环境，做好排忧解难、化解矛盾的工作，促进各民族交流交融。着力加强宗教工作薄弱环节。落实宗教工作县、镇、村三级网络和镇、村两级责任制，发挥各级综治中心和网格员队伍作用，建立宗教领域突出问题定期拉网式排查机制，进一步夯实宗教工作基础。

打造"一县一品牌、一镇一亮点"，提升基层统战工作吸引力凝聚力。建立基层统战工作市级分片联系督导制度，指导各地加强基层统战工作实践创新项目建设和统战工作进基层示范点建设，"以点带面"促规范、促提升。比如，在城区开展"六聚六促"活动，聚党员促引领、聚居民促和谐、聚能人促两创、聚商贾促发展、聚同胞促回流、聚贤达促服务，共绘社区"同心圆"，打造共建共治共享的社区治理格局。随州《"六聚六促"创建民族团结社区品牌》工作经验被省民宗委、省委统战部、人民论坛网刊发推广。比如，在乡村大力实施"回归工程"，利用乡镇商会平台开展"乡情招商"，聘请一批非公有制经济代表人士担任名誉村主任、发展顾问，鼓励他们回乡投资兴业，形成聚"乡贤"兴乡村的可喜局面。

【服务中心工作】坚持社会动员，凝聚各方力量，推动形成"多点发力、各方出力、共同给力"助力脱贫攻坚的良好局面。扎实做好与湖北大学市校合作和留学回国人员创业基地建设相关对接服务工作。积极做好寻根节有关嘉宾邀请服务和两岸文化交流活动、经贸洽谈会等组织筹备相关工作。全面完成招商引资任务，引进江苏金同胜金属制品有限公司，在高城投资5000万元建设五金、模具项目。认真落实平安随州、法治随州建设的部署，切实加强综合治理、法治建设和机要保密等工作，部务会集中学习《宪法》和《监察法》，开展新修订《宗教事务条例》、新惠台法律政策宣讲活动，组织干部参加法宣在线学习考试，推动统战系统综治法治等工作再上新台阶。

对台工作

【寻根节涉台工作】 成功争取国台办联合主办戊戌年寻根节，不断扩大对台影响。中国国民党荣誉副主席蒋孝严，中国国民党中常委曾文培，台湾《湖北文献》社社长汪大华，以及桃园、台北、高雄、大天宫等多个基层寻根团200多人莅随参加。省委书记蒋超良会见蒋孝严等台湾重要嘉宾，加强两岸对话交流，促进同胞心灵相通；温馨热烈的欢迎宴会，凝聚两岸同胞感情；高质量"一对一"接待工作，使每一位台湾嘉宾高兴而来，满意而归。

2018年6月9日，中国国民党荣誉副主席蒋孝严在寻根节拜祖大典上向炎帝神农敬献花篮

【经贸合作】 深入台企台胞宣传宣讲国家"惠台31条措施""湖北省惠台62条"。指导广水市出台《关于促进台资企业加快发展的若干意见》,该意见用数字"说话","干货"满满,为现有台资企业发展和对台招商发出16条利好消息。深入开展"千名干部进台企"活动。省专家评审组来随对该市台资企业进行实地评审,台企泰华电子获涉台专项奖励扶持资金33万元。市委常委、统战部长冯茂东带队走访调研乐氏同仁中医馆。乐氏同仁开门营业、昌瑞纺织三期基本建成、均川宏远机械合作深入推进,随台经贸合作迈上新台阶。推动市住房公积金管理中心制订出台《随州市港澳台同胞住房公积金缴存使用管理办法》,在随台胞同等享有住房公积金待遇。不断加强对台招商引资,台湾前"民航局局长"张国政、中华产业联盟联合会名誉理事长翁柏吉等来随考察,实地了解随州投资环境、产业特色、资源优势和招商政策。

【对台联络】 充分利用各种资源,主动联系、邀请台湾上层知名人士来随活动,增强双方紧密联系。台湾前"行政院长"郝柏村率团一行25人来随参访,在广水平靖关寻访抗战战略要点及攻防战斗遗址。市台办主任钱玉东随省台办领导赴台开展联络台湾中上层人士工作,进一步加深了解,增进友谊。加强与随籍台胞以及与随州关系密切的台湾中上层人士经常性的联络交往。邀请、组织随州旅台同乡会戈贤刚、随籍台湾新娘等开展联谊活动。大家集聚一堂,谈工作、谈生活,讲述在台故事,分享在台奋斗历程和发展心得。

2018年4月4日,台湾专家学者参访随州炎帝神农故里

【随台交流】 策划、组织丰富多彩的两岸交流项目。以"海峡两岸交流基地"为平台,坚持对台交流项目化和特色化,精心策划、组织了台湾学者访炎帝故里、台湾中华儿女文史体验营寻根炎帝故里、海峡两岸考古教学交流参访团等交流项目。通过拜炎帝、寻古迹、览市容、拉家常、话亲情,双方的手拉得更近,心贴得更紧,两岸同根同祖、同种同文的观念更加深入人心。广水市农业考察团赴台交流撰写的归后总结被广水市委书记签批并在《政府调研》上刊发。

【对台宣传】 对台宣传见实效。精心制作对台培训课件,印制讲稿、表格,认真开展乡镇、社区统战委员对台业务培训,积极推进基层对台工作规范化。扎实开展调查研究,完成年度重点调研课题《以炎帝文化为纽带 打造两岸交流新品牌》《随州市台资企业发展情况研究》调研文章。支持基层台办创新对台宣传,指导广水市在中小学校开展"两岸一家亲·共圆中国梦"作文竞赛,该活动历时半年,学校、学生参赛热情高,在社会上引起较大反响。订制折特色小礼品,编印对台宣传品,在对台联络、交流中广泛分发。

2018年4月26日,市委常委、统战部长冯茂东(左五)走访调研台资企业乐氏同仁中医馆

政 法 工 作

【概况】 2018年,全市政法工作以习近平新时代中国特色社会主义思想为统领,以党的十九大和中央、省委、市委政法工作会议精神为指引,按照"整体进位、单项争先、优化特色、创新进

取"的工作思路，保稳定、除黑恶、促平安、强法治、建队伍，政法各项工作齐头并进，为打造特色产业增长极和品质随州建设提供了优良的法治环境，得到各级领导的充分肯定和社会各界的广泛好评。扫黑除恶"挂图作战"机制得到省扫黑办推介，"毁伞拍蝇"工作在全省扫黑除恶视频会上作交流发言，政法信息化建设取得长足进步，"政法夜校"成为队伍建设品牌，《光明日报》《法制日报》《中国青年报》《湖北日报》等多次报道随州市政法工作开展情况。

【维稳工作】 坚持大员上阵，维稳责任层层压实。市委、市政府领导以身作则，以上率下，先后召开6次市委常委（扩大）会议和11次专题会议，听取社会稳定形势分析汇报并分阶段安排部署维稳工作。市委书记陈瑞峰对维稳工作高度重视，多次听取情况汇报，主持召开全市信访维稳工作专题会议，亲赴重大涉稳隐患发生地，现场指挥调度，实现妥善处置；市委副书记、市长郭永红强调要将防范风险确保稳定作为第一担当，确保维稳"第一责任"全面落实；市委常委、市委秘书长刘宏业多次出席维稳工作会议，分阶段安排部署全市维稳工作。在市维护稳定工作领导小组的统一领导下，各地各部门主要领导切实做到责任上肩、任务上手、统筹谋划、靠前指挥，有效排查化解了一大批风险隐患，全市实现了"六个不发生"的工作目标。

奋勇攻坚克难，服务大局坚强有力。紧紧围绕三级"两会"、清明节、"4·28""6·4"、寻根节"8·1"、中非合作论坛、中秋节、国庆节"10·11"等重大活动及敏感节点，提前部署、协调联动、集中攻坚。注重事前部署研判，实行战时研判机制；坚持事中督办检查，组织2个信访维稳督查专班开展维稳巡回督查6次，查找短板，督促履职，细化措施，堵塞漏洞。多次成功化解涉稳群体聚访和赴省进京上访，妥善处置"8·28"涉军群体来随聚集事件和"7·3""9·25"出租车群体到市规模性聚集上访事件，确保了大局稳定。

开展五大行动，防范风险不留死角。开展矛盾纠纷大排查，社会稳定形势平稳可控。坚持开展"3+N"维稳信息日研判和市、县、镇、村四级联动每日收集报送维稳信息工作机制，排除化解涉稳隐患2400余起，有效防范化解处置涉军、涉教、涉房、涉金融、水利系统等群体组织串联"维权"活动30余次。开展公共安全大整治，社会治安秩序持续向好。坚持以打促防、以打促安，破获各类刑事案件1553起，查处治安案件6252起，抓获各类犯罪嫌疑人3337名，"盗抢骗"发案连续3年下降。开展网络环境大清理，涉随网络舆情总体平稳。强化平台管理和舆情处置，进一步加强对网站、论坛、博客、"两微一端"等平台的日常管理，及时清理了随州玉龙供水公司挤兑等煽动性、刺激性、行动性有害信息36条，阻断负面敏感舆情传播渠道，及时消除了社会负面影响。开展信访积案大化解，非访上升势头有效遏制。开展信访积案化解攻坚专项行动，市级领导率先垂范，对54件"骨头案"进行包案化解，已有效化解51件。各地各部门排查梳理404名重点人，全部落实包保稳控工作措施，将绝大多数重点人吸附稳控在当地。全市进京非访41人次，同比持平。开展社保风险大防控，养老保险基金安全运行。全市城镇企业职工养老保险、机关事业养老保险和城乡居民养老保险共征收保费210174万元，确保社保费"应核尽核、应收尽收"。

【扫黑除恶】 顶层谋划。市委常委会先后专题研究4次，市级专题会议召开6次，市委组织4个督导组不定期开展督导。第一时间组建市扫黑办及6个专项组，研究制定了专项斗争方案、线索核查办法和日常工作运行机制。各县市区均组建扫黑除恶工作领导机构，落实人员经费，实现了架构实体化、运行合成化、管理实战化。

发动群众，全域宣传。随县、广水市、曾都区均召开了扫黑除恶"千人动员大会"，党委书记作动员报告，"四大家"领导全员参加。全市张贴标语、悬挂横幅1万余条，发放各类宣传品5万余份，张贴通告20余万份，各级各类单位的电子显示屏24小时滚动播出。

利剑出击，形成强大震慑。先后打掉广水杨

某某、曾都梅某某、随县后某某3个涉黑犯罪组织和广水连某某等一批涉恶犯罪团伙，破获涉黑涉恶刑事案件135件，抓获黑恶犯罪嫌疑人263人，起诉涉黑涉恶案件5件42人，一审判决涉黑案件1件11人，敦促44名涉黑恶犯罪人员投案自首，查扣涉黑案件资金4500余万元。

深挖彻查，净化党风政风。纪检监察机关先后对广水市广水办事处土门村"连氏家族"涉恶犯罪案件牵出的15名公职人员和随县淮河镇"后氏家族"涉黑犯罪案件牵出的15名公职人员进行处理。组织部门大力整顿软弱涣散村党组织，加强村级换届"两委"人选联审工作，切实为铲除黑恶势力滋生土壤提供了强有力的组织保障。

因地制宜，创新工作机制。建立健全重要涉黑涉恶违法犯罪案件分析研判、集体会商、协同立案和调查、信息反馈等工作机制，切实提高扫黑除恶与惩治腐败和毁"保护伞"的整体性、协同性。探索创新工作机制，曾都区实行区、镇扫黑办及村（社区）联络室"挂图作战"。

【平安建设】 "三大建设"。强化综治工作机制建设，各地各部门压紧压实领导责任制，综治工作规范化水平全面提升。强化综治中心建设，全市48个镇（办）综治中心及党支部建设实现了全覆盖，有效整合了网格化管理中心、便民服务中心和各职能部门的力量资源，做到一个窗口对外，群众进"中心"一家门，办部门多家事。强化平安细胞建设，广泛开展"十大平安细胞"创建工作，举行了"平安随州建设成果巡回展"，展示了成果、提振了士气、鼓舞了斗志。"三道防线"。扎牢扎紧"严打"整治专项防线，坚持"命案必破"，现行命案发4起破4起，并侦破2起命案积案；开展消防安全专项整治，火灾起数、直接财产损失同比分别下降33.5%和27.1%。扎牢扎紧治安防控防线，共建成A类探头4235个，B类探头2.3万个，实现了市、县、镇三级和重点单位、重点行业的全网联通、全网调用、全网共享。扎牢扎紧网格化平台防线，推行"网格+调解"模式，进一步将矛盾纠纷化解在基层和萌芽状态。全市有1个集体和2名个人分别被司法部授予全国人民调解工作先进集体、先进个人。"三个重点"。重点群体服务管理工作稳中求进，优化严重精神障碍患者管理服务模式，不断加强社区服刑人员管理，社区矫正对象实现有效管控。重点行业安全监管工作警钟长鸣，对寄递物流行业、危爆行业、铁路沿线、各类娱乐场所、人员密集场所进行多频次、地毯式大检查，实现了"以全市之安贡献全省之稳"。重点领域矛盾化解成效显著，健全完善村务协理、"法务进网格"、社区"家调委"等矛盾纠纷化解新模式。2018年，全市调处矛盾纠纷9900起，调处成功率97%。9月8日，《法制日报》头版刊载文章《纠纷从群众中来，化解要到群众中去》，报道了随县在探索实践基层群众自治机制中取得的工作成效，随州本土品牌在全国叫响。

【维护司法公正】 高位推动引领。落实党政领导干部学法、述法制度，市委中心组织举行法治建设专题学习，召开市直普法责任单位集中述法会，对人大任命的干部开展了法律知识考试。将法治建设考评纳入到领导干部政绩考核，严格落实奖惩。年底按照法治建设绩效考评办法，组织专班对各县市区和市直各部门实施全面考核。

夯实法治基础。起草《随州市停车服务和管理条例》，已通过三审。受理行政复议案件申请28件，法定期限办结率100%。全市法院审理的涉行政机关案件开庭33件，行政机关负责人出庭率81.8%。认真落实一村（社区）一法律顾问制度，全市村（社区）法律顾问实现全覆盖。积极推进法院、看守所法律援助站建设，已建成法律援助工作站45个。推动法律援助服务精准扶贫，全市17万建档立卡贫困户均可享受免费法律援助。

维护司法效力。市委政法委强力推进"千案化解"积案清零工作，6件涉法涉诉信访积案全部化解。市中级法院推进"两评"机制向基层延伸，出台限制审判权、暂缓法官等级晋升、退出法官员额等惩戒措施。市检察院建立健全随机分案为主、指定办案为辅的案件承办人确定机制，在基层检察院全面试行"捕诉合一"。市公安局建立服务企业"直通车"制度，依法依规为齐星、程力、裕国菇业等重点骨干企业解决难题，侦办耀星公司被诈骗案等一批制假侵权、涉企诈骗案件，为企业挽回经济损失上亿元。市司法局大力推广"律师三进"新模式、新机制，在神农律师事务所、天赋律师事务所开展律师代理涉法涉诉信访申诉试点，参与处理涉法涉诉案件70余件，主持罢诉案件40余件，出具法律意见书80余份，积极引导群众通过法律途径解决诉求。市国家安全局采取多种形式，大力开展国家安全人民防线建设宣传教育活动。

增强法治信仰。在各种媒体上进行多形式的法治宣传，举办了宪法主题演讲比赛、宪法宣誓、校园法治宣传等一系列主题宣传活动。实施法治惠民项目，建设了青少年法治教育实践基地、税收普法示范基地、12309检察服务中心、网格化诉讼服务平台等，为群众提供更加便利的法律服务。按照"四个100"的安排，各地各部门积极开展多种类型法治创建，建成了一批法治示范村（社区）、法治医院、法治学校、法治企业创建示范点，为全市系统和行业法治创建树立了标杆。在各级各类单位全面加强法治创建的基础上，曾都区被全国普法办评为第四批"全国法治县（市区）创建活动先进单位"，随县尚市店居委会、曾都草店子社区被司法部授予第七批"全国民主法治示范村（社区）"称号。

2018年12月4日，随州举行国家宪法日演讲比赛

【科技强警】 全市政法系统以大数据综合应用为引领，以信息化基础平台建设为支撑，强力推进智能化建设，有力提升了政法机关战斗力。市委政法委完成了"雪亮工程"重头戏——随州政法应急指挥中心建设，实现了一个平台统一调度。市公安局实施"数据警务、智慧公安"战略工程，"随州公安云"汇聚68类近10亿条数据资源。市检察院加快推进政法信息化"1234"工程检察项目，探索运用远程接访、远程提讯、远程庭审系统。市中级法院加大科技法庭的建设与应用力度，积极推动实现庭审直播与点播，努力实现"让数据多跑路，让群众少跑腿"。

机构编制工作

【"放管服"改革】 搭建政务服务平台，有序推进"一张网"建设。市编办（市审改办）牵头，会同市质监局，在各部门权责清单的基础上，组织各单位认领事项1253项，审定发布服务指南1244项；大力推进政务外网联通覆盖，组织技术团队深度对接湖北省政务服务"一张网"，确定网办事项439项，开通在线办理329项，基本实现一网覆盖的平台架构。提高审批质效，不断优化营商环境。市审改领导小组办公室先后下发19份文件，进一步明确"互联网+放管服"改革工作的目标任务，确定了责任清单，锁定牵头部门，多次召开"放管服"推进会、协调会，倒逼各项工作完成，以更大力度提高效能、优化服务，把增强企业和群众改革获得感作为根本标准，多为企业松绑、为群众解绊。市食药监局深入推进简政放权，依法依规减少审批环节；市住建委简化审批流程，推行"容缺受理"。市国土局不动产登记中心推行"一窗受理""一次办好"，创建"全国百佳便民利民示范窗口"。市税务局推进办税便利化，推行办税事项"最多跑一次"。推进"证照分离""多证合一"效果明显。在随州高新技术产业开发区复制推广上海浦东新区"证照分离"改革试点的成熟做法，开展"取消办证一批、改为备案一批、承诺办证一批、提高透明度一批、严格准入一批"的"五个一批""证照分离"改革试点。印发《随州高新区"证照分离"改革试点实施方案》，针对101项《改革事项》逐项对照，列出了具体细化和便于操作的《登记指导目录》。共办理"证照分离"登记1026件，其中取消审批40件、备案101件、告知承诺357件、提高透明度和可预期性238件、强化准入管理290件。推行"双随机一公开"监管模式,事中事后监管进一步加强。按照"谁审批、谁监管、谁主管、谁监管"的原则,公布随机抽查事项清单。2018年上半年,市编办(审改办)组织相关部门对《市级随机抽查事项清单》重新梳理核查,将随机抽查事项由265项调整为247项。

【行政体制改革】 新一轮机构改革的各项准备工作。深刻领会党的十九大、十九届三中全会关于深化党和国家机构改革精神,明确改革思路,梳理改革任务,加强改革前瞻性、基础性、针对性研究,摸清底数,找准症结,探求路径,做好政策和方案储备。已建立完善机构、编制、领导职数三本台账,待中央和省里作出新一轮地方党政群机构改革部署后,科学制定改革方案,研究提出贯彻落实的具体措施和办法。

监察体制改革后续工作。研究下发市级纪检派驻机构和巡察工作机构设置方案,统筹做好全市监察体制改革有关人员编制及职能职责划转工作的各项工作;会同市纪委商定市监察委员会主要职责、内设机构和人员编制规定。

分步推进城市管理执法体制改革。会同市城管综合执法局印发《随州市深入推进城市执法体制改革改革改进城市管理工作实施方案》(随发〔2017〕8号),明确工作任务,到2020年底前将环境保护管理、工商管理、交通管理、水务管理、食品药品监督管理等涉及城市管理方面还未纳入的行政处罚权实现集中行使,全市城市管理法规和标准体系基本完善,执法体制基本理顺,执法力量配置基本到位,机构和队伍建设明显加强,现代城市治理体系初步形成,城市治理效能大幅提高,人民群众满意度显著提高。

化解难点问题。在商贸体制改革中,面临人员分流等许多历史遗留问题,结合职能职责献计献策,圆满完成重点领域改革任务。多次参加驻京招待所经营类事业单位改革协调会,积极推动改革。研究提出高新区涉水事务管理体制的意见、理顺工商管理体制等体制调整的意见建议,得到市政府领导的肯定和认可。

【事业单位分类改革】 明确责任。印发《随州市分类推进事业单位改革工作领导小组2018年工作要点及责任分工》,明确相关单位职责,做到分工合作,协调推进。摸清底数。经统计,市本级经营类事业单位5个,共核定编制36名,实有35人。分别是市经济适用房发展中心、市园林设计院、市城投公司、湖北汽车研究院、随州正义司法鉴定中心。县市区共有经营类事业单位21个(曾都区7个、随县4个、广水10个),实有368人。制定方案。到市中心医院等单位进行调研(见下图),制定印发了《随州市市直从事生产经营活动事业单位改革工作方案》。市园林设计院、市经济适用房发展中心2个单位已启动改革前期准备工作。

2018年10月25日,市编办到市中心医院就该院机构编制问题进行调研

【机构编制管理】 严格执行编制使用核准。发挥编办前置把关作用,服务人才引进和改善干部队伍结构,市直共核准71个编制招录公务员(参公单位工作人员),核准173个事业编制考聘事业单位工作人员,34名事业编制专项用于2018年度高新区及大洪山风景名胜区农村义务教学学校教师招聘。创新机构编制管理。认真落实《市直机关事业单位机构编制实名制管理暂行办法》,印发《关于更新编制政务公开网上信息的通知》,及时更新实名制数据库信息,确保机构清、编制清、领导职数清、实有人员清。对市安监局、随州广播电视台等200余家机关事业单位750人(次)人员异动信息进行了更新,数据更新2000余条。加强机构编制监督检查。加强机构编制违规违纪预防工作,严格落实机构改革期间机构编制管理相关纪律规定,进一步加强对重点改革、关键环

节以及机构编制政策法规执行情况的监督检查，认真受理"12310"举报和来信来访。加强平时性情况收集和经常性督办检查，全市各类编制数控制在2012年底基数内，实现中央提出的财政供养人数只减不增的目标。

老干部工作

【老干部工作政策落实落地】 坚持把落实中办发〔2016〕3号文件、鄂办发〔2017〕2号文件精神作为重中之重，积极争取市委市政府的重视和各地各部门的支持，建立健全政策体系，强化老干部工作顶层设计。2018年年初，结合实际，制定出台了《关于进一步加强和改进离退休干部工作的实施办法》（随办发〔2018〕1号）对做好全市老干部工作提出了指导性意见。《实施办法》出台后，积极会同市委组织部、市直机关工委、市总工会、市财政局、市人社局、市卫生计生委、市机关事务管理局等8家单位联合印发《市直单位贯彻落实离退休干部工作有关政策具体事项的通知》（随老〔2018〕12号，以下简称《通知》），进一步明确了老干部工作具体服务要求和具体工作标准。《通知》内容涉及健全完善干部退休谈话交接制度、组织离退休干部参观学习、规范离退休干部党组织负责同志工作补贴、开展离退休干部走访慰问活动、合理订阅党报党刊等学习资料、丰富离退休干部精神文化生活、妥善做好离退休干部丧事办理工作、切实保障离退休干部工作经费、严格遵守中央八项规定和实施细则精神及省委六条意见精神等九个方面，紧密围绕老干部工作中反映出的重点、难点问题，为全市老干部工作者提供了依据。

【老干部文化生活】 着力推动市级老干部学习活动场所建设，牵头组织市编办、市机关事务管理局、市城投公司、随州老年大学等相关单位组成考察组，赴荆门、襄阳等地学习考察老年大学建设管理经验，提出将原市委党校老校区改造和扩建成为随州市老年大学的建议，供市委市政府决策参考。围绕纪念改革开放40周年、中国共产党成立97周年，庆祝"七一""十一"等重大节日，先后举办了全国"神韵随州"杯诗词竞赛、老干部庆"七一"文艺汇演、庆"十一"老年书画展、老干部"健康杯"趣味运动会、老干部纪念改革开放40周年文艺演出。组队参加省委老干部局举办的乒乓球赛、门球赛和随州市第四届"经典诵读·书香随州"全民阅读比赛。老干部把对党和国家的真挚感情融入诗词、书画创作、歌舞表演、各类娱乐之中，全面展现了新时代老干部老有所乐、健康向上的精神风貌。

2018年9月29日，随州市举办"纪念改革开放四十周年暨庆'十一'老年书画展"

【老干部优势作用发挥】 在全市老干部中深入开展"为党和人民事业增添正能量"活动，引导老干部为全市经济社会发展献智献力。组织老干部围绕"我看改革开放新成就"开展专题征文活动、专题支部党日活动、专题座谈会，收集老干部征文和建言文章186篇25万多字。他们从经济、政治、文化、社会、生态环境等各个方面为改革开放点赞喝彩，为随州经济社会发展献计献策。继续巩固离退休干部牵手大学生村官活动成效，深入推进"手牵手"活动。引导老干部牵手新进大学生村官，做到老干部与在岗大学生村官牵手全覆盖；组织老干部牵手新录用年轻干部，传授好的工作经验和工作作风；组织汉东诗社老干部牵手华师附小、安居镇第三小学学生开展诗联育新苗活动，用传统文化和古典诗词涵养下一代。支持各级关工委引导"五老"开展"传承红色基因、争做时代新人"主题教育等活动，教育引导青少年学习了解红色革命历史，当好红色基因的传承者、实践者，走好新时代的长征路。

2018年7月26日，随州市举行离退休干部"我看改革开放新成就"专题座谈会

【**老干部教育管理**】 扎实推进老干部政治建设、思想建设、组织建设，引导离退休干部党员牢固树立"四个意识"，坚定"四个自信"。组织开展了离退休干部党支部书记新党章知识培训班。邀请曾都区委党校副校长、高级讲师刘之海，为老干部党支部书记专题讲解十九大修订后的《党章》，增强管党治党的本领。高规格举办全市老干部经济社会情况通报会。先后组织离退休干部党支部围绕"学习习近平视察湖北重要讲话精神"和"我看改革开放新成就"召开专题支部党日。通过政治学习，老干部的理论水平和思想觉悟不断提升，老干部关心和支持全市经济社会发展的信心和决心明显增强。经常开展走访慰问活动，及时掌握老干部的思想状况。在全市离退休干部党支部中大力开展"示范党支部"创建活动，择优创建了第一批全省、全市离退休干部"示范党支部"。拿出创建活动专项经费，对每个省级"示范党支部"给予1万元支持，对每个市级"示范党支部"给予8000元支持，极大地提升了老干部党支部争先创优的积极性，离退休干部党组织组织力有效提升。

【**老干部日常服务**】 及时调整离休干部离休费、护理费。督促各地各单位认真落实老干部奖励性工资。认真做好困难老干部帮扶。2018年"七一"，为50名困难离退休干部党员发放节日慰问金4万元。春节前夕，为有特殊困难的老干部及其遗属发放困难帮扶资金25万元。扎实开展个性化亲情服务。持续开展"情暖夕阳·关爱离休干部"活动，积极整合社会、单位、社区力量为老干部构建融医疗、家政、精神慰藉、应急救助于一体的一站式服务体系。带头为服务范围内的每名离休干部准时送上生日祝福，定期为老干部发放学习简报。这些活动得到了老干部们的普遍好评。

党 校 工 作

【**提高教学质量**】 2018年共举办各类班次17期，共培训各层次、各类别干部1100余人次，充分发挥了干部培训的主渠道、主阵地作用。在教学内容上，突出党的理论教育和党性教育主课地位，深入开展党的十九大精神和习近平新时代中国特色社会主义思想学习教育，引导干部用科学的理论武装头脑、指导实践、推动工作。深入开展理想信念教育、革命传统教育、党章党规教育、道德品行教育和反腐倡廉教育，引导干部提升政治修养、道德修养、法纪修养、作风修养。

2018年9月12日，党校秋季主体班开学典礼

【**提高科研水平**】 及时跟进党的理论创新，加强理论研究，为党员干部学习贯彻中央精神提供正确引领和学理支撑。聚焦市委市政府重大决策部署、社会热点难点问题深入调查研究，及时提出有价值的咨政成果和对策建议，充分发挥党校理论研究的主阵地作用、决策咨询的思想库作用。党校完成的关于大洪山、曾侯乙编钟、炎帝文化、美丽乡村建设、乡村旅游、隋文帝杨坚、神韵随州、

区域性中心城市建设、行政审批制度改革、品质随州建设等21个调研课题，得到了市委、市政府主要领导批示，部分咨政成果被市委、市政府及有关部门采纳。省委党校领导多次对本校的科研咨政工作给予高度评价，并作为典型经验在全省党校系统交流。全年本校申报立项省级课题4项，校级课题10项，撰写各类理论文章51篇，其中在市级以上学术刊物公开发表理论文章17篇，获得市级以上科研奖35项。

【新校园建设】 市委党校新校园坐落于风景秀丽的城南新区，规划面积219亩，规划总建筑面积40318平方米，含综合教学楼、会议中心（学术报告厅）、学员活动中心（学员食堂）、学员公寓等8栋单体建筑，功能齐全、设施完善，能同时满足400多名学员同时在校学习、生活。新校园建设工程进展顺利，预计2019年下半年可正式投入使用。

档案和党史工作

【档案工作】 档案规范化管理。坚持标准、公平、公开、规范的开展考评和复查工作，2018年完成了市直机关、企事业单位档案考评（复查）省一级以上64个；完成创建档案示范村20个、创建档案示范社区5个；完成了市级家庭建档示范户4个、县级示范户3个。积极推动恒天公司、广水市鼓风机厂的"工业企业"建档试点工作；完成了湖北犇星新材料产业园建设、随州市铁东新区涢水西路等8个省市县重点工程项目的档案登记和"戊戌年世界华人炎帝神农寻根节"重大活动档案进馆工作；出台了《随州市档案中介服务机构备案管理办法》，加强了对档案中介服务机构的监管。

档案信息化建设。为配合全市退役军人信息采集工作，组织专班加班加点对馆藏的44000份退役军人档案进行了数字化扫描，扫描退伍军人档案页面60万幅，目录录入20多万条，极大地方便了退役军人的查档工作；开展了电子档案在线归档试点工作，随县国土局电子档案在线试点已经省档案局验收。市检察院、广水市法院数字档案室建设进展顺利。市档案局为家庭建档示范户颁发荣誉牌（见下图）。

2018年12月21日，市档案局为家庭建档示范户颁发荣誉牌

档案安全管理。投资60万元对档案大楼用电线路、给排水系统、消防设施等进行了全面改造，新安装200KVA变压器一台，新安装了监控系统和消防报警系统，也保障了档案大楼和馆藏档案安全，保障正常用电。

档案服务民生。市档案馆全力为各机关事业单位编史修志、工作查考、经济建设和广大市民维护合法权益提供免费查档服务，全年共接待档案查阅利用者16000多人次，调阅档案23000多卷。档案查全率和查准率均在98%以上，无一查档投诉。举办了"6·9国际档案日"宣传活动。

市档案局举行"6·9国际档案日"宣传进校园活动

【党史工作】 史料编撰稳步推进。突出正史编撰主业。《中共随州历史》第一卷经过两轮专家评审，多轮修改，反复打磨，已获省党史研究室批准出版；为追赶全省进度，《中共随州历史》第二卷和第三卷均于2018年正式启动，力争2019年年底完成编撰任务。《随州市组织史》（第三卷）、《2018随州大事记》已正式出版。编撰的《人文广水》成为广水招商、文化交流重要礼品之一，《曾都区革命老区发展史》已完成近50万字的征编任务。

红色教育基地建设。全市共有革命遗址166处，建成国家级爱国主义教育基地1处，湖北省爱国主义教育基地5处，随州市爱国主义教育基地7处。2018年，吴店镇尹家湾革命旧址群被授予"全省爱国主义教育基地"称号，新四军杨玉麟故居被授予"随州市爱国主义教育基地"称号，为弘扬红色文化，传承红色精神提供了有效载体。

党史管理。起草的《关于加强新时代地方党史工作的实施意见》，突出了坚持和发展中国特色社会主义历史研究，及时记载好、总结好、研究好市委统筹推进"五位一体"总体布局和协调推进"四个全面"战略布局，有力的推动了全市党史工作适应新时代发展要求。

【法治建设工作】 组织开展《宪法》《监察法》《档案法》等法律学习活动。党组书记、支部书记带头讲法学法，干部职工积极参与国法国纪学习活动。组织全体党员干部开展宪法宣誓活动，无纸化法宣在线学习参学率达100%，合格率达100%。组织年轻干部参加执法资格证考试，人均考试成绩在90分以上。采取多种形式宣传《档案法》，悬挂宣传《档案法》标语200多条。以"6·9国际档案日"为契机，开展以"铭记历史，传承精神"和"档案见证随州城市发展变迁"为主题的档案进校园宣传活动，5000余名师生参观了展览活动，增强了青少年的档案意识，宣传了档案记录历史和传承文明的作用。加强了对档案工作目标管理工作的检查，被抽查的10个单位，档案工作管理规范、符合要求。会同县市区档案局按照"双随机一公开"平台对全市25个单位开展了执法检查，并对发现的问题下达了执法反馈意见书。

随州市人民代表大会

综 述

【坚持党的领导】 强化思想武装。把学深悟透习近平新时代中国特色社会主义思想，特别是习近平总书记关于坚持和完善人民代表大会制度的重要思想作为首要任务和看家本领。常委会党组中心组集体学习 20 次、组织常委会组成人员和机关干部培训研讨 3 次、观看专题教育片 10 次，通过学原著、读原文、悟原理，使树牢"四个意识"、坚定"四个自信"内化于心、外化于行，使做到"两个维护"成为思想自觉和行动自觉，推动习近平新时代中国特色社会主义思想和习近平总书记视察湖北重要讲话精神等不折不扣落实到人大依法履职的全过程、各方面。强化党的领导。主动接受市委领导，坚持年度工作要点、立法计划、重要监督活动、重大事项决定等都事先向市委请示报告，确保人大工作各环节始终体现党的领导；发挥常委会党组"把方向、管大局、保落实"的政治领导作用，紧贴市委中心谋划推进人大工作，支持国家监察体制改革，选举任命市监察委员会组成人员等国家机关工作人员 50 人次，实现了市委人事意图与人大依法任免高度统一。强化政治责任。全面加强常委会党组自身建设，压实常委会党组全面从严管党治党主体责任，建立月会议制度，定期研究党建及机关重大事项；以每月"主题党日活动"为抓手，深入推进"两学一做"学习教育常态化制度化；通过党组成员带头讲党课和过好双重组织生活等，严肃党内政治生活；扎实开展党风廉政建设宣教月活动，支持派驻纪检监察组工作，聚焦"四风"问题，特别是形式主义、官僚主义。真管真严、长管长严，营造了风清气正、干事创业的政治生态。

【推进法治建设】 坚持法治引领，以实施宪法修正案为契机，立良法保善治，深化依法治市实践。突出宪法学习施行。把宪法学习教育作为履职基本功和必修课，通过集中培训、专题辅导、在线学习等形式，联系实际学、带着问题学、逐章逐条学，教育常委会组成人员和机关干部真正成为宪法的忠实崇尚者、自觉遵守者、坚定捍卫者；推动宪法实施，听取审议市政府关于"七五"普法规划贯彻实施情况报告、作出《关于进一步加强法治宣传教育的决议》，要求全面领会和准确把握宪法修正案的核心要义、精神实质，健全完善普法责任制，大力培育公民宪法法律意识，让文本上的宪法"活起来""落下去"；弘扬宪法精神，组织见证宪法宣誓 3 场 27 人次，牵头宪法宣传周活动，组织演讲比赛，以赛促学、以学促知、以知促行，推动宪法真正实施。维护社会公平正义，组织代表旁听庭审、参加检务公众开放日活动，书面审查"两院"半年工作情况报告，听取审议"两院"司法体制改革情况报告，提出服务大局履职、做好改革"精装修"等审议意见；专题调研社会关注的"基本解决执行难"问题，组织对市检察院侦查监督工作进行视察,联合县市区检查省人大常委会《关于深入开展扫黑除恶专项斗争的决定》落实情况,进一步推动了相关工作开展。

2018年8月15日至16日,市人大常委会在随县举办市人大代表履职培训会

【保障改善民生】 开展代表主题活动。周密部署开展"聚力脱贫攻坚、人大代表在行动"意见建议办理"回头看"活动,调整优化代表小组,履行督导检查主责,"回头看"2017年建议41件,督促重新办结30件,2018年收集的276件建议办结235件;针对代表群众反映强烈的光伏上网指标及电价补贴等政策落实、健康扶贫医疗报销比例问题,组织专班深入调研并形成专题报告,得到省人大常委会、省政府主要领导及省直有关部门高度重视并解决。用情汇聚民意改善民生。听取审议市政府关于义务教育法和省义务教育条例贯彻实施情况报告,督促各级政府建立教师补充交流机制,解决"大班额""入学难"等问题;听取审议市政府关于省农村五保供养条例贯彻实施情况报告,出台"提标、提质、提能"的审议意见;听取审议市政府关于中医药法贯彻实施情况报告,督促深挖资源优势,打造支柱产业,让中医药更多增进群众健康福祉;持续深化"农产品质量安全随州行"活动,依法处理群众来信来访216人次。用力保障代表依法履职。提高履职素质,邀请专家、教授讲授习近平新时代中国特色社会主义思想、宪法、乡村振兴战略、代表履职等基本知识,培训市人大代表和县乡人大干部180人;扩大有序参与,邀请代表列席常委会、专委会会议67人次,参加视察、执法检查、专题调研等活动220人次;保障知情参政,向代表寄送《中国人大》、常委会公报、人大通讯等资料1万余份,利用门户网站、微信公众号和手机报,及时向代表发布推送常委会履职等信息近100条;精心组织乡镇人大主席、在随全国和省人大代表参加视察调研、学习培训等活动80多人次;服务省人大代表在省十三届人大一次、二次会议期间提出的议案建议73件。用功办理代表议案建议。以精准对接为切入点,通过"预交办—二次交办—现场交办",压实办理责任;以解决问题为根本,通过"议案建议督办月"活动,采取主任会议成员领衔督办、政府领导领办、专工委对口督办、代表参与评议督办等方式,规范办理工作,推动办理取得实效,确保"群众说了不白说、代表提了不白提";市四届人大一次会议提出《关于改善城区交通环境的议案》,常委会持续督办,市政府出台"四年行动计划",确定重大建设项目172个,涢水一桥、市中心医院新区等一批重点项目竣工使用,有效改善了城区交通环境;市四届人大三次会议代表提出的126件建议全部办结,满意率98.4%,一批事关经济社会发展的重大问题和人民群众切身利益的民生问题得到有效解决。

【自身建设】 转变作风。响应习近平总书记关于"在全党来一个大学习"的号召,常委会机关大兴学习之风,建立学习制度,邀请专家教授分别就党的十九大精神、监察法、西方宪政民主辨析、中华优秀传统文化等专题,为常委会组成人员和机关干部、人大选举任命的国家机关工作人员系统培训讲解;大兴密切联系群众之风,深化"双联"活动,常委会组成人员走访代表126名,面对面收集意见建议100多件,并逐一研究解决;大兴调查研究之风,把调查研究作为履职基本功,在审议报告前组织常委会组成人员深入基层接地气、查实情、听民声,在审议中实事求是摆问题、找原因,提出有见地、可操作的意见建议。建章立制严管理。修订完善主任会议议事规则,整理编辑换届以来常委会制定、修订的工作规则及机关管理制度,形成《常委会工作制度汇编》《机关管理制度汇编》,实现用制度管人、按规矩办事;加强机关信息化建设，开通电子政务内网，提高工作效率；定期组织离退休老干部学习，发挥老干部作用；严格执行中央八项规定精神及相关实施细则，严格机关财务、用车等管理，改进文风会风，作风建设成果不断巩固。深化研究强宣传。坚持理论与实践结合，撰写《关于加强乡镇人大规范化建设的几点思考》，顺利通过省人大常委会理论研究课题专家组评审并结题；起草《农村集体建设用地闲置及利用》等7篇调研报告，为市委决策和推动"一府两院"工作提供了重要参考；认真撰写并组织县市区上报交流研讨文章，参加省人大常委会举办的习近平总书记关于坚持和完善人民代表大会制度的重要思想学习交流会，宣传推介随州人大工作特色和亮点；讲好"人大故事"，综合运用电视、报刊、网络等传统和新兴媒体，加强"三会"及常委会重要工作、重大活动和代表履职情况的宣传报道，在省级以上媒体发表文章10余篇，2篇稿件获省宣传人大制度好新闻奖。上下贯通聚合力。加强联系指导，促进县乡人大健全完善会议、监督、讨论决定重大事项、人事任免和代表工作机制；通过邀请县市区人大常委会负责同志列席市人大常委会会议，及时答疑解惑等，提升全市人大工作整体水平；融入市委中心，主任会议成员按照市委分工领衔时光记忆小镇、高铁小镇等重大建设项目，联系乡镇、社区、企业，帮助解决项目建设等困难问题，常委会机关全面完成了招商引资、驻村帮扶等中心任务。

【**随州市第四届人民代表大会第三次会议召开**】1月3日至6日，随州市第四届人民代表大会第三次会议在随州召开。会议审议了市人大常委会工作报告，审查了市"一府两院"工作报告和计划、财政报告，通过了关于市人大常委会、市"一府两院"工作报告的决议和计划、预算决议；选举产生了随州市出席湖北省第十三届人民代表大会代表27名、市四届人大常委会委员5名，补选了市人民政府市长，选举了市监察委员会主任，审议通过了《随州市城乡饮用水水源保护条例》。

【**市人大常委会各次会议**】1月6日，市四届人大常委会第八次会议召开。会议进行了人事任免事项。

3月26日，市四届人大常委会第九次会议召开。会议传达学习了十三届全国人大一次会议精神，审议通过了《市人大常委会2018年度工作要点》，审议了市政府关于《随州市创建生态文明建设示范市规划（2017—2023）（草案）的议案》并作出关于批准的决议。

5月28日至29日，市四届人大常委会第十次会议召开。会议进行了集体学习，听取和审议了市政府关于促进实体经济发展情况的报告，以及关于义务教育法和省义务教育条例贯彻实施，以及关于农业产业化经营、关于省农村五保供养条例贯彻实施等情况的报告，审议了《随州市停车服务和管理条例（草案）》，进行了人事任免事项。

7月27日，市四届人大常委会第十一次会议召开。会议听取和审议了市政府关于《市人大常委会执法检查组检查＜中华人民共和国水法＞实施情况的报告的审议意见》办理、关于2018年上半年国民经济和社会发展计划执行、关于2018年上半年财政预算执行、关于"七五"普法规划实施等情况的报告，审议通过了市人大常委会《关于进一步加强法治宣传教育的决议》，审查了市政府关于全市环境状况和环境保护目标完成情况、市中级人民法院和市人民检察院关于2018年上半年工作情况的书面报告，进行了人事任免事项。

9月26日，市四届人大常委会第十二次会议召开。会议听取和审议了市政府关于2017年度市级财政决算（草案）的报告并作出了批准的决议，听取和审议了市政府关于2017年市级预算执行和其他财政收支的审计工作、关于突出环境问题整改等情况的报告，二审了《随州市停车服务和管理条例（草案）》，听取和审议了市中级人民法院和市人民检察院关于司法体制改革情况的报告，审议了市四届人大常委会代表资格审查委员会关于个别代表的代表资格的报告，进行了人事任免事项。

11月21日，市四届人大常委会第十三次会议召开。会议作出了关于许可对个别市四届人大代表采取刑事强制措施的决定,听取和审议了市政府关于2018年市级预算调整方案的报告并作出了批准的决议,听取和审议了市政府关于中医药法贯彻实施、关于全市脱贫攻坚工作等情况的报告,听取和审议了部分单位(公安、人社、商务)关于审计查出问题整改情况的报告,三审了《随州市停车服务和管理条例(草案)》,听取和审议了市人大常委会代表资格审查委员会关于部分市四届人大代表的代表资格的报告,进行了人事任免事项。

2018年11月21日,市四届人大常委会举行第十三次会议,听取和审议市政府关于中医药法贯彻实施情况的报告

立 法 工 作

【民主科学依法立法】 突出问题导向,将《随州市机动车停车条例》列为年度立法项目;发挥主导作用,实行"分段领跑、全程参与";坚持进度服从质量,努力使法规"立得住、行得通、能管用",抓住核心,写好重点条款,不贪大求全,围绕本市"停车难"和"停车乱"等问题,重点写好增加停车设施供给、加强停车管理等条款,并在消化吸收上位法内容基础上,凸显法规的地方特色;改进审议表决机制,法规草案由"两审三通过"改为"三审四通过";扩大有序参与,通过座谈会、论证会、网上公布法规草案等途经,收集群众、车主等停车现状感受主体和城管、公安等停车管理责任主体建议700多条,关于"合理确定收费区域、时段、价格"等建议都被有效吸纳;提升立法能力,通过优化整合机构和人员、选派干部参加全国人大立法培训、邀请高校专家论证等方式,拓展地方立法智力支撑;加强衔接沟通,法规草案主动报送省人大常委会征求意见,争取指导帮助;及时报批法规,《随州市城乡饮用水水源保护条例》在该市审议通过后,精心组织上报并获省人大常委会全票通过。扎实做好规范性文件备案审查工作,依法审查报备的文件4件,向省人大常委会报备文件1件;全面清理建市以来人大出台的规范性文件,决定废止1件。

【推动法律法规实施】 《随州市城乡饮用水水源保护条例》获批后,及时召开新闻发布会宣传条例的立法宗旨、重点内容,向公众免费发放法规单行本,营造法规全面实施的良好氛围;先后开展药品管理法、文物保护法、机关事务管理条例贯彻落实等情况的调研视察,配合全国、省人大常委会开展大气污染防治法等8部法律法规的执法检查、调研视察,促进了相关法律法规在该市的正确实施。

监 督 工 作

【概况】 聚焦贯彻落实党中央重大决策部署、省委工作要求和市委中心工作,实施正确有效监督,全年共作出决议决定7项,听取审议和书面审查工作报告24个,开展调研视察38次,维护了全市改革发展稳定大局。

【推进高质量发展】 开展财税改革和收入形势、上半年经济运行、重点项目建设、金融机构服务企业发展等情况的调研视察,审议上半年计划执行情况报告,点面结合,为随州市经济发展把脉问诊,从深化供给侧结构性改革、扩大有效投资等方面提出建议;审议市政府关于促进实体经济发展情况报告,针对问题,强调要加快转型升级、破解要素瓶颈制约、壮大产业集群;学习考察外地食用菌产业发展经验,听取审议市政府关于农业产业化经营情况报告,提出优化营商环境和融资服务、做优基地做强龙头企业、创建精品名牌等建议。

【服务"三大攻坚战"】 组织防范化解地方政府隐性债务风险专题调研，盘清底数，要求加强领导、强化监管，化解存量、遏制增量；深入实地察看易地扶贫搬迁集中安置点、产业扶贫项目等，听取审议市政府关于脱贫攻坚工作情况报告，要求细化实化精准帮扶举措，加大资金政策扶持力度，扶贫与"扶志""扶智"结合增强贫困群众内生动力，推动打赢脱贫攻坚战；作出批准《随州市创建生态文明建设示范市规划（2017—2023）》的决议、听取审议市政府关于环境状况和环境保护目标完成及突出环境问题整改等报告，调研城乡生活垃圾无害化处理，持续开展"环保世纪行"活动，推动城市黑臭水体、专汽油漆室外喷涂等问题得到有效解决。

【预决算审查和国有资产监督】 出台预算联网监督暂行规定等，推进全市人大预算联网监督全覆盖；听取审议市政府关于2017年财政决算、2018年上半年预算执行和市级预算调整等报告，进一步推动财政绩效管理，保障重点支出，更加惠及民生；听取审议审计工作报告，紧盯问题整改，书面审查审计查出问题整改落实情况报告，进一步强化了预算执行的规范性、严肃性；落实省委、市委要求，全面启动和整体推进全市国有资产监督工作，促进国有资产保值增值。注重提高监督质量。探索建立审议意见办理情况再审议制度，开展水法执法检查"回头看"，听取审议市政府关于审议意见办理情况报告，常委会组成人员和列席会议代表"询问＋追问"如何遏制非法采砂等问题，做到了既找出问题，又推动解决问题；探索建立审计整改单位向常委会会议报告制度，首次选取市公安、人社、商务三个政府工作部门分别报告各自整改情况并进行满意度测评，拓展了监督的广度和深度。

随州市人民政府

综 述

【思想政治建设】 提升政治站位。牢固树立"四个意识",坚定"四个自信",做到"两个维护",自觉把习近平新时代中国特色社会主义思想作为做好政府工作的根本遵循,作为破解难题的"金钥匙",切实把思想和行动统一到中央、省委省政府部署上来,坚持在市委领导下开展工作、推动落实。强化理论武装。坚持不懈抓好政治理论学习,增强党组成员党性修养,先后召开7次党组会和19次常务会,系统组织学习贯彻习近平新时代中国特色社会主义思想、省委十一届四次全会等精神,特别是深入学习贯彻习近平总书记视察湖北重要讲话精神,学深悟透、全面落实。大兴调研之风。围绕重大战略实施和全市中心工作,深入基层、深入一线、深入群众,积极探索推动高质量发展的思路和举措。组织开展"五个一包保""大走访、大调研、大落实""一企一策"等活动,解决了一批企业生产经营中的突出问题。开展全市政府系统"大调研"活动,编发《政务调研成果汇编》,交流调研成果,推动改革发展。

【经济发展】 实体经济发展。出台支持民营经济发展20条、工业经济稳增长快转型高质量发展等系列政策措施,设立1亿元产业基金。主要经济指标平稳增长,地区生产总值增长7.8%,规模工业增加值增长8.1%,固定资产投资增长11.2%,社会消费品零售总额增长11%,实际利用内联资金、利用外资分别增长10%和8.1%,城乡居民人均可支配收入增速与经济发展同步。工业经济企稳向好,实现工业总产值1378亿元,工业用电量、货运量分别增长8.2%和10.5%。专汽产业逆势上扬,产值增长16%,产量突破13万辆,新增资质企业4家;"中国专汽之都"通过复审,齐星家庭化重卡、恒天新能源汽车等新产品竞相推出,不断改写随州专汽发展史。农产品加工业持续壮大,获评中国特色农产品优势区。新能源产业快速发展,并网装机容量突破200万千瓦,累计发电量占全省近30%。农业基础更趋稳固,粮食生产保持稳定,建成一批"集中制袋、分散出菇"生产基地,规模化种植突破3000万袋,"随州香菇"入列全省农产品区域公共品牌二十强。文化旅游稳步发展,戊戌年世界华人炎帝故里寻根节、首届"中国农民丰收节"湖北主会场活动成功举办,乡村赏花游品牌叫响全省。全年接待游客2500万人次,旅游综合收入155亿元,分别增长12%和10%。

质量效益提升。按新政策口径完成地方公共财政预算收入47.38亿元,增长9.4%;税收占比76.4%,收入质量居全省前列。实施"百企百亿"技改工程,17家企业跻身全省支柱产业细分领域隐形冠军,新增4家湖北省智能制造试点示范企业。战略性新兴产业增加值增长8.2%,电商交易额增长20%。各类创新平台发展到150家，发明专利申请量增长10%。8家企业获省科技奖励，高新技术产业增加值突破110亿元，增长13%。以市校合作为载体，推动185家企事业单位与高校开展合作。全市吸引大学生实习实训5978人、就业创业3548人。市"人才超市"投入使用。

项目投资与建设。围绕国家、省政策走向和投资方向，策划储备项目677个，投资额超省定目标2.2倍。深入开展项目建设季度拉练、集中开工、观摩晾晒等活动，全年新开工5000万元以上项目378个，亿元以上项目投资增长13%。汉十高铁随州段全线铺轨，投资180亿元的高铁新区拉开框架，随州加快迈进高铁时代。鄂北水资源配置一期工程基本完工。犇星化工扩能、东合汽车产业园、毅兴智能滤波器等重大项目建成投产，常森汽车部件、红色江山导航陀螺仪等项目进展顺利。投资结构不断优化，工业投资持续向好，增长14.9%，汽车机械投资增长24.5%。民间投资增长16.1%。

城乡面貌改善。加快推进国家新型城镇化综合试点建设，城镇化率达到52.12%。城市功能不断完善，坚持"规划引领、市区一体"，大力实施主城区重点项目，㵐水一桥、㴝水一桥、绕城南路建成通车，市委党校新校区等项目基本建成，桃园大桥、汉东东路、南外环一级公路等项目加快推进。实施改善城区交通环境四年行动计划，畅通聚玉街等城市微循环道路，新增停车位2200个，建成2个立体停车场。桃园公园、花溪河湿地公园一期等城市公园游园建成开放，新增绿地60万平方米。发挥数字城管作用，开展市容环境综合整治，拆除违建4万平方米。美丽乡村加快建设，淅河镇、洪山镇、长岭镇连续两年入围全国综合实力千强镇，何店镇、郝店镇获评湖北森林城镇。实施"四个三重大生态工程"，新改建各类厕所5.3万个，基本建成37个乡镇生活污水处理厂、31个乡镇垃圾压缩中转站，初步建立城乡生活垃圾无害化处理运行管理体系。精准灭荒3.8万亩，综合排名居全省前列。河湖长制全面落实。封江口国家湿地公园通过评估验收。

【三大攻坚战】 防范化解重大风险，政府债务、金融风险得到有效防控，开展扫黑除恶专项斗争，侦破案件135件，抓获犯罪嫌疑人263人，实现"六个没有发生"。特色种养、光伏、电商、旅游等产业扶贫成效显著，教育、健康、社保兜底等政策全面落地，易地扶贫搬迁、安全饮水工程提前完成，全市3.1万人脱贫、24个贫困村出列。践行"绿水青山就是金山银山"的理念，在全省率先成立12个环保专业委员会，开展生态环保九大攻坚行动，4个国考断面水质和3个县级以上集中式饮用水源地水质全部达标，PM2.5均值持续下降，优良天数比例79.9%，空气质量是近年来的最好时期。中央环保督察"回头看"交办问题基本办结，省环保督察交办问题整改销号75%。

【改革开放】 供给侧结构性改革释放红利，为企业减税降费退税21.9亿元。深化"互联网+放管服"改革，"一网通办"实现省市县三级联通，建成"神农云"信息平台。推动完善金融市场体系和投融资体制改革，金融机构贷款余额增速全省第三，贷存比提高2.08个百分点，随州连续9年获评省金融信用市州。128个村（社区）完成集体产权制度改革，30多万村（居）民成为股东。机构改革平稳推进，国税局地税局顺利合并，退役军人事务局、随州海关相继成立。支持重点出口企业创新发展，农产品出口额居全省首位。招商引资取得成果，新签约项目188个，引进亿元以上项目49个。

【保障改善民生】 坚持民生领域财政投入只增不减，支出占比81%，高于全省平均水平约6个百分点。就业形势总体稳定，城镇新增就业2万人。社会保障力度加大，城乡医保政策整合实现"七统一"，参保人数达209.8万人，养老保险基本实现全覆盖。教育事业全面发展，投入1.3亿元改善义务教育办学条件，5名学子被北京大学、清华大学录取。文化体育活力彰显，早期曾国文物展、编钟音乐会等编钟出土40周年纪念活动圆满举办，完成中央、省、市电视节目无线覆盖任务，市民可免费收看近20套节目。健康随州加快建设，城市公立医院改革、分级诊疗、医联体建设加快推进。社会治理水平提升，村（社区）"两委"换届圆满完成，平安随州建设扎实推进，"两抢一盗"案件大幅下降，安全生产、食药监管、信访维稳等工作得到加强。"双拥"创建积极推进。

【政府自身建设】 严格落实主体责任。制定市政府党组及其成员《2018年度党风廉政建设主体责任清单》，构建闭合责任链条，将压力传导到基层。抓好检查督办和考核，定期听取党风廉政建设工作情况汇报，实现与市直单位负责人廉政谈话全覆盖。严肃党内政治生活。严格执行新形势下党内政治生活若干准则，认真落实民主集中制、"三会一课"等制度规定，推动"两学一做"学习教育常态化制度化，按要求开好党组民主生活会。全面推进依法行政。大力弘扬法治精神，引导各级干部自觉运用法治思维和法治方式解决问题、化解矛盾、推动工作。推动开展"法律六进"活动，引导全社会学法、尊法、守法、用法。自觉接受人大法律监督、工作监督和政协的民主监督，主动接受社会各方面监督，办理人大建议122件、政协提案114件。持续深化作风建设。注重建章立制，探索推行"部署——协调——督办——整改——问责——总结"的政府工作"六步法"，推动政府工作高效运转。深入贯彻落实中央八项规定精神，通过"双评双治双促"、作风聚焦栏目、电视问政等多种形式，纠治形式主义、官僚主义等"四风"新表现，先后查处突出问题276个，处理336人。严格遵循先预算、后支出的原则，坚决反对铺张浪费。加强党风廉政建设，着力解决群众身边的不正之风和腐败问题，查处虚报冒领、截留挪用、吃拿卡要等突出问题。严格执行个人有关事项报告、干部选拔任用等相关规定，坚持勤政廉政、干净干事，以良好形象取信于民。

【政府办公室工作】 加强以文辅政，参谋作用充分发挥。大兴调研之风，收集调研成果60余篇，编发《政务调研成果汇编》。突出信息的时效性和实用性，严格执行领导干部外出报备制度，实行全员信息制度、突发事件限时报告制度等，上报各类信息400余条。按照公文处理相关规定，严把公文入口关、政策关、文字关、格式关，举办政府系统公文处理培训活动，提高各地各部门办文水平，实现零纰漏。倡导落实"短、实、新"文风，高质量完成《政府工作报告》等综合性材料撰写工作。

跟踪督办，执行落实成效明显。创新完善机制，出台《关于进一步加强全市政府系统督促检查促进工作落实的意见》，不断完善大督查工作机制。组织开展政府系统各部门季度述职评议活动，有力督促了部门履职尽责，营造了比学赶超的氛围。规范督查活动，统筹各部门督查工作，形成全员抓好督查工作格局。对政府系统督查进行全面清理，大大减轻基层迎检工作负担。突出督查重点，配合做好中央扶贫工作专项巡视、环保督查回头看、国务院大督查、省政府大督查等10余次，取得良好成效。对《政府工作报告》、政府常务会议议定事项实行一月一督办、一季一通报，持续传导压力，力促工作落实。积极开展重难点工作督查，先后开展"重点项目推进、招商专班走出去、企业开工"专项督查、"信访维稳、环保、安全生产"专项督查等80余次，有力推动了重大决策部署落地落实。

统筹协调，服务保障有力有效。重点项目推进有力，大力推广市经信委"全员下沉"、曾都区"周六现场办公会"模式，协助市政府领导召开各类专题协调会百余次，确保鄂北水资源配置工程、高铁产城融合区等重大项目顺利推进。金融改革不断深化，推出"益农茶油贷""香菇出口贷"等一大批随州特色信贷产品，金融机构贷款余额增速全省第一，随州连续9年获评省金融信用市州。会务活动周密细致，统筹各方力量，精心策划筹备各类会议、活动，顺利完成国务院大督查、省政府大督查、戊戌年寻根节、首届中国农民丰收节湖北主会场活动等协调服务工作。应急值守高效有序，认真落实24小时值班、领导带班、三级值班制度，加强重大节庆日、敏感时期和灾害性天气期间的值班，对紧急信息和重大事项实行限时报告。科学应对突发事件，有力维护了稳定发展大局。放管服改革稳步推进，组建放管服改革工作专班，顺利完成阶段性工作任务。

人事与人力资源工作

【人事工作】 2018年，全市公开招录公务员204人，公开招聘事业单位工作人员674人，招募"三支一扶"大学生68人，接收安置军转干部和随军家属62人；技师学院招生实现突破，"十三五"产教融合项目实训楼建设如期完工；组织各类人事考试19947人次，新增高技能人才1018人，在考试场次、参考人数不断增加的情况下确保了考试安全和质量。

【劳动关系调解】 开展"企业关爱职工、职工热爱企业"和谐企业创建活动，妥善处理和化解劳动人事争议纠纷案件980件，结案率、调解成功率分别达98%、72%，受理举报投诉案件239件，结案率达98%，均高于省定比例。市人社局调解仲裁科（市劳动人事争议仲裁院）被评为全国人社系统先进集体，齐星公司入选全国和谐劳动关系模范企业。《中国劳动保障报》《中国组织人事报》《湖北日报》等媒体报道随州人社工作25篇次，广泛传播了随州人社好声音。

【人力资源工作】 服务实体经济和民营经济发展，开展"阳光人社惠企行动"，组织"春风行动"等各类招聘活动30多场次，开展电工、电焊、叉车等急需工种岗前培训3519人；落实就业促进和社保降费政策，支付各类就业补贴近一千万元，减少用工成本超过六千万元。服务创新驱动发展，实施"我选湖北·聚才随州"行动，提高大学生实习实训补贴标准，吸引5978名大学生在随实习实训，3548名高校毕业生来随就业创业，市本级"人才超市"和创新创业基地建成启用；首次通过"绿色通道"引进急需紧缺人才3名，新增享受省政府专项津贴高层次人才2人；齐星公司周璇入选"全国技术能手"，成为建立地级市以来首个享受国家级表彰的高技能人才。服务打赢脱贫攻坚战，扎实开展人社行业扶贫工作，推行"技能培训+就业推荐+创业支持"就业扶贫模式，组织贫困劳动力培训6770人次，公益性岗位安置"三无"（无法离乡、无业可扶、无力脱贫）贫困人员287人，累计促进贫困人员就业11096人；落实养老扶贫政策，随州市城乡居民养老保险助力精准扶贫做法入选全国20个"人社领域精准扶贫典型案例"，成为湖北省唯一上榜案例；推进"四位一体"医疗扶贫机制落地，贫困患者报销比例不低于90%，自付部分不超过5000元，有效解决了"因病致贫返贫"问题。服务乡村振兴战略部署，实施农民工返乡创业三年计划，全市共开展创业培训4248人，新增返乡创业主体2542个，会同农业部门联合开展香菇种植培训近1万人次，对符合政策的33家"农家乐"经营户发放补贴26.8万元。

【人事制度改革】 持续推进职称制度改革，对有特殊贡献人才及企事业单位急需紧缺人才组织特殊评审，打破"唯学历、唯资历、唯论文"限制，创新农村实用人才选拔评价机制，108名非公企业专业技术人才和49名农村实用人才通过"绿色通道"取得了中级职称。稳妥推进人事制度改革，规范做好机关事业单位工作人员考核奖惩工作，巩固县以下机关公务员职务职级并行制度成效，积极参与盐业、乡镇文化等体制改革，妥善处理部分改制单位历史遗留问题。扎实推进工资薪酬制度改革，国有企业负责人薪酬制度改革步入正轨，公立医院薪酬制度改革试点工作进展顺利，机关事业单位工作人员基本工资标准如期调整到位。

【提升服务能力】 开展人社惠民政策进万家活动，推进人社政策进企业、进工地、进社区、进贫困户；开展人社政策大学习大比武活动，积极参加全省人社法治知识竞赛，勇夺第一名，展示了随州人社干部的风采；开展"群众办事堵点疏解行动""为农民工办实事"等活动，取消无谓证明、变养老金领取实地生存认证为网上"扫脸"验证、推行农民工工资支付"四项制度"、扩大农民工参加工伤保险覆盖范围等一系列便民为民举措陆续出台。全面开展"正行风、树新风，打造群众满意的人社服务"活动，积极参与"双评双治双促"活动，发动"行风建设人人谈""十问人社干部"大讨论，开展"廉政文化进机关"、作风问题"负面清单"清零行动和形式主义、官僚主义突出问题集中整治行动，做到人人参与、人人表态、人人过关。随州市做法在全省人社系统会议上作了交流推介，3家基层站所和4名工作人员分别获评全省人社优质服务窗口和服务标兵。

法 制 工 作

【服务行政决策】 积极作为当好政府决策参谋助手，认真办理政府领导交办的批示件，出具法律事务合法性审查书面意见，并就相关重大行政决策的程序规定及存在的风险予以提醒。全年办理法律事务300多件，出具书面意见193件（与上一年的83件翻了一番多），参与重大项目建设、招商引资、土地征收等50多项重大论证，所有事项均在三天内办结，为政府决策合法合规、各项事务在法治轨道上运行提供法律支持。

【行政规范性文件管理】 坚持对市政府、市政府办公室的发文"逢文必审"原则，继续从制定主体、制定权限、制定程序和制定内容等几个方面入手，做好规范性文件的审查把关，防止行政规范性文件"带病上岗"。2018年高效高质办理各类征求意见稿35件，审查送审的规范性文件4件。在2017年行政规范性文件清理的基础上，启动涉及知名商标、产权保护等方面规范性文件的清理工作。涉及知名商标的行政规范性文件1件，予以废止并按程序上报省工商局和省法制办。组织开展生态环境保护领域规范性文件清理，废止2件，确认有效11件。

【规范行政执法】 在全市推行"两法衔接"制度的同时，注重发挥在行政执法工作中行政指导的作用，扎实开展行政执法案卷评查工作，年初对2017年评查的全市600多件行政处罚、行政许可、行政强制案卷的评查结果进行梳理，以依法行政领导小组的名义通报，分别列出程序、实体等方面的共性问题，点出各县市区、相关部门典型问题的案件，年终案卷评查中核实问题的整改情况，达到在监督中实施指导，推动了行政指导方式科学化、规范化。同时注重加强行政执法人员管理。根据湖北省行政执法人员换证考试的有关程序，严把"准入关"，组织新招录公务员填报、资格审查、集中考试。对于已取得资格的人员，组织相关执法主体予以清理，退出岗位的及时对外公示；调到新单位或者证件遗失的启动换证补证程序，严禁无行政执法资格的人员履行执法职能。

【行政执法监督与培训】 结合2017年省、市两级行政执法案卷评查以及行政执法突出问题专项治理重点检查情况，原汁原味反馈，并督促相关单位组织自查自纠，避免类似问题再次发生。牵头协调基本农田非法采砂执法、水利委托执法等执法争议，有效理顺相关执法单位争议的边界问题；积极处理五色食品等执法监督申请，逐一书面反馈到相关当事人。克服人少事多的困难，为部分执法单位授课，讲解行政执法相关的法律法规知识。10月24日组织了行政执法人员培训，市直机关单位270名一线执法人员参加，对《行政处罚法》逐条解读，就可能把握不准、容易出现问题的条款重点分析，极力提升执法人员执法能力水平。

【行政首长出庭应诉制度】 加强对《随州市行政首长出庭应诉规定》贯彻落实的监督指导。8月3日，对于少数行政首长不出庭应诉的单位，在全市范围内通报，并责令单位主要负责人说明情况。定期开展行政诉讼示范庭审活动，通知相关单位执法人员及分管领导参加，促进掌握应诉技巧和提升依法行政意识。

【地方立法工作】 市政府法制办积极牵头，组织参与本市政府规章的起草制定工作。市政府法制办围绕《随州市地下车库管理办法（草案）》的出台，以现实问题为导向，以解决突出问题为目标，以务实管用为标准，严格按照立法程序要求，从2017年下半年开始，在全市广泛征求市民的意见，同时将草案发放市人大、市政协、草案涉及的相关单位征求意见。在2018年，经过广泛征求意见之后，对草案又多次修改，形成最终草案提交市政府常务会议讨论。积极配合人大立法，市政府法制办提前介入随州市2018年立法项目《随州市城区车位服务和管理条例》的起草，经过多次协调研究，征求各县市区政府、市直有关部门以及社会公众意见，配合市人大法工委开展实地调研、立法座谈和立法听证等工作，对法规草案进行认真审查，经市政府常务会议讨论通过，以法规案提请市人大常委会审议。

【行政复议工作】 依法办理行政复议案件，始终追求法律效果和社会效果相统一，加强沟通协调，最大限度地化解行政争议，重大复杂案件主要负责人亲自参与办理和协调。全年受理行政复议申请40件，经审查不予受理8件，受理32件，已审结30件，涉及产权、信息公开、行政不作为等多个领域，其中以调解和经协调撤回行政复议申请的案件19件，法定期限办结率100%。以市政府为被告行政诉讼案件7件，已结案5件，市政府全部胜诉。

【证明事项清理】 严格依照《湖北省人民政府办公厅关于做好证明事项清理工作的通知》开展证明事项清理，主要清理对象为法律、法规、规章和规范性文件设定的证明事项，促进行政机关信息系统互联互通，打破政府部门间、部门内部"信息孤岛"，从根本上铲除"奇葩"证明、循环证明、重复证明滋生的土壤。从7月底开始，严格依照法律法规及规章进行统计核实，凡是"越权设定、违法设定的证明事项，能通过现有证照来证明的事项"等五个方面的事项，一律取消。通过此次清理，上报省政府法制办建议保留22项、取消29项，有效地转变行政管理方式，改进了服务作风。

【民商事纠纷处理】 依托随州仲裁委的优势，协助信访部门处理群众上访案件10多件。全年随州仲裁委共受理民商事案件19件，涉及商品房买卖合同、工程合同、民间借贷合同、销售合同等方面纠纷，标的额达13127余万元，扭转了几年来年受理案件不过十的局面，也较好的发挥了仲裁定分止争促和谐的作用。

民族宗教事务

【民族工作】 民族团结进步创建开创了新局面。广泛开展民族团结进步"七进"活动，2018年，全市又有2个单位被命名为"全省民族团结进步创建示范基地"，本市"全省民族团结进步示范基地"已达17个，全市平等团结互助和谐的民族关系得到了进一步巩固和发展。

少数民族经济发展取得了新成效。鼓励和支持少数民族发展特色经济，小林回族群众的种养殖规模不断扩大，形成养羊、鸡、虾、种植茶叶等多条产业。扶持新城回族群众发展香菇、木耳、温地松种植项目，帮助他们解决种植山场，种植面积已达上千亩。

城市民族工作增添了新手段。加强社区民族工作，扩大社区民族工作网格化、信息化管理覆盖范围，将民族宗教工作纳入统战工作"基层基础建设年"活动内容，进一步夯实基层民族宗教基础。切实加强少数民族流动人员服务管理工作，协调妥善安置新疆籍少数民族来随务工人员3批次312人。积极开展涉及民族方面特别是涉及新疆、西藏、甘肃等西北少数民族流动人员方面的矛盾纠纷排查调处工作，配合有关部门妥善化解了8起涉及少数民族流动人员方面的矛盾纠纷，成功处置新疆籍200余名学生及家长来随就学劝返事宜，保障了全市民族领域的和谐稳定。努力做好少数民族进城务工人员语言文化政策教育服务工作，设立少数民族进城务工人员语言文化政策教育培训点3个，曾都区双龙寺社区培训点被省委统战部、省民宗委评为"湖北省新疆少数民族群众国家通用语言文化政策培训工作先进单位"。组织少数民族运动员参加了湖北省第九届少数民族运动会（见下图）。

2018年9月15日，随州市少数民族运动员参加湖北省第九届少数民族运动会

各民族之间的交融呈现了新气象。在随新疆籍务工人员代表如则麦麦提·麦麦提先后开展了"回馈随州环卫工人""慰问福利院孤寡老人"等活动，为100多名随州环卫工人和福利院孤寡老人送去了米、面、油及鞋子等生活物资和生活用品，共计价值近2万元，受到了随州市民的广泛赞誉，进一步促进了各民族之间的融合，传递了正能量，如则麦麦提·麦麦提被新疆维吾尔自治区驻湖北省新疆籍人员服务管理工作组委员会评为"诚信经营商户"。

2018年12月，在随新疆籍少数民族回馈随州环卫工人

【宗教工作】 宗教领域和谐稳定。高度重视民族宗教领域意识形态工作。定期进行意识形态工作形势研判，加强引导，通过讲经交流、解经等推动各宗教坚持中国化方向。注重与市网信部门联系沟通，处理好涉民族宗教领域网上舆情。制定并下发了《2018年"两节""两会"期间全市民族宗教领域安全稳定工作实施方案》，进一步明确了全市民族宗教领域安全稳定工作的目标和措施。先后11次开展宗教领域安全稳定形势研判及矛盾纠纷排查调处工作。注重舆情管控，严格落实维稳值班制度，确保了"两节""两会"、天主教"圣母朝圣月"、穆斯林斋月、"六四"敏感期和世界华人炎帝故里寻根节期间随州地区宗教领域的和谐稳定。

夯实宗教工作基础。为全面掌握工作形势和社会现状，以开展大调研活动为主线，在全市深入广泛开展涉及宗教方面调查、统计、分析研判工作，先后开展了14项调研活动，共形成了9篇专业调研报告和5份专业调查统计报告，进一步充实了宗教工作基础数据库，为深入贯彻落实全国、全省宗教工作会议精神，全面加强宗教事务管理提供了可靠依据。

提高思想认识和工作水平。压实主体责任。把宗教工作纳入了市委具体责任年度工作目标考核体系，切实落实党委主要负责人是宗教工作"第一责任人"制度。压实管理责任。在全市广泛深入开展统战工作"基层基础建设年"活动，推动实施"五化六进"。进一步完善了宗教事务管理机制，确保层层有人抓，层层有人管。据统计，全市51个乡、镇（办）、区和900多个村（居）委会全部确定了宗教工作专门负责人或专职工作人员，并建立了宗教工作责任机制，实现了网络建设全覆盖。压实监管责任。市、县两级宗教工作领导小组，都以文件形式下发了《宗教工作领导小组成员单位职责分工》，进一步强化部门联合执法与监管，切实构建宗教工作社会化格局。压实工作责任。重点督促各地层层签定责任书，把县、乡、村三级宗教事务管理网络建设纳入各级党委年度意识形态工作目标考核内容，确保宗教各项日常管理工作有效有序。

宗教事务管理逐步规范。按照中央统一部署，2018年9月以来，全市高度重视，深入扎实开展宗教工作督查活动。共迎接省委宗教工作督查3次、暗访1次，开展市委宗教工作督查3次。共召开市委统一战线工作领导小组和市委宗教工作领导小组（扩大）会议5次，得到省委统战工作领导小组肯定。对省委督查和全市自查发现的问题，积极采取措施，扎实开展整改工作。全市各级党委政府对宗教工作的认识全面提高，县、乡、村三级宗教事务管理网络实现全覆盖，乡村两级宗教工作责任制得到深入落实，全市宗教工作能力全面提升。

宗教中国化教育引导工作。积极争取市委、市政府领导重视，以中共随州市委宗教工作领导小组文件下发《关于进一步加强宗教中国化方向教育与引导工作的通知》，以"四定（定目标、定方法、定机制、定任务）"为工作重点，着力构建宗教中国化方向教育引导体系。广泛开展以"学习"为主题的和谐寺观教堂创建活动。开展"五入（入眼、入耳、入手、入脑、入心）"活动和"六进（宗教政策法规进机关、进社区、进学校、进企业、进宗教团体、进宗教活动场所）"活动，共悬挂各类展板、宣传牌、张贴喷绘等600多幅，赠送宗教政策法规读本、四书五经等学习宣传资料800余册，大力宣传学习有关法律法规，使法制观念和法治思想深入党员干部内心。全市共举办各类专题培训班14期，发放宣传资料2000余册，共有300多名乡、村干部得到培训，全市党员干部对宗教工作的认识和开展宗教工作的能力水平进一步提高。

宗教界自身建设不断加强。建立市级领导宗教工作"三联系"机制，市领导分别联系1个宗教团体、1个宗教活动场所及1名宗教界人士，积极推动宗教领域重难点问题解决，进一步加强党对宗教工作的领导。广泛开展以"学习"为主题的和谐寺观教堂创建活动，以推进"双随机一公开"为抓手，全面督促各宗教活动场所建立健全"三个组织""四项制度"，规范旅游景区管理秩序，开展"文明敬香"活动。建立并完善爱国宗教团体主要负责人述职交流制度。召开年度述职会议，加强爱国宗教团体思想建设、组织建设和作风建设，通过集体谈心、个别交心等形式加强领导班子建设，注重发挥好宗教团体领导班子集体领导作用。组织宗教界认真学习党的十九大精神和新修订《宗教事务条例》，把握政治方向，增强爱国情感，提升自我管理能力。积极为市属各宗教团体争取办公经费、解决办公用房等实际困难，爱国宗教团体"空壳化"现象得到逐步改善。

宗教积极作用得到充分发挥。加强引导，积极鼓励和支持全市宗教界积极从事各类公益慈善活动。淅河宝善寺本年度资助了20多名贫困学生，助学资金累计达上百万元。随县清水寺常年植树造林护林，2018年又栽种湿地松等树苗2万多株，10年来共植树30多万株，绿化荒山3000多亩，极大的改善了生态环境。市基督教"两会"坚持开展"送医疗下乡"活动，累计义诊贫困患者近千人，为贫困户捐资捐物总计价值10余万元。市伊协、市道协、市天主教爱国会、随县佛教协会等爱国宗教团体也分别以各种形式参与和组织精准扶贫、走访慰问贫困户和帮助孤寡老人等活动，宗教"善良""慈善"的形象得到充分展示。

外事、侨务、港澳事务

【服务对外开放】 世界华人炎帝故里寻根节亮点纷呈、影响深远，逐渐成长为"湖北第一、全国知名"的对外交流平台。2018年寻根节邀请嘉宾代表性强、知名度高，为涵养随州外事资源拓展了渠道。按照"高规格、小规模、大影响"的办节原则，2018年，美国著名侨领、爱国将领张治中将军的女儿张素久女士，张治中文化教育基金会副主席、北京市政协顾问王燕青和美国华人联合总会执行会长熊文胜、美中教育机构顾问陈灿培、马来西亚中马丝路企业商会会长沈君伟、美国北加州湖北同乡会会长喻鹏、加拿大中国商会副会长武力、法国法中商贸会永远名誉会长楼大明等来自22个国家和地区共112名华人华侨社团代表、知名企业代表和社会知名人士参加了"寻根节"。活动的举办，彰显了"四海一家亲、共圆中国梦"主题，同时也对随州对外开放起到了积极推动作用。为放大寻根节的节庆效应，拓展对外交往领域，寻根节之后又组织了部分重要侨胞侨领考察随州，推介了随州城市文化名片和招商引资项目，侨胞表示将进一步关注和了解随州，为推进祖国和平大业、推动随州对外开放作出积极贡献。泰中经济协会一行考察品源食品、中兴食品、裕国菇业、小森林蜂胶等重点企业后表示，将为随州企业特别是食品企业出口泰国提供认证等法律手续支持并将积极推进与随州在农业方面的合作。与裕国菇业达成初步合作意向，计划将香菇种植及深加工项目引入泰国，并争取泰国扶农资金的支持。

【服务经济社会发展】 大力实施"请进来"战略，不断拓展合作渠道。适应经济转型的需要，结合产业发展实际，在"引进来"方面更加注重质量和效益，充分考虑与随州市产业的契合度。2018年省外侨办对外国人来华签证邀请函管理工作进行了改进，进一步强化了地方外事管理部门的权责和监管职能，随州市被授权可自主向中国驻外使领馆签发邀请函和邀请核实单，便利了企业为邀请的外商入境办理签证。已办理了来自尼日利亚、斯里兰卡、巴基斯坦等国家的59批162名外商来随洽谈经贸合作的签证，促进了随州市企业与"一带一路"国家的经贸往来。

不断加快"走出去"步伐，推动对外投资合作。为推动企业"走出去"，市委外事工作领导小组各成员单位积极服务，为企业赴境外开展展销、项目推介、设立机构和投资提供支持。一是立足特色产业增长极合作和神韵随州建设，通过组织参展、开展经贸洽谈，推动企业与巴基斯坦、越南、英国、德国、捷克、俄罗斯、芬兰、瑞典等国家和中国香港、澳门等地区的交流与合作。通过出访交流，了解了当地的经济发展情况、产业发展壮况、对外开放领域和程度、产业产品在国际市场的定位及对外合作政策，为推进企业间深入合作奠定了基础。二是为联丰（随州）食品有限公司、舜天粮油产业股份有限公司等4家外贸型企业新申办APEC商务旅行卡3人，已累计办理83人，现正领取使用中的18人，极大地方便了企业在16个APEC成员经济体开展商务活动，加快了企业"走出去"的步伐。

大力引进外国智力，为全市经济发展提供人才支持。2018年全市聘用外国专家、学者、技术工人等各类外籍人士近20人。通过引进国外智力和人才，有力支持了新型产业发展，一些关键技术取得重大突破。同时，充分利用"华创会"引智引资平台，积极对接洽谈项目。抢抓"万侨创新、共享机遇"的机遇，将全市37个推介项目向海内外发布，将华创会组委会办公室收集的近1000个海外项目信息发至市直各相关部门及县（市）区政府进行深入对接。组织5家企业和各相关单位共52人参与各专场对接、洽谈，积极为随州企业搭建人才、技术、经贸交流与合作的平台，华创会签约项目3个，资金达12亿元。同时，为帮助聚力科技生产的吸尘车推向中东市场，利用各种时机上到北京、下到广州与阿曼工业部相关负责人进行洽谈，现已由最初的广泛对接进展到现在的具体事项洽谈，为聚力公司生产的吸尘车出口中东市场迈出了重要一步，有望帮助该企业产生很好的经济效益。

积极推动友城建设，以友城促发展。为推动友城工作取得新突破，多方联络、广泛寻求合作，已初步与美国、乌克兰、新西兰等国家达成建交友城的意向，将适时组织双方政府领导开展互访，争取友城工作能上一个新台阶。

【规范出国（境）管理】 把规范因公出国管理、提高办事效率、为地方经济社会发展服务作为出国管理工作的核心内容，实现了既强化因公出国管理，又提高工作效率和服务水平的双重目标。紧紧围绕全市产业结构调整和发展方式转变以及生态建设等重点领域、重大项目，促成有实质出访任务的因公团组顺利成行。严格执行计划管理。通过反复筛选，统筹考量，报请市委外事工作领导小组同意，核定了2018年全市因公出访计划与人选建议，确保在省定53人的指标内有序组织、科学管理。严格履行审核职责。完善因公出国（境）审批制度和工作流程，切实履行统筹协调和审核把关职责，当好外事工作参谋助手，当好"管理员"和"服务员"，有效提升因公出访质效。办理了因公出国（境）团组34人（其中不占指标16人），同比人数下降19%。拒批未申报计划的出访团组3人。同时，为加强出访团组成果的跟踪督办落实，研究制定了《随州市因公出访成果报告表》，加大对因公出访团组跟踪问效力度，有效提高了因公出访人员任务执行意识和回国主动报告意识。

【开展帮扶资助】 积极争取爱心帮扶。帮助市第一中学两次成功申报了上海杉树基金会开办的"杉树班",帮助市第二中学三次成功申报了浙江新华爱心教育基金会开办的"珍珠班",受惠学生人数累计达220人,资助金额近200万元,取得了良好的社会效应,"杉树班"和"珍珠班"是在全省多所学校激烈竞争中获取的,可谓来之不易。扎实开展医疗救助、教育帮智、贫困归侨侨眷脱贫致富工作。组织全市各基层医院骨干8人参加省侨联组织的泌尿外科手术培训,各参培人员的医疗技能得到巩固提升。组织曾都区残疾学校叶忠海校长参加香港教育大学特殊学习培训,提升了学校的特殊教育教学和训练水平。帮助随县尚市镇王河小学申请捐助,有望得到欣欣基金会帮扶,以改变学校基础设施薄弱,配套设施设备不完善的现状。向省外办申报随州困难归侨侨眷精准扶贫项目1个,争取到省外办扶贫项目资金4万元。开展形式多样的送温暖活动。对困难归侨、部分困难侨眷代表、侨属企业代表、离退休侨务工作者进行了慰问,送去慰问金达6万元,送去棉衣200件,最大限度地走访慰问归侨侨眷,使广大归侨侨眷感受到党和政府的关心和爱护,促进社会和谐稳定,达到了"慰问国内一个人、安慰国外一片心"的目的和效果。加大对《中华人民共和国归侨侨眷权益保护法》《湖北省华侨权益保护条例》的宣传力度。利用座谈会、走访侨企、走进"平安法治随州"直播间等机会开展各种形式的侨法宣传活动,努力营造全社会依法维护侨益的氛围。建立与辖区归侨侨眷联系制度,帮助解决具体问题,充分发挥涉侨法律援助职能,切实维护侨界群众利益,强化为侨服务职责。做好信访维稳工作。2018年共接待归侨侨眷来电来访5人次,走访慰问侨资企业4家,帮助他们解决了小孩入学、生病住院、医疗保险等来信来访诉求和企业在创业创新、生产经营中遇到的问题,为维护社会稳定,构建和谐社会发挥了积极作用。

【加强涉外管理】 市委外事工作领导小组高度重视涉外突发性事件处理工作,制定了《随州市涉外突发性事件应急预案》,建立健全了境外非政府组织在随活动管理工作联席会议机制,有力地推动了随州市应对涉外突发性事件工作的规范化和制度化建设,并在实际工作中取得了良好的成效。配合市委政法委做好了"10·27"专案涉外维稳预防工作。无一起因处理不及时、处置不当而影响全市维稳工作大局的事件发生。

政 务 服 务

【服务平台应用】 同步推进"一张网"建设。配合"放管服"改革专班开展全省政务服务"一张网"随州站建设,推进权责清单"三级八同"标准化,实现全市政务外网接入全覆盖,确保新建审批系统与全市政务平台双向对接。加大改革督办力度。制发改革任务清单,建立进展情况考核通报机制,市本级共进驻全省政务服务网事项1445项,超额完成"市级政务服务事项网上可办率达到85%"的省定任务目标。积极完善配套系统。构建市本级统一认证体系、电子证照库,规范窗口业务办理流程,完成38个职能部门1264个事项各类信息录入,可在线申请的事项1009个。

【服务窗口调整】 市区中心合署办公。市区部门窗口对口设置,其中曾都区窗口18个,模式全省唯一,有效节约行政成本,方便企业群众。部门窗口应进全进。中心实有25个常设窗口,整合市编办、市农业局、市教育局等14个事项少的部门设立综合窗口,督促交警车驾管、人社医保就业、住房公积金分中心在综合大厅设立同步窗口,三类窗口共进驻事项2051项,"一门"审批平台基本形成。公共服务进驻完备。增加工行政银集合贷、建行助保贷等金融服务,添置工、农、中、建、农商五家银行自助存取款设备。督促水、电、气、通信、邮政、个人征信、老年证、公交卡等公共服务事项进驻,设置15个公共服务窗口,"一门"服务平台初步搭建。2018年,全年共受(办)

理各类办件 32 万件。

【创新审批方式】 设置三类联审窗口。设置代办服务窗口，围绕项目建设开展帮办代办，为近 20 个重点项目建档服务；设置投资项目联审窗口，促使住建委等 16 个部门实现网上并联审批，服务项目近 1600 个，在线办理覆盖率和在线办理指数全省排名前列；设置不动产转移登记联审窗口，实行一窗受理、后台联审、档案分管模式，办理时限由 21 个工作日压缩至 7 个工作日，最短 1 个工作日即可办结。深化"全省最快办件"。继续做实"湖北政务服务最快窗口"品牌，全年 28 个窗口共申报 143 项"全省最快审批事项"，同比增加 10%。助推商事制度改革。推进市场准入联合审批，实行"29 证合一"，工商窗口累计发出"多证合一"营业执照 2 万多份。实施证照免费寄递。中心积极争取 30 万预算，2019 年全面推广免费寄递服务，抓好"最后一公里"服务。

【严格监督管理】 巩固传统手段。长期坚持一次告知、承诺办结、限时办结、AB 岗位等服务制度，不断完善月评年考、电话回访、投诉处理等管理制度，创新开展日常巡查和部门领导窗口签到联动制度，有效调解办事纠纷 80 多起，年度评选红旗窗口 27 个，优秀窗口负责人 100 人次，优质服务标兵 130 人次。用好信息手段。实现大厅监控全覆盖，严格指纹、脸谱考勤，开通电话、网络等多途径投诉渠道，制作 122 张评议标识台卡，引导群众对窗口服务态度、办事效率扫码评议 1.3 万次，满意率 99.53%。实行民主管理。充分发挥窗口首席代表主人翁意识，全程参与大厅巡查、窗口评议，全面掌握情况，增强管理自觉。

【热线服务】 增设重办流程。12345 市长热线对因部门解决不力致使群众不满意反复来电问题，启动重办百余件，全程跟踪督办，复办满意率 73.96%。建立督办机制。对因政策空白、职能交叉致使部门互相推诿的群众诉求，明确责任单位和时间节点，先后协调共享汽车无监管、共享单车押金退还难和城区养犬扰民等群众关心问题。深夜督办汉十高铁劳资纠纷，受到市政府主要领导表扬。上报问题线索。主动向市纪委监委报送部门不作为、慢作为、乱作为投诉工单，《作风聚焦》栏目曝光的问题线索有 8 期来自市热线办。推进热线整合。全市 28 条政府公共服务热线已整合 24 条，进度居全省前列，12315 消费者投诉举报热线在全省率先并入。2018 年，12345 市长热线接听市民电话 3.3 万件。同比办件量增加 22%，热线接话量增加 170%。

【文明窗口创建】 与创建要求相结合。真情邀请文明办从文化氛围、卫生环境、社会形象等方面全方位指导，按要求开展公益广告宣传、学雷峰志愿服务、文明祭祀教育、爱国卫生创建、关心下一代捐赠等系列活动。与提升素质相结合。组织趣味运动会、棋类竞技等系列比赛，激发争先创优热情。定期培训政务礼仪，提高服务技能。树立工商局张敏、不动登记中心孔梦婕等优秀典型。与为民服务相结合。加强保安保洁，布置适宜绿植，注重物品摆放，优化政务环境。设置"志愿者服务岗"，进行业务导办、文明劝导。工作人员统一着装上岗，方便群众监督，树立良好形象。不动产窗口成功入围"全国不动产登记便民利民示范窗口"。

地方志工作

【推进《随州市志（1979—2000）》编纂出版】 《随州市志（1979—2000）》已于 2018 年 1 月通过省方志办的验收，但同时被要求完善部分内容。根据市政府领导审核后的意见，局机关针对相关问题，组织机关干部对志稿语言文字进行了审读，找出数据上的矛盾和谬误；将志书中的民政、教育、军事、民族宗教等内容发送相关单位征求意见；组织志书编辑审读会，组织初编编辑对各自编纂的文稿再次审读，提出反馈意见，由方志科配合总纂对以上问题进行修改或补充；聘请专业人员对志书进行第三轮校对，针对语言文字上的细节问题反复斟酌打磨，删繁就简；按照市政府领导意见报送样书给地方志编委会各副主任进行审阅，签署意见。经过层层把关，反复审核，《随州市志（1979—2000）》于7月份通过政府的审批，准予出版。

【"两全目标"责任落实】 根据地方志事业"十三五"《规划纲要》和湖北省贯彻规划纲要的《实施方案》，地方志工作要在2020年前实现市县志书全覆盖，市县年鉴全覆盖且一年一鉴、公开出版的"两全目标"。2018年5月，省方志办督察组到随州督察了"两全目标"落实情况，随州的"两全目标"落实进度与兄弟市州相比，还有差距。《随州市志（1979—2000）》已经办好出版手续，即将印刷，志书全覆盖基本实现；市本级年鉴已实现一年一鉴，公开出版；县市区年鉴中，曾都区在一年一鉴的基础上，2018年也实现了公开出版，随县、广水市计划2019年开始一年一鉴，公开出版。全市地方志工作的两全目标，有望在2019年实现。

【年鉴编纂工作】《随州年鉴（2018）》的编纂出版工作有序推进。2018年度年鉴在上年基础上增加了"经济社会发展战略""企事业单位选介"及"人物"内容，增加了随文图片，并采用全彩印刷。为提高供稿质量，在市委、市政府的支持下，于3月底召开了全市档案史志工作会议，会上印发《随州年鉴（2018）编纂方案》，同时举办撰稿人员培训会，采取邀请省志办领导和方志科参与讲课的形式，向撰稿人员提出了明确的撰稿要求。为提高年鉴编纂质量，市方志办先后于2018年7月和11月召开了全市综合年鉴研讨会和年鉴质量提升会，召集年鉴编辑人员共同学习、交流、探讨年鉴编纂业务。本年度年鉴已经定稿，完成了设计制作，并办好了出版手续，进入印刷程序。同时，按照省志办年鉴处的要求，认真完成了《湖北年鉴》随州市的供稿任务。

2018年6月20日，市方志办组织召开年鉴编纂研讨会

【《随州市要览》编纂工作】 按照省方志办印发《关于编纂<湖北要览>系列丛书的通知》的要求，积极谋划、筹备、开展《随州市要览》的编纂工作。方志办一行专程赴襄阳史志办学习《襄阳市要览》编纂工作经验，并于2018年7月正式启动该项工作，聘请专家参与《随州市要览》编纂工作。经过拟定纲目、征集资料、初稿撰写、照片收集、修改完善，已形成征求意见稿。2018年12月7号，组织召开了《随州市要览》征求意见会，将稿件发往20个单位征求意见，已收到各单位的反馈意见。

2018年12月7日，市方志办组织召开《随州市要览》征求意见会

【指导镇村志的编纂】 根据省方志办《关于全面开展全省乡镇（街道）、村志编纂工作的通知》精神，力争2025年前基本完成乡镇（街道）志和大部分村志出版任务。随州的乡镇志基础较好，

已有70%的乡镇编修了志书，但因经费问题，部分乡镇志仅作为内部资料印刷，未实现公开出版。2018年新出版的镇志有《洛阳镇志》。村志是地方志编纂较为薄弱的环节，市方志办在督办中结合实际情况，对有实力、有条件的村给予指导和帮助。2018年曾都区洛阳镇《胡家河村志》作为省方志办文化扶贫的项目，在省方志办的大力支持下启动编纂，经过一年的资料收集整理和文稿编写，已完成初稿。

机关事务管理

【综合服务保障】 提升机关运行保障水平。投资23万元在市委武警营房分户报装一台250千伏安的箱式变压器，从而理顺市委机关大楼与武警营房的供电途径，彻底解决武警营房多年拖欠电费影响市委大楼电力保障的问题。按计划完成机关小型建设和维修任务。提档升级市政府机关食堂；新建室内和户外健身场所；分别完成市委、市政府办公楼屋面维修面积380平米、565平米，更换维修各类损坏门窗78扇；对市委办公楼一至五楼中央空调管道进行更换保温材料，并修复部分损坏吊顶；对市委办公楼公共区域粉刷乳胶漆5300平米；投入资金4.8万元完成了市委会议中心音响设备的更换工作；投资1.3万元完成了市委常委会议室投影设备的更换；投资0.65万元修复市委会议中心及会议室桌椅49件（套），比直接更换节约资金6万元；改造市政府视频会议室；对市档案局办公楼及档案库房进行整体维修改造；完成市政府办公楼2部电梯的更换工作。

机关安全保卫工作。投入资金9万元维修改造市委办公楼消防系统设施。大力消除安全隐患，定期对市委市政府办公大楼的监控、消防、电梯设备进行安全检查，及时整改消除隐患，有效杜绝安全隐患。认真协助做好市委市政府接访秩序，全年市委、市政府共接待群众来访395次，其中上访人数达到20人以上的群访事件140起，均未出现财产损失或人员伤亡的情况，实现市委市政府机关安全无事故，平安机关建设得到进一步加强。

干部职工后勤生活服务工作。全力保障干部职工在机关食堂的就餐服务水平。新增开放就餐区域，在市委市政府机关食堂二楼各新增设一处就餐区域。不断提升服务质量，每季度针对食堂就餐服务质量水平进行调查问卷，收集意见建议，针对性进行整改，市委、市政府机关食堂满意和基本满意率分别达到80%、90%以上。加强食堂日常管理，坚持每月抽查食堂食品安全至少2次，不定期抽查米、面、油购置来源和发票，检查食品保质期和存放环境，确保饭菜新鲜、卫生、安全、可口。督检查食堂从业人员健康体检情况，一律做到定期体检，办理健康证，持证上岗。实行刷卡消费，提升就餐服务便捷性，同时加强了对食堂工作餐充值款余额的监管（据统计，截至12月底各单位就餐人员充值款余额达123.52万元）。

办公大楼后勤物业综合服务工作。上半年投资1万余元在市政府广场补植了20余棵红榉木球和54平米石楠苗，提高了绿化质量，美化了环境。定期检查督办机关大楼及周边广场卫生和绿化情况，督促物业公司抓好整改落实。抓好机关大楼水电管理、维修服务，做到服务上门、随叫随到，全年完成水电维修服务203次，机关水电费合计应收183.59万元，实收率100%，确保了机关水电正常运转。

市直机关公车服务保障。加强保障中心司勤人员教育管理，截至12月底累计为市直各单位提供公务用车出行服务3615台次，安全行驶里程105.79万千米，基本做到无较大事故发生，在服务准时、优质、高效等方面得到用车单位一致好评。在市重大紧急任务方面，圆满完成寻根节活动用车保障任务，司机朱印诺受到筹委会办公室书面表彰。

【公共机构节能工作】 在全市540家公共机构推广应用公共机构能源资源网页报送系统，并通过全省能源资源数据会审。扎实开展节能宣传周活动，发放宣传画、小标签3000多张，组织能源紧缺体验和绿色低碳出行活动。该市曾都一中龚姝蓉学生的《我爱我家 绿色生活》获得"节能降耗绿色生活"征文活动第一名。全市申报创建国家级、省级节约型公共机构示范单位各3家，并顺利通过验收。完成了第四批6家公共机构节水型单位的申报创建工作。投入资金5万余元用于垃圾分类工作，投放回收垃圾桶180个，发放宣传手册2000份、分类标识3000份。投入资金176万元在市政府惠民停车场新建装机总容量279千瓦的光伏停车棚，全年综合经济收益23万元，在全省公共机构使用新能源方面起到了很好的示范效应。

市政府生态停车场光伏停车棚

【监督管理】 办公用房管理。提前谋划机构改革后办公用房调整工作，全面清查市直22家独立办公单位的办公用房，核测实际使用面积63756.15平方米，掌握了一手信息。按规定程序报批启用了市传媒中心大厦和市"政协委员之家"两栋办公楼后，统筹调配32家市直有关单位办公用房，进一步规范了管理使用，有效解决了办公用房资源闲置浪费问题，同时改善市直单位办公用房紧张局面。严格落实《省直行政事业单位办公用房装修和维修标准》，依规依纪及时答复市直各单位关于办公用房方面的政策意见咨询、法规解释事项等8项。改善了明珠花园小区的居住环境，及时做好年初暴雪天气导致的防灾减灾工作，加装电梯7部，扩宽改造院内道路，新增划设停车位60个。

公务用车使用监管。全年共进行明察暗访16次，重点集中在节假日、工作时间外时间段，查出疑似违规使用公车线索109条，并按相关规定进行了移交处理。严把公务用车管理使用审批关，全年共审批公务用车购置配备处置46台次。对市直所有保留车辆单位的公务用车使用登记情况、车辆运行费用登记情况进行检查，对存在的问题现场提出整改意见。强化公车保障中心日常运行的监管，定期组织司勤人员进行交通安全、驾驶技能、车辆维修保养等方面的教育培训，全年安全行驶无事故。

【公务用车制度改革工作】 全省事业单位公车改革正式启动后，该市随即制定市级事业单位公车改革实施方案。在全面摸清市直122家事业单位各类公务用车情况和大量走访调研、征求意见基础上，拟定并修改完善《随州市直事业单位公务用车制度改革指导意见》及《指导意见》起草说明，报请市政府常务会议和市委常委会议审定通过，同时报省公车改革领导小组备案。部署动员会后，加大督办力度，从严审批所有事业单位车改方案，核定保留业务用车258辆，取消29辆。保留车辆统一安装GPS定位系统，喷涂公务用车标识，实行集中管理、统一调度；取消车辆交由评估、拍卖机构集中进行公开处置。全市事业单位公务用车制度改革工作已基本完成，经测算车改后节支率达11.25%，可有效节约公务出行经费支出。

2018年11月26日，全市事业单位及国有企业公车改革工作部署会召开

【机关事务标准化建设】 以创建国家级示范项目为引领，带动标准化建设工作全面推进。2018年1月国家标准委进行了示范项目公示，4月正式批复随州市委市政府大楼创建国家节能标准化示范项目，实施时间为2018年至2020年。该项目是全省唯一一家公共机构申报的国家级节能标准化示范项目，同时也是该市第一个标准化创建示范项目。6月与省标准院达成了技术咨询服务协议。以此为标志，随州市"政府机关节能标准

化示范创建"项目全面铺开。健全了组织机构，成立标准化工作领导小组；制定了工作规划，采取分工协作的方式，市、县（市）区机关事务管理局标准化建设工作同步推进；完善制度规范，修订完善并出台了《随州市市直机关综合执法应急用车保障中心管理服务规范》；明确路线方法，出台了《政府机关节能标准化示范创建工作规划书》；广泛宣传动员，召开了随州市国家节能标准化示范项目创建工作启动会；构建节能标准体系，完成机关节能标准体系构建（包含7个节能标准子体系和115项机关节能体系相关联的标准明细表）。

扶 贫 工 作

【概况】 随州是湖北省北部区域性中心城市，是享有盛誉的炎帝神农故里、编钟古乐之乡和中国专用汽车之都，全市版图面积9636平方千米，辖一县一市三区，总人口258万，属于大别山革命老区插花贫困地区，2013年底全市建档立卡贫困村126个、深度贫困村17个、贫困家庭72260户、贫困人口18.4万人，贫困发生率为9.3%。脱贫攻坚战打响后，市委、市政府认真贯彻落实中央和省委关于扶贫开发的重大部署，将脱贫攻坚作为工作大局和政治任务，脱贫攻坚工作取得决定性进展。2018年，完成了3.2万贫困人口脱贫、24个贫困村出列的目标任务。2014年至2018年，全市累计共减贫13.5万人和出列76个贫困村，连续5年都如期完成了军令状确定的脱贫攻坚任务，在全省市州党委和政府扶贫开发工作成效考核中都被评为综合评价较好以上等次。截至2018年底，还有存量贫困村50个、贫困人口5.0万人、贫困发生率降为2.5%。

【扶贫责任落实】 抓机制创新，各级责任进一步压实。落实上级部署，市委、市政府深入学习领会习近平总书记关于扶贫工作重要论述和视察湖北重要讲话精神，深入贯彻落实中央和省委、省政府脱贫攻坚部署要求，把脱贫攻坚作为重大政治责任、重大政治任务和第一民生工程。把精准扶贫精准脱贫纳入市委中心组理论学习和各级党校教学的重要内容。创新推进"党委集体领导、常委分工负责、四大家合力推进"的工作机制，制定《市领导干部脱贫工作责任清单》，进一步明确领导及部门职责，对脱贫攻坚工作第一时间专题研究、第一时间安排部署、第一时间推动落实。成立市精准脱贫攻坚战指挥，建立月工作调度会及随时会商机制，每月召开一次指挥部调度会议，听取成员单位脱贫工作进展情况汇报，分析问题，研究对策。对难点短板问题，随时会商随时研究处理。开展领导干部遍访贫困对象行动，印发行动方案，明确市、县、镇、村四级领导干部遍访的对象、时间和任务、方法，通过遍访行动，掌握第一手资料，发现突出问题，补齐工作短板，促进脱贫攻坚责任落实、政策落实、工作落实。

【扶贫规划】 抓规划制定，明确作战目标。科学制定《随州市打好精准脱贫攻坚战三年行动工作方案》。经过认真调查研究，广泛征求意见，13次修改完善，经省政府审核同意，出台了《随州市打好精准脱贫攻坚战三年行动工作方案》，同时指导各县（市、区）制定三年行动方案，按照工程化、项目化要求，将脱贫举措细化到村、到户，明确了时间表和路线图。建立脱贫攻坚项目库。组织各县市区严格按照村摸底、镇审核、县审批、市备案的程序，建立2018—2020年三年脱贫攻坚项目库，将产业扶贫、基础设施建设等6个方面及39.15亿元的脱贫攻坚项目纳入项目库，按政策、需求整合资金，扶贫资金项目管理进一步规范。加大扶贫资金的投入和监管。2018年市级投入扶贫配套资金3000万元，综合市直驻村、贫困人口规模、深度贫困村等因素分配到各县市区，并扎实开展扶贫资金闲置清理活动，确保扶贫资金及时、足额拨付到位。

【扶贫政策落实】 饮水安全得到保障。该市先后制订了《农村饮水安全精准扶贫三年规划》《2018年度农村饮水安全工作巩固提升实施方案》。2018年，全市实施建档立卡贫困户安全饮水工程2257户，解决饮水不安全问题4909人。建档立卡贫困人口饮水安全问题年度解决占比100%、贫困户饮水安全有保障实际比例100%。

产业扶贫。狠抓特色产业。2018年，全市农林渔业增加值增长率4.1%，特色产业带动贫困户比率88.15%，新型农业经营主体实际带动贫困户比率75.13%。重点抓了香菇和优质稻两大传统产业的巩固提高。建设了60个香菇标准化生产基地，总规模达到3000多万袋，打造26个"集中制袋，分散出菇"示范点，推广袋料香菇1100万袋，新增带动930贫困户增收；发展优质稻103.34万亩，推广"双订单"生产15.29万亩，新增带动1260贫困户增收。全市共有164家农业龙头企业、1260家专业合作社和家庭农场参与精准扶贫，实现每个村都有1个以上龙头企业或合作社带动，贫困村经营主体覆盖率达到100%。大力推广"公司+合作社+贫困户""合作社+贫困户"等产业扶贫模式，鼓励和引导各类经营主体与贫困户建立紧密的产业帮扶共赢机制。创新开展光伏扶贫。累计投资6.3亿元，建成光伏扶贫项目884个，在建光伏扶贫项目18个，装机规模116兆瓦，每年可产生收益1亿元以上，惠及2.32万贫困户，光伏扶贫"随州模式"受到上级充分肯定。积极拓展电商扶贫。按照"电商+基地+农户"的模式，引导发展订单生产，共建设镇村电商网点770个，广水、随县先后被列为国家电子商务进农村综合示范县市。探索开展旅游扶贫。带动15个镇办、20个贫困村，发展农家乐1200家，农民直接就业1万人、间接就业2万人。

就业扶贫。组织职业技能培训。2018年，全市已经对贫困人员开展技能培训6770人，占有需求6265人的103.3%。推进劳务输出。与"远元集团"合作开展的"修脚师培训"技能精准脱贫模式，培训24期825人，合格760人，包括精准扶贫困难人员139人，到远元集团就业498人，平均月薪5000元左右。设置公益性岗位。全市已安置287名建档立卡贫困人员，发放公益性岗位补贴195.2万元。发展扶贫车间。全市建设20家就业扶贫基地，35个就业扶贫车间，吸纳贫困劳动力就业353人。

易地扶贫搬迁提前完成。"十三五"时期，省下达随州市易地扶贫搬迁总任务为8660户17643人，其中2016年4158人、2017年6455人、2018年7030人（含2018年动态调整132人）。截至12月底，易地扶贫搬迁任务全部完成，拆旧复垦率93.16%，易地搬迁入住率100%，搬迁后扶措施落实率100%。

危房改造。2018年，省住建厅下达该市危房改造计划5897户，截至12月底，已经开工6465户，占计划的109%；竣工6288户，占计划数的106%。其中：建档立卡贫困户5401户，占计划的101%。

健康扶贫政策到位。主要责任目标全面实现。贫困人口参加城乡居民基本医疗保险比例达到100%；以县市区为单位为农村贫困人口购买补充医疗保险人均200元；贫困人口住院医疗费用个人实际报销比例达到88.25%；贫困人口大病、特殊慢性病门诊医疗费用个人实际报销比例达到87%；贫困人口住院及大病、特殊慢性病门诊费用个人年度实际负担控制在5000元以内。对贫困人口基本医疗保险金实施政府资助。曾都区对所有建档立卡贫困人口实行全额资助180元/人年，随县、广水市实施分类资助。建立"四位一体"工作机制。构建基本医保、大病保险、医疗救助、补充医疗保险"四位一体"工作机制。2018年1—11月，全市贫困人口住院治疗7.46万人次，医疗总费用34213万元，政策范围内合规费用32782万元，通过四位一体获得报销30196万元，实际报销比例88.25%，比2017年提高了4.69个百分点。精细推进"三个一批"。2018年，全市大病专项救治进度达到97%；贫困人口（除去外出打工人群）家庭医生签约服务率可达到99%；为全市72260户、18.4万贫困人口建立了《居民健康档案》。建立并落实"先诊疗后付费""一站式"结算等制度。实现城乡居民基本医疗保险、大病保险、民政医疗救助、健康扶贫补充保险"一站式"服务"一票制"结算。

教育扶贫全面落实。义务教育阶段贫困家庭学生控辍保学。全市小学生入学率和巩固率100%，初中生入学率100%，确保了贫困家庭适龄学生不因贫失学辍学。贫困家庭学生教育扶持措施落实。2018年，全市共发放6915.853万元资助金资助75085人次家庭经济困难学生。贫困家庭学生学生获得教育资助比率为100%，贫困家庭"两后生"参加职业教育技能培训比率为

100%，2018年雨露计划培训3580人，发放补助537万元，参加中、高等职业教育雨露计划覆盖率为100%。

生态扶贫措施到位。带动贫困村和贫困户落实政策。2018年，已将全市636贫困户涉及的25.75万亩公益林和天然林全部纳入补助范围；全市有361户建档立卡贫困户所有的9303.8亩公益林补偿已经落实到位。生态扶贫项目带动。大力发展油茶产业、核桃产业、中药材种植产业、花卉苗木产业和蓝莓产业，现从业人员达到24.6万人，惠及贫困人口3.22万人。生态补偿和奖励政策落实。该市共划定生态公益林面积119.31万亩，自2018年起，将中央和省级生态公益林补偿标准由每亩10元提高到15元。2018年，全市纳入集伐补助范围的天然林达到378.95万亩。

金融扶贫助力脱贫。全市共建立风险补偿金6671万元，累计发放扶贫小额信贷7.1139亿元，支持建档立卡贫困户15013户。其中，2018年新发放扶贫小额信贷3.3亿元，带动建档立卡贫困户7840户，户贷率19.66%，户贷量4.21万元/户，到12月底全市无逾期贷款。

综合保障应保尽保。贫困家庭纳入低保情况。将符合条件的建档立卡贫困人口23441人及时纳入农村低保障范围，将符合条件的建档立卡贫困人口9960人及时纳入农村五保供养范围，将补助标准提高到同期国家扶贫标准以上。代缴养老费落实情况。引导、支持和帮助建档立卡贫困人口等困难群体参加社会养老保险，实现法定人员全覆盖。返贫人口临时救助情况。对有严重困难的农村建档立卡贫困户和返贫人口，及时给予临时救助。符合条件的贫困人口纳入特困人员救助情况。全市共临时救助建档立卡人口738人次，人均救助1003元，高出全市平均救助水平25%。贫困家庭残疾人扶持政策落实情况。全市共发放困难残疾人生活补贴11440人，金额491.51万元；发放重度残疾人护理补贴23713人，金额2090.9万元。

社会关爱扎实有效。专门出台《随州市2018年关爱农村"三留守"人员和残疾人 助力精准脱贫工作方案》建立了全市1675名贫困留守儿童（6至18周岁）数据库，全市参与"四个一"关爱行动共20928人次，其中通话关爱5268人次，满足微心愿2601人次，物资帮扶2212人次，难决生活困难问题2000余个，捐款捐物达200余万元。扎实开展"巾帼扶贫人才培育项目"，发动全市女能人参与投资建设扶贫产业9个，投资100余万元，300多户贫困户受益。在全市开展"喜庆党的十九大、精准帮扶贫困户"的慈善捐款活动，对全市建档立卡中的特困户96人，超过60岁的老人，每人按1000元费用的项目进行免费体检。

基础设施不断改善。农村电力保障到位。通生产动力用电20户以上自然村覆盖率为100%。农村交通通畅。县级财政农村公路养护资金850万元，占目标任务的114.6%；完成农村公路安全防护工程763千米，占目标任务758千米的100.7%；建成20户以上通村公路570千米，占目标任务的120%。三文化建设日益完善。大力开展文化扶贫，所有贫困村实现了"村村响"，共建成372个村级文化活动广场、1039家农家书屋，年均送戏下乡300多场次。信息化建设不断加快。固定宽带人口普及率接近30%，比同期增长20%。

【监督检查】抓督查整改，脱贫质量显著提高。加大脱贫攻坚督查力度，全年共开展脱督查6次，其中对省纪委运用"扶贫领域政策落实监察系统"反馈随州市的问题线索开展核实，对查实的问题全年整改，力争在年底全年整改到位。加强扶贫开发信息系统数据质量问题督查整改。开展贫困人口动态调整，除硬伤户91户274人，回退脱贫不实2户7人，整户新识别贫困户1920户4464人。加大网上信息数据巡查力度，下发情况通报4期、整改督办函3份，修改错误数据10万余条。扶贫开发信息系统数据质量进一步提高，贫困人口识别准确率、贫困人口退出准确率及群众认可度进一步提升。

中国人民政治协商会议随州市委员会

综述

【思想政治建设】 加强政治引领。坚持把思想政治引领落实到政协履职的各方面和全过程，引导参加市政协的各党派团体和广大政协委员牢固树立"四个意识"，坚定"四个自信"，增强"四个认同"，坚决维护习近平总书记的核心地位，坚决维护党中央权威和集中统一领导，自觉在政治立场、政治方向、政治原则、政治道路上同以习近平同志为核心的党中央保持高度一致，确保把党中央大政方针和决策部署不折不扣贯彻落实到市政协全部工作之中。

2018年10月24日，市政协干部职工赴大悟，开展爱国主义教育活动

加强理论武装。认真组织开展习近平总书记关于加强和改进人民政协工作的重要思想学习研讨活动，通过中心组学习、办班培训、专题研讨、辅导讲座等形式，组织全市各级政协委员2118人次和机关干部410人次参加学习研讨，形成的理论成果在省政协举办的习近平总书记关于加强和改进人民政协工作的重要思想理论研讨会上，作为市州代表进行交流发言。

加强党的建设。认真学习贯彻中办《关于加强新时代人民政协党的建设工作的若干意见》和省委办公厅《关于加强新时代全省政协党的建设工作的实施意见》精神，充分发挥政协党组在政协工作中的领导核心作用、机关党组的综合保障作用、各党支部的战斗堡垒作用、党员委员和机关党员的先锋模范作用，以党的建设引领政协工作高质量发展。坚持把纪律挺在前面，认真组织学习《中国共产党纪律处分条例》，加强党风廉政建设和反腐败斗争。

【服务随州发展】 助言产业发展。聚焦建设特色产业增长极，组织委员开展调研视察，积极建言献策，为优化"三极支撑、多点突破"特色产业发展格局贡献智慧。组织开展科技创新平台建设视察、曾随文化走廊建设专题考察、中医药产业发展情况专题视察。助力乡村振兴。围绕加快推进农业农村现代化、乡村旅游发展、光伏产业扶贫、农村环境综合整治，紧密结合打好精准脱贫攻坚战，开展深入调研，在学习借鉴外地先进经验的基础上形成调研报告，提出建议。助推民生改善。牢固树立以人民为中心履职尽责的价值取向，坚持人民政协为人民，关注民计民生，聚焦人民群众切身利益和社会各阶层普遍关心的问题，开展视察，为保障和改善民生献计出力。

2018年10月25日，市政协主席黄志群（右一）到驻点村新街镇金鸡山村调研产业扶贫工作

2018年9月13日，市政协邀请专业技术人员到帮扶村举办香菇产业技能培训讲座

【政协职能发挥】 完善协商格局。坚持协商民主选题机制，认真制订年度重点协商计划，通过专题协商、对口协商、提案办理协商等形式，活跃有序开展多层次协商活动。深化协商成效，重视大会发言，提升发言质量，把大会发言打造成政协建言立论的重要平台。完善双月协商座谈会，充分发挥专委会的主体作用、专业优势和界别特色，与常委会议专题协商形成优势互补，打造政协协商民主重要品牌。积极邀请相关市领导和有关部门负责人参加协商议政活动，通报有关情况，听取意见建议，回应委员关切，加强交流互动，营造畅所欲言的协商议政氛围。

改进民主监督。把加强和改进随州政协民主监督作为人民政协工作机制创新专项改革项目，并被列入随州市全面深化改革领导小组成员领衔推进重大改革项目。在专题调研的基础上，认真总结全市政协民主监督工作好经验好做法，通过建章立制，推进政协民主监督制度建设。首次开展监督性协商工作，围绕全市医养结合工作情况开展视察，召开监督性协商会，协助政府进一步推动"医养结合"落到实处。随州市政协民主监督和专项改革工作得到上级政协的充分肯定、各级媒体的广泛关注，《人民政协报》《湖北日报》《湖北政协》《湖北政协工作简报》先后进行宣传推广。

强化提案工作。发挥提案在政协履职中的重要作用，构建提案工作新格局。加强研究部署，召开全市提案工作座谈会，总结交流工作经验，强化对提案工作重要性认识，提高提案工作整体质量。加强提案引导，广泛征集选题，规范审查立案，推动提案由"数量型"向"质量型"转变。加强提案督办，深入推动党政领导督办重点提案全覆盖，与市委、市政府督查室联合加强督办，增强办理效果。加强工作服务，注重各个环节的协商交流，主动与委员和相关部门沟通，及时化解办理工作中的矛盾，提高服务质量。

【发挥政协统战功能】 开展系统联动。积极争取省政协的支持，向省政协报送《关于加强对汉江中下游生态保护和补偿的建议》，组织10位住鄂全国政协委员将其作为提案联名向全国政协十三届一次会议提交，在国家层面发出随州声音。主动服务住随省政协委员履职，组织开展调研视察，在省政协十二届一次会议上向大会提交《关于尽快打通汉十高速公路至天河机场快速通道的建议》等5件提案，提交的《关于深入推进"医养结合"工作的建议》大会发言材料被采用。积极配合省政协开展汉江流域水污染防治监督性调研，开展大别山革命老区振兴和脱贫攻坚、化解金融风险等专题调研。参加汉江流域城市政协联系协作会议，就《做大做强中医药产业 打造汉江流域绿色经济新亮点》作大会发言，引起与会代表共鸣。密切与市政协各参加单位和县市区政协的联系，注重听取意见建议，经常研究工作中的共性问题，总结交流工作经验，推动形成整体合力。

增进团结联谊，积极开展交流。赴广东省开

展异地随州商会建设发展情况考察，向市委、市政府集中反映商会发展诉求，提出支持商会发展建议，协助搭建区域经济文化交流合作桥梁。组织开展新《宗教事务条例》贯彻落实情况视察、宗教活动场所规范管理视察和考察，推动宗教工作法治化水平提高，促进宗教和睦、社会和谐。

发挥政协广泛团结社会各界的优势。举办首届政协书画展。重视文化文史，组织开展随州非物质文化遗产传承与保护专题调研，经市政协常委会议协商，形成《关于非物质文化遗产传承与保护的建议案》。编纂出版市政协第一部年鉴——《随州政协年鉴（2017）》，完成《流光碎影》第四辑的征编工作，编辑并出版《湖北文化简史》丛书（随州卷）。开展改革开放40周年音像史料纪事征编和相关史料征集工作，启动文史馆建设，更好地发挥文史"存史、资政、团结、育人"的功能。

【自身建设】 优化委员服务。建立健全委员履职考核办法、委员履职考评标准，加强委员履职记录，规范委员履职管理。在中央社会主义学院开办委员履职能力提升培训班，组织市政协常委、市县两级部分政协委员开展集中专题培训；邀请省政协专家开展专题讲座，组织市政协常委学习新修订的《政协章程》；给每位政协委员订阅《人民政协报》，方便委员开展学习。密切与委员的联系，坚持和完善委员"三联系"制度，推动委员走访联系常态化。完善委员队伍建设，健全委员进出机制，协助做好委员辞退和增补工作。突出界别特色，强化组织引导，更好发挥界别作用。

做好信息宣传工作。加强社情民意信息工作，全年共收集社情民意信息60余篇，编发《意见和建议》《各界反映》13篇，向省政协报送社情民意信息22篇。在《人民政协报》《湖北日报》等国家和省级媒体多次进行宣传报道，质量和层次大幅提升；首次在《随州日报》开办协商建言专版，与《随州日报》和随州电视台联合开展"委员风采""提案追踪"专题报道，扩大社会影响。加强政协理论研究，注重总结实践经验，《政协履职要契合中心任务体现群众心声》等6篇理论成果在《人民政协报》《湖北政协》等省级以上报刊发表。

加强机关建设。严格落实中央八项规定实施细则和湖北省、随州市实施办法，持之以恒纠"四风"，坚持不懈推进作风建设。按照"一流"的标准和要求，在健全制度、规范程序、严格管理、提高效率上下功夫，不断提升机关工作科学化、精细化、高效化水平，为促进政协工作高质量发展提供保障。严格要求机关干部，加强学习，强化管理，打造忠诚干净担当的机关干部队伍。改善机关办公条件，建成图书阅览室、陈列室、生态停车场。开展"智慧政协"建设，构建委员知情、履职、交流信息化平台，进一步提高委员履职和机关工作效。

委员会工作

【提案委员会】 3月，召开2018年全市政协建议提案交办会，安排部署全年的建议提案办理工作。4月，由市政协副主席万正强带队，相关市政协委员、专家学者、市政协提案委组成的考察组，赴湖南、江西、浙江、江苏、陕西、山西、湖南、山东等地，考察学习国内知名的国家考古遗址公园建设管理经验。7月，召开"随州市曾随文化走廊（考古遗址）建设"协商座谈会，针对建设曾随文化走廊情况进行面对面的沟通和协商。12月，全市提案工作座谈会召开，会议传达全省政协提案工作座谈会议精神，通报2018年提案办理工作情况，全市各党派、工商联，县市区政协、部分承办单位代表、政协各专委会交流提案工作经验。四届二次会议以来，全体市政协委员、市政协各参加单位和各专门委员会紧紧围绕全市经济社会发展和民生改善，深入开展调研，积极建言献策，共提交提案125件，经审查，立案120件。截至2018年年底，立案的120件提案已全部办复。从办复的情况看，提案所提建议已经解决或被采纳的48件，占40%；正在解决或列入计划逐步解决的69件，占57.5%；因条件所限暂缓解决的3件，占2.5%，委员对提案办理情况的满意率达100%。

【经济委员会】 5月下旬，组织部分政协委员对全市光伏扶贫情况进行专题调研。经过调研座谈，系统梳理掌握光伏扶贫相关基本情况，针对调研发现的补贴资金、备案产权、管理职责、项目建设等方面的问题，提出促进光伏扶贫的对策及建议13条。9月，组织调研组赴广东省广州、中山、东莞、深圳等城市，就异地商会建设发展情况开展专题调研，从加强地方支持、搞好服务对接、优化投资环境、完善组织管理、加大宣传力度等方面提出促进商会建设发展的意见建议，并以意见与建议形式上报市委市政府。根据省政协关于开展大别山革命老区振兴和脱贫攻坚调研有关工作安排，协调市发改委、市扶贫办等相关部门，并组织开展调研，结合随州实际，从促进振兴规划落实、加强兄弟市州联动、形成工作合力等方面提出意见建议，充分发挥市政协围绕中心、建言献策的积极作用。

【教科文卫体委员会】 开展非物质文化遗产保护与传承专题调研，形成《关于非物质文化遗产保护和传承的建议案》报市委市政府，促成市政府召开非遗保护联席会议研究落实非物质文化遗产保护与传承措施；出版发行《随州非物质文化遗产概览》，为抢救保护、宣传展示、传承利用非物质文化遗产提供详实资料。组织委员开展义务教育城乡一体化发展视察，开展对口协商，形成的视察报告，得到副市长郑晓峰批示。开展创新平台建设视察，视察报告提出进一步加大创新平台投入、强化平台绩效管理、加强科技人才引进培育、建立科技中介服务机制、宣传普及创新文化五个方面的意见建议，市长郭永红批示"调研深入，对策可行。请相关部门采取针对性措施，扎实推进经济转型升级和创新驱动示范城市建设。"开展中医药产业发展专题协商，副市长蒋星华参加协商座谈并做重要指示；调研组提出的以产业规划引领特色发展、以科技创新抢占竞争高点、以龙头带动促进三产联动、以环境创优保障特色发展四个方面13条建议，双月协商形成《关于培育壮大中医药产业的建议》报市委市政府，市政府建立了中医药工作联席会议制度。

【社会和法制委员会】 3月，市政协副主席黄秋菊带领市政协委员和市直相关部门，采取实地察看、会议座谈等形式组织开展了全市社工人才队伍建设情况视察活动。7月，就随州医养结合工作开展监督性视察，并形成视察报告报送市领导，得到郑晓峰副市长批示。8月，根据市政协常委会2018年工作安排，对全市农村环境综合整治工作开展调研，先后到浙江安吉、仙居、丽水等市县和贵州遵义湄潭县学习考察，深入市内各县市区实地调研，并组织相关单位和委员召开专题调研座谈会，之后根据实际情况，从综合治理缺乏统筹谋划、垃圾治理、农村改厕重进度轻质量、生活污水治理、宣传氛围等方面提出建议。11月中旬，市政协社会与法制委员会组织相关政协委员，在黄秋菊副主席带领下，对"两院两局"推进以审判为中心的刑事诉讼制度改革工作进行专项视察，提出"根本破除、加快纠正各种不适应、不符合改革要求的错误观念和不足认识，切实理顺推进改革的工作体制机制，专列相关经费未改革提供充分的资金和技术支撑"等建议。

【团结联谊委员会】 为贯彻落实打造"生态文化旅游产业增长极"的决策部署，进一步推动随州乡村旅游健康发展，助力乡村振兴，4月至5月，市政协组织部分政协委员，对全市乡村旅游发展情况进行专题调研。根据调查情况，从"加强顶层设计制定发展规划、加大资金投入完善基础设施、扩展相关产业推进融合发展、突出乡土特色打造精品景区、出台鼓励政策健全体制机制、突出农民主体注重富民惠民、加强宣传营销拓展旅游市场、积极培养人才提高服务水平"等方面提出建议，市政协四届七次常委会议进行专题协商讨论，最终以建议案形式上报市政府，得到市政府高度重视和采纳。

【学习和文史资料委员会】 5月，市政协副主席周峰、程敦怀，秘书长朱木清及文史委主任一行分别前往河南、山东、天津等地政协文史馆参观学习。通过广泛的考察学习，集思广益，文史馆筹建工作已正式启动，文史资料征集工作有条不紊地进行。完成《随州政协年鉴》（2017）的编纂出版工作。全面、系统、真实地汇集2017年度随州政协在习近平新时代中国特色社会主义思想指导下，围绕中心，履行政治协商、民主监督、参政议政职能，全面加强机关建设过程中的重要时事、文献和统计资料。以记录和展示随州"六大厂"的创业发展之路为主题，完成《政协文史丛书——流光碎影》第4辑的征编工作。8月，召开全市政协文史资料征集工作会议，向各民主党派、工商联、县市区政协，传达贯彻省政协办公厅《关于转发全国政协文化文史和学习委员会<十三届政协文史资料选题协作规划及征编方案>的通知》文件精神，安排部署文史资料征集任务，收到"三亲"（亲历、亲闻、亲见）回忆文稿10余篇。

【委员工作委员会】 完善委员管理制度，推进委员管理信息化、智能化，依托委员履职管理系统，出台《政协随州市委员会委员履职考核办法》《随州市政协委员年度履职考评标准》把委员履职和本职工作奖励情况记入委员履职档案，充分调动委员履职的积极性。6月19日至25日，市政协委工委组织县市区分管委员工作的主席、委工委主任、市政协常委及部分委员100人到中央社会主义学院举办委员履职能力提升培训班，重点学习《习近平总书记关于加强和改进人民政协工作的重要思想》，并从参政议政与自身建设方面进行专题培训，提高委员履职水平。搞好委员联系服务，发挥专委会作用，积极引导各界别小组开展活动。完善"委员三联系制度"，由主席带领分管专委会对政协委员走访常态化，为委员解决工作或创业中遇到的困难和问题；完成法院、检察院、民政局等单位的监督员的选派工作；完善委员进出机制，会同市委组织部、统战部做好委员辞退和增选工作，增选常委4名，委员12名。

中共随州市纪委、随州市监察委

纪检监察

【概况】 2018年，全市纪检监察机关坚持以习近平新时代中国特色社会主义思想为指导，认真贯彻落实党的十九大精神、十一届省纪委二次全会精神和市委四届四次全会精神，不忘初心，牢记使命，增强"四个意识"，坚定"四个自信"，坚决维护以习近平同志为核心的党中央权威和集中统一领导，坚持以人民为中心的执纪执法理念，忠实履行党章和宪法赋予的职责，坚决整治群众身边的不正之风和腐败问题，努力夺取反腐败斗争压倒性胜利，不断提升纪检监察工作质效和水平，为随州建成全省特色产业增长极提供坚强政治、纪律和作风保证。发挥监察体制改革治理效能，收拢五指、重拳出击，保持惩治腐败高压态势。

【思想政治建设】 强化思想武装，坚持把深入学习贯彻习近平新时代中国特色社会主义思想和党的十九大精神作为首要政治任务，系统深入学、及时跟进学、联系实际学，市纪委常委会专题学习21次，理论学习中心组集中研讨10次，5篇学习成果被《人民日报》等中央媒体采用，政治能力不断提高。带头做到"两个维护"，坚守职能定位，自觉担负起重大政治责任，把检查党的路线方针政策和党中央重大决策部署落实情况作为重中之重，紧紧围绕贯彻党的十九大精神、打好三大攻坚战、扫黑除恶专项斗争等工作加强监督检查，确保党中央政令畅通。积极推进政治生态建设。对70多个地方和单位领导班子成员开展全覆盖提醒谈话，进行政治生态画像，严把政治关、廉洁关、形象关，为691名处级以上干部建立廉政档案，通过廉政把关指出有问题线索的干部228名、取消村"两委"候选人资格147名。在3个县市区开展同级监督试点，探索并有效使用12种同级监督方式。协助党委抓好主体责任落实，开发落实主体责任监督管理系统，500余名领导干部责任落实情况实现在线即时管理，追究落实主体责任、监督责任不力问题76个，处理97人。巩固深化政治巡察，把"两个维护"作为根本政治任务，统筹推进常规巡察、专项巡察、交叉巡察、提级巡察，对26个地方和单位开展巡察，发现问题520个、移交问题线索77件，立案71件、处分42人。扎实做好巡察"后半篇文章"，督促被巡察党组织担负起整改落实主体责任，建立、修订制度300余项，清退违规资金1309万元，巡察利剑作用更加彰显。

【作风建设】 坚决破除形式主义、官僚主义，聚焦不担当不作为，深化《作风聚焦》，曝光、问责、整改一体推进，打造闭环链条；举办"作风建设永远在路上"专场电视问政；开展"双评双治双促"，开发扫码评议程序，组织评选担当作为十佳、十差单位，群众扫码评议15万余次，对1500余条不满意评价逐一核实处理。全市处理形式主义、官僚主义问题276个，问责336人，群众对作风建设满意度达94.7%。扎实推动落实省纪委监委和市委服务保障企业发展系列措施，优化营商环境。持续纠治享乐主义、奢靡之风，查处违反中央八项规定精神问题164个、处理215人，其中发生在2018年的问题仅有23个，有力遏制增量的效果不断显现。激励干部干事创业、担当作为，落实"三个区分开来"，为担当者担当、为负责者负责，保护干部干事创业积极性。开展精准问责专题调研，探索防止问责滥化、责任下推的有效机制。建立不实信访举报澄清机制，及时为5名党员干部澄清正名，让他们放下包袱、轻装前进。

2018年10月30日，随州市开展以"整治形式主义、官僚主义"为主题的电视问政活动

【反腐败工作】 全市受理信访举报1953件、处置问题线索1962件、立案1007件、结案985件、处分966人，同比分别上升27.6%、39.8%、28.1%、26.1%、24.6%；采取留置措施27人，比上年采取"两规"措施人数上升92.9%；移送司法机关19人，同比上升217%；市纪委监委直接查处周某、夏某某、詹某某等一批有影响的案件，立案调查处级干部33人，办理的全省首例非公职人员行贿留置案被中央纪委国家监委选用为典型案例。严肃查处三大攻坚战中的腐败和作风问题，利用扶贫领域政策落实监察系统开展监督检查，组织开展两轮纪检监察干部走基层专项监督检查，全市查处扶贫领域腐败和作风问题472个、处理562人，同比分别增长37%、38%。查处生态环境保护监管不力问题40起，问责8个单位、57人。对防范化解重大风险问题失职渎职以及权钱交易、以权谋私的党员干部予以严肃处理，及时处置苗头性、倾向性、疑难性问题40余次。全年查处群众身边腐败和作风问题666个、处理880人，同比分别增长63%、68%。严惩涉黑涉恶腐败和"保护伞"，找准扫黑除恶与反腐败工作的结合点，健全落实与政法机关涉黑涉恶问题线索双向移送和签字背书机制，严格落实"一案三查"，查处涉黑涉恶腐败、黑恶势力"保护伞"以及失职失责问题14件、处理58人，其中采取留置措施8人，广水连氏涉恶案追责问责工作在全省作经验交流。解决群众反映强烈的信访突出问题，开展扶贫领域、人防系统、涉黑涉恶信访举报问题线索"大起底"，建立信访件"星级管理"制度，提高办理质效，信访交办件一次性报结率达96.4%；积极开展涉纪信访听证工作，解决50多个涉纪信访疑难问题，此项工作被列为全省纪检监察2018年亮点工作巡礼头条。

【警示教育】 全面普纪普法推动不想腐。高位推进纪检监察宣传教育"十进十建"和宣传教育月活动，新时代普纪普法"大篷车"巡演92场次，受众达7万余人，成为全省普纪普法工作品牌。开发在线学纪学法平台，2万余名党员干部参与在线测试。深入剖析典型案例，召开警示教育大会，组织观看警示教育片，教育党员干部以案为戒。做实纪律处分宣布、执行、回访工作，全覆盖教育回访市本级受处分党员干部，把处分执行过程变成党员干部受教育过程。《人民日报》《新华每日电讯》《中国纪检监察报》等中央媒体60次报道随州市纪检监察工作，同比增长185.7%，其中3篇报道点击量超过50万次，随州纪检监察好声音广泛传播。

【监察体制改革】 把坚持党的领导贯穿改革全过程。市县两级监察委员会依法组建，人员转隶平稳顺利，实现人合、心合、力合。深化更高层次、更高水平"三转"，履行好纪检监察两项职能，随州市监察体制改革"三步走"工作经验在新华社内参刊载。深化派驻机构改革，完成16个派驻纪检监察组统一更名,并依法授予监察权限;完善机关与派驻机构"六个一体化"管理机制,建立"执纪监督部门+派驻机构+监督单位"协作区机制,派驻机构立案数、处分人数同比分别增长54.7%、44%。

2018年4月25日,市纪委监委聘请人民纪检监察员会议暨"纪检开放日"活动

依法推进改革。树牢纪法意识、程序意识、证据意识、规则意识、安全意识,实施执纪执法流程再造,完善纪法贯通、法法衔接机制制度34项,严格落实规范性文件合法性审查备案制度,确保各项工作依规依纪依法开展。

改革实践。全面试用15项调查措施;率先制定乡镇监察试点工作指导意见,在48个乡镇(街道)设立监察室;在全省率先制定《执纪监督工作办法》,探索10种监督方式,编写"一文一图一案例"操作手册,工作经验被中纪委原十二室推介;全面加强基层纪检委员队伍建设,织密监督网络;聘请18名特约监察员,群众监督更加有效;把信息化建设摆在优先位置,制定《信息化科技化三年实施方案》,完成留置点信息化改造、大数据情报中心一期建设,开展电子数据查询、恢复、分析、取证1600余次,信息化不断生成新的战斗力。

【队伍建设】 落实"一岗双责",以政治建设为统领确保绝对忠诚,市纪委常委会认真履行机关管党治党主体责任,班子成员带头讲党课、开展谈心谈话,严格执行民主集中制、重大事项请示报告制度,规范开展支部主题党日等活动,加强巡察组、审查调查组临时党支部建设,基层党组织战斗堡垒作用不断增强。锤炼干部作风,坚持以上率下,领导班子领衔10个重点项目,带动全年76项工作任务高质量完成。纪检监察干部人均立案2.78件、同比增长39.7%。鼓励人人争先,开展红旗单位、每月之星评选和"争做刘铭锐式好干部"活动。提升专业能力,全员培训提能,依托纪检监察干部夜校、机关讲武堂等五大学习平台,组织集体学习17场次,培训2000人次;实战练兵强能,开展庭审观摩、模拟讯问、安全演练等实战化培训600人次;严格考核促能,落实"凡晋必考",18名通过资格考试的年轻干部得到提拔重用,干部专业能力、专业精神明显增强。恪守清正廉洁,纪检监察干部每人身上一张提醒卡、桌上一个警示牌,克己慎行、争做表率,树起严格自律的标杆。构建大监督格局,严格落实"鄂纪干监25条",坚决执行"十五不准"行为规范,深入开展"学、查、纠、建、树"活动,实行内部监督"三提级",初核纪检监察干部问题线索8件,谈话函询6人,诫勉谈话1人,组织调整1人,坚决防止"灯下黑"。

民主党派·工商联

民主党派

民建随州市委会

【思想政治建设】 思想政治引领落实到民建履职的各方面、全过程。组织民建部分会员赴民建诞生地重庆，接受不忘初心的教育，组织入会积极分子到省社会主义学院接受统一战线知识培训，引导会员牢固树立政治意识、大局意识、核心意识、看齐意识，推动广大会员更好地继承优良传统，为民建事业持续健康发展贡献智慧和力量。把理论学习摆在更加突出的位置，全年共开展各类学习500多人次，重点学习习近平新时代中国特色社会主义思想、习近平总书记民营企业家座谈会重要讲话精神和视察湖北重要讲话精神。市直一支部、曾都总支部开展纪念中共中央发布"五一口号"70周年、《监察法》学习竞赛等活动。市直二、三、四支部联合组织庆祝改革开放四十周年学习活动。办公室撰写的《铭记历史跟党走》在随州日报专栏刊登，市直一支部主委江帆撰写的《不忘初心跟党走、携手共进赴未来》、市直二支部会员刘峻屹撰写的《坚定信念、笃定前行》、老年支部王丽多撰写的《重温五一口号、坚定同行信念》等10多篇文章，分别在民建中央、民建湖北网站及报刊上发表。

【组织建设】 主委和副主委分别蹲点支部，参与并指导各基层组织围绕年初工作要点，开展学习与实践、课题调研、扶贫救助活动75次，基层组织活力增强，民建社会影响力扩大。形成以江南特种汽车、利康药业等制造业，以博裕生态养殖、二月风葛业、九口堰香菇合作社等农产品加工，以旗东集团、兴泰电商等互联网新业态为代表的一批会员企业，在创建随州特色增长极和区域性中心城市活动中建功立业、快速发展，成为各自细分行业的领军企业。按照组织发展的原则和程序，10名同志经层层推荐，多方考察，报市委统战部研究成为会员。全市会员已经增加到186人，其中经济界会员144人，占会员总数的77.4%，民建作为经济界、工商界和民营企业代言人的作用进一步凸显。将市委会机关建成会员之家，设置书画台、购置大量的经典书籍、增添办公设备，机关工作人员加强经济、法律、互联网、市场营销等专业知识的学习，增强服务会员的能力，全年帮助会员解决各类困难50余起。会员们在各自的领域和岗位上认真工作、双岗履职，成绩突出。胡顺平被全国妇联授予"全国巾帼建功标兵"荣誉称号；严贤涛荣获曾都区"见义勇为先进个人"称号；张刚被联想集团评为"全国优秀青年企业家"；黄广强被评为"随州楷模"；黄文博获"全国创青春大赛最具影响力品牌第一名"和"湖北省十佳职业农民"称号；苏明的画作进入法国卢浮宫参展；谢慧敏专著《神经症短程系统疗法》出版发行。武汉、宜昌、孝感、黄石、恩施、襄阳、山东等民建组织纷纷来随州开展交流活动，创历史之最。民建湖北省委宣传部长田昌富专程来随州调研，给予高度评价。

【参政议政】 全市"两会"期间，提交集体、个人及联名提案33件，政协大会发言材料采用5件。为擦亮"中国专汽之都"名片，争取民建省委会同意并将全省机械行业发展交流会在随州召开，省政协副主席、民建主委郭跃进带领专家和行业精英深入各专用汽车企业，为全市专汽产业问诊把脉，并将会议成果提交民建中央，为中央召开民营企业座谈会提供有益参考。组织会员企业随州市三丰重型汽车公司、随州华一专汽公司、江南专汽公司，开展专用汽车行业调研，形成《打造中国专汽之都升级版，开创随州专汽产业发展新局面》的专题报告并在政协大会上作为开篇之作受到好评。组织部分政协委员、民建会员和专家学者，深入随县、广水、曾都部分镇村进行调研，实地查看座谈，并到安徽、江西等省乡村旅游示范县、示范镇学习取经。先后到武胜关桃源村、尚市牡丹园、小林红酒庄园、洛阳千年银杏谷、淮河抱朴谷隐修养生园、溪沟乡村旅游度假区调研，并听取车云山茶文化生态观光园、昱辰生态农业示范园、丰年核桃、尚市桃花、万和兰花、洪山茶叶、吴山红叶、封江蓝莓等方面的情况汇报，掌握大量的第一手情况，形成《发展乡村旅游、助力乡村振兴——关于我市乡村旅游发展情况的调研报告》。市委市政府进行重点督办和落实，其中洛阳镇、武胜关镇、吴店镇、淮河镇已编制乡村旅游发展规划，全市名城名镇名村名景名店"五级联创"工作正在实施，乡村旅游后备箱工程和民宿、特色小镇、产业融合、精品线路、人员培训工作正在起步。曾都总支围绕古民居保护、新农村建设等课题，多次组织会员深入到万店镇李家河村、洛阳镇小岭冲村、府河镇白河滩村、唐镇华宝山村、万福店凤凰山村调研；市直一支部组织会员到国家高新区姜湾村调研农村股权改革情况；市直四支部主委刘全业率会员到洪山镇宋家冲等五个村调研抛荒农田情况和随县旅游线路整合情况。市直二支部主委吴守春建言《加快基础设施建设促进全域旅游发展》，在随州日报四版专题刊登。《关于城区科学设置红绿灯的建议》得到副市长汤文江领办，市公安局新建道路信号16处、增设隔离护栏5千米，补划、施划交通标线2万平方米；更新了沿河大道、烈山大道等主干道交通标志牌，建成违停自动抓拍、机动车不礼让行人抓拍等系统，有效规范城区交通秩序、提高交通效率；《关于明珠东路亟待建成的提案》得到市委常委、市政府党组成员林常伦领办。会员严贤涛《关于实施"统一制袋、分户出菇、集中管理"模式，带动菇农脱贫的提案》写入《政府工作报告》；市直一支部主委姜翔《关于随州光伏产业发展的建议》《推进随州全域旅游发展的建议》收录入《随州年鉴（2017）》。

2018年10月25日，湖北民建2018年机械制造行业交流会在随州召开

【社会服务】 2018年，民建随州市委提出"广泛动员、突出重点、量力而行、尽力而为、创造品牌"的社会服务工作指导思想，引导和鼓励各基层组织和会员参与社会服务，据统计，各支部及会员全年共捐款捐物200余万元。在精准脱贫攻坚战中，会员们积极行动，带动11000个贫困家庭产业扶贫。会员黄文博免费提供黑猪仔20000多头，并以高于市场价收购成品猪，受惠群众8000余户。会员严贤涛在洛阳镇成立香菇合作社，带动周边3000余户农民共同致富。会员任佩钧通过电商平台，将随州农产品销往全国各地，解决地方农产品销售难问题。博裕生态养殖公司、富民菇业公

司、江南特种汽车公司在"百企帮百村"精准扶贫行动中成绩突出,获"扶贫突出贡献企业"。黄广强会员长期寻找并关爱抗战老兵,在8年时间内共寻访随州籍抗战老兵17名,通过志愿者捐款、社会援助、政府扶持等多种形式,共为这些老兵募集资金35余万元(个人出资12余万元),每逢节假日带领志愿者们为抗战老兵送慰问金、衣物和棉被,解决他们晚年生活保障问题。会员王明礼十年如一日地帮助五保户、失独家庭、孤儿、残疾军人、智障困难群众,捐款捐物,受其资助的群众每年逾20人。6月12日,民建随州市委和市关工委联合开展关爱青少年成长活动,在洪山镇小学举行捐赠仪式,许多会员响应,向20名贫困学生捐赠1万元读书费,会员胡修龙向40名留守儿童捐赠价值5000元的智能书包,会员刘涛向22名近视学生捐赠价值1.2万元的近视眼镜。市直一支部联合市慈善总会到随县残疾人学校捐赠人民币2万元;会员徐建新为殷店镇九枫村5位贫困户送去价值3000余元的米、油等慰问品,捐赠2万元现金进行帮扶,会员甘子林个人出资十几万元帮助贫困户建房,帮村委会修路。会员李瑛、李慧等到广水市陈巷镇方略村、随县均川福利院、曾都区何店响堂福利院对孤寡老人进行慰问;会员姜志兵为随县唐县镇患白血病的13岁女孩组织募捐活动。这些优秀会员的事迹,在社会上广泛传播,引起良好反响。

民建随州市委会会员组织寻找并关爱抗战老兵活动

民进随州市委会

【思想政治建设】 民进随州市委会学习习近平新时代中国特色社会主义思想和党的十九大精神,坚持读原著、悟原理,推荐精读《习近平谈治国理政》《十九大报告辅导百问》等专著,集中购买十九大报告、辅导百问等学习资料人手一份。学习贯彻习近平总书记视察湖北重要讲话,及时召开主委扩大会议传达贯彻习总书记视察湖北重要讲话精神,各支部采取不同形式进行学习贯彻并结合随州实际开展大讨论,谈体会、话感悟。主委费巧云的《领袖的嘱托时代的召唤》体会文章率先被省委会采用。开展"思想教育主题年"活动,组织会员学习新修订的《中国民主促进会章程》《中国民主促进会简史》,民进会员人手一份会章、一本民进简史。"思想教育主题年"活动中,曾都支部举行"春日读书会",纪念五一口号发布70周年,职院支部举办"阅读分享会",集体诵读《中国民主促进会章程》,传达贯彻习近平总书记视察湖北重要讲话精神。曾都支部利用节假日时间组织会员到新五师纪念馆进行革命传统教育,组织会员中的公职人员参加《监察法》学习培训和考试。

【制度建设】 修订完善各项制度,按照"精简、务实、管用"的原则,整合、修订完善《民进随州市委会议事决策制度》等12项规章制度和规则,在《随州民进》2018第二期会刊上集中刊印,使会务工作有章可循、会员管理规范有序。实施"四项工程",确定2018年为"履职尽责落实年",将全年工作要点提炼概括为实施理论武装、助推发展、润物无声、能力提升"四项工程",细化分解到支部、会员,建立履职尽责工作记载和考核评估,促进"四项工程"顺利实施。加强检查督办,7月12日,第三次主委扩大会,各支部主任汇报上半年履职尽责工作落实情况,主委进行点评并对市委会的工作进行总结,安排部署下半年工作,副主委苏江华带领办公室专干对部分支部和会员履职尽责情况进行督办，确保"履职尽责落实年"各项工作落细落实，年终检查结账兑现。9月8日晚，职院支部召开履职尽责推进会，正在随州调研的全国人大常委、省人大常委会副主任、民进湖北省委会主委周洪宇参加并对活动和随州的"四项工程"给予高度评价。9月18日，市委会在市直支部再次召开扩大会议，推进履职尽责再落实。

【组织建设】 理顺基层组织设置，更利于会员管理、方便会员履职，8月1日，组成考察组专程赴全省基层组织建设先进单位荆门市学习基层组织建设先进经验。结合随州实际提出《关于民进随州市委会基层组织建设的建议》，从市直支部划出部分会员组建"民进随州法律综合支部"，并将其打造成民进随州法律服务基地和参政议政特色支部。12月7日，民进随州法律综合支部正式成立。开展特色支部创建活动，根据各支部特点和会员优势，联系会员实际和界别特点，开展"一支部一品牌"特色支部创建活动，譬如在一中支部开展"人人争当优秀会员、个个都是教学能手"双岗建功特色支部创建。积极稳妥发展会员，基层组织活力增强，要求入会的代表人士增多。2018年向各支部递交入会申请的接近20人，纳入市委会考察范围的9人，按照"积极稳妥、慎重发展"的工作方针，多次与市委统战部沟通，全年共发展会员7人。

2018年12月7日，民进随州市委会法律综合支部成立大会召开

【参政议政】 围绕中心工作调查研究。围绕随州创建经济转型升级和创新驱动示范城市，打造特色产业增长极这一中心，组织会员开展调查研究，提出许多意见建议，如《关于创建转型升级示范城市、打造特色产业增长极的建议》《关于推进随州高质量发展、进一步突出特色产业增长极项目支撑的建议》《关于支持随州中小企业发展的建议》等，为市委市政府制定出台《关于建设随州特色产业增长极的决定》提供有益参考。

对标乡村振兴战略议政建言。实施乡村振兴战略是十九大以后农村工作的重中之重，如何实现乡村振兴，会员结合工作实际进行调研，提出意见建议。如会员张幻提出的《关于规范我市城乡生活垃圾处理的建议》，苏江华副主委《关于完善我市乡村旅游政策体系的建议》等都为实施乡村振兴战略提供能借鉴、可操作的思路。

聚焦曾随文化出谋献策。2018年是编钟出土40周年，为弘扬曾随文化，建设文化强市，办公室、理论研究专委会多次在不同场合、不同层级协商会建言，呼吁保护随州文化遗址，建设曾随文化走廊，有的建议写进市政协专题考察报告，有的作为省人大代表建议提交，有的在随州日报上刊登。市委会撰写的《把根留住——关于将叶家山文峰塔出土文物留在随州就地保护的建议》在市政协四届二次全会上产生轰动效应，引起市领导高度重视，获代表委员一致好评。

【社会服务】 成立"民进随州企业家联谊会"，12名企业会员参加联谊会，选举5名理事。6名会员参加省民进企业家联谊会第三届理事会，会员聂黎明当选副理事长，5名会员当选理事。重新确定结对共建基地，与随县尚市二中签订为期三年的结对共建协议书，首期捐赠2万元图书购置资金，为何店镇贯庄小学捐赠1万元食堂场地硬化资金。创新开展"微公益"活动，市直支部联合"香港圣迦美疤痕修复中心"为随州百名烧烫伤疤痕儿童免费公益治疗，启动仪式获社会点赞；会员企业湖北猎豹图书文化有限公司组织开展"科技助学十万学子"公益活动，捐赠10万余册图书，惠及全国20多个省市百余所学校；许多会员自觉参加水滴筹等公益救助平台捐赠，帮助危重病人筹措医疗费用，资助贫困学子完成学业。副主委邬波担纲总导演、会员罗敬平任编导的"庆祝改革开放四十周年文艺晚会"和"随州市网络春晚"广受欢迎；理论研究专委会主任王文虎出版《随州文化史》，会员郭国编著《清风廉影——随州勤廉人物故事读本》，会员黄勤书一直活跃在论坛、协会、志愿者行业中，积极传播正能量；《随州民进》会刊质量有所提高，社会影响不断扩大。

2018年4月28日晚，民进随州市委会举办读书会，纪念中共中央"五一口号"发布70周年

民盟随州市委筹委会

【参政议政】 2018年，筹委会对盟内各级人大代表、政协委员提出"人人要发声，提出好建议，展示新形象"的要求，要求各级人大代表、政协委员紧紧围绕全市中心工作以及人民群众普遍关注的热点、难点问题，做好各种调研活动，充分利用政协、人大舞台，组织督促盟员积极建言献策，盟员们撰写调研报告和议案提案达18件，反映社情民意12条。主委何纯洁撰写的《统筹城乡教育改革推进优质教育教学资源共享》参加民盟中央第六届教育论坛，被评为优秀论文。省人大代表梁傲霜多次向市人大领导提出建议，促成市人大组织水资源保护、农田保护等专题调研，力促环境保护深入开展。市政协常委周俊继多次向市县相关部门呼吁做好吴山石矿规范管理，取得明显成效。曾都支部的区政协常委王斌多次向区政府反映实验小学校园文化建设问题，引起高度重视，8月，区政府投资近百万元对实验小学校园进行整修及文化氛围设置，受到学生家长好评。市政协常委、随县人民政府副县长陈巧向市委市政府提出彻底改造学校旱厕的建议，被采纳并予以实施，有效改善学校办学条件。筹委会积极配合盟省委对随州文化旅游产业发展进行调研，成立以随州文化界代表人士、知名作家任儒举为组长的专班，对全市文化产业发展进行调研，形成调研报告。

【社会服务】 民盟随州市委筹委会积极开展"同心同行"行动，将关注民生、助力发展、服务社会的优良传统进一步发扬光大。5月，组织优秀盟员教师代表邱赛玉、何宝玲到万店镇小学、府河东方小学、洛阳张畈小学开展"送教下乡"活动，将优质课和先进的教育理念送到乡村。11月上旬，主委何纯洁组织市教研室到万店镇小学进行教学常规指导，提升学校教学管理水平。12月上旬，组织三校分管教学副校长到市直学校交流学习一周，促进相互提高。筹委会为东关学校捐款1万元，用于学校校园文化建设，为南郊马家榨小学捐款5000元，用于学校足球队建设。主委何纯洁积极向市政府建言，提高教师公积金缴存比例，保障教师合法权益。开展精准扶贫活动，多次到洛阳镇君子山村精准扶贫户任保远家走访，帮助解决生活困难，救助其1000元。

【岗位建功】 盟员在工作岗位上兢兢业业，为全市经济社会发展作出积极贡献。实验小学邱赛玉盟员被曾都区人民政府评为2018年师德标兵，任儒举盟员的《随县匠作工业》在随县文化图典中荣获优秀奖，任斌盟员被评为随州一中优秀教师，张长宏盟员被评为随州市优秀班主任，杨凌盟员负责的统计报告被湖北省统计局评为优秀等次。对外交流争取荣誉，省人大代表、副主任梁傲霜多次代表筹委会参加省市各类活动，发言积极，建议中肯，树立了随州民盟的良好形象。王斌、任斌、张长宏代表随州民盟参加盟省委联谊运动会暨新阶层人士联谊会第二届运动会，荣获"同心协力"项目冠军。

【组织建设】 将思想凝炼放在重要位置，将坚持中国共产党的领导放在首位。高度重视盟员思想建设，各支部将"长期共存、互相监督、肝胆相照、荣辱与共"方针作为首要原则遵循，9月下旬，曾都支部组织盟员到麻城大别山红色廉政文化教育基地参观学习，坚定盟员不忘初心、继承和弘扬传统，巩固多党合作的思想基础。始终将关心盟员放在重要位置，将盟员冷暖放在心中，继续开展"爱心伴你行，我是民盟人"活动，在盟员过生日时，为其送去生日蛋糕，并由筹委会班子成员电话问候过生日盟员。春节期间，开展座谈会，交流情感，交换意见，使盟员们感受到民盟的温暖，增强自豪感。

将学习放在重要位置，重视盟员自身建设。4月中旬，筹委会召开专题会议，学习《民盟中央关于学习贯彻习近平总书记在全国政协联组会上重要讲话精神的通知》，要求各支部紧跟盟中央及盟省委步调，不偏离轨道，做政治上的明白人，要围绕市委中心工作，积极做好盟省委、市委统战部部署的工作，认真抓好专题调研、信息报送宣传工作，落实发展新盟员，做好对口扶贫等社会服务工作。以支部为单位，拟订学习计划，召开专题会议，进行专题交流，学习《习近平谈治国理政》《以"钉钉子精神"狠抓落实》等系列文章，确保入心入脑，深刻领悟，指导实践，同时对各支部学习情况进行考核检查。通过学习，盟员结合各自的工作实际，创新思维，紧紧围绕深化改革积极建言献策，提出有价值的提案和建议。认真学习全国两会精神及盟省委相关会议精神，让盟员们增强对国家领导机构、盟省委领导机构组成、国家最新政策的认识。认真学习修订后的《监察法》，让盟员深刻地认识现行监察体制现状，增强对纪律的敬畏，更好地理解中国共产党领导的多党合作和政治协商制度。学好盟史坚定信心，为教育和引导广大盟员坚持"同心"理念，筹委会按照"思想上同心同德、目标上同心同向、行动上同心同行"的要求，组织各支部积极组织盟员开展学习盟史主题教育活动，一支部开展"人人讲，人人评"主题讨论会，三支部开展"我学盟史的体会"演讲赛，曾都支部开展"寻找盟员的伟大"摄影赛，增进盟员的政治共识，巩固多党合作的共同思想基础，坚定盟员坚持走中国特色社会主义道路的信心与决心。组织盟员参加各类培训，年初拟订盟员参训计划，全额保障盟员外出培训经费，全年共派出盟员40余人次参加全国、省市级培训学习，提高盟员参政议政能力、组织协调能力和合作共事能力。

将组织发展放在重要位置，严格执行盟员发展有关规定。按照盟省委及市委统战部的安排，坚持注重质量、保持特色的原则，坚持发展标准，强调政治素质好、知识层次高、参政议政能力强、热心盟务工作等基本条件。2018年，共有3名符合条件的同志加入中国民主同盟民盟随州市委筹委会，使民盟随州市委筹委会的盟员结构进一步优化，内在活力进一步增强。

2018年12月23日，在湖北民盟"烛光行动"十周年座谈会上，民盟随州市委获得"农村教育烛光行动"先进集体荣誉

农工党随州市委筹委会

【概况】 中国农工民主党随州市委员会筹备委员会，成立于2014年4月25日。截至2018年12月底，全市有农工党党员55人、基层支部4个。现有省政协委员1人、市人大代表1人（常委）、市政协委员10人（其中常委3人）、区人大代表2人。

【思想政治建设】 深入推进学习实践活动，深化政治交接，夯实共同奋斗的思想政治基础。把学习贯彻中共十九大精神作为首要的政治任务，积极组织广大农工党党员参加学习贯彻中共十九大精神培训班，引导坚定"四个自信"，强化"四个意识",切实把思想和行动统一到中共十九大精神上来,把力量凝聚到中共十九大确定的各项任务上来。积极开展"三学一讲"专题教育活动,主委钱进以"不忘合作初心,继续携手前进,努力建设新时代高素质中国特色社会主义参政党"为主题,带头讲党课,与广大党员一起共同回顾农工党的光荣历史,探讨新时代参政党如何履职实践。深入学习贯彻农工党十六大精神和全国两会、湖北省两会和随州市两会精神。举办纪念农工党响应中共中央"五一口号"70周年座谈会,引导党员学习中共中央"五一口号"的内容和重大意义,重温农工党积极响应"五一口号"的光荣历史。4月28日,筹委会组织部分党员赴武汉开展"不忘合作初心、继续携手前进"暨纪念中共中央"五一口号"发布70周年主题教育活动,参加农工党中央党史教育基地的揭牌仪式,参观武昌中央农民运动讲习所、毛泽东故居、中共五大会址等革命教育基地和"邓演达在武汉革命活动图片展"。钱进、刘莉等党员及时主动发声,巩固扩大团结面,画出最大同心圆,凝聚奋进正能量。

【参政议政】 围绕"两条主线"和"四个着力",切实履行参政议政职能。筹委会的调研报告《关于将"汉(水)东周文化大遗址走廊工程"纳入省荆楚大遗址传承保护工程的建议》获农工党湖北省委会第六届"同心建支点"论坛一等奖。筹委会共向"同心建支点"论坛提交论文2件,向省政协十二届一次会议提交提案1件,向市政协四届二次会议提交政协提案6件、大会发言材料2件。积极参加专题协商座谈会,就政府工作报告和市委市政府重要决策部署提出意见和建议。在省政协十二届二次会议联组会上,主委钱进进行《污染治理应着实从城市延伸到农村 还农村以天蓝地绿水清的生态环境》的发言,受到与会委员和领导高度赞赏。在市政协四届二次会议上,农工党界别委员关于随州职业教育服务地方经济建设和加快医联体建设促进分级诊疗等建议得到中共随州市委领导的充分肯定。市(筹)委会成立专题调研组,深入随州市高新区、大洪山风景名胜区和随县乡镇、村组,针对随州市健康扶贫工程中精准扶贫与慢性病的现状及问题进行调研,分别向省委会和市委统战部上报《实施健康扶贫中存在的问题及对策》的调研报告。

【社会服务】 紧扣扶贫工作大局,扎实开展社会服务。为庆祝首届"中国医师节",助力脱贫攻坚,市(筹)委会联合市中心医院赴曾都区中医医院、大洪山风景名胜区医院开展"农工助医"系列活动,主委钱进带领农工党党员中的10余名医疗卫生专家参加活动,为800余名群众送医送药,药品价值5000余元。党员周晓波心系贫困学子,连续多年在市一中、二中发放"周晓波助学金",每年不少于8万元;筹委会主委钱进多年关注精准扶贫户,对口帮扶广水扶贫户,想脱贫办法,扶持脱贫资金2000元。

2018年6月21日,农工党随州市委筹委会赴大洪山风景区调研健康扶贫工作

2018年7月14日,农工党随州市委筹委会联合市中心医院赴曾都区中医医院开展"农工助医"系列活动

工 商 联

【概况】 2018年，市工商联深入学习贯彻党的十九精神和习近平总书记视察湖北重要讲话及在民营企业座谈会上重要讲话精神，认真贯彻落实中央、省委、市委的决策部署，围绕建设特色产业增长极和区域中心城市，加强政治引导，提升服务水平，助推脱贫攻坚，优化发展环境，促进非公有制经济健康发展，为随州高质量发展做出积极贡献。

【思想政治建设】 推进非公经济人士思想政治引领，深入开展学习宣传活动，增强"四个意识"，坚定"四个自信"，促进非公经济健康发展。强化思想政治学习。5月和11月先后组织召开市工商联四届二次执委会、全市民营经济座谈会，深入学习习近平总书记视察湖北重要讲话精神和习近平总书记在民营企业座谈会上的重要讲话精神，发出《全市非公有制经济人士参与三大攻坚战倡议书》，引导全市非公有制经济人士积极响应中央、省委、市委的决策部署，贯彻落实新发展理念，深入参与三大攻坚战，推进民营经济高质量发展，建设品质随州。强化理想信念教育。制定以"不忘创业初心 接力改革伟业"为主题的理想信念教育实践活动实施方案，组织开展系列学习、宣传、调研考察等活动；举办年青一代企业家理想信念报告会，进一步坚定理想信念；5名企业家被评为全省优秀中国特色社会主义建设者。

2018年5月25日，市工商联（总商会）四届二次执委会召开

【优化营商环境】 贯彻落实省委、省政府《关于大力促进民营经济发展的若干意见》《关于全省纪检监察机关服务保障企业发展的十二条措施》《随州市支持民营经济发展二十条措施》等，进一步提升民营企业发展信心。联合市纪检监察机关召开随州市纪检监察机关服务保障企业发展座谈会，充分宣传贯彻中央、省、市支持民营企业发展的政策措施，为企业发展营造良好的政务环境和营商环境。建立市级领导干部联系协会商会工作制度，畅通政府与企业的联系渠道，增进相互了解，为优化服务、促进发展奠定基础。多次邀请市领导和部门领导参加政企对话会、座谈会、通报会、现场办公会，通过面对面的交流沟通，倾听企业心声，解决企业发展难题。

【商会建设】 支持成立中山商会、青岛商会，异地商会网络进一步健全。召开异地商会联谊会，青岛湖北商会、东莞湖北商会与9个异地商会领导欢聚一堂，共话家乡情义，共谋随州发展。推荐随州市家居建材商会、随州市汽车行业协会、广水市家居建材商会、广水市商贸商会、曾都区西城商会参评全省"四好"商会。联系指导青年商贸服务商会筹备工作，协调处理美容美发行业问题。拟写市委市政府支持异地商会建设实施意见，为商会发展争取政策和资金支持。

【服务企业发展】 联合市金融办召开企业融资座谈会，在政银企之间搭建加深沟通和加强联系的桥梁，促进经济金融良性互动。与市人行合作，为金银丰、成龙威、华一专汽等企业提供债券融资服务。积极为裕国菇业与知名连锁企业步步高牵线，推动裕国产品在步步高多个卖场销售，成功拓展湖南市场。组织天星粮油、湖北大自然参加汉江流域农产品展，相关产品被授予"汉江流域优质农产品"荣誉称号。组织参加全国百强民企评选，程力集团入围全国民营企业500强。邀请资深专家胡忆湘教授为市工商联执委企业高管授课，采取组织报告会、观摩会、总裁培训班等多种形式，提升企业管理能力，2018年组织民营企业高管、法人等参加各类会议、培训班、讲座、

2018年9月7日，随州市工商联举办民营企业高管培训班

讲坛500余人次。深入调研走访。深入企业调研，广泛听取意见建议，认真梳理企业困难和问题，分析主要原因，研究解决对策，完成"五个一"包保调研活动，撰写《重汽华威调研报告》，为企业解决发展难题。政协副主席、工商联主席刘玲带队到广东省四个随州商会走访调研，形成调研报告《推动异地商会建设 促进区域经济协作》。接待全国工商联第八联系调研组第五组来随调研，将民营企业的共性困难和共同心声传达上去。综合全年调研成果，撰写《2018年随州民营经济发展报告》。完成省联在随州民营企业信息直报点建设工作，30家企业入全省民营信息点，民营经济信息直报工作名列全省同类城市前列。

【服务招商引资】成功举办异地商会座谈交流会，充分利用随州市异地商会平台，坚持招商引资与引才引智相结合，搭建异地商会招商平台，加大项目谋划、引进和建设力度。先后走访武汉、十堰、青岛、广州、深圳等商会，召开项目推介活动，宣传随州投资政策和投资项目，已签订北京商会的分子材料、十堰商会的农业开发两个项目的投资协议，广州商会、昆明商会建设建材物流中心等多个项目正在洽谈中。成功引进湖北陆氏工贸有限公司1.4亿元废旧橡胶回收利用环保项目，正在办理征地手续。

人民团体

工会组织

【基层组织建设】开展"强基层、补短板、增活力"集中行动，加强新领域新阶层工会组建和会员发展工作，积极推动全市九大群体建会入会和货车司机等"八大员"群体入会。全市共有建会组织2836个，入会职工344937人。开展100人以上非公企业建会调研活动，全市88家百人以上非公企业实现工会组织全覆盖。打造2家市级厂务公开民主管理优秀示范点，发挥典型引路、示范带动作用。积极推动随州市工业园区乡镇工会改革方案出台，随县18个乡镇、2个管委会，曾都8个镇办、2个管委会均成立总工会。完成中华全国总工会、湖北省总工会换届大会代表推荐工作，全市从各基层工会推荐并选举产生省总工会十三大代表13名，推荐中国工会十七大代表候选人2名。

【宣教文体活动】积极与各媒体联系，做好网上舆论阵地宣传，广泛宣传习近平总书记重要讲话精神、中国工会十七大精神和省工会十三大精神。做好意识形态领域工作，一月一会议，一月一汇报。组织职工参与省十五届运动会职工类比赛和第三届市直机关运动会，参加省运会职工排舞和职工乒乓球两项，分别获得团体第6名和混双第7名的突破性奖项，配合市文体局完成第三届市直机关运动会各项比赛任务，来自市直单位的1000余名职工共参与14个项目比赛。联合文明办等单位开展"缘来是你"随州市第三届春季相亲会活动。在市文明网的配合下，在图书城举办全市道德讲堂活动，80余家单位300多人参加活动。积极参与文明创建周末大舞台活动，放映公益电影3场次。

【困难职工帮扶慰问】做好城镇困难职工解困脱困工作，按照《随州市人民政府关于做好城镇困难职工解困脱困工作的通知》（随政发〔2018〕25号）文件要求，主动发挥好城镇困难职工解困脱困办公室作用，通过入户核查，为392名城镇困难职工建立困难档案，根据困难职工致困原因、帮扶意愿，分类实施帮扶项目，唱响做实工会春送岗位、夏送清凉、金秋助学、冬送温暖的"四

2018年7月27日，市委常委、组织部长、工会主席甘国栋（中）给环卫工人"送清凉"

季歌",提供岗位1万多个,现场达成就业意向5100余人次;发放近20万元的防暑降温物资;发放56万元资助全市112名大学生上大学;发放"送温暖"慰问资金108.8万元,发放日常帮扶资金201万元。全市建成"爱心驿站"10个、"爱心母婴室"5所,发放小额担保贷款522万元,完善职工服务中心(站点)功能,新增职工服务中心、服务窗口30家。

【职工维权服务】 联合市住房公积金管理中心,推动非公企业建立健全住房公积金制度;联合市安监局对企业安全生产、消防安全等进行检查,督促整改;联合市人社局对农民工欠薪进行督导检查。设立工会法律援助服务机构,市、县级总工会聘用专职法律顾问4名,参与人社部门仲裁办案97起。组织240家企事业单位积极参与"安康杯"竞赛活动。健全完善以职代会为基本形式的企事业单位民主管理制度和"四题制"民主管理工作法,完善职工董事、职工监事制度,保障职工群众的知情权、参与权、表达权和监督权。加强女工组织建设,重视女职工素质提升,落实《女职工劳动保护特别规定》,维护女职工合法权益。

【岗位建功立业活动】 组织全市各行业广泛开展"当好主人翁、建功新时代"主题劳动和技能竞赛,程力专汽纳入全省10个非公企业引领性劳动竞赛项目之一。举办全市"双创"大赛培训暨职工技能培训,选拔14个项目参加全省首届"工友杯"职工创业创新大赛第五赛区初赛,获三等奖2个、优秀奖9个。在专汽、建筑、电力、交通、服务、美容美发等行业开展不同工种的劳动技能竞赛;以"我为节能减排做贡献"为主题,收集职工合理化建议1895条。以创建"工人先锋号"为载体,动员全市职工积极投身防范化解重大风险、精准脱贫、污染防治三大攻坚战。推荐评选"全国工人先锋号"1个、全国五一劳动奖章1名;湖北省劳动模范(先进工作者)13名;命名市五一劳动奖状10个、市五一劳动奖章45名。组织16名省部级劳模、4名全国劳模参加疗休养。创建省级示范劳模创新工作室1家、省级劳模创新工作室8家、市级劳模创新工作室20家、拥有成员278人、创新成果124项、申报发明专利187项、持有软件著作45项、创经济效益7000余万元。

【工会改革工作】 深化"两项改革",扎实推进产业工人队伍建设改革,推动市委、市政府下发《随州市产业工人队伍建设改革方案》,印发《关于成立随州市推进产业工人队伍建设改革协调领导小组的通知》,按照"以赛为主、以评为辅",改奖励为激励的机制开展随州市首届"神农工匠"选树活动,先后组织开展数控车工、焊工、维修电工、中式烹调、供电、医疗卫生、美容美发等职工职业技能项目比赛。依托职业院校开展产业工人技能培训,提升产业工人素质,随州技师学院、随州职业技术学院被省总工会授予"湖北省产业工人培训示范基地",争取省总工会奖补资金20万元。按照市委印发的工会等群团组织"1+6"改革方案,紧扣强"三性"、去"四化"这条主线,改革工会机关机构设置和干部管理。市编办批复《随州市总工会机关机构编制方案(送审稿)》,设立内设部室7个,人员编制12名。积极指导和督办县市区总工会进行机关机构编制调整。各地总工会内设机构严格按照"三部一室"的设置进行改革调整,并分别向各地的党委和编制部门进行呈报审批到位。县市区工会换届工作均已完成,明确将基层工会工作者、先进模范人物、生产和工作一线人员的代表比例分别提高到65%、35%、20%以上。市县两级总工会领导班子"专兼挂"配备到位。全市工会"两项改革"工作已基本落实到位。

【工会经费管理】 全市税务代收和省级财政划拨工会经费分别达到2325万元、225万元,同比增长11.94%、4.2%。出台《关于加强市级行政事业单位工会经费收支核算管理的通知》文件,统一规范全市工会经费的计提、使用及核算管理。严控"三公"经费开支,规范公务接待审批流程,严格执行公务接待标准。积极发挥工会经审组织在预算管理、财政拨付等各项专项资金、资产管理、基本建设和维修改造工程中的审查审计和监督作用，增强工会经费收管用的科学性。

共青团组织

【思想政治工作】 推进"青年大学习"。学习宣传贯彻党的十九大、团的十八大精神，通过举办专题培训班，组建宣讲队开展分享式、互动式宣讲100余次，覆盖全体团员和广大青年；结合"五四""六一"等重要时间节点，开展爱国主义教育、"学习新思想 建功新时代"等主题实践活动500余场；广泛发动全市团员参与团中央"青年大学习"网上主题团课，超过10万人次参与，全市青年学习氛围浓厚。弘扬社会主义核心价值观。举办"新时代 新青年 新作为"百姓宣讲、"红领巾小记者寻访团的十八大代表"等主题教育活动500余场次；积极选树青年典型，推报全省"向上向善好青年"；发现宣传随州市消防支队曾都中队特勤班班长蔡伟、曾都区白云湖学校少先队辅导员张欢等10余名先进典型。打造网络新媒体，落实意识形态工作责任制。加强网络舆论引导，对社会不良言论及时辟谣和制止。推出《青春的力量》等3部文化产品，累计播放量达百万余次。加强网宣员培训和指导，组建132人的网络宣传员队伍和486人的青年网络文明志愿者队伍；举办全市网络安全宣传周活动百余场次，覆盖学校、金融等系统万余人。

【共青团随州市第四次代表大会召开】 1月8日至9日，共青团随州市第四次代表大会召开，市委市政府主要领导及四大家领导出席会议。团省委副书记师建兴到会致辞。团市委书记姜皓代表共青团随州市第三届委员会向大会作报告。会议期间，295名与会代表审议并通过共青团随州市第三届委员会工作报告，选举产生团市委第四届委员会。

【服务青少年工作】 促进青年创新创业，坚持服务青年这一工作生命线，积极为广大青年搭建筑梦圆梦平台，完成全省"创青春"大赛、2018年度高校毕业生创业扶持计划等项目申报和推报工作，随州博裕生态养殖有限公司黄文博"构树种植+扶贫项目"被评为全省"创青春"青年创新创业大赛现代农业组银奖；深化银团合作模式，为创业青年争取创业补贴和贴息贷款500万元；联合市人社局开展"春风行动"专场招聘会，为就业青年提供工作岗位5000余个；关心关怀4名赴随博士服务团成员，为随州发展提供智力支持。关注重点青少年群体，联合市禁毒办举办"随州市集中公开销毁毒品警示教育暨2018年度全市禁毒宣传月"活动；举办随州市第三届春季相亲会活动，吸引千余人报名；联合湖北三箭建筑工程有限公司开展"三箭爱心汇"捐赠活动，全市共募集各类助学关爱资金近100万元。开展志愿服务，擦亮赛会、节日等志愿服务品牌，在全市开展"3·5学雷锋"、春运"暖冬行动"、关爱农村留守儿童和农民工子女等形式多样的志愿服务活动累计3000余场次，提供志愿服务达5万余小时。完成戊戌年寻根节志愿服务、第七届世界军人运动会志愿服务工作宣讲等活动，选拔355名志愿者参与会场服务。

【共青团改革工作】 深化共青团改革攻坚。全面贯彻落实党中央关于群团改革的决策部署和重要要求，在总结经验的基础上深入思考新时代共青团工作的目标方向，坚持党建带团建，市、县、乡三级团委如期完成换届，完善团的代表大会和委员会制度，基层一线青年比例大幅提高，充实兼挂职团干部15名，团干部人员编制数增加20%，各县市区团委在岗人数全部达到5人以上，经费预算较改革前均有大幅提高。

创新基层组织活动方式。结合全市村（社区）"两委"换届同步启动村（社区）团组织换届工作，推进"两新"组织团建工作，全市新建非公企业团组织91家，建成"青年之家"87个，开展线上线下活动近百场，湖北泰晶科技股份有限公司等3家企业获评湖北省"团建优品汇"特色项目。积极推广"团干部＋社工＋志愿者"工作模式，依托"阳光雨""九穗禾""常青藤"等社工组织，吸纳更多优秀青年加入团组织。开展全市"智慧团建"工作，在规定时间内完成各级团组织、学校团组织、团干部信息录入；严控团学比例，清理违规发展团员125人次，设立团费收缴专户，上缴团费7万余元。

2018年3月21日，随州市教育团工委成立大会暨学校共青团少先队改革推进会召开

落实青联、少先队改革任务。召开中国少年先锋队随州市第四次代表大会，按照市委批复积极筹备随州市青年联合会第四届委员会换届大会；召开学校共青团、少先队改革推进会，联合市教育局评选出10所中学中职共青团工作联系点学校；成立共青团随州市教育工作委员会，探索制定市教育团工委工作制度；市县两级创建少先队名师工作室4个，辐射全市50余个中小学；经推荐选拔，获评2018年度"全国优秀少先队员"1名；成功承办2018年全省少先队辅导员风采展示活动全省决赛，随州市获得团体第一，省级特等奖2名、一等奖1名、三等奖1名的好成绩。

2018年11月4日至6日，随州市成功承办2018年湖北省少先队辅导员风采展示活动全省决赛，随州市获得团体第一，以及特等奖2名、一等奖1名、三等奖1名

【共青团"三大攻坚战"工作】 助力打好防范化解重大风险攻坚战，深化"银团合作"，开展送金融知识下基层、"百场法治讲座进校园、进社区、进企业"等项目。举办随州共青团助力"三大攻坚战"暨法治、金融知识进校园活动，为现场五百余名师生宣讲未成年人权益保护和防范"非法校园贷"风险专题辅导报告。助力打好精准脱贫攻坚战，选拔驻村干部赴精准扶贫村开展工作，大力改善驻点村基础设施建设；协调随州市小森林蜂胶、天星粮油等企业与产业扶贫项目蓝莓基地开展合作；推进"双结双促"活动，开展"守护行动"暨创建"守护驿站"活动，共覆盖全市28个镇（办）农村留守儿童2000余人。助力打好污染防治攻坚战，在全市启动"助力河长制 争当河小青"志愿巡河护河行动，市、县两级团委共组织300余名青年志愿者定期开展河小青志愿行动；邀请水利局专家为在校学生做"河长制"相关知识专题辅导报告，发放宣传手册2000余份；开展"绿满随州"植树行动，全市各级团组织共开展植树活动20余次，共植"共青林"500余亩。

【普法工作】 加大普法宣传力度，提升共青团干部运用法治思维和法治方式解决问题的能力，形成"办事依法、遇事找法、解决问题用法、化解矛盾靠法"的良好环境，推动全市共青团各项事业全面纳入组织化、社会化和法治化轨道。深入开展普法教育，以开展未成年法律知识宣传"四个一"活动为抓手，结合推进"七五"普法宣传，广泛开展青少年法治宣传教育，并立足团属新媒体资源，营造宣教浓厚氛围；以贯彻落实《未成年人保护法》和《湖北省预防未成年人犯罪条例》为重点，以全省法治文化节活动为载体，广泛开展法制宣讲进校园、进企业活动。健全法制化工作机制，强化作为预防青少年违法犯罪和未成年人保护委员会牵头机构的主体作用，采取逐地督导、情况通报等方式，实现两大机构在3个县市区的全覆盖；成立团市委法治和普法工作领导小组，定期召开预防青少年违法犯罪和未成年人保护工作会议，并将其纳入各级综治考评体系，充分发挥考评在抓落实中的杠杆支撑和指挥棒作用。深化法制化工作成效，加强预防青少年违法犯罪工作，发挥随州市心智成长活动中心作用，开展公益讲座，提供心理辅导，扶持阳光雨、九穗禾等青少年社会工作服务中心发展，开展"四无社区"创建，巩固基层青少年维权平台，推动全市各级司法机关落实未成年人司法保护制度，维护未成年人合法权益。

妇联组织

【思想建设】 夯实政治功底，强化理论学习。市妇联党组专题研究学习计划，把学习贯彻习近平新时代中国特色社会主义思想、习近平视察湖北重要讲话精神、党的十九大精神作为重中之重，开展中心组理论学习14次，组织机关干部集中学习20余次。突出意识形态工作阵地建设，强化思想引领。坚持以妇女思想引领为重点，深入贯彻落实意识形态工作，持续开展"巾帼心向党"系列主题活动，依托全市各级妇女活动中心，通过三八红旗手、三八红旗集体、巾帼建功标兵、最美家庭典型带动作用，在广大妇女群众中融入和渗透社会主义核心价值观，树立市级优秀女性典型26个。王何林获"全国三八红旗手"，许旭、余华、黄娣获"湖北省三八红旗手"。

【妇联改革】 坚持党的领导，落实党建带妇建要求。市妇联借助"党建带妇建"纳入党建责任制考核的机遇，组织市直妇委会干部学习培训交流，提高妇女工作的业务水平，指导市直单位新成立妇委会8个。结合2018年村（社区）两委班子换届工作，提出按照政策合理增加女性比例的建议，并要求在换届方案中明确女性所占比例，得到换届领导小组的高度重视，并督促各地落实。横向拓展妇联组织，推进以开发区为重点的新领域妇联组织建设，按照全省妇联改革要求，根据工作实际，印发《关于推进以园区（开发区）为重点的新领域妇联组织建设的通知》，组织县市区、工业园区妇联干部外出学习考察，召开推进会督办改革进展情况。全市园区（开发区）组建妇联组织4个，规模以上非公企业组建妇联组织193个，非规模以上非公企业组织妇联组织56个，其他新领域组建妇联组织40个。加强妇联队伍建设，提高妇联干部素质，市妇联机关按照改革要求选配了优秀妇女为挂职、兼职副主席，县市区妇联相继召开妇女代表大会，全部完成换届选举，进一步增强妇联组织广泛性和代表性。积极开展寻找"最美妇联人"活动，广水市妇联兼职副主席刘家翠获湖北省"最美妇联人"称号，随县经济开发区妇联副主席姚莎莎获湖北省"最美妇联人"提名奖。线上线下融合，构建"互联网+妇联"工作新格局。用好"随州妇女网""随州女性"微信平台，开展网上宣传、网上服务、网上维权、网上活动，构建网上综合服务平台。加强网宣网评队伍建设，邀请省级专家开展网络舆情培训。在全市各级妇联组织中推广"妇联通"App，引导妇联干部借助网络手段联系服务妇女，亮出妇联旗帜，发出妇联声音。

【妇女文化活动】 创新主题活动，强化凝心聚力，持续开展群众喜闻乐见的文化活动。联合市文明办、市文体新广局举办党的十九大精神宣传暨2018年庆"三八"广场舞比赛。组织开展党的十九大精神网上知识竞赛，男女平等基本国策、"法治随州·巾帼心向党"三八妇女维权周暨反家暴法宣传，"弘扬好家风·美德润万家"最美家庭风采展，巾帼脱贫政策咨询系列活动。联合组织部、宣传部组织开展4期"新时代新气象新作为（随州）·巾帼百姓讲堂"暨妇联干部赋能培训活动。通过"每月一讲"对习近平新时代中

2018年6月，随州市妇联依托楚韵技能培训学校开展贫困妇女免费技能培训

国特色社会主义思想、党的十九大精神等进行宣讲,770名妇联干部参加学习,培训一支市、县、乡、村四级联动的巾帼宣讲队伍。充分运用新媒体,打造网上"微讲堂",在随州女性微信公众号开办"每日一读"栏目,建立"女性在学习中成长"交流群,共有1055名妇联干部参与学习,12260人次参与学习打卡活动,公众微信号全年阅读量总计8.8万次。

【巾帼脱贫】 开展免费技能培训,做实巾帼脱贫行动,以对贫困妇女扶志和扶智为突破口,依托随州市楚韵职业技能培训中心等培训学校,深入乡镇组织留守妇女开展月嫂、育婴师、家政服务等培训,全年培训3358人次,成功推荐就业2517人。为34名女性争取小额担保财政贴息贷款100余万元,帮助她们创业致富。积极参加省家政职业技能大赛,助推"百城万村"家政扶贫。组织三八红旗手、最美家庭等开展"百人结亲",与4名新疆贫困家庭进行了结对帮扶。组织全市12000名贫困妇女进行"两癌"免费检查,发放贫困母亲"两癌"救助资金29万元。开展巾帼脱贫故事评选,引导贫困妇女争先致富奔小康。注重女性人才培养,做实巾帼创业行动,培树9个"巾帼创业示范基地"、22名"巾帼建功标兵",对每个示范基地给予扶持资金5000元,通过基地带动女性就业。

2018年1月16日,全国妇联"贫困母亲两癌救助"中央专项彩票公益金资金发放暨湖北省贫困妇女"两癌"免费检查随县启动仪式在随县尚市镇举行

【示范家庭创建】 推进家庭文明建设,彰显新时代巾帼风采,开展"寻找最美家庭"活动,2018年评选市级最美家庭36户。举办"我家最美故事"绘画比赛、"我家最美故事"暨亲子阅读分享会,倡导和谐家风。2018年,陈学家庭获"全国五好家庭"、田英卫家庭获"全国最美家庭"、辛忠泽家庭获"荆楚最美家庭"。开展领导干部家属廉政教育活动,通过观摩廉政教育基地、开展"最美家风故事"分享等方式弘扬清廉家风。坚持以"进社区、进家庭、到身边"为主题,深化平安家庭创建工作,开展"平安家庭"创建示范乡镇、示范村(社区)、示范户创评活动,命名"平安家庭"创建示范乡镇5个、示范村(社区)20个、示范户42个。加大宣传教育,开展"乡村振兴巾帼行动",把"乡村振兴巾帼行动"作为农村妇女工作的主载体,引导广大妇女理解乡村振兴战略、主动参与乡村发展。积极参与"寻找荆楚最美巾帼农庄"活动,引导妇女在发展特色农产品、休闲农业、乡村旅游、农家乐等产业中大显身手,随州"最好的时光·自然农庄"被评为"荆楚最美巾帼农庄"。开展生态文明创建活动,引导农村妇女从自身做起、从家庭做起,参与农村人居环境整治,共建美丽乡村,共享美好生活。

【妇女儿童维权服务】 多措并举,完善各项维权机制。全市推动婚姻家庭调解工作,向基层延伸,建立家调机构47个。加强对妇女信访问题分析研判,各级妇联组织接待来信来访妇女群众近2000人次,成功化解矛盾危机200多起,妥善处置多起家庭暴力事件。加强法治建设,提高法治意识,积极打造法治型妇联。利用"三八"妇女节、国际反家暴日等重要节日开展了系列普法宣传及维权服务活动,通过发放法律书籍、反家暴宣传资料、悬挂反家暴宣传横幅、设置宣传牌开展全方位宣传,全市各级妇联组织开展法律宣传100多场次,发放维权手册10000余册。创新妇女土地权益维护工作机制,推进农村集体产权制度改革中妇女权益不挂空档。广水市妇联、随州市民政局获"湖北省维护妇女儿童权益先进集体",毛艺臻、黄璐、陈艳获"湖北省维护妇女儿童权益先进个人"。发挥职能作用，推动妇女儿童事业发展，精心组织迎接全省妇女儿童工作专项督查，召开妇儿工委专题会议推动妇女儿童工作落实，省政府督查组对随州市妇女儿童工作给予充分肯定。认真实施留守儿童关爱行动，市妇联筹资7万元购买社会服务，在曾都区实施农村留守女童安全自护项目，通过三年项目实施，实现全市所有乡镇全覆盖，培训监护人、老师、学生2万余人。联合民政局开展了2期困境儿童夏令营活动，招募志愿者团队2支，结合精准扶贫工作开展"彩虹行动"，到广水市郝店村、曾都区洛阳镇胡家河村、龚店村等贫困村进行留守儿童关爱服务。开展扶弱济困行动，实施"金凤助学"，资助贫困女大学生4人，开展"春蕾助学"，引入青岛澳鼎集团捐资10万元对77名贫困女童进行资助，开展"春风行动"，筹资6万元对64户贫困家庭进行救助。

法 治

公 安

【概况】 2018年，全市公安工作步入社会大局持续稳定、刑事发案持续下降、治安秩序持续向好的良性轨道，为打造随州特色产业增长极、建设"品质随州"作出积极贡献。随州公安工作和队伍建设受到湖北省市领导百余次批示肯定和鼓励。

【维稳工作】 专案攻坚担首责，全面贯彻总体国家安全观，把防范和抵御政治安全风险置于首位。风险防控筑屏障，积极推动党委、政府和有关部门落实属地责任、主体责任，持续开展矛盾纠纷大排查、大化解，加强重点人分级分层管控，凡敏感节点，对涉军、民师等重点群体及重点人督促落实属地包保管控和服务管理责任。安保硬仗连战捷，在做实做强线上线下"3+N"平台基础上，进一步强化情报预知预警能力，收集涉稳情报8673条，提前预警稳控一大批赴省进京到市上访人员。妥处事件守底线，在随州市委市政府的统一领导指挥下，公安机关牢记使命，忠诚担当，成功化解涉军群体赴省进京涉访活动151次，共计303人次，妥善处置"4·9"涉教、"7·16""8·28"涉军、"9·26"涉出租车群体聚集等一批涉稳事件。

【平安建设】 全市共破获各类刑事案件1553起，查处治安案件6252起，抓获各类犯罪嫌疑人3337名，其中起诉1500人、逮捕1011人，分别比上年上升5.9%、14.2%。以雷霆之势猛打黑恶犯罪，集中打好"打财、扩线、破伞、治非"四大战役，核查涉黑涉恶线索211条，侦办涉黑涉恶犯罪案件135起，打掉涉恶犯罪团伙43个，抓获犯罪嫌疑人263人，查扣涉案资金3700余万元，成功打掉广水杨某、曾都梅某为首的黑社会性质组织和广水市连氏、随县后氏家族恶势力犯罪集团，在诉涉恶犯罪集团1个，在审黑社会性质组织3个。以合成作战严打突出犯罪，坚持"命案必破"，现行命案发4起破4起，侦破随县7年前双尸案、广水9年前杀人案等2起命案积案。

严打人民群众反映强烈的"盗抢骗"、电信网络诈骗等违法犯罪，破获系列案件564起，打处213人，打掉一批犯罪团伙，捣毁一批销赃窝点，盗抢骗发案连续3年下降。筑牢反电信网络诈骗

2018年2月28日，随州市公安工作会议召开，会上对先进集体和个人进行了表彰

"防火墙",止付334起,为人民群众挽回经济损失2852.65万元。严打经济犯罪,破获经济犯罪案件46起,打处93人,挽回经济损失近亿元。深化"飓风扫毒"行动,刑事打击毒品犯罪嫌疑人64名,查处吸毒违法人员457名,强制隔离戒毒119名,社区戒毒(康复)156名。侦破曾都"7·4"部督案和广水"7·26"等一批重大贩毒案件,缴获毒品4.8公斤。

以反恐标准编织防控网络,将信息化立体化治安防控体系连续6年上升为"政府工程"来推动,织密城乡巡逻、平安监控等"六张网",固化街面"8+N"反恐联勤联控机制,建成中心城区A类探头4300余个。推进"雪亮工程",全市846个农村行政村已建视频探头2647个。创新建立农村警务"1+2+1"机制、治保主任代班制、民警与治保主任联系机制,打造农村治安防范新格局。建成5个"智慧平安小区"示范点,以大数据、物联网、智能化为支撑,大力提升社区基础防范水平。

以民生理念确保公共安全,推动完成道路交通生命防护工程新建任务566.7千米,排查整改道路交通安全隐患220余处,有效防止60余次坠崖事故,直接挽救生命100余人。查处各类交通违法行为46.1万起,酒驾597起、醉驾203起,刑事打击461人,分别比上年上升28%、7%、57.3%。一次死亡3人以上交通事故同比下降。

深入开展涉"赌毒黄""枪爆刀"等专项整治行动,查处关停违规场所259家,收缴各类枪支、管制刀具216把、弹药7000余发。侦办一批涉黄涉赌案件,刑事打处29人,治安处罚1450人。加强禁鞭工作力度,查处涉鞭案件5起、处罚5人,涉鞭发案率持续下降,城区禁鞭成果得到持续巩固,人民群众获得感和满意度进一步增强。开展"平安校园"创建,处罚违规幼儿园37所。落实寄递物流"三个100%",发现督改隐患39处,处罚物流快递企业5家。全市没有发生群死群伤重大安全事故,涉危、涉爆、校园安全"零"事故。

【科技强警】 服务发展,科技先行。实施"数据警务、智慧公安"战略工程,投入了3500余万元,建设了大数据中心、技网侦专业信息业务系统、执法采集管理平台、城区智能交通系统等一批信息化项目,"随州公安云"汇聚68类近10亿条数据资源,日增260万条。推进视频监控、智慧平台、"人脸智控"等科技手段建设,在主城区新建140个人像抓拍探头,建成人像识别系统和"物联网"智能感知系统,为公安机关维稳安保、打击犯罪、社会防控和服务发展提供"最强大脑"。

改革兴警,保障民生。深化"放管服"改革,推行"互联网+公安"服务,打造"网上公安局""掌上车管所""线上交警队"。推行户籍制度"零门槛",新增城镇落户9.7万人。积极推进"最多跑一次"改革,推行公安户政、交管、出入境等服务网上预约、网上支付、网上评价、自助终端办理,行政审批、出入境窗口17项审批业务实现全省最快办,受到群众好评。建立服务企业"直通车"制度,依法依规为齐星、程力、裕国菇业等重点骨干企业解决难题,受到企业好评。

助推经济,守护生态。开展"平安企业"创建和企业周边治安整治,侦办耀星公司被诈骗案等一批制假侵权、涉企诈骗案件,为企业挽回经济损失上亿元,助推了经济发展。落实"河湖警长制",推进碧水、蓝天、净土行动,侦办"食药环"刑事案件26起,打击非法采砂等违法犯罪19人,排查整治涉水环境污染隐患32处,守护随州大地碧水蓝天,维护百姓"舌尖上的安全"。

严格公正,执法为民。围绕以审判为中心诉讼制度改革,全面落实刑事案件"统一审核、统一出口"工作机制,组建案审专班,强化刑事案件审核筛查工作。推进受案立案制度改革,建成5个案管中心实体化运作。建立"电子管理证据系统",自动采集视频资料77860个,现场执法活动实现全程记录。出台《案件四级审核规定》《案件评查奖惩办法》等一批规范性制度,全面促进全市公安机关执法质量的提升。

【基层警务工作】 强化基层实战单元,以派出所建设为重点,以街面警务站、社区警务室、群防群治力量为延伸,在随州城区重要路口、大型商场、超市新建警务综合服务站6个,重点部位治安岗亭15个，全力打造主城区"1分钟、3分钟、5分钟接警处置"的一线战斗实体。对1个省级治安检查站、4个市级治安检查站升级改造，在全市新建电子治安卡口126个，筑牢环省、环市、环县三线外围封控屏障。优化基层数据支撑，将"一标三实"基础信息采集作为事关公安工作长远发展的龙头性工程来抓，组建工作专班，研究制定信息采集标准，建立周通报、月排名、季考评工作制度，全面发动社区民警、网格员和社区村组干部等力量，全力打好基础信息采集、录入攻坚战。全市共采集标准地址信息169.2万条，实有人口信息211.1万人，实有房屋信息138.2万间，实有单位信息2.8万家。推进基层质量提升，推进派出所质量提升工程，制定实施意见和任务清单，督促推动其在各县市区落实落地。启动派出所规范创建达标活动，投资2600余万元，改造46个派出所建筑外观标识和办案区，新建和改造6个派出所，建设18个标准化农村警务室，新增和更换执法执勤警务装备336套，推动派出所工作提档升级。曾都区公安分局东城派出所获评"全省最美派出所"。提升基层警务效能，千方百计为基层减负，加强110接出警与政府"12345"平台对接，对非警务类警情逐步分流，在缓解基层接处警压力的同时，提升了基层接处警效能。推动建设治安管理防控平台，实施"人、事、物、场所、单位"等治安要素信息的高度融合，对重点人员、危险物品、治安复杂场所的动态监管，大幅提升了基层治安管控效能。

【素质强警】 开展"大培训、大练兵、大比武"活动，以实战化为导向，精心组织开展公安业务技能培训56场次，全市公安民警每人每年至少轮训1次。组织260余名业务骨干和警体标兵参加全国全省专业技能培训和警体竞技比赛，队伍素质能力和战斗力有效提升。市局机要密码练兵竞赛荣获全省第一名。

检　　察

【平安建设】 维护国家安全和社会稳定。开展反分裂反渗透反恐怖反邪教反间谍斗争，坚决捍卫国家政治安全特别是政权安全、制度安全，依法办理涉嫌煽动颠覆国家政权犯罪的"10·27专案"，出庭公诉效果得到省委政法委和省院的肯定。树立以人民为中心的公共安全观，依法起诉故意杀人、故意伤害、抢劫抢夺、寻衅滋事等严重暴力犯罪嫌疑人255人，涉枪涉爆犯罪嫌疑人13人，黄赌毒犯罪嫌疑人146人。加大对文物的司法保护力度，依法起诉盗掘古文化遗址、古墓葬犯罪嫌疑人5人。

开展扫黑除恶专项斗争。依法批捕涉黑涉恶犯罪嫌疑人34人、起诉53人。坚持依法严惩方针，纠正漏捕8人、漏诉4人，监督立案侦查6人；落实罪刑法定原则，坚持法定标准审查案件，依法不批捕19人、不起诉4人。深挖彻查黑恶势力关系网、保护伞，共收集、移送相关国家工作人员失职、渎职等方面线索32件，移送保护伞线索4件，经纪检监察部门调查处理30人。

强化对特殊群体的司法保护。从严打击侵犯未成年人合法权益犯罪，依法起诉25人，对涉罪未成年人注重教育挽救，依法不起诉28人，附条件不起诉18人。打造未成年人法治教育基地，选派15名检察官担任法治副校长，1名检察官被评为全国优秀校外辅导员。维护妇女合法权益，依法起诉严重侵害妇女合法权益犯罪14人。加强对退休职工、留守老人等群体的法律保护，依法起诉针对老年人的犯罪98人。

维护民生民利。开展"保障千家万户舌尖上的安全"检察公益诉讼，针对辖区"美团外卖"等网络餐饮平台部分入网餐饮服务提供者违法违规经营问题，依法发出诉前检察建议，督促规范网络餐饮服务。依法从严惩治"黑作坊""黑工厂""黑市场"，起诉危害食品药品安全犯罪嫌疑人16人。严厉打击新型网络犯罪，重点加强对社会影响大、受害人数多的电信诈骗、侵犯公民个人信息等犯罪打击力度，依法批捕23人、起诉36人。

参与社会治理创新。健全检察环节依法维权和化解纠纷机制，构建信访与"网络、电话、视频"相融合的群众表达诉求新渠道，坚持检察长接访、带案下访，共依法妥善办理群众来信来访586件，刑事申诉、国家赔偿案件28件，司法救助24人。

【服务社会发展】 服务打好"三大攻坚战"。坚持把防范化解重大风险作为重中之重,共批捕金融诈骗、破坏金融秩序等犯罪嫌疑人20人,起诉14人,批捕组织领导传销、合同诈骗等扰乱市场秩序犯罪嫌疑人26人,起诉14人。积极参与污染防治攻坚战,开展"保护生态环境、促进绿色发展"专项活动,依法批捕破坏生态环境资源犯罪嫌疑人44人、起诉67人。积极开展生态保护公益诉讼专项行动,办理破坏环境类公益诉讼案件26件。依法办理最高检挂牌督办的废旧轮胎炼油系列案件,共发出检察建议16件,提起刑事附带民事公益诉讼1件。积极参与精准脱贫攻坚战,全市检察机关按照市委部署,深入11个贫困村,全员参与对口帮扶,助力精准脱贫。

服务创新发展战略实施。围绕特色产业增长极建设,开展服务创新发展专项法律监督工作,向企业、高校、科研院所派遣法律服务联络员27人,设立检察工作服务站3个,常态化走访、联系高新企业。依法严厉打击危害创新发展刑事犯罪,共批捕46人,起诉118人。

服务民营经济健康发展。坚持各类市场主体诉讼地位平等、诉讼权利平等、法律适用平等,持续开展服务保障民营企业健康发展专项工作,依法起诉侵犯民营企业合法权益犯罪155人。加强产权司法保护,严格区分违法所得与合法财产、个人财产与企业法人财产、经济纠纷与经济犯罪等界限,依法妥善办理涉民营企业产权纠纷监督案件11件,办理刑事申诉案件6件。

2018年7月10日,"12309检察服务中心"正式揭牌

服务乡村振兴战略实施。严厉打击破坏农业农村优先发展、影响城乡融合发展、侵害农民合法权益犯罪,共批捕宗族恶势力犯罪和发生在农村的盗抢骗等犯罪38人、起诉47人。学习和践行新时代"枫桥经验",建立刑事和解与乡村调解对接机制,促进和谐乡村建设。

【法律监督工作】 强化刑事诉讼监督。加强侦查活动监督,监督立案60件,监督撤案12件,追加逮捕84人,追加起诉41人,监督行政机关移送犯罪27人。认真落实检察长列席法院审委会制度,加大审判监督力度,提出和提请抗诉30件,纠正刑事审判活动违法28件。注重维护刑事被执行人合法权益,监督纠正超期羁押6人,提出变更强制措施或释放建议62件,监督打击"牢头狱霸"3人。依法维护刑事执行正当秩序,监督纠正减刑、假释、暂予监外执行案件中违法情形16件,纠正刑罚执行和监管活动中违法情形32件,监督收监执行4人。

加强民事行政诉讼监督。共办理生效民事行政裁判监督案件75件,提出再审检察建议18件,提请省院抗诉2件。对民事行政审判活动违法提出检察建议12件,对执行活动违法提出检察建议21件。对法官违纪违法行为线索移送纪委监委调查处理3人。依法办理涉嫌民事虚假诉讼案件2件,移送公安机关立案侦查2人。

开展行政非诉执行专项监督。针对应当立案而不立案、应予执行而不执行等违法情形提出检察建议14件。组织开展"协助解决农民工讨薪问题"专项监督活动,对相关行政机关不当履职发出检察建议3件。开展检察公益诉讼,积极开展检察公益诉讼专项监督,立案调查104件,发出行政公益诉讼诉前检察建议95件,在法定回复期内行政机关履职75件。提起行政公益诉讼6件、刑事附带民事公益诉讼3件,已判案件全部胜诉。通过办案,共监督恢复和保护耕地、林地等200余亩,督促整治和关停污染企业13家、养殖场1家,督促挽回国有资金2000余万元。

【检察工作机制优化】 深入推进司法改革"精装修"。严格执行检察官权力清单,明确办案主体各项权责。认真落实领导带头办案并定期通报制度，领导干部直接办案521件，同比上升64%。坚持放权不放任，全面开展案件流程监控，全程、同步、动态监督司法办案，发出流程监控通知书414份。全面建立案件评查员制度，案件质量评查到案、到人，共评查案件1761件。制订检察人员绩效考核办法，优化对各类检察人员的绩效考核标准和考核方式，将考核结果与绩效奖金、晋升晋级挂钩。全面完成高等级检察官择优选升和新入额检察官等级评定等工作，检察职业保障水平进一步提高。

探索建立"捕诉一体"办案机制。整合基层院刑事检察部门及其职能，按照案件类型组建专业化办案组织，一个案件由一名检察官带一个办案组负责到底，统一履行审查逮捕、审查起诉、补充侦查、出庭公诉、诉讼监督等职能，逐步实现案件繁简分流、简案快办、繁案精办、类案专办，提高了办案的质量和效率。

落实以审判为中心的刑事诉讼制度改革。强化审前过滤，对案件事实、证据和法律适用情况严格把关，监督纠正非法取证、违法适用强制措施等侦查活动违法情形46件次，排除非法证据27份，对不构成犯罪或证据不足的不批捕223人、不起诉189人，防止事实不清、证据不足的案件进入审判环节。与市公安局联合出台重大案件讯问合法性核查工作意见，依法核查30人。积极构建新型检律关系，认真听取律师辩护意见，依法保障律师执业权利。

积极参与国家监察体制改革。坚决贯彻党中央关于深化国家监察体制改革的决策部署，在全面完成职务犯罪侦防职能、机构、人员转隶的基础上，扎实做好举报线索移交、未办结案件清理等工作。转隶以来，提前介入、引导调查20人，依法决定逮捕12人、起诉38人，继续为随州夺取反腐败斗争压倒性胜利贡献检察力量。

【素质能力建设】统筹检察业务和综合能力建设，累计培训1700余人次。举办扫黑除恶、公益诉讼案例研讨和首届公诉人与律师论辩赛，增强实战本领。开展青年干警"悦读"读书沙龙和团队拓展训练，提升素质能力。全市13个集体、12名个人荣获省级以上奖励，涌现出全国检察机关个人一等功获得者张东海、湖北省援疆工作优秀共产党员汪国超等一批先进典型。积极开展"争先进位年"活动，持续深化"一院一品、一部门一特色"创建工作，检察队伍活力、基层内生动力显著增强。加快推进政法信息化"1234"工程检察项目，探索运用远程接访系统，努力实现"让数据多跑路，让群众少跑腿"。

2018年12月26日，市检察院召开庆祝改革开放暨检察机关恢复重建40周年"与新时代同行、做最美检察人"先进事迹报告会

法　院

【概况】2018年，全市法院发挥审判职能作用，服务保障"三大攻坚战"和特色产业增长极建设，共受理各类案件24025件，同比上升8.6%，审、执结案件20695件，同比上升3.72%；其中，市中院受理各类案件2905件，同比上升10.04%，审、执结案件2779件，同比上升8.55%，结案率95.66%。

【法治环境优化】强力推进扫黑除恶专项斗争。贯彻中央关于开展扫黑除恶专项斗争的统一部署，两级法院分别成立领导小组，党组书记、院长任组长，制定工作方案，发布联合通告，并通过提级审查、异地审判、协调指导等方式，依法"稳、准、狠"打击黑恶犯罪。两级法院共受理涉黑涉恶案件6件，已审结1件、判处罪犯11人，其中首犯梅某被判处有期徒刑十五年。坚持"一案三查"，积极配合监察委办案，深挖"保护伞"，并及时向公安、检察、监委、组织等部门发出司法建议，移送案件线索，将"扫黑""除恶""打伞"工作推向深入。

全力维护社会稳定局面。积极参与社会治安综合治理，深入推进平安随州建设，审结各类刑事案件1378件，判处罪犯1525人，其中市中院审结211件，判处罪犯246人。牢固树立总体国家安全观，审理危害国家安全、国防利益案件2件。始终保持对杀人、抢劫、绑架及涉枪涉暴、黄赌毒等犯罪的高压态势，审结侵犯公民人身权利、民主权利犯罪案件196件，判处201人。持续加大对危害食品药品安全、非法集资、电信诈骗、组织、领导传销等犯罪的惩治力度，判处11件19人，保障人民群众安居乐业。保护历史文物，加大对盗掘古墓葬、倒卖文物犯罪的打击力度，判处5人。依法严惩贪污贿赂、失职渎职等职务犯罪案件53件54人，坚持惩治受贿与行贿并重，市中院依法判决了华某某受贿案、晏某某行贿案等一批职务犯罪案件。加强与监察委的联系对接，联合制定《随州市监察人员旁听职务犯罪案件庭审工作实施办法》，全市法院办理监察委调查的职务犯罪案件8件。

积极服务市场主体发展。坚持平等保护各类市场主体的合法权益，在保护债权人合法权益的同时，注重依法、规范、慎用强制措施，助力优化投资环境和正常的生产经营环境。依法妥善审结各类涉企纠纷案件6349件，标的额32.7亿元，其中市中院审结1282件，标的额20.1亿元。开展知识产权普法进企业活动，审结知识产权案件474件。妥善审理借款合同、民间借贷纠纷2471件，邀请市金融办、银行、企业旁听随州农发行与银华担保公司借款担保案件示范庭审，增强市场主体风险防范意识。开展"飓风行动"，加大胜诉金融案件清收力度，执结152件，收回贷款4308万元，努力防范化解金融风险。加大破产、"执转破"案件审理力度，依法清理"僵尸"企业债权债务，促进企业转型升级。全市法院受理破产案件27件，如市中院依法及时受理长州电力破产案，协调外地法院依法解除土地查封措施，保障地方经济发展。

加大生态环境司法保护力度。依法严惩破坏生态环境犯罪，审结非法砍伐、采挖、排放等破坏环境的案件38件，判处罪犯51人。随县法院在清明节前邀请基层干部群众代表、护林员等见证"2·10"森林失火案公开宣判，积极宣扬爱林护林、文明祭扫理念。积极开展公益诉讼审判工作，通过邀请人大代表、政协委员及社会各界旁听并采取庭审直播的模式，公开审理了4件由检察机关提起的环保行政公益诉讼案件。

【司法服务】 依法保障民生权益。受理各类民事案件14980件，审结12774件，其中市中院受理1883件，审结1820件。维护群众切身利益，认真对待群众最关注的教育、医疗、就业、保险等领域案件，审结902件，结案标的额8100余万元。审结婚姻家庭、继承、赡养等家事纠纷案件2426件，采取积极方式依法保护老、弱、妇、幼的合法权益，如曾都法院为防治家暴发出了全市首份"人身保护令"。服务保障乡村振兴战略实施，审结农村土地承包、经营权流转、农民工追索劳动报酬等案件393件。审结侵权损害赔偿案件1449件，依法保护受害者的人身、财产权益。积极拥护军队改革，依法妥善处理涉军停止有偿服务纠纷案件48件，曾都法院在全省法院会议上进行经验交流。用好司法救助制度，对83名符合救助条件的当事人发放司法救助款118.53万元，为困难当事人缓、减、免诉讼费233.43万元。

努力化解官民纠纷。受理各类行政案件437件，审结393件，其中市中院受理74件，审结72件。推动建立矛盾纠纷联动化解机制，促进行政相对人与行政机关相互沟通、达成和解。联合市法制办等有关部门外出考察先进地区行政首长出庭应诉的经验，推动行政首长出庭应诉工作，行政首长出庭应诉率达88.7%。积极拓展司法建议功能，促进司法和行政的良性互动，发出司法建议12份，其中市中院发出2份，得到了相关行政机关的积极回应，助力行政机关依法行政。

完善司法便民利民机制。在坚持巡回审判、

社区法官制度的基础上，积极推进"枫桥经验"的传承、发展和创新，持续推动矛盾纠纷多元化解，为人民群众提供便捷温馨的诉讼服务。市中院联合市司法局出台《关于开展律师调解工作的试点工作方案》，设立律师值班室，邀请律师参与诉讼调解、接访多元化解矛盾纠纷。随县法院依托"一站一中心"化解各类矛盾纠纷148件，广水法院联合妇联组织成立婚姻家庭调解委员会处理婚姻家庭纠纷23起，曾都法院设立立案调解中心调解案件192件，实现矛盾前端治理，促进纠纷快速化解。

【执行攻坚】 2018年是"基本解决执行难"收官之年，对照最高院各项考核指标，按照省高院统一部署，市中院将2018年确定为"执行攻坚决战年"。运用执行指挥中心，借助大数据平台，通过网络查控系统，在统一两级法院步调的同时，与公安、银行、不动产等部门形成"总对总""点对点"对接，实现了执行机制"一盘棋"。市中院细化工作举措，先后开展了"三大清理"、建立了"四会制度"、推出了"十项举措"，在攻坚决战的冲刺阶段，又开展了"院长在一线"活动，通过视频连线督查执行进度，走访人大代表听取意见建议，赴双剑风机、裕国菇业等重点企业和市农商行等金融部门现场解决执行难题。为帮助基层法院化解执行积案，市中院统筹全市法院执行力量，先后协调7名业务骨干，帮助曾都法院办理执行案件，并以提级执行、交叉执行等方式化解执行积案，迎接全国法院第三方评估。突出执行工作强制性，全市法院累计对7354名被执行人采取限制高消费措施，包括限制乘坐飞机、高铁，限制住宿星级宾馆、旅游度假、子女就读私立中小学等；曝光失信被执行人5189人次，联合27个部门对其贷款、出境、经商、就业等实施信用惩戒；依法对拒不履行生效裁判的失信被执行人予以罚款240件、拘留610人次，以公诉和自诉相结合的手段打击"拒执"犯罪，判处刑罚14人，968人迫于威慑而被动履行，1435人启于感召而主动履行或和解。开展"基本解决执行难"活动三年来，全市法院共受理执行案件14830件，执结13885件，执结率93.63%，其中市中院受理1026件，执结985件，执结率96.00%。

【司法改革】 深化"两评"机制，全面落实司法责任制。进一步强化"两评"结果运用，完善法官惩戒和容错免责机制，优化司法能力评估指标体系。出台《法官业绩考核办法》，实行审判业绩、综合创优、廉政建设全面考评，并作为法官评先表模、竞职晋级、绩效奖励和员额进出的依据。同时狠抓"两评"机制向基层延伸，实现两级法院全覆盖和无缝对接。在继最高院、省高院多次推介"两评"经验的基础上，最高院审管办领导带队亲临随州调研"两评"机制，2018年10月10日，市中院作为全国省会城市以外中院的唯一代表，在全国法院工作会议上作大会经验交流发言。中央电视台、人民论坛、人民法院报、人民法治等中央主流媒体作了跟踪报道。

2018年10月10日，随州市中级人民法院院长董伟威在全国法院审判管理工作会议上作交流发言

探索司法体制综合配套改革。完善新型审判权运行机制，在案件分配方式上实行由领导指定分配向系统随机分配转换。坚持"谁审判、谁负责"的法官直接办案负责的原则，全市法院院、庭长直接办案占比达69.94%，合议庭直接签发裁判文书占比为98.55%。健全新型审判管理机制，强化院庭长监管职责，市中院经院庭长提议召开法官联席会议83次，并对"四类案件"实行重点监管、全程留痕。推行案件繁简分流机制，实行简案快审、繁案精审，全市法院适用简易、速裁程序结案6408件，占比30.96%，平均结案天数较上年

缩短3.4天。落实审判流程、庭审视频、裁判文书、执行信息"四大公开"，公开各类信息24025条、文书16855篇，院长担任审判长带头开展首场庭审直播活动，全市法院累计直播庭审113场次。统筹推动法院内设机构改革，各基层法院内设机构改革方案已经报批。市中院与省委党校共建"法治湖北和司法改革"校外教学基地，省委党校组织多批学员来市中院开展现场教学。

推进以审判为中心的刑事诉讼制度改革。按照"三项规程"要求，稳步推进刑事庭审实质化改革。认真推进庭前会议机制，全市法院先后对38件重大疑难案件召开庭前会议，提高庭审实效。积极推进侦查人员、证人、鉴定人等出庭作证机制，选择典型案件传唤证人出庭51人次，促进控辩双方平等对抗。慎重审理辩护人申请非法证据排除的案件6件，坚持罪刑法定、疑罪从无等原则，依法对2名被告人宣告无罪。支持基层法院创新机制、先行先试，曾都法院积极尝试认罪认罚从宽制度改革，对153件危险驾驶、交通肇事罪案件实行认罪认罚从宽处理。随县法院实行"轻刑快审"，对38件刑事案件适用简易程序审理。

【司法能力建设】 组织干警参加上级机关举办的各类培训150余人次，提升干警业务水平；继续举办"法官讲堂"、积极参加"政法夜校"，邀请吴汉东、康均心、洪浩、徐亚文、赵静等多名专家学者对干警进行理论辅导和实践指导；院领导带头开展庭审示范，为年轻法官传授庭审驾驭技巧；持续开展"三优三手"司法技能大比武，促进比学赶超、争先创优，形成良性竞争激励机制。统筹兼顾抓基层基础建设。扎实推进全市法院诉讼服务中心升级改造和"智慧法院"信息化建设。坚持人、财、物投入向基层倾斜，积极协调基层法院化解"案多人少"矛盾，市中院派出4名干警协助曾都法院完成审判执行任务。加大对基层法院财政预算支持力度，保障基层法院完成3个人民法庭新建、改建工程。

司 法 行 政

【概况】 2018年，随州市有律师事务所14家，律师125人；基层法律服务所34个，基层法律工作者119人；公证处4家，公证员18人；司法鉴定机构3家，司法鉴定人员21人。市司法局以公共法律服务体系建设为总抓手，统筹、盘活、做优、做强司法行政各项工作，高标准完成年度工作目标，连续第七年被市委、市政府评为责任目标考核优胜单位。

【公共法律服务体系建设】 整合各类法律服务资源，加快推进覆盖城乡的公共法律服务体系建设。依据司法部《关于推进公共法律服务体系建设的意见》，市、县、乡三级公共法律服务平台全部建成；落实一村（社区）一法律顾问制度，全市村（社区）法律顾问实现全覆盖；结合"法律援助为民服务创先争优年"活动，加强法律援助窗口建设，全市建立法律援助工作站45个，驻法院、看守所法律援助工作站实现全覆盖；打通服刑人员家属会见"最后一公里"难题，全市远程视频会见系统正式上线运行，全市基本实现法律服务"半小时服务圈"。

【法律服务】 创新开展特色法律服务，结合污染防治工作，联合环保部门组建法律顾问团和环境纠纷调解委员会，为环境保护提供专项法律服务。2018年，全市各级法律顾问开展环保"零距离"法律咨询、维权指引、公益讲座等法律服务120余场次；结合人民监督员选任管理，遵照《随州市人民监督员选任管理实施办法》，加强

2018年3月30日，随州市中级人民法院与湖北省委党校共建教学实践基地揭牌

人民监督员履职培训，全市人民监督员共参加检察检务活动2起45人次，监督案件15件，有效促进检察机关工作的透明度和公信力；结合扫黑除恶专项行动，组建律师讲师团在全市开展扫黑除恶大普法、大宣传，全市共有17名律师代理19起涉黑涉恶犯罪案件。

2018年10月，随州市公共法律服务中心建成投入使用，该中心位于随州市曾都区城南新区迎宾大道9号，市司法局办公大楼一楼

【法律援助】 加强法律惠民建设，开展法律援助服务精准扶贫工作，为全市17万建档立卡贫困户开辟法律援助绿色通道，确保贫困户不因缺少法律知识而返贫，不因打不起官司影响到全市脱贫攻坚。2018年，全市共办理法律援助案件1225件，法律援助事项12275件。全市律师办理刑事诉讼案件200余件，民事诉讼案件1500余件，行政诉讼案件80余件，非诉讼法律事务800余件。公证机构办理公证560余件，办理司法鉴定3149余件。

【法制宣传教育】 落实普法责任制。市司法局以"七五"普法为抓手，认真落实《关于实行国家机关"谁执法谁普法"责任制的意见》，为全市72个党政机关和具有公共管理职能的社会组织建立普法责任清单，围绕责任清单，全市开展"12·4"宪法演讲比赛、环保世纪行、税法宣传周等系列普法宣传活动，掀起学法普法热潮。

突出重点人群普法教育。围绕年度工作重点，重出加强两类人群普法：一方面狠抓国家干部（领导干部）这一"关键少数"，将全市各地各单位党政主要负责同志履行法治建设第一责任情况纳入考核体系，联合市委法治办出台《普法责任单位年度述法制度》，将领导述法行为规范化，组织召开全市集中述法大会。全市国家工作人员无纸化学法用法覆盖率达100%。另一方面加强青少年这个"重点人群"普法力度，举办全市青少年学宪法、讲宪法演讲比赛，在全市所有中、小学开设法治教育课，让学法成为中小学生必修课。2018年9月，省"七五"普法督查组来随开展"七五"普法中期督查，对随州市"七五"普法中期工作给予高度的肯定和赞誉。深化"法律六进"活动，以法律六进为抓手，在全市广泛开展《宪法》《监察法》《环境保护法》《统计法》等法律法规学习，组织机关企业事业单位开展集中学习600余场次，举办形式多样的法制宣传教育活动800多场次，印发法制宣传单2万余份。

2018年5月，市普法办联合市教育局、市检察院在季梁学校举办"关爱明天 与法同行"法治讲座

推进法治文化建设。在推广宣传神农法治文化公园、广水青少年法治文化教育基地等法治文化品牌基础上，广泛开展法治文化村、法治文化广场、法治企业等法治文化阵地建设，曾都区被评为第四批"全国法治县（市区）"，尚市店居委会、草店子社区被司法部授予第七批"全国民主法治示范村（社区）"。

【社区矫正】 加强特殊人群管控，全面落实社区服刑人员和刑满释放人员管控的人防、物防、技防措施，加强困难帮扶，确保特殊人群的安全可控。全市1040名社区服刑人员管控率达100%。

围绕"两会"、寻根节等关键时期，在全市范围内开展了社区矫正执法专项检查，对全市社区矫正对象监管情况进行全面清查，对社区服刑人员违规对象警告30人次。积极开展联合帮教活动，继续与"随州市社区矫正警示教育基地"——襄南监狱开展联合帮教，协调民政等相关部门对生活困难的社区服刑人员和刑满释放人员开展临时性救助，全市刑满释放人员安置率达95%以上、帮教率达100%。

【人民调解】 筑牢人民调解第一防线，以全市1326家人民调解组织为依托，配合各级党委、政府集中精力、集中人员，深入开展拉网式排查，全方位排查不稳定因素，从源头上预防群体性事件的发生。全市有一个集体和两名个人被司法部授予全国人民调解工作先进集体和个人。2018年，各人民调解委员会共调解案件7200余件，调解成功6900余件，调解成功率96%。稳步推进律师参与信访工作，认真总结推广"律师三进"新模式、新机制，在神农律师事务所、天赋律师事务所开展律师代理涉法涉诉信访申诉试点，引导群众通过法律途径解决诉求。2018年，全市律师和法律工作者参与涉法涉诉信访值班共计250余天，接待当事人及信访群众900余人次，参与处理涉法涉诉案件70余件，主持罢诉案件40余件，出具法律意见书80余份。

军 事

驻 军

【思想政治建设】 2018年，随州军分区坚决贯彻党的十九大精神和上级党委决策部署，按照"围绕备战打仗、强化政治引领、聚焦主业用力、积极创新发展"的工作思路，狠抓各项工作落实，部队建设保持稳中有进、向上向好的发展态势。紧盯举旗铸魂抓思想引领。坚决落实习主席"抓军队建设首先要从政治上看"的重要指示，强化思想引领，坚定看齐追随，牢牢把握军分区建设方向。坚定信仰信念。全面贯彻落实军队党的建设会议精神，深入抓好"维护核心、听从指挥"主题教育，广泛开展"军委主席负责制"专题教育，跟进搞好时事政策教育，重申政治纪律要求，全体官兵增强"四个意识"、坚定"四个自信"、做到"两个维护"，贯彻军委主席负责制，坚决做到任何时候对党绝对忠诚、思想绝对纯洁、政治绝对可靠。

凝聚强军意志。结合"传承红色基因、担当强军重任"主题教育，扎实开展破除"和平积习"专题教育整顿，针对少数官兵"和平时期仗打不起来""后备无用、后备后用"等模糊认识，围绕"强军实践干什么""职责任务是什么""能打胜仗练什么"等问题进行大讨论，组织官兵观看《红海行动》，举办"强军战歌"大合唱等活动，不断增强官兵使命意识和忧患意识，激发当兵打仗、练兵打仗、带兵打仗的强军动力。

反对"四风"陋习。坚持肃清郭徐流毒影响，扭住思想清理这个根本、组织清理这个关键，进一步纯净思想、纯洁队伍、纯正风气，党委班子成员在改进作风上带头作表率。军分区各级在深入搞好对照检查、开展批评与自我批评的基础上，采取书面征询、组织座谈等形式，收集意见建议，并逐条认账领账，研究制定整改措施，明确完成时限，一些涉及官兵切身利益的问题得到较好解决。

双拥共建。组织全区官兵积极投身地方经济建设、平安建设和精准扶贫，截至2018年年底，累计出动官兵600余人次，投入帮扶资金30余万元，对口帮扶困村4个，重点扶植"小龙虾"养殖、艾草种植等产业，军地合力打好扶贫攻坚战。主动为军人军属排忧解难，妥善处理涉军维权案件17起，军政军民关系更加巩固。曾都区人武部被中部战区及所辖7省（市）政法委联合表彰为"维护国防利益和军人军属合法权益工作先进单位"。

【战备训练】 坚持备战打仗中心地位不动摇，紧贴军分区使命任务，积极拓展和深化军事斗争准备，部队遂行任务能力有新的提高。加强规范化战备方案。2018年初，组织对师团两级战备方案、应急预案和兵要地志进行修订，现地勘察主要河流、大中水库，组织作战值班业务培训、营区应急分队训练演练，战备制度落实良好。组织全区应急力量进行带实战背景的"三城四地"大点验、大拉动。加强信息化系统建设。组织人员赴襄阳、荆门学习考察，投入80余万元建成军分区机关大门、办公楼门禁管理系统，完成军分区本级及3个人武部作战指挥高清会议系统改造。加强实战化训练演练。联合驻地军兵种部队，集中组织对口保障军兵种分队民兵圆满完成训练任务，创下军分区民兵训练"四个最"（规模最大、模式最新、融合最紧、贴战最近），经验做法被军委国防动员部要讯、《中国国防报》刊发。择优选送4个课目，参加省军区比武竞赛，6人被通报表彰。其中，随县民兵应急连排长刘波被评为优秀"四会"教练员，受到省军区领导大会点名表扬。加强应急化实战检验。落实抢险兵力，检修、补充装备器材。2018年初，面对多年不遇的冰雪灾害，随县应急民兵分队克服冰雪路滑难行进、天黑风烈难组织、线长人散难指挥等困难，奋战10余个小时，为312国道和212省道除冰近30公里，解救转移受困群众50多人，出色完成应急救援任务。2018年，先后出动民兵应急分队完成"乡村赏花游""乡村马拉松""神农牡丹节""中国农民丰收节""寻根节"安保执勤任务。随县人武部被省军区评为"军事训练先进单位"。

【国防动员工作】 严格落实党管武装各项制度，坚持把国防动员工作纳入各级党委政府议事日程统筹谋划，积极推进国防动员工作军民融合深入发展。认真组织潜力调查。5月份和7月份，认真组织两次国防动员潜力调查工作，采集和更新政治动员、人力资源、国民经济、科学技术、交通运输、人防通信、医药卫生等方面数据，较为全面、准确地掌握本地、本部门的动员潜力情况。

大力加强民兵建设。深刻把握省军区"十个到位"要求，坚持民兵调整改革高起点谋划、高标准推进。坚持三个导向（问题导向、目标导向、结果导向），健全三类制度（日报告、周评比、终排名），突出六大活动（专项调研、业务培训、现场观摩、巡视督导、检查验收、集中点验），如期完成全市基干民兵的编建任务，后备力量得到有力加强。经验做法被中国民兵头条推送。

深入开展国防教育。联合市委宣传部在全市开展国防教育月活动，评选"寻找新时代最美国防人"，大力宣传为强军兴军作出突出贡献的先进典型。结合全民国防教育日和烈士纪念日，先后组织和举办军训阅兵、国防知识讲座、烈士纪念仪式、观看爱国教育片等活动，取得良好的社会效应，全民国防意识普遍增强。

扎实做好征兵工作。坚持把征兵工作作为政治任务来对待、作为主官工程来推进、作为硬性指标来落实。4月18日，在随州职业技术学院启动大学生征兵工作仪式，4月24日至26日，联合市教育局对辖区21所高中（中职）学校征兵准备工作进行拉网式检查，集中进行网上兵役登记和征兵政策宣讲，共发送手机短信10万余条，发放征兵宣传单5万余份，调动适龄青年参军报国热情，圆满完成新兵征集任务。为减少2018年退兵人数，军分区强力督导各县市区严格追究了2017年的退兵责任，组织进行役前教育训练，通过教育训练淘汰86名身体和思想有问题的青年，征兵工作经验做法被《人民日报》刊发。

【部队管理】 认真落实军委国防动员部和省军区安全工作指示精神，坚持把安全工作作为"党委工程、主官工程"紧抓不放，切实打好安全防范主动仗。注重抓教育，筑牢官兵思想防线。针对调整改革期间官兵思想活跃实际，组织学习国动部6个法规文件，广泛开展大谈心、跟进进行政策宣讲、落实"安全工作责任制"，先后8次召开安全形势分析会，4次评估安全风险，确保官兵思想稳定。

注重抓活动，正规部队管理秩序。先后开展"贯彻落实新条令，塑造军队好样子""遵章守纪、安全行车、树好形象""百日安全"等活动，细化修改4类12个管理规定，分专题组织新条令学习，印制新旧条令对比手册，邀请专家授课辅导，集中观看警示教育片，人人撰写对照检查，官兵依令而行的意识不断提升。

注重抓督导，安全隐患整治彻底。以保密专项清查整治、安全大检查等工作为抓手，集中组织动员部署，采取常委带队、分片包干、逐项过关的方法，8次对各单位战备值班、办公秩序、信息保密、仓库管理和人员车辆在位情况进行专项检查，采取"对账销号"的方式，对发现的隐患问题逐项整改，省军区保密专项检查总评优秀。强力推进军分区机关及人武部正规化建设，全区3个人武部全部达标，受到省军区党委、首长的充分肯定。

【综合保障】 积极适应调整改革转型发展，坚持以制度规定为根本，以提升质效为目标，不断提升综合保障能力水平。紧紧围绕中心搞好服务保障。按照后装准备常态化、实案化、实战化要求，先后修订完善2类12种保障方案计划，综合保障能力稳步提升。坚持财力向战斗力聚焦，2018年，军分区履行职能任务和加强基层建设的经费预算达到全部财力的85%。扎实开展武器弹药交接调运。指导广水市人武部协调当地公安、消防、医疗等单位，搞好湖北省民兵报废弹药销毁保障，完成报废弹药销毁任务。持续推进全面停止有偿服务。主动发挥牵头协调作用，先后召开6次全面停偿项目推进会，停偿阶段性工作任务完成较好，军分区38个项目已经全面彻底关停。着力改善官兵工作生活条件。先后对军分区机关一楼值班室、七楼机房、作战室配房进行升级改造，对招待所、战士洗澡间进行整修，新建停车棚，进一步改善工作生活环境。

消 防

【概况】 2018年，随州消防支队围绕"班子队伍纯洁可靠，履职能力稳步提升，基层基础巩固发展，争先创优导向鲜明"四大核心任务，打造"一流的队伍、一流的业绩"，真抓实干，锐意进取，实现全市消防工作和队伍建设的跨越发展。

【安全责任督导】 市委书记陈瑞峰专题听取消防工作情况汇报，并作出重要指示。市长郄永红多次实地调研消防工作和队伍建设，带队检查消防工作。市政府召开常务会专题研究消防综合应急救援基地建设、消防信息化建设等重大问题，将消防工作纳入政府安全生产责任目标和政务督查内容，构建"党委考评、人大监督、政务督查、纪委问责、综治考核"五位一体的责任督导机制。消防安全委员会实体化运行，先后召开联席会议4次，开展行业会商3次、约谈提醒4次、函告提示函92份、工作建议书7份。将国务院办公厅《消防安全责任制实施办法》纳入各级党校干部培训班课程，对全市各部门173名党政主要领导干部进行"面对面"宣贯和"消防责任"回炉，压实消防安全责任。

【消防隐患排查】 市政府挂牌督办8处区域性火灾隐患和21处重大火灾隐患。消防联合住建、公安、安监、民政、文体、卫计等部门开展易燃易爆场所、"五类场所"（出租屋、群租房、"三合一""多合一"和居民楼道）、居民住宅小区、养老福利机构、公共娱乐场所、博物馆和文物建筑、医疗机构专项检查23次。联合公安、质检、工商部门开展"3·15"消防产品打假专项行动，查处办理随州市政安消防公司虚假宣传、超范围经营、推销不合格消防器材等违法行为。提请市公安局召开全市派出所消防工作会议5次，指导县级公安机关制定派出所年度工作责任清单46份，开展对口帮扶活动92人次，为末端火灾防控工作打下坚实基础。全市消防机构共检查单位6989家，整改火灾隐患10228处，罚款230.0373万元，临时查封85家，责令"三停"87家，行政拘留42人。与上年同期相比，6项执法数据分别上升了55%、57.8%、18.7%、89.1%、81.6%和46.3%。

【消防救援】 全面落实"支队每季、大队每月、中队每周"的练兵考核比武制度，先后召开3次练兵动员部署会，组织4次实战化比武竞赛、10次练兵考核，紧盯"一高一低一大一化一多一密"场所，针对性的开展调研摸底、风险评估和熟悉演练，提请市政府组织开展大型城市综合体应急救援演练。立足应急救援国家队和主力军的新定位，研究出台《随州市综合性消防救援队伍灭火与应急救援专业队建设框架方案》，构建18类灭火与应急救援专业队建设框架，全面夯实战训基础工作。全市共出警1330起，出动力量19578人次，车辆3263台，抢救被困人员163人，保护财产价值9775万元，成功完成"7·14"广水宝林隧道突水突泥事故救援等重大任务，受到应急管理部黄明书记的批示肯定。

2018年12月29日，随州市消防救援支队迎旗、授衔和换装仪式

【消防体系建设】 按照"政府主建、消防主训、派出所主管"的工作思路，推动全市29个乡镇建成政府专职消防队，其中随县在全省率先实现"一镇一队一车"。建成173个单位和社区微型消防站、834支农村志愿消防队，形成"以现役消防队为主体，专职消防队为骨干，重点单位、社区微型消防站为支撑，农村志愿消防队为补充"的多元化消防力量体系。依据《随州市政府专职消防员管理办法（试行）》，在全市新招聘政府专职消防员50人，按照人年均6万元的经费标准纳入财政预算保障，全部分配到基层消防大、中队工作执勤，进一步织密灭火救援力量网络。

【消防宣传】 成立宣传服务队，开展"消防安全360°宣传"活动20余场次。分13批次对民政、教育、村（居）"两委"负责人、网格员和消防安全经理人以及消防控制室值班操作人员、微型消防站站长等6类人群进行消防培训，培养"明白人"15000余人。联合教育部门开展消防宣传进军训、消防优质课评比、消防征文、绘画比赛活动共计12次。发挥微博、微信、抖音等新媒体优势，发布最新消防新闻，传播安全知识，全市户外屏幕五分之一版面实现了消防安全提示覆盖。持续更新拍摄消防情景剧"程参谋唠消防"，并在全市电影院、KTV、商场市场、车站等公众聚集场所进行覆盖投放。

【消防站建设】 队站建设稳步推进，支队培训基地完成立项、选址、国土审批，正在进行征地工作。开发区第二消防站（化工园区）主体已完工，广水"一标两小"消防站已开工建设，曾都区第二消防站（南郊）完成立项和选址手续，随县第二消防站（万和）已纳入建设计划。车辆装备转型优化，坚持"实战主导、逐步优化、提质增效"的总体思路，采购消防车9辆，更新器材装备1300余件（套），开展个人防护装备和泡沫灭火剂统型工作，与湖北江南专用特种汽车有限公司合作组建"装备研发中心"，装备建设逐步实现向"数量充足、性能高尖、贴近实战"转变。

人民防空

【人防工程建设管理】 全年审批人防工程完成年度目标任务的275%，较上年增长25%；竣工项目完成年度目标任务的134%，与上年持平；征收人防工程易地建设费完成年度计划的138%。截至2018年12月，全市新建民用建筑项目综合结建率达到100%。

人防工程质量不断提升。加强工程监管，建成防空地下室全部实现挂牌标示。严把工程建设质量和安全使用关，落实人防工程质量事中事后监管措施，制定防空地下室质量标准，规范行政审批、技术审查、档案资料和质量监督。通过技术交底，全程跟踪监督服务，督促投资、施工、设计、监理、检测和设备安装等各方履行落实监管责任。组织工程质量和消防安全大检查，确保建设质量合格、战备功能完善和安全使用无事故。坚持平战结合，推动人防工程合理开发利用。以地下车库、仓储为主，人防战备效益、社会效益和经济效益得到同步提升。

【执法检查】 全面推行"双随机一公开",积极建立"一单两库一细则",细化量化随机抽取的比例频次,采取书面审查、实地检查、抽样检测等方式,依法对单位(项目)开展检查,下达整改通知书,整改违规问题,特别是对不按规定面积修建防空地下室的人防建设项目加大依法追缴力度。

【指挥通信建设】 人防基本指挥所项目。"161"项目主体工程顺利封顶。在保障工程质量的前提下,实施主体工程、信息化和地面伪装建设整体规划同步展开。信息化建设完成布线和接口预留预埋,年底完成监理招标。地面伪装通过方案评审。

组织指挥建设。指导县市区完成城市防空袭方案和重要经济目标方案修订。开展人防组织指挥、防护救援、重要目标防护、训练演练、思想政治工作、资产资源管理情况摸底和现状调查,完成军事斗争人防应急准备情况评估分析。结合"5·12"防震减灾宣传周、"9·18"国防教育日,组织开展防空防震应急疏散演练和大型宣传活动。

指挥信息系统建设。加强战备通信值班,市卫星通信系统、北斗导航、军用电台和视频会议系统全部实现与省办对接且互联互通。落实警报设备维护管理"六有"要求,启动警报器改频工作,提高二次报警能力,依法开展警报试鸣活动,警报器鸣响率、覆盖率均达到100%。

人防训练演练常态化。依照人防训练大纲,编制和落实机关训练计划,并与"三楚"训练内容相融合,实现训练计划、训练内容和训练人员三落实。组织全员、实装赴桐柏地区开展机动指挥所跨区演练,参加西部片区综合演练。

新型群众防空组织建设。实现人防专业队整组扩建,组建编成伪装设障、信息防护和心理防护专业队,七支专业队扩充到十支。

【法制宣传教育】 严格执行执法"四制",所有报建项目全部实行集体研究、集体决策。按照法无授权不可为原则,自觉取消自由裁量权。防空地下室建设或易地建设行政审批,实现一个项目一次会议,一个档案。2018年来除政策规定和政府明确的减免以外,民防办自身无任何减免行为。开展行政执法检查和执法质量考核评议,完善"结建"项目档案管理,确保行政执法无任何过错。将人防法规纳入全市"七五"普法和依法治市活动内容,实行"两法"衔接,建立"双随机一公开"制度,制定落实执法检查办法。设立执法人员名录和执法相对人(企业)名录库,随时公开执法结果。结合人防宣传"五进",在学校、街道社区组织举办多形式的普法宣传活动。与报社、广播电视台和文明网建立民防宣传战略合作关系,利用传统媒体和新媒体扩大民防宣传范围。举办集中宣传活动2次,制作标语横幅9条,立挂图树展牌4次,办网络报刊专版(随州日报)2次,印发宣传资料3千余册,征订发放《中国人民防空杂志》160份,营造良好的宣传氛围。

【县级人防工作】 加强县级人防工作全方位指导,履行领导、指导、监督职责。组织县市区人防办主任赴宜昌、荆门、孝感等地开展参观见学活动,开阔眼界思路,促推"两所一基地"建设。组织召开县级人防部门见学研讨交流会,专题研究解决"结建"管理、"两所一基地"建设和易地建设费收管用问题整改。开展人防工程质量检查、易地建设费稽查、"双随机一公开"执法检查监督。邀请随州军分区、随县政府主要领导在随县人武部召开指挥所项目建设联席会议。

【民防改革创新】 深化"放管服"配套改革,去孤岛、降风险、补短板。按照省、市审改办要求,对涉及人防职能的取消下放行政审批事项全部落实到位。推行政务服务中心窗口集中办理,将所有13个行政审批事项和6个公共服务事项全部纳入中心窗口。推行网上在线审批,率先实现所有审批事项全部在湖北政务服务网上办理。按照行政审批提速增效的要求,将法定办理时限压缩一半以上,绝大多数项目审批在3个工作日以内完成,并实现"零投诉"。

启动城市规划区人防工程控制性详细规划编

制工作。召开详规编制咨询会，计划分两个年度安排，完成城区80平方千米详规编制。完成城区人防工程现状调查，收齐汇总第一手资料。2019年将完成详规编制，规划评审论证通过后，与城市总体规划衔接，作为引导人防工程建设布局的指导性规范。

融入城市综合体建设管理。加强与规划、国土部门的沟通协调，组织外出学习考察，向市委市政府提出城市地下空间开发试点工作合理化建议。开展城市地下空间开发利用探索，完成解放路地下人防工程建设可行性研究。主动融入市城投公司开发的城东综合体建设，要求将城市综合体建设列入政府重大工程建设项目被获批准。但由于市城投公司融资发生困难，此项工作暂时被搁置。

征兵工作

【概况】 2018年，随州市委、市政府和军分区坚决贯彻落实军委国防动员部、省军区指示要求，紧紧围绕征集高素质兵员的目标，强化领导，精心谋划，狠抓重点，军地合力，圆满完成2018年度新兵征集任务。

【强化组织领导】 市委、市政府和军分区始终把征兵工作摆在重要位置，坚持"三个强化"打好基础。强化形势研判，针对2018年征集任务数降低，大学生征集比例提高的情况，坚持未雨绸缪、加强研判，打好主动仗。围绕提高大学生征集比例、落实好大学生优惠政策、抓好体检和政治考核、提高兵员质量等问题展开讨论，从政策、制度等层面提出解决思路和具体办法。强化主体责任，进一步加大征兵工作组织领导力度，实行征兵工作"一把手"负责制，将征兵工作纳入地方党政领导干部考核评价体系，纳入双拥模范城（县）命名考评内容，实施综合考评。强化工作指导，按照"一季征兵，四季准备"的要求，把征兵工作作为政治任务来对待、作为主官工程来推进、作为硬性指标来落实。深入3个县（市、区）49个乡镇165个村组（社区），采取听取汇报、座谈讨论、实地调研、查阅资料等方式，深入挖掘兵员潜力。

【征兵宣传】 把宣传发动作为激发适龄青年参军热情的重要手段，围绕"三个突出"做好文章。突出常态教育，将征兵宣传纳入全民国防教育、纳入学校和企事业单位政治教育计划，推进征兵宣传进机关、进企业、进社区、进农村、进学校，进一步强化政府依法征兵、单位依法履职、公民依法服役的自觉性。5月至6月，在全市开展"征兵宣传进校园"活动，给每名适龄青年学生发放参军入伍宣传册，现场组织征兵政策咨询，掀起集中宣传发动的高潮。突出政策激励，以院校为主阵地、以高学历青年为主群体，举办大学生征兵报名仪式，印发《给高校大学生的一封信》，印制大学生参军宣传手册并随高考录取通知书寄发，宣传大学生士兵优先提干、复学考研加分、学费补偿、助学贷款以及退役士兵免费职业教育和技能培训等优惠政策，帮助算好政治账、经济账、成才账，充分激发大学生参军报国热情。突出时代特色，结合当代青年获取信息特点和生活方式，在用好广播、电视、报刊、标语等传统手段同时，充分运用手机网络等新媒体进行全方位、立体式宣传发动，全市共发送手机短信10万余条，发放征兵宣传单5万余份。市征兵办开通征兵微信，全域播放征兵宣传片，实时发布征兵政策信息，公布征兵工作进展情况，及时解答应征青年疑问。

【兵员质量把控】 以兵员质量为核心，严把"三个关口"确保质量。严把体检政考关口，按照省征兵办下发的《征兵体检站设置标准》设站，规范体检程序和秩序，抽调技术精湛、责任心强、作风正派、严守纪律的医务人员组成体检组，严格按照标准组织体检。联合公安部门组织政治考核业务培训，严格按照程序组织政治考核。严把役前训练关口，制订役前教育训练实施计划，对役前教育训练内容、时间、人员、档案等进行统一规范，进行一周役前教育训练，检验应征青年入伍动机、坚定参军报国理想信念。严把审批定兵关口，坚持集体定兵制度，由人武部、卫生、公安、纪检、基层武装部等共同参加定兵会，军分区派出3个工作组参加3个县（市、区）定兵会，把好审批定兵的关口，确保新兵质量。

【廉洁征兵】 贯彻落实党中央关于改进作风和加强党风廉政建设的决策部署，在三个方面下功夫抓好廉洁征兵。在加强教育上下功夫，组织学习廉洁征兵规定要求、廉洁征兵典型案例，树牢警戒意识和自律观念，全市所有征接兵工作人员全部签订廉洁征兵责任状。在规范制度上下功夫，按照《随州市"阳光征兵"实施办法（试行）》，一次性将征集任务下达到县（市、区），全面使用网络版征兵信息管理系统跟踪管理，联合市卫计委从随州市中心医院抽调12名专家对3个县（市、区）体检合格青年进行复检抽检。严格落实《征兵政治考核工作规定》，成立走访调查专班，逐人签订参军服役志愿书。严格按照基层推荐、审核把关、会议确定、组织公示的程序组织审批定兵。在严格执纪上下功夫，邀请人大、政协、高校老师、热心群众及退役人员共计158人担任"廉洁征兵督导员"，成立廉洁征兵军地联合检查组，采取不打招呼、不定时间、明查暗访等方式，走访调查预定新兵及家长，电话咨询应征青年，确保征兵工作始终在阳光下运行。

文化·体育事业

综　　述

【概况】全市公共文化体育服务基础设施逐步健全，共有博物馆4家，图书馆5家，非遗馆2家，农家书屋1034家，文化（群艺）馆5家，纪念馆1家，剧场2家，村级文体广场（文化服务中心）486家，社区文化活动室36家，乡镇文化站（中心）41家。

随州花鼓艺术剧院组织传承人辅导校园学生学唱花鼓戏

群众文化体育活动形式多样、丰富多彩，坚持开展广场舞大赛、新年音乐会、全民阅读活动、全民健身活动、非遗展演等多项群众文体活动。突出区域特色，创建"一县一品""一乡一品"。通过"十佳民间艺人"的评选，独人轿、独角兽、独轮车、义阳大鼓、皮影戏等多种民间传统特色文艺形式得以传承和弘扬；充分利用"中国民间书法艺术之乡""中华诗词之乡""中国楹联城市"品牌优势，成立书法、诗词楹联协会，吸纳会员近万人。

随州文化遗产丰富，全市有不可移动文物1966处，其中古文化遗址566处、古墓葬808处、古建筑446处、古石刻32处、近现代重要史迹114处。已公布全国重点文物保护单位2处、省级文物保护单位34处、市级文物保护单位215处。全市现有国家级"非物质文化遗产"3项、省级"非物质文化遗产"14项，市级"非物质文化遗产"85项。

文化市场管理更加规范。全年共开展春节、"两会""五一""中秋·国庆"期间文化市场专项检查、印刷出版物市场专项检查、娱乐场所专项检查、文化公安联合执法、文化消防联合执法等共10次，日常市场巡查工作不间断，共出动执法人员1200余人次，检查各类文化经营单位860多家次。

文艺工作者深入学习习近平总书记系列讲话精神，坚持百花齐放、百家争鸣的"双百"方针，坚持文艺为人民服务、为社会主义服务的"二为"方向，举行了丰富多彩的文艺活动，创作了形式多样的文艺作品，在全国、全省范围内多次获奖，推动了全市文学艺术更好地为随州的社会、经济、文化服务。

全市有体育公园1处，体育运动场2处，省级农民体育健身工程300余处，国家级、省级乡镇农民体育健身工程9处，健身路径468处。围绕群众身边的健身设施建设，完成19个省级新全民健身工程基础工作，启动随州前进全民健身中心建设，随州体育综合体建设纳入全市城市发展规划。围绕群众身边健身活动开展，推进办赛模式改革，首次将66项群体赛事活动实行政府向社会公开购买，并全部顺利举办。

社会文化

【概况】 市、县（市、区）、乡镇（办事处）、村（居委会、社区）四级文化基础设施网络基本建立。全市已有市级图书馆1个、县级图书馆4个（其中1个达国家二级馆标准，3个达国家三级馆标准）；县级文化馆（群艺馆）5个（其中1个达国家二级馆标准）；书画院1个；专业艺术剧团2个；博物馆4家；41个乡镇综合文化站全面完成维修或改（扩）建；社区文化中心7个，社区文化活动室36个，实现城区社区文化活动室全覆盖。2015年至2018年共建设完成农村（社区）综合文体广场321个，其中市级建设300个，县级配套建设21个，包括88个省级基层综合文化服务中心示范点，广场总面积约306300平方米。全市共有618个村、152个社区配备体育健身器材。建成农家书屋1034个，实现了村级全覆盖。3个县市区都配备流动舞台车、流动电影放映车和流动图书车。3个图书馆建设公共电子阅览室，市级和县市区文化信息资源共享工程支中心均已投入使用。有线广播电视光纤网络连通所有乡镇，全市8.75万户开通广播电视"户户通"，836个村安装智能广播"村村响"；每年免费放映公益电影1.1万场次。

2018年5月，随州市武术爱好者快闪活动

文化市场、文化交流

【概况】 全市文化市场综合执法队伍按照文化部、省文化厅工作要求，认真开展网络文化市场等市场巡查工作，办结提供载有危害社会公德或者民族优秀文化传统内容的文化产品的网络案件1件，办理擅自从事营业性演出案件2件，办理接纳未成年人案件4件。全年共开展春节、"两会""五一""中秋·国庆"期间文化市场专项检查、印刷出版物市场专项检查、娱乐场所专项检查、文化公安联合执法、文化消防联合执法等共10次，日常市场巡查工作不间断，共出动执法人员1200余人次，检查各类文化经营单位860多家次。随州文化企业参加第十四届中国（深圳）国际文化产业博览会，65件曾侯乙编钟复仿件亮相湖北展馆，吸引了中央、省市以及深圳当地电视台、媒体的高度关注。

【文化执法培训】 3月下旬，随州承办全国第十六批网络文化以案施训活动，市文化市场综合执法支队执法人员、县（市、区）文化市场综合执法大队负责人参加施训，来自河北省、黑龙江省5个地市及湖北省7个地市等20多名执法业务骨干全程参与活动。4月中旬，选派市文化市场综合执法支队唐道远、王磊两位同志赴浙江嘉兴参加全国第十六期以案施训培训班。为全面提高文化市场行政执法人员的政治素质、业务水平和依法行政能力，6月14日，举办2018年全市文化市场管理干部与综合执法人员培训班。制定下发《随州市岗位练兵技能竞赛活动计划》《随州市推广应用文化市场移动执法系统实施方案》。

【文化市场执法】 新闻出版市场执法：市文化市场综合执法支队对市城区、随县、广水市、曾都区的23家印刷企业进行安全生产及规范经营检查。在国家新闻出版广电总局、省新闻出版广电局开展的印刷企业专项检查中，随州市文化市场综合执法支队的文化市场行业"巡检表"及执法全程摄录的做法受到高度关注和好评,并在《出版印刷企业执法工作》"2018印刷复制内资亮剑滚动督查第一季第3期"通报中获得肯定。

文物执法:文物执法工作纳入文化市场综合执法常规工作内容,制定"文物保护单位巡检表",多次开展文保单位摸底调查。针对全国重点文物保护单位——擂鼓墩古墓群一类建设控制地带内马家榨社区八组等处违法建设事项,下达"责令改正通知书",督促采取补救措施进行修复。

文化市场执法改革:督促县、市、区积极推进文化市场执法改革工作;撰写上报全市文化市场综合执法队伍运行体制和执行能力存在问题及对策调研文章;积极争取将文化市场综合执法人员纳入参公管理。

【文化市场转型升级】 根据省文化厅统一部署,随州出台方案并启动随州市2018年ECGC电竞大赛活动。自开赛以来,100多支队伍参与选拔,有力地促进随州市文化市场行业转型升级和产业发展。经过角逐,胜出的四支战队参加8月10—11日鄂西北片(孝感)区赛,HAPPP战队脱颖而出荣获亚军。

公共文化服务

【概况】 完成戊戌年世界华人炎帝故里寻根节祭祀拜谒大典文艺活动,以文物展览、编钟音乐会、编钟摄影书法展和编钟学术研讨会等为主要内容的纪念编钟出土40周年活动陆续开展。广水市成功创建"湖北省民间文化艺术之乡",随县成功创建第三批省级公共文化服务体系示范区。广泛开展文化惠民活动。全市共组织"送戏下乡"290场,完成率90%;"送戏进校园"429场,完成率62%。在春节、元宵节、端午节、国庆节、中秋节等节日开展群众喜闻乐见的文化活动200余次。

【公共文化服务体系建设】 加快构建现代公共文化服务体系建设纳入"十三五"规划,成立随州市公共文化服务体系建设协调领导小组,印发《关于加快构建现代公共文化服务体系的实施方案》《关于做好政府向社会力量购买公共文化服务的通知》等重要文件,开展第四批国家公共文化服务体系示范项目创建、第三批省级公共文化服务体系示范区创建等重点工作,促进随州公共文化服务体系建设。2018年8月下旬召开全市公共文化服务体系建设推进会,加快随州公共文化服务体系建设。完善文化服务基层设施,被列为市政府2018年民生实事的100个基层综合文化服务中心(含文体广场)建设项目已建成70个,完成率70%。全市乡镇综合文化站提档升级工程已完成目标任务的80%。市图书馆流动图书车新增6处服务站点,服务站点总数达到27处,省文化厅为随州两个剧团分别配备流动文化车1台,为文化下基层宣传创造条件。

【公共文化活动】 随州市本级和县市区所有公共文化馆、图书馆、美术馆、文化站、农家书屋、社区文化室等公共文化场所全部实行免费开放。全市"三馆一站"年均开展公益活动和公益服务项目310(项)次,组织大型活动展览70次,全年免费培训3万人次以上。市图书馆每周开放时间63小时,年举办讲座28场,人均藏书量0.094册,人均年新增图书量0.015册,数字资源量10TB,提供免费Wi-Fi。市博物馆每周开放时间48小时,常年设有基本陈列5项,年举办专题展览5次,年开展公共文化艺术教育活动10次。每个书屋配备图书均不少于1200种1500册,音像制品不少于100张,报刊不少于20种。每年为每个农家书屋续订报刊、音像制品10种,补充更新图书不少于100册。开展"星级农家书屋"创建、"优秀管理员"和"星级读书户"评选活动,调动群众参与农家书屋管理和读书的积极性。强化市图书馆流动图书车和县级流动舞台车、流动文化车运转和管理,提高使用效率,发挥服务作用。督导各地开展数字图书馆和公共电子阅览室建设,推进共享工程建设。市图书馆创新实行总分馆制,在馆外设置流动书点10处,常年开展图书流动配送和基层群众文艺辅导,实现了政府供给和群众需求的紧密对接。实施推进图书馆总分馆制和"你读书·我买单"社会化服务，多渠道提供公共服务产品和项目，让读者享受私人定制文化服务。

2018年8月21日，随州市公共文化服务体系建设推进会在广水市召开

文学艺术

【概况】 随州市文联带领全市文艺工作者深入学习习近平总书记系列讲话精神，坚持百花齐放、百家争鸣的"双百"方针，坚持文艺为人民服务、为社会主义服务的"二为"方向，聚集正能量，唱响主旋律，组织了丰富多彩的文艺活动，创作了形式多样的文艺作品，进一步推动了全市文学艺术更好地为随州的社会、经济、文化服务。

【文艺成果】 由22位作家编写的《随县文化图典丛书》18卷本由武汉出版社出版发行；周龙荣个人书法展在武汉举行；广水12位作家的《广水文化丛书》12卷本出版。随州市书协副主席周龙荣被省文联、省人社厅评为"先进工作者"；由随州市文联、作协主办的《编钟》杂志被评为"湖北文学奖内刊奖"；随州市音协副主席马杰、随州花鼓剧院院长何敬国，2018年被省文联、省志愿服务队表彰为"优秀志愿者"。

【文艺活动】 组织六进活动。2018年1月，市文联先后组织市书协、市老年书画家协会、书画研究院、艺术院、美术馆、书画院、诗词楹联学会等100多人次先后奔赴农村、机关、社区、校园、企业、军营，开展免费送春联活动，共计书写春联1万多幅。

5月，市文联、市作协、随县县委宣传部在随州新华书店组织了《随县文化图典丛书》18卷本的首发式。

6月，市文联先后配合第11届"炎帝故里寻根节"的有关活动以及炎帝文化庙会活动，共组织60多名文学艺术工作者参加庙会系列活动，演出了一场独具特色的文艺节目。9月23日，首届"农民丰收节"湖北主会场设在随州炎帝景区，随州市文联创作的《丰收颂》《板凳龙》等节目与省红色文艺轻骑兵同台演出，深受广大农民朋友的喜爱。

10月，市文联先后组织市书画研究院、市美协、市书协60人次分别到实验中学、文峰学校、殷店镇东坡中学开展"书画名家进校园"活动。

随州市音协、随州花鼓剧院全年下基层演出110余场，将戏剧、小品、歌舞等节目送到基层群众的家门口。

【培训讲座】 4月和10月，市委宣传部、市文联举办，市书协、艺术院承办，组织了为期两周的"书法骨干培训"活动，特邀请随州籍的在京书法名家曾翔等人赴随授课，80多名随州书法骨干参加了培训，受益颇大，反响强烈。市文联举办先后组织市书协、市美协、市摄协、艺术院、书画院、美术馆、诗词楹联学会开展了10场书画、摄影、诗词楹联等各类培训活动，十多位文学艺术家进行了现场授课，一千多名文学艺术工作者参加了培训活动。

【各艺术家协会】 作家协会：由22位作家编写的《随县文化图典丛书》18卷本由武汉出版社出版发行。该丛书囊括了民间传说、风俗、农事、民歌民谣、地方戏剧等各个方面，是一部随州地域文化的百科全书。该丛书由广西师范大学教授刘村汉主编，省社科联研究员刘玉堂专程来随参加首发式并给予高度评价。广水12位作家的《广水文化丛书》12卷本出版。该丛书包括小说、诗歌、散文等。由省作协"红色文艺轻骑兵"组织的文学讲座在洛阳镇陈家寨举行，100余名文学艺术工作者参加。

摄影家协会：2018年，随州市摄影家协会开展了如下活动：举办了随州市首届全民健身摄影展，展出照片300幅；举办了曾都杯汉十高铁摄影展，展出照片300幅；为随州企事业单位举办了摄影讲座；协助省摄影家协会举办了美丽华宝摄影大赛；在随县草店镇开展了送文化下乡活动，为当地百姓送全家福；金秋十月，随州摄协举行了"摄影家镜头里的大洪山"文艺采风活动，并积极通过网络平台对外推介随州的旅游资源。

美术家协会：2018年，随州市美术家协会分别参与了市文联主办的"古韵新声·编钟出土四十周年书画摄影作品展"、市老年书画作品展，展出美术作品100余件，均为精品力作。将文艺骨干们的美术作品做成网页，在互联网上进行宣传，有20余位美术家近200余幅新作，进入网络空间，为该市艺术家在网络上争得一席之地，为网上宣传随州文艺迈出一大步。利用《随州日报》《编钟》《曾都新闻周刊》副刊、《文峰塔》杂志等平台，全年共刊登美术作品200余幅。充分展示了本市美术创作的实力。在国家、湖北省以及行业报刊上发表各类作品20余幅作品，擦亮了随州艺术的招牌。走市场化艺术之路，以艺养艺成果显著。曾和平、胡清菘、刘恩鹤、郑忠、刘跃元、张绍东、杨奎、杨闻名等同志的作品，有的在网上热销，有的顺利打入市场。据统计，2018年共有50余幅作品交易成功，市场价值达20多万元，该现象表明本市画家已成功挤入当今名流画苑。

市书法家协会：随州市书法家协会举办"曾翔故里行——书法高研班"，为全市培训书法创作骨干400多人次。组织主席团成员和部分理事深入各县、市、区，为基层会员和书法爱好者讲授书法艺术，受训达1500余人次。举办"随州市首届新人新作展"，共征稿360多幅，经过认真评审，共选出110幅作品入展，培养了一批书法新人。积极参与湖北省第五届书法艺术节活动。精心组织，充分发动，举办了"湖北省第五届书法艺术节系列展览——随州市首届书法篆刻展"，印制《随州市首届书法篆刻展作品集》600册。大力开展"书法惠民"活动。2018年年初，市书协组织五个小分队，深入乡村、学校、社区、军营、企业、机关为群众书写春联，送"福"字一万多幅，深受群众称赞。

市诗词楹联学会：随州市诗词楹联学会组织纪念编钟出土40周年诗词大赛，共收到来自美国、新西兰、意大利、日本、澳大利亚、中国香港等国家和地区以及全国内地22个省市区投稿600余篇，推出《随州诗联》纪念专辑一期，在微信公众号平台推出8期，收到了很好的宣传效果。坚持文化艺术为人民大众服务的理念，学会到城南新区前进社区开展送文化下乡活动，免费为老百姓书写春联300余幅。与广水市诗联学会联合举办第二届税收诗词楹联论坛征文和颁奖活动，取得了圆满成功。组织会员到大洪山采风，创作了近百首诗词楹联作品，受到景区的赞赏。编辑出版会刊《随州诗联》2期，刊物赠发国内各省、市、区（除西藏外），香港和台湾以及美国旧金山、纽约，加拿大等地。推出了随州诗联微信公众号平台。2018年度推出79期，关注量300人，阅读量1万余人次，产生了良好效果。

市电视艺术家协会：2018年，为全面展示改革开放40年随州市经济、政治、文化、社会等各方面的巨大变化和丰硕成果，随州市电视艺术家协会承办了"纪念改革开放40周年·致敬随州典型人物"活动，推荐宣传随州改革开放40年的标志性事件和代表性人物，多角度、有温度地宣传改革开放伟大进程中的随州实践和随州印记，展示全市人民改革创新、锐意进取、克难攻坚、勇于担当的时代精神。活动在全市上下引起强烈反响，得到市领导的充分肯定。由电视艺术家协会承办的首届"中国农民丰收节"湖北省主会场"炎帝故里庆丰收"活动，集政治性、观赏性、趣味性和地方性为一体，打造出一场多视角切入、立体式呈现的物质丰收和精神丰富的农家文化大餐，扩大了随州市在全省乃至全国的影响力。

市音乐家协会：为了繁荣音乐文化，促进才艺交流，随州市音乐家协会依托重大节庆日，积极举办各类音乐赛事，如"'编钟杯'青年歌手大奖赛""乐乡歌会"原创歌曲大赛等赛事，已成为随州的重要文化品牌。市音协还创办了音乐期刊《编钟新韵》，以其独特的民族性和地域性，充满生机和时代气息，成为随州音乐人对外展示随州音乐形象的重要窗口。曾侯乙编钟音乐文化是炎帝神农所开创的农耕文明音乐文化的传承与发展。不忘初心，传承和弘扬曾侯乙编钟音乐文化，让"千古绝响"为新时代再奏黄钟大吕，是随州音乐人永远牢记的使命与梦想。随州音乐人不断挖掘、传承曾侯乙编钟独具的文化内涵，创作出大量的音乐作品。随州音乐人创作演出了《乐魂》《烈山鼓乐·耕》《诗韵随州》《叶家山的回忆》等近千首独具地方特色、传承古曾国音乐文化的高品质作品，为随州积累了一批优秀作品，培养了一支音乐创作队伍，展现随州音乐创作水平。

【基层文联】 随县文联。组织开展了"随县故事"人文旅游和随县"乡愁记忆——故乡老屋"大型系列采风图文创作活动。在随县发布推送原创图文36期；邀请省摄协来随县草店镇开展了全省"文艺轻骑兵"送文艺下基层活动；邀请省摄协来随县举办了"中国摄影部落——随县唐县镇华宝村摄影展"及颁奖仪式；组织开展了百名艺术家走进凤凰村"写万福、画百马、拍赛事"大型书画艺术活动；组织开展了"建党97周年暨改革开放四十周年"歌咏合唱比赛活动；举办随县"纪念改革开放四十周年暨建县九周年"摄影成果展；组织开展了各类文学艺术创作交流座谈会7次；开展了送春联下乡活动；开办了《神农文艺》微信公众号；办好《烈山湖》文艺杂志。

广水市文联。作家姚东明和黄海卿创作了70余万字的长篇历史小说《清官杨涟》，面向全国发行，社会反响热烈。小说部分章节被央视改编拍摄同名微电影《清官杨涟》三部曲，作为央视"大国廉政系列微电影"开篇之作，并在国际微电影展中获得两项大奖。湖北省作协与广水市委、市政府在武汉联合举办《清官杨涟》作品研讨会，与会专家认为该部小说是湖北省长篇历史小说创作的重要收获，同名60集电视剧正在筹拍。公开出版多部文学作品。由广水市委宣传部主管，广水市文联和作协主办的《映山红》文学季刊，定位"文学品质，文化名片"，吸引投稿作者遍及全国，创刊10年来投稿量达40余万篇。在《映山红》发表的作品，有的被改拍为电影、电视剧，有的被《人民日报》转载，有的在国际、国内参评获奖。一批广水作者从《映山红》起步、成长。2018年，《映山红》荣获第七届湖北文学优秀期刊奖。市诗联学会主办的《广水诗联》，在全国楹联出版专题会上被评为优秀刊物。阙东明的楹联作品，在全国赛事中多次获奖。2018年，编写出版了《三乡广水》等系列文化丛书；作家协会编选了本土作家12部文学作品集"映山红文丛"，总计21部作品公开出版；书法协会、美术协会、摄影协会联袂开展庆祝建市三十周年艺术展，参观人次达上万人，广水文艺影响力空前提升。

曾都区文联。区文联各协会围绕宣传十九大精神、品质随州示范区建设、打好"三大攻坚战"开展活动30多场次，全年在省级以上刊物媒体发表作品近100篇。诗人罗爱玉光荣成为中国作家协会会员。文联各协会不断发现、培养年轻的文学艺术人才，特别是作家协会，全年增加80后、90后8人，再造新鲜血液，确保曾都文学艺术界后继有人。

文 物 保 护

【文物安全】 制定《随州市市级及以上文物保护单位安全巡查看护补贴发放实施细则》，有效落实"古墓葬防盗掘、古遗址防破坏、古建筑防火灾"措施，让文物安全保护"一处一策"工作机制落到实处；建立随州市文物安全工作联席会议制度，发挥联席会议的作用，加强部门沟通，共同做好文物安全工作；组织考古研究所、文化执法支队开展文物安全大排查，对全市境内1966处文物点进行摸排检查，提高各级政府及相关单位对文物安全工作的重视；开展文物消防安全隐患专项整治，组织各县市区文物部门联合消防、宗教部门开展宗教活动场所文物安全排查，及时拆除私搭乱建，整改用火、用电等方面的安全隐患；与消防部门成立6个消防安全专项检查组，分别对全市18处文物古建筑和博物馆开展专项排查，通过分析研判，找准突出问题和风险隐患73处，提出针对性意见措施57条；完成文物法人违法案件专项整治，成效明显。

【**文物保护工程**】 擂鼓墩曾侯乙墓椁室保护修缮和擂鼓墩曾侯乙墓遗址监测项目作为2019年度重点文物保护单位保护项目，获得国家文物局批复同意；北京建工大学编制的《安居遗址保护规划》获国家文物局批准同意；荆州文物保护中心编制的《随州市博物馆馆藏文物预防性保护方案》通过省级文物专家评审；湖北省古建筑中心编制的《田王寨遗址文物保护工程勘察设计方案》《千户冲民居文物保护工程勘察设计方案》通过省文物局批复同意；《中国随州国际乐器交易城建设项目规划方案》经省文物局上报国家文物局。擂鼓墩驻军部队搬迁工作取得重大进展，完成曾国府酒店移交工作，市政府与空军预警学院签订框架协议；擂鼓墩遗址公园二级游客中心装修和配套系统基本完成，东门照壁改建工程全部完工；第一家正式注册的民办博物馆随州市久洲艺术博物馆获批成立，填补了随州民办博物馆的空白；湖北省海峡两岸考古交流学术团来随考察调研；央视纪录频道《国乐的侧脸》摄制组来随进行取景拍摄和采访活动。

2018年9月18日，60余名楚文化与长江中游早期开发国际学术研讨会考察团的专家学者赴随州考察

【**文物法规宣传**】 利用"文化与自然遗产日""5·18国际博物馆日"等主题法治宣传日，联合开展文物法律法规宣传，呼吁全社会重视文物工作，参与文物保护工作。扩大文物法律法规的宣传覆盖面，利用文物安全巡查和工作督查的机会，广泛向文物保护单位所在地的党委宣传委员、文化站长、村干部、巡查员以及当地群众宣传文物保护知识，明确各级岗位职责，提高全民文物保护意识。实现文物保护进党校活动常态化开展，4月10日，市博物馆馆长黄建勋以《光芒四射的曾随文化》为题，为市委党校市直科级班学员讲授了一堂内容丰富、生动精彩的文物课，提高了学员文物保护意识。

群 众 文 化

【**群众文体活动**】 创新农村公益性服务"以钱养事"新机制，开展"送戏下乡"活动，确保送戏下乡时间场次落实，全市专业院团年均送戏420场，观众30万人次。开展戏曲进校园活动，年均送戏600场以上，注重排演群众喜闻乐见的戏曲，如随州花鼓戏《状元与乞丐》《白银千两》。组织开展形式多样、丰富多彩的群众文化体育活动，坚持开展广场舞大赛、新年音乐会、全民阅读活动、全民健身活动、非遗展演等多项群众文体活动。突出区域特色，创建"一县一品""一乡一品"。通过"十佳民间艺人"的评选，独人轿、独角兽、独轮车、义阳大鼓、皮影戏等多种民间传统特色文艺形式得以传承和弘扬；充分利用"中国民间书法艺术之乡""中华诗词之乡""中国楹联城市"品牌优势，成立书法、诗词楹联协会，吸纳会员近万人。

随州花鼓戏《白银千两》演出剧照

【**服务方式创新**】 以随州市图书馆为主体，在全

市各乡镇、社区设置10处馆外流动图书点，开展常年流动图书配送和基层群众文艺辅导，实现了政府供给和群众需求的紧密对接。实行"群众看戏、政府买单"的方式，采取政府购买公共文化服务的方式，每年落实政府采购资金20万元，面向符合条件的专业艺术表演团体和文化馆，实行统一集中购买，每年为全市每个乡镇、办事处送一场正规演出，满足基层群众文化需求。扶持社会艺术团队发展，形成自办自创文化活动的农村文化建设模式，成为政府公共文化服务的重要补充。经全市社会文艺团队调研统计，全市共有408个民间文艺团队，其中广水市252个，随县79个，曾都区63个，高新区淅河镇9个，大洪山风景名胜区5个，涵盖各类音乐舞蹈、美术、书法、摄影、文学艺术等团队总人数31000余人，每年开展各类演出活动4000余场次，不断满足群众文化需求。

【文艺人才培养】依托"炎帝文化庙会""周末大舞台""广水书法之乡艺术比赛展览"等常态化群文活动，为全市群众文艺队伍和群众文艺人才提供展示舞台和空间，发现选拔更多优秀文艺人才。鼓励群众文艺队伍和群众文艺人才积极参与"楚天群星奖""全省广场舞"等省级活动，推动团队、人才的交流与合作。通过到各镇各村进行深入挖掘，吸纳了一大批文化能人登上舞台，为"文化带头人"队伍增添新生力量。全市共挖掘各类文化带头人1000余人，国家级非遗传承人1人，省级非物质文化遗产代表性传承人12人，市级非物质文化遗产代表性传承人160人。以"文化能人"为核心，带动200余支社会民间团体积极开展活动，发展、壮大文化能人队伍。提高基层文化队伍专业素养和组织能力，加大教、传、帮、带力度，分批组织文艺队伍到文化馆、群艺馆集中培训，开展"文化大讲堂"系列活动，举办30多期，受训人员5000人，提高社会文艺团队专业水平。连续四年开展"文化力量、民间精彩"群众广场舞展演活动，参加展演的队伍达200支，参演人数达4500多人。展演活动期间，各地文化（群艺）馆举办广场舞培训30期，培训辅导全市广场舞骨干500多名。通过定点"走下去"方式，文化（群艺馆）组织专业文艺指导老师到有需要的乡镇进行现场授课和教学，各种类型专家不定期走基层、进农村分散指导，年均50余次。

2018年6月，随州市第四届广场舞大赛在市博物馆广场举行

文 体 产 业

【概况】完成"大力发展随州市文化产业发展的建议""全市文体新广服务业发展情况""发挥文化优势，为发展健康养生产业做贡献""全市文体新广服务业发展情况""随州市文化产业发展情况报告""随州市体育产业发展情况报告"等系列材料，上报随州市文化市场"扫黄打非"文化产业年鉴，对人大代表、政协委员的提案、建议进行答复。根据随州文化特点策划文体新广重大产业项目45个，金额437.31亿元，其中民生保障35个，金额361.9亿元；文化旅游产业10个，金额75.41亿元，9月26日市政府第十九期督查通报给予肯定。按照省文化厅要求配合做好第四次全国经济普查工作协助提供文化产业单位名录信息资料，对随州市文体产业"十三五"进行中期评估。全面开展体育产业名录库建设工作。

【项目建设】组织相关单位填报文化和旅游部2018年重点文化产业项目，文化和旅游部6月下旬发布2018文化产业项目手册（492个），随州编钟音乐产域融合示范园、桃李春风·时光记忆小镇两个项目入选。湖北智乐游泳设施有限公司的拼装池、支架池、充气池、水袋、车棚等生产与销售项目获2018年湖北省体育产业发展引导资金资助奖励;督促五家省级文化产业示范基地按照省文化厅文件要求做好巡检清理总结报告与表格上报。参与春风桃李·时光记忆小镇项目建设。对市城投公司与伟兴汇通旅游产业发展有限公司拟签订的编钟古城音乐之都项目提出意见。

【"体育+"产业】 发展"体育+"产业,策划包装随县抱朴谷体育文化产业园、湖北西游记漂流、车云山航空运动小镇、金龙体育运动产业新材料、湖北齐星旅居房车、足球内胆及成品球的生产制造、随州市市民康体户外运动休闲村、神农牡丹谷汽车越野赛车场、湖北智乐游泳设备生产与销售等项目,并在2018湖北"体育+"招商投资洽谈会推介,促进区域协调一体化发展,加快随州转型升级,推动全市体育事业高质量发展。体彩销售取得良好成绩,2018年随州体彩销量达到3.56亿元,增长率44.7%。

体 育

【全民健身服务】 全市有体育公园1处,体育运动场2处,省级农民体育健身工程300余处,国家级、省级乡镇农民体育健身工程9处,健身路径468处。围绕群众身边的健身设施建设,完成19个省级新全民健身工程基础工作,启动随州前进全民健身中心建设,随州体育综合体建设纳入全市城市发展规划。围绕群众身边健身活动开展,推进办赛模式改革,首次将66项群体赛事活动实行政府向社会公开购买,并全部顺利举办。随州2018年承办湖北省围棋公开赛、华中场地越野车赛、乡村马拉松等省级以上大型群众性体育赛事。围绕群众健身指导,组织百千万健身公益培训活动,培训各级各类社会体育指导员480人,2万余人直接受益。全市体育社会组织不断壮大,已成立体育类社会组织22个,承办各类赛事活动达50多场次,充分发挥赛事活动主力军作用,随州全民健身品牌正在形成。

2018年6月,随州市排舞公开赛在博物馆广场举行

【竞技体育】 在湖北第十五届运动会上,随州代表团获得金牌2枚,奖牌20枚,被授予精神文明代表团。拓展市队校办、市队县办项目,加强市、县(校)合作,积极布点青少年后备人才训练基地,投入30万元建设青少年后备人才单项训练基地15家。积极部署体育传统项目学校,为市级21所传统项目学校投入经费105万元,培育体育传统项目。完成2019年第七届世界军人运动会随州火炬传递工作路线勘探工作。

【"体育+"产业发展】体育产业规模逐步扩大,全市规模以上体育企业达6家,体育产业总产值占GDP达0.1%以上,同比增长10%。省里对随州体育产业扶持力度继续加大,湖北智乐获省级体育产业引导资金50万元,楚风羽毛球馆等8个项目获省级购买服务。体育旅游加快融合,打造西游记漂流、大洪山漂流、大洪山普拉达等体育旅游精品线路。

精神文明建设

综　　述

【文明城市创建】 开展文明指数模拟测评，对城区15条主要大街、8个办事处、43个城市社区文明城市创建工作进行2次全面测评，并对测评情况予以通报，要求单位限期整改；对全市县域文明指数中的22大类、280余个测评点位进行全覆盖指导、督办、测评工作，90%的窗口单位在逐步落实对标创建。开展公益广告宣传，制作刊播121个"文明让随州更美好"宣传展板，在公园广场、客运站等展示，宣传社会主义核心价值观、文明城市创建和品质随州建设等内容；制作刊播300余处大型公交站台、电子阅报栏公益广告；在解放路全路段，制作安装150余块"遵德守礼"提示牌；印发20万册《随州市民文明手册》和《创建文明城市 建设品质随州 做文明有礼随州人》文明宣传折页。开展不文明行为大曝光和大整治活动，通过网络文明监督员拍摄市民各种不文明行为图片，在随州文明网、"文明随州"微信公众号公开，督促相关职能部门开展整治行动和引导市民自觉抵制不文明行为；出台《市民文明公约》（试行版），在公园广场等重点场所宣传展示，并印发给广大市民。开展弘扬时代新风行动，按新时代有新样子、新素质的要求，普及文明礼仪规范，推进公益广告宣传、移风易俗、文明交通行动、文明旅游行动、文明餐桌行动。

坚持部门联动整治重点领域，联合市城管局共同起草《关于开展"共建洁美家园，打造品质随州"活动的实施方案》，开展占道经营、交通秩序、环境卫生、市政设施、门前三包、公益广告、不文明行为、文明素养等八大专项整治行动，解决城市管理突出问题。

开展各类实地调研工作，多次组织市创建办工作组，到随县、广水市、曾都区开展县域文明指数实地考察工作，指导县市区对标整改和创建。组织县市区、工商、城管、交通等地区和部门，到襄阳、十堰考察文明城市创建工作，学习优秀经验，推动文明城市创建工作迈上新台阶。

督促责任单位履职尽责，下发《关于迅速落实城区15条主要大街文明城市创建工作任务的通知》（随创建办〔2018〕3号），督促30家路长包保单位上街开展实地督办工作，促使临街责任单位做好"门前三包"及公益广告宣传工作；对城管、公安等重点部门，下发督办通知，督促相关职能部门开展文明城市创建工作。

【文明单位创建】 开展新一届文明村镇、文明单位、文明家庭、文明校园评选工作。印发《关于做好2016—2018年度随州市文明村镇、文明单位、文明家庭、文明校园推荐申报工作的通知》（随文明办文〔2018〕13号），严格开展网上资料审核，1月，对部分申报单位进行抽查。建设网上平台，加强动态管理。研发并在随州文明网运行"随州市文明单位动态管理系统",要求各级文明单位定期开展网络在线创建,定期更新上传考核资料,并以此作为推评文明单位的重要依据,推动文明单位创建管理工作经常化、规范化、制度化。开展省级文明单位(部分)届中复查工作。对随州市烟草专卖局(公司)、随州农村商业银行股份有限公司、省新华书店(集团)有限公司随州市分公司、随县人力资源和社会保障局、广水市人民检察院、湖北三环铸造股份有限公司、曾都区第一高级中学等7家省级文明单位进行届中复查,鼓励先进单位继续保持文明创建排头兵先进性,并督促个别单位改进不足。

【文明校园创建】 广泛开展文明校园创建活动,坚持以评促创、以评促学,联合市教育局、市人民政府教育督导室,开展"十星级文明学校"、全国文明校园先进学校评选活动,评选出实验中学等27所市级"十星级文明学校"、随州市一中等9所全国文明校园先进学校,提升全市中小学校精神文明创建水平,为广大中小学生营造良好的教育教学环境。开展暑期集中行动,将"暑期集中行动"与文明城市创建紧密结合起来,开展互联网上网服务营业场所专项整治、网络文化专项整治行动、净化荧屏声频专项行动、校园周边环境和食品安全专项整治行动。在专项行动期间,出动执法人员638人次,开展联合行动21次,检查网吧及互联网经营单位500多家次,印刷企业及出版经营单位100多家次,游泳池及影院等场所20家次。查处违规经营网吧12家,违法广告6起。对校园周边36处治安隐患问题逐一下发整改通知书,限期整改到位,切实净化校园周边治安环境。并充分利用广播、电视平台,在《随州新闻》《社会全方位》对食品、保健食品欺诈和虚假消费安全知识进行宣传,提高未成年人的识假防范意识。

【文明村镇创建】 创建文明村镇是群众性精神文明创建活动的重要组成部分,是推进国家治理体系和治理能力现代化、创新社会管理的重要手段,是人民群众积极参与精神文明建设实践,实现自我教育、自我管理、自我提高的重要载体,是提高城乡文明程度和公民文明素质的有效手段。随州市积极开展文明村镇创建评选活动,截至2018年年底,全市拥有全国文明镇3个,全国文明村3个;省级文明镇4个,省级文明村13个;市级文明镇27个,市级文明村67个;县级文明镇50个,县级文明村306个;县级及以上文明乡镇合计39个,占全市乡镇总数的95.1%,县级及以上文明村合计389个,占全市村总数的43%。

【文明家庭创建】 创建文明家庭是培育和践行社会主义核心价值观的重要载体,是群众性精神文明创建活动的重要内容,是营造良好社会风气的重要支撑,是深化"和谐随州"建设的重要举措。为规范市级文明家庭创建工作,促进文明家庭创建活动健康发展,随州市出台《随州市市级文明家庭评选标准和评选办法(试行)》,并评选出2016—2018年度市级文明家庭23户。

【道德建设】 印发《关于开展2018年度"道德讲堂"和"周末大舞台"广场文化活动的通知》,采取"周末大舞台"+"道德讲堂"总堂+"我们的节日"三合一的形式开展活动,举办大型广场文化活动6场,放映电影230余场。推进思想道德建设,开展"新时代好少年"学习宣传活动,推出一批事迹突出的青少年典型,引导广大未成年人见贤思齐,努力成长为担当民族复兴大任的时代新人。举办第四届"经典诵读·书香随州"

2018年12月19日,"周末大舞台"+"道德讲堂"总堂+"我们的节日"主题活动进园区活动

比赛活动，引导随州市民读书、爱书，让随州的"书香味"更加浓郁。健全道德模范评选帮扶机制，加大随州楷模、道德模范和中国好人的推荐宣传力度，2018年，随州有3人被评为中国好人；并通过制作刊播宣传展板和大型公交站台公益广告，宣传全市各类道德模范和身边好人。

【培育文明风尚】 推进诚信建设、志愿服务和文明旅游、文明交通、文明餐桌"五个制度化"建设，广泛开展"十星级文明窗口""十星级文明诚信示范市场"等"十星"创建。举办"恒大杯""我是文明好司机"评选暨2018交通零违法挑战赛活动，倡导文明出行新风尚；举办第五届环白云湖健步行、2018"碧桂园杯"随州第二届公益泡泡跑、随州2018贰号精准扶贫公益助学行动、文明旅游现场会、"节约惜福·文明用餐"等系列主题宣传教育实践活动，提升市民文明素养。

【志愿者服务】 利用志愿服务专题专栏及论坛、"志愿汇"App等平台，开展文明城市创建、"讲文明树新风""我爱随州·文明出行"文明交通行动、戊戌年世界华人炎帝故里寻根节、"学雷锋志愿服务集中活动"等一系列品牌志愿服务活动。2018年，全市共建有166个志愿服务站点，市志愿服务联合会开展各类志愿服务78场，参与人数3500余人次，服务时长共计9800多个小时。"光满·爱心红丝带"服务队被命名为"全国学雷锋活动示范点"，随州市志愿服务联合会被省委宣传部评为湖北省学雷锋活动示范点。

新闻出版·广播电视

新闻出版

【概况】2018年,随州日报社履行党媒职责使命,讲好"随州故事",推动传统媒体和新兴媒体融合发展,巩固壮大主流媒体新闻舆论阵地,提升传播力、引导力、影响力、公信力。报社各项工作取得新进展,为随州市建设湖北特色产业增长极营造良好舆论氛围。2018年9月,随州日报社从随州老城区的沿河大道122号,整体搬迁至新落成的传媒中心,环境和办公条件得到改善。尤其是高标准装修随州论坛直播间,为报社新媒体发展提供较好的基础设施。

随州日报社直播间

【新闻出版管理】随州市完成新闻出版印刷企业和发行企业年度核验、连续性内部资料性出版物年检换证工作,组织开展法规培训。组织全市农家书屋2018年出版物补充更新工作,及时完成《习近平治国理政》第二卷和《习近平新时代中国特色社会主义思想三十讲》的配送,在"4·23"世界读书日、"9·28"孔子诞辰日,开展内容丰富、形式多样的群众读书活动。开展"剑网"等打击侵权盗版专项行动,查办各类侵权盗版案件,妥善处理各类版权纠纷,按时上报执法信息。制订2018年使用正版软件工作计划和方案。

【重大主题报道】随州日报社围绕学习贯彻十九大精神和促进市委、市政府中心工作,策划实施"新春时评""在习近平新时代中国特色社会主义思想指引下——新时代 新气象 新作为""在习近平新时代中国特色社会主义思想指引下——建设特色产业增长极""在习近平新时代中国特色社会主义思想指引下——精准扶贫 不落一人""十年寻根梦 筑梦新征程（戊戌年世界华人炎帝故里寻根节）""作风聚焦""党风廉政宣传月""改善城区交通环境 推进人大议案落实""安全生产警钟长鸣""推进'四个三'重大工程""扫黑除恶在行动""超限超载治理在行动""幸福是奋斗出来的""壮阔东方潮 奋进新时代——庆祝改革开放四十周年"等20多个系列的述评、重大主题报道。这些报道,政治站位高,同时结合实际接地气,起到引导舆论、统一思想、集中民意、鼓舞士气、促进工作的良好效果,受到各级领导和广大受众好评。同时,采写一批"有温度、有思想、有品质"的民生好新闻,在湖北新闻奖、中国城市党报新闻奖、湖北市州报新闻奖评选中取得较好成绩。

【媒体融合】 2018年,随州日报社旗下的新媒体增加随州论坛客户端,形成由随州日报、随州新闻网、随州论坛网站、随州日报和随州论坛的"两微一端"组成的传统媒体与新兴媒体融合的媒体矩阵,同时借助人民号、百家号等大平台扩大传播效果。随州日报社为适应媒体融合,优化再造采编系统和流程,"一次采访、多媒体编发、多介质推送,全方位呈现"成为常态。随州论坛微信公众号在全省纸媒微信公众号中处于中等水平。随州日报微博粉丝量大幅上升。

【报业经营】 2018年,随州日报与随州市城投公司、随州市建投公司等重点企业实施战略合作,健康、教育等专刊稳定出版,策划推出戊戌年世界华人炎帝故里寻根节、财苑风采、庆祝改革开放40周年等10多种特刊、专版、专题宣传,确保报纸广告任务一月一结账,按时间进度完成任务。新媒体经营继续保持上升趋势。

广播电视

【概况】 2018年,随州广播电视台事业产业发展迈向转型升级、高质量发展新阶段,年度各项目标任务全面完成。其中围绕重大主题宣传,组织策划系列报道、专题报道78个,占年度任务的156%,在省级以上媒体用稿达806条,占年度任务的147%,有40件作品在全省好新闻评选中获奖,占年度任务的200%,全年组织策划各类活动30余场,安全播出实现零事故,融媒体4K工作站等一批事业建设项目全面竣工。广电媒体传播力、引导力、影响力进一步提升,为随州经济社会发展作出新贡献。

【广播电视宣传】 重大主题宣传。2018年围绕特色产业增长极、三大攻坚战、寻根节举办十周年、改革开放四十周年等重大主题、重要节庆,以融媒体形态推出一批大型系列报道,实施一批重大项目,取得明显成效。重大主题宣传从特色产业增长极、三大攻坚战和乡村振兴战略三个方面开展。改进新闻宣传报道方式,把镜头转向基层,对准百姓,压缩会议新闻,增强市委、市政府决策部署在基层落地生根、取得实效方面的宣传,推出《聚焦特色产业增长极》《乡村振兴随州行》《精准发力、脱贫攻坚》等系列报导。推出《十九大精神进企业,激发创新发展新活力》《创新融资模式,为农业经营主体培土引水》《新能源产业助力乡村振兴》《搭建网络平台,打造脱贫攻坚"新引擎"》《驻村第一书记的扶贫故事》等一大批新闻作品,作品有温度,接地气,将触角伸向基层,增强广电媒体在基层传播力和影响力。广播节目中心办看得见的广播,实现直播节目可视化播出,影响力进一步提升。广播电视台与市纪委联合举办的《作风聚焦》栏目,暗访曝光机关、干部中存在的形式主义、官僚主义突出问题,倒逼干部振奋精神、干事创业、竞进作为,为营造风清气正的良好政治生态、打造特色产业增长极、建设品质随州提供坚强作风保障。市委书记陈瑞峰、市长郭永红多次对《作风聚焦》栏目给予肯定。

重要节庆宣传。2018年参与拜祖大典策划、央视现场直播衔接接待工作,圆满完成工作任务。全媒体跟进投入寻根节宣传报道,新闻宣传系列化、直播态特征进一步显现,思想深度、文化内涵提升,央视四套和湖北卫视高密度滚动播出随州寻根节的动态消息。广播电视台承办"改革开放40周年·致敬随州典型人物"活动,推荐宣传随州改革开放40年的标志性事件和代表性人物,多角度、有温度的宣传改革开放伟大进程中的随州实践和随州印记,展示全市人民改革创新、锐意进取、克难攻坚、勇于担当的时代精神和深入推进"圣地车都"建设,全力打造"特色产业增长极"的壮阔画卷,在全市上下引起强烈反响,得到市领导的充分肯定。由该台承办的首届"中国农民丰收节"湖北省主会场"炎帝故里庆丰收"活动,集政治性、观赏性、趣味性和地方性为一体,打造出一场多视角切入、立体式呈现的物质丰收和精神丰富的农家文化大餐,扩大随州在全省乃至全国影响力。

2018年9月23日，由随州广播电视台承办的首届"中国农民丰收节"湖北省主会场活动在炎帝故里盛大举行

媒体融合。2018年3月，推出《优化新闻采编流程，推动采编队伍转型，实行媒体融合供稿考核方案》，从机制上解决媒体融合的瓶颈，使移动优先、全媒体跟进的高效传播体系初步形成。随州市广播电视台在长江云117个云系列综合排名中，取得第五名的好成绩，寻根节期间，通过云上随州观看拜祖大典网民达到80多万次，云上随州全年共直播大小活动58场次，全年点击量达560多万人次。按照快、微、实、新的要求，创新生产一批H5、短视频、网络直播作品，彰显出具有主流媒体基因的新锐媒体创新力。

【广播电视事业发展】 围绕可持续发展，加强事业建设。传媒中心建设演播区专业装修工程已完成设计招标，专业设备的购置进行充分调研，并列入2018年财政预算，按程序依法合规进行招标。电视4K高清工作站、广播可视化平台建设、电视调频发射台综合改造工程、中波台变压器改造等一批基础性工程按计划进度全面完成。完成广播电视节目市级建设任务；组织实施随州市电视调频台基础设施改造工程项目建设；完成"户户通""村村响"工程市级验收；组织实施全市无线地面数字工程建设，已开播2个台。完成农村电影放映任务，放映电影12922场。完成备案网站年度审验和管理工作，指导备案网站完成总编负责任的要求和安全播出工作，积极推动网络视听节目入库、评优活动，完成互联网视听节目监管工作。开展广播电视机构年审、卫星接收节目审批工作，组织完成整治非法卫星接收、宾馆饭店广播电视节目接收传送、小区非法安装卫星接收设备和有线电视系统传输节目等管理工作。完成院线管理、票据管理、政策资金申报和发放工作，完成对院线票务、安全、治安等方面工作，做好院线公司服务。完成记者核发工作、编辑记者业务培训、工程技术人员业务培训以及全省能手考试等工作，组织培训达12期达78人次。

人口·卫生·计划生育

综 述

【概况】截至2018年年底，随州市共有各级各类医疗卫生机构1288家。拥有床位11441张，每千常住人口床位数5.20张。全市医疗卫生人员总数14864人，执业（助理）医师5079人，执业护士4604人，每千人口拥有执业（助理）医生数2.31人，每千人口拥有注册护士数2.09人。

【人口】2018年末，全市人口2505698人，较上年2502962人增加2736人。全市总户数为904796户，较上年894086户增加10710户；在总人口中，男性1298582人，占51.83%，女性1207116人，占48.17%，男女性别比为107.6（女=100），男女性别比较上年107.4上升0.2。自然增长：年度出生人口35487人，比上年39174减少3687人，出生率为14.16‰，较上年15.65‰下降1.49个千分点。死亡11737人，比上年40124减少28387人，死亡率为4.68‰，比上年16.03‰减少11.35个千分点。

【计划生育】2018年，全市出生总人口28526人，其中一孩10815人，二孩16540人。全市立案查处"两非"案件30件。初拟《随州市关于进一步加快实施全面两孩配套政策的意见》，给生育两孩的夫妇在孕期、产期、哺乳期及幼儿教育、医疗等方面一定生育配套政策，征求各方面意见建议。

【医疗卫生机构】随州市中心医院下辖三个直属院区（龙门院区、季梁院区、文帝院区）和两个非直属院区（慈恩院区、炎帝院区），总占地面积35.38万平方米，建筑面积46.73万平方米，下设白云湖社区卫生服务中心，代管随州市紧急救援中心，总资产13.74亿元。医院开放病床2500张，设有52个临床科室，13个医技科室，13个行政管理科室，8个业务管理科室，7个后勤管理科室。

2018年4月24日至26日，随州市中心医院代表队参加湖北省紧急医学救援实战演练暨技能竞赛荣获团体三等奖（全省第四名）

随州市中医医院始建于1980年12月，是集中医医疗、教学、科研、预防、保健、康复为一体的三级甲等中医院，是"国家中医药防治艾滋病基地""湖北省中医住院医师规范化培训基地""湖北中医药大学教学基地""湖北省中医药大学附属医院肝病协作医院""湖北省消费者满意单位""守诚信重服务、百家诚信医院"。医院现有在岗职工537人，开放床位500张。设有1个门诊部、17个一级科室，9个医技科室。

随州市妇幼保健院是一所集保健、医疗、教学、科研、健教等为一体具有妇女儿童专科特色的三级保健医疗机构，是全市妇女儿童保健业务技术指导中心、生殖保健临床治疗中心、计划生育技术服务中心。医院现有职工总数430余人，开设病床498张。

随州市疾病预防控制中心是全市疾病预防控制与公共卫生技术服务和管理专业机构。始建于1952年随县防疫委员会，历经随县卫生防疫站、随州市卫生防疫站。2002年12月，组建随州市疾病预防控制中心。2006年2月，被市政府批准为副处级事业单位。中心现有在岗干部职工125人，专业技术人员111人。

原随州市卫生监督局成立于2003年1月，于2014年更名为随州市卫生计生综合监督执法局，为正科级全额拨款事业单位，编制全额事业编13人，另有工勤编1人，现实有在编在岗人员13人，行使卫生计生法律法规监督执法职责。

随州市中心血站是全市采供血专业机构，为全额拨款的正科级事业单位。现有员工70人，本科以上学历26人，其中高级职称11人，中级职称6人。随州于2018年获得"全国无偿献血先进城市"荣誉称号。

2018年8月16日，随州市举行庆祝"尊医重卫共享健康"首届"中国医师节"活动

随州高新技术产业园区医院（随州市曾都区中医医院）始建于1952年，地处随州高新技术五大产业园区中心位置，是区内唯一一所集医疗、急救、预防保健、卫生监督、卫生应急于一体的具有中医特色的医院，2015年9月医院正式通过"二级甲等中医医院"评审。直接承担着高新区近20万人民的健康需求，并辐射曾都区及周边70余万人口。

人　　口

【人口统计数据】据统计，截至2018年12月31日，总人数为2505698人，较上年2502962人增加2736人。全市总户数为904796户，较上年894086户增加10710户；在总人口中，男性1298582人，占51.83%，女性1207116人，占48.17%，男女性别比为107.6（女=100），男女性别比较上年107.4上升0.2。自然增长：年度出生人口35487人，比上年39174减少3687人，出生率为14.16‰，较上年15.65‰下降1.49‰。死亡11737人，比上年40124减少28387人，死亡率为4.68‰，比上年16.03‰减少11.35‰。死亡人口减少的主要原因是上年度开展了死亡未注销人员核查工作，核查出一部分人员已死亡但户口未注销的信息。全市自然增长23750人。机械增长：年度迁入5778人，比上年11630人减少5852人；迁出26717人，比上年29438人减少2721人。迁出大于迁入导致本年度全市机械增长数减少20939人。

【城镇落户政策】全市城镇人口为1021638人，占总人口数的40.77%，比上年36.69%增加4.08个百分点。年度乡村人口转城镇人口103334人。2018年，结合推进新型城镇化试点要求，进一步放宽了本地农民落户主城区条件，只要有合法稳定住所即可。一是户籍在本市的居民，现在在该市城镇具有合法稳定住所（含租赁）的人员，允许将其本人及其共同居住生活的配偶、未婚子女（生活不能自理的子女不受限制）、成年子女的父母（含养、继父或母）户籍在当地登记常住户口；二是其他市外人口，凡在该市城镇合法稳定就业并有合法稳定住所（含租赁），允许将其本人及其共同居住生活的配偶、未婚子女（生活不能自理的子女不受限制）、成年子女的父母（含养、继父或母）户籍在当地登记常住户口；三是大中专院校和技工院校毕业生可在该市城镇或在工作单位落户。对城镇就业落户、投靠落户、投资兴办实业落户、人才落户、入学落户、复退转业军人落户、大中专毕业生回原籍落户一律实行"零门槛"政策。

【流动人口管理】 全市2018年年末流动人口为95598人，占全市总人口的3.8%，比上年88256人增加7342人；居住证办理29868人，居住证持有人享有就业服务、社会保险、基本公共卫生服务、子女入学及住房保障等12项基本权益和申领机动车驾驶证、出入境证件办理等6项便利。

疾病预防控制

【疾病监测】 传染病监测。2018年全市无甲类传染病报告，报告乙丙类传染病共计19种10247例，死亡19例，报告发病率为165.39/十万，报告死亡率0.86/十万，病死率0.19%。比上年同期报告发病数上升4.40%，死亡数持平。死因监测。2018年全市共报告死亡病例13907例，报告死亡率为6.19‰，其中随县报告5478例（6.86‰），广水报告4673例（6.07‰）、曾都区报告3756例（5.53‰）。

【疫情防控】 加大麻疹、布病及发热伴血小板减少综合征、手足口病等疫情防控工作。全市共监测麻疹113例，确诊69例。针对麻疹疫情，市疾控中心成立工作专班，制定防控方案，开展主动排查，消除工作隐患。每日对手足口病的发病情况进行监测，掌握全市疫情动态，及早发现手足口病病例，早期控制疫情，防止疾病暴发流行。对35例布病报告病例进行个案调查及血清免疫学检测，对106例发热伴血小板综合征开展个案调查。全年累计报告手足口病例379例，进行个案调查及病原学监测127例。

突发疫情处置。完善卫生应急机制，加强应急物资储备，添置应急相关装备，购置防护用品，并对医疗卫生机构开展相关应急业务知识强化培训。全市共报告IV级突发公共卫生事件9起，报告发病258例，无重症和死亡病例报告，食物中毒1起，无III级及以上突发公共卫生事件发生。所有突发公共卫生事件均得到及时有效地处置。

【重大传染病防控】 市政府下发《随州市十三五结核病防控工作规划》，在全市范围内实施"三位一体"的结核病综合防治模式，分别在曾都区、随县及广水市设立三家定点医院负责确诊和收治结核病人，发挥疾病控制机构、定点医疗机构和基层社区（乡镇和乡村）医生作用，落实分级诊疗和全程治疗管理措施；积极争取政策支持，将结核病纳入单病种付费模式。学校结核病防控工作较为突出。市政府成立多部门组成的"传染病联防联控工作领导小组"，健全随州市传染病联防联控工作机制，教育与卫生行政部门建立部门间的学校结核病信息互通联系平台及时互通信息，市疾控中心成立学校结核病疫情处置小组，各县市区均安排专人负责对网报平台实施24小时监测，实行"三个一"的原则，做到发现一例，追踪调查一例、到学校处置筛查一例，市直和随县疾控中心分别组织专业队伍，对6所高中5000多名入学新生、4所寄宿制初中1400多名入学新生开展结核病PPD筛查。

【预防接种】 2018年出生儿童建卡2.56万人，占全年任务数的93.2%；常规免疫接种51.59万剂次，占全年任务数的95.3%。为加强管理，成立预防接种规范服务专项整治领导小组，对预防接种相关人员开展技术指导培训工作，对辖区内各预防接种单位预防接种工作开展督导、评估，全面落实应种对象"三查三补"常态管理机制。面对2018年"问题疫苗"事件，做好长春长生问题疫苗跟踪观察、咨询服务、续种补种、受理12320热线电话、记录和信息报送等工作，加强疫苗的管理，确保全市接种点落实"三到位"。

【慢性病防控】 市政府制定并出台《随州市慢性病防控十三五规划》，2018年5月省卫计委正式命名曾都区为省级慢病防控示范区。督促随县开展慢病综防示范区建设申报工作。将曾都区慢性病防控示范区建设与随州市创建国家卫生城市建设、创建国家文明城市建设有机结合，积极探索新工作模式，将慢性病监测工作做精做细，让慢性病人群得到实惠。

【职业病防治】 对随县、市直、曾都区等用人单位共计1680人进行岗前、岗中职业健康检查工作。完成驾驶员体检2.5万人。办理健康证13756余人次，受理7例尘肺病诊断，已完成诊断7例。在东风汽车车轮随州有限公司开展职业健康调查400余人。按照《中小学生健康管理办法》免费为曾都区17所学校学生3.1万学生进行健康体检；开展全市儿童青少年近视筛查相关工作。

【疾病防控知识宣传】 借全市开展"健康随州行"活动之机，全面开展慢性病防控知识宣传。在2018年"3·24"结核病防治、"4·25"预防接种日、"4·26"疟疾、"5·15"碘缺乏病、"5·31"世界无烟日、"10·8"高血压日、"10·10"精神卫生日、"12·1"艾滋病宣传日等重点宣传日活动期间，通过播放宣传片、发放宣传品和志愿者招募等形式，开展大型义诊和咨询活动。与当地有关部门联系，让健康知识进社区、进学校、进机关、进农村、进家庭。

（"三查"：查清辖区内儿童底数（特别是流动儿童）、查清未种剂次、查清信息系统数据。"三补"：对查出的漏种儿童及时补种、对没有录入信息系统的儿童及时补录、对没有接种证的儿童及时补证。）

妇幼保健

【健康指标】 主要健康指标。孕产妇死亡率：9.04/10万；婴儿死亡率：2.44‰；5岁以下儿童死亡率：3.52‰；新生儿出生缺陷发生率：7.8‰；新生儿破伤风发病率：0；住院分娩率：100%。

妇幼健康指标。孕产妇系统管理率完成情况：2018年全市孕产妇系统管理人数为19889人，其中随县7165人、广水7458人、曾都区5266人，系统管理率达到89.89%。儿童保健管理率完成情况：2018年3岁以下儿童系统管理人数77446人，其中随县27001人、广水27642人、曾都区22803人，系统管理率达到91.43%。免费婚检和孕前优生健康检查项目完成情况：2018年全市农村适龄青年免费婚前医学健康检查14095次，检测出阳性病例928人，医学指导928人；免费孕前优生健康检查19593人次，健康教育19869人次，评估为高风险人数6815人次，早孕随访22689人次，妊娠结局随访3008人次。其中检测出阳性病例3676人，阳性率为18.76%，为高风险人群提供优生咨询指导面达到100%。

【重大公共卫生项目】 全市共上报增补叶酸预防神经管缺陷项目25283人。开展孕产妇艾滋病、梅毒和乙肝母婴阻断工作，对乙肝表面抗原阳性孕产妇所生新生儿进行干预，对孕产妇"三项合一"共检测25163人，孕妇检测率99.74%，产妇检测率100%。乙肝阳性孕产妇1090人，分娩706人，所生婴儿706人，注射乙肝免疫球蛋白706人。

【妇幼健康服务】 对户籍在随州或在随州居住6个月以上的育龄夫妇，在孕前、孕期、分娩和儿童保健服务四个阶段，享受婚前医学检查、孕前优生健康检查、叶酸补服、孕产妇健康管理服务、住院分娩补贴、产后访视、产后42天检查、儿童免疫规划内的常规预防接种共8项基本生育免费服务。

【保障母婴安全】 落实开展"母婴安全"提升年活动，保障母婴安全。推进孕产妇评估与分级管理，强化首诊医疗机构妊娠风险筛查责任、二级以上医疗机构妊娠风险的评估责任，严格实施"绿（低风险）、黄（一般风险）、橙（较高风险）、红（高风险）、紫（传染病）"5种颜色分级标注和分类管理措施。落实高危孕产妇专案管理，并动员评估状态为高危的孕产妇到二级以上医疗保健机构分娩。

中医药管理

【中医药强市战略】 2018年1月，市政府印发《全面推进中医药发展的实施意见》（随政办发〔2018〕1号），文件确定2020年、2030年全市中医药服务和中医药产业发展的总体目标。3月至10月，市政府、市政协、市人大分别组织中医药发展专题调研活动，市政协提交一份调研报告作为中医药产业发展重要决策依据。6月，市政府办在《全市重大项目谋划责任分工方案》中把中医药项目纳入其中，作为民生保障和康养结合项目的重要内容。10月，市政府同意批复成立了"随州市中医药联席会议制度"，形成由26个中医药服务和产业相关部门组成，政府分管领导同志担任召集人，各成员单位为联席会议成员的工作制度，全面统筹协调中医药工作。

【中医药发展融入新医改】 2017年8月31日全市医疗机构全部实施零差率销售，中药饮片实施加成30%的销售政策。县级以上医院中医技术服务价格按照新的物价目录得到相应提高，体现中医药人员劳动价值。社保报销体系中实施中医药的报销比例在原有的基础上提高5%，最高不超过95%的倾斜政策。已纳入医保报销的中药品种达到1390种，中药饮片达1289个品规，跟省级平台同步。将中医医院符合条件的自制中药制剂列入医保报销范围，同时对在药店购草药制剂的处方不限量。

【市校合作】 2017年12月6日，随州市与湖北中医药大学建立了战略合作协议，2018年市校进行多次对接，最终确定10项合作清单，并取得初步成效。推进建立中药材种植指导站，湖北中医药大学药学院2018年初带领药材种植专家分别赴抱朴谷和大洪山园泰中药材有限公司（原森缘中药材公司）进行实地考察和调研论证，与两家公司就建立中药材种植指导站达成协议，定期选派专家到药材种植基地进行现场指导，帮助中药产业发展。落实大学生实习实训，湖北中医药大学分配随州市实习生17名。抓好中医药人才培训，经与湖北中医药大学协商，选派5名中医、中药人员分期分批到省中医医院轮训。积极推进共同打造随州市中医医院为湖北中医药大学非直属附属医院。2018年上半年，市中医医院已申报湖北中医药大学教学医院验收，5月27日湖北中医药大学派专家团队来随州开展活动，国医大师梅国强教授亲临随州义诊、授课；9月1日，市卫计委邀请湖北中医药大学9个专业中医药知名专家来随州指导市级中医药重点专科建设，大大提高专科评审质量，同时给予全市重点专科建设建设性意见和建议。

【中药资源普查】 继随县完成全县中药资源普查后，曾都区、广水市于2018年分别启动本区域中药资源普查工作，随县发现野生药物植物95科、224属、264种，曾都区、广水市正积极开展野外采样等普查活动，力争高质量完成国家第四次中药资源普查工作，将普查结果用于指导随州中药产业种植中长期规划。

【中医药服务能力提升】 2018年3月，随州市中医医联体联盟成立，共吸纳全市各级医疗机构44家联盟会员单位，中医药整体资源得到加强，通过坐诊、授课、业务查房、人才培养等手段快速提升基层中医药服务能力，全市中医诊疗量明显增加。2018年，各级政府落实举办公立中医医院主体责任，加强各中医医院基础设施建设。2018年6月，市政府常务市长蒋星华、副市长郑晓峰等专程到市中医医院调研，提出中医医院整体搬迁思路。高新区医院（曾都区中医医院）获得国家县级中医医院建设项目4000万元，2018年启动医技楼建设；广水市中医医院获得国家县级中医医院建设项目3000万元，获得政府减免和配套经费256万元，投入资金改扩建新住院楼；随县中医医院整合临近商铺扩大业务用房面积，争取国家项目资金3600万元。

【中药材产业发展】 2018年，全市中药材人工种植面积达4.2万亩（含林下），一镇一品、一村一品的规模化种植态势逐步形成,农业和林业方面均取得较大突破,种植结构的调整和产业扶贫的推动,中药材生产规模不断扩大。淮河镇泰和金果中药材有限公司与湖北诺克特等药业有限公司签订共同种植合同;广水武胜关镇东晨农业与湖北民族学院建立博士工作指导站,形成技术支撑,共同开发红栀子从种植到提取全产业链产业;曾都区何店镇富饶农业以繁殖野生黄杜鹃(羊踯躅)为重点品种建立育种育苗基地等。大洪山园泰中药材有限公司种植七叶一枝花为代表性企业,带动周边农户以土地入股等形式,取得一定经济效益。随州神农百草药业有限公司、健民集团叶开泰国药(随州)有限公司顺利通过药品 GMP 认证现场检查,分别于 2018 年 1 月、11 月取得《药品 GMP 证书》。裕国菇粮公司新增中药饮片生产企业一家——湖北神农古方中药科技有限公司,于 2018 年 9 月、12 月顺利取得《药品生产许可证》《药品 GMP 证书》,正式投入中药饮片生产。2018 年,全市中药材出口约 1167 万美元,占全市出口总额的 1.3% 左右。省旅游委、省卫计委批复随州为炎帝神农故里中医药文化旅游区创建单位。

医 政 管 理

【分级诊疗】 市政府将分级诊疗和医联体建设纳入 2018 年政府重点督查内容,2018 年 4 月中旬,市政府就分级诊疗和医联体建设情况对各县、市、区开展调研,并在此基础上召开分级诊疗和医联体建设座谈会,各县、市、区政府分管领导汇报了各地分级诊疗和医联体建设进展情况和存在的问题,相关部门和单位提出很好的意见和建议。2018 年 7 月底,市政府督查室下发《关于开展分级诊疗和医联体督查的通知》,并组建督查专班,于 9 月对曾都区进行了实地督查,有力推动分级诊疗和医联体建设。已形成四种形式的医联体。建立城市医疗集团,中心医院在成功托管大洪山风景区医院的基础上,2018 年托管随县人民医院,形成医疗集团,集团内开通双向转诊绿色通道,下沉优质医疗资源,向托管医院加大医疗技术和人才输出,常年派出医疗及管理专家到托管医院工作,促进相关科室建立对口合作关系,实施"一对一"帮扶。建立县域医共体,曾都医院与辖区 9 家乡镇卫生院和社区卫生服务中心成立县域医共体,医共体内签订双向转诊协议,开展远程诊疗、远程讲座等服务,实行检验、检查结果互认。成立专科联盟,市妇幼保健院和市中医医院充分发挥专科优势,牵头组建专科联盟。市妇幼保健院与全市 40 余家医疗机构签订联盟协议书,市中医医院与 44 家医疗机构(其中包括 7 家民营医疗机构)建立中医专科联盟。建立远程医疗协作网,市卫计委多方筹资 300 多万元与蓝卫通远程医疗公司合作建立远程医疗平台,将 3 家市级医院、3 家县级医院和 15 家乡镇卫生院纳入远程系统,开展远程听课 465 次,远程会诊 17 次,讲座 15 次。

【现代医院管理制度】 2018 年,出台《关于建立现代医院管理制度的实施意见》,将开展医院章程制定工作作为建立现代医院管理制度的重要内容,下发随州市《关于开展医院章程制定试点工作的通知》,选取市直 3 家医院和 2 家社会办非营利性医疗机构作为试点,同时要求各县、市、区要选取不少于 20% 的公立医院和 10% 的社会办非营利性医院开展制定医院章程试点,促进医院以章程为统领,加快现代医院管理制度建设。

【医疗费用控制】 按照省卫计委深化拓展"两控四改"工作要求,进一步强化控费措施。2018 年年初根据省卫计委下达的控费指标,结合各医院实际进行分解,不搞一刀切,引导公立医疗机构自觉控制医疗费用不合理增长。市卫计委每个季度对十项控费指标进行公示,半年对指标控制情况进行分析,下发整改通报。2018 年控费工作取得较好效果:全市的药占比为 28.82%,在控制目标内;百元医疗收入消耗的卫生材料为 25.72,较 2017 年(27.42)有所下降,医保目录外费用占比为 2.84%,全省最低。

【医疗机构监管】 组织相关医疗机构开展《湖北省医疗机构不良执业行为记分管理办法》培训,并在医疗机构的日常管理中严格执行,2018 年,对

1家年度不良执业记分达到24分的民营医疗机构给予暂缓校验处理。2018年,市卫计委组织专家对二十多家市管民营医疗机构进行现场校验,主要从医疗机构基本标准符合情况、依法执业情况、医疗质量和医疗安全保障措施落实情况三个方面进行严格的现场校验,对各医院存在的问题现场指出并下达整改意见,对环保不达标的医疗机构给予暂缓校验。

医考和医师定期考核工作。严密组织医师资格考试工作,2018年随州的医考工作依然保持零错同率。按照属地管理、分级负责的原则,组织各考核机构做好第四周期医师定期考核实施及管理工作。

医疗质量监管。2018年年初,市卫计委(卫生健康委员会)组织开展医疗质量管理办法培训,提高医务人员责任与安全意识,促进18项医疗核心制度得到有效落实。加强各专业质量控制中心建设,全市已建立市级质量控制中心16个,各质控中心充分发挥作用,组织开展质量控制检查、指导、培训和业务交流。8月,临床检验质控中心组织对全市基层医疗机构和民营医疗机构开展实验室室间质评和临床检验质量督查,对全市临床检验质量提升和检验检查结果互认起到积极作用;10月,医院感染质控中心对全市二级以上医院开展医院感染管理专项检查,并下发检查情况通报,督促整改。加强医院感染管理知识培训,2018年针对各级各类医疗机构举办两期医院感染管理培训班,促进全市医院感染管理水平的提升。12月,分别组织对全市二级及以上医疗机构开展重点科室(重症医学科和手术室)优质护理服务评价和血液安全核查工作,组织精神医学专家对全市精神医疗机构开展精神医学质量检查。

【平安医院建设】 市卫计委通过提高医疗质量、改善医疗服务,加强医患沟通,尽量减少医疗纠纷的发生。贯彻落实《湖北省医疗机构内保工作规范》和《湖北省医疗纠纷突发事件应急处理流程》,并联合综治、公安部门召开专题会议进行安排部署。做好《医疗纠纷预防和处理条例》的宣传与实施,2018年共接待处理医疗投诉30余起,均妥善解决。

【人才培养】 加强住院医师规范化培训,2018年完成招录住院医师规范化学员共59人,其中全科11人,较好完成省定任务,全市新进人员规培率达到100%。强化全科培训力度,2018年市政府出台《随州市关于改革完善全科医师培养和使用激励机制的实施意见》,市卫计委制定《2018—2020年全市全科医生培养计划方案》,各地各单位积极响应,主动配合,共同完成全科培养任务。2018年底顺利完成全市全科医生转岗临床技能结业考核工作,结业率100%,优秀率84.6%,有效提高全科医生培训质量。

【科研项目】 2018年共组织申报市级科研立项67项。随州市中心医院2018年获批国家自然科学基金面上项目一项,项目批准号为21877028,负责人于建新,项目名称为乳腺癌早期发现:基于乳腺癌 β-葡萄糖醛酸酶激发后经现场 Fe^{3+}-自组装形成的近红外荧光纳米分子探针及其成像研究;湖北省自然科学基金项目2项(面上项目1项、青年项目1项),分别为:史丹丹"Ca^{2+}/Calmodulin信号对肌损伤内质网应激引起细胞凋亡的影响"、王小波"金纳米团簇的设计合成机器抗菌应用研究";湖北省教育厅项目1项:"Th17细胞在房颤心房纤维化的作用及机制研究";湖北省卫健委科研立项5项,其中面上项目2项。

【重点专科建设】 2018年广水市第一人民医院4个重点专科(眼科、肾病内科、耳鼻咽喉科、临床护理)被评为湖北省县级医院临床重点专科,随州市中心医院胸外科被评为省级临床重点建设专科。

医药卫生体制改革

【以药养医改革】 加大财政投入,2018年市级财政投入700万元用于巩固破除以药养医市级公立医院综合改革成果。加强公立医院综合改革绩效考核,组织市财政局、市物价局、市人社局对全市12家公立医院综合改革进行考核评估。加强部门协调，协调物价局调整公立医院医疗服务价格。联合市人社局、市物价局印发《关于进一步完善住院患者单病种收付费工作的通知》，在全市二级及以上公立医院开展单病种收付费工作。开展公立医院薪酬制度改革试点，联合人社、财政、编办等部门制定印发《随州市公立医院薪酬制度改革试点工作实施方案》，确定随州市中医医院为薪酬制度改革试点单位。

【医联体建设】 组建托管模式的医联体。市中心医院在托管大洪山风景区医院的基础上，拟托管随县人民医院，使当地居民在家门口就能享受三级医院的服务。组建专科联盟。市中医医院与全市3所县级中医医院、29家乡镇卫生院（社区卫生服务中心）、10家民营医院建立中医医联体；市妇幼保健院充分发挥妇幼保健专科优势，牵头与全市40余家基层医疗机构建立妇幼专科联盟。建立远程医疗协作网。市卫计委整合资金300多万元，将3家三级医院、3家县级医院和15家偏远乡镇卫生院纳入远程会诊系统建设，各医联体牵头医院均建立影像、B超、心电等远程医疗中心。组建县域医共体。以曾都医院为龙头医院，将曾都区所有基层卫生院纳入医共体建设。广水市已组建2个县域医共体，即广水市一医院与印台医院、长岭、陈巷、余店共五家卫生院组建医共体、广水市中医院与十里卫生院组建医共体。

2018年9月17日，随州市中心医院托管随县人民医院签约仪式举行

【基层首诊能力提升】 加强全科医师培养，2018年共组织120人开展为期11个月的市级全科医师转岗培训，有效缓解随州基层全科医生紧缺矛盾。加强基层能力建设，实现县（市、区）4家县级综合医院和3家县级中医医院均达到"二甲"水平，建成"四化"乡镇卫生院（社区卫生服务中心）43个、"五化"村卫生室916个的目标。实施中医药服务能力提升工程，全市所有建制乡镇卫生院均建立"国医堂"、县级中医医院均建立"三堂一室"。中医适宜技术在乡镇卫生院推广率达到100%，在村卫生室、社区卫生服务站推广率达到91%。强化对口帮扶，巩固"三级帮扶、四级联动"成果，推进市帮县、县帮镇、镇帮村医疗服务联动协同，强化县镇、镇村一体化管理，3个市级医院对8个县级公立医院，8个县级公立医院与47个镇卫生院实行对口帮扶。2018年全市基层医疗机构诊疗人次较上年同期上涨4.2%，上级医疗机构下转人次较上年大幅增加。加快基层医疗卫生机构综合改革步伐，市政府办公室下发《关于进一步深化基层医疗卫生机构综合改革实施方案的通知》。

【医疗服务智能监管】 推进医疗服务智能监管平台建设，实现"互联网+综合监管"。按照《随州市医疗服务智能监管系统部署应用工作实施方案》要求，随州11家医院完成医疗服务智能监管平台安装，并投入使用，规范医疗服务行为，提升医疗服务质量，推动全市医疗卫生工作提速增效。

【医养结合改革】 2018年建成医养结合示范机构5家，全市有3家二级以上医院开设老年病科，共设床位123张。鼓励社区卫生服务机构与社区日间照料中心、养老机构合作，如市中医院舜井道社区卫生服务站与舜井道社区老年服务中心建立医养合作关系。在乡镇实行镇农村福利院和卫生院签约合作的形式，已有20多对签约机构。

计 划 生 育

【概况】 2018年，全市出生总人口28526人，其中一孩10815人，二孩16540人。全市立案查处"两非"案件30件。孕产妇死亡率8.47/十万,婴儿死亡率1.94‰,孕产妇检测率达99.72%,均在责任目标内。县乡村计划生育机构队伍保持稳定,乡、村两级配齐配强计划生育干部,并落实薪酬待遇。市级计划生育事业费当年预算140万元,各县市区计划生育事业费均纳入财政预算。

【法定计划生育奖励】 全市发放企业退休职工计划生育奖励6613人、553.43万元。县、乡两级财政采取"把出口"的方式,兑现农村和城镇无业居民的独生子女保健费6.606万人、253.9855万元,落实到位率100%。农村计划生育家庭奖励扶13239人、1270.994万元,特别扶助1109人、742.836万元,全部按规定发放到位。

【全面两孩政策】 初拟《随州市关于进一步加快实施全面两孩配套政策的意见》,给生育两孩的夫妇在孕期、产期、哺乳期及幼儿教育、医疗等方面一定生育配套政策,征求各方面意见建议。加快推进全市母婴设施建设和规范管理,全市共建成40个母婴室,建设率超过80%。提高设施利用率和服务可及性,育龄群众通过手机定位、"高德地图"就可便捷、准确就近享受母婴设施服务。

【妇幼健康服务】 全市农村适龄青年免费婚前医学健康检查18293人次;免费孕前优生健康检查24128人次,评估为高风险人数9670人次,早孕随访23451人次,妊娠结局随访2600人次。对孕产妇"三项合一"共检测19346人,孕产妇检测率达99.72%。2018年农村妇女"两癌"筛查及贫困妇女"两癌"筛查6900余人,完成宫颈癌检查5800人,占总任务数84.05%,乳腺癌检查6661人,占总任务数96.53%。

【计生家庭】 2018年已确认全市13239人的农村计生奖扶资格,对1109名(其中独生子女伤残家庭442人、独生子女死亡家庭667人)城市和农村独生子女伤残、死亡家庭给予特别扶助,对全市符合条件的独生子女实行中考加分照顾。根据国家教育部、省教育厅关于减少和规范中考加分的有关规定精神,市卫生计生部门、市教育部门商议并报市政府同意,取消农村独生子女中考加10分的政策规定,积极做好相关的政策宣传、思想沟通、舆论引导和后续服务工作,确保政策平稳执行,社会大局保持稳定。建立乡镇驻村行政干部为第一联系人、村干部为第二联系人的计生特殊家庭联系人制度,及时解决计生特殊家庭生活中的困难。积极组织各地利用春节、端午、中秋等传统节日开展走访慰问活动,为全市4.87万户计生家庭购买计划生育意外伤害保险,为全市1109名计划生育家庭特别扶助对象统筹购买住院护理补贴保险。将计生特殊家庭纳入首批家庭医生签约服务,落实家庭成员就医免挂号费、门诊注射费、先诊疗后付费等优惠措施,在定点医疗机构就诊时每年在乡镇卫生院或县级定点医疗机构免费进行一次健康检查,对年满60周岁计生特殊家庭落实"五保"待遇。

【生育服务】 全市从2016年起将《生育证》办理权限下放到乡镇,实行生育登记服务制度。对生育两个以内孩子的,不再实行审批,由家庭自主安排生育,确需办理证件的,打印《生育服务证》发放给当事人。推行群众办证承诺制,开通网上登记办证流程,取消纸质证明材料,进一步方便育龄群众,同时加大督办力度,严肃查处办证中推诿扯皮、违规增设前置条件等不良现象。

【计划生育协会】 随州市计生协把深入学习贯彻党的十九大精神和习近平总书记视察湖北重要指示精神,作为计生协的首要政治任务,发放各类科技资料8万份,市计生协荣获2018年度全省计划生育协会宣传工作先进单位。以《计生协会群众学习贯彻党的十九大精神手册》为依据,印制《随州市计生协学习党的"十九大"精神暨计生协知识测试题》,组织全市1200余名计生协干部开展学习测试,并在网上晒成绩,晒心得,晒体会,在全市掀起了学习贯彻党的十九大精神和计生协业务知识的热潮。随州市计生协荣获中国计生协开展的网上学用《计生协会员群众学习贯彻党的十九大精神手册》活动"最佳组织奖"。全市创建流动人口计生协示范点4个。广水市李店镇黄金村叶星梅家庭被评为第四届全省"幸福计生家庭"。6名应届高考生获得省关爱计生家庭女孩助学行动资助。

2018年10月15日,省计生协专职副会长张友芳赴随州市调研计生协工作并召开改革座谈会

【流动人口卫生服务】2018年度随州市流出已婚育龄妇女103757人,流出有效联系电话103308人,有效联系率为99.57%。流入成年育龄妇女1583人,电子婚育证明信息查验1378人次,电子婚育信息证明查验率87.05%;信息核查反馈3935人次,反馈3935人次,反馈及时率为99.97%。常住流动人口数为4747人,常住流动人口规范化电子健康档案建档人数4571人次,流动人口规范化电子健康档案建档率96.3%。各项指标均高于省定目标任务。常住流动人口人均经费达到50.7元,其中基本公共卫生服务经费32.09元,计划生育服务经费18.6元。每千常住人口基层卫生技术人员数2.4人,每千常住人口计划生育服务人员数1.5人,居住满3个月的0—6岁流动儿童数908人,按规定接受国家免疫规划疫苗接种服务的儿童数866人,流动儿童预防接种率95.4%;常住0—3岁流动儿童人数385人,接受1次及以上体格检查的常住0—3岁流动儿童366人次,3岁以下流动儿童体检率95.3%;常住流动孕产妇人数186人,在孕期接受过1次及以上产前随访服务179人次,流动孕产妇产前检查率96.2%;流动人口传染病病例报告10人次,流动人口传染病报告率100%;流动人口基本公共卫生计生服务信息知晓率96.7%,基本公共卫生服务的满意度达到97.5%,计划生育服务的满意度达到95.4%。

教 育

综 述

【概况】 学前教育得到发展，出台《随州市第三期学前教育三年行动计划（2018—2020年）》，持续扩大公办园和普惠性民办园资源，基本满足适龄幼儿入园需求。开展幼儿园办园行为专项督导，督促各幼儿园规范办园。推进城乡义务教育一体化发展，指导各县（市、区）新建或改扩建一批义务教育阶段学校，增加学位供给，缓解"大班额"问题，满足学生就学需要。高新区云龙学校投入使用，增加学位1800多个。联合有关部门集中开展校外培训机构专项治理行动，减轻中小学生课外负担。提高高中教育质量，推进普通高中课程改革，加强教育科研工作，推动全市基础教育教学质量的全面提升。多渠道促进学生发展，2018年全市有5名学生被北大、清华录取，6名学生分获数学、化学、生物奥赛全国一等奖。高中奥赛获全国二等奖40人，全国三等奖70人，省一等奖179人。支持职业教育发展，出台《关于进一步推进职业教育发展的实施意见》，开展职业教育宣传周活动，深化产教融合、校企合作，提升职业院校主动服务地方经济社会发展的能力和水平。鼓励社会办学，建立健全政府补贴、政府购买服务、捐资激励等制度，鼓励社会力量以多种形式兴办教育、支持教育、提供教育服务。规范民办教育管理，落实民办教育机构资质复核、年检工作，督促依法办学。强化师德师风建设和教师管理，做好评优评先表彰工作，加大教师培训、名师培育力度。推进城乡教师交流轮岗工作，各县、市、区均达到应交流教师的10%以上。

【重点学校简介】 随州职业技术学院2002年4月组建，是一所教育部备案、省市共建的全日制公办普通高职院校。设置有汽车与机电工程学院、医护学院、旅游与经济管理学院、土木与建筑工程学院、服装与艺术设计学院5个二级学院，48个应用型专业。学院现有教职工522人，其中专任教师307人，双师素质教师155人，高级职称93人，博士、硕士120余人。建有100多个校内、校外实习实训基地。现有2个中央财政支持的提升专业服务产业发展能力项目专业，2个中央财政支持的职业教育实训基地，1门国家级精品课程，3个省级重点专业，1个省级特色专业，2个湖北省战略性新兴（支柱）产业人才培养计划专业。学院先后开展多种形式的中外合作、校企合作、校校合作，与澳大利亚、马来西亚、菲律宾等国外高校联合开办了旅游与酒店管理、汽车、护理、财会等合作办学班，与武汉大学、湖北大学、湖北工业大学等本科院校联办本科、研究生学历教育班。毕业生就业率连续7年超过95%。

随州技师学院，占地17.3万平方米，建筑面积10.5万平方米，教职员工290人，在籍学生3000余人。学院设高级技工学校、烈山中学、培训中心,集中高级技工教育、高中教育、职业培训、大学函授于一体,可以满足学生升学和就业的多重需要。技工学校技能高考部专门从事"文化＋技能"高考升学教育,设有机械加工、计算机应用、会计、幼儿教育、汽车维修、护理等六类技能高考专业;技工教育部开展校企合作,实行定向培养与就业,开设有三大类共15个市场紧缺专业,分设中级技工(中专)、高级技工(大专)和预备技师(本科)三个层次。拥有近百个实训实验室,2.6万平方米技能实训中心大楼可同时容纳5000余人实习。2008年被确定为"国家首批高技能人才培养示范基地",2011年被国家人力资源和社会保障部授予"国家技能人才培育突出贡献奖"。2011年被国家教育部、人社部、财政部联合授予"国家中等职业教育改革发展示范学校",2015年被授予"湖北省省级高技能人才培训基地"。

随州市第一中学,创办于1934年秋,前身是民国时期湖北省国民政府主席何成浚投资兴建的私立列山中学,当时张学良、何应钦、阎锡山等社会名流曾为建校捐资。中华人民共和国成立后,更名为随县第一中学。1983年,县市合并后定名为随州市第一中学,是湖北省首批重点中学,湖北省省级示范高中。1996年12月18日,新校在南郊擂鼓墩大道北段破土动工。1997年8月18日,第一期工程竣工举行剪彩大会。新校园占地280亩,由清华大学建筑学院按全国最新标准总体设计,建筑面积10多万平方米。有容纳4000名学生的教学大楼、图书馆、多功能教室、塑胶运动场等设施。馆藏纸质图书9万册、电子图书10万册。

随州一中校园

随州市第二中学,创办于1981年秋。前身是1979年随县、随州市分设时期的随州市第一中学。1983年,随县与随州市合并为县级随州市,学校更名为随州市第二中学。2000年地级随州市成立后,随州二中同时升为地级市直属重点高中。校园占地140亩,建筑面积10万平方米。现有60个教学班,在校学生约5000人。2005年学校被评为湖北省最佳文明单位。2006年,加挂随州市外国语高级中学校牌。2008年被评为湖北省省级示范高中。肖雨同学获2017年湖北省高考理科第一名。

随州二中校园

湖北现代教育学校,组建于2007年,前身是创办于1979年的随州广播电视大学。2007年,经随州市人民政府批准成立湖北现代教育集团,下辖随州市实验中学、随州市第一职业中学、随州广播电视大学。2017年更名为湖北现代教育学校。学校地处随城山下、白云湖畔,占地面积110余亩,建筑面积50000余平方米。电大共有教学班125个,高中和中职共36个教学班。学校共有教职工208人。2016年荣获随州市第一届"文明校园"称号,学校关心下一代工作委员会被评为省级"中华魂"主题教育读书活动先进集体。

基 础 教 育

【概况】 2018年,市教育局以办人民满意的教育为目标,坚持落实党的建设、改革发展、安全稳定"一岗三责",深化教育领域综合改革,优化教育结构,发展素质教育,提高教育质量,促进教育公平,教育事业发展进一步提质提效。

【教育综合改革】 推进高考综合改革,市政府召开高考综合改革工作推进会；市教育局制订《工作方案》，多次开展相关培训；成立6个课题组，由13所学校承担，并召开专题会议交流成果，推广经验。推进教育信息化，加快"三通两平台"建设，市直三校班班通建设已列入市政府建设规划。加强教师队伍建设，2018年全市招聘335名义务教育教师，广水市另招聘30名幼儿教师。举行"2·1·5名师"工程名校长集中培训暨三年学习考核与成果展示活动。广水市被省教育厅列为2018年度教师培训工作省级项目县。积极推进高校与随州的沟通与合作，围绕市校合作"一园十基地"建设，积极吸引优质高校学生来随实习实训，2018年教育系统共引进大学实习生465人，超额完成任务。

【教育发展】 发展学前教育，出台《随州市第三期学前教育三年行动计划（2018—2020年）》，持续扩大公办园和普惠性民办园资源，基本满足适龄幼儿入园需求。开展幼儿园办园行为专项督导，督促各幼儿园规范办园。推进城乡义务教育一体化发展，指导各县（市、区）新建或改扩建一批义务教育阶段学校，增加学位供给，缓解"大班额"问题，满足学生就学需要。高新区云龙学校投入使用，增加学位1800多个。联合有关部门集中开展校外培训机构专项治理行动，减轻中小学生课外负担。提高高中教育质量，推进普通高中课程改革，加强教科研工作，推动全市基础教育教学质量的全面提升。多渠道促进学生发展，2018年全市有5名学生被北大、清华录取，6名学生分获数学、化学、生物奥赛全国一等奖。高中奥赛获全国二等奖40人，全国三等奖70人，省一等奖179人。支持职业教育发展，出台《关于进一步推进职业教育发展的实施意见》，开展职业教育宣传周活动，深化产教融合、校企合作，提升职业院校主动服务地方经济社会发展的能力和水平。

【素质教育】 高度重视中小学德育工作，重点抓好"朝读经典""起点阅读"和"同声诵经典""同上一堂课"品牌建设，开展"十星级文明学校"创建、"戏曲进校园"活动。举办随州市第六届编钟美育节，参加展演的师生共1000余人。成功举办随州市中小学生足球联赛。稳步推进研学旅行工作，多部门联合开展市级中小学生研学旅行基地评选工作，授予炎帝故里风景名胜区等11家单位为首批"市级中小学生研学旅行基地"称号。炎帝故里风景名胜区跻身"全国中小学生研学实践教育基地"。随州市季梁学校代表队在2018年"湖北省防震减灾知识竞赛"中获得冠军（见下图）。

2018年4月23日，随州市季梁学校代表队喜获2018年"湖北省防震减灾知识竞赛"冠军

【改善办学条件】 2018年，全市争取中央、省项目资金13060万元用于改善义务教育学校办学条件，其中，校舍维修改造资金4316万元，改善农村义务教育薄弱学校办学条件中央资金3540万元、省级资金5204万元。新建、改扩建校舍面积67870平方米，购置生活设施3289台件套，采购图书28.79万册，添置课桌凳18697套，购买计算机教学仪器设备78226台件套。

【校园安全管理】 加强校园安全隐患排查工作，先后开展春、秋季开学安全检查、夏季安全工作督查，排除安全隐患600多个。严格控制校车超载、超速及"带病"行驶等违法违规行为，确保校车安全。加强学校春季传染病防控工作。积极参加全省2018年防震减灾知识大赛，初中组荣获全省总冠军。

【教育精准扶贫】 开展教育精准扶贫工作。抓好脱贫攻坚工作，全面落实国家各项资助政策，落实关爱帮扶措施，2018年筹资6916万元资助75000人次家庭经济困难学生完成学业任务。抓好驻村帮扶工作。

【民办教育发展】 鼓励社会力量依据新修订的《民办教育促进法》兴办教育，加大对民办学校（幼儿园）政策支持与扶持力度，建立健全政府补贴、政府购买服务、捐资激励等制度，鼓励社会力量以多种形式兴办教育、支持教育、提供教育服务。规范民办教育管理，落实民办教育机构资质复核、年检工作，督促依法办学。

【教师队伍建设】 强化师德师风建设，做好评优评先表彰工作。教师节期间表彰随州市教书育人楷模、随州最美教师、随州市模范班主任各10名，随州市优秀教师100名，随州市优秀教育工作者50名。强化教师管理，建设高素质教师队伍。2018年全市招聘农村教师283人，市本级校园招聘教师27人，广水市招聘幼儿园教师30人。曾都区自主招聘中小学教师52人。加大教师培训、名师培育力度。巩固"2·1·5"名师名校长培养工程质效，开展"2·1·5"名师工程结题汇报交流活动，启动"领航工程"，评选6个市级名师工作室；8名教师被评选为湖北省第十批特级教师。"建立培训师资库，完善本土教师培训体系"工作被省教育厅评为全省教师队伍建设十大创新事项之一。推进城乡教师交流轮岗工作，各县、市、区均达到应交流教师的10%以上。

【语言文字工作】 配合湖北理工学院和湖北师范大学语言专家组完成中国语言资源保护工程——湖北随州和湖北广水汉语方言调查工作。圆满完成县域居民普通话普及情况调查工作。开展学校语言文字规范化达标建设工作，截至2018年12月底，全市共有153所学校达到语言文字规范化建设，其中随县55所，广水43所，曾都区49所，高新区5所，大洪山风景区1所。围绕第21届全国推广普通话宣传周"说好普通话，迈进新时代"宣传主题，利用新媒体和信息化手段创新开展推普宣传活动。开展随州普通话培训测试工作，2018年共测试14场，4945人参加测试，其中社会考生1323人，第五临床医学院81人，高职生3541人，二级乙等（80分）以上的考生占全年所有考生的79.8%。

高 等 教 育

【概况】 随州职业技术学院于2002年4月经湖北省人民政府批准设立，2003年1月教育部备案，由原随州卫生学校、随州师范学校、随州工业学校、随州职业中等专业学校四校合并组建而成，是一所省市共建、随州市人民政府主办的全日制公办普通高等职业院校。学院现占地面积1321亩，建筑面积190981平方米，固定资产总值4.5亿元。该院围绕随州汽车机械、电子信息、医药化工、食品加工、纺织服装等五大支柱产业，依托随州市、鄂西圈、湖北省新兴产业、传统产业、重点产业，设置5个二级学院，开设48个应用型专业，其中建成省级重点专业3个、省级特色专业3个、中央财政支持的提升专业服务产业发展能力项目2个、中央财政支持的职业教育实训基地2个、湖北省战略性新兴（支柱）产业人才培养计划专业2个。中国高职高专院校竞争力排行榜——《中国大学及学科专业评价报告（2018）》发布显示：学院在湖北省60所高职高专院校中位列24，在全国1386所高职高专院校中位列441，省市级主流媒体多次聚集学院，专题报道学院办学经验。

【招生工作】 坚持以普通高考招生和技能高考招生为主，其他多种招生形式共同发力的招生机制。对内提升学院形象，对外加强招生宣传，同时还积极探索"招生即招徒、入校即入企"的校企合作学徒式等其他招生模式，努力开拓生源。2018年省教育厅下达给学院的招生初始计划数为2908人，共录取新生2908人，报到新生2724人。截至2018年9月，高职类在校生5790人。

【学生就业创业】 重视学生就业创业工作，构建全过程的创新创业、就业指导体系和多元化的就业管理服务体系。搭建全方位就业平台，开展职业生涯规划、就业指导、搜集就业信息、举办招聘活动等形式实现优质就业。建立"三全两制"就业指导机制，即推行"就业工作包保责任制"和"就业导师制"，实现全员参与、全程指导、全程管理的就业指导。广泛开展创新创业教育，为大学生创新创业提供良好环境和条件保障，并将创新创业教育融入人才培养体系，加强必修课《创业基础》教学和师资建设，聘请"创业导师"，为大学生创业提供政策咨询、业务指导，促进毕业生高质量就业创业。2018年毕业生1833人，其中毕业生一次性就业率92.8%，其中协议就业率73.92%，创业率0.33%，完成年终考核目标。

【**教学改革**】 对接地方产业，创新人才培养模式，增强专业实力。学院主动适应随州市地方社会经济和产业发展需要，科学设置专业，合理调整优化专业结构，将专业设置与产业发展、企业需求相对接，根据《随州职业技术学院关于"特色随职"建设的实施意见》，根据区域经济需求和产业特点，重点打造6大专业群36个主干专业：服务于随州及省内医疗卫生行业，打造护理特色专业群；服务于随州及汉十汽车走廊的汽车产业，打造汽车制造与装配技术特色专业群，并牵头成立随州汽车职业教育联盟；服务于随州及鄂西生态文化旅游圈的旅游产业，打造旅游特色专业群；服务于随州及湖北省"城乡一体化"、新农村建设，打造建筑工程设计特色专业群；服务于随州及鄂北轻纺服装行业，打造服装设计特色专业群，服务于地方教育文化事业，打造学前教育特色专业群。学院已建成3个省级重点专业（旅游管理、护理、服装与服饰设计）、3个省级特色专业（汽车制造与装配技术、建筑工程技术、统计与会计核算）、2个中央财政支持的提升专业服务产业发展能力项目（汽车制造与装配技术、护理）、2个中央财政支持的职业教育实训基地（旅游管理、服装与服饰设计）、2个湖北省战略性新兴（支柱）产业人才培养计划专业（旅游管理、汽车制造与装配技术）。

深化课程改革，融合行企标准，突出能力培养。在课程建设上，对各专业的课程设置、教学内容进行调整与优化，构建突出学生职业能力培养的专业课程体系，将行业企业技术标准和职业标准融入教学内容，基本实现课程内容与职业标准对接，采用"工学交替"的现代学徒制教学模块的开发设计模式，虚实结合的实训课程体系。聚焦课堂教学，以信息化技术为推手，创建高效学习型课堂，提高课堂教学质量。重点打造以"智慧职教"云课堂为代表的信息化教学平台，运用国家资源库专业教学资源和平台技术优势，构建231门在线课程，推行线上线下混和式教学模式。

引培并举，强健师资队伍，培育技能名师。引进优秀人才和培养现在教师相结合，通过以老带新、假期培训、企业锻炼、学术交流、外出进修、学历提高、海外培训、师德教育和"三高"人才引进等形式，提高教师整体素质，构建多层次的教师队伍。2018年共引进优秀青年教师17名，校内开展全院性教师业务培训三次，参加人数1200多人次，安排教师利用假期、学生实习期等到企业进行实践锻炼、外出进修、培训及职业资格取证40多人次。在教师培养上坚持"以赛促教"，通过各类各级教学能力、专业技能竞赛活动，锻炼队伍，促进青年教师成长成材。2018年，学院1名教师获得第八届全国office商务应用能力大赛教师组国家级竞赛一等奖，1名教师获得湖北省第一届高等职业院校体育教师身体素质比赛省级竞赛一等奖，15名教师分别获得湖北省医学职业教育教师信息化比赛（高职组）教学设计赛项、湖北省职业院校教学能力大赛、湖北省第一届高等职业院校体育教师身体素质比赛、湖北高校思想政治信息化教学比赛省级竞赛二等奖，12名教师分别获得湖北省教师教、湖北高校思想政治信息化教学比赛省级竞赛三等奖等。

鼓励教学科研，研究水平不断提高，成果丰硕。2017年9月1日至2018年8月31日，公开发表学术论文106篇，公开出版教材12部，省级（含学会）科研项目立项课题14项，其中，省级重点项目2项，结题11项（含校级），实用新型发明专利5项。

深化产教融合，校企合作，协同育人。2018年年初，学院分管教学院长作题为《推进产教深度融合 实现校企一体化育人》的报告，同时，5个二级学院院长作关于产教融合、现代学徒制的报告。学院出台《随州职业技术学院现代学徒制工作实施方案》，各二级学院分别确立一个专业在随州开展试点工作。在学院特色专业中，通过学校和企业两个育人主体、两个育人环境，实施"多证融通"，培养适应随州地方产业需要，企业满意的人才。学院与129家企业签订校企合作协议，与湖北齐星车身股份有限公司等56家随州企业开展全方位、深层次、紧密型、长期性的合作。校企共建校内外实习实训基地12个（建有"校中厂"1个），共同开发课程3门、教材5种，校企互聘兼职人员122人、互培在职员工2228人，共同负责学生就业（合作企业接收毕业生就业人数达189人）、共同评价学生质量、共同开展应用技术研究，真正实现合作办学、合作育人、合作就业、合作发展。

实施行动计划，创新发展绩效优。根据《高等职业教育创新发展行动计划（2015—2018年）》《湖北省教育厅办公室关于做好高等职业教育创新发展行动计划有关任务和项目落实工作的通知》文件要求，职院承担创新发展行动计划中14个任务，6个项目（13个子项目）。项目开展以来，学院成立以院长为组长的创新发展行动计划领导小组，设立专门办公室，全面负责行动计划的实施工作，制定并下发具体实施方案，制定、出台与创新发展行动计划工作内容相关的制度、文件共计19项，总计投入1463万元，用于创新发展行动计划建设。

【交流合作】深入推进校企合作，积极开展国际交流。加强与全市中专、中学合作，开展"3+2""五年一贯制"升学直通车，召开全市校长联合会，提升学院整体形象。学院与武汉市蔡甸区政府开展政校行企四方联动的战略合作，与武汉锦瑞技术有限公司、武汉市东神科技集团、武汉市蔡甸汪友缘家政服务有限公司等优秀企业签订合作协议，建立蔡甸区产学研创服务中心，共享人才培养、产教融合、技术支持等服务，满足企业需求。高度重视职业教育国际交流与合作，积极拓宽国际交流与合作平台，搭建对外交流工作机制，汲取国（境）外先进现代职业教育理念。

2018年3月，随州职业技术学院开展保护母亲河志愿活动

随州职业技术学院参加全市知艾防艾公益活动

主动服务地方经济社会和国家发展战略。学院利用现代教育技术手段和师资力量，开放教育资源，开发培训项目，面向行业企业开展高技能和新技术培训、新员工技能培训、员工转岗培训等活动。如对青岛啤酒有限公司所有的中层干部60余人，进行为期2天的核心竞争力、团队管理、企业质量观的培训；与国家税务总局随州市税务局开展随州大学生走进税收历史60年活动，并签订战略协议等。积极参加地方活动，服务文化公益事业，学院累计有6000余人次青年志愿者参加社会实践和社区服务，近3000名师生参加世界华人炎帝故里寻根节和全市各类重大活动志愿服务，近500余人次参加义务献血，3000余人次参加爱心捐赠活动。深入结对驻点村几十余次，开展帮扶活动，赠送图书、树苗、产业扶贫，帮扶

及慰问资金达数万元，并派出优秀干部常驻联系村2年，进行扶贫攻坚。

【校园文化建设】 坚持"文化活校、和谐兴校"的办学方略，以践行社会主义核心价值观为主线，加强思想道德建设，把校园文化建设作为意识形态工作的重要抓手，营造文明和谐、积极向上的校园文化氛围。学院开展大学生社会实践活动，引导开展服务社会、服务农村、服务社区等活动；践行"中国梦""高唱主旋律"演讲、诗歌朗诵、文艺会演等活动；开展社会公益活动，组织大学生开展青年志愿者服务、助学助残、爱心捐献等活动；开展拜谒先祖、弘扬革命传统纪念活动；开展精神文明创建活动，组织道德模范、先进典型、优秀教师、感动校园人物先进事迹报告会；开展校园文化活动，组织"延安精神进校园""廉政文化进校园""高雅艺术进校园"等活动，举办校园职业技能竞赛、编钟文化节、社团文化节、寝室文化节等文化活动，探索校园文化建设长效机制，打造校园文化的核心竞争力。

【关爱与激励体系】 重视对贫困学生的资助和优秀学生的奖励，构建以国家奖助学金为主，助学贷款、勤工助学、学校及社会奖助相结合的关爱、激励体系。落实国家奖学金、国家励志奖学金、国家助学金，已按规定评定发放高职学生国家助学金1513人452.4万元，励志奖学金142人71万元，国家奖学金3人2.4万元。积极发动全院教职员工和学生社团组织，拓展校内校外勤工助学岗位，为贫困家庭学生提供勤工助学岗位228个。积极协助648名学生办理生源地信用助学贷款金额466.7万元，认真组织家庭经济特别困难学生学费部分减免工作，减免学生学费34人6.9万元。根据《关于做好高校毕业生求职补贴发放工作的通知》精神，申请发放毕业生中"四类人员"（年度内有就业意愿并积极求职的享受城乡最低生活保障的、社会孤儿、烈属和残疾毕业生）一次性求职补贴311人34.2万元。

劳动与就业

综 述

【概况】 2018年,全市实现城镇新增就业20457人,其中大学生来随就业创业3548人,帮助城镇失业人员再就业5394人,帮助就业困难对象再就业2711人,新增发放创业担保贷款9000万元,扶持劳动者成功创业724人,创业带动就业2691人,城镇失业率控制在4.5%以内,就业总体形势稳中向好。

【服务实体经济发展】 服务企业发展。从正月初八启动"春风行动"活动以来,全市组织各类大小招聘会30余场次,达成就业意向1.1万余人次,开展就业技能培训18393人,为企业开展电工、电焊、叉车等企业急需的热门工种岗前培训3519人,输送了一大批专业技术人才。认真落实失业保险降费率政策,落实援企稳岗补贴政策,2018年全市为183家企业发放稳岗补贴750.26万元,为11家企业招用就业困难人员发放社保补贴190.9万元,为269人发放技能提升补贴31.15万元,有效降低了企业经营成本,稳定就业岗位。

服务大学生就业。2018年,"我选湖北"计划再上台阶。全年实现大学生来随就业创业3548人,开展大学生创业培训825人,对全市69名大学生创业者按经营类型和面积给予房租、水电补贴101.2万元;对49名入驻该市创业孵化基地的创业者给予房租补贴24.5万元,对214名就业困难人员(含大学生)发放一次性创业补贴50.8万元。开展大学生实名制登记1095人,促进离校未就业大学生就业790人。"人才超市"创新创业孵化基地已建成交付使用,进一步加强了创业孵化力量。

服务创业。2018年是返乡创业三年行动计划的第一年,印发《随州市人社部门2018年返乡创业工作实施方案》,成立工作领导小组,统筹谋划返乡创业工作,征集了200余家返乡创业典型企业,建立了返乡创业微信群,实时提供政策咨询,落实创业政策帮扶。开展创业培训4248人,发放创业担保贷款9000万元,扶持劳动者成功创业724人,创业带动就业2691人,2018年新增返乡创业主体2542个,取得了良好开局。

【提升就业质量】 重点群体就业。高度关注返乡农民工、高校毕业生等重点群体,积极组织"春风行动""就业援助月""高校毕业生就业服务月"等专场招聘会活动,累计为各类求职者提供就业创业、培训、咨询等服务2.88万人次。加大公益性岗位开发力度,结合各地实际,充分挖掘辖区内适合就业困难群体、贫困劳动力的公益性岗位,帮扶他们实现就地就近就业。2018年,全市开发公益性岗位安置就业困难人员2681人,发放公益性岗位补贴2208万元。

职业技能培训。深入贯彻党的十九大提出的

"大规模开展职业技能培训"的要求,以"培训促就业、就业促增收、增收促脱贫"为总体目标,通过足部按摩师、月嫂、电焊工、叉车工、计算机操作员等特色培训班,使更多城镇失业人员和农村人员转移劳动力,尤其是让建档立卡的贫困户掌握就业技能,拓宽就业渠道,增加收入来源。2018年,全市开展技能培训和创业培训26160人。

提高服务品质。全市120家企业建立就业信息监测制度,加强就业失业动态监测和数据的宏观分析和利用。大力推进公共就业服务信息化建设,开发随州就业网站、App、微信公众号等公共就业服务信息化平台,进一步方便办事群众。通过组织开展"线上线下"多层次、多形式的公共就业服务活动,努力实现"月月有招聘活动,时时有就业服务"。

【服务脱贫攻坚】 全面摸清底数。根据扶贫办提供的贫困户基本信息,各地就业部门组成工作专班,进村入户,拉网式逐一调查,摸清劳动年龄内贫困人员的姓名、年龄、性别、就业失业状况、技能水平、求职意向、培训需求、联系电话等基本信息,建立实名台账,并做好动态数据库的实时更新。全市贫困劳动力有53496人,有培训需求的6265人。

提升就业能力。结合实际,大力开展企业岗前、订单式、定向式培训和农村电商以及农村产用技术、新型职业农民培训等项目化培训。培训方式上根据实际情况实行随到随学、弹性学制,大力开展送培训下乡、进村,让贫困人员就近就地接受培训,充分满足贫困人员的培训需求。全市已经对贫困人员开展技能培训6770人,和农业部门联合开展香菇种植培训,已经培训近1万人次。

拓宽就业渠道。搭建平台促进就业,全市已建设20家就业扶贫基地、35个就业扶贫车间,吸纳贫困劳动力就业353人。劳务输出转移就业,已开展劳务协作招聘会6场次,开展免费技能培训17人次,有62人来随就业。公益性岗位安置就业,全年全市已安置287名建档立卡贫困人员,发放公益性岗位补贴195.2万元。扶持创业带动就业,已经对符合要求吸纳贫困人员就业114人的33家农家乐经营户发放扶持与吸纳补贴26.8万元;对吸纳贫困人员261人就业的企业,给予就业奖补52.2万元。

社会保障与公益事业

社 会 保 险

【概况】 市社保局大力实施"湖北社保共享计划",充分运用全民参保登记成果,截至2017年年底,各项省定目标任务,均提前超额完成。参保覆盖面扩大。全市四项保险参保总数达266.30万人次,占年度目标任务264.26万人次的100.8%,其中:职工养老、城乡医疗、工伤、生育保险参保人数分别为31.47万人、209.83万人、13万人、12万人,分别占目标任务31.26万人、208万人、13万人、12万人的100.7%、100.9%、100%、100%。"同舟计划"二期全面完成,全市新开工项目参保率达到100%,超过省定90%目标任务。社保费征收再创新高。全市征收四项社会保险费199030万元,占年度目标任务138158万元的144.1%,其中:征收企业养老、职工医疗、工伤、生育保险费分别为136307万元、57764万元、3157万元、1802万元分别占年度目标任务88758万元、46000万元、2100万元、1300万元的153.5%、126%、150%、139%。社保待遇大幅提升。在养老方面,调整了企业、机关事业单位和企业军转干部退休人员养老金,以及城乡居民养老保险基础养老金。在医保方面,出台了《随州市城镇职工基本医疗保险实施细则》,建立了职工医保二次补偿机制,从2019年1月起实施,切实减轻参保患者医疗负担。

【扶贫政策落实】 在养老扶贫方面,做到代缴保费"一个不漏"。市社保局早动员、早部署,加强对县市区的指导。为符合条件的贫困人员41060人成功代缴最低标准居保费,并全部在系统标识到位。为60周岁以上3.82万贫困人员发放养老金4736万元。随县城乡居民养老保险助力精准扶贫案例,成功入选人社部"人社领域精准扶贫典型案例",并在最终评比中排名全国第六。在医保扶贫方面,做到"四位一体""一站式"结算。开发整合了"基本医疗保险+大病保险+民政医疗救助+大病医疗补充保险""四位一体""一站式"即时结算网络系统,报销周期从以前的1个月缩短至即时结算。2018年,全市共为80756人次报销住院费用32766万元,经过"四位一体"政策范围内综合报销比例为91.07%,个人自付费用在5000元以内。减轻了精准扶贫对象医疗负担。

【社保改革项目】 机保改革深入开展。加强政策宣传,努力将应参保人员全部纳入参保范围;采取挂钩人社业务审批、开展座谈约谈等方式全力开展保费征收,正常月份征缴率为99%以上,机关事业单位到位养老保险改革工作开展井然有序,参保人数、当期征缴率位居全省全列。城乡医保整合有序开展。全市统一实行城乡居民医保新政,城乡居民参保缴费、就医报销等不再有城乡差别。医保支付方式改革顺利开展。全面推行总额预算、单病种付费、分级诊疗制度。社保费征缴体制改革稳步开展。按照省厅统一部署，积极推进将机关事业养老保险和城乡居民养老保险征收职能划转至税务部门。

【提高服务质量】 提高服务效能。通过开展数据清理、疏通赌点、简化手续、缩减时限、方便缴费、免费短信、"刷脸"认证、推广社保卡应用、取消手工报盘和复印件等10项措施，提高办事效率，打造"三心"服务品牌，获得了参保对象的好评。资金风险防控。对内通过开展风险管理专项检查行动，保障各项业务健康有序运转。对外通过开展"社保稽核、重复领取待遇追缴、打击医保欺诈骗保"等三个专项行动，切实维护社保基金安全完整。追回虚报冒领养老金176.68万元。暂停4家医疗机构服务协议，解除定点协议2家，移送司法机关3家，追回医保基金14.3万元，并将违规情况全市通报，形成了震慑。社保宣传工作。积极推进社保政策宣讲"六进"活动，发放宣传资料5万余份，获得了较好的社会反响。积极组织参加"惠民政策进万家"法治知识竞赛活动，市社保局两名工作人员代表随州市在全省比赛中获得第一名的好成绩。

社会福利与社会救助

【养老服务】 发展养老机构，深化市社会福利中心"公建民营"改革，抢抓国家级试点机遇，指导随州老年康复护理医院做好"医养结合"，打造随州"医养结合"特色品牌。鼓励社会资本参与，2018年全市新批准养老机构4家，新增床位280张，7家民办养老机构办理备案登记。开展社区养老，推行政府购买服务，鼓励支持社会组织托管社区居家养老，利用社区闲置资源建成8个社区嵌入式微型养老院示范点，既满足居家老人养老不离家需求，又减轻子女日间照护负担，受到社区老人和群众的一致好评。发展居家养老，推进"互联网+"智慧养老，支持曾都区建设智慧养老综合服务中心，实现养老服务"线上"和"线下"有效衔接，为居家老人开展助餐、助洁、助浴、助急、助困等服务，满足居家老人足不出户养老服务需求。依托社会组织开展失能半失能老人免费送餐服务，为200余名家庭困难失能半失能老人开展送餐服务，受到省民政厅的高度肯定。安全隐患整治。2018年开展4次养老机构安全隐患地毯式排查，列出问题清单并向各县市区政府发整改建议函14份，督促各地限期整改安全隐患25处，限期办证6家，提高服务质量12家，坚决取缔9家。创建星级养老服务机构，随州市老年养护中心被评为全省四星级养老机构，随州市楚苑生态养老院、广水市阳光福利院被评为全省三星级养老机构。

【关爱保护困境儿童】 以标准化、规范化、专业化为方向，提高儿童福利院集中养育保障服务水平，举办2期孤儿示范夏令营活动。创新开展孤残儿童精准帮扶工作，对全市378名孤残儿童开展入户需求评估，每人形成一份评估报告，为集中供养和购买社会服务实行分散精准帮扶做好充分准备。履行农村留守儿童关爱保护和困境儿童保障牵头责任，建成困境儿童信息数据库，督导各地全面落实儿童主任制度并充分发挥作用。配合团市委开展关爱留守儿童"守护行动"，建设10个"守护驿站"，为留守儿童打造多功能的课外活动空间。

【福利慈善事业】 福利彩票销量再创新高，全年销售福利彩票2.37亿元，同比增长5.7%，增幅位列全省第二，超额18.5%完成省定、市定目标（2亿元）。慈善公益事业加速发展，全年募集各类善款243万余元，支出336万余元，救助贫困大病患者50人次，发放救助金16.6万元。开展"情暖万家"、随州2018壹号精准扶贫公益助学、"平安校园·无毒世界"法律知识进校园、疤痕儿童免费治疗公益行等活动，资助7个慈善阳光班350余名特困家庭学生完成学业，发挥慈善救助在特殊困难群体救助中的补充作用。

【社会救助】 2018年随州民政系统发挥社会救

助的兜底作用,助力打赢脱贫攻坚战,取得五个"基本实现"的工作成效。报请市政府再次调整城乡低保、特困和孤儿保障标准,农村低保标准超过国家扶贫标准。截至2018年12月底,全市保障农村低保对象22244户40941人,其中建档立卡贫困人口23441人,低保贫困人口占农村低保保障规模的57.3%,基本实现应保尽保。将符合条件的建档立卡贫困人口及时纳入农村五保供养范围,开展特困对象年度动态管理,出台不能自理特困对象照料护理标准,集中供养率超过45%,截至2018年12月底,全市供养农村五保对象14359人,其中建档立卡贫困人口9960人,基本实现应养尽养。对建档立卡贫困户中的低保、五保、孤儿参加城乡居民基本医疗保险的个人应缴部分给予全额资助,基本实现应缴尽缴,全年资助低保、五保、孤儿共计69804人,资助总额1256万元,人均资助180元。继续深化临时救助、医疗救助规范化管理,县级临时救助审批权限全部委托下放至镇办,实现低保、特困、孤儿、建档立卡贫困人口市内民政定点医疗机构住院各类补偿费用的"一站式、一单清"结算,截至2018年12月底,全市支出临时救助资金1811万元,救助2.14万人次,较上年同比增涨7.5%、6%,基本实现应救尽救。加强医疗救助,对五保、孤儿的自付合规费用全额资助,对低保、建档立卡贫困户的年度自付合规费用在封顶线内按比例分段救助,截至2018年12月底,共支出医疗救助资金3942万元,直接医疗救助4.24万人次。残疾人"两补"实现全覆盖,已申请"两补"对象补贴实现应补尽补,截至2018年12月底,全市发放困难残疾人生活补贴11440人491.51万元;发放重度残疾人护理补贴23713人2090.9万元。

【防灾减灾救灾】 自然灾害应对。2018年1月3日至24日,随州2次发生特大暴雪冰冻灾害,7月全市发生旱灾,三次自然灾害共造成320631人次受灾,紧急转移安置437人,农作物受灾面积29561公顷,因灾倒塌房屋137户306间,直接经济损失达3.7亿元。全市共投入救灾资金3000余万元,其中发放生活救助补助金1240万元,紧急调拨救灾物资1.5万余件,确保受灾群众"有饭吃、有衣穿、有安全住处、有干净水喝、有医疗服务",完成70户157间倒房恢复重建工作,25户35间损房修缮工作,确保受灾群众春节前均能搬进新房,较好地保障受灾群众基本生活。

冬春生活救助。做好救灾物资储备30万元,采购棉被2000床、棉大衣2000件,争取省厅下拨棉被、棉衣4400床(件),提前下拨至各县(市、区),确保困难群众不受冻。争取省厅下拨冬春生活救助资金1290万元,各县(市、区)全部按照14%的比例将地方救灾资金配套预算到位。

防灾减灾救灾体制机制改革。贯彻落实习近平总书记关于防灾减灾救灾工作"两个坚持、三个转变"重要指示精神,出台《关于推进防灾减灾救灾体制机制改革的实施意见》,促进全市防灾减灾救灾体制机制更顺畅,综合防范能力再提升。健全灾害信息报送机制,培训灾害信息员100余人次,组织大型防灾减灾救灾宣传2次,防灾减灾救灾演练2场次。创建国家级综合减灾示范社区2个,省级综合减灾示范社区4个,市级综合减灾示范社区9个,超额完成省定、市定目标任务,基层群众防灾减灾能力增强。

老龄事业

【老年人优待政策落实】 抓实老年人优待政策的落实督查,维护老年人合法权益。老年优待政策主要体现在"三公"方面(公园、公交、公共游乐场所)。全市开通18条公交线路(包括广水6条)314台车辆,老年人可以免费乘车,涵盖市城区所有公交线路,并为3.4万老年人办理免费乘车卡(其中:市直办理免费乘车卡15044张,2018年新增爱心卡2671张;广水办理公交免费爱心卡9700张,2018年新增爱心卡1900张和老年证4200张,全年免费乘车次数达412万人次;随县2018年新办理老年证760张),752所医院(包括民营、个体)免收普通门诊费,16个景区景点为老年人提供优待,68个文化活动场所为老年人免费开放。抓好高龄津贴发放程序规范管理,杜绝不良行为发生,确保达龄人员全覆盖。2018年为全市80岁以上共60554名老年人发放高龄津贴1701.4586万余元。建立老年人意外伤害保险制度。2018年年初，随州市老龄办与随州市人寿保险公司联合下发《关于在全市推广实施"老龄保险计划"的通知》，在全市推广建立老年人意外伤害保险保障制度，缓解家庭养老负担。

【老年宜居社区】深入基层为社区申报省级老年宜居社区。广水市应山街道办事处东关社区居民委员会积极应对人口老龄化，加快社区老龄事业的发展，坚持以人为本，社区居民群众积极参与，在社区规划建设、社区环境、社区服务、社区文明、社区物业管理等方面做了大量的工作。东关社区60岁以上的老年人有2563人，其中80岁以上的老年人有229人，90岁以上的老人有26人，社区一直秉承"关心老人、关注老人、关爱老人"的服务宗旨，自1983年至今，社区给60岁以上老人发放生活补贴，现如今每人每年发放2200元，社区老年人做到老有所养、老有所依，同时及时为社区老年人统计申报高龄补贴及救助金等惠老福利。

【关爱老年人活动】发挥基层老年协会组织作用。截至2018年年底，全市建立基层老年协会340个，其中农村老年协会247个、城市老年协会93个。动员老年基层协会积极参与老年人互助中心（日间照料中心）服务，避免只有中心没有人组织开展活动的情况，发挥老年特长，为社会稳定和谐做贡献。抓好新《老年人权益保障法》宣传。2018年11月，在湖北广播电台老龄之声栏目介绍随州老龄事业的现状及发展。当好老年人维权引路人、护路人，帮助老年人解决实际困难，"敬老月"活动期间，随州市组织各老年演艺团队，在全市范围内开展文艺汇演，以实际行动抒发老年人爱国、爱党之情。开展重阳节送温暖、送文化、送健康活动，10月17日，曾都区民政局对辖区福利院开展重阳节爱心联谊演出、免费健康体检、节日慰问等活动，为福利院老人送去温暖、文化和健康。10月在全区开展老年人权益保障法宣传活动，下发宣传册5000余份，书籍200册。

2018年10月29日，随州市举办2018年度农村福利院养老护理员培训班

残疾人事业

【残疾人保障政策落实】开展随州市残疾人事业发展"十三五"规划实施情况中期评估，向15个残工委成员单位发函，推动各相关单位结合"十三五"规划明确的责任内容开展落实情况中期自查，对标抓落实。配合民政部门开展宣传、督办和抽查，实现残疾人"两项补贴"制度落实全覆盖。围绕残疾人低保、两补、医保、就学等基本保障政策落实落地，加强同人社、民政、卫计、教育等职能部门协调，开展因残致贫家庭突出困难大比对和大核实工作，将未落实基本保障政策的建档立卡贫困残疾人建立实名制信息清单上报市政府，市政府审批以《关于精准解决因残致贫家庭突出困难的交办函》形式下发县市区政府（管委会）和市直相关部门，逐一核实并依照政策精准落实。主动研究国家涉残政策，在民政、教育、人社、扶贫等部门制定惠民政策和制度时，积极建言献策，保障国家政策在全市有响应有落实。

【残疾人脱贫攻坚】制定下发《随州市残联系统助推贫困残疾人脱贫攻坚三年行动方案》《关于进一步加强残疾人扶贫工作作风建设持续精准施策有序推进残疾人脱贫攻坚工作的通知》《关于开展2018年"扶贫日""助残圆梦"系列扶贫活动的通知》《关于做好2018年度残疾人脱贫攻坚各项工作确保实现年度扶贫目标的通知》等文件

通知20余份，就脱贫攻坚工作召开专题督办会、推进会3次。发挥行业职能，开展贫困残疾人教育培训扶贫、就业创业扶贫、康复扶贫、社会保障救助扶贫、文化扶贫等系列"助残圆梦"扶贫行动，推动残疾人精准扶贫脱贫。

2018年全国扶贫日期间，残联系统开展残疾人特惠政策进社区宣传活动

【**残疾人康复救助**】 全年对197例残疾儿童实施抢救性康复训练救助（省定任务185例），同时多方筹措资金在全省率先启动29名"7岁至14岁"残疾儿童的康复救助。邀请省医疗队来随为需求者免费装配假肢74例、验配助听器41例。指导县级残联巩固"全国白内障无障碍市"成果，及时筛查白内障并对适应手术者免费手术543例。免费发放残疾人助听、助行、助视辅助型器具1596件（套）。推进残疾人康复基础设施建设，市残疾人康复中心装修和绿化工作已经完工，广水市残疾人康复中心建设接近尾声，随县、曾都区康复托养中心项目启动实施。

【**残疾人教育培训与就业创业**】 配合市教育局落实困难残疾学生学杂费免除政策。跟踪服务残疾高考学生，对2018年考入高校的13名残疾学生申请省残联助学补助。比对形成随州市未入学适龄残疾儿童、少年实名制信息，推动教育部门"一人一案"措施保障其接受教育。多渠道开展残疾人职业培训和农村实用技术培训557人。实施"自强创业致富带动就业脱贫"工程，对5个残疾人就业创业扶贫基地和43个农家小店主（集镇小老板）给予创业就业扶持。联合人社部门举办"春风行动"残疾人招聘会和"就业援助月"活动，组织20余家企业到现场为残疾人提供工作岗位50余个。扶持残疾人李丰强做大做强自己的企业——湖北智乐游泳设施有限公司，安置残疾人职工30余人，在2018年12月省总工会首届"工友杯"创业创新大赛上，荣获"十佳"创业奖，受到省委常委尔肯江·吐拉洪的高度称赞。

【**助残行动**】 加强和改进残疾人事业宣传工作，与《随州日报》《编钟之声》等报纸开展宣传合作，《残疾人马君和7300多贫困户的故事》《从游泳冠军到创业楷模——无臂青年李丰强自强不息的传奇人生》等残疾人典型人物和事迹影响广泛，在随州广播电视台广播频率开辟《残健同行》专栏，每周一次涉残宣传。实施残疾人文化进家庭"五个一"（读一本好书、看一次电影、游一次园、参观一次展览及参加一次文化活动）项目，500余名残疾人受益。启动助残社会组织培育工作，支持随州市心连心志愿者协会等社会组织开展志愿助残活动，通过残疾人城区一日游、户外拓展、观看励志电影等公益活动，残疾人精神文化生活丰富多彩。选拔8名运动员参加省十届残运会游泳、举重、象棋3个项目角逐，取得2金2银2铜的优异成绩。组织11名残疾人参加湖北省第六届残疾人职业技能大赛，激发广大残疾人学技能做能手的热情，随州市获优秀组织奖。

2018年10月13日，市残联与助残社会组织一道组织盲人代表参加户外活动

【**平安建设**】 建平安单位。重视思想防范，经常开展防火、防毒等警示教育活动，重视制度落实，抓在经常、严在平常，严格执行残联内部各项管理制度，落实值班制度，及时排除不安全因素。

全年实现平安单位建设目标。

建法治单位。落实《随州市残联系统法制宣传教育第七个五年规划》，坚持党组理事会会前学法制度，全年开展专题学法活动8次（不含党内法规学习）。坚持谁执法谁普法原则，在"全国助残日""扶贫日"等节日期间广泛开展《残疾人保障法》等涉残政策宣传。在干部职工中普遍实行"亮身份晒承诺"服务公开制度，接受群众监督，做到依法行政，依法履职。改进和优化政务服务。如针对行动不便、路途较远或重度智力、精神残疾人办理《残疾人证》方面的困难，市残联对县市区残联提出便民要求和措施，各地以此为遵循，下基层办证和村（社区）干部帮助残疾人办证的现象渐成常态。

保障残疾人群体稳定。利用"12385"残疾人服务热线及时处理残疾人来电诉求，认真接待来信来访，聘请有法律顾问，依法保障残疾人合法权益，及时处理"阳光信访系统""市长热线"等转办的涉残信访件，没有出现信访案件滞留问题和处理不当问题。全年接待来访群众80余人次，处理各类信访件6件，残疾人信访办结率和满意率均达到100%，没有矛盾激化、信访加剧现象，为和谐随州做出应有贡献。

红十字会事业

【"三救"工作】 及时核灾报灾，在2018年年初发生的特大冰雪灾害中，红十字会在上级的支持下，及时发放棉衣1600件、棉被1600床，将自筹救灾资金和物资共计价值20余万元发放到受灾群众手中。在全市范围内开展"互联网+"安全书包和《社会主义核心价值观青少年读本》进校园活动。市红十字会结合精准扶贫和健康扶贫，筹措资金8万元为精准扶贫村广水市余店镇杨岭村发展太空莲等产业提供资金帮扶。应急救护培训工作取得新突破。2018年7月，市红十字会成功开展为期7天的救护师资培训班，邀请省会资深老师授课，顺利完成包括红十字运动知识、心肺复苏、外伤包扎等理论和实操课程的学习和考试，共40名学员拿到救护师资培训证书。随州结束无红十字救护师资的历史，为后续开展应急救护培训工作奠定了组织基础。全市各县、市、区积极组织开展初级救护员培训工作，已有220人完成初级救护员培训。

2018年7月6日至13日，随州红十字会举办了首届红十字应急救护师资培训班

【"三献"工作】 人体器官捐献工作稳步推进。2018年，市红十字会加大人体器官捐献工作的宣传和推进力度，召开三次人体器官捐献工作推进会和培训会，健全潜在人体器官捐献信息上报制度，强化相关医疗机构科室的责任，主动与OPO组织协调员对接，推进人体器官捐献工作健康发展。2018年1月—10月随州市成功完成器官捐献4例。无偿献血和造血干细胞捐献工作取得新进展。2018年1月—10月全市采集无偿献血21165人次，采血量6.4吨，其中全血采集20152人次，6.13吨，单采血小板1013人次，1300个治疗量，完成造血干细胞志愿者血样采集232人份，静思期后回访确认205人，采集高分样本4人次，捐献前体检2人次，其中1人为涉外捐献。

【募捐筹资】 市红十字会主动加强与爱心企业和爱心人士的沟通接触，签订战略合作协议10余份，共募集款物价值120万元。先后为曾都区特殊教育学校募集价值18万元的学生奶，为全市部分村卫生室和乡镇卫生院安装总计价值20万元的净水机，为包括广水市红十字第二人民医院在内的医疗机构募集价值30余万元的药品，为精准扶贫村及随县均川镇艾滋病温馨家园募集善款11万元，与市关心下一代工作委员会合作，为全市14

所中小学校募集捐赠价值28万元的书包和图书。

【红十字会宣传】为纪念第71个世界红十字日，按照省会统一要求，随州市红十字会系统以"人道——为了你的微笑"为主题开展系列宣传活动，取得良好的社会效果。宣传红十字运动，普及自救互救知识，提高灾害事故中自救互救能力，开展"5·8"博爱周活动。2018年5月8日，红十字会在神农公园开展以"人道——为了你的微笑"为主题的大型宣传活动，通过展示宣传板报、发放宣传资料、有效知识问答、发放纪念品等方式，宣传无偿献血、造血干细胞捐献、人体器官捐献知识，市中心血站和曾都医院的医护人员也参加志愿服务活动，为群众测量血压、化验血型、免费发放药品等，向市民普及无偿献血知识和健康防病常识，现场开展以心肺复苏为主要内容的应急救护演练。为加大"三献"特别是人体器官捐献工作宣传力度，市红十字会联合武汉同济医院，现场组织开展人体器官捐献有奖知识问答，宣传效果良好。广水市红十字会与组织部门沟通协调，将应急救护和红十字运动知识搬进市委党校课堂，深受广大党校干部好评。曾都区利用"5·8世界红十字日""5·12防灾减灾日""6·11器官捐献日""世界急救日"等重要纪念日，积极宣传红十字运动知识，发放各类宣传册共计5000余册。随县红十字会组织辖区内各乡镇卫生院利用单位电子屏、宣传栏和网络，开展国际红十字会运动、无偿献血、人体器官捐献、艾滋病防治等相关知识宣传。

社会治理

信访工作

【概况】 2018年,市信访局全面加强党的建设,围绕打好"三大攻坚战"的总体要求,全面深化信访工作制度改革,认真开展"信访基础业务提升年"活动,全力以赴打好矛盾化解攻坚战,为防范化解风险、维护社会稳定、推动品质随州建设做出积极贡献。2018年,全市共办理各类信访事项9813件次,其中接待群众来访2432批共计5965人次,办理网上信访6951件次,办理纸质来信430件次。

【信访矛盾化解】 认真落实国家信访局和省信访局关于开展信访矛盾化解攻坚战的要求,全市各级信访部门以"解决问题、化解矛盾、息诉罢访"为目标,以"绣花功夫"和啃"硬骨头"的决心,解决信访突出问题。上下联动合力攻坚,成立全市信访矛盾化解攻坚战工作领导小组,制定下发《关于开展信访矛盾化解攻坚战的实施方案》,提出明确的工作目标和具体要求。定期召开矛盾化解工作碰头会,对各阶段的工作任务进行安排部署,对重点案件进行专题督办。全年共开展矛盾化解专项督查三次,下发督办函12件,纳入化解攻坚战的125件信访案件全部化解办结,一批疑难复杂的信访事项得到彻底解决。

领导包案带头攻坚,从全市信访积案中挑出54件疑难信访案件,交由市"四大家"领导包保化解,逐一明确责任单位、责任人、协调人及化解期限。2018年,市"四大家"领导对所包保的信访案件开展接访活动67次,召开协调会议80余场次,一批久拖未决的信访积案得到解决。大员上阵强力攻坚,开展党政主要领导和信访局长带头啃"硬骨头"活动,共挑选56件"硬骨头案",由市县两级党政主要领导和信访局长包保化解,其中党政主职包保16件,信访局长包保40件。在各级党政主要领导亲自抓和信访部门的协调督促下,56件"硬骨头案"全部化解到位。

健全机制长效攻坚,健全完善信访工作领导小组工作机制,针对重点群体类信访突出问题化解难实际情况,调整充实20个信访维稳专项工作小组,分别由市委、市政府分管领导任组长,牵头负责相关信访问题的化解工作。2018年以来,各专项工作小组共召开信访协调会议80余场次,解决拖欠农民工工资、小区办证和物业管理以及就学、就医、就业、出行等民生问题60余个。接访约访集体上访2000余人次。

【信访工作制度改革】 认真贯彻省委、省政府《关于进一步加强信访工作法治化建设的实施意见》和《湖北省信访工作责任制实施细则》,推动各项改革措施在全市落实落地。健全完善信访工作责任体系,认真执行《随州市信访维稳工作督办问责暂行办法》《领导干部包案化解信访案件工作制度》《随州市党政分管领导牵头专项工作组化解信访突出问题工作制度》等六项责任机制，2018年全市共对40名干部进行信访问责，以问责推动信访工作责任落实。

拓宽群众依法信访渠道，成立网上群众工作部和网上信访中心，将阳光信访平台、市长信箱、"12345"市长热线前台端口进行统一整合，打造电话、网络、手机APP于一体的综合受理平台，构建"信访网上投、事项网上办、结果网上评、问题网上督、形势网上判"的工作模式。2018年市网上群众工作部编印《每日民情快报》《信访要情》《信访摘报》等100余期，督办解决重点民生问题200余件。

提升法治信访水平，制定《关于进一步加强信访法治化建设的实施方案》，明确信访法治化建设的总体思路和实施路径，强化信访干部法治信访思维和意识，提升信访干部依法按政策解决信访问题能力。坚持"依法分类"处理信访事项，各部门依据自身职能职责，分别制定依法分类处理信访事项规则，提升综合运用仲裁、行政处罚、行政复议、行政裁决等方式依法处理信访问题的能力。开展律师"三进"活动，通过律师进村（社区）、进信访接待大厅、进疑难复杂信访案件，调解矛盾纠纷，引导信访群众依法维护自身权益。坚持教育引导和依法打击相结合，全年共处置违法信访行为20余起，依法处置信访违法人员40余人，推动信访秩序持续好转。

【信访业务规范化】开展信访干部业务培训活动，2018年共组织集中培训活动3次，对400余名信访干部进行信访事项网上办理规范、复查复核工作规范、接访工作规范、网络舆情处理等业务知识培训，全市信访干部业务规范化水平进一步提升。开展信访事项办理情况抽查活动，通过阳光信访信息系统对信访事项办理情况进行随机抽查，对办理不规范、处理结果违反政策法规、处理程序错误的，及时督促相关责任部门进行纠正。定期通报信访事项办理负面清单，每月对全市信访事项办理情况进行分析汇总，查找共性问题和典型案例，列出负面问题清单，在全市进行通报。

2018年5月17日，市信访局在曾都宾馆会议室召开全市信访干部培训会议

民 政 工 作

【社会治理】 村委会依法选举。配合组织部门开展村委会依法选举工作，成立督导组，按照"四先四后"的原则对全市151个居委会、849个村委会两委班子运行情况进行全面排底，把好换届选举程序关、联审关，把不符合条件的人员挡在门外。

扫黑除恶专项斗争。印发实施方案，把专项斗争与村（社区）换届、低保专项治理、殡葬领域专项治理、社会组织专项治理结合开展，组织对全市151个社区、849个村进行全面摸排，排查出118条线索，有力打击广水连氏家族"恶势力"团伙和随县后氏家族涉恶势力犯罪团伙。

农村社区试点和法治示范村创建。采取试点建设、"以奖代补"、部门帮扶等措施，共筹集资金330万元建设46个农村社区试点，创建100个法治示范村。

2018年12月26日，随州市民政局在华中师范大学举办社会工作人才培训班

社会组织发展。完成11家行业协会商会脱钩任务和全市923家社会组织基础信息核查工作，发现并整改问题130条，社会组织管理系统数量与财务统计数量基本一致。在全省率先开展社会组织助力脱贫攻坚专项行动，全市35家市级社会组织全部递交参与脱贫攻坚意向书，其中，12家到贫困村开展实地调研，8家与贫困村签订帮扶协议，2家向贫困村和贫困户代表捐赠资金35万元。在华中师范大学举办社会工作人才培训班，全市近百名社区书记和社会工作者集中"充电"，省民政厅和市人才办领导对此高度肯定，称随州做法"开全省之先河"。

【专项社会事务】 流浪乞讨人员救助管理。2018年全年救助社会闲散、流浪乞讨人员1517人次，流浪危重病人773人次，疑似精神障碍患者6人次，护送返乡153人次，实现主城区街道无流浪乞讨未成年人目标。配合公安部门解救并护送回家5批次300余名传销人员。创新开展DNA比对、人脸信息比对寻亲工作，帮助38名流浪乞讨人员回归家庭。安置长期滞站人员4人，消除社会不稳定因素。

第二次全国地名普查工作。地名普查数据入库与接边工作顺利通过国普办验收。配合省普查办完成《国家标准地名词典》《中华人民共和国地名志（湖北部分）》《湖北省标准地名词典》的编纂工作任务。标准化处理不规范地名515个，其中重名同音的506个，怪异难懂的5个。

殡葬领域突出问题专项治理。联合发改、公安、司法等十一部门印发专项行动实施方案，专题召开全市殡葬领域突出问题专项整治行动推进会，强力推进专项治理。开展现场督查督办，完成省厅转办的2处问题公墓整改工作。

婚姻收养登记管理。严格执行婚姻登记零收费政策，推进各婚姻、收养登记机关依法行政、合法登记，全市共办理结婚登记14001对，离婚登记5217对，收养登记4例。

【民政改革创新】 民政机构改革。落实市机构改革领导小组关于组建市退役军人事务局专题会议精神，制定改革工作方案，组建工作专班，支持组建随州市退役军人事务局，按要求在11月22日以前将市民政局的退役军人优抚安置军休职责划转到市退役军人事务局，顺利转隶机关科室3个、局属单位2个，工作人员11人。在机关办公用房紧张的情况下，调出10间办公室和1间会议室，作为市退役军人事务局办公用房，市退役军人事务局顺利组建并挂牌。

社会救助领域改革。加强基层民政基础建设，曾都区以购买服务方式开展新增城乡低保、城乡特困入户核查和救助机构绩效评估，既有效弥补了基层民政工作力量不足，又提高了困难群众满意度，全市购买社会救助服务项目3个，超额完成省定目标任务。随县将城乡低保审批权限委托下放至镇办，压实县镇党委政府社会救助工作主体责任，改革后救助对象认定更准、群众满意度更高，相关做法受到省民政厅的高度肯定，并在全省推广。民政部办公厅派出调研组到随县柳林镇就此项改革开展专题调研并给予肯定。

民政行业监管。以信息化思维推进"互联网+民政"建设，创新建设民政重点服务机构和服务对象在线安全监管平台，在全市85所民政重点服务机构安装远程监控设备，建立市县两级调度指挥中心，发挥信息技术的"千里眼""顺风耳"作用，对民政重点服务机构的安全管理、干部履责等情况进行实时监控、动态掌握、常态监管，确保重点服务机构消防、食品、人身"三大安全"。

民政工作外部环境建设。加大向市委、市人大、市政府、市政协汇报争取的力度，积极争取重视支持，扩大民政工作参与。2018年共有9项民政工作被纳入市政府重点工作、15项民政工作被列入市委市政府政绩考核清单，市人大、市政协先后就五保供养和"医养结合"工作开展专项监督检查和视察活动，推动民政重点工作上升到市政府决策层面，提高统筹协调层级，形成党政推动、部门协同、社会参与的良好工作格局。

移民工作

【移民美丽家园创建】 2018年随州全力推动全市

移民美丽家园创建工作，督导创建工作扎实有序开展，截至 12 月底，全市 8 个 1000 人以上的重点移民村美丽家园创建工作基本完成，35 个 200 人以上的移民村规划全面铺开，在借鉴武汉市"市民下乡、能人回乡、企业兴乡"三乡工程的做法和经验基础上，各县（市、区）移民部门因地制宜开展移民美丽家园创建工作，全市全年有近 20 个 200 人以上的移民村建成省级美丽家园优胜村和达标村。

【存量项目资金消化】 针对部分地区移民项目存量资金过大问题，市移民局积极开展调研，召开专题座谈会，制定措施，研究方案，以移民安稳发展致富为抓手，以规范合理的方式科学推进存量资金消化。责任单位制定资金消化进度表，倒排工期，全力推进，截至 2018 年 12 月底，已消化存量资金近 1 个亿，在保障资金安全的前提下，最大限度发挥移民资金效益，有效维护移民权益。

【移民干部培训】 强化干部业务能力，提升干部综合素养，推进全市美丽家园创建工作，市移民局创新开展市外移民干部集中培训工作，2018 年 9 月在湖北省中南民族大学继续教育学院开办"随州市移民脱贫与美丽家园建设专题培训班"，为期 5 天，培训移民干部 41 人，获得参训移民干部一致好评，为全市美丽家园创建工作推进打下基础。

【后扶项目资金监管】 落实市级移民管理部门监管职责，发挥管理部门职能效应，保障全市移民后扶项目资金规范运行，增强移民干部风险防范意识，2018 年 10 月，随州市移民局委托第三方会计事务所对全市移民系统开展 2017 年度移民资金内部审计，抽样审计移民项目 154 个，涉及资金 4000 余万元，并对资金进一步规范管理方面提出 4 个整改建议和整改措施，做到审计项目全覆盖，审计资金无遗漏，全面督导移民工作持续健康发展。

【南水北调终验工作】 2018 年 10 月 19 日，随县、曾都区迎接国家南水北调外迁安置区专家验收组的终验并顺利通过验收，专家组组长对随州市南水北调移民工作作出充分肯定，并对随县南水北调移民工作作出"全省南水北调移民外迁安置区的样本"的高度评价。10 月 23 日，在全省南水北调丹江口水库移民安置总体验收问题整改部署会议上，随州市作为全省少数几个无整改问题的地市之一获得湖北省移民局局长陈树林表扬及肯定，标志着全市南水北调终验工作完美收官。

生态文明建设

国土资源、矿产资源管理

【概况】 随州市以丘陵山地居多,呈"七山一水二分田"的地貌特征,全市农用地面积1248.51万亩(其中耕地面积380.6万亩,基本农田面积294.29万亩),建设用地面积131.47万亩,未利用地面积62.1万亩;已发现矿产58种,其中金属矿21种、能源矿产2种、水气矿产2种、其他非金属矿产33种,钾长石、钠长石、重晶石、饰面用花岗岩、重稀土矿储量均为湖北省第一。现有矿山127家,三轮规划期末(到2020年)全市矿山数量控制在81家以内。

【耕地保护】 坚持耕地数量、质量、生态"三位一体"保护制度,调整、验收增减挂钩项目11个,归还周转指标178.85公顷;正在实施和已验收备案占补平衡项目30个,面积达2845.33公顷,60公顷"旱改水"项目顺利备案,全市实际耕地面积、永久基本农田面积分别达到25.3627万公顷、19.6193万公顷,均超过规划保有量。

【土地利用】开展国土资源节约集约示范市创建,印发《随州市国土资源节约集约示范市创建工作领导小组关于调整组成人员的通知》,出台创建工作《考核办法》《问责办法》和《意见》。深化土地供给侧结构性改革,严格落实土地招标拍卖挂牌出让制度,挂牌出让土地159宗、土地面积347.62公顷,价款17.1亿元。推进存量建设用地"增存挂钩",消化批而未供土地面积675.9公顷,处置闲置土地面积61.96公顷,均提前并超额完成省厅下达的任务。出台《关于改进耕地占补平衡工作的通知》,98.36公顷补充耕地指标首次跨市交易,竞拍价3.229亿元。围绕高质量发展,批回新增建设用地38个批次、项目,面积212.73公顷,7个省级重点项目用地应保尽保。落实招商引资"一号工程",与广东省风力发电有限公司成功签订分散式风力发电合作框架协议。

【执法监察】 落实动态巡查制度,续聘991名村级协管员,开展巡查8100余人次,及时制止200余起违法行为;结合案卷整治、农用地清理、例行督察和扫黑除恶,分类处理153件案卷,分类整改28宗违法用地,提交涉黑涉恶线索5条,年度1007个问题图斑整改销号633个,违法占用耕地比例控制在问责线以下。

【规划管理】 完成市、县、乡三级土地利用总体规划调整完善审批工作。开展土地利用总体规划年度调整工作,完成《随县土地利用总体规划(2006—2020年)修改方案》《〈随州市土地利用总体规划(2006—2020年)〉中心城区局部调整方案》《广水市土地利用总体规划(2006—2020年)

局部调整方案》审批。保障用地项目新增建设用地计划，共对53个批次用地项目进行规划审查，配置新增用地面积计划257.9109公顷（其中农用地面积251.0191公顷、耕地面积112.663公顷）。坚持以人民为中心，将"三乡工程"用地纳入土地利用总体规划，推动乡村振兴战略实施。大力实施精准扶贫，做到贫困村土地整治规划全覆盖，统计上报易地扶贫搬迁安置点827个、安置面积136.3公顷。严格落实征地"先保后征"政策，全市新征地实现涉保"零上访"。

【矿产管理】 开展随县石材矿山专项整治，坚持人防与技防相结合，打击非法占地及违法开采行为，共对2家矿山企业进行立案查处并移送公安机关处理。开展年度全市矿业权人开采公示信息核查工作，对全市36家企业逐一开展实地核查，立案查处7家越界开采矿山企业。开展全市矿产资源领域打非治违专项行动，共查处各类矿产资源违法行为11起，罚款21.16万元，并将其中2起较严重的违法行为移送公安机关处理。

【不动产登记】 争创"全国不动产登记百佳窗口"。"一窗受理"改革实现"两减一缩一免"目标，改革具体做法先后在省《国土资源》专版刊发、《中国自然资源报》头版刊发，在全市营商暗访会议上做了经验交流，全省不动产登记业务培训班在随州举办。

2018年8月16日，随州市国土资源局与中国银行随州分行签订不动产登记与金融服务合作协议，标志着随州市"互联网＋不动产登记"又上新台阶

2018年10月30日，全省不动产登记业务培训班在随州举办

【地质灾害防治】 下发《2018年度随州市地质灾害防治工作方案》，委托襄阳地质环境监测保护站派出专家组对全市所有地质灾害隐患点逐一进行排查，并将152处隐患点全部纳入网格化管理体系，统一制作安装地灾隐患标识牌。严格执行汛期值班值守制度和灾情报送制度，发送预警预报信息60余条。强化应急处置，共派出专家和应急人员参与地质灾害应急调查10余次，协助地方政府紧急撤离受威胁人员54人次。争取和自筹的资金300多万元对4处灾害点进行工程治理和搬迁。据统计，全市共发生各类地质灾害5起，未发生人员伤亡事故。

【生态土地整治】 淅河生态土地整治试点项目在全省率先实施并通过验收，杨寨生态土地整治项目完成总工程量的80%以上，为推进全省生态土地整治提供可复制的"随州经验"。完成"三区两线"内16家、631.04亩，"三区两线"外19家、560.8亩矿山复绿任务，督促随县石材矿山复绿面积超过8000亩，实现由大乱到大治的转变。推进"河长制"工作，开展巡河8次，完成漂水河、黎家湾河划界确权工作。布置地下水监测点11处，高质量完成年度监测分析任务。

水利、水资源

【水利工程建设】 2018年随州共争取2.23亿元水利建设资金，为全市水利工程建设提供坚实的资金保障。鄂北地区水资源配置工程：鄂北水资源配置一期工程随州段累计完成工程合同投资23.91亿元，占总合同的89%。二期工程可研报告正在编制，省水利厅已将随州配套工程作为重点内容纳入规划范围。抗旱应急水源工程。随州3个小型抗旱水库工程和4个抗旱引提水工程的主体工程已全部完工，其中3座水库全部完成下闸蓄水验收，2个引提水工程完成竣工验收。农村饮水安全工程。全市共完成建档立卡贫困户农村饮水安全精准扶贫2257户4909人，占存量户数2257户的100%。中小河流治理工程：累计投资3648万元，实施5段河流综合治理工程，治理河长11.3千米。水土保持工程：累计投资2641万元，完成2018年度随县龙家河小流域、广水板子桥小流域治理工程和曾都区坡耕地新店项目区治理任务，治理水土流失面积35.73平方千米，改造升级坡耕地0.65万亩。农田水利工程：累计投资16.56亿元，完成2018年冬春农田水利基本建设任务，对各地农田水利基本督办检查2次，通报1次。随中灌区完成2017年度续建配套与节水改造收尾工程，2018年度项目截至12月底完成投资4800万元，占年度总投资计划96%，累计衬砌干渠17.62千米。完成投资3171万元，新增高效节水灌溉面积2万亩。

【水利安全管理】 严格招标投标监管，全市按规定应公开招标的水利项目，做到100%进入公共资源交易平台招标，对评标专家进行评价考核，维护评标的公平公正。加强质量监督管理，落实质量终身责任制，水利工程项目均签订质量终身制责任书，在工程现场树立质量责任公示牌。随州水利建设质量工作考核被评为A等，获全省第四名。加强安全生产监管，落实安全生产责任制，全年开展各类安全生产检查15次，发现并督促整改落实安全隐患82条。推进水管单位水利安全生产标准化达标创建工作，5家水管单位已经完成申报工作。推进水利工程验收工作，召开全市水利工程竣工验收推进会，随州水利工程竣工验收工作走在全省前列。维护农民工合法权益，落实水利工程农民工实名制管理、农民工工资专用账户、农民工工资支付保障金、银行代发农民工工资等制度，水利工程现场要求竖立农民工维权信息告示牌，协调解决了3起农民工工资支付相关投诉，保障农民工合法权益。

2018年11月29日，市水利局组织对抗旱应急水源工程进行下闸蓄水验收

【水资源管理】 落实最严格水资源管理制度，强化水源地整治，抓实中央、省环保督察问题整改，省考核的12个水功能区水质达标率达到83.3%，超过省定81%的目标值。突出抓好入河排污口治理，全市49处规模以上排污口，已全部整改完成，其中，市直2处、随县20处、曾都区5处、广水市16处、高新区5处、大洪山风景区1处。开展水源地保护达标项目建设，投资1800万元，实施3处水源地达标建设项目，已竣工验收1处、已完成工程建设准备竣工验收1处、正在抓紧施工1处。

【法治水利】 利用"3·22"世界水日、"中国水周"和全市安全生产宣传月活动，通过出动宣传车、展牌、悬挂横幅等方式以及向群众发放宣传单、法规手册1000余份，现场进行政策、法律、法规答疑。《随州日报》专版刊发《贯彻〈湖北省河道采砂管理条例〉为该市生态安全和绿色发展保驾护航》《实施国家节水行动，建设节水型社会》主题文章。推动河道管理立法。7月23日，《市人民政府关于明确河道管理范围及其划定标准的通知》正式下发，为随州市河道管理范围划定标准。推进政务服务"一张网"建设，水利部门在"湖北省政务服务网"录入102项权责清单的事项，加强权力运行制约和监督。开展行政审批工作，市水利局全年共办理行政审批28项，全部按规定时间办结，实现零投诉、零超时、零违规。加大水利执法力度。2018年全市共征收水利规费1341.8万元，查处各类水事案件61件，其中河道清障案5件，水土保持案1件，河道采砂案55件。移交非法采砂案9件，由司法机关负责办理，共拘留18人、逮捕18人、起诉15人、上网追逃1人。

【防汛抗旱】2018年全市年降雨量较多年同期少2成，特别是主汛期降雨量少近5成，因此重点工作是抗旱。7月10日出梅后，随州局部出现旱情，坚持"先生活、后生产、再生态"的调度原则，科学调度水源，保障全市生活和生产用水。全市累计投入抗旱劳力6.694万人，启动泵站575处，投入机动抗旱设备2.786万台套，各大中型水库向灌区放水约2.09亿立方米，抗旱浇灌面积达88.13万亩，实现抗旱减灾效益5.05亿元。

2018年8月23日，市水利局在先觉庙水库组织防汛抢险应急演练

【河长制工作】推进河长制工作。开展碧水保卫战"迎春行动"和"清流行动"，河道环境明显改观。"一河一策"方案审定印发，市、县级62条河流"一河一策"方案编制完成，已印发市级10条河流和部分县级河流方案。各级河长巡河步入规范化，市、县、乡、村四级河长按制度巡河，逐步解决河道历史存量问题，杜绝出现新问题，河长巡河常态化。开展河长制季度性督查，市河长办对县级河流进行两次督查，印发《督查情况通报》，以点带面促进全市河道问题整改。完成

跨县界河流水质监测断面布设及监测，共布设河流水质监测点27处，其中跨县界河流22处，跨市境以上河流5处，每季度检测一次，发布水质通报3期。开展河道确权划界试点工作，结合第三次土地普查，完成黎家湾河、漂水河划界试点，印发全市河道划界确权指导意见，在其他河流全面铺开，该做法被省河湖长办通报表扬。

林业生态

【林业生态建设】精准灭荒工程取得"一超三高"的明显成效。全市完成灭荒造林3.68万亩，占三年总任务8.698万亩的42.3%，超市政府年度目标任务2.3个百分点。四项指标综合排名位列全省市州第5位。森林城镇和绿色乡村建设扎实开展。积极推进城镇乡村绿化美化，形成一镇一品，一村一景的特色。新建"湖北省森林城镇"2个、"绿色示范乡村"82个。林业重点项目有序推进。完成长防林建设任务2.1万亩，造林补贴3.5万亩，完成森林抚育5.48万亩。完成沙化土地治理面积12188.7亩。完成林场国家战备储备林项目1600亩。30.7万亩的碳汇交易项目，已进入国家发改委碳汇项目审查阶段，待正式挂牌交易。在随县安居镇和睦畈村和广水市中华山林场创建森林经营样板基地各1个。

2018年11月2日，随州市精准灭荒暨森林防火会议召开

【林业资源管理与保护】加强对天然林和生态公益林的管理。对生态公益林实行精准落界，完成国家生态公益林区划落界更新工作，正在推进省级生态公益林数据库更新。通过开展生态公益

林保护资金绩效自评、大数据对比和运用"扶贫领域政策落实监察系统"开展监督检查等多种形式，对公益林补偿和天然林停伐管护补助进行全面"体检"，确保生态公益林和天然林资金准确足额及时发放。全市119万亩公益林和378.95万亩天然林得到有效保护。

严格林地林木审批管理。严格按照林地保护利用规划、总量控制、定额管理和用途管制等要求，管理辖区所属林地。2018年新能源、民生、城市建设及省重点项目等永久征占用林地645.15公顷。全市林地保有量稳定在约54.8万公顷，在省下达保有量指标50.5万公顷以上。严格执行森林限额采伐制度，2018年全市审批林木采伐5.9万立方米，占省定限额49.38万立方米的11.9%。

2018年4月，省林业厅副厅长黄德华（左三）检查随县森林防火工作

全面开展森林资源督查工作，加强对督查发现问题的整改，刑事立案6起，行政立案103起，罚款235.3万元，恢复林业生产条件4.67公顷，补种树6.05万株。重大林业有害生物的防治有力。推进美国白蛾和松材线虫病防治，美国白蛾共发生面积0.545万亩，完成防治面积3.32万亩次。加强松材线虫病防治工作，飞防4万亩，清除疫木1.6万株。开展秋季普查，全市共发生面积7.28万亩，占全省79个县市发生面积150万亩的4.8%；病枯死松木7.8万株，已清除3.6万株。成灾率为0.1‰，低于省控4.1‰目标。

森林防火成效明显。压实责任力度、教育宣传力度、防范措施力度、检查督办力度、案件查处力度进一步加大。全市共接受森林火灾卫星监测热点13个，过火面积47.5公顷，受害面积5公顷。比上年同期相比火灾起数下降46%，过火面积下降14%，受害面积下降74%。案件查处率为100%。森林火灾受害率为0.01‰以内，远低于省控0.9‰的目标。

严打涉林违法犯罪。"严打林火犯罪护航美丽随州""长江生态大保护林业专项行动"等严打整治行动，立行政案件463起，查处行政案件463起，立刑事案件61起，侦破刑事案件59起，林业案件综合查处率达到99.6%，为国家挽回直接经济损失800余万元。严打行动在全省综合排名第二，"长江生态大保护林业专项行动"全省综合排名第一，"楚天冬季攻势"专项行动全省综合排名第四。

加强湿地和自然保护区建设。强化自然保护区建设和湿地保护，将中华山省级鸟类自然保护区面积由3545.12公顷扩大到7426.61公顷。保护区内非法建筑设施整改到位。封江口国家湿地公园（试点）顺利通过国家林业和草原局验收。

【林业改革】 国有林场改革达到国家验收标准，通过省级验收。在上年改革工作的基础上，对标看齐，完善了国有林场森林经营方案，完成了国有林场定性定编、社会保障和人员安置等改革任务。督促各县（市、区）将国有林场编制内人员纳入财政预算，国有林场编制内人员244人，财政预算经费1706.91万元。212名富余人员得到妥善安置。指导各林场按照国家《国有林场改革验收办法》，完善迎检资料十大类二十八小项。全市6家国有林场改革工作顺利通过了省级考核验收。完成省政府部署的林业综合行政执法改革任务，印发《随州市林业综合行政执法改革实施方案》，明确了推进措施，建立以森林公安为主体的林业综合执法机制。集体林权改革成效明显。重点引导培育新型林业经营主体，2018年全市林业大户达到1908个，家庭林场139家，林业专业合作社423家，林业企业159家。已争取随县、广水市纳入2019年森林保险试点县市。

【依法治林】 抓宣传教育培训，增强依法治林意识。狠抓第十九个党风廉政"宣教月"活动，开展党纪党规和国家监察法宣传教育"六进六建"活动，提高党员懂法纪、明规矩、知敬畏、存戒惧的法纪意识，推进党员干部在线学纪、学法，监督党员干部守法、用法，开展党章党规党纪基本知识集中测试和干部在线学纪、学法考试。局直在职31名党员干部"普纪"学习测试优秀率95.7%，39名国家工作人员在线学法考试平均成绩达到95.5%。围绕林业生态保护抓培训，组织机关干部学习《党政领导干部生态环境损害责任追究办法》《湖北省林业有害生物防治条例》《湖北省天然林保护条例》《林木种子法》等党纪法律法规，邀请省专家对全市林木种苗执法队伍进行集中培训。

加强制度建设，规范执法监管。全面实行持证上岗和资质核查动态管理。加强森林公安执法办案制度机制建设。严格落实《法制审核两个要求》《讯问犯罪嫌疑人三个一致》《受理报警登记四个必须》《规范执法五个一律》《刑事涉案财物和取保候审六项制度》《严格非法证据排除"八类情形"提审机制》及"案件主办人制度""五级会审""重大疑难案件集体讨论"工作机制。量化考评，整改纠偏。为规避执法风险，堵塞执法漏洞，修订《林业执法质量考评标准》。案件查处严格实行全程纪实，台账管理，仪器监测，挂牌督办。认真落实"两法衔接"工作制度，主动与人民检察院沟通协调，推进生态修复工程，探索建立"生态环境修复恢复性司法"执法模式，改变"树砍了、案判了、人抓了、山荒了"的执法现状。

气　　象

【概况】 2018年，随州气象局坚持以习近平新时代中国特色社会主义思想为指导，学习贯彻落实十九大和习近平总书记视察湖北重要讲话精神，围绕气象现代化建设和全市发展大局，精心谋划，务实创新，扎实推进，各项工作取得明显成效。

【气象现代化】 以基础建设为重点推进气象现代化。重点项目建设加快推进，利用随州新一代天气雷达迁建机遇，全国技术最先进的华中地区首部双偏振天气雷达落户随州（见下图），2019年汛期前投入业务运行；广水市新国家气象观测站正式投入使用，《广水市气象局台站基础设施建设规划（2018—2022）》获湖北省气象局批复，广水预警中心建设项目正式立项。开展随州气象"十三五"规划中期评估，经评估规划的预期目标基本实现。围绕"全面实现气象现代化"目标，制定《随州市气象局落实〈中国气象局全面推进气象现代化行动计划（2018—2020年）〉工作方案》。以智慧气象建设引领气象现代化。完成国家级地面气象观测站自动化工作方案编制和观测站改造工作，新安装2套自动站日照传感器，随州、广水国家气象站均实现无人值守和全自动观测。顺利完成智能网格预报系统和气象业务服务一体化平台本地化应用，制定业务流程，开展业务培训。

2018年，华中地区首部新一代双偏振天气雷达落户随州

【气象服务】 决策气象服务。全年发布重要气象报告7期，决策服务材料16期，专题气象服务专报97期，雨（雪）情快报13期，发布预警信号106期，启动重大气象灾害应急响应6次。成功应对2018年1月份2次暴雪和低温冰冻天气过程、汛期4次暴雨天气过程、盛夏高温干旱等灾害性天气，为寻根节、首届中国农民丰收节（随州）等重要活动举办提供精细化的气象服务。气象预报质量稳中有升，24小时晴雨、高温、低温预报准确率较全省平均高1—4个百分点。随州市气象台被评为湖北省重大气象服务先进集体，马超被评为先进个人。

气象防灾减灾服务。完善随州防灾减灾综合决策信息系统各项功能，在防汛抗旱指挥部成员单位进行推广应用。完成气象预警信息发布对象更新，召开气象灾害防御指挥部联络员会议，参加随州市综合应急救援演练。利用世界气象日、防灾减灾日、科技活动周、安全生产月等重要节点开展气象科普"六进"、气象科普馆开放日、"圆梦蒲公英"等气象科普活动，增强公众气象防灾减灾意识。2018年7月10日，随州市气象局联合淅河镇小学联合开展"圆梦蒲公英"主题活动之气象科普基地体验活动（见下图）。

2018年7月10日，随州市气象局联合淅河镇小学联合开展"圆梦蒲公英"主题活动之气象科普基地体验活动

助力"乡村振兴"和精准扶贫气象服务。"三农"气象服务进一步深化，发布各类农业气象服务产品156期，在作物生长发育关键期、农业气象灾害发生时组织开展农情、灾情调查8次。随县完成2018年中央财政"三农"气象服务专项建设任务。开展精准扶贫，选派驻村第一书记，结对帮扶15户贫困户有14户脱贫。12月5日，在《中国气象报》开专版，对中国特色小镇——长岗镇的文化旅游特色进行宣传。

生态文明建设气象保障服务。立足服务构筑鄂北生态屏障，制定《随州生态文明建设气象保障服务工作方案》。与华润风能（随州）有限公司签订服务协议，为随州清洁能源的开发利用提供重要的技术支持和服务保障。在森林防火敏感期，发布《森林火险气象预报》42期，及时为市林业部门提供准确的卫星监测火点信息。与环保局建立重污染天气预报预警机制，2018年开展联合会商5次，联合发布重污染天气预警2次，有力支持大气污染防治攻坚战。

【气象发展保障】科技创新和人才建设。完成全市气象部门事业单位绩效工资改革，制定绩效工资实施方案和主要负责人的考核方案及分配办法。加大干部挂职、轮岗交流力度，2人进行上挂下派，3人进行轮岗交流。开展岗位竞聘和聘期考核工作，9名专业技术人员竞聘到上一级别岗位，1人取得工程师资格，2人取得助理工程师资格。2018年自立科研课题8项，7篇论文在有关学术刊物发表，1篇论文参加中国气象学会交流获奖，7篇论文获随州市第八届自然科学优秀学术论文奖，5篇论文在省气象学会年会交流中获奖。

气象法治建设。开展"防雷、气球安全监管年"活动。扎实开展"七五"普法学习和宣传，通过随州市"七五"普法规划中期考评。组织保密法规学习，开展保密自查自评工作。全面实施"双随机一公开"防雷安全监管，明确防雷监管重点单位163家，全年检查相关单位和场所50余家，下发整改通知书5份。更新市县两级权责清单。深化"放管服"改革，推行互联网＋政务服务，全部审批事项网上公开办理，实现行政许可办理零超时。

气象科学管理。加强规章制度建设，制定或修订有关管理制度4项。强化年度目标任务、月重点工作督查督办。全市开展科普宣传工作，完成全年科普宣传任务。安全生产、保密、维稳等工作持续推进，关心老干部，积极落实退休干部政策。

环境保护

【概况】2018年，随州市历经10批次环保督察、4个国考断面水质下降等重大考验，解决一批突出环境问题，推动全市环保工作取得新的进展，污染防治攻坚战实现良好开局。

【环境质量控制指标】 2018年，省下达随州市两项政绩目标考核环境质量控制指标，要求全市到2018年年底，空气环境质量：PM2.5年均浓度达到50微克每立方米，优良天数比例达到76.2%。水环境质量：地表水国考断面优良水体比例75%，跨市（州）界断面水环境质量综合达标率60%，县级以上集中式饮用水源地水质达标率100%。围绕实现上述目标，随州市坚持以打好污染防治攻坚战为总抓手，制定实施全市攻坚工作方案，出台落实考核办法及其考评细则，将污染防治攻坚战77项省定、市定年度重点工作任务分解落实并全部纳入各地、各牵头部门2018年综合目标考核体系，推动落实攻坚目标、措施、责任、时限"四个清单"，强化问题、目标、责任、效果"四个导向"，持续深化"两禁、三控、四治"大气污染防治和挥发性有机物污染治理攻坚行动，重拳整治府澴河流域4个国考断面水质，全面打响蓝天、清水"两大保卫战"。截至2018年年底，全市4个国考断面水质均值达标率100%，2个跨市州界断面水质综合达标率83.3%，3个县级以上城市饮用水源地水质达标率100%。空气PM2.5浓度均值45微克/立方米，同比下降11.8%；优良天数比例79.9%，全省排第6位，比上年前进3位；增幅3.9%，全省排名第3位。全市空气环境质量达到近年来的最好时期。2018年，随州市超额完成省定年度水和空气环境质量考核控制指标任务。

【环保督察问题整改】 2018年，全市历经中央和省级环保督察"回头看"、省环保督察和生态环境部饮用水源保护、固体废物清理、黑臭水体治专项督察等10批次环保督察，累计交办540个环境问题线索。建立环保督察整改长效工作机制，成立4个环保督查专班，结合上级环保督察（专项督察）和环保系统"双随机"抽查、"零点行动"突查等时机，坚持市县联动、部门协同，跟进督办，跟踪问效，统筹推进2016年中央环保督察反馈意见和2018年历次环保督察交办问题整改。截至2018年年底，2016年中央第三环保督察组交办69件信访件，全部整改销号。省下达的31项中央环保督察反馈意见整改任务，已整改销号19项（2017年销号18项、2018年达到销号要求1项），其余12项均达到整改序时进度要求（2018年应销号，因市州环保机构改革未启动落地，全省统一延迟销号2项，以及2019年全省计划销号10项）。省环保督察交办的281件信访件销号212件、63个现场交办问题完成整改47个，反馈意见整改方案已上报省委省政府；中央第四环保督察组"回头看"交办的177件信访件调查处理工作已按要求基本办结。

【生态环保攻坚行动】 对标湖北长江大保护十大标志性战役，围绕"一园（工业园区）两水（饮用水、地下水）三领域（府澴河流域、环保设施、农村环保）四行业（化工、专汽、矿山、养殖）"，聚焦突出生态环境问题，在全市开展生态环保九大攻坚行动，成立由分管副市长任指挥长的各专项指挥部，实行"一个行动、一个方案、一个专班、一抓到底"长效机制。制定实施"一源一方案"专项整治措施，全部拆除封江水源地一级保护区13户原居民房屋，依法关闭封江度假村，全市3个县级以上集中式饮用水源地环境整治完成率达到100%，已划定的34个乡镇饮用水源完成保护区建设15个，基本完成"百吨千人"供水工程水源保护区摸底工作。建立府澴河流域水环境治理联席会议和月度预警研判机制，推行"河长包保、分段治理"攻坚措施，落实10条市级重点河流、23个跨县（市、区）界断面水质定期监测、年度考核机制。部署开展以专用汽车露天喷涂为重点的挥发性有机物专项治理，指导完成VOCS治理21家。出台土壤污染治理与修复规划，组织完成农用地土壤详查。部署开展"清废2018"、打击固废环境违法专项行动，组织3轮现场指导培训，督促4个生态环境部专项督察交办问题全部限时完成整改，危险废物规范化管理工作在全省年度考核中被评为A等级。推动落实畜禽养殖污染、城市黑臭水体、河道非法采砂等攻坚行动和"四个三重大生态工程"，全市取缔河道非法采砂点19个，新封堵排污口14个，基本完成黑臭水体治理6条，新关闭流域禁养区规模养殖场52家，完成规模畜禽养殖污染治理167家，完成加油站地下油罐防渗改造316个，新改建各厕所5.3万个，37个乡镇生活污水处理厂和29个乡镇垃圾压缩中转站基本建成，城乡生活垃圾无害化处理运行管理体系基本建立，精准灭荒3.68万亩，综合排名居全省第一方阵。

2018年6月5日，随州市环保局组织环保志愿者参观垃圾填埋场

【环境执法与监管】 "多元共治"生态环境治理体系基本确立，"党政同责"进入新实践。市委、市政府以上率下，全年召开9次常委会、13次常务会、33次专题会研究推进生态环保工作，市领导一线调研督办生态环保重点工作达77人次，在全市立起"共抓大保护"的鲜明导向。市委书记陈瑞峰提出"建设生态绿城，打造品质随州"，市长郭永红在2018年《政府工作报告》中提出"坚持生态立市，建设美丽随州"，把生态环境保护浓墨重彩写到随州绿色发展的旗帜上。"一岗双责"构建新机制，在全省率先成立十二个环保专业委员会，作为市环委会常设机构，由分管副市长任专委会主任，构筑起"管行业必须管环保"的责任机制。压实环保监管责任，全市环保系统全年依法否决不符合环保要求和产业政策项目14个，累计查处各类环境违法案件212件，处罚金额1441余万元，实施查封扣押15件、限产停产7件、行政拘留10件、刑事拘留1件、涉嫌污染犯罪移送公安机关9件；全市林业部门查处林地案件242起，非法占用林地案件查处率99.6%；全市公安机关侦办破获环境资源保护类案件18起，办理污染环境类行政案件10起，刑事拘留24人、批捕23人、移送起诉18人，行政拘留9人；市检察院依法批捕破坏生态环境资源犯罪44人，办理破坏环境类公益诉讼案件26件；全市法院依法审理环境公益诉讼案件2件，增强了企业环保主体责任。全市开展纪念"6.5"环境日、环保公众开放日等系列活动，唤起全民环境意识，环保公众关注度、参与率大幅提升，全年调处环境信访1292件（不含中央环保督察"回头看"、省环保督察交办信访件），同比上升92%。

2018年6月5日，随州市举行纪念"六五环境日"暨环保世纪行启动仪式

【法治环保】 编印《环保依法行政手册》，组织全体干部职工自学；开设"法治讲堂"，宣传解读环保新法新规；开展"网上学法"，举办宪法、监察法专题讲座；出台环保行政处罚程序规定、行政执法监督检查办法、重大行政处罚案件集体审议工作办法；建立"两法衔接"机制和案件移送工作规范，开展行政处罚案卷"一评六审"活动，发现执法不规范问题，责成限期整改；设立"曝光台"，织密"监督网"，全年公开环保处罚案件207件，全市环保行政处罚正确率100%；落实"谁执法、谁普法"责任制，组织环保法治宣传"六进"活动，严格环保监管执法，开展环境信用评价，实行环境违法"黑名单"制度，督导企业遵守环境法规，督促党委政府和职能部门落实环保法定职责，全年全市因生态环保问题约谈124人，给予组织处理12人、党政纪处分39人。

【环保改革创新】 落实环保机构和垂管改革前的人事、财务、档案、保密等省市有关规定，部署开展改革前全系统人员、机构、编制调查摸底、信息更新、档案整理等基础工作。配合省厅划定随州市生态保护红线571.2平方千米,协调启动曾都区生态保护红线勘界落地试点工作。深化"放管服"改革,取消环保审批事项2项,简化项目评价类别30项,清理核对政务服务事项29项,编制办事服务指南29个,全年审批104个新上项目的网办率为90%以上,数据上传率100%。推进排污许可制度改革,完成屠宰及肉类加工、钢铁等行业19家企业排污许可证核发工作。加快排污权交易试点改革,全年组织参加排污权交易企业20家。健全生态环境监测网络,规范5座建成空气自动监测站运行管理,新建国控断面水质自动监测站2座,布设土壤监测取样点位107处,确定核与辐射自动监测点位1处。落实企业环境信用评价制度,全年录入省环境评价系统企业121家,接受环境信用等级评价,评价结果网上公示。

防震减灾

【防震减灾体系】 推进地震监测预报体系建设,强化主业主责意识,规范台网运行维护管理,坚持24小时战备值守,地震监测通勤率平均为90%以上。为高铁让路搬迁的地震新台建设,已完成立项批复和选址勘规划。推进震害防御体系建设,强化新建、改建、扩建工程抗震设防管理,实现应报必报、应审必审。市本级规划完成2个农村民居地震安全示范村、1所科普宣传示范校、5处地震应急避难场所建设,建立"三网一员"信息库,夯实群防基础。推进应急救援体系建设,建立地震应急联动机制,开展地震监测应急信息会商、分析、研判,"5·12"联合举办防震减灾活动周暨疏散逃生演练活动,2018年6月12日,快速处置一起疑似地震事件。组织举办防震减灾知识大赛活动,选派代表队荣获全省选拔第一名、中部赛区第三名。

测　　绘

【测绘数据更新】 更新中心城区全市域1∶10000地形图,完成碧桂园府河琴韵、青岛啤酒厂、传媒大厦等约3平方千米的三维模型数据,制作完成城东开发区约12平方千米地面模型,增强测绘数据的现势性,提升测绘工作服务经济社会发展的能力。

【测绘成果推广应用】 利用航拍航测技术,选取文化公园、擂鼓墩遗址公园、随城山生态公园等15个城市生态绿地,制作"生态随州"全景影像,多维度、全方位展示随州的生态之美,在网络平台发布后,点击率达到17万次。启动2000坐标系转换项目推广应用,解决坐标系不统一、各类测绘数据自成一体、难以对接的问题。由武汉大学副校长、院士李建成牵头完成的"随州市2000国家大地坐标系和似大地水准面精化"成果,精度达到毫米级,成为国内精度最高的城市似大地水准面,获得"2018年湖北省测绘科技进步奖一等奖",将该市测绘技术推向一个新高度,测绘工作实现由传统测绘向数字测绘、智能测绘的转变。稳步推进规划管理信息化项目建设和推广应用,完成了全部软硬件安装和调试,一站式规划管理服务平台在规划系统全面推广应用,极大地提高了规划审批服务效率。在政务服务中心等市直部门推广应用"数字随州"信息平台,充分发挥测绘信息技术的推进、推动作用,实现互联互通,共建共享。

【测绘日常工作】 抓好测绘企业资质初审、测绘市场管理、地图市场检查、测绘保密监管、测绘标志点维护等日常性工作,完成了随州市域测绘资质单位信用信息管理与公示,组织开展了测量标志低等级点普查验收与数据上报,严格审核测绘项目登记、备案1项。编制2017年版随州城区图、影像图，为寻根节等大型活动提供地图服务；策划开展2018年全国测绘法宣传日暨国家版图意识宣传，增强市民法制意识；开展随州市2018年测绘双随机抽查中测绘资质巡查、涉密地理信息保密检查、地图监管，进一步加强了测绘市场监管。

节 能 减 排

【概况】 2018年，随州市认真落实国家和省实施能耗总量和强度"双控"行动工作要求，把节能作为转变发展方式、经济提质增效、建设生态文明的重要抓手，通过落实目标责任、优化产业结构、完善市场化机制、开展全民节能行动等措施，取得显著成效。2018年，实现生产总值1011.19亿元，同比增长7.8%，能源消费总量为426.91万吨标准煤，万元GDP能耗为0.44吨标准煤，全市全年实际能源消费增量为55.01万吨标准煤。

【强化目标责任评价考核】 2018年4月，省对该市2018年度单位生产总值能耗和二氧化碳排放及能源消费增量控制目标任务下达后，随州市及时将目标任务分解到各县市区政府，市发改委与重点耗能企业分别签订目标责任书，将目标任务层层分解，并相应制定了考核办法和问责、约谈等工作机制，确保完成目标任务。

【产业结构调整】 为加快传统产业转型升级，随州市印发《关于加快推进传统产业转型升级的实施方案》，全面推进传统产业的技术改造和技术创新工作。2018年，全市战略性新兴产业（现价）占地区生产总值比重为8.1%，服务业（现价）占地区生产总值比重为37.41%，同比提高0.71%，新兴产业和服务业增加值占地区生产总值比重提升，经济结构进一步优化。

【重点节能工程】 严控高耗能、高排放行业盲目扩张，加大淘汰落后产能力度。加强对企业淘汰落后产能和高耗能设备工作的跟踪、指导和监督。严格执行节能审查制度，对产业不符和新上项目能耗增长过快的地区，一律限批。加快工业结构调整，做强做优先进装备制造业，改造提升传统优势产业，提高能源利用效率。根据《湖北省燃煤锅炉专项整治工作方案的通知》和省污染防治攻坚战指挥部办公室《关于开展燃煤锅炉整治"回头看"工作的通知》要求，全市纳入淘汰改造任务范围的燃煤（薪）锅炉共计312台，于2018年8月中旬已经全部完成淘汰或改造，减少煤炭消耗331.8万吨。

【加强节能管理】 以提高能源利用效率和改善生态环境质量为目标，制定《随州市"十三五"节能规划》。同时，开展工业节能、建筑节能、交通节能、商业和民用节能、农业农村节能等节能工作。随州恒大名都A区、红星国际广场等5个项目和随州东方家园、云海天地等12个项目分别获国家星级绿色建筑评价标识和省级绿色建筑认定项目；随州市机关事务管理局、广水市第一医院、曾都一中被国家标准委评定为"国家节约型公共机构示范单位"；随县交通局、随县审计局、曾都医院评定为"省级公共机构节能示范单位"；曾都一中龚姝蓉撰写的题为《我爱我家的绿色生活》荣获全省"节能降耗 绿色生活"主题征文唯一一等奖并刊登于《湖北日报》。

【优化能源结构】 为加大风电、光伏等清洁能源的利用，编制《随州市"十三五"能源规划》，印发《市人民政府关于加快能源产业发展的实施意见》，推动新能源产业快速发展。2018年，全市新能源并网装机容量200.40万千瓦，占全省新能源装机容量的21.87%；新能源发电量84.36亿千瓦时，占全省新能源发电量的30.15%。全年新能源发电量达30.89亿千瓦时，占全市全社会用电量74.57%，占全省新能源发电量27.26%，折合标准煤37.96万吨，减少二氧化碳排放99.47万吨，新能源装机容量和发电量稳居全省第一。

【创新节能工作机制】 推进节能技术创新，2018年，健民集团叶开泰国药（随州）有限公司"小儿宣肺止咳颗粒深度研发与开发成果产业化"、湖北犇星化工有限公司"PVC有机基热稳定剂用插层水滑石技术开发及污水处理改造升级"等16个科技成果转化产业化和随州市力神专用汽车有限公司"轻量化车架生产设备及工艺"等4个新能源、轻量化、智能化关键核心技术研发项目共获科技成果转化奖励资金508.22万元。加大政策支持力度，认真落实节能减排企业节能减排所得税收优惠政策，减轻节能相关企业税收负担，出台《关于进一步做好企业研究开发费用税前加计扣除政策贯彻工作的通知》，为环境保护、资源综合利用和节能节水等提供税收优惠政策支持，全市累计办理增值税既征既退税费5380.22万元。开展节能执法监督检查，市节能办按季度检查分析通报各地重点耗能节能情况，并提出整改意见。认真做好高耗能特种设备节能降耗监管，对在用工业锅炉进行能效测试，全年共组织3期80余人次锅炉节能知识培训；对4家湖北省重点用能单位"万家"行动企业的"双控"任务实施节能目标考核；联合省经信委、省节能监察中心对该市华鑫冶金有限公司、湖北雅都恒兴纸业有限公司等5家重点及高耗能企业进行节能监察工作。动员全社会参与节能。2018年，围绕"节能降耗 保卫蓝天"宣传主题，在企业、社区、学校广泛宣传节能法律法规。倡导全民节能行动，普及生态文明建设，引导广大人民群众积极参与节能减排，树立绿色低碳出行理念。

县市区概况

随　县

【概况】 随县辖19个镇（场）、2个风景区、1个开发区、347个村、47个居委会。版图面积5543平方千米，常住人口80.43万人。2018年，全县实现地区生产总值221.01亿元，按可比价格计算，比上年增长7.6%。其中，第一产业增加值65.25亿元，增长2.8%；第二产业增加值102.8亿元，增长8.8%；第三产业增加值52.96亿元，增长12%。三次产业结构由2017年的34.3∶43.1∶22.6调整为29.5∶46.5∶24，第二产业比重比上年提高3.4个百分点，拉动经济增长6.1个百分点，对经济增长的贡献为106.6%；第三产业比重比上年提高0.5个百分点，拉动经济增长2.7个百分点，对经济增长的贡献为47.3%。全年完成财政总收入10.42亿元，增长9.6%。其中，地方一般公共预算收入7.21亿元，增长8.5%。在地方一般公共预算收入中，税收收入5.1亿元，增长10.6%。2018年年末全县金融机构各项存款余额322.06亿元，增长8.4%；金融机构各项贷款余额111.02亿元，增长8.6%。

2018年农林牧渔业总产值完成115.56亿元，按可比价计算，比上年增长3.1%；农林牧渔业增加值为69.28亿元，按可比价计算，比上年增长3.3%。粮食种植面积13.14万公顷，同比增长3.63%；粮食产量86.25万吨，同比增长3.59%；棉花种植面积0.14万公顷，同比增长6.06%；棉花产量0.13万吨，同比增长9.5%；油料种植面积1.44万公顷，同比增长0.28%；油料总产量3.11万吨，同比下降2.81%；蔬菜产量46.08万吨，同比增长5.28%；食用菌产量6.23万吨，同比增长4.21%。全年肉类产量9.76万吨，比上年增长1.56%，生猪出栏76.09万头，下降0.41%，牛出栏2.69万头，下降0.37%，羊出栏23.29万只，增长1.26%，家禽出笼3178万只，增长3.62%；水产品产量达到3.71万吨，下降0.26%。全年造林面积1.07万公顷，零星植树达到1179万株，木材采伐量1.72万立方米。农村用电量26441万千瓦时，比上年增长4.59%；化肥使用量8.53万吨，下降1.61%。

全年新增规模以上工业企业16家，总数达到249家。共完成规模以上工业总产值439.48亿元，同比增长12.2%。实现规模以上工业增加值110.31亿元，按可比价格计算比上年增长8.1%；其中高技术制造业增加值5.03亿元，增长35.44%，占规模以上工业增加值的比重4.6%。七大支柱产业共完成工业总产值417.31亿元，同比增长11.9%，其中，农副产品加工业实现产值124.95亿元，同比增长5%；矿产石材及建材业实现产值161.45亿元，同比增长15.3%；纺织服装业实现产值47.74亿元，同比增长22%；汽车及零部件加工业实现产值40.92亿元，同比增长19.2%；电子信息产业实现产值15.95亿元，同比增长14.4%；医药化工产业实现产值18.58亿元，同比下降9.2%；新能源产业实现产值7.73亿元，同比增长29%。

规模以上工业企业实现主营业务收入431.5亿元，同比增长13.6%；实现利税40.6亿元，同比增长8.58%，其中利润总额33.1亿元，同比增长7.9%；实现销售产值429.79亿元，同比增长12.29%，工业产品销售率为97.8%。

全县13个资质以内建筑企业完成施工产值7.02亿元，同比增长26.5%；建筑单位施工房屋面积59.85万平方米，同比增长35.4%；竣工面积36.42万平方米，同比增长15.6%。

全年固定资产投资（不含农户）完成163.36亿元，按可比口径计算比上年增长10.6%，其中民间投资完成127.74亿元，增长10.5%。按投资产业类型划分，第一产业完成投资8.8亿元，下降27.5%；第二产业完成投资112.17亿元，增长13.8%；第三产业完成投资42.39亿元，增长14.7%。三次产业投资比重由2017年的8.2∶66.7∶25.1调整为5.4∶68.7∶25.9。其中房地产开发完成投资3270万元，同比增长360.9%，商品房销售面积1776平方米，下降44.4%，销售额505万元，下降42.7%。

截至2018年年底，全县高速公路220千米，国省道通车里程508.015千米，其中，一级公路31.785千米、二级公路476.23千米。全县农村公路合计4171.932千米，其中，二级公路153.644千米，三级公路82.53千米、四级公路3935.75千米、等外公路9.7千米，路网密度86.54千米/百平方千米；内河航道定级航道35.7千米，等级外航道40余千米；渡口10处；客运站18个，其中，二级站1个，三级站1个，五级站（包括农村综合服务站）16个。全年完成公路货物周转量545800万吨千米，同比增长5.5%；公路旅客周转量30660万人千米，同比下降22.4%；水上旅客周转量24.5万人千米，同比下降5.8%。

2018年邮电业务营业收入完成17679.44万元，同比增长10.3%，其中邮政业务营业收入完成11503.09万元，同比增长14.8%；电信业务营业收入完成6176.35万元，同比增长2.8%。全年接待国内旅游人数870万人次，同比增长1.2%；国内旅游收入53.7亿元，同比增长0.4%。

2018年实现社会消费品零售总额153.02亿元，同比增长10.9%。其中限额以上企业实现消费品零售额53.57亿元，同比增长16.2%。分行业看，批发业实现销售额67.36亿元，同比增长11.5%；零售业实现销售额20.03亿元，同比增长19.2%；住宿业实现营业额1.86亿元，同比增长45.8%；餐饮业实现营业额5.75亿元，同比增长6.6%。

2018年实现外贸进出口总额37239.5万美元，同比下降24.9%。其中，出口36480.5万美元，同比下降26.3%。全年实际利用外资3180万元，同比下降80.1%。

2018年随县全年发放租赁住房补贴300户、28万元，开工建设城县棚户区250套。

截至2018年年底，随县共获批准省级产业技术研究院1家，校企共建研发中心省级7家、市级4家，企业技术中心省级2家，众创空间和星创天地各1个。2009—2018年间，累计申请专利1400件，授权682件；仅2018年，申请专利427件，授权145件。香菇产业技术研究院在册科研人员23人；其他研发平台的科技人员总计约60人。全年争取省、市级科技项目合计25项，申请专利427件，完成高新技术产业总产值（四上单位）76.63亿元，同比增长3.22%；高新技术产业增加值17.92亿元，增长4.71%。

2018年，全县有各级各类学校222所（含独立幼儿园），在校学生总数87539人。其中，中等职业学校1所，在校学生1829人；普通中学32所，在校学生22663人；小学80所，在校学生41972人。有教职工4290人。小学学龄人口入学率100%，九年义务教育巩固率98.2%。

2018年全县有公共图书馆1个，有综合档案馆1个，博物馆1个；广播人口综合覆盖率98.6%，电视人口综合覆盖率96.6%。2018年年底，全县有全民健身路径110条。

2018年共有卫生机构504个，其中，综合医院 2 个，中医医院 1 个，妇幼保健院 1 个，疾病预防控制中心 1 个，卫生院 18 个。全县公办医疗卫生机构人员为 1179 人，全系统共有卫生专业技术人员 2132 人，其中执业（助理）医师 992 人，注册护士 1140 人，其中正式卫生专业技术人员为 1057 人。全县卫生机构共有床位 1845 张。

2018 年年底全县城镇新增就业 5421 人，城镇登记失业率 3.38%，控制在 4% 以内。年底全县城镇职工基本养老保险参保人数达 2.56 万人；城乡居民社会养老保险参保人数达 43.65 万人；城镇职工基本医疗保险参保人数达 2.44 万人；城乡居民基本医疗保险参保人数达 69.89 万人。失业保险参保人数达 1.04 万人；工伤保险参保人数达 1.38 万人；生育保险参保人数达 1.36 万人。全县城镇居民最低生活保障人数 0.08 万人；农村居民最低生活保障人数 1.17 万人。

2018 年，随县全体常住居民人均可支配收入 19048 元，比上年增长 8.45%。其中，城镇常住居民人均可支配收入 26653 元，比上年增长 8.43%；农村常住居民人均可支配收入 16662 元，比上年增长 8.46%。按常住人口计算，全县人均地区生产总值达到 26058 元，比上年增长 1868 元。按 2018 年美元对人民币的平均汇率 1∶6.6174 计算，全县人均 GDP 达到 3859 美元，比上年增长 217 美元。居民消费价格上涨 2.2%，涨幅比上年同期提高 0.7 个百分点。分类别看，食品烟酒类价格上涨 3.4%，衣着类价格下降 2.4%，居住类价格上涨 3.3%，生活用品及服务类价格上涨 0.3%，交通和通信类价格上涨 0.9%，教育文化和娱乐类价格下降 0.1%，医疗保健类价格上涨 7.1%，其他用品及服务类价格上涨 1.0%。

2018 年随县全年设立各级环境监测站 1 个。中心城区空气质量达到国家二级标准以上的天数 251 天，全县废水化学需氧量排放量 0.4083 万吨，比上年下降 2%；废气中二氧化硫排放量 0.0533 万吨，下降 3%。年末全县森林覆盖率达 57.15%，比上年提高 0.12 个百分点；全年空气质量优良天数比率达 69.3%，比上年减少 0.3 个百分点。

广 水 市

【概况】广水市辖 13 个镇，4 个街道办事处，广水市工业基地管理委员会，中华山林场，三潭风景区管理处，401 个行政村（49 个社区）。全市面积 2647 平方千米。2018 年年底，全市户籍总人口 92.06 万人。全年人口出生率为 11.25‰，人口自然增长率为 5.42‰。全年实现地区生产总值 314.24 亿元，比上年增长 7.8%。其中，第一产业增加值 52.44 亿元，增长 2.8%；第二产业增加值 154.77 亿元，增长 8.2%；第三产业增加值 107.03 亿元，增长 9.9%，三次产业结构比为 16.7∶49.2∶34.1。2018 年财政总收入 25.45 亿元，比上年增长 6.8%，其中，烟厂完成 10.37 亿元，比上年增长 1.1%；税务局完成 22.29 亿元，增长 11.5%；财政局完成 3.15 亿元，下降 17.7%。地方公共财政预算收入完成 12.75 亿元，增长 5.0%；其中税收收入 9.09 亿元，增长 14.9%。全年地方公共财政支出 51.92 亿元，比上年增长 18.1%。

2018 年全市耕地总资源 79.03 千公顷，有效灌溉面积 50.74 千公顷。全年实现农林牧渔业总产值 93.0 亿元，比上年增长 3.38%。其中，农业产值 46.7 亿元，比上年增长 5.77%；牧业产值 24.6 亿元，比上年降低 0.66%；林业产值 7.1 亿元，比上年增长 4.13%；渔业产值 7.2 亿元，比上年增长 3.7%；农林牧渔服务业产值 7.2 亿元，比上年增长 11.9%。全年粮食作物面积 57.09 千公顷，粮食总产量 40.11 万吨。生猪出栏 67.21 万头，生猪存栏 39.4 万头；牛出栏 2.22 万头，牛存栏 6.36 万头；羊出栏 16.72 万只，羊存栏 11.20 万只；家禽出笼 1117.19 万只，家禽存笼 1059.12 万只。全年水产品产量 3.25 万吨。全市农业机械总动力 48.82 万千瓦，主要农作物农机化综合水平 69.85%，全年机耕面积 66.358 千公顷。

2018 年全市规模工业企业 205 家，完成规模工业总产值 435.18 亿元，增长 10.24%；完成规模工业增加值 107.08 亿元，增长 8.0%。其中农产品加工产值 156.86 亿元，下降 0.37%。全市完成高新技术产业增加值 28.84 亿元，增长 4.0%。

2018年全市完成固定资产投资203.1亿元，增长11.2%，工程施工项目285个，其中5000千万以上投资项目142个。分三次产业看，第一产业投资累计完成14.5亿元，同比下降28.1%；第二产业完成87.5亿元，增长33.6%；第三产业完成101.1亿元，增长4.4%。

2018年全市实现社会消费品零售总额136.1亿元，比上年增长11.0%，其中限额以上完成零售额64.8亿元，比上年增长20.4%，占比达47.6%。全年完成外贸出口7917万美元，比上年下降15.9%；实际利用外资4000万美元，比上年增长10.2%；引进资金85.26亿元，比上年增长28.21%。全年全市金融机构各项存款余额376.14亿元，比年初增加35.85亿元。其中，居民储蓄存款余额295.23亿元，比年初增加24.69亿元。全市金融机构贷款余额125.39亿元，比年初增加18.50亿元。2018年，投资4亿元的印台山文化生态园建成开园，打造了生态宜居新城的靓丽名片，成为广水文化传承的新载体、群众休闲锻炼的好去处。九龙河、毅兴智能、正路职校3处小游园高标准建成。广悟大道全线贯通，永阳大道高标准改造，广水公铁立交桥拆旧建新，前进路、小康路、建设二路建成通车，公园路启动建设，刘店路、平洑路城区段和广水城区车站路、中立交桥、老火车站地下通道改造顺利推进，武汉城市圈环线高速广水段、107国道广水段、中华山旅游大道、徐家河生态防洪公路路基工程基本完工。全市公路里程4110.5千米，其中等级公路4014.3千米。全市年末拥有7条公交线路，拥有公共汽车114辆，出租汽车216辆。全市有星级饭店6家，旅行社3家，旅行门市部6家。全年邮政业务总收入达1.2亿元，电信业务收入9850万元；全年移动用户数33万户，运营收入1.9亿元。

2018年全市从事科技活动人数6550人，专利授权数112件，申请专利590项，获省级以上奖励的科技成果3项。全市各级各类学校107所，其中小学69所，普通中学36所，职业高中2所。专任教师总数5540人，其中小学2589人，普通中学2763人。在校学生86402人，其中小学生49265人，普通中学生35294人。学龄儿童入学率100%，九年义务教育完成率98.1%。全市共有卫生机构422个，其中医院11个，卫生院17个，共有卫生技术人员3214人，其中执业（助理）医师1303人，注册护士1189人。卫生机构共拥有床位数3567张。参加城乡基本医疗保险人数达到76.88万人，城乡基本医疗保险参保率达到99%。城乡居民平均预期寿命达到74岁。

2018年全市城镇居民人均可支配收入28990元，比上年增加2271元，增长8.50%。城镇居民人均消费性支出17688元，比上年增加1408元。城镇居民恩格尔系数35.9%，人均住房建筑面积39.5平方米。全年农村居民人均可支配收入16384元，比上年增加1257元，增长8.31%。农村居民人均生活消费支出11141元，比上年增加921元。农村居民恩格尔系数为37.46%，农村居民人均住房建筑面积46.28平方米。全年9个贫困村出列、11820人脱贫。脱贫攻坚三年行动方案出台实施，统筹整合财政资金5.68亿元支持精准扶贫。"五心"工作法积极推行，扶贫政策全面落实，遍访贫困户活动深入开展，脱贫攻坚质效明显提升。扶贫产业加快培植，光伏扶贫电站达344座，种植业和养殖业稳步发展，全年发放扶贫小额信贷9390万元。易地扶贫搬迁成果巩固提升，入住率、拆旧率分别达到96.3%、90%。完成贫困户危房改造2157户，解决1.13万贫困人口安全饮水问题。扶贫助学8719人，贫困人口医疗保障体系健全完善，社会扶贫活动深入开展。全年全市从业人员67.8万人，各类专业技术人员9490人，其中中级以上职称8440人。参加失业保险人数0.8万人，失业率4.3%。城镇职工养老保险参保人数4.51万人，城乡居民养老保险参保人数39.98万人，城镇社会保险覆盖率达到98.6%。城镇居民最低生活保障人数2468人，比上年减少226人；农村居民最低生活保障人数21143人，比上年增加548人。

2018年全社会用电量10.65亿千瓦时，比上年增长16.22%。其中，工业用电量5.52亿千瓦时，比上年增长25.2%。2018年，全市能源消费总量为161.18万吨标准煤，增长39.67%，万元地区生产总值能耗0.53吨标准煤/万元，上升

29.52%。全市森林面积10638.57公顷，森林覆盖率达40.21%，自然保护区面积12680公顷。公共绿地面积375.44公顷，城市人均公园绿地面积9平方米。建成区绿化覆盖面积达到1037.26公顷，绿化覆盖率达到36.02%。垃圾处理站28个，增加21个，城镇生活垃圾无害化处置率达到79.85%，对生活垃圾进行处理的行政村比例达到98.5%。污水处理厂2个，生活污水处理率达到95%。农村自来水普及率85%，农村饮水安全普及率达到98%，比上年提高4个百分点；农村集中式供水受益人口比重达到95%，农田灌溉水有效利用系数51%。

曾 都 区

【概况】 曾都区是随州市委、市政府驻地，是全国历史文化名城、编钟古乐之乡、中国专用汽车之都所在地，境内千年银杏谷蜚声中外，辖5个镇、4个街道办事处、2个管委会，57个社区居民委员会、149个行政村，版图面积1425.4平方千米，耕地面积2.93万公顷，总人口65.78万人。2018年，曾都区被授予全国法治县（市、区）创建活动先进单位、全省县域经济工作成绩突出县（市、区）、省级食品安全示范县（市、区）、省级慢性病综合防控示范区等荣誉称号。

2018年，曾都区实现生产总值（GDP）475.94亿元，按可比价格计算，比上年增长8.1%。其中，第一产业完成增加值26.43亿元，增长2.9%；第二产业234.05亿元，增长8.3%；第三产业215.46亿元，增长8.5%。三次产业结构比为5.55∶49.18∶45.27。全年完成财政总收入142298万元（区本级，不含高新区、大洪山和市库返还），可比增长14.2%，其中，区级地方公共财政预算收入92477万元，可比增长12.3%。其中工商税收60608万元，可比增长14.2%；耕契两税19210万元，可比增长32.3%；非税收入12659万元，同比下降14%。全年全区一般预算支出315081万元，增长8.9%。

2018年完成农林牧渔业总产值49.37亿元，增长0.7%。其中，农业17.07亿元，增长6.4%；林业1.35亿元，增长6.3%；牧业23.67亿元，下降5.9%；渔业2.96亿元，增长3.5%；农林牧渔服务业4.32亿元，增长15.8%。全年粮食作物播种面积为39.38千公顷，粮食总产量26.12万吨。主要经济作物播种面积为棉花0.73千公顷，油料5.66千公顷；蔬菜7.1千公顷；至年末，茶叶、水果种植面积分别为388公顷、961公顷。2018年主要农产品产量为粮食26.12万吨，比上年增长8.89%；棉花590吨，比上年增长1.2%；油料13440吨，比上年下降1.91%；蔬菜24.53万吨，比上年增长0.14%；茶叶106吨，比上年增长2.91%；水果3798吨，比上年增长1.01%；其他产品产量为油桐籽346吨，油茶籽1023吨，乌桕子604吨，五倍子71吨，板栗1355吨，白果1030吨，核桃70吨，葛粉37吨。木材采伐量3.22万立方米。

2018年主要畜禽出栏、存栏有升有降。2018年主要畜禽产品产量为牲猪出栏53.96万头，比上年下降2.08%；羊出栏4.17万只，比上年增长0.4%；牛出栏1.5万头，比上年下降1.56%；家禽出笼1715.79万只，比上年下降0.09%；禽蛋产量49824.53吨，比上年增长0.38%。2018年主要畜禽年末存栏情况：生猪存栏29.62万头，比上年下降2.27%；羊存栏5.58万只，比上年增长0.43%；牛存栏3.01万头，比上年增长3.65%；家禽存笼1007.48万只，比上年下降0.06%。全年水产品产量12091吨，比上年增长0.86%。淡水养殖产量9721吨，比上年减少1.79%。淡水养殖面积4300公顷。农业机械总动力41.8万千瓦；化肥施用量（折纯）2.81万吨，农村用电量10521万千瓦时。

2018年建设高标准农田6.7万亩，新增高效节水灌溉面积1万亩，新建耕地质量提升与化肥减量增效示范农田2.1万亩，统防统治与绿色防控融合示范区10个，推广优质稻15万亩、稻虾共作示范面积1万亩。农业机械化水平达到71%。整合涉农资金3.5亿元支持乡村基础设施建设，在全省率先成立乡村振兴发展投资有限公司。创建省级产业融合示范村3个，新增"三品一标"认证产品8个、市级农产品加工龙头企业4家、农民专业合作社84家、家庭农场52家。

曾都区入选2018年湖北省"优质粮食工程"重点县。完成"厕所革命"工程建设年度任务，建改户厕12703座、公厕228座。新建及改造农村供电线路228千米、通村公路135千米。新建沼气集中供气工程13处。精准灭荒造林3049亩。创建省级森林城镇1个、绿色示范村14个。

2018年区域规模以上工业企业完成工业总产值500.11亿元，同比增长10.83%；完成工业增加值119亿元，增长8.3%。其中，区属企业完成工业总产值361.32亿元，同比增长10.76%；完成增加值84.29亿元，同比上升8.3%。2018年区属规模以上工业企业主要产品产量为改装汽车100927辆，比上年增长18.26%；大米175750吨，比上年下降2.48%；服装434万件，比上年增长8.5%；布4103万米，比上年增长1.74%；铸件360509吨，比上年增长40.2%；电子元件506919万只，比上年增长50.67%。

2018年区域规模以上工业企业实现主营业务收入418.74亿元，增长7.3%；利润总额17.74亿元，下降3.3%；利税总额21.19亿元，下降14.0%。全年区属规模以上工业企业实现主营业务收入278.9亿元，增长8.1%；利润总额5.74亿元，下降27.9%；利税总额9.29亿元，下降17.8%。区域资质以上建筑企业98家，实现总产值81.22亿元，同比增长20.5%。实现增加值36.1亿元，同比增长20.0%。

2018年区域全社会固定资产投资完成302.04亿元（不含农户），同比增长11.5%。区属（下同）固定资产投资完成242.57亿元（不含农户），同比增长11.5%。全区完成固定资产投资242.57亿元，同比增长11.5%，高于全市平均增幅0.3个百分点，位列全市第一。全区5000万元以上投资项目已完成投资191.5亿元，同比增长14.4%。围绕国家和省级重大战略实施机遇，全区策划项目275个，其中在建项目128个、总投资260亿元。实施重点项目攻坚行动，46个区级重点项目完成投资60亿元。

2018年区域实现社会消费品零售总额256.50亿元，同比增长11.1%。其中，区属实现社会消费品零售总额184.75亿元，同比增长11.2%；按行业分（限上），区属批发业为53.23亿元，增长15.1%；零售业为54.34亿元，同比增长16.6%；餐饮业为2.98亿元，同比下降6.6%；住宿业为1.03亿元，同比上升11.7%。

2018年实现区域出口总额50000万美元，同比下降8.44%，其中，区属实现出口总额24921万美元，同比下降8.13%。全年居民消费价格指数为102.2。谋划储备服务业重点项目133个，新增限额以上商贸企业10家。深入推进省级电子商务进农村综合示范区建设，兴建村级电商服务站66家。辖区内金融机构年末存款余额657.12亿元，其中城乡居民储蓄存款余额383.89亿元，年末贷款余额467.21亿元。年末全区公路总里程2324.61千米。年末实有公交（电）车营运辆数338辆，年末实有出租车数547辆。投资4000万元打通千年银杏谷景区交通环线"主动脉"，助力景区荣获"魅力中国城"年度魅力生态旅游景区。全区接待游客570万人次，实现旅游综合收入35亿元。

2018年新增省级创新平台2家、院士专家工作站2个、高新技术企业11家，完成科技成果转化12项、专利申请713件，全年高新技术产业总产值（含市直）314.88亿元，同比增长12.9%；实现高新技术产业增加值73.74亿元，增长16%，占GDP的比重为15.5%。

2018年末全区有各类学校（含幼儿园）128所，在校学生77134人，专任教师4662人，其中，小学在校学生35986人，普通中学在校学生15861人，全区学龄儿童入学率达100%，九年义务教育巩固率达到100%，初中阶段入学率100%、初中三年巩固率99%。全区共有文化机构10个，剧场1个，剧团1个，电影院4个，文化站4个。电视综合覆盖率为78.2%，有线电视用户142668户。义务教育均衡发展，改扩建学校20所，招录教师111人，交流城乡教师104人。新建农村综合文体广场27个，开展送戏下乡、送戏曲进校园活动103场次，放映农村公益数字电影1812场次。

2018年，年末户籍总人口为65.78万人，常住人口为63.85万人。全年出生6059人，其中，男孩3132人，女孩2927人，人口出生率

10.15‰，人口死亡率4.77‰，人口自然增长率5.38‰。2018年符合政策生育率98.89%。全区共有卫生机构（不含村级卫生室、私人诊所）10个，其中，县级医院1个，乡镇医院8个；卫生技术人员1288人，其中，执业医师359人，执业助理医师87人，注册护士550人，病床床位数1284张。

2018年城镇居民人均可支配收入32022元，比上年增长8.48%；农村居民人均可支配收入17578元，比上年增长8.5%。职工工资持续增加，2018年在岗职工年平均工资53268元。全年城镇新增就业7397人，年末城镇登记失业率为2.64%。

全区城镇职工基本养老保险89686人，城乡居民社会养老保险参保人数232020人，城镇职工基本医疗保险参保48562人，城乡居民基本医疗保险参保510139人，失业保险参保20510万人，工伤保险参保48300人，生育保险参保44600人。城镇居民最低生活保障人数0.9万人，农村居民最低生活保障人数0.6万人。

深入推进"放管服"改革，精简、取消、调整行政服务审批事项161项，组织"周六现场办公会"34次，协调解决企业难题108个，为企业减负1.8亿元，兑现各类奖补资金1.6亿元。办理人大议案1件、代表建议46件、政协提案61件，见面率、办结率、满意和基本满意率均达到100%。深入开展扫黑除恶专项斗争，侦破涉恶刑事案件51起，抓获犯罪嫌疑人132人，连续15年命案全破，10处中心戒毒社区建成使用，"一感两度"大幅提升。完成1224家明厨亮灶、51家小餐饮示范店建设，查处食品药品违法案件315起。完成棚户区改造939户，改造危房1125户，实施安全饮水工程638户，减免城乡居民医疗保险485万元，代缴社会养老保险74万元，技能培训推动就业创业1020人，资助贫困学生7680人次。统筹资金1.8亿元实施精准扶贫，实现4个村出列、4564人脱贫年度目标。扶持6100户贫困户发展特色种养殖业，产业覆盖率达到82%。

2018年年末实有耕地面积46.12千公顷，年末常用耕地面积为40.32千公顷，其中，水田面积26.2千公顷，旱田面积14.12千公顷。全年完成植树造林面积2039公顷，零星植树237万株。

森林覆盖率为40.39%。对214台燃煤燃薪锅炉全部改造到位，PM2.5浓度持续下降，空气质量优良天数增幅全省第一。完成区级河流"一河一策"编制，59条区镇级河流、3座中型水库设立河（库）警长。关停"散乱污"企业32家，关闭沿河排污企业16家，建设生活污水治理设施16处。全区万元地区生产总值能耗下降4.0%；规模以上工业万元增加值能耗下降9.8%；万元地区生产总值电耗上升0.9%。

随州高新技术产业园区

【概况】2018年，随州高新区党工委、管委会按照省委、省政府和市委、市政府决策部署，坚持稳中求进总基调、突出转型升级总导向，围绕产业、项目、设施、稳定、扶贫、生态、民生、党建等重点工作用劲发力，实现了各项事业高质高效高速发展。

经济发展。把经济建设作为推动全区发展的"出发点"，着力打基础、补短板、强效益，坚持稳中求进，进中求好，好中求新，实现又稳又好又新发展。全年实现地方公共预算收入6.61亿元，增幅15%；实现社会消费品零售总额40.21亿元，增幅11%；实现固定资产投资增幅11.7%，增幅位列全市第一；实现规模以上工业增加值增幅8%、外贸出口总额2.34亿美元，实际利用外资4510万美元，增幅18.3%，多项指标均超额完成全年目标任务。淅河镇荣登"2018年全国综合实力千强乡镇"榜单687名，居随州市3个上榜乡镇之首。

产业发展。把产业发展作为推动全区发展的"立足点"，贯彻落实"三极支撑，多点突破"发展战略，坚持城乡一体化统筹，不遗余力走质量兴区、创新驱动可持续的发展思路。城东片区电子产业、汽车工业逐步壮大，淅河片区光伏产业、生态农业渐成规模，创客空间孵化园持续发力，高校合作产业园紧密推进。全区全年签约项目21个，协议引进资金42亿元，其中，亿元以上项目13个；续建和新建项目85个，实际利用内联资金超过64亿元；升级国家级孵化器1家，引进知名孵化器1家；5家企业申报成为高新技术企业，100余项关键技术填补同类空白申请国家专利。

三大攻坚战。把"三大攻坚战"作为推动全区发展的"着力点"，统筹谋划、系统推进、精准施策、狠抓落实，各项工作不断取得新成效。着力打好防范化解重大风险攻坚战，开展非法集资、民间融资等5项金融风险专项整治，采取"支持一批、重组一批、退出一批"的方式，有效化解重点企业债务风险10.8亿元；检查食品药品生产经营单位1300余家，责令整改200余起；开展重大危险源、人员密集场所集中排查3次，处理整顿安全生产隐患企业268家。打好精准脱贫攻坚战，实现1618户3060贫困人口按期脱贫，为全部贫困人口今年整体脱贫出列打下坚实基础。打好污染防治攻坚战，清理排查"散乱污"企业9家，关停养殖场20家、小加工厂6家，督促新建污染治理设施16家，新增废气治理设施24套；投资700万元进行水毁工程修复；建成各类厕所5500余座，提前两年完成"厕所革命"任务。

社会环境改善。把和谐稳定作为推动全区发展的"支撑点"，努力为促进全区各项事业和谐发展提供有力支撑。优化治安环境，深入开展扫黑除恶等系列专项行动，全区全年刑事案件同比下降4.53%，行政案件同比下降12.25%；推进法治建设，完成54个村（社区）法律顾问续签工作，开展法治宣传43场次，接受法律咨询463人次，法律援助101起；强化信访维稳，全年共化解不稳定因素220件（次），成功处置各类突发事件73起，调处矛盾纠纷2055起，较好维护了社会大局稳定。

大洪山风景名胜区

【概况】2018年大洪山风景名胜区共实现一般财政预算收入2300万元，超额完成市定目标；完成固定资产投资增幅15%；实现外贸出口创汇4281万美元，同比增长36.9%；实现旅游总人数40万人次，旅游综合收入4亿元。

体制改革。出台《大洪山风景名胜区2018年全面深化改革项目清单》，确立28项改革项目。建立和完善党工委管委会领导改革项目领衔机制，党政主职挂帅领衔并落实改革具体事项，新型城镇化综合试点、公共文化服务体系、生态保护红线管控、园林绿化管护等改革项目成效显著，年度既定目标基本完成。

项目建设。围绕"一心"加速实施核心景区升级工程，总投资1.8亿元、建筑面积2.4万平米的自在谷精舍酒店主体工程基本完工；投资3000万的绿林山庄扩建项目"七·一"正式营业；土门至大垭18千米旅游公路竣工通车；白龙书院、绿林书院、状元台配套设施建设先后完工；剑口户外运动公园建设加速推进。围绕"一镇"全面启动康养特色小镇建设，擦亮"中国特色小镇"金字招牌，300亩康养小镇文旅板块首开区完成万余平米62户农户拆迁，土地平整接近尾声；370亩颐养板块样板区完成规划用地红线图报批和土地手续办理；500亩"龙腾盛世"空山花海稻田艺术初试成功，实现旅游和效益双丰收；完成空山花海游乐区规划设计；加快小镇配套设施建设，完成凭澜居扩建和污水处理厂主体建设工程，新区幼儿园和污水管网工程建设工程全面启动。围绕"一带四片区"纵深推进乡村旅游示范工程，原石部落民族文化区完成年度投资2.6亿元，婚纱摄影基地等一批景观工程完工；大洪山植物园建成23.5千米"百里画廊"景观带，园区循环观光路、生态人工湖、千亩风景树种植完成；花果海休闲农业体验区完成10万株果树栽植和休闲区建设，"四季有花、四季有果"的旅游模式持续走俏，年游客量突破5万人次；东庄畈生态农业示范区开启"私人定制"和"北京专供"模式，大洪山蔬菜香飘北京人餐桌。

乡村振兴。壮大农业产业规模，加快农业产业化经营，积极推广"优质稻产业发展"和"优质粮食"工程，农业产业化省级龙头企业神农茶业根茶有限公司、市级龙头企业常盛食品有限公司进一步发展壮大。优化农村产业结构，推动珍珠泉村500亩有机稻标准化生产，推广黄木淌村"鸭稻共育"模式，围绕大洪山高山野黄牛、生态土黑猪、名贵中药材"七叶一枝花"、香菇、茶叶、优质稻等，积极推广本土特色农产品，促进农村一二三产业融合发展。保障农民基本权益，划定基本农田"两区"20900亩，确保粮食安全和重要农产品有效供给；发放农村土地确权经营权证4469本，实现承包面积、合同、登记、权证"四相符"；推进农村集体产权制度改革，与随州农商行签订8亿元战略合作协议，加快推进美丽乡村建设。

生态环境。深化"蓝天"行动，实施大气污染防治三年攻坚行动，深化"两禁、三控、四治"大气污染防治专项整治，强化扬尘、油烟等面源污染治理，开展镇区"禁鞭"专项整治。实施"碧水工程"，加快推进大洪山污水处理厂及其配套管网建设；全面推行"河长制"，落实"一河一策"及区镇村三级巡河制，推进水岸同治；开展河道采砂、水产养殖、畜禽养殖等水环境专项治理行动。启动"净土计划"，整治关停大型采石场，加强对已关闭矿山企业等工业遗留场地的监管、治理与生态修复。推进厕所革命，完成1063座户厕改造，新建2座城镇厕所、9座农村公厕和6座旅游厕所，改造1座城镇公厕。实施农村生活垃圾全域化治理，累计投资800余万元，完成垃圾压缩中转站建设和填埋场改造；统一配备物资，实现农村生活垃圾储存、转运、处置全覆盖；在集镇环卫外包、绿化外包的基础上，实施省道沿线垃圾清运市场外包，镇村生活垃圾治理情况明显改善。

文化旅游。突出文化品牌打造，策划举办改革开放40周年暨大洪山国家级风景名胜区获批30周年成就展、金顶挑战赛、大洪山研学夏令营等系列主题活动，加强市场营销和品牌宣传，大洪山文化广为传播、深入人心。突出旅游产品开发，做精做专大洪山根雕、奇石等文化产品，推动大洪山黄牛肉、香菇、木耳、葛根、娃娃鱼等景区特色山珍向旅游产业化、品牌化转型。突出文艺作品创作，编撰出版大洪山文化系列丛书，编印《三十而立大洪山》画册、《大洪山故事》读本、《大洪山之恋》散文集；围绕讲好大洪山故事，策划拍摄《寻找不回家的牛》宣传推介片。强化宗教规范管理，推进景区宗教工作制度化、规范化建设，全面规范场所管理，落实宗教场所"四进"工作要求，推进慈恩寺资产移交；深入推进旅游元素去宗教化，排查并完成建筑设施、标识标牌和名称用语等三大类22个问题整改。

改善民生。脱贫攻坚迈出新步伐，高位推进会商督查机制，推行"周会商、月督查"制度，形成会议纪要18期，开展专项督查5次。稳步推进易地搬迁、危房改造、安全饮水、小额贷款等扶贫政策落实。大力发展"旅游+扶贫"，成立齐民裕耀养殖专业合作社和慈恩小镇农业生产服务合作社。通过四年的持续攻坚，实现全区481户1008人贫困人口全面脱贫出列目标。社会事业实现新发展，完成仙人洞至碑垭3.5千米公路续建项目；启动15.7千米通村公路建设项目；投资1000万元启动中心幼儿园建设；加快医药卫生体制改革，卫生、计生合并办公；新建10KV线路37.8千米，新建低压线路21.1千米。民生保障取得新突破，按照标准发放退役士兵安置补助15.48万元，发放义务兵家庭优待金24.93万元，发放优抚对象生活补助金103万元，发放城乡低保补助金133.1万元，发放五保供养金246.5万元。投资65万元启动福利院"平安工程"建设。做好涉军、涉教等群体不稳定因素的防范工作，构建预防和化解矛盾纠纷齐抓共管大格局，确保重要节点"五个不发生"目标。深入开展安全生产大约谈、大排查、大暗访、大警示四大专项行动和安全生产"打非治违"活动，实现安全生产"零死亡""零事故"目标。扫黑除恶工作进一步深化，所有涉黑涉恶案件均办理完毕。

企业单位选介

中国农业银行随州分行

【概况】 2018年,农行随州分行围绕地方实体经济发展,积极发挥国有银行的责任与担当,加大对全市重要产业、重大项目、重点企业、三农县域的支持力度,全力支持特色产业增长极及专汽产业建设。全年本外币各项存款余额234.4亿元,当年净增16.92亿元;表内信贷资产余额为74.62亿元,累计投放贷款66.15亿元,新增普惠法人客户11户,发挥了信贷资源对全市经济社会发展的支撑作用。

【服务经济发展】 围绕特色产业增长极,支持实体经济发展。农行随州分行围绕供给侧改革,紧跟市委市政府决策部署,加大对全市新旧动能转换的金融支持力度,在激发市场活力,补齐基础设施、公共服务、民生保障短板等方面巧发力。从持续强化投放入手,聚焦"千亿元产业",做好信贷支撑,围绕"30千米专汽长廊"建设,支持专用汽车及零部件千亿元产业建设,有力支持齐星集团、金龙集团、华威重汽等优质企业转型升级、扩大产能,累计投放专汽行业贷款3.73亿元;围绕"来自炎帝故里的馈赠"品牌打造,积极支持农产品加工千亿元产业发展,重点支持正大、中兴、舜天、品源、三友等重点龙头企业,支持香菇、茶叶两大特色产业做大做强,全年累计向以香菇产业为主的农副食品加工企业投放贷款8.93亿元。瞄准战略型支柱产业做好金融对接,着眼大洪山品牌,跟踪拓展医养结合的健康产业发展模式,对大洪山小镇项目进行对接;围绕全市打造编钟文化之都的发展框架,全力争取支持机会,通过竞标获得随州市地方政府专项债券牵头承销商资格,包销1亿元专项债,全力支持城南新区及高铁小镇建设。深入成长性新兴产业集群寻求突破,立足先进制造业、风机产业、晶体材料,稳定支持泰晶、犇星、广水风机等一大批支柱型企业,业务深入到随县香菇产业集群、广水风机产业集群、曾都开发区专用汽车产业集群、大洪山旅游产业集群等特色产业集群的商户及产业链上下游商户,开展"批量营销""链式营销",支持支柱产业做大做强。全力支持地方重大项目调结构、扩产能。积极支持随州绿色能源发展,全行重点围绕"风电""银团"两大板块,累计支持风电项目11个,发放贷款7.62亿元;坚持"抓大不放小"原则,为存量优质客户提供信贷支持,全年法人纯贷款余额39.91亿元,当年净增9.5亿元,形成风电、银团项目共同发展格局。

【服务乡村振兴】 围绕乡村振兴战略,全力服务县域经济发展。以服务乡村振兴战略为基本点,提高金融配套服务水平,积极扶持特色产业,激活县域经济活力,支持县域产业升级,打造产城融合的发展模式。2018年全行县域各项贷款余额达到37.71亿元，全力支持县域经济协同发展。抓实县域特色产业培植，立足香菇、茶叶、中草药、皮革等特色产业，实行"线上+线下"信贷产品全覆盖化支持，全年涉农贷款线下新增投放6.38亿元，综合运用"惠农e贷""大、新、特"三农贷款，新增新型农业经营主体贷款，有力支持一大批新农业主体发展。健全服务网络建设，2018年在县域增设厉山支行，加大县域地区服务范围，形成拥有37家基层网点、19家离行式自助银行、600个惠农通服务点、225家普惠金融服务网格化工作站的县域服务体系，农村金融服务力量进一步加强，推出功能更为强大的"农银e管家"，与网银、掌银、微信银行、扫码付一起，健全县域立体式服务体系，全年通过代理社保卡业务，发卡90844张，代发资金量突破5.07亿元，让县域客户享受的金融服务更完善快捷。实施产业链式金融服务，对接县域出口产业发展，挖掘国际业务发展潜力，针对农业龙头企业客户供应链和上下游客户，充分运用贸易融资、供应链融资、订单融资、存贷融资及"政府征信+"、简式快速贷产品，扩大县域中小涉农进出口客户群体；积极引入省农担公司，完善担保机制，在种植、加工、流通、出口各个环节提供信贷支撑，解决县域担保难题。

中国农业银行随州分行积极支持本地茶叶等特色产业走向国际市场。图为湖北中兴集团的茶园

【**精准扶贫**】 围绕普惠发展和精准脱贫，全力做好金融担当。坚定政治使命做好普惠金融。树立"真做普惠、做真普惠"的理念，探索服务普惠新路径，推陈出新，将全行好产品推向市场最前沿，让客户"贷得到"；对辖内所有法人客户进行分层管理，操作流程上开通小微信贷"绿色通道"，推行平行作业、"信贷工厂"、限时办结模式，"一站式审批"，精简业务流程，让小微"贷得快"；按照农总行小微企业收费减免政策，取消贷款承诺费等6项承诺类费用，免收投融资顾问费等12项顾问类费用，推广"十全十美"套餐，通过"组合套餐"，让服务价格大大低于单项费用，让小微企业"贷得起"。全力做好精准扶贫工作。在扶贫村推进产业扶贫模式，以艾蒿产业为基础，积极搭建桥梁，全村艾蒿种植从无到有，香菇、小龙虾等产业后发跟上，通过"融资+融智+融心"，鼓励村民产业脱贫，艾蒿已经成为全村主要增收产业；引导全村种植艾蒿270余亩，农行包点的12户全部率先开展艾蒿种植，单户年均种植3亩以上，全年定点扶贫户已全部实现脱贫，同时争取资金为村民修路、引入光伏发电，村容村貌、村民生活条件得到改善，国家扶贫政策得到贯彻。

【**服务民生**】 围绕民生改善和金融体验，支持做好实事、好事。打造安居工程，与全市优质楼盘项目进行业务对接，支持市民住房消费，全年投放个人房贷9.44亿元，支持市区、县城楼市去库存。提升城市生活品质，推动与随州市人社部门业务合作，成功创新并上线"居保通"业务系统，为全市人民代扣代缴养老保险提供便捷渠道，与随州广电签订全面战略合作协议，全市70万用户有线电视费代扣代缴业务使老百姓足不出户，通过农行线上+线下渠道一站式完成缴费，提高业务办理体验。全力支持消费升级。为满足居民消费升级金融需求，市农行积极推广消费信贷发展，打造"随薪贷""房抵贷""家装贷"等丰富线下产品，并围绕白名单，加快"网捷贷"等线上消费贷款产品发展，全力开展信用卡分期，全方位、宽领域、多角度满足全市居民的消费贷款需求，刺激全市消费市场发展，带动需求活力增长。

【**绿色信贷**】 围绕健康、绿色发展目标，积极帮扶遇困企业。前几年，受经济下行大趋势影响，部分企业出现困难，该行为地方经济基础考量，积极响应市委市政府号召，与遇困企业共度难关，灵活运用期限调整、收回再贷、债务重组等多种手段，在政府、银行、企业三方共同努力下，为困难企业并购重组争取时间，让困难企业走出"雾霾"，涅槃重生，实现社会、银行、企业三方共赢。2018年全行紧密按照总行"净表计划"战略部署，全力攻关，多法并举，不良贷款持续双降，资产质量有序改善，为全市国有资产质量提升、地方经济社会可持续绿色健康发展积极发挥力量。

中国农业发展银行随州分行

【概况】2018年，农发行随州分行认真贯彻落实市委、市政府金融工作部署，认真贯彻落实年初全省分支行行长会议精神，围绕省分行党委提出的"从严求实抓党建、奋进提质谋发展，在高质量发展新征程上实现新跨越"的工作要求，发挥政策性银行优势，支持地方经济建设，突出党建统领，夯实合规管理，抓实风险防范，业务经营实现质量、速度和规模稳步持续发展。截至2018年12月底，农发行随州分行各项贷款余额为122.63亿元，比年初增加12亿元，增幅11%，贷款规模居随州辖内金融机构第2名，创历史新高。

【支持基建项目】 农发行随州分行深化与随州市平台公司合作，优先支持棚户区改造贷款、水利建设贷款、城乡一体化贷款、扶贫开发贷款，服务农业农村现代化。支持农业产业化发展，学习探索"三产融合贷款"模式，成功营销随州华盈工业园有限责任公司1.2亿元现代农业园区短期贷款，并获省分行审批。支持棚户区改造，2018年获批棚改项目4个，共计贷款金额15.25亿元（具体为随州市高新区2018年棚户区改造项目4.7亿元、随州市曾都区城北片区棚改三期项目4.85亿元、广水2017年棚改项目2亿元、广水2018年棚改项目3.7亿元）；拓展新的业务空间，以改善民生为突破口，加大基础设施支持力度，已进行调查环节项目3个，贷款金额共计9.8亿元（具体为随州市农产品批发市场项目5.6亿元、随县楚北物流公铁联运项目3亿元、犇星农业科技创新中长期项目1.2亿元）；营销意向性项目6个，共计贷款金额26.2亿元（随县乡镇污水处理厂及配套管网工程PPP项目0.9亿元、随县第一批乡村振兴项目7.5亿元、曾都区2018年乡村振兴发展建设项目3亿元、随县健康扶贫项目2.6亿元、广水市"四馆三中心"项目4.2亿元、广水乡村振兴项目8亿元）。维护实体经济的主体本源，运用现场调研、库贷挂钩大检查、定期贷后管理分析等方式加大对自营客户的监管和风险识别度，对企业开展详细贷后评价工作。对存量产业化龙头企业客户，优胜劣汰、择优扶持，一企一策，支持发展企业壮大；对风险客户，不搞"一刀切"，对讲信誉、经营状况正常、没有偏离主业的企业，主动予以支持，积极帮助化解风险；择优扶持准入新的优质产业化企业，支持发展实体经济。

【支持粮食收储】 2018年，农业发展银行随州分行与粮食局、中储粮相互协作，优化网点布局，形成主要产区一镇（乡）一点的收购格局，根据收购进度及时足额供应资金，未出现"卖粮难"和"打白条"的负面舆情。积极支持托市收购，该行发放小麦最低收购价贷款0.32亿元，支持收购最低收购价小麦1829万千克；共投放稻谷最低收购价贷款7.2亿元，支持企业收购托市稻谷28000万千克。支持地方储备粮轮换稻谷，已轮换稻谷500万千克，发放贷款1300万元。支持市场化收购，发放流动资金贷款8180万元，加上企业自筹资金，12家龙头加工企业收购量15536万千克。支持推进农业供给侧改革，做好政策性粮油去库存工作。2018年1—12月，在落实财政兜底等保障政策的前提下，该行共累计销售粮油32144万千克，占贷9亿元，形成价差6亿元。开展粮油库存大检查，建立每半年一次大查库制度，2018年先后2次组织库存检查，逐仓检查，对熏蒸的仓库在熏蒸完成后进行补查，完成约250万吨粮油、210个站点、900余栋仓库的库存检查。

【政策性金融扶贫】支持易地扶贫搬迁。2015年，该行审批易地扶贫搬迁项目中长期贷款6亿元，截至2018年6月末已投放贷款1.7亿元，用于支持随县4个插花乡镇以及其他15个乡镇场的贫困居民进行易地扶贫搬迁，涉及移民搬迁户数3492户，共10628人。项目主要新建7个易地扶贫搬迁安置小区，配套建设便民超市、集贸市场、村委会、幼儿园、垃圾转运站等，配套完成各安置点内10.72万平方米道路、13.05万平方米绿化园林及广场、供配电设施等其他基础设施建设。为解决县城区厉山镇新增城镇居民教育、卫生等配套需要，在厉山镇北岗社区安置点旁配套建设小学、医院各1座，为提高移民自身就业能力，增加移民收入，帮助他们早日脱贫致富，通过劳动力转移就业技能培训、雨露计划扶贫培训、农村劳动力阳光工程培训、家政服务工程培训等方式对身体健康、具备劳动能力的移民进行多方面的扶贫技能培训，涉及培训人次7000人次。

实施产业扶贫。做好贫困地区粮食收购工作，在粮食主产区的贫困镇增设收储库点，确保不出现资金供应"空白点"。在风险可控的前提下，择优支持对贫困人口有带动作用的产业化龙头企业，如随州市重点粮油企业天星粮油公司因解决建档立卡的贫困人口在该公司就业，对其发放1400万元扶贫类粮食调销贷款。

加强上级拨付扶贫资金支付管理。对省分行统贷的易地扶贫专项贷款、专项建设基金，与当地财政、扶贫办等相关部门积极协调，严格落实资金支付管理相关程序和要求，根据工程进度做好资金的支付使用管理，确保专款专用和贷款安全。严格易地扶贫搬迁专项贷款资金的支付管理。专项贷款资金是按年度计划任务发放，在资金支付使用管理上，加强与地方政府和实施主体的协商沟通，合理使用专项贷款资金，提高专项贷款资金支付率，已下划贷款4.2亿元，已支付项目资金4.1亿元，资金主要用于各安置点工程建设。

合理配套使用易地扶贫搬迁专项建设基金。由于湖北省的省级政府债券资金和农行的专项建设基金已将"十三五"期间的全部预算资金全额下拨各区县，这部分资金可以按照年度建设任务分年使用。截至2018年6月末，已到账0.9亿元，已支付使用0.8亿元。开展定点贫困村帮扶。2015年，农行对随县吴山镇联建村开展定点帮扶工作，三年来，驻村工作队帮扶的21户中已脱贫11户，剩余10户属于民政兜底对象，预计2019年可完成脱贫任务，还筹资解决该村基础设施落后的问题，水、电、路、网得到改善。

2019年3月14日，中国农业发展银行随州分行第二届五次职工暨会员大会召开

中国银行随州分行

【概况】2018年中国银行随州分行围绕"建设新时代全球一流银行"和"建设两个湖北分行"战略目标，主动作为，努力求变，聚焦八大工程，通过机制推动、全员鼓动、资源调动，破解发展困局，突破发展瓶颈，寻求发展支点，找准发展路径。全行经营效益显著提升，主要业务指标稳定增长，客户结构调整步伐加快，不良清收实现突破性进展，经营发展呈现总体平稳、稳中向好态势。2018年在省分行同组绩效考核中，随州分行进入前八强。

【银行业务】核心存款稳步增长，负债业务持续向好。截至2018年12月末，本外币各项存款（含理财）时点余额60.98亿元，较年初新增6.76亿元，增幅为12.47%；本外币各项存款（含理财）日均余额56.56亿元，较年初新增6.13亿元，增幅为12.16%。时点和日均增幅均好于全省平均水平。

中行个人存款时点新增创历史新高，截至2018年12月末，储蓄存款余额达到34亿元，比年初新增4.9亿元，比上年同期多增3.36亿元，显示出中行强劲的市场竞争力。

贷款业务平稳增长，市场形象大幅提升。截至2018年12月末，本外币各项贷款余额34.16亿元，较年初新增6.02亿元，增幅为21.39%。贷款客户数38户，较上年增加20户，已批待提款12户，金额43500万元；票据贴现2018年自破冰以来，累计叙做2.16亿元，余额0.69亿元，户数达到12户，成为授信业务新的增长点。

不良资产实现双降，盈利能力大幅增长。截至2018年12月末，全行不良余额3679万元，较年初下降1299万元，全口径贷款不良率1.08%，较年初下降0.69%，实现不良"双降"。截至12月末，全行共实现净收入14634.84万元，同比增加1897.89万元，增幅14.9%。其中：实现中间业务净收入2308.05万元，实现拨备前利润9461.79万元，同比增加2150.8万元，增幅29.42%；实现净利润11700.43万元，同比增加13170.95万元。整个增幅普遍高于全省平均水平。

客户拓展实现新突破，产品运用凸显新亮点。2018年系统客户营销捷报频传，重点客户次第落户中行，主要表现在粮食系、卫生系、水利系、教育系等系统实现"破冰"，争取到新的业务机会。产品运用全面播种、次第开花，成功分销武汉地铁1亿元PPN项目，实现债券分销业务率先突破；成功叙做1亿元利率掉期业务，实现非息收入新突破；成功营销全额保证金项下进口开证和福费廷业务，实现两项业务的首次突破。票据贴现、保证金业务、福费廷、中银科技贷、中银税贷通宝、出口退税贷、中银粮储通宝等产品也相继运用推广，不仅服务中小企业，提升客户体验，也赢得市场的良好口碑。

普惠金融取得新业绩，重新恢复"益农贷"。2018年小微企业贷款余额0.84亿元，较上年同期增加0.57亿元；贷款余额户数20户，比上年同期多15户；全口径小微企业贷款不良率1.34%，比上年同期1.75%下降0.41%。综合成本低于上年同期，成为全市唯一一家完成两增两控增速、户数、不良率、综合成本4项指标的金融机构。2018年10月，在省分行的支持下，随州分行在发展个人普惠金融工作中结合随州香菇种植、销售特色，又重新恢复推出"益农贷"，现已发放3笔300万元，"益农贷·惠菇农"口碑已形成市场效应。

【风险防控】增强忧患意识，树立底线思维，以教育、制度、管理为重点。深入开展"亮剑案防"专项行动、员工"网格化"管理、"廉洁中行建设""信贷领域腐败问题专项整治"和"深化整治银行业乱象"等，夯实内控案防基础工作，防范和化解金融风险，为随州分行稳健发展提供强有力的支撑和安全保障，全行内控案防能力持续增强，实现无违规、无案件、无安全责任事故"三无"防控目标。对在"员工异常行为排查"和"扫雷除螨"等专项行动发现的问题抓好整改，严格问责，绝不姑息。

2018年9月13日，中国银行随州分行与随州市人民政府办公室开展党建共建暨廉洁文化建设活动

中国建设银行随州分行

【概况】建行随州分行认真贯彻落实市委市政府和建行湖北省分行关于金融服务实体经济、服务地方建设的总要求，在重大项目建设、重点产业发展、中小企业服务和社会事业发展等方面，加大金融支持力度，为随州经济社会发展做出积极贡献。

【服务经济发展】 加大信贷投放力度。截至2018年12月底,建行随州分行各项贷款余额为79.63亿元,贷款跃居四大国有银行第二位;非贴贷款当年新增16.20亿元,在各家金融机构中率先完成市政府下达的年度信贷新增目标(10亿元),贷款新增额连续两年位居四大国有银行首位。

支持地方优势产业发展。按照市委市政府提出的"品质随州"目标,主动做好服务"对焦",为随州市专用汽车、食品加工、文化旅游、新能源等优势行业和五大重点产业集群提供全方位综合金融服务,制定出台建行随州分行支持民营经济和小微企业发展20条工作措施,助推全市产业提升发展质量。2018年,建设银行为随州市重点产业相关客户提供综合融资8.15亿元。

2018年9月19日,"随州市政银合作支持外贸出口企业发展"座谈会召开

支持重点工程建设。2018年建行随州分行与随州市县(区)两级平台公司合作,运用PPP贷款、政购贷、重点工程支持贷等产品,为随州市老火车站及白云湖沿岸棚改项目、交通大道沿线棚改项目、城区污水处理项目、广水市棚户区改造项目、广水天然气门站及管线建设等重点工程发放贷款8.5亿元,满足重大项目融资需求,同时为随州城市综合管廊、随县乡镇污水处理等项目申报建设贷款。

维护良好金融环境,不良额、不良率持续"双降"。2016年下半年到2018年9月底,累计处置不良贷款2.7亿元,不良率由2016年最高峰时的6.08%下降至1.39%。对于出现暂时流动性紧张的企业,严格执行不断贷、不抽贷、不压贷的"三不"要求,帮助企业化解风险、渡过暂时困难。2016年至2018年9月底,累计为12户出现暂时困难的企业办理再融资、期限调整等业务,与企业抱团取暖共度难关。

【普惠金融】 践行普惠金融,在服务三农、小微、双创等方面发力。在服务三农方面,建设银行依托移动金融终端和供销社网点,积极推动金融服务进村入户。截至2018年年底,建行随州分行已经在全市36个乡镇、311个村组建设"裕农通村口银行"339个,有效打通农村金融服务"最后一公里"。在支持小微方面,降低中小企业融资门槛,与市本级、曾都、随县、广水、高新区政府共同搭建"助保贷"平台,实现业务全覆盖,累计为116户企业投放5.2亿元;积极开展网络信贷产品创新,2018年累计有478户随州小微企业通过"全自助、全线上、纯信用"方式获得信贷支持,建行以无抵押、免担保方式向这些企业的授信余额超过2.7亿元,贷款新增超过1亿元。截至2018年12月底,建行随州分行普惠金融贷款余额达到6.66亿元,全年普惠金融贷款累计投放6.27亿元,比年初新增0.78亿元。

【精准扶贫】 建行随州分行认真落实市委市政府脱贫攻坚工作部署,将其作为重要政治责任抓实落地,选派精干力量进驻扶贫一线对口帮扶,优先保障各类资源配置。建行湖北省分行累计向随州分行下拨扶贫捐赠专项资金四十多万元,参与援建联建村、泉口村的光伏发电、通村公路、安全饮水等项目,积极帮助对口帮扶村改善基础设施、增加集体收入。发挥金融机构专业优势,利用"扶贫小额贷款"和"产业扶贫贷款"助推贫困地区产业发展和农民增收。2018年为345户贫困户发放扶贫小额贷款1101万元,圆满完成扶贫小额贷款新增目标;为对口扶贫的随县吴山镇联建村肉牛养殖扶贫合作社发放产业扶贫贷款150万元,为该村实现产业脱贫提供帮助。

中国工商银行随州分行

【概况】 2018年，面对复杂多变的经济金融形势和日趋激烈的市场竞争，工行随州分行保持定力，增强合力，传导压力，挖掘潜力，各项工作取得进步，实现低风险、低差错、零案件三大安全目标。各项存款比年初净增13.5亿元；各项贷款存量90亿元，在五大国有商业银行居第一，比年初净增3200万元；综合考评全省第三；精神文明建设成果丰硕，市分行本部持续保持省级文明单位称号和总行精神文明建设先进单位称号，广水支行本部持续保持国家级级文明单位称号，开发区支行营业室被总行评为服务五星级网点；分行营业部营业室和清河路支行被省工行评为服务四星级网点。

【贷款投放】 对交通领域"汉十高铁、大随至汉十段高速、联交投"项目、能源领域"华润风电、龙岗光伏"项目、公共设施领域"县市区PPP"项目、房地产领域碧桂园、恒大项目、政府购买棚户区项目、纳入省住建厅棚改规划项目、旅游领域鄂旅投、玉龙、特色小镇项目、随州专汽新能源、工业技改升级等项目加大营销力度，确保有效投放。择优支持专汽产业、医药化工、机械制造、电子信息等产业发展，加大对齐星集团、厦工、三环、程力、新楚风、波导电子、江南专汽等表内外的支持力度。继续依托政银集合贷平台，努力增贷。大力营销"惠农贷"业务，完成率全省第一。"扶贫小额贷"投放完成市政府分配任务的112%，质量和效率得到市政府肯定。对接居民有效需求，加大住房信贷支持力度。

【风险防控】 全面落实从严治党从严治行要求，开展"固本强化年"主题教育活动，深化市场乱象整治；开展"四风"问题专项整治工作，对照13项内容认真开展自查自纠；强化"8+2领域"案件风险防范工作，加强源头治理和综合整治；坚持员工家访制度，深化员工异常行为排查管理，把风险消除在萌芽状态，加大对员工参与赌博、经商、民间融资、非法集资、与客户发生资金往来、出借个人账户等违规违法问题的处理力度，制止有章不行、有禁不止、屡查屡犯、顶风违规的行为。

【管理创新】 对城区支行进行优化改革，确定营业部、曾都支行和开发区支行为城区管理支行，由市分行直管；其他城区网点为相应管理支行下辖网点。合理配置城区管理支行内设机构和人员。对全行中层管理岗位进行竞争上岗和双向选择。开展青年人才项目培训，为未来发展储备人才。开展服务星级网点创建活动，推进服务提升"六大工程"和服务态度整治活动。按照向一线倾斜、向业绩倾斜、向作出突出贡献人员倾斜的原则，深化薪酬分配机制的激励和导向作用，解决"中梗阻"和"最后一公里"问题。

【职工福利】 推动落实十件实事，让更多员工共享改革发展的红利。建设包括室外篮球场和乒乓球室、健身房、瑜伽室、演艺厅、电子书屋等室内活动场所。对3个通风不畅的网点高柜区进行改造，对2个不能开通窗口的网点统一安装清风机。对2个乡镇网点员工落实每人每月500元的生活补贴。对网点和市分行本部统一配置净水机。开展职工生日祝贺、职工生病看望和知识讲座、健康管理、心理疏导、婚恋搭桥、爱心互助等多种形式服务活动，落实好员工体检和女职工妇检。举办迎"五一""十一"职工趣味运动会；举办职工乒乓球、羽毛球比赛，推动职工健身活动持续开展。举办职工迎春联欢晚会。组织产品营销能手季度评比、"合规标兵"评比、操作风险防控竞赛、优质服务和网点团队负责人劳动竞赛活动，调动全行员工的工作积极性、主动性、创造性，增强全行员工的归属感、获得感和幸福感。

工行随州分行到驻点村开展扶贫公益行动

邮储银行随州分行

【概况】 2018年,邮储银行随州分行坚持服务社区、服务中小企业、服务"三农"的市场定位,充分发挥网络和资金优势,加大对民营和小微企业、"三农"金融的支持力度,助推实体经济发展。截至2018年12月底,邮储银行随州分行各项存款余额为75.20亿元,市场占有率为5.59%,全市排名第6;本年净增4.57亿元。其中,个人储蓄存款余额45.81亿元,本年净增2.54亿元,公司存款余额29.39亿元,本年净增2.03亿元。各项零售贷款余额为26.18亿元,市场占有率为3.78%,全市排名第8;本年净增2.06亿元(公司信贷实现零突破,放款并结余4900万元,但因放款权限在省分行,未计入该行贷款余额)。2018年,累计实现业务收入2.16亿元,同比增幅7.46%。

【金融服务】 满足客户多样化金融需求,优化客户服务体验。发挥数量众多、覆盖城乡的自营加代理网点资源优势,通过布局优化、结构调整,填补金融服务空白乡镇网点,成为老百姓最信赖的家门口的银行,极大的满足城乡居民金融服务需求。全面深化网点经营管理转型,强化"客户至上"的理念,做到服务诚心、热心、细心、耐心,优化客户服务体验。强化"增值服务"理念,整合行内优质产品,在提供金融服务的过程中,帮助实现价值增值。

做好消费者权益保护工作,构建良好金融消费环境。广泛开展金融知识宣传教育活动,围绕消费者关注的金融热点、难点问题大力普及金融知识,使消费者充分了解自身各项法定权利和义务,增强消费者对金融产品和服务的认知、选择能力。重视消费者投诉工作,在网点张贴消费者投诉电话,积极关注客户合理诉求,妥善化解矛盾纠纷。提升客户满意度,拓宽工作思路,创新工作方法,比如延伸服务、移动展业、代收学费等,为广大客户提供便捷、优质的金融服务。

注重人才优势引领,提升金融服务水平。狠抓"教育、培训、管理、培养"等举措,创造长期学习、终身受益的教育培训机会,打造学习型团队。营造选人、用人的人本管理文化,对敢于负责、勇于担当、善于作为、实绩突出的干部大胆重用,严管和厚爱结合、激励和约束并重,加强队伍能力建设。引导全行员工提升服务、创新、经营等综合能力,开发、完善金融产品和服务,提升金融服务水平。

【服务经济社会发展】 加大信贷投放力度,服务实体经济。邮储银行随州分行发挥在"三农"和"两小"金融服务领域的独特作用,完善金融服务机制,创新金融产品,以"金融服务网格化"和"金融全覆盖"为着力点,以小额贷款、零售金融服务为抓手,突出做好乡村振兴领域中农户、新型经营主体、中小企业、建档立卡贫困户等小微普惠领域的金融服务,将金融血液注入"三农"和"两小"领域,深化支农支小金融服务,助力地方实体经济发展。2018年年底,邮储银行贷款余额26.18亿元,规模虽小,但客户量较大,有信贷客户1.12万户,全市信贷客户经理74人,人均管户高达151户。

落实监管规定,减费让利普惠于民。邮储银行随州分行将自身发展与国家政策号召、地方发展需要相结合,平衡好追求经济利益和履行社会责任的关系,自觉承担"普之城乡,惠之于民"的社会责任。积极贯彻"两增两控"、定向降准、普惠小微金融等政策要求,在充分考虑资金成本、运营成本、风险成本、客户资质等综合因素的情况下,主动让利,进一步降低信贷产品利率定价,大力支持小微企业和三农贷款客户的发展。2018年四季度新发放普惠金融小微企业贷款利率较一季度下降1.83%。

承担社会责任,助力金融精准扶贫。邮储银行随州分行积极承担国有大行责任,紧密围绕脱贫攻坚总体部署,积极贯彻落实政府、监管部门及上级行关于金融精准扶贫的工作要求,出台专属政策,配备专职三农信贷团队,建立审查审批绿色通道,简化贷款流程,推进金融精准扶贫工作。2018年发放扶贫小额贷款1301笔、4988万元,完成省行扶贫信贷计划的431.8%。截至2018年12月底,全行累计发放小额扶贫贷款3830笔、17141万元,占全市金融机构累计发放金额的24%;结余2674笔、12434万元,占全市金融机构结余金额的30%,放款数、结余额均仅次于农商行,为贫困户注入新活力,增强脱贫致富内生动力。

随州市分行客户经理在随州市新街镇凤凰寨村现场为农户办理贷款手续

【金融风险管控】 强行业监管,强化合规管理。完善案防体系,保持高压态势,形成"领导挂帅、合规牵头、安保排查、业务自律、纪检追责、员工参与"的案防工作体系。开展合规案防常规检查和专项排查,防范案件隐患,2018年累计进行常规检查120项,专项检查20项。加大违规问责力度,提高全员合规意识,树立合规经营理念,推动全行依法合规经营管理,2018年共开展8次不良贷款责任认定工作。

抓好安防工作,实现全年无案件无事故。开展安防、消防知识学习培训演练和防盗反恐应急演练活动,提升全行安全生产意识和应急处置能力。组织安防检查和消防检查,全面查找整改安全隐患。开展市场乱象排查整治、2018年网点标准化达标工作,市分行营业部和神农支行通过省分行达标网点验收。

防范化解风险,强化资产质量管理。打好防范化解重大风险攻坚战,加快实现高质量发展,制定《邮储银行随州市分行打好防范化解重大风险攻坚战三年规划》。开展三次排查,将未纳入不良但已有逾期或经营不佳等有信用风险苗头的贷款客户进行五级分类调整,共调整分类贷款3.03亿元。保持不良资产压降高压态势,加快不良贷款移交、核销进程,加大清收力度,化解金融风险,维护金融稳定。

湖北随州农商银行

【概况】 2018年,面对复杂严峻的经济金融环境,随州农商银行围绕全年工作目标,全面推进"三大银行"建设,扎实开展"四个年"活动,落实落细"五个转变",精心部署"六个专项治理",圆满完成省联社下达的各项经营指标。2018年年末,全市农商行各项存款余额356.2亿元,比年初净增36.1亿元,市场份额26.46%;各项贷款余额208亿元,比年初净投25亿元,市场份额30.04%;净利润同比增加4537万元,增长率12.64%。主营业务稳居全市金融机构市场份额第一和全省农商行法人机构第一方阵。各项监管指标持续向好,达到监管2级标准。全年累计发行福卡182.6万张,比年初新增30.6万张;手机银行累计签约28.7万户,比年初新增11万户;个人网银累计签约9.6万户,比年初增加1094户;短信银行累计签约33.5万户,比年初增加4.9万户。

【支持实体经济】 大力支农支小支微支企,为实体经济注入新血液、新动能。全年累放贷款208.7亿元,占全市金融机构的53.4%,当年贷款净投25亿元,增幅达到13.7%,服务中小企业客户3.6万户。累放贷款13.4亿元,支持专汽、农产品加工两大支柱产业和龙头企业提档升级、做大做强;全年累放涉农贷款113亿元,同比增加9.7亿元,涉农贷款余额171亿元,占全市金融机构的40.4%,比年初增加19亿元;全年发放扶贫小额贷款5886户、2.58亿元,占全市扶贫小额贷款70%。缴纳各项税款2.31亿元,年纳税额居全市银行业金融机构首位、全市市场主体前列。

防范化解金融风险。开展合规宣誓、合规大讲堂、内控合规制度优化月活动、"我心中的合规银行"主题征文和"六个专项治理"活动,厚植合规文化,筑牢风险防线。在经济下行的形势下,实现全年无案件和风险事故发生。建立大额风险贷款专班联动、香菇产业核心企业救助、灵活运用成熟化解工作法、新增风险贷款防控等清收盘活四项机制,通过目标主导、政策引导、考核督导,激发全员小微贷款营销积极性,形成上下联动、全员行动的清收工作格局。争取政府支持,召开支持清收处置农商行风险贷款专题会议。争取政法部门支持,召开依法清收处置农商行不良贷款"飓风行动"动员会,突破清收瓶颈障碍,依法清收农商行不良贷款。

经营结构转型。围绕"五个转变"总要求,推进"结构调整年"活动。2018年将零售业务作为突破口和着力点,明确信贷结构调整的指导思想、工作目标和工作重点。截至2018年年末,全市农商银行单户500万元以下小微贷款余额105.3亿元,比年初净增19.2亿元,同比多增2.1亿元,增幅22.3%,小微客户比年初净增6755户,占所有新增贷款客户数量的99.8%。推进微贷技术运用,2018年共发放各类微贷41296万元,较年初增长74倍,占全部贷款净投的16%,实现微贷业务在支行全覆盖。通过推进系统客户营销、专项资金对接、基础客户拓展、智能存款产品推广等工作,保证存款增长的强劲势头,拓展一批稳定的低成本存款客户群体,组织一批低成本的系统性资金,存款结构日趋优化。

2018年3月13日,随州农商银行在市区开展以"权利·责任·风险"为主题的"金融消费者权益日"宣传活动

随州市城市投资集团有限公司

【概况】 随州市城市投资集团有限公司成立于2003年11月,是政府性投融资主体、重大项目建设主体和土地收储运营主体。公司承担着为随州市城市基础设施建设筹集资金的重大使命,坚持"政府主导、市场化运作"的"双轮驱动"战略,创新融资方式,做大融资平台,打造城市名片,改善人居环境,为随州城提神增韵,为建设"双百城市"添砖加瓦。2018年高质量完成各项工作任务,办理及答复两会期间建议和提案9件,为推动全市经济社会发展做出积极贡献。

【投融资工作】 2018年,结合随州重点项目建设实际,探索开创融资工作新局面,共实现融资26.62亿元,占全年责任目标12亿元的221.8%,超额完成任务。作为投资主体,2018年投入资金12.6亿元用于支持市级重点工程建设,占全年责任目标5亿元的252%,超额完成任务。

【土地收储经营】 2018年,公司按照"依托项目征土地、抢抓机遇抓储备"的思路开展土地经营工作,完成房屋征收2081户,拆迁面积约26万平方米,共收储土地4314.8亩,占全年责任目标4100亩的105.2%,超额完成任务,实现土地出让收入1.09亿元。

【重点项目建设】 完成2018年各项建设任务。2018年,公司投资建设项目共33个大项45个子项,其中投资1000万元以上的市级重点项目37个。公司通过制度化、规范化的管理监督,依法依规推进项目建设,严保建设质量和安全。其中,高铁站前大道通车,进一步完善城南新区的交通路网,为高铁通车创造良好条件;承载着市民记忆的㵐水一桥建成通车,有效缓解南郊和城南的交通压力,便利百姓出行;全市第一家立体停车库——市民中心立体停车场投入使用,缓解老城区停车难问题;㵐水棚改一期分房600多套,改善群众居住生活条件；警示教育中心一期投入使用、新一代天气气象雷达迁建项目建成、公检中心、残疾人康复中心、市委党校新校园主体工程也相继完工。其中，市委党校新校园一标段、残疾人康复中心分别被授予湖北省建筑工程安全文明施工现场、湖北省建筑结构优质工程等荣誉称号；西气东输管道保护工程收到中石油西气东输武汉管理处送来的锦旗。

解决历史遗留项目难题。传媒中心顺利投入使用，各市直单位陆续入驻，成为随州市办公写字楼的新标杆；闲置多年的驻京办，在克服气候不利于施工、工程管理模式不同、异地管理难等困难后，顺利完工投入使用，并赋予新的市场活力；新殡仪馆项目逐一解决众多历史遗留问题，在春节前顺利开馆，新馆绿色、现代、环保，使随州文明殡葬环境焕然一新；白云大道污水管网项目，克服时间短、任务重、标准高、资金短缺等困难后，圆满完成建设任务，促进全市生态环境质量的持续改善；东护城河改造项目取得明显成效，老百姓口中的"老鼠沟""臭水沟"，在公司的努力下从"脏乱差"变成"干净美"。

2018年6月21日，市长郭永红（右三）调研高铁小镇建设情况

项目建设推动企业转型。经市政府批准，将部分土地进行变性，增加公司资本金9.9亿元；坚持"走出去"和"请进来"相结合，与各大有实力、有经验的国企洽谈合作，与世界500强绿地集团成立合资公司共同开发建设高铁小镇，与中石化随州分公司签订加油（气）站建设运营合作框架协议；做实子公司，2018年下属扶贫产业公司、发展实业公司、炎帝旅游公司通过项目创收、现有资产经营等多途径完成年度经营目标。

随州市城市建设综合开发投资有限公司

【概况】 2018年，市建投公司累计实现融资39.09亿元，完成投资22.95亿元，确保32大项65个子项城市重点项目建设顺利实施，为全市"生态绿城、文旅名称、产业兴城，建设品质随州"做出积极贡献。

【重点项目建设】 城市重点工程建设。全年共实施中心城区城市重点工程项目建设32大项65个子项，估算总投资60.36亿元，已完工项目22个，正在施工项目19个，正在推进项目24个。改善城区交通环境，㵐水一桥、汉东东路、清河东路、㵐水一桥两端道路、聚玉街改造等8个道路桥梁项目及647个配套停车位顺利建成，大润发人行天桥、实验小学人行天桥、清河东路等项目启动建设。完成黑臭水体治理，污水提升泵站、南郊黑臭水体治理等3个项目全面完工，涢水㵐水水环境综合整治工程、西护城河治理等7个项目启动建设。推进垃圾处理设施建设，烟岱包垃圾填埋场封场、厕所革命主体工程全部完工，生物质发电厂配套设施顺利实施。实施老火车站"三供一业"分离移交改造，建投公司作为承接老火车站"三供一业"分离移交改造责任主体，组建工作专班，协调铁路、供水、供电等部门，推进铁路住宅区2200多户"三供一业"分离移交改造工作。

民生保障工程。超额完成棚改任务，在中心城区强力推进齿轮、老火车站、擂鼓墩、草店子、平原岗、马家榨等12个片区棚户区改造，完成2282户，占年度目标任务1600户的142.63%。棚改安置房建设全面启动，推进7大片区2202套棚改安置房建设，涢水棚改安置房建至9层，占总工程量的40%；蒋岗、孔家坡棚改安置房正在进行桩基施工；齿轮棚改安置房正在进行施工设计，平原岗、草店子、老火车站棚改安置房正在进行前期准备。民生实事扎实推进，鹿鹤学校、随州农副产品物流园三期项目启动建设。

企业转型项目筹划。狠抓农贸市场规范运营，与武汉白沙洲农副产品批发大市场公司强强联合，组建随州白沙洲农副产品物流园公司，通过规范管理、优化服务、创新机制，成为随州唯一获批农业农村部定点农批市场；对中心城区烈山、五眼桥、蒋岗等农贸市场资源进行整合，形成"一主六副"的农批销售网络。谋划实施经营性项目，成功与浙江绿城集团合作，拟投资86亿元共同实施齿轮时光记忆小镇全过程开发及经营；开展项目招商活动，与武汉卓尔集团、欧亚达集团等有实力企业初步达成合作意向，谋划实施擂鼓墩编钟（青铜）古镇、草店子城市综合体、大隋文化创意产业园、随州未来中心城等一批经营性项目、商业综合开发项目，为跨越转型奠定坚实基础。增强银企合作，与随州金融机构加强沟通对接，支持开展融资担保业务，搭建互助互惠平台。

在建的㴔水安置房

【投融资工作】 通过增加注资、资产划转、财务并表、储备土地等方式做大公司底盘，公司总资产、有效净资产规模分别达到162亿、109亿元，资产负债率32.72%，市场化融资能力提升。开展棚改贷款、经营贷款、流动资金贷款、融资租赁、发行PPN等，在做好防范化解地方政府债务风险的基础上，探索融资新途径，实现融资35.04亿元，占年度目标10亿元的350.4%。加大资产经营力度，通过盘活资产、整合资源，实现经营收益11445万元，占年度目标5000万元的228.9%。加大资金盘活力度，融资担保完成担保贷款9270万元。加大土地收储拍卖力度，完成239.88亩土地出让和1197.9亩土地收储，土地收储占年度目标800亩的149.73%，全年实现土地收益4.05亿元。

【公司管理】 制定公司管理制度5大项90小项，实行周报月评季考、项目拉练比武，严格绩效考评和薪酬兑现。推行积分制管理、网上办公系统等，规范内部管理。实行目标管理，与各部室、子公司签订目标责任书，年底进行考核兑现。加强企业文化建设，推进文明单位创建，精神文明建设和整体工作水平再上新台阶。强化法治建设、社会治安综合治理和信访维稳工作，化解项目审计结算遗留问题，办理各类信访件85件，未发生一期逾期，确保公司稳定。狠抓消防和安全工作，加强宣传和培训，压实安全责任，排查安全隐患，确保公司未出任何安全责任事故。推进精准扶贫，公司22名党员干部与广水市左榨村35户贫困户"一对一"结对子，投资50多万元，帮助发展脱贫产业，新建党员群众活动中心。支持工会、妇联、共青团等群团工作，开展登山远足、义务植树、春游秋游、环白云湖健康骑行等活动，发挥群团组织的桥梁纽带作用。

随州市金融控股（集团）有限公司

【概况】 2018年，市金控集团实现营业收入1738万元，同比增长4%；实现利润1597万元，同比增长72%；上缴税收544.7万元；实现国有资产保值增值率123%、净资产收益率5.11%；产业引导基金拟与湖北高宜产业投资管理有限公司和湖北国翼投资管理有限公司合作设立规模为2亿元的随州汽车产业基金；政府融资增信业务为全市76家企业审放贷款3.0383亿元；清收不良资产9笔、金额1772.93万，累计清收34笔、金额2943.3515万元，超额完成年度目标和三年任期目标任务，各项业务基本实现"零风险"运营。

【服务经济发展】 集团贯彻落实国务院和省、市政府关于金融支持实体经济发展的政策要求，充分发挥政府金融服务平台的功能作用，建立渠道多元的融资体系，深入企业，上门服务，多措并举为全市中小企业破解融资难、融资贵问题，支持服务实体经济发展。集团支持实体经济的资金量达到20余亿元，为企业降低融资成本1亿余元，服务企业和经营实体达300余家，服务范围履盖全市。

【集团业务】 续贷周转金业务。面对银行信贷政策调整、合作银行减少、民营"过桥"公司恶性竞争等不利局面，市中小企业金融服务公司加大业务营销力度，提高资金运营管理质效，确保续贷周转金业务稳步增长。2018年共为全市210家企业和经营实体"过桥"265笔、周转资金13.03亿元。

政府融资增信业务。政府融资增信业务2018年共为76家企业审放贷款3.0383亿元，其中，"政银集合贷"为52家企业审放贷款2.4673亿元，"小额贷款保证保险"为21家企业审放贷款0.351亿元，"助保贷"为3家企业审放贷款0.22亿元。

2018年11月22日，随州市金融控股（集团）有限公司与中国信保湖北分公司、光大银行武汉分行签订融资合作协议

担保贷款业务。市中小企业担保公司2018年新增加注册资本金7000万元，公司注册资本达到2.6亿元，担保能力全面提升，合作银行范围和业务领域不断拓展。公司合作银行达到9家，业务范围涵盖各县（市、区），业务领域延伸至粮食收购担保、合同履约担保、工程履约担保、财政贴息创业担保、诉讼保全担保、发包方支付保函担保等方面。全年共为100余家企业和经营实体提供担保贷款4.6亿元，其中，为随州16家重点出口企业提供担保贷款1.79亿元，为2家粮食收储库点企业提供收储担保1.134亿元，政府融资担保公司的主力军作用日益显现。

产业基金。与深圳创新鸿润基金管理有限公司达成合作设立规模为3亿元的随州市创业投资基金的框架协议，基金主要投资于随州初创型企业和成长性企业。与湖北高宜产业投资管理有限公司和湖北国翼投资管理有限公司达成设立规模为2亿元的随州汽车产业基金的合作意向，基金重点投向全市汽车产业中的专用车和新能源汽车行业初创期和成长期科技型企业。随州汽车产业基金已通过省高投引导基金管理有限公司专家组评审，并在省高新投官网上进行公示。

不良资产清收。市资产管理公司加大依法清收力度，借助法律手段推进清收工作，2018年共清收不良资产9笔、金额1772.93万元。

产权交易业务和股权托管业务。截至2018年年底，随州产权公司共完成各类产权交易38宗，实现交易金额7941万元；与湖北骏峰贸易集团有限公司签订挂牌"新三板"辅导协议，与成龙威专汽签订挂牌"新四板"辅导协议；成功辅导益农生态、盛齐装饰、天润农业3家企业在武汉股权托管交易中心挂牌"新四板"。

【"三供一业"分离移交】 完成市政府国资委交办的国有企业职工家属区"三供一业"分离移交任务，市资产管理公司与全市11家国有企业签订职工家属区"三供一业"中的供水和物业管理分离移交框架协议，涉及57个小区、3985户居民。以市供电公司职工家属区为试点，启动部分企业职工家属区物业和供水改造工程，10家企业完成供水改造单一来源采购，10家企业签订供水

2018年8月24日，随州市开展国有企业职工家属区"三供一业"分离移交工作，图为市供电公司职工家属区物业改造施工现场

改造协议，6家企业进入供水改造施工阶段；6家企业完成物业改造可行性研究报告的编制和施工图设计工作，7家企业签订物业改造正式协议，其中，4家企业进入物业改造施工阶段，其余3家企业进入设计、招标阶段。按照"统一规划、统一招标、统一实施"的要求选取工程监理公司，签订监理合同，招标选取物业服务公司、工程跟踪审计等工作同步进行。

【金融风险防控】 把防控风险放在第一位，以业务发展为主线，以规范管理、防范风险为重点，以清收盘活不良资金为突破口，加强防范，有效监管，加强防控风险的制度建设，完善对外和对内机制，营造良好的信用环境、资金运营环境，确保各项业务"零风险"运营，集团稳健发展。成立集团防范和化解金融风险工作领导小组，领导小组下设担保组、产权组、资产管理组、金融服务组4个工作组，加强对集团防范和化解金融风险工作的领导、组织和协调，确保业务持续健康开展。聘请金融机构高管负责集团风控工作，对日常业务风险严格把控，防范风险发生。制定印发《随州市金融控股（集团）有限公司业务风险防控与化解工作方案》，从全力化解处置存量风险、全面做好新生风险管控、前瞻性识别防范潜在风险、全面提高风险管理质量和效率等方面规范风险防控与化解工作，建立健全风险防控工作机制，提高集团公司整体风险管理能力。

【争资立项】 申请林业政策性贷款工作取得新进展，与省国开行、省长投集团对接，洽谈合作模式，并聘请专业机构来随州调查论证，最高可争取20亿元的林业政策贷款。招商引资工作取得初步成效，与贵州曲水市安凯技术投资管理有限公司达成投资品源（随州）现代农业发展有限公司香菇酱项目的合作协议，2018年已到位资金1.5亿元。

湖北中烟广水卷烟厂

【概况】 广水卷烟厂位于鄂北门户广水市，毗邻京广铁路、107、316国道和京珠、汉十高速公路。1946年建厂，1970年扩建，1983年纳入国家计划，2004年加入湖北中烟工业有限责任公司，成为湖北中烟下属的6家烟厂之一。

2005年广水卷烟厂改制，改制前共有员工1850人，改制时一次性买断1141人，共有员工446人，离退休人员284人。企业生产区占地面积197余亩，固定资产约为7亿元，有2400千克制丝线一套，ZJ17—GD中速卷接包设备7组，年生产能力20万箱，近几年实际生产计划17万箱左右。有机包烟、手包烟两种生产模式，主要生产黄鹤楼、红金龙等牌号产品。2017年共生产卷烟15.16万箱，工业总产值15.91亿元，上交税金10.5亿元。

广水卷烟厂坚持把开拓创新作为烟厂立企之本、生存之道、发展之基，大力推进技术创新、管理创新、产品创新、营销创新、文化创新，使烟厂在激烈竞争中保持了稳中向好、稳中有进的良好态势，连续多年被国家烟草专卖局评为"企业文化建设先进单位"，5次被省委、省政府评为"最佳文明单位"，连续十几次被随州市委市政府评为"年度特别贡献企业"，2016年、2017年厂领导班子被湖北中烟评为"五好班子"，是全省思想政治工作先进基层党组织、规范化建设一级达标企业、劳动关系和谐企业。

"十二五"期间烟厂共上交税金36.79亿元，年均7亿元以上，2017年实现纳税10.5亿元，为地方经济社会发展贡献了应有力量。

湖北齐星集团

【概况】湖北齐星集团属国有参股大型企业集团，始建于1980年。是一家以生产经营汽车车身及底盘、专用汽车、汽车模具及精密铸件、智能机械装备为主，集光伏、半导体材料、绿色新能源产业为主的科工贸一体多元化发展的国家重点高新技术企业集团，拥有齐星机械、综合发展、齐星新能源和耀星国贸"四大产业园区"和酒店、物流、天然气体"三大"服务实体企业，下设14家子公司，员工2600余人，占地1800亩，总资产50多亿元。集团通过艰苦卓绝的不懈拼搏，打造"齐星"成为"中国驰名商标"，铸就"齐星""晶星"两家高新技术企业和"晶体硅光伏组件""汽车驾驶室"两个"湖北省名牌产品"，实现专业车身产销量、四氯化硅光纤材料、荒山地面光伏电站建设"三个"国内第一。企业连年被评为"湖北省企业100强"，连年被随州市委、市政府授予"特别贡献企业"，先后被授予全国"守合同重信用企业""国家知识产权示范企业""全国机械行业先进单位""全国模范劳动关系和谐企业""全国信用等级AAA级企业"和湖北省"支柱产业细分领域隐形冠军企业""智能制造示范企业""诚信示范企业"。全集团2018年实现销售收入632358万元，同比上升5%；实现利税48410万元，入库税金11687万元。

【转型升级】 2018年9月，车身自动化焊装生产线、自动化冲压生产线建成并投产，它的投产使车身生产工艺更趋稳定，生产效率和产品质量大幅提升。汽车整车高（低）压线束、汽车注塑内饰项目逐步形成规模，研发制造水平得到巩固与提升；8月由齐星智能公司生产并承建的随州市神农公园垂直循环类智能立体停车库正式交付使用，该项工程入围中国最美车库巡展；国内首台全铝箱体房车在汉新公司正式下线进入市场销售；综合发展园区建立MES生产信息化管理系统，提升生产管理效益水平。

【公司合作与市场拓展】 "走出去"战略深入推进，晶星公司与美国公司量产TEOS成功，标志着晶星正式成为集成电路行业原材料供应商；车身公司自主开发的欧五排放标准重型卡车成功通过欧盟E-mark认证并批量出口至中东市场，自主开发的纯电动新能源轻型卡车成功进入欧美市场。国内市场进一步拓展，晶星公司与国内光伏某一线品牌签署200MW组件代工战略协议并实施，生产工艺采用半片、反光贴膜组件技术，技术达到一线产品水平；众星公司与某汽车公司签定商用车内饰合作项目，进入产品实质开发。

2018年9月，湖北齐星集团机械园区焊装自动化生产线正式投产

【品牌建设】 齐星"汽车驾驶室"和晶星"晶体硅光伏组件"双双被评为湖北省名牌产品；湖北齐航公司取得"危险化学品罐生产许可证"，并通过"压力容器三体系质量认证"；《特种设备制造许可证》压力容器增加C3罐式集装箱资质；《武器装备承制单位制造资格》扩展到加油车和运油车；车身公司被省经信委认定为2018年全省第二批"支柱产业细分领域隐形冠军企业"；公司被国家知识产权局认定为"2018年度国家知识产权示范企业"；汉新研发生产制造的"齐星房车"荣获第五届"中国房车十大品牌"之一；在"广交会"上，齐星公司配套驾驶室的"徐工"XC990大吨位装载机被评为"中国制造之美"金奖；智能公司周璇、模具公司陈真两位同志被湖北省政府分别授予"湖北省技能大师"和"湖北省技术能手"称号；周璇还被湖北省人民政府授予"荆楚工匠"称号。湖北齐星集团再度被随州市委、市政府授予"特别贡献企业"，荣登"湖北省100强企业"，排序提升至第58位。

【科研成果】 模具公司"一种复杂封闭型厚板件向内翻边的成形工艺及其模具"、智能公司"一种垂直循环类机械式停车设备"、汉新公司"一种适用于行动不便人士的房车"和"房车后折叠式拓展空间结构"获得授权"发明专利"，全集团授权专利增至145件；由车身公司参与制定的国家标准《汽车和挂车防飞溅系统性能要求和测量方法》正式实施。

湖北犇星新材料股份有限公司

【概况】 湖北犇星新材料股份有限公司成立于2004年，位于湖北省随州市高新技术产业园区，主要从事PVC绿色环保改性材料热稳定剂的研发、生产和销售，是国家高新技术企业、中国塑料助剂专业委员会热稳定剂分会理事单位、有机锡热稳定剂国家标准制定小组成员、全国守合同重信用企业、国家知识产权优势企业，中国硫醇甲基锡生产和销售行业排名第一企业。犇星商标被认定为"中国驰名商标"，"犇星"品牌被授予"中国优秀品牌"，"犇星"产品被认定为"国家重点新产品""湖北名牌产品"。犇星是中国PVC绿色环保改性材料热稳定剂行业第一品牌，全球PVC热稳定剂行业最知名企业，其主导产品硫醇甲基锡约占国内55%、国外20%的市场份额。2018年，面临国际、国内经济下行的双重压力，公司坚持差异化发展，精准施策，在"供应链管理"和"解决方案端"同时发力，实现工业产值同比上升54%，销售收入同比上升14%，入库税收1.35亿元，同比上升21%。

【科研成果】 犇星以院士工作站、企业技术中心、新材料研发重点实验室为平台，自主研发"配位型硫醇甲基锡"合成工艺，率先利用"硫桥"理论开发出新型PVC材料热稳定剂，与北京化工大学合作，研发替代铅盐的有机基热稳定剂——OPS。从工艺和装备上研发，发明国内首条巯基乙酸异辛酯连续法自动化生产工艺，应用于大生产，生产技术国际领先。参与硫醇甲基锡等产品国家标准编制，主持巯基乙酸异辛酯行业标准制订。先后取得发明专利技术30多项、科技成果50多项，其中10多项科技成果获得省、市重大科技成果奖和科学技术进步奖。

【公司管理】 犇星秉持"敬天爱人"的经营理念，实施"打井"战略，追求差异化发展，争第一，创唯一，始终保持行业领先地位。推行"5+1"管理、"明镜台"管理、日清管理、积分量化考核管理等独特的管理模式，形成了有犇星特色的企业文化，"以客户为中心、以奋斗者为本、艰苦创业"是企业的核心价值观，"想干、会干、不单干、守规矩"已成为全体员工的行为准则，"产业报国、实干新邦"是企业矢志不渝的追求。

【人才引进与培养】 犇星出台各种优惠政策和激励措施，借人、借脑、借平台，与各科研院校建立长期的战略合作关系，大力引进高层次人才，拥有全球顶尖的高科技新材料及其应用专家。坚持"三心"（敬畏心、感恩心、责任心）标准用人，努力培养"八能"（聪能听序、思能造端、明能见机、辞能辩意、捷能摄失、守能待攻、攻能夺守、夺能易予）人才，用"项目负责制"历练技术和管理队伍，用"师徒制"培养高技能操作人才，打破"等级制"和"完美论"，不拘一格挖掘、储备、培养一大批德才兼备、梯次合理的人才队伍。公司中高层管理人员、技术骨干、专业营销人员均持有公司股份，团队十分稳定，为企业持续稳健发展提供保障。公司董事长戴百雄先后被评为"2008创业中国十大风云人物""湖北省有突出贡献中青年专家""湖北省劳动模范""湖北省优秀共产党员""随州市劳动模范"，多次被随州市人民政府评为"十佳企业家""突出贡献企业家"，由他主持研发的新产品和新工艺多次获得湖北省重大科技成果奖。

【服务社会发展】 犇星诚实守信，依法守约，合规经营，带头履行社会责任，多次被评为省、市"纳税先进企业""突出贡献企业"。完善"三废"处理设备设施，改进工艺技术，坚持达标排放，为守护碧水蓝天贡献力量。积极投身社会公益事业，成立"湖北犇星捐资助学基金会"，重点对家庭条件较差的"百名困难学子"给予帮助，主动开展扶贫助学和"对口扶贫帮村"活动。参与抗震救灾、洪涝灾害援助，有计划解决当地下岗员工、残疾人就业，为社会公益事业和社会和谐发展作出贡献，赢得社会各界认同。

人 物

随州市领导成员名录

（以2018年12月底在职为准）

市委书记 陈瑞峰
副 书 记 郭永红（女）
市委常委 陈瑞峰 郭永红（女） 郑 军
　　　　　　林常伦 甘国栋 冯茂东 张 卫
　　　　　　刘宏业 张爱华
人大常委会主任
人大副主任 夏卫东 李雅君（女） 杨金贵
　　　　　　杨天兵 刘泽富
市　　长 郭永红（女）
副 市 长 熊 桢 李国寿 吴超明
　　　　　　郑晓峰（女）
政协主席 黄志群
副 主 席 张书文 黄秋菊（女） 周 峰
　　　　　　加玉计 万正强 程敦怀
　　　　　　刘玲（女）
纪委书记、监委主任 郑 军
中级法院院长 董伟威
检察院检察长 洪领先

2018年度先进模范人物

全国五一劳动奖章（1人）
于晓刚　湖北裕国菇业股份有限公司副经理

全国优秀共青团员（1人）
张　欢　随州市曾都区白云湖学校教师

全国三八红旗手（1人）
刘锦华　曾都区何店镇政府党委委员、副镇长、
　　　　妇联主席

全国巾帼建功标兵（2人）
田慧霞　湖北省随州市雅慧服饰有限公司董事长
胡顺平　随州市人民政府扶贫开发办公室综合科科长

全国检察机关先进个人（1人）
张东海　随州市人民检察院办公室主任

全国人民调解工作先进个人（2人）
方永春　随州市曾都区法律援助中心主任
戴国文　广水市吴店镇司法所所长、
　　　　广水市吴店镇人民调解委员会主任

湖北省劳动模范和先进工作者（13人）
宋　宁　青岛啤酒（随州）有限公司党委书记、总经理
廖先传　湖北随州双星生物科技有限公司技术总监
陈洋洲　湖北中烟工业有限责任公司广水卷烟厂制
　　　　丝车间副主任
王洪胜　湖北润力专用汽车有限公司技术部部长
冉作义　程力专用汽车股份有限公司焊工
高长水　广水市高祥麦面有限责任公司董事长

王道学　随县淮河镇白鹤湾村党支部书记
杨建明　大洪山风景名胜区长岗镇喻家湾村
　　　　党支部书记
刘军民　随州市妇幼保健院新生儿科主任
何宗刚　随州市曾都公路管理局淅河路面养护队队长
李进山　随州市农业技术推广中心主任
阮　恒　广水市国家税务局局长、党组书记
云宁波　随州市第二中学年级主任

湖北省优秀共青团干部（1人）
熊华鹏　广水市应山街道办事处中心中学团委书记

湖北省优秀共青团员（2人）
黄　逵　随州市曾都区洛阳镇永兴村党支部书记
丁新卓　随州技师学院教师

湖北省三八红旗手（2人）
程　慧　广水市旗峰电子商务有限公司总经理
曾凡梅　湖北省随州市随县炎帝幼儿园执行园长

湖北省政法队伍先进个人（2人）
陈大海　广水市人民法院民二庭庭长
叶　玮　随州市司法局高新技术产业园区分局局长

第六届湖北省道德模范（1人）
左光满　国网广水市供电公司应山供电所营抄工

荆楚楷模（4人）
辛忠泽　随州市曾都区南郊办事处退休干部
金　磊　湖北味万金商贸有限公司总经理
张振建　随州市中心医院党委书记、院长
黄　聪　武汉铁路局襄阳供电段随州供电车间
　　　　助理工程师

中国好人（3人）
蔡　伟　随州消防支队曾都中队特勤班班长
刘家翠　广水市单亲母亲农民养殖专业合作社理事长
辛忠泽　随州市曾都区南郊办事处退休干部

去 世 人 物

（随州市2018年去世的副处级及以上的领导干部）

张道揆（1931.8—2018.2）湖北随州市人，1931年8月出生，1949年6月参加工作，1951年8月加入中国共产党。2018年2月因病逝世，享年87岁。1949年6月至1954年3月历任随县公安局城关派出所户籍警、所长；1954年3月至1959年5月任随县公安局副股长；1959年5月至1984年6月历任随县卫生防疫站副站长、站长；1984年6月至1986年5月历任原县级随州市爱卫会办公室副主任、党支部副书记；1986年5月至1991年11月任原县级随州市卫生局调研员；1991年11月离休。

时松（1956.7—2018.6）湖北随州市人，1956年7月出生，1975年9月参加工作，1980年8月加入中国共产党。2018年6月因病逝世，享年62岁。1975年9月至1977年12月随县北郊两水知青；1977年12月至1984年6月在空军雷达维修厂工作；1984年6月在原随州市园林局工作，历任副科长、科长；1994年6月至1997年12月任原随州市园林开发公司经理；1997年12月至2001年1月任原随州市城管办科长；2001年1月至2005年7月任随州市建设局城市管理科科长；2005年7月至2016年8月任随州市城市管理执法局副局长、党总支副书记；2016年8月退休。

万邦敏（1931.11—2018.7）湖北随州市人，1931年11月出生，1950年12月参加工作，1951年8月加入中国共产党。2018年4月因病去世，享年87岁。1950年12月至1953年8月，先后在光化粮食局第一仓库和襄阳地区粮食局担任会计；1953年8月至1954年4月，在中南粮校学习；1954年4月至1980年6月，先后在担任洪山粮食局会计股股长、随县粮食局行政股股长、随县粮食局副局长、随县棉花公司指导员、随县粮食局局长；1980年7月至1992年8月，先后担任随县财政局局长、随州市财政局局长；1992年8月退休。

李先国（1950.3—2018.8）湖北随州市人，1950年3月出生，1969年3月参加工作，1970年1月加入中国共产党。2018年8月因病逝世，享年68岁。1969年3月1975年3至在坦克第十一师服役；1975年3月至1990年10月在唐镇工作，历任唐镇公社文书，唐镇公社管委会副主任，唐镇副镇长；1990年10月至1996年10月任吴山镇委书记、府河镇委书记；1996年10月至2001年7月任原随州市统计局局长；2001年8月至2005年5月历任随州市统计局筹备组副组长（主持工作）、副局长、党组成员；2005年6月至2010年5月历任随州市统计局副调研员、调研员；2010年5月退休。

统 计 资 料

1 综 合

1-1 国民经济和社会基本情况

指标	单位	2017 年	2018 年
一、土地面积和行政区划			
土地面积	平方千米	9636	9636
乡级单位	个	50	51
街道	个	9	9
镇	个	37	37
类似乡级单位	个	4	5
村级单位	个	1001	1001
居委会	个	153	153
村委会	个	842	844
类似村级单位	个	6	4
二、人口			
常住人口	万人	221.05	221.67
三、国民经济综合指标			
地区生产总值（当年价）	亿元	935.72	1011.19
第一产业	亿元	150.99	144.13
第二产业	亿元	437.30	488.74
第三产业	亿元	347.43	378.32
地方财政总收入	亿元	79.31	80.77
地方公共财政预算收入	亿元	48.60	47.40
地方税收收入	亿元	32.53	36.18

续表

指标	单位	2017 年	2018 年
城镇常住居民人均可支配收入	元	26959	29237
农村常住居民人均可支配收入	元	15268	16538
金融机构存款年末余额	亿元	1238.81	1359.78
个人储蓄存款年末余额	亿元	848.72	933.42
金融机构贷款年末余额	亿元	605.06	692.34
四、农村经济			
农林牧渔业总产值（现价）	亿元	254.37	257.93
农林牧渔业增加值（现价）	亿元	151.15	153.23
乡村户数	万户	52	51.90
乡村劳动资源	万人	111.70	113
机械总动力	万千瓦	213.71	218.14
粮食产量	万吨	145.51	152.19
棉花产量	万吨	0.48	0.50
油料产量	万吨	9.84	9.86
肉类总产量	万吨	22.50	22.60
水产品产量	万吨	8.01	8.17
五、工业			
工业总产值（当年价）	亿元	1381.50	1377.80
工业销售产值（当年价）	亿元	1352.10	1330.80
全部职工年平均人数	万人	9.50	9.60
流动资产年平均余额	亿元	305.05	304.30
主营业务收入	亿元	1254	1252
主营业务税金及附加	亿元	8.17	8.50
利润总额	亿元	92.10	88
亏损企业亏损额	亿元	2.10	2
利税总额	亿元	116.60	112.30
工业经济效益综合指数	%	351.30	362.40
总资产贡献率	%	17.40	17.60
资本保值增值率	%	100.10	108.60
资产负债率	%	43.40	44.90
流动资产周转次数	次/年	4.48	4.11
成本费用利润率	%	7.90	7.50
全员劳动生产率	元/人	34.50	35.10
产品销售率	%	97.90	96.60

续表

指标	单位	2017 年	2018 年
六、贸易			
社会消费品零售总额	亿元	491.39	545.58
进出口总额	亿美元	13.04	10.01
出口额	亿美元	11.35	9.27

注：行政区划数据取自国家统计局行政区划与城乡划分系统平台。

1-2　地区生产总值

指标	单位	2017 年	2018 年
地区生产总值（当年价）	亿元	935.72	1011.19
第一产业	亿元	150.99	144.13
第二产业	亿元	437.30	488.74
第三产业	亿元	347.43	378.32
地区生产总值构成			
第一产业	%	16.10	14.30
第二产业	%	46.80	48.30
第三产业	%	37.10	37.40
地区生产总值增长速度（不变价）	%	6.80	7.80
第一产业	%	3.70	2.80
第二产业	%	6	8.20
第三产业	%	9.20	9.40

★本表为进度数据。

2　农　业

2-1　乡村户数人口劳力耕地面积情况

指标	计量单位	2017 年	2018 年
乡村户数	万户	52.01	51.92
乡村人口	万人	195.78	195.63
乡村劳动力	万人	111.74	112.97
耕地面积	千公顷	—	—
水田	千公顷	169.90	170.11
旱地	千公顷	57.18	57.21

2-2　粮棉油播种面积和产量

指标	计量单位	2017 年	2018 年
全年粮食面积	千公顷	218.19	227.83
总产量	万吨	145.51	152.19
谷物面积	千公顷	214.23	221.07
谷物产量（吨）	万吨	144.30	150.14
稻谷面积	千公顷	130.12	136.34
产量	万吨	114.13	120.40
小麦面积	千公顷	70.87	71.07
产量	万吨	24.40	24.26
豆类面积	千公顷	1.56	1.99
豆类产量（吨）	万吨	2766	3606
大豆面积	千公顷	1.19	1.42
产量	吨	2042	2549
薯类面积	千公顷	2.40	4.77
产量	吨	9312	16844
夏收薯类面积	千公顷	2.12	2.99
产量	吨	8120	9003
马铃薯面积	千公顷	2.20	3.75
产量	吨	8553	12971
甘薯面积	千公顷	0.20	1.02
产量	吨	759	3873
棉花总面积	千公顷	5.98	6.05
总产量	吨	4798	5035
油料作物面积	千公顷	40.74	40.38
产量	吨	98358	98587
花生面积	千公顷	11.42	11.53
产量	吨	38664	40399
油菜籽面积	千公顷	23.32	23.44
产量	吨	46342	46420
芝麻面积	千公顷	0.32	0.35
产量	吨	632	674

2-3　主要经济作物面积产量

指标	计量单位	2017 年	2018 年
糖类面积	千公顷	0.04	0.05
产量	吨	1167	2025
药材面积	千公顷	0.33	0.46
蔬菜及食用菌面积	千公顷	36.97	38.05
产量	万吨	146.59	152.29
食用菌	万吨	8.55	8.91
干品产量	万吨	7.11	7.52
香菇产量	万吨	5.65	6.02
黑木耳产量	万吨	1.26	1.20
鲜品产量	万吨	1.44	1.40
瓜果类面积	千公顷	3.19	4.19
产量	万吨	13.69	14.87
西瓜面积	千公顷	2.52	2.71
产量	万吨	10.98	11.81
甜瓜面积	千公顷	0.56	0.64
产量	万吨	2.33	2.54

2-4　茶叶、水果产量

指标	计量单位	2017 年	2018 年
茶叶产量	吨	2994	3096
园林水果总产量	万吨	15.85	15.88
苹果产量	吨	1271	838
柑桔产量	吨	7117	6773
梨子产量	吨	9677	9473
桃子产量	万吨	10.84	11
葡萄产量	吨	14651	15370
枣子产量	吨	6192	6080

2-5　林业生产情况

指标	计量单位	2017 年	2018 年
当年造林面积	公顷	20293	19109
人工造林面积	公顷	16825	15386
有林地造林面积	公顷	2828	3093

续表

指标	计量单位	2017年	2018年
零星植树	万株	2560.30	2368.80
育苗面积	公顷	1142	1124
竹材采伐	万根	1000.60	966.96
林产品产量			
油茶籽	吨	12749	12771
乌桕籽	吨	1113	1031
核桃	吨	1297	1325
板栗	吨	11462	11959

2-6　畜牧业、渔业生产情况

指标	计量单位	2017年	2018年
一、存栏			
牲猪存栏数	万头	107.49	105.12
能繁殖母猪	万头	10.03	9.37
牛存栏数	万头	13.90	14.85
羊存栏数	万只	36.11	36.29
家禽存栏	万只	2560	2626
二、出栏			
牲猪出栏数	万头	199.60	196.06
出售和自宰的肉用牛	万头	6.50	6.45
羊出栏数	万只	43.92	44.19
家禽出笼	万只	5885	6011
肉类总产量	万吨	22.55	22.66
猪肉产量	万吨	14.88	14.80
禽蛋产量	万吨	12.61	12.80
三、水产品			
水产品产量	万吨	8.01	8.17
淡水捕捞产量	万吨	0.87	0.55
淡水养殖产量	万吨	7.15	6.64
增殖渔业产量	万吨		0.98
淡水养殖面积（池塘养殖）	公顷	24906	23905
稻田养殖面积	公顷	2427	5400

2-7 农林牧渔总产值及增加值

指标	计量单位	2017年	2018年
农林牧渔业总产值（现价）	亿元	254.37	257.93
农业	亿元	120.56	124.38
林业	亿元	12.66	13.57
牧业	亿元	83.84	79.34
渔业	亿元	19.10	19.69
农林牧渔业服务业产值	亿元	18.21	20.96
农林牧渔总产值（可比价）	亿元	254.37	262.71
农业	亿元	120.56	125.05
林业	亿元	12.66	13.28
牧业	亿元	83.84	84.39
渔业	亿元	19.10	20.13
农林牧渔业服务业产值	亿元	18.21	19.86
农林牧渔业增加值（现价）	亿元	151.15	153.23
农业	亿元	79.40	81.90
林业	亿元	7.31	7.77
牧业	亿元	44.69	42.27
渔业	亿元	11.83	12.19
农林牧渔业服务业增加值	亿元	7.92	9.10

2-8 农业机械化情况

指标	计量单位	2017年	2018年
机械总动力	万千瓦	213.71	218.14
1.大中型拖拉机数量	台	7883	5884
大中型拖拉机动力	万千瓦	27.60	26.36
2.小型拖拉机数量	台	124060	126340
小型拖拉机动力	万千瓦	75.88	81.91
3.排灌用柴油机数量	台	9046	—
排灌用柴油机动力	万千瓦	7.88	—
4.排灌用电动机数量	台	93076	—
排灌用电动机动力	万千瓦	18.37	—
5.机动喷雾器数量	台	12406	12444
机动喷雾器动力	万千瓦	1.61	1.61
6.联合收获机数量	台	4899	5356
7.机动脱粒机数量	台	6222	7198

3 工 业

3-1 工业企业单位数

指标	计量单位	2017年	2018年
一、按经济类型分	个	698	672
国有经济	个	17	21
集体经济	个	9	6
其他经济	个	672	645
二、按企业规模分			
中型企业	个	69	67
小型企业	个	629	605

3-2 工业企业主要经济指标

指标	计量单位	2017年	2018年
企业个数	个	698	672
亏损企业	个	30	33
工业总产值（当年价）	亿元	1381.48	1377.80
工业销售产值（当年价）	亿元	1352.06	1330.80
全部职工年平均人数	万人	9.50	9.60
流动资产年平均余额	亿元	305.05	304.30
主营业务收入	亿元	1253.73	1252
主营业务税金及附加	亿元	8.17	8.50
利润总额	亿元	92.07	88
亏损企业亏损额	亿元	2.09	2
利税总额	亿元	116.60	112.30

3-3 工业企业主要经济效益指标

指标	计量单位	2017年	2018年
亏损面	%	4.30	4.90
百元资金实现产值（现价）	亿元	195.97	181.41
百元资金实现利税	亿元	16.54	14.79
百元资金实现利润	亿元	13.06	11.59
百元产值实现主营业务收入	亿元	90.75	90.87
百元产值实现利税	亿元	8.44	8.15

续表

指标	计量单位	2017 年	2018 年
百元产值实现利润	亿元	6.66	6.39
百元主营业务收入实现利润	亿元	7.34	7.03
百元主营业务收入实现利税	亿元	9.30	8.97
工业增加值率	%	23.81	24.45
工业经济效益综合指数	%	351.29	362.43
总资产贡献率	%	17.42	17.63
资本保值增值率	%	100.07	108.61
资产负债率	%	43.36	44.88
流动资产周转次数	次	4.48	4.11
成本费用利润率	%	7.91	7.52
劳动生产率	万元/人	34.55	35.09
产品销售率	%	97.87	96.60

3-4 主要工业产品产量

指标	计量单位	2017 年	2018 年
大米	万吨	135.57	102.80
小麦粉	万吨	25.25	23.28
饲料	万吨	23.06	26.83
罐头	万吨	0	0
饮料酒	千升	71454	92727
白酒	千升	1203	1748
啤酒	千升	70002	90898
纱	万吨	6.96	8
布	万米	25341	26448
棉布	万米	25341	26448
服装	万件	2690	1856
人造板	万立方米	22	21
胶合板	立方米	0	0
纤维板	万立方米	22	21
家具	万件	25.68	28.55
木制家具	万件	25.68	28.55
机制纸及纸板	万吨	11.28	11.63

续表

指标	计量单位	2017年	2018年
硫酸（折100%）	万吨	0	0
农用氮、磷、钾肥总计	万吨	5.54	5.60
氮肥（折含N100%）	万吨	0	0
磷肥（折含P2O5100%）	万吨	5.54	5.60
钾肥（折含氧化钾100%）	万吨	0	0
中成药	吨	3181	3141
塑料制品	万吨	10.11	12.25
水泥	万吨	175.42	130.82
砖（折标准砖）	万块	10335	12020
改装汽车	辆	111529	123440
风机	台	7906	6636
铸铁件	万吨	25	35
移动电话	万部	510	121

4 贸易、外经、旅游

4-1 国内贸易情况

指标	计量单位	2017年	2018年
（一）社会消费品零售总额	亿元	491.39	545.58
限额以上	亿元	249.59	255.65
通过公共网络实现的零售额	亿元	3.75	8.80
限额以上占比	%	50.80	46.90
（二）分行业销售（营业）额			
批发业	亿元	277.26	311.71
零售业	亿元	524.29	604.47
住宿业	亿元	7.77	8.73
餐饮业	亿元	64.91	72.90

续表

4-2 进出口情况 （单位：万美元）

单位	进出口		出口	
	金额	同比 ±%	金额	同比 ±%
随州市	100134	-24.3	92723	-18.30
随县	37240	-24.7	36480	-26.30
广水市	8162	-13.8	7917	-15.90
曾都区	26025	-15	24922	-8.10
高新区	27295	-33.1	23404	-14.80

4-3 旅游基本情况

指标	单位	2018年	增幅（%）
一、接待总人数	万人次	2519.20	12
1.国内游客	万人次	2517	12
2.海外游客	万人次	2.20	8
二、旅游业总收入	亿元	155.11	10
1.国内旅游收入	亿元	154.88	10
2.国际旅游（外汇）收入	万美元	2310	9

注：收入包括住宿、餐饮、交通及其他收入。

5 投资、建筑业

5-1 固定资产投资情况

指标	计量单位	2017年	2018年
施工项目个数	个	2587	—
新开工	个	2193	—
5000万元以上	个	405	—
亿元以上	个	270	—
固定资产投资增速	%	16.30	11.20
5000万元以上	%	8.70	13.70
亿元以上	%	19.40	0.50
第一产业	%	4.90	-19.70
第二产业	%	6.10	19.60
工业	%	-3.60	14.90

续表

指标	计量单位	2017年	2018年
第三产业	%	32.50	6.80
房地产开发投资	%	58.20	5
民间投资增速	%	8.20	16.10
基础设施建设投资增速	%	37.70	0.10
工业技改投资增速	%	27.70	6

5-2　商品房建设与销售情况

指标	单位	2017年	2018年
一、商品房施工面积	万平方米	462.74	526.65
住宅	万平方米	377.98	444.86
二、商品房竣工面积	万平方米	33.96	18.71
住宅	万平方米	22.88	13.80
三、商品房销售面积	万平方米	156.86	184.03
住宅	万平方米	149.62	178.75
四、商品房销售额	亿元	75.06	93.88
住宅	亿元	69.99	89.50
五、商品房待售面积	万平方米	48.23	33.26

6　财政、金融

6-1　地方公共财政预算收入完成情况　　　　（计量单位：亿元、%）

指标	2017年	2018年
财政总收入合计	74.01	80.77
一、中央税收收入	30.71	33.39
国内增值税	8.15	9.39
改征增值税、营业税	5.61	6.69
消费税	8.48	9.06
企业所得税	6.15	5.68
个人所得税	2.31	2.56
二、地方一般公共预算收入	43.30	47.38
工商税收	27.14	30.69
耕契两税	5.39	5.48
非税收入	10.77	11.20
其中：地方税收占比%	75.10	76.40

6-2　金融机构存贷款情况（本外币）　　（计量单位：亿元）

金融机构存贷款情况	2017年	2018年
一、各项存款	1238.81	1359.78
住户存款	848.72	933.42
活期存款	222.23	244.62
定期及其他存款	626.48	688.80
非金融企业存款	163.83	179.33
活期存款	130.06	147
定期及其他存款	33.78	32.32
广义政府存款	226.10	246.81
财政性存款	13.62	19.30
机关团体存款	212.47	227.51
非银行业金融机构存款	0.03	0.01
二、各项贷款	605.06	692.34
住户贷款	230.58	275.72
短期贷款	82	88.47
中长期贷款	148.58	187.26
非金融企业及机关团体贷款	374.47	416.61
短期贷款	176.44	181.30
中长期贷款	158.45	186.26

7　交通、邮电

7-1　交通运输情况

指标	计量单位	2017年	2018年
一、公路通车里程	千米	9935.20	10259.10
高速公路	千米	320.30	320.30
一级公路	千米	116.70	121.30
二级公路	千米	1113.30	1133.70
三级公路	千米	211.20	221.20

续表

指标	计量单位	2017年	2018年
二、运输量			
客运量	万人	3242	2334
客运周转量	亿人千米	17.25	14.20
货运量	万吨	7987	8822
货物周转量	亿吨千米	137.41	148.12
三、民用车辆拥有量			
汽车	万辆	19.56	21.83
载客汽车	万辆	15.31	17.16
载货汽车	万辆	3.68	4.12
摩托车	万辆	18.58	13.01
挂车	万辆	0.39	0.43

7-2　邮政电信情况

指标	计量单位	2017年	2018年
邮政行业业务收入	亿元	4.16	4.90
快递业务收入	亿元	1.23	1.63
邮政行业业务总量	亿元	5.10	5.70
快递业务量	万件	944	1035
同城	万件	44.86	50.39
异地	万件	893.41	976.60
国际/港澳台	万件	5.57	7.84
报刊发行总量	万份	2599	2592
电信业务收入	万元	116335	119816
电话用户	万户	196	198
移动电话用户	万户	179.10	186.30
互联网宽带接入用户	万户	40.20	48.10
城市宽带接入用户	万户	22.82	26.37
农村宽带接入用户	万户	17.40	21.72
光缆线路长度	千米	79126	86508
长途光缆线路长度	千米	1070	990

8 能源消耗

8-1 能耗消费情况

指标	单位	2017 年	2018 年
单位 GDP 能耗	吨标准煤/万元	0.41	0.44
单位 GDP 能耗下降率	%	−4.21	6.48
单位工业增加值能耗下降率	%	−18.60	49.70
单位 GDP 电耗下降率	%	0.93	4.43
全社会能耗消费总量	万吨标准煤	371.90	426.91
全社会用电量	亿千瓦小时	37.53	42.25
全社会用电量增幅	%	7.80	12.58
工业用电量	亿千瓦小时	20.33	22.01
工业用电量增幅	%	8.62	8.22

9 服务业

9-1 规模以上服务业发展情况

指标	单位	2017 年	2018 年
单位个数	个	57	55
营业收入	亿元	30.51	31.55
其他营利性服务业企业营业收入	亿元	1.49	1.66
营业成本	亿元	25.61	30.54
营业税金及附加	亿元	0.09	0.09
销售费用	亿元	3.04	2.96
管理费用	亿元	2.20	2.49
财务费用	亿元	0.32	0.12
营业利润	亿元	2.69	3.36
从业人员平均人数	人	6714	6900

注：规模以上服务业企业指年营业收入 500 万元以上的服务业重点企业。

10 文化·教育·卫生

10-1 文化事业基本情况

指标	计量单位	2017年	2018年
文化机构数	个	53	53
剧团	个	2	2
剧场	个	2	2
图书馆	个	5	5
博物馆	个	3	3
电影院	个	13	13
公共图书馆藏书	万册	21.20	23.20

10-2 教育事业基本情况

指标	计量单位	2017年	2018年
一、学校数	所	302	302
其中：小学	所	190	191
普通中学及职业中学	所	100	100
普通高校	所	1	1
二、教职工人数	人	17498	17753
其中：小学	人	6988	6794
普通中学及职业中学	人	10038	9947
普通高校	人	412	536
三、在校学生数	人	223986	245770
其中：小学	人	133201	136986
普通中学及职业中学	人	85498	90984
普通高校	人	5287	6885

10-3 卫生事业基本情况

指标	计量单位	2017 年	2018 年
一、机构（含村卫生室、诊所）	个	1363	1288
其中：县级医院	个	8	10
乡镇医院	个	47	45
二、床位数	张	11354	11441
三、人员数	人	15472	14972
其中：卫生技术人员数	人	10975	10713
其中：执业医师	人	3121	3084
执业助理医师	人	1147	976
注册护士	人	4575	4604
药剂人员	人	571	577
检验人员	人	709	701

11 居民生活

11-1 城镇常住居民人均收支情况

（计量单位：元）

指标	2018 年	增幅（%）
人均可支配收入	29237	8.40
工资性收入	16513.08	8
经营净收入	6591.96	7.90
财产净收入	1587.37	13.50
转移净收入	4544.59	9.20
人均生活消费支出	18875.77	9.30
食品烟酒	6260.10	5.50
衣着	1785.83	7.80
居住	3521.32	12.40
生活用品及服务	1468.55	8.50
交通通信	1772.61	18.90
教育文化娱乐	2267.08	11.10
医疗保健	1388.22	9.50
其他用品和服务	412.06	5.50

11-2　农民常住居民人均收支情况　　（计量单位：元）

指标	2018 年	增幅（%）
人均可支配收入	16538	8.30
工资性收入	6618.92	7
经营净收入	6796.34	8.50
财产净收入	294.79	7.10
转移净收入	2828.13	11.20
人均生活消费支出	12043.05	10.90
食品烟酒	4336.73	9.10
衣着	971.16	9.40
居住	1836	12.20
生活用品及服务	852.17	8.30
交通通信	1069.33	15.80
教育文化娱乐	1297.92	17
医疗保健	1305.10	10.90
其他用品和服务	374.64	2.30

11-3　随州城区消费价格指数

（以上年同期为 100）

指标	2017 年	2018 年
居民消费价格总指数	101.50	102.20
一、食品烟酒	98.70	103.40
二、衣着	102.60	97.60
三、居住	103.20	103.30
四、生活用品及服务	101.60	100.30
五、交通和通信	103.40	100.90
六、教育文化娱乐	100.50	99.90
七、医疗保健	105.80	107.10
八、其他用品和服务	101.60	101
商品零售价格总指数	101.10	100.60

12 县、市、区经济指标

12-1 随县2018年主要经济指标完成情况

指标名称	单位	指标值	增速（%）
一、地区生产总值（GDP）	亿元	221.01	7.60
二、规模以上工业增加值	亿元	—	8.10
规模以上工业企业个数	个	249	-1.20
三、工业用电量	亿千瓦时	6.67	11.50
四、固定资产投资	亿元	—	10.60
五、社会消费品零售总额	亿元	153.02	10.90
六、进出口总额	万美元	37240	-24.70
出口总额	万美元	36480	-26.30
七、实际利用外资	万美元	633	-80.10
八、财政总收入	亿元	10.42	9.60
地方公共财政预算收入	亿元	7.21	8.50
九、城镇常住居民人均可支配收入	元	26653	8.40
十、农村常住居民人均可支配收入	元	16662	8.50

12-2 广水市2018年主要经济指标完成情况

指标名称	单位	指标值	增速（%）
一、地区生产总值（GDP）	亿元	314.24	7.80
二、规模以上工业增加值	亿元	—	8
规模以上工业企业个数	个	203	-1.50
三、工业用电量	亿千瓦时	5.52	25.20
四、固定资产投资	亿元	—	11.20
五、社会消费品零售总额	亿元	136.07	11
六、进出口总额	万美元	8162	-13.80
出口总额	万美元	7917	-15.90
七、实际利用外资	万美元	4005	10.30
八、财政总收入	亿元	25.39	10.10
地方公共财政预算收入	亿元	12.75	11
九、城镇常住居民人均可支配收入	元	28990	8.50
十、农村常住居民人均可支配收入	元	16384	8.30

12-3　曾都区2018年主要经济指标完成情况

指标名称	单位	指标值	增速（%）
一、地区生产总值（GDP）	亿元	475.94	8.10
二、规模以上工业增加值	亿元	—	8.30
规模以上工业企业个数	个	148	−11.90
三、工业用电量	亿千瓦时	8.43	1.90
四、固定资产投资	亿元	—	11.50
五、社会消费品零售总额	亿元	184.75	11.20
六、进出口总额	万美元	26025	−15
出口总额	万美元	24922	−8.10
七、实际利用外资	万美元	6705	75.10
八、财政总收入	亿元	14.23	14.20
地方公共财政预算收入	亿元	9.25	12.30
九、城镇常住居民人均可支配收入	亿元	32022	8.50
十、农村常住居民人均可支配收入	亿元	17578	8.50

12-4　高新区2018年主要经济指标完成情况

指标名称	单位	指标值	增速（%）
一、地区生产总值（GDP）	亿元	—	—
二、规模以上工业增加值	亿元	—	8
规模以上工业企业个数	个	70	0
三、工业用电量	亿千瓦时	—	—
四、固定资产投资	亿元	—	11.70
五、社会消费品零售总额	亿元	40.21	11
六、进出口总额	万美元	27295	−33.10
出口总额	万美元	23404	−14.80
七、实际利用外资	万美元	4510	18.70
八、财政总收入	亿元	10.88	11.90
地方公共财政预算收入	亿元	6.61	19.30
九、城镇常住居民人均可支配收入	亿元	—	—
十、农村常住居民人均可支配收入	亿元		

12-5　大洪山2018年主要经济指标完成情况

指标名称	单位	指标值	增速（%）
一、地区生产总值（GDP）	亿元	—	—
二、规模以上工业增加值	亿元	—	13
规模以上工业企业个数	个	2	0
三、工业用电量	亿千瓦时	—	—
四、固定资产投资	亿元	—	10.70
五、社会消费品零售总额	亿元	—	—
六、进出口总额	万美元	—	—
出口总额	万美元	—	—
七、实际利用外资	万美元	—	—
八、财政总收入	亿元	0.30	14.90
地方公共财政预算收入	亿元	0.23	29
九、城镇常住居民人均可支配收入	亿元	—	—
十、农村常住居民人均可支配收入	亿元	—	—

附 录

2018年随州市国民经济和社会发展统计公报

2018年,在市委市政府坚强领导下,全市上下以习近平新时代中国特色社会主义思想为指引,坚持稳中求进工作总基调,深入贯彻新发展理念,落实高质量发展要求,以供给侧结构性改革为主线,全力推进特色产业增长极建设,加快构筑鄂北生态屏障,建设品质随州,全市经济社会保持持续健康发展。

一、综合

2018年,全市实现生产总值(GDP)1011.19亿元,按可比价格计算,同比增长7.8%。其中,第一产业实现增加值144.13亿元,增长2.8%;第二产业实现增加值488.74亿元,增长8.2%;第三产业实现增加值378.32亿元,增长9.4%。三次产业比重由2017年的16.1∶46.8∶37.1调整为14.3∶48.3∶37.4,服务业占GDP比重比上年提高0.3个百分点。

城区居民消费价格上涨2.2%,涨幅比上年同期提高0.7个百分点。分类别看,食品烟酒类价格上涨3.4%,衣着类价格下降2.4%,居住类价格上涨3.3%,生活用品及服务类价格上涨0.3%,交通和通信类价格上涨0.9%,教育文化和娱乐类价格下降0.1%,医疗保健类价格上涨7.1%,其他用品及服务类价格上涨1.0%。

二、农业

2018年实现农林牧渔业总产值257.93亿元,按可比价格计算,同比增长3.3%。粮食种植面积227.81千公顷,增长4.4%;棉花种植面积6.03千公顷,增长0.8%;油料种植面积40.38千公顷,同比下降0.9%。粮食总产量152.19万吨,同比增长4.6%;棉花总产量0.51万吨,增长6.3%;油料产量9.86万吨,增长0.2%。

2018年造林面积19.11千公顷,零星植树2368.8万株,木材采伐量5.61万立方米。

2018年肉类产量22.63万吨,同比下降0.1%,生猪出栏196.06万头,下降1.78%;羊出栏44.19万只,同比增长0.6%;家禽出笼6011万只,增长2.1%。水产品产量8.17万吨,增长1.9%。

表1:2018年全市主要农产品产量表

(单位:万吨)

产品名称	产量	比上年增长(%)
粮食	152.19	4.6
棉花	0.51	6.3
油料	9.86	0.2
茶叶	0.31	3.4
水果	15.88	0.2
蔬菜	152.29	4.0
食用菌	7.02	0.7
肉类总产量	22.63	-0.1

农村用电量5.32亿千瓦时，同比增长3.1%。农业机械总动力218.14万千瓦；主要农作物耕种收机械化率74%。化肥施用量15.66万吨，同比下降4.3%。

三、工业和建筑业

全市规模以上工业增加值同比增长8.1%。其中，国有企业增长9.2%，集体企业增长9.5%，股份制企业增长7.9%，外商及港澳台投资企业增长7.9%，其他经济类型企业增长21.3%；轻工业增长4.1%，重工业增长10.9%。全市改装汽车产量123440辆，增长16.2%。全市规模以上工业完成销售产值1330.8亿元，增长8.9%，产销率96.6%。实现利润88.0亿元，增长1.7%。

表2：2018年主要工业产品产量表

产品名称	单位	产量	比上年增长（%）
纱	吨	84710	22.3
布	万米	26448	12.4
啤酒	千升	90898	29.9
大米	万吨	102.8	-8.9
小麦粉	万吨	23.28	-7.8
铸铁件	万吨	35.35	3.9
水泥	万吨	130.82	3.4
化肥（折100%）	万吨	5.6	3.0
改装汽车	辆	123440	16.2
移动电话机	万部	120.52	-76.4
风机	台	6636	-1.3
服装	万件	1856	-23.2

全市资质以内建筑企业121个，完成施工产值122亿元，同比增长18%；房屋建筑施工面积1098.98万平方米，其中新开工房屋建筑施工面积628.12万平方米，增长84.7%。

四、固定资产投资

2018年固定资产投资同比增长11.2%。其中，民间投资增长16.1%。按登记注册类型划分，内资企业投资增长8.5%；港澳台投资增长134.4%；外商投资增长563.9%；个体经营投资增长756%。按产业划分，第一产业投资下降19.7%；第二产业投资增长19.6%；第三产业投资增长6.8%。其中，房地产开发投资增长5%。商品房销售面积184万平方米，增长17.3%；销售额93.88亿元，增长25.1%。

五、内外贸易

2018年实现社会消费品零售总额545.6亿元，同比增长11%。从行业分类看，批发业实现销售额311.7亿元，增长12.4%；零售业实现销售额604.5亿元，增长15.3%；住宿业实现营业额8.73亿元，增长12.4%；餐饮业实现营业额72.9亿元，增长12.3%。

2018年实现外贸进出口总额100134万美元，同比下降24.3%。其中，出口92723万美元，下降18.3%；进口7411万美元，下降64.6%。在出口中：食用菌出口49270万美元，下降23.7%；机电产品出口10594万美元，下降43.7%；专用汽车及汽车零部件出口4682万美元，下降0.76%。

2018年实际利用外资15223万美元，增长8.1%。

六、交通、邮政和旅游

2018年完成公路货物周转量148.12亿吨千米，同比增长7.8%；旅客周转量14.2亿人千米，下降17.7%。

2018年，全市邮政行业累计完成业务收入4.9亿元，同比增长17.89%；累计完成业务总量5.72亿元，增长12.03%。其中，快递服务企业累计完成业务收入1.63亿元，增长31.86%；累计完成业务量1034.82万件，增长9.64%。

2018年接待国内旅游人数2517万人次，同比增长12%；国内旅游收入154.88亿元，增长10%。接待海外游客2.2万人次，增长8%。国际旅游（外汇）收入0.23亿元，增长9%。

七、财政和金融

2018年完成财政总收入80.77亿元，同比增长9.1%；地方公共财政预算收入47.38亿元，增长9.4%。

2018年年末全市金融机构各项存款余额1359.78亿元，增长9.8%。其中，住户存款余额933.42亿元，增长10%。金融机构各项贷款余额

692.34亿元，增长14.4%。其中，住户贷款余额275.72亿元，增长19.6%；非金融企业及机关团体贷款416.61亿元，增长11.3%。

八、教育和科学技术

2018年全市普通高等教育招生2834人，在校生6885人，毕业生1835人；各类中等职业教育在校生10602人，毕业生3179人；普通高中在校生31305人，毕业生10863人；普通初中和小学在校生196665人。

2018年争取省级以上科技项目30项，申请专利2026件，实现高新技术增加值（四上单位）119.92亿元，同比增长13.2%。

九、文化和卫生

全市共有文化机构53个，艺术表演团体2个，电影院13个，公共图书馆5个，公共图书馆藏书23.2万册，博物馆3个。广播电台2座，电视台2座。

全市共有卫生机构（含村卫生室）1288个，其中，县级医院10个，乡镇医院45个。卫生技术人员14864人，其中，执业医师4060人。注册护士4604人。病床床位11441张。

十、人口、人民生活和社会保障

2018年年末全市常住人口（指常住本市半年以上人口）221.67万人。其中城镇人口115.54万人。城镇化率52.12%，比上年提高1.3个百分点。

全体居民人均可支配收入21752元，同比增长8.39%；城镇常住居民人均可支配收入29237元，增长8.45%；农村常住居民人均可支配收入16538元，增长8.32%。

全体居民人均生活消费支出14848元，同比增长10.05%；城镇常住居民人均生活消费支出18876元，增长9.32%；农村常住居民人均生活消费支出12043元，增长10.86%。

城镇新增就业2万人，增发创业小额担保贷款9000万元，扶持创业724人，创业带动就业2691人，新增返乡创业主体2542个。城乡医保参保人数达209.8万人。城镇棚户区改造7236套、农村危房改造5897户。

十一、能源消耗与环境保护

2018年全市用电量42.25亿千瓦时，同比增长12.6%。其中，工业用电量22.01亿千瓦时，增长8.2%。全市万元GDP能耗0.4357吨标准煤/万元，上升6.5%；规模以上工业万元增加值能耗上升49.7%；全市GDP电耗上升1.15%。

2018年城区空气质量达标天数为286天，其中，优58天，良228天，轻度污染62天，中度污染7天，重度污染3天，达标率79.9%，同比上升3.9个百分点。PM10浓度均值73微克/立方米，较2017年下降2.7%；PM2.5浓度均值45微克/立方米，较2017年下降11.8%。县级以上城市饮用水源地、出境断面水质平均达标率100%。

注：本公报所列数据为初步统计数。

2018年随州市环境状况公报

一、地表水环境质量

河流：2018年，随州市境内10个河流监测断面水质达标率为100%，其中，涢水洪山断面水质为Ⅲ类；涢水安居肖店断面水质为Ⅲ类；涢水大桥断面水质为Ⅲ类；涢水魏家畈小河口断面水质为Ⅲ类；涢水平林断面水质为Ⅲ类；漂水厉山断面水质为Ⅲ类；漂水自来水厂断面水质为Ⅲ类；漤水孝昌王店断面水质为Ⅲ类。

其中，地表水国考断面平林、厉山、涢水大桥、孝昌王店年均水质均为Ⅲ类，优良水体比例为100%；跨界断面水环境质量综合达标率为83.3%。

主要水库：2018年，随州市省控主要水库徐家河水库水质为Ⅱ类，符合功能区控制目标，营养状态级别为中营养。

主要城市内湖：2018年，随州市省控主要城市内湖白云湖水质为Ⅲ类，营养状态级别为中营养。

二、县级以上集中式饮用水水源地水质

2018年，随州市3个县级以上集中式饮用水水源地：曾都区先觉庙水库、随县封江口水库、广水市许家冲水库水质均为Ⅲ类，达标率均为100%，水质保持稳定。

三、环境空气质量

2018年，按照《环境空气质量标准》（GB3095—2012）评价，随州市空气优良天数286天，占比例为79.9%，较2017年提高3.9%。

环境空气质量综合指数为4.41，主要污染物为细颗粒物（PM2.5）。环境空气各项指标年均值浓度如下。

二氧化硫：年平均浓度为7微克/立方米，较2017年同比下降22.2%。

二氧化氮：年平均浓度为24微克/立方米，较2017年同比无变化。

可吸入颗粒物（PM10）：年平均浓度为73微克/立方米，较2017年同比下降2.7%。

细颗粒物（PM2.5）：年平均浓度为45微克/立方米，较2017年同比下降11.8%。

一氧化碳：日均浓度第95百分位值为1.5毫克/立方米，较2017年同比下降42.3%。

臭氧：日最大8小时平均值第90百分位值为156微克/立方米，较2017年同比上升5.4%。

四、降水

2018年，随州市年均降水pH值范围在6.70—7.38。全年未检出酸雨。

五、城市声环境

区域环境噪声：2018年，随州市区域环境噪声等效声级平均值为50.8分贝，比上年下降1.1分贝，质量等级为较好。

道路交通噪声：2018年，随州市道路交通噪声等效声级平均值为66.1分贝，比上年上升1分贝，质量等级为好。

六、土壤环境质量

2018年，随州市土壤环境质量良好，土壤综合污染水平处于尚清洁（安全）警戒线内。

地方性法规选编

随州市城乡饮用水水源保护条例

2018年1月6日随州市第四届人民代表大会第三次会议通过

2018年3月30日湖北省第十三届人民代表大会常务委员会第二次会议批准

目 录
第一章 总则
第二章 饮用水水源的确定
第三章 饮用水水源的保护
第四章 监督管理
第五章 法律责任
第六章 附则

第一章 总 则

第一条 为了加强饮用水水源保护，维护公众身体健康和生命安全，根据《中华人民共和国水法》《中华人民共和国水污染防治法》《湖北省水污染防治条例》《湖北省城镇供水条例》等法律法规，结合本市实际，制定本条例。

第二条 本条例适用于本行政区域内饮用水水源的保护和监督管理活动。

饮用水水源是指用于城乡集中式供水的水库、河流、水井等地表水水源和地下水水源。

集中式供水是指通过输配水管网送到用户且具有一定供水规模的供水方式。

第三条 饮用水水源保护应当遵循科学规划、保护优先、综合治理、强化监管、权责统一、确保安全的原则，实行统一领导、分级负责、属地管理和部门依法履职相结合的管理体制。

第四条 县级以上人民政府负责本行政区域内饮用水水源保护工作，将饮用水水源保护工作纳入国民经济和社会发展规划、土地利用总体规划、城乡规划和水资源综合规划，加大对饮用水水源保护的财政投入。

乡镇人民政府、街道办事处应当依法做好本辖区内饮用水水源保护工作。

村（居）民委员会应当协助乡镇人民政府、街道办事处做好本辖区内饮用水水源保护工作。

第五条 各级人民政府及其有关部门应当组织开展饮用水水源保护的宣传教育，设立、公布举报电话，并建立社会举报投诉的快速回应机制，引导公众参与饮用水水源保护工作。

新闻媒体应当加强饮用水水源保护的宣传工作。

第二章 饮用水水源的确定

第六条 县级以上人民政府应当遵循优先保障城乡居民生活用水的原则，将水源充足、水质良好的水库、河流等确定为饮用水水源。

饮用水水源由水利部门会同城乡规划、住房

和城乡建设、环境保护等部门提出方案，按照管理权限报县（市、区）或者市人民政府批准确定。

第七条　饮用水水源所在地应当划定一定范围的水域、陆域作为饮用水水源保护区。

饮用水水源保护区按照国家规定划定一级保护区和二级保护区；根据实际需要，可以按照国家规定划定一定区域作为准保护区。

第八条　市中心城区和跨县（市、区）饮用水水源保护区的划定，由市人民政府提出方案，报省人民政府批准；县（市、区）饮用水水源保护区的划定，由县（市、区）人民政府提出方案，经市人民政府同意后报省人民政府批准。

饮用水水源保护区因公共利益、自然环境变化等情况需要调整、取消的，由原提出划定方案的人民政府组织论证，并按照前款规定重新报批。

第九条　县级以上人民政府应当及时公布饮用水水源的名称及保护要求，在保护区的边界设立明确的地理界标和明显的警示标志，并设置必要的技术防护设施。

饮用水水源一级保护区边界应当设置隔离设施，实行封闭式管理。隔离设施不得影响行洪。

第十条　县级以上人民政府应当规划建设备用饮用水水源，保障应急状态下的饮用水供应。

第三章　饮用水水源的保护

第十一条　饮用水水源准保护区内禁止下列行为：

（一）破坏水源林、护岸林、与水源保护相关植被以及其他破坏水环境生态平衡的活动；

（二）新建、扩建对水体污染严重的建设项目，改建增加排污量的建设项目；

（三）向水体排放、倾倒工业废渣、垃圾、粪便和其他废弃物；

（四）使用剧毒、高毒和高残留农药（含除草剂）；

（五）围栏围网、投肥、投粪、投药养殖；

（六）清洗装贮过油类或者有毒有害污染物的车辆、容器；

（七）使用炸鱼、毒鱼、电鱼等破坏渔业资源方法捕杀鱼类；

（八）法律、法规禁止的其他行为。

运输有毒有害物质、油类、粪便的船舶和车辆不准进入饮用水水源准保护区，必须进入者应当事先申请并经有关部门批准、登记并设置防渗、防溢、防漏设施。

第十二条　饮用水水源二级保护区内，除遵守本条例第十一条的规定外，禁止下列行为：

（一）新建、改建、扩建排放污染物的建设项目；

（二）设置化工原料、矿物油类、有毒有害矿产品的贮存场所以及装卸垃圾、粪便、油类和有毒有害物品的码头；

（三）设置畜禽养殖场、养殖小区；

（四）堆置和存放工业废渣、生活垃圾、危险废物和其他废弃物；

（五）取土、采石、采砂或者其他开采行为；

（六）修建坟墓；

（七）丢弃或者掩埋动物尸体；

（八）设置排污口；

（九）法律、法规禁止的其他行为。

已建成的排污口及其他排放污染物的建设项目，由县级以上人民政府依法责令限期拆除或者关闭。

第十三条　饮用水水源一级保护区内，除遵守本条例第十二条的规定外，禁止下列行为：

（一）新建、改建、扩建与供水设施和保护水源无关的建设项目；

（二）设置与供水需要无关的码头，停靠与保护水源无关的船舶；

（三）从事种植、放养畜禽活动；

（四）从事网箱养殖、旅游、游泳、垂钓或者其他可能污染饮用水水体的活动；

（五）法律、法规禁止的其他行为。

已建成的与供水设施和保护水源无关的建设项目，由县级以上人民政府依法责令限期拆除或者关闭。

第十四条　地下水饮用水水源的保护按照国家规定执行。

从事地质钻探、隧道挖掘、地下施工、地下勘探等活动，应当采取防护措施，防止破坏和污染地下水饮用水水源。

人工回灌补给地下水，不得低于国家规定的

环境质量标准。

禁止利用渗井、渗坑、裂隙、溶洞，私设暗管，篡改、伪造监测数据，或者不正常运行水污染防治设施等逃避监管的方式排放水污染物。

禁止利用无防渗漏措施的沟渠、坑塘等输送或者存贮含有毒污染物的废水、含病原体的污水和其他废弃物。

第十五条 禁止擅自改变、破坏用于饮用水水源保护的地理界标、警示标志、隔离设施和视频监控。

第十六条 任何单位和个人不得将饮用水水源保护区内的水域发包、出租。

第四章 监督管理

第十七条 县级以上人民政府在饮用水水源保护管理中应当履行下列职责：

（一）建立饮用水水源保护工作责任机制，将饮用水水源保护工作纳入对政府及相关行政主管部门的年度目标考核内容和领导干部考核评价体系；负责本行政区域饮用水水源的水环境质量，对下级人民政府以及本级人民政府有关部门，在饮用水水源保护方面的工作情况，进行考核评价和绩效评估；

（二）建立部门联动和重大事项会商机制，组织有关部门建立饮用水水源保护联合监测、联合执法、委托执法、应急联动、信息共享的协作机制，并督促下级人民政府及有关部门落实饮用水水源监管职责；

（三）建立公众参与饮用水水源保护工作的机制和渠道，为公众参与饮用水水源保护工作提供便利条件；

（四）建立水质监测预警预报和应急处置机制。

第十八条 环境保护部门对本行政区域内饮用水水源污染防治实施统一监督管理，应当履行下列职责：

（一）会同水利等相关部门编制饮用水水源保护区环境保护和污染防治规划，经本级人民政府批准后组织实施；

（二）会同发展和改革、国土资源、住房和城乡建设、水利、卫生计生等有关部门组织编制饮用水水源保护区总体划定方案；

（三）组织对本行政区域内饮用水水源保护区的水环境质量进行监测和评估，定期发布饮用水水源水质信息；

（四）对本行政区域内影响饮用水水源水质的污染物排放行为进行调查、处理。

第十九条 水利部门负责水资源保护、水资源和水域开发利用规范管理、水源工程设施建设与管护、水土流失治理、有关违法行为的查处以及法律法规规定的其他监督管理职责。

发展和改革、城乡规划、住房和城乡建设、国土资源、农业、林业、卫生计生、交通运输、公安、旅游、财政、工业和信息化、城管、安全生产监管等相关部门和单位，按照各自职责实施相应监督管理。

第二十条 水库、河流等所属的饮用水水源管理机构应当履行下列职责：

（一）负责管理区域的安全巡查、卫生保洁；

（二）负责水源保护与治理工程设施的管理和维护；

（三）对污染水源、毁坏水源保护与治理工程设施等行为进行劝阻、制止，并及时向县级以上人民政府有关部门报告；

（四）配合县级以上人民政府有关部门开展饮用水水源保护与治理；

（五）其他应当履行的管理职责。

第二十一条 饮用水供水单位应当履行下列义务：

（一）对饮用水水源取水口进行日常巡查，并设置监控设施实时监控、监测；

（二）加强输配水管网及相关设施的建设和养护管理，采取防渗透、防腐蚀等措施，防止饮用水传输过程中造成的二次或多次污染；

（三）发现异常情况，应当采取有效措施并按照有关规定立即向水利、环境保护等部门报告；

（四）编制本单位的应急方案并报所在地水利部门备案，储备应急物资、建立应急处置机构，定期进行演练。

第二十二条 对污染饮用水水源、损害社会公共利益的行为，任何单位和个人有权举报，法律规定的机关和有关组织可以依法向人民法院提起公益诉讼。

因污染受到损害的当事人向人民法院提起诉讼的，负有饮用水水源监督管理职责的部门和有关社会团体应当依法为当事人在确定污染源、污染范围及污染造成的损失等事故调查方面提供支持。

第五章　法律责任

第二十三条　违反本条例，法律法规有规定的，从其规定。

第二十四条　违反本条例第十一条规定的，按下列规定处理：

（一）使用剧毒、高毒和高残留农药（含除草剂）的，由农业部门给予警告，责令改正；拒不改正的，公告违法单位名称和个人姓名；造成严重后果的，对个人可以并处一百元以上五百元以下的罚款，对农业生产经营组织可以并处一万元以上三万元以下的罚款；

（二）围栏围网养殖的，由农（渔）业部门责令限期拆除，没收违法所得；逾期不拆除的，由农（渔）业部门依法确定有关单位代为拆除，所需费用由违法行为人承担，并处一万元以上三万元以下的罚款；造成严重后果的，并处三万元以上五万元以下的罚款；

（三）投肥、投粪、投药养殖的，由环境保护部门责令停止违法行为，没收违法所得，并处五万元以上十万元以下的罚款；经处罚后，再次投肥、投粪、投药养殖的，处十万元以上三十万元以下的罚款，由发证机关吊销养殖证；

（四）使用炸鱼、毒鱼、电鱼等破坏渔业资源方法捕杀鱼类的，由农（渔）业部门没收违法所得，并处二千元以上一万元以下的罚款；情节严重的，没收渔具，吊销捕捞许可证，并处一万元以上三万元以下的罚款；情节特别严重的，可以没收渔船，并处三万元以上五万元以下的罚款。

第二十五条　违反本条例第十二条规定的，按下列规定处理：

（一）设置畜禽养殖场、养殖小区的，由环境保护部门责令停止违法行为，报经同级人民政府批准，责令拆除或者关闭，并处十万元以上三十万元以下的罚款；造成严重后果的，并处三十万元以上五十万元以下的罚款；

（二）修建坟墓的，由民政部门责令停止违法行为，限期改正；

（三）丢弃或者掩埋动物尸体的，由动物卫生监督部门责令无害化处理，所需处理费用由违法行为人承担，可以处二百元以上一千元以下的罚款；情节严重的，处一千元以上三千元以下的罚款。

第二十六条　违反本条例第十三条规定的，按下列规定处理：

（一）从事种植破坏饮用水水源所在地环境的，由农业部门责令停止违法行为，限期恢复原状；拒不停止违法行为，或者逾期仍未恢复原状的，农业部门可以指定有关组织代为履行，所需费用由违法者承担，并对其违法行为依据相关法律法规规定予以处罚；

（二）从事网箱养殖或者组织进行旅游、垂钓或者其他可能污染饮用水水体的活动的，由环境保护部门责令停止违法行为，处二万元以上十万元以下的罚款；个人进行游泳、垂钓或者从事其他可能污染饮用水水体的活动的，由环境保护部门责令停止违法行为，可以处三百元以上五百元以下的罚款。

第二十七条　国家机关及其工作人员，违反本条例规定，在饮用水水源保护工作中玩忽职守、滥用职权、徇私舞弊的，依法对直接负责的主管人员和其他直接责任人员给予处分；构成犯罪的，依法追究刑事责任。

第六章　附　则

第二十八条　尚未划定保护区的饮用水水源保护，参照本条例关于饮用水水源保护区和准保护区的规定执行。

第二十九条　本条例自2018年8月1日起施行。

索 引

（外汇）收入…………………………… 29
"三献"工作……………………………… 273
2018 湖北·随州炎帝故里………………… 1
2018 年度先进模范人物………………… 316
2018 年随州市国民经济和社会发展统计公报……
……………………………………………… 340
2018 年随州市环境状况公报…………… 342
3·15 ……………………………………… 139
5G ………………………………………… 99

A

安居工程…………………………………… 6
安全生产监督管理……………………… 144
安全运输监管…………………………… 90

B

白果……………………………………… 32
板栗……………………………………… 32
保险业…………………………………… 85
保障改善民生…………………………… 172
保障和改善民生………………………… 154
保障民生………………………………… 127
犇星公司………………………………… 38
编钟乐舞………………………………… 111
博士服务团……………………………… 41
不动产登记……………………………… 280

C

财政……………………………………… 127

财政改革………………………………… 128
财政监管………………………………… 128
财政收入………………………………… 127
财政总收入……………………………… 5
残疾人康复……………………………… 272
残疾人事业……………………………… 271
厕所革命………………………………… 12/53
测绘……………………………………… 288
测绘成果………………………………… 288
产权制度改革…………………………… 70
产业结构调整…………………………… 289
常住人口………………………………… 5
陈安丽…………………………………… 39
城建档案………………………………… 124
城市道路………………………………… 123
城市管理………………………………… 115
城市管理效能…………………………… 117
城市建设………………………………… 114
城乡规划………………………………… 113
城乡建设………………………………… 114
城乡垃圾无害化处理…………………… 12
城镇常住居民人均可支配收入………… 5
城镇常住居民人均收支情况…………… 335
城镇化…………………………………… 4
城镇人口………………………………… 250
出租车…………………………………… 87
畜牧业…………………………………… 65
畜牧业、渔业生产情况………………… 324
船舶污染………………………………… 89
创业……………………………………… 58
从严治党………………………………… 155
村镇建设………………………………… 114

347

D

大病医疗保险…………………………………… 85
大洪山 2018 年主要经济指标完成情况………… 339
大洪山风景名胜区……………………………… 29/298
档案……………………………………………… 169
党建工作………………………………………… 157
党史工作………………………………………… 169
党校工作………………………………………… 168
道德建设………………………………………… 244
道路运输管理…………………………………… 90
地方海事………………………………………… 88
地方立法………………………………………… 180
地方性法规选编………………………………… 343
地方志工作……………………………………… 186
地区生产总值…………………………………… 321
地下管线………………………………………… 124
地下水环境监测………………………………… 56
地质灾害防治…………………………………… 280
第四届人民代表大会第三次会议……………… 1
电商产业………………………………………… 100
电视问政………………………………………… 155
电网建设………………………………………… 77
电信通信………………………………………… 95
电子信息产业…………………………………… 76
电子政务………………………………………… 134
督办……………………………………………… 178
对台工作………………………………………… 161

E

鄂北贝母………………………………………… 34
鄂北生态屏障…………………………………… 9
鄂西绿色发展示范区…………………………… 9

F

法律服务………………………………………… 224
法律监督………………………………………… 220
法律援助………………………………………… 225
法院……………………………………………… 221
法制工作………………………………………… 180
法治……………………………………………… 217
法治环保………………………………………… 287
法治建设………………………………………… 159/170
法治水利………………………………………… 281
反腐败…………………………………………… 199

防范化解金融风险……………………………… 82
防范化解重大风险攻坚战……………………… 10
防汛抗旱………………………………………… 282
防灾减灾救灾…………………………………… 270
防震减灾………………………………………… 288
房产管理………………………………………… 117
房地产市场……………………………………… 125
房地产市场管理………………………………… 118
房屋安全管理…………………………………… 119
房屋征收………………………………………… 119
放管服………………………… 53/82/90/125/147/165/231
非税收入………………………………………… 133
分级诊疗………………………………………… 254
风机产业………………………………………… 74
风景园林管理…………………………………… 119
蜂蜜……………………………………………… 35
扶贫……………………………………………… 190
服务平台………………………………………… 185
服务业…………………………………………… 3/333
福利慈善事业…………………………………… 269
妇联……………………………………………… 214
妇女儿童维权…………………………………… 215
妇幼保健………………………………………… 252
妇幼健康………………………………………… 252/257

G

改革开放………………………………………… 177
改善民生………………………………………… 177
干部队伍………………………………………… 156
港澳事务………………………………………… 183
高等教育………………………………………… 262
高新技术企业…………………………………… 57
高新区 2018 年主要经济指标完成情况………… 338
葛根和葛粉……………………………………… 32
耕地保护………………………………………… 279
工会……………………………………………… 211
工会组织………………………………………… 210
工商行政管理…………………………………… 137
工商联…………………………………………… 208
工业经济………………………………………… 72
工业企业单位数………………………………… 326
工业企业主要经济效益指标…………………… 326
工业企业主要经济指标………………………… 326
工业特色产业…………………………………… 72
工作委员会……………………………………… 197
公安……………………………………………… 217
公车改革………………………………………… 56

公共机构节能	188	洪山鸡	32
公共检验检测	149	胡家河村志	188
公共品牌战略	70	湖北百强	43
公共文化服务	236	湖北大自然农业实业有限公司	64
公共资源交易监督管理	146	湖北工匠	41
公立医院价格改革	53	湖北工匠杯	44
公路管理	87	湖北省爱国主义教育基地	1
公务用车	189	互联网	13
共青团组织	212	花山莼菜	34
供电	77	华润新能源风力发电场	77
供给侧结构性改革	2	华新随州水泥	38
供销合作	101	华鑫冶金	38
固定资产投资	5	淮河生态经济带	9
固定资产投资情况	329	环保督察	286
关爱保护困境儿童	269	环保改革	287
广仁药业	38	环保税改革	56
广水高贵三潭	29	环境保护	285
广水奎面	34	环境卫生管理	122
广水市2018年主要经济指标完成情况	337	环境噪声	5
广同铜业	38	环境执法与监管	287
规模工业总产值	72	环卫设施	123
规模以上服务业发展情况	333	黄志群	39/194
规模以上工业	2		
国防动员	228		
国际旅游	3		

J

国家4A级景区	29
国家新型城镇化	52
国家应急产业基地	11
国家专用车质量提升示范区	11
国门安全	148
国民经济和社会基本情况	319
国内旅游	3
国内贸易情况	328
国企法治建设	132
国税地税征管体制改革	133
国土资源、矿产资源管理	279
国土资源节约集约示范市	52
国有资产监督管理	131
国有资产监管	132
国资国企改革	131

机构编制	166
机关事务管理	188
机械制造业	36/73
基础教育	260
吉阳大蒜	32
疾病预防控制	251
计划生育	249/256
计划生育协会	257
计生家庭	257
纪检监察	198
家庭困难学生	7
价格管理	139
价格体制机制改革	53
价格调控	139
监察体制改革	199
监督工作	174
检察	219
建筑节能	121
建筑节能与科技	121
建筑设计	122
建筑市场	120
建筑业	120
鉴缶	1

H

汉江生态经济带	9
行政复议	181
河长制	282
黑木耳	34
红十字会事业	273

蒋孝严	161	客运管理	87
交通·物流	86	客运市场	88
交通工程质量监管	89	空气质量	3/5
交通投资	91	快递	3
交通物流发展	91	矿产管理	280
教科文卫体委员会	196	困难职工	210
教师队伍	262		
教学改革	263		
教育	259		

L

教育精准扶贫	262	垃圾分类	123
教育事业基本情况	334	兰花	33
节能工程	289	劳动关系调解	179
节能减排	289	劳动与就业	266
巾帼脱贫	215	老干部	167
金黄蜜枣	31	老干部工作	167
金辉铝业	38	老龄事业	270
金磊石材	38	了花	34
金融	79	擂鼓墩曾侯乙墓遗址博物馆	31
金融风险防范	80	李先国	318
进出口稽查、监管、缉私	147	厉山腐乳	34
进出口情况	329	立法工作	174
经济发展	176	利康药业	38
经济普查	136	利用外资	100
经济委员会	196	联通通信	98
经济责任审计	128	粮企改革	102
荆楚工匠	45	粮食安全	103
荆楚好粮油	103	粮食产业化	103
荆楚楷模	43	粮食储备	103
精神文明建设	243	粮食工作	102
精准灭荒	4/12	粮食购销	102
精准脱贫	100	粮食总产量	5
精准脱贫攻坚战	10	两全目标	187
警示教育	199	林业	71
竞技体育	242	林业产业	71
就业	4	林业改革	283
就业创业	6	林业生态	282
居民生活	335	林业资源管理与保护	282
桔梗	35	流动人口	251/258
军事	227	陆鸣	42
		鹿角立鹤	1

K

		路政管理	87
		洛阳镇志	188
开泰国药	38	旅游	109
科技成果	58	旅游扶贫	111
科技成果转化	59	旅游惠民	111
科技人才	57	旅游基本情况	329
科普服务	60	旅游名村	3
科研	255	旅游名镇名村	3

旅游品牌	109
绿色发展	112
绿色建筑	121
绿色示范乡村	4
绿色乡村	9

M

马六甲海峡	44
慢性病防控	251
茂盛生物	38
贸易、外经、旅游	328
媒体融合	247
美丽乡村	3/4/101
美丽宜居村庄	3
猕猴桃	33
棉花总产量	5
民办教育	262
民防改革	231
民进随州市委会	203
民盟随州市委筹委会	205
民生社保审计	130
民生项目	115
民政改革创新	277
民政工作	276
民主党派	201
民主党派·工商联	201
民族宗教事务	181
母婴安全	252

N

纳税服务	133
南水北调	278
能耗消费情况	333
能源消耗	333
年鉴	187
农产品加工	37
农产品加工业	75
农产品加工业规模企业	75
农村常住居民人均可支配收入	5
农村改革	62
农村经济经营管理	70
农村生活垃圾	115
农村危房改造	14/115
农村综合改革	62
农工党随州市委筹委会	206

农机服务	67
农机购置补贴	67
农机装备制造	67
农林牧渔总产值及增加值	325
农民常住居民人均收支情况	336
农民负担	71
农民合作社	70
农业产业扶贫	63
农业供给侧结构性改革	63
农业行政执法	67
农业环保工作	68
农业机械化	66
农业机械化情况	325
农业技术推广	69
农业纠纷化解	68
农业生态环境保护	69
农资市场监管	67

P

排水	124
棚户区	6
棚户区改造	14/117
贫困村	3
平安建设	164/217
平安医院建设	255
葡萄	33
普法工作	213

Q

气象	284
气象服务	284
千年银杏谷	29
侨务	183
桥梁	124
全国机械工业产业集群工作会议	2
全面改薄	6
全面两孩政策	257
全民健身	242
全年实现农林牧渔业总产值	5
全年完成财政总收入 80.77 亿元	2
全社会用电量	3
全业旅游	49
全域旅游	49
全域旅游示范镇	50
群众文化	240

R

人才工作	157
人防工程	230
人均可支配收入	5
人口	249/250
人力资源	179
人力资源工作	179
人民防空	230
人民生活	4
人民调解	226
人事工作	179
人事制度改革	179

S

三大攻坚战	10/114
三农	12/13
三农保险	85
扫黑除恶	3/71/163/276
森林覆盖率	9
商事制度改革	137
商务	100
社保改革	268
社会保险	268
社会保险费征收	133
社会保障与公益事业	268
社会福利与社会救助	269
社会救助	269
社会消费品零售总额	5
社会用电量	5
社会治理	275/276
神农云	99
神农云信息平台	98
审计	128
生产总值（GDP）	2/5
生态保护	154
生态环保	3/10/286
生态土地整治	280
生态文化旅游	37/49
生态文明建设	279
生态修复	12
生育服务	257
省级生态村	41
省级生态乡镇	41
施工图	122
石油销售	103
时松	317
实现外贸进出口总额	5
食品药品监督管理	142
市场监管	138
市政管理	123
首届"中国农民丰收节"	1
首诊	256
水产业	63
水利、水资源	280
水利安全	281
水利工程	280
水上交通	88
水资源管理	281
税收法治	133
税收收入	133
税收征管体制改革	55
税务	133
税务稽查	135
税种管理	134
司法服务	222
司法改革	223
司法公正	164
司法行政	224
随县	291
随县2018年主要经济指标完成情况	337
随州博物馆	30
随州城区消费价格指数	336
随州高新技术产业园区	297
随州海关	147
随州金头（红头）蜈蚣	33
随州绿茶	32
随州年鉴（2018）	187
随州泡泡青	32
随州漆器	35
随州市领导成员名录	316
随州市人民代表大会	171
随州市人民政府	176
随州市要览	187
随州市志（1979—2000）	186
随州香稻	33/70
随州香菇	1/32/45/61/70
随州芽茶	34

T

特色产业	61/65

特色农业……………………………………62
提案委员会…………………………………195
提速降费，信息惠民………………………97
体育…………………………………………242
体育＋………………………………………242
通信……………………………………………94
统计…………………………………………135
统计改革……………………………………137
统计制度改革…………………………………56
统一战线工作………………………………159
投资、建筑业………………………………329
土地利用……………………………………279
土地确权………………………………………70
团结联谊委员会……………………………196
脱贫……………………………………………3
脱贫攻坚…………………………10/81/102/267

W

外事…………………………………………183
万邦敏………………………………………317
网络建设………………………………………99
网约出租车……………………………………88
维权…………………………………………138
维稳……………………………………163/217
卫生…………………………………………249
卫生事业基本情况…………………………335
文化·教育·卫生……………………………334
文化·体育…………………………………234
文化发展……………………………………159
文化惠民……………………………………159
文化市场、文化交流………………………235
文化事业基本情况…………………………334
文明城市……………………………………243
文明村镇……………………………………244
文明单位……………………………………243
文明家庭……………………………………244
文明校园……………………………………244
文体产业……………………………………241
文物…………………………………………239
文物保护……………………………………240
文物法规……………………………………240
文学艺术……………………………………237
问题疫苗……………………………………143
污染防治攻坚战………………………………11
污水处理……………………………………4/6
无线电管理……………………………………94

吴超明………………………………………148
戊戌年世界华人炎帝故里寻根节………………1
物业服务和管理……………………………118

X

西游记公园……………………………………29
西游记漂流……………………………………29
县、市、区经济指标………………………337
县域经济…………………………………12/73
现代医院管理制度…………………………254
宪法日………………………………………165
乡村户数人口劳力耕地面积情况……………321
乡村振兴………………………………………62
乡村振兴战略…………………………………12
乡镇生活污水………………………………114
乡镇生活污水治理……………………………12
消防…………………………………………229
消防救援……………………………………229
消防隐患……………………………………229
小额贷款………………………………………85
校园安全……………………………………261
校园文化……………………………………265
新能源…………………………………………9
新能源产业………………………………38/76
新能源汽车……………………………………36
新农村建设……………………………………62
新四军第五师司令部旧址……………………40
新闻出版……………………………………246
新闻出版·广播电视………………………246
信贷投放………………………………………79
信访工作……………………………………275
信息化建设……………………………………96
信用体系………………………………………54
宣传工作……………………………………157
学生就业创业………………………………262
学习和文史资料委员会……………………196

Y

烟草专卖管理………………………………148
炎帝故里……………………………………111
炎帝故里国际经贸洽谈会……………………13
炎帝神农故里风景区…………………………29
盐业…………………………………………106
扬尘防治……………………………………121
养老服务……………………………………269

冶金建材工业	76
一带一路	184
一芯两带三区	9
一芯驱动	9
医联体建设	256
医疗费用控制	254
医疗机构监管	254
医疗卫生机构	249
医养结合	256
医药化工产业	75
医药化工企业	75
医药卫生体制改革	255
医政管理	254
依法行政	128/139/93
依法治林	283
宜居村庄	3/9
移动通信	96
移民	278
移民工作	277
以药养医改革	255
疫情防控	251
银行保险业改革	83
银行保险业监管	83
银杏谷	111
应急保障	123
应急管理	145
优化能源结构	289
优质稻	63
邮政	92
邮政电信情况	332
油料产量	5
油桃	33
渔业	64
舆论引导	158
语言文字	262
预防接种	251
预算管理改革	54
预算执行审计	129
园林绿化	119

Z

张道揆	317
长江经济带	9
招商引资	73/102/108
招生	262
征兵	232
郑晓峰	92/143
政策性住房	119
政法工作	162
政府投资审计	129
政府债务管理	55
政务服务	185
政务管理	135
知识产权	59
职工维权	211
职业病防治	252
志愿者	245
质量技术监督管理	141
智慧随州	98
中共随州市纪委、随州市监察委	198
中国共产党随州市委员会	151
中国人民银行随州市中心支行	80
中国人民政治协商会议随州市第四届委员会第二次会议	1
中国人民政治协商会议随州委员会	193
中国石化湖北随州石油分公司	105
中国石油湖北随州销售分公司	103
中华山国家森林公园	31
中盐红四方	38
中盐银港	38
中药材	253
中医药管理	253
种植业	63
重大传染病防控	251
主要工业产品产量	327
住房保障	112/117
住房公积金管理	124
住房和城乡建设	112
驻军	227
专汽产业	74
资本市场	80
宗教工作	182
组织工作	155
曾都区	70/295
曾都区2018年主要经济指标完成情况	338
曾侯乙尊盘	1

《随州年鉴2019》撰稿单位、撰稿人

(按文稿刊出先后为序)

单位	撰稿人	单位	撰稿人
市发改委	明章涛	市审计局	姚其春
市科技局	胡 猛	市国资委	朱 清
市科协	朱贤坤	市税务局	李 炜
市委农办	姜广栋	市统计局	肖朝朝
市农业局	赵 阳 戚远斌 刘婷婷	市工商局 物价局	张 坤 陈 功 姚 玲
市林业局	陈纯国	市质监局	盛 锋
市经信委	李 平 赵 伟 蔡道军 何志国	食药监局 市安监局	曹丽君 李 介
市政府金融办	陈郑欣	市公共资源交易局	龚晓娟
人行随州中心支行	龚海芳	随州海关	苏丹丹
随州银保监分局	周 凯	市公共检验检测中心	万 云
市保险行业协会	彭 晖	市委政研室	杨金星
市交通局	项 烨	市委组织部	周 霄
市邮政管理局	王晓辉	市委宣传部	张 成
省无委办随州市管理处	汪 波	市委统战部	余世刚
随州电信	方 月	市台办	李 纲
随州移动	叶 芸	市委政法委	艾 伟
随州联通	代文通	市编办	杨华涛
市商务局	温 翔	市委老干局	邓澄澄
市供销社	孙雪平	市委党校	周 慧
中石油随州公司	邱海涛	市档案局	万 文
中石化随州公司	程红军	市人大常委会办公室	杨五一
市粮食局	费大国	市政府研究室	毛家锋
市烟草专卖局	王 玲	市人社局	张 斌 徐 嫚
市盐业公司	邵潇润秋	市政府法制办	赵 陈
市招商局	龚 俊	市民宗局	刘 荣
市外侨旅游局	常津津 汪 雷	市政务中心	祁伶俐
国网随州供电公司	彭显玲	市方志办	张 怡 徐春燕
市住建委	李乐乐	市机关事务管理局	李小凡
市规划局	庹盼盼	市政府扶贫办	胡顺平 黄 灿
城管执法局	城管委办公室	市政协办公室	邹 薇
市住房公积金管理中心	戴 军	市纪委、市监察委	罗 轩
市财政局	向 东	民建随州市委	李洪坤 肖 英

民进随州市委	高仕文	市老龄办	戴汉忠
民盟随州市委筹委会	梁傲霜	市残联	陈论岭
农工党随州市委筹委会	张凤成	市信访局	王　辉
市工商联	袁轶昌	市国土资源局	王　卓
市总工会	祁君君	市水利局	刘祖兵
团市委	张媛媛	市气象局	罗　杰
市妇联	徐韶婧	市环保局	李　翠
市公安局	裴华蓉	随县档案局	操　静
市检察院	陈东生	广水史志办	彭亦男
市法院	叶　锋	曾都区档案局	周　璇　尚　华
市司法局	周　兴	随州高新区管委会	杨　卿
随州军分区	刘伟明	大洪山风景名胜区管委会	王　敏
市消防支队	陈　涛	中国农业银行随州分行	徐春平　王运涛
市民防办	王　哲	农业发展银行随州分行	吴　斌
市征兵办	张　侃	中国银行随州分行	彭守波
市文体新广电局	李　锐	中国建设行随州分行	张鑫坤
市文明办	黄　杰	中国工商银行随州分行	龚　萱
市文联	隋　文	邮储银行随州分行	万　敏
随州日报社	陈创新	湖北随州农商银行	王嘉斌
市广播电视台	曹烈军	随州市城市投资集团有限公司	徐师节
市卫健委	王　勇	随州市城市建设综合开发投资有限公司	
市教育局	肖　罡		夏　季
随州职业技术学院	黄　兵	随州市金融控股（集团）有限公司	何开涛
市民政局	张　坤　付　洁	湖北齐星集团	张　兵
	吴　博	湖北犇星新材料股份有限公司	刘　雨